求 同 初 阶

——陈连开学术论文集

陈连开 著

中央民族大学出版社

图书在版编目（CIP）数据

求同初阶：陈连开学术论文集/陈连开著. —北京：中央民族大学出版社，2008.7
　　ISBN 978-7-81108-451-1

Ⅰ.求… Ⅱ.陈… Ⅲ.民族关系-民族历史-中国-古代-文集 Ⅳ.K28-53

中国版本图书馆 CIP 数据核字（2007）第 164562 号

求同初阶——陈连开学术论文集

作　　者	陈连开
责任编辑	张　山
封面设计	布拉格工作室
出 版 者	中央民族大学出版社
	北京市海淀区中关村南大街27号　邮编：100081
	电　话：68472815（发行部）传真：68932751（发行部）
	68932218（总编室）　　68932447（办公室）
发 行 者	全国各地新华书店
印 刷 者	北京华正印刷有限公司
开　　本	880×1230（毫米） 1/32 印张：25.75
字　　数	646千字
印　　数	1000册
版　　次	2008年7月第1版　2008年7月第1次印刷
书　　号	ISBN 978-7-81108-451-1
定　　价	58.00元

版权所有　翻印必究

目 录

自序 …………………………………………………………… (1)

第一编　中华民族研究理论的形成与发展

中华民族的含义初探 ………………………………………… (3)
中华民族之含义及形成史的分期 …………………………… (12)
中华民族解 …………………………………………………… (26)
论中华民族的结构 …………………………………………… (43)
关于中华民族结构的学术新体系 …………………………… (67)
　　——中华民族多元一体格局理论的评述
中国民族研究的识异与求同 ………………………………… (84)
传统的民族观与中华民族一体观 …………………………… (94)
中华学与中华民族研究 ……………………………………… (117)
论中华民族的聚合力 ………………………………………… (123)
中华民族的自在发展 ………………………………………… (139)
21世纪中华文化的走向 ……………………………………… (160)

第二编　中华民族的起源、形成与发展

关于中华民族起源学说的由来与发展 ……………………… (169)
论中华文明起源及其早期发展的基本特点 ………………… (190)
关于中华民族起源的几点思考 ……………………………… (215)
中华民族形成发展的特点 …………………………………… (236)
中华文明初曙从多元向一体的发展 ………………………… (254)

中华新石器文化的多元区域性发展及其汇聚与辐射……(265)
中华远古的各部落集团…………………………………(289)
中华民族的孕育…………………………………………(320)
　　——先秦民族史对中华民族形成与发展的影响
论华夏/汉民族的形成……………………………………(332)
华夷五方格局与东夷、南蛮、西戎、北狄………………(356)
中国民族史研究的基本特点和发展三阶段………………(408)
中国古代的少数民族和民族关系…………………………(423)

第三编　各专题研究

要划清中国不同历史时代不同性质民族问题的界限……(455)
论中国历史上的疆域与民族………………………………(477)
中国·华夷·蕃汉·中华·中华民族……………………(492)
　　——一个内在联系发展被认识的过程
论华夏民族雏形的形成……………………………………(536)
论诸夏的大认同……………………………………………(549)
20世纪汉民族研究概述……………………………………(561)
中国民族史学的基本形势与发展前景的蠡测……………(583)
怎样阐明中国自古是多民族国家…………………………(595)
关于中国民族关系史的几个问题…………………………(606)
夏商时期的氐羌……………………………………………(617)
商先起源于幽燕说的再考察………………………………(626)
鲜卑史研究的一座丰碑……………………………………(645)
鲜卑山考……………………………………………………(661)
唐代辽东若干地名考释……………………………………(672)
中国古代第一部历史地图集………………………………(684)
　　——裴秀《禹贡地域图》初探
东北访古随笔………………………………………………(700)

万里长城说 …………………………………………… (707)
青海牧区的工役制度 ………………………………… (713)
　　——民主改革前青海牧区社会性质探讨之一
论青海藏族牧区封建制度的基础与特点 …………… (722)
　　——民主改革前青海牧区社会性质探讨之二
牧区人民公社的经济建设必须以大办畜牧业为中心 …… (732)
中国现代化建设中的民族问题 ……………………… (741)

第四编　附　录

开拓、创新、富于启发的理论成果 ………………… (753)
关于中国民族研究一些问题的想法 ………………… (768)
　　——一束小花献师尊
怀念民族工作的领导者吕振羽先生 ………………… (785)
国学大师翁独健 ……………………………………… (790)

陈连开治学经历和主要学术思想简述 ……… 潘守永 (794)
陈连开教授学术简历 ………………………………… (808)

自　序

　　本论文集收入的是我自20世纪60年代以来关于民族史方面的论文，这些论文都是已经发表过的。选编的原则有两条：一是尽可能全面，将自己发表的单篇论文，按篇幅允许尽量收入；二是以集体名义署名的一般不收。这些论文虽然写作于不同时期，具体针对的问题也有较大的差别，有些内容或许前后重复，但各篇都能独立成章。为了保持其完整性，这次收入的原则是基本不动。

　　本文集的内容可分四个部分：一、关于中华民族的整体研究，这也是理论和基本认识的部分；二、关于中华民族一些具体问题的研究，主要侧重在其起源、形成与发展的研究；三、关于中国少数民族在历史上的贡献以及民族关系史中一些具体问题的讨论；四、择要收录几篇回忆性的文字和自己的治学简历、学术思想等，限于篇幅，这部分只是选择若干以为代表。

　　我1955年以前的兴趣，是在文学方面，曾经幻想将来能成为作家。1955年在中南民族学院（现中南民族大学）工作时，被著名的民族学家岑家梧教授选定当他的助手。当时他任中南民族学院副院长，又在武汉大学历史系讲授《原始社会史》，让我以"助教"的名义跟他到武大听课。1956年秋，又被中南民族学院选送到中央民族学院（1993年改名中央民族大学）历史系研究生班进修。当时中央民族学院历史系刚刚创立，名师云集，我要求通过考试转入本科学习。这样我就走上了中国民族史学习和研究的人生道路。值得庆幸的是，50年来我从未有过转行的想法。

1961年7月，我从中央民族学院历史系毕业，旋留在系里任教。最初两三年，除了听课和讲课外，还随同著名的中国古代史专家徐宗元教授学习先秦文献，受益匪浅。

　　1969年春夏之交，当时驻校宣传队负责人找我谈话，要我做中苏边界的资料工作；不久，又受命参加《中国历史地图集》东北部分的考证、编绘等工作。这在当时可称为万幸的机遇。外交部第一次来联系中苏边界资料研究的负责同志，传达了周恩来总理的一个批示。受这个批示的启发，在此后一段时期，我把主要精力较为集中在研究中国众多的民族是如何成为统一的多民族国家，又为何会形成这样伟大的国家，进而觉悟到必须对中华民族进行整体研究。

　　20世纪70年代末，中国走上了改革开放的道路，学术研究与学术活动也生机勃勃地发展起来了。1987年北京史学会与中国历史博物馆联合举办学术讲座，史树青教授约我讲《中国少数民族对祖国历史的贡献》；接着，北京大学阴法鲁和许树安教授联合主编《中国古代文化史》，又约我撰写第一章《中华文化的起源与中华民族的形成》。该书出版前，我已发表过两篇相关的论文，即《中华民族的含义初探》和《中华新石器文化的多元区域性发展及其汇聚与辐射》，做了以多学科知识对中华民族进行整体性研究的初步尝试。

　　出乎意料的是，这样的初步研究成果，竟引起了民族学大家费孝通教授的关注。有一天，他叫我到他府上，要我已经发表的上述文章，我即把论文及书稿全部提供给费老参考。1988年8月，费老应邀在香港中文大学作 Tanner 演讲，题目是《中华民族的多元一体格局》。他的这次学术演讲，在国内外引起了高度重视，国家民族事务委员会司马义主任及几位副主任亲自拜会费老，费老嘱我也参加。司马义主任告诉费老，民委已决定请费老主持召开一次以中华民族多元一体格局为中心议题的学术讨论会。这个讨论会在 1989 年举行，应邀与会的包括中国大陆及港台的著名民族学、历史学、考古学专家及中根千枝等外国专家，共 20 多人。会前出版了《中华民族多元一体格局》一书，供讨论参考，会后又出版了《中华民族研究新探索》论文集。在费老指导下，1999 年又出版了《中华民族多元一体格局》的修订本。我自己的以《中华民族研究初探》为名的集子则于 1994 年出版问世。这些作品，多是在费老指导下由我具体编辑、审校和整理的。我个人的论文集有缺点，错误当然由我自己负责；由费老主编、我做具体工作的另外三本论文集，也难免出现疏漏，这些，也应由我来接受批评。我深知，研究的课题要求知识面宽，且功力深厚，做事认真审慎。对我而言，这些方面都有难以完全适应的弱点，只是自己觉得课题有其重要性，机遇又十分可贵，还是大着胆子承担了下来。

那么，为何以《求同初阶》来描述自己的研究工作呢？鄙意以为，中国的民族研究有"识异"与"求同"两个侧面。何谓"识异"？何谓"求同"？本集已收有一篇论文，可供参考，此处不展开。我在书房门额上自署"求同初阶"四字，并附有"中华民族研究，旨在求同，吾实初阶"诸字，就是说，自己估量，我写的学术论文涉及面较宽，但中心是对中华民族进行整体性研究，是课题本身的重要性才引起了师友的关注，而我的研究仅仅达到了其中一个侧面研究的初阶。如果还有点优势，也只是起步较早的缘故。这种自我评估，就是本文集的得名由来。但愿这一自我界定，能得到师友们的宽许。

我现在已步入老年，体弱多病，再做较认真的研究已心有余而力不足。我感谢领导及师友几十年间不断的支持与鼓励，使我得以有所进步，能够出这本论集和其他几种相关著作。在论文的搜集过程中，多亏平素与我有同校之学的几位青年学友，他们在自己工作任务繁重的情况下，仍挤出时间替我做了许多工作。还要提到我的老伴刘毓尧，她不仅把家料理得足以让我专攻业务，在我1998年突患脑梗塞以后的近10年中，更是在她的精心看护和照料下，才得以慢慢的康复。这些都使我充满幸福与感激！在论文集出版之际，让我们共同来享受这个成果。多谢了！

陈连开
2007年9月10日
于三乐居书斋

第一编　中华民族研究理论的形成与发展

第一编　中华民族研究
现行的民族识别

中华民族的含义初探

"中华民族"这个称谓，出现于20世纪初。最初是指汉族，辛亥革命以后出现包括中国少数民族的用法，现在一般指中国各民族的总称和总体上的民族认同，我们就是从这种角度进行讨论的。

（一）中华民族的含义

"中华"一词，大约在晋代已出现，与"中国"一词同样，论地区主要是指中原，扩而大之及于王朝直接管辖的郡县地区；论民族主要是指汉人。"民族"一词，在古代汉语里没有构成，大约在19世纪与20世纪之交从日文中引进，当时含义并不统一。直到目前，各家使用也不完全一致，不过比较通行的是泛指从古代至现代所有处于不同社会发展水平的稳定民族共同体。在民族一词出现之后，不久也就出现了"中华民族"一词，最初是指中国的主体民族，即汉族；随着中国各民族在反帝反封建斗争中日益自觉地结成整体，它的全部含义才得到了充分的阐明：中华民族，是中国古今各民族的总称，是由许多民族在结合成统一国家的长期历史发展过程中逐渐形成的民族集合体。在古代，曾经有过数以百计族称的人们活动于中国历史舞台上，他们之间的关系或和平交往，或兵戎相见，而以和平交往为主流；有时在统一国家中共处，有时在分裂割据中纷争、接近、渐趋融合，主流是越来越紧密地结成统一的多民族国家。到清朝乾隆年间，已将中国所有地方都置于中央直接派官的管辖之下，标志着中国统一多民族国家的确立。这些曾经在中国历史舞台上活动过的民族，无论其与当代中国56个民族有无直接的渊源关系，无论他们是越来越兴旺发达，还是经过一段发展，其名称已经消亡而其人民与文化均已融入其他民族当中，更无论他们是在世居之地继续发展，还是移居他方以新的面貌发展，情况虽千差万别，但都对开拓中国疆域，创造中国文化及缔造统一多民族中国的历史做过自己的贡献。他们的历史是中国古代历史的有机组成部分。他们自然是中华民族形成发展过程中不可缺少的成员。

中华各民族的整体性及其根本利益的一致性，实际上早已存在于统一多民族中国的形成发展的千百年历史中，但在没有外部对立物的古代，这种一致性与不可分割性，不能成为各民族的自觉认识。由于民族压迫制度，各民族间的隔阂掩盖着互相间根本利益的一致。近代各民族共同进行百年反抗帝国主义侵略的革命斗争，逐渐揭示了中华民族根本利益所在。中华民族作为一个整体，成为帝国主义侵略的直接对立物，中华民族与帝国主义的矛盾，成为中国近代主要的社会矛盾，于是各民族由自发走向自觉联合，成为一个不可分割的整体。尤其是有了中国共产党作为全民族团结的领导核心后，这种自觉的联合由理想变成了现实，共同缔造了各民族伟大的社会主义祖国——中华人民共和国。历史就是这样使千百年来形成发展中的中华民族，在新中国真正形成了不可分割、平等团结、友爱互助的民族大家庭。

所以，中华民族的上述含义，是在中国各族人民共同进行反帝、反封建，争取中华民族的独立与解放的斗争过程中，被逐渐揭示出来并上升到理论的高度，在新中国的社会主义革命和社会主义建设中得到了进一步发扬光大。像爱护自己生命那样爱护祖国的统一与中华民族的大团结，已成为中国各民族的自觉意识和最高的民族感情。

应该指出的是，中华民族中还有2000多万人居住在世界上许多国家，有的仍是华侨，也有许多已成为居住国的华裔少数民族，还有个别国家其华人已占居民的多数。他们在居住国坚持中华文化传统，在血缘与文化特征等方面都自认是中华民族的子孙。无论过去对中华民族的独立解放，还是当前对中华民族的振兴，他们都表现出深切的关注，并作出了卓越贡献。他们又都在沟通中华民族与世界各民族的联系方面，起了重要的桥梁作用。像中华民族这种跨境而居或分散居住在世界许多国家拥有不同国籍的情况，在民族识别中政治界限与文化界限如何涵盖，仍属需要作进一步调查研究与讨论的问题。目前，我们在讨论中华民族的含义时，仍集中在如何涵盖中国各民族与中华民族这种"多"与"一"的关系方面。

（二）中华大地的地理环境

中国地处亚洲东部、太平洋西岸。中华大地得天独厚、特点鲜明的地理环境，是中华民族创造了独具特点的历史与文化所依托的自然条件。

亚洲以帕米尔高原为中轴，向四方伸延出许多著名的大山脉，将东亚、南亚、西亚分开。因此，中华大地第一个地理特点是四周都有天然限隔，内部构成体系完整的地理单元。其西北临帕米尔高原（古籍中的葱岭），虽有一线可通，秦汉以后形成丝绸之路，然而这巨大而高寒之区，在整个古代仍是一个难以逾越的地理极限。西南有世界上最高的山脉——喜马拉雅山脉，成为中国与南亚诸国天然的分界，而横断山脉构成的山河阻隔与热带丛林瘴疠之区，越往古代越是中国与东南亚之间交往的障碍。北方地势起伏不大，为广袤无垠的草原与沙漠，然而中国古代民族历史舞台，常以萨彦岭、贝加尔湖、外兴安岭一线为限。此线以北各族人民，虽与此线以南人民族类相近，终因极北严寒苔原，人烟极稀，不见与中原直接往来。东面自黑龙江流域东部沿海直到中国东南沿海，有漫长的海岸。唐代以来，海上交通日见发达，在明代还有过郑和下西洋的壮举，然而此举并未导致中华民族向海洋上发展。纵观整个中国古代，人们大都信奉先秦已产生的这一地理概念，即认为中国四外环海，内部由中原和四夷共同构成"天下"，故天下又称为四海。虽中西交通在陆上与海上都有一定规模的发达，对中华大地之外，秦汉以来有了不少了解，但仍基本上是传统的"四海"范围以内多民族内向凝聚，共同创造着中华民族的历史。

中华大地的地理环境的另一特点是自西向东构成三个落差显著的阶梯。西部青藏高原，平均海拔4000米以上；其以东以北和东南，有蒙古高原、黄土高原、云贵高原及塔里木盆地、四川盆地等浩瀚高原与巨大盆地相间分布，平均海拔降到2000—1000米以下，是第二阶梯。第三阶梯，包括北起大兴安岭，中经太行山、南至巫山一线以东及云贵高原东缘以东地区，平均海拔低于500米，多为丘陵，仅少数山峰高达2000米左右；而东北平原、华北平原、江淮平原等大平原，是第三阶梯中最低平的地带，尤其滨海地带，低于海拔50米。

如此落差显著的三大阶梯，像把巨大无比的大躺椅，西北背靠亚欧大陆，东南面朝太平洋和印度洋，有近2万公里的海岸线。因此，季风气候显著，加上地域辽阔，地形复杂，形成多种多样的气候。以雨量而言，东部低阶梯湿润多雨，中部第二阶梯，除云贵高原外，一般为干旱和半干旱气候，尤其西北内陆，距海数千里之遥，加之重重山岭阻隔，东方从太平洋、南方自印度洋吹来的湿暖夏季风鞭长莫及，是中国最干旱的地区。青藏高原则以高寒为特点，自成气候大区。

如果说中华大地东西跨 60 个经度以上，内陆气候以距海远近而形成湿润、半干旱、干旱的自东南向西北的明显递变，则南北跨 30 多个纬度，也呈现出热带、亚热带、暖湿带、中温带、寒温带从南向北递变。大体言之，台南、琼西及滇南河谷一线以南为热带；此线以北至秦岭、淮河及白龙江一线以南为湿润多雨的亚热带；秦岭、淮河以北至秦长城以东以南，即辽东、河套、陇西一线以南为暖湿带；秦长城以北以西为中温带；黑龙江大兴安岭北端为寒温带。新石器文化遗存及古代文献记载的物候与其气象记录表明，亚热带与暖温带的分界在过去几千年间有过较大的推移，比如黄河中下游在新石器时代和殷周，均较现代暖和得多。但总体上自北向南平均气温递增的规律并没有多大改变。

这种南北气温递减、东西雨量递减的气候，把中国明显划分为人口与经济分布均成鲜明对比的东西两个大部，即北起黑龙江省爱辉（黑河）沿大兴安岭南下，中经陇山南至邛莱山一线直到云南腾冲一线，以东为中国的东部，农业发达，人口集中，地域面积约占全国总面积的 40%，人口占全国总数却自古至今保持着高达 90% 以上。自唐宋至明清的千余年间，东部人口占全国总数经常高达 95% 以上。上述一线以西为中国的西部，面积占全国总面积 60%，主要是草原游牧区，穿插分布小块河谷与绿洲农业区，人口占全国总数通常在 10% 以下。然而，河西走廊和天山以南是连接中华大地与中亚、西亚以及南亚的咽喉和枢纽，中国西部并不因为地广人稀，减少其在中华民族历史与文化发展中的重要性。

受前面两大特点制约，中华大地地理环境的第三个特点是农牧区及农耕民族与游牧民族发展带分野清楚，而又天然地互相依赖，互相补充。同时也表现出不同民族之间，甚至同一民族不同地区之间社会发展的显著不平衡。大致是：秦岭—淮河以南，是以稻作农业为代表的水田农业和南方以种植水稻为主的农业民族分布之区；秦岭—淮河以北至秦长城以东以南是以粟、黍为代表的旱地农业区，也是华夏/汉民族首先发展的地区；秦长城以西以北是草原游牧区和狩猎渔猎区，是游牧民族和狩猎渔猎民族分布与发展的区域。这三大区域三个民族发展带的交替作用，农牧两大类型经济和文化的相互渗透与结合，便是中华民族形成与发展的内在联系之所在。

所以，中华大地四限之内自成体系的多种地形、多样气候、丰富资源及便利交通，为中华多类型经济与众多民族的发展提供了极为雄厚的物质条件。中华民族的历史与文化，既不像西亚那样地接五海三洲四通八达，与欧非、南亚、东亚均有多方面的紧密联系，也不像美洲那样被大洋隔绝，在哥伦布发现以前几乎与外部世界绝缘。中华民族既是众多民族各有形成发展的历史与文化，又自古互相联系、互相制约，在经济文化等各方面都互相依赖、互相吸收、互相补充。尽管在长达数千年的矛盾演化过程中，历史上中国的民族也和世界上许多民族一样，曾有一部分移徙于中华大地之外发展，但从总体上说，是以中原地区与华夏/汉民族为主体，各民族内向凝聚，又对来自外部世界的政治经济文化因素兼容并蓄，消化吸收。这种既具有多样性与不平衡性的矛盾斗争，又具有不断发展的统一与联系，共同发展成为独具特色的历史与东方文明，其与西方世界形成鲜明对照的总特点，其渊源可以追溯到有文字记载以前的远古时代，其发展则贯通中国古代历史全过程，在当代中华民族的发展中，表现得更加充分和典型。

（三）当代中华民族的基本情况

当代中华民族由56个民族结合而成，共10亿多人口。其中汉族占全国人口总数的93.3%，55个少数民族共6732万余人，占总数的6.7%（1982年统计）。各少数民族的人口，数量相差也很悬殊。其中壮族1300余万，蒙古、藏、维吾尔、回、苗、土家、彝等15个民族，人口均在百万以上。人口最少的民族如赫哲族只有千余人。

少数民族人口虽少，但分布地区非常广大，约占全国陆地面积的50—60%。其分布特点：①地域广大，人口稀少，许多少数民族分布在山区、高原、草原牧区和森林地区。②物产丰富，但有待开发，在祖国现代化建设中占有重要地位。③大都位于祖国边疆，有些民族跨国境分布。从总的分布特点看，中国各民族是大杂居又相对聚居。现在除西藏以外，各民族地区汉族在人口数量上都占多数，有的省区分布着十几个以至二十几个民族。至于分散居住于各省市的少数民族，也有千余万人，可以说全国各省市都有少数民族分散杂居或形成较小的聚居点。这种几十个民族在统一国家中长期交错分布的特点，是中国多民族在数以千年计的历史发展中交错移徙的结果。它使中国各民族在经济、政治和文化各个领域互相影响，而且都和汉族有密切的关系。

在55个少数民族中，满族、回族通用汉语，另外53个民族使用本民族语言。这些语言中，属汉藏语系的有29种民族语言，主要分布在中南和西南地区；属阿尔泰语系的有19种语言，主要分布在东北、北方和西北地区；说南亚语系语言的有佤、德昂、布朗3个民族，都居住在云南省；说印欧语系语言的有两个民族，即塔吉克和俄罗斯族。通常所说的高山族，其实包括若干互相有较大差别的族称，他们的语言比较复杂，有的部分是说属于南岛语系的语言。待祖国完全统一，我们将对台湾高山族及其语言有更深入的了解。我国民族分布的特点也决定了各民族之间互相学习语言的特点，汉语在各民族中得到了广泛的使用，成为在全国范围内各民族互相交际的通用语言。

从古代以来，中国各民族互相交流多使用汉文，也有不少民族创造了本民族文字，其中有些古文字，如契丹字、女真字及其他一些少数民族古文字，已经无人使用，仅是专家们的研究对象；有些民族的文字有悠久的历史，如藏文、彝文、蒙古文、傣文、维吾尔文、哈萨克文等，一直到现在还是本民族通用的文字。新中国建立后，曾动员许多专家帮助尚无文字的民族创制文字。有些原有通用文字的民族还进行了文字改革，创制了新的拼音文字。随着社会主义建设及文化教育事业的发展，汉字在全国范围内各民族通用的程度，无疑会得到更大的提高。

社会发展不平衡是中华民族历史发展所形成的又一突出特点。即令同一民族，不同地区之间社会发展的差别往往也非常明显。在民主改革以前，社会经济形态多种多样并存：许多农业民族和汉族农村大体相同或接近，即以封建地主经济占统治地位；而傣族、藏族和南疆维吾尔族地区是农奴制度；大凉山彝族地区是奴隶制度；云南和东北还有几个民族，不同程度地保持着原始公社制度；游牧区的封建制度，保存部落制度的外壳，与农业区比较具有鲜明的特点。这些多种社会经济形态在一个国家不同民族不同地区并存，可以说是资本主义以前各种社会经济形态应有尽有，是一部活的社会发展史。

宗教在少数民族中有着广泛而深刻的影响。

信仰藏传佛教（喇嘛教）的有：藏、蒙古、土、裕固等民族。

信仰小乘佛教的有：傣、布朗、德昂等民族和佤族中的一部分。

　　信仰伊斯兰教的有回、维吾尔、哈萨克、柯尔克孜、塔吉克、乌孜别克、塔塔尔、东乡、撒拉、保安等民族。

　　瑶族和彝族以及云南一些民族，都有一部分人信仰基督教。

　　道教与大乘佛教在汉族中影响较大，在壮、彝、瑶等民族中，道教也有相当大的影响。

　　历史上各民族在统一国家中共处，但由于民族压迫与阶级压迫的交错影响，各民族之间不平等。彼此隔阂较深，民族间、民族内部都是不团结的。新中国建立以后，废除国内民族压迫制度，推行民族平等团结政策，实现了中国各民族一律平等。还通过耐心说服和艰苦细致的调解工作，消灭了民族内部的械斗和纠纷，因而消除了历史上遗留下来的民族隔阂和民族内部的不团结，建成了56个民族平等团结共同进步的民族大家庭。在这个基础上，推行区域自治，根据各民族人民的意愿进行了民主改革，少数民族大都越过一个甚至几个社会发展阶段向社会主义社会飞跃。当前，各民族人民正奋发精神，为振兴中华，实现社会主义四个现代化共同奋斗。

　　地区分布如此辽阔、历史发展古老悠久、语言差异非常复杂、社会发展水平极不平衡而宗教信仰又如此多样的众多民族，却形成了统一的国家，结成了不可分割的民族集合体，并且在当代已发展了兄弟民族之间平等团结、友爱互助的新型关系，这确实是世界历史上的伟大奇观！

（载陈连开著《中华民族研究初探》，知识出版社，1994年）

中华民族之含义及形成史的分期

中华民族是本世纪初出现的称谓,最初是指中华民族的主体——汉族;辛亥革命以后,出现了包括中国少数民族的用法,并且越来越得到了广泛的认同。到目前,一般以中华民族作中国各民族的总称,是体现中国各民族根本利益与长远利益不可分割的实体,涵盖了中国各民族整体上的民族认同。

民族与国家,是既相关联又有区别的两个范畴。一个国家可以有许多不同的民族,同一民族也可以分布在两个或许多不同的国家。中华民族,是在中国众多的民族经历了两千年形成为统一多民族国家历史过程中逐渐形成的。当代中国有56个相互区别的单一民族,这是中华民族的"多元";同时,56个民族及其先民,共同缔造了统一的多民族中国,有共同的历史、文化和不可分割的整体利益,具有整体的民族认同,这是中华民族的"一体"。

世界上林林总总的各民族,往往认为出自共同的祖先。实际上,同一民族虽然有某种血缘上的联系,但绝不是历史上某一氏族部落或某个英雄人物单纯的血缘延续,民族这种人们共同体属于历史范畴,是历史的产物。民族共同体既是稳定的,又是不断演化发展的。历史上与当代世界的各民族,都有不同的发展层次。中国自古有众多民族生活在统一的国家中,而各民族的历史、文化、习俗又相互有区别。在古代民族间的区别与认同虽然有了明确的标准,却没有形成"民族"这个词。中国人民在政治生活和科学文化领域中使用"民族"一词,是19世纪和20世纪之交从外文引进的①。这个概念是在世界近代史上形成的。伴随近代欧洲资本主义萌芽、发展并取代封建制度而形成的一些民族，到1871年欧洲资产阶级革命结束时，已形成一系列的单一民族国家，从而也产生了民族（Nation）与国家（Nation）一致的观念。实际上这仅仅是与资本主义萌芽和确立过程相联系形成的近代民族，在此以前，民族这种人们共同体早已存在，并且已有多种不同的发展形态和发展层次。在西欧先有近代民族而后才形成近代民族国家的历史条件下所出现的民族与国家同一的观念传到中国时，中国已经是一个经历过两千年发展历史的统一的多民族国家，因而从西方传来的"民族"观念，与中国的历史、文化背景存在很大的反差。中国在引进"民族"一词最初的几十年，人们有不同的理解，在使用中含义混乱，是不足为奇的。

中国近现代革命史彻底揭示了中国民族问题的本质：中华民族作为一个整体，是帝国主义的直接对立面，中华民族的反帝斗争，中华民族争取独立解放的运动，是中华民族的民族革命；中华民族的各兄弟成员，反对历史上形成的民族压迫制度以求平等团结，是属于中华民族反封建民主革命的一个组成部分。民族革命与民主革命两者相互关联，而本质上的区别却是一目了然的。在中华人民共和国建立以后，中国共产党通过在统一国家中实行民族区域自治的制度，很好地将中华民族的"一"与"多"的结构统一起来，实践证明这是完全符合中国各民族愿望并行之有效的制度。

肯定中华民族是一个客观存在、有广泛同一性的民族实体，并非与56个兄弟民族互相对立；不应理解为用中华民族这个称谓就去掉了56个兄弟民族的相互区别。当代和可以预见的未来

---

① 林耀华：《关于"民族"一词的使用和译名问题》，载《历史研究》1963年2期。

相当长历史时期，必定仍是既有中华民族的整体认同和同一性的逐渐发展，又有56个兄弟民族平等团结、互助协作、共同发展和各自的民族特点以及相互间的区别。中华民族称民族，56个兄弟民族也称民族，是对中华民族不同层次的称谓，是一对既有同一性又有差异性的辩证统一的观念，用"多元一体格局"来表述中华民族的"一"与"多"，正是从中华民族结构的客观实际中所作的高层次理论概括[①]。

民族的认同，与对国家的政治认同，其区别表现在跨境民族中是不言而喻的。中国与邻国，几乎都存在跨境分布的民族，这些民族在语言、文化、历史等方面都有基本相同的特征或相通的渊源，因而在他们当中有两种认同的界限：一种是政治上的认同，同一民族分布在不同的国家，政治上区别为不同国家的民族。这是首要的界限。另一种是文化和祖源上的认同。跨境民族虽分布在不同的国家，由于语言、文化、祖源等方面的共同性而有认亲的感情，有民族认同感，都是很自然的。中华民族如此，别的任何国家与民族也如此。所不同的是，中华民族经历了两千年统一国家发展的历史，尤其近现代在共同为中华民族的独立解放与振兴中华的奋斗中风雨同舟，和衷共济，中华民族的大认同观念坚如磐石，中国各兄弟民族，热爱本民族与热爱中华民族、爱中国和爱本民族的感情融为一体，这是中华民族爱国主义的一个突出的特点。

还有一个事实，是海外有数千万中华民族子孙分布在数十个国家与地区。第二次世界大战以后，他们大多放弃了中国国籍而

---

① 海峡两岸都有学者主张，中华民族称"民族"（Nalion），其中包括的数十个兄弟民族称"族群"（Ethnic group）。这样对中华民族不同层次的称谓加以区别，不仅有利于国际学术的对应交流，在科学上也表述较为准确，且中国的"族群"不一定是目前确认的56个。

成为居住国的公民,一般是居住国的华裔少数民族。他们居于所在国家,对所在国家的发展做出了卓越贡献。在政治界限上,他们已不是中国公民;在民族界限上,他们怀着崇宗敬祖的深厚亲情,对祖居国——中国十分关心;在文化、血缘联系等方面,强烈地保持着中华民族的特征。他们过去对中华民族的独立解放,当前对中华民族的大一统和在现代化基础上的振兴,都怀着深切的关注,并做出了不可磨灭的贡献。他们是中华民族在海外发展的苗裔,是中华民族走向世界和与世界各民族发展友谊的桥梁,在东西文化的交融中起了先锋作用。他们都是通过和平的方式移居海外,表现了艰苦卓绝的创业精神和坚忍不拔的民族精神。对中华民族在海外发展的历史无疑应该给予充分的关注并在中华民族史当中予以反映,但目前未能全面加以研究叙述。

从中华民族形成、发展史的整体出发来划分其各个历史阶段,目前学术界还没有展开讨论,因而不可能得出普遍认同的结论。有一种意见认为,既然在辛亥革命运动以前,连中华民族的名称都没有,那么中华民族史只能从辛亥革命开始,在辛亥革命以前去探讨中华民族的历史分期,没有科学的依据。

实际上中国众多民族的多元与一体辩证运动和演进,贯穿着中国历史的全过程。中华民族整体的自觉民族意识虽然出现在辛亥革命以后,中华民族起源、形成、发展的历史过程则非常悠久。马克思指出:"对人类生活形式的思索,从而对它的科学分析,总是采取同实际发展相反的道路,这种思索是从事后开始的,就是说,是从发展过程的完成的结果开始的。"[①] 马克思给我们指明了解决问题的方法与途径。我们正是从中华民族自觉认同这个客观实际出发,去追溯其起源、形成、发展的历程,从而得出如下的认识:

---

① 《马克思恩格斯全集》,中译本第23卷第92页。

中华民族形成史可分为起源与孕育、中华民族的自在发展、中华民族从自发到自觉的联合三大历史阶段①，每个历史阶段又可以划分若干历史时期。

中华民族的起源与孕育，从旧石器时代到秦统一以前，经过漫长的历史时代。

从170万年以前（也可能是三四百万年以前）到距今1万年以前的中国旧石器时代，当然不可能有民族的区别；距今10000—5000年的新石器时代，不同的氏族、部落与部落集团在文化上已有区别，他们之间存在认同与排外的观念，但与建立在地缘结合基础上的民族认同和区别还是有质的不同。不过，考察中华民族起源与孕育这个大的历史阶段，重点还在夏、商、周至春秋、战国，其主要成果乃是华夏与华夷五方格局的形成。

关于中华民族起源，历来存在"本土"与"外来"、"一元"与"多元"之争。本世纪，尤其是近40年中国古人类学与旧、新石器时代考古学的发现与研究成果，为我们解决这一问题提供了科学基础。

中国古人类学已有相当有力的发现，证实中华大地是人类起源的发祥地之一，是黄种人的故乡。中华民族在形成、发展过程中虽然吸收了外来民族成分与文化，但从整体看，中华民族起源于中华大地，具有鲜明的本土特点。各种"外来说"已被证明没有科学的依据②。

传统的汉文文献认为中华民族起源于黄河中下游，继续在中原发展者为华夏，华夏的后延即汉族；流徙于边疆发展者为四裔

---

① 按一般术语应称为"时代"。目前史学界习惯于用社会形态的不同阶段称为"时代"，所以我们暂以"大的历史阶段"来表述中华民族形成史的不同时代。

② 参见拙作：《关于中华民族起源学说的由来与发展》及《关于中华民族起源的几点思考》，两文均已收入《中华民族研究初探》，知识出版社，1994。

各民族。然而，中国的旧、新石器时代考古学又证明，各大区系的新石器文化，一般都是从当地的旧石器文化发展衍化出来的，在进化发展中相互影响，从而表现出多元起源、多区域不平衡发展，而又不断汇聚与辐射，形成多层次的联系与相互影响。正如费孝通指出，这是中华民族"多元"与"一体"矛盾统一运动发展的起点。

　　远古各部落集团斗争与接近，结果产生了这些部落集团的融合与分化。这是同一演化过程的两个侧面。比如起源于黄河中上游以炎、黄为代表的部落集团东进与北上，分布到燕山南北及古黄河中下游[①]；而泰山为中心海岱地区以两昊（少昊、太昊）为代表的部落集团同时西进和北上。这两大集团在古黄河中下游、燕山南北、河济之间斗争与融合的结果，形成了夏、商、周三族；又通过夏、商、西周千余年的进一步发展，三族融合形成了华夏民族的雏形；进而经过春秋、战国的大融合，并吸收了众多新的民族成分和文化因素，形成了华夏民族，即汉族的前身。

　　另一方面，黄河中上游以炎黄为代表的部落集团，向陇山以西及黄河上游甘青大草原发展；或在白龙江与岷江中上游从事农耕，或在甘青草原由原始农耕转向游牧，结果形成了夏、商、周及后世的氐羌各族。其中有些又从西北出发向西南迁徙，形成了藏缅语族属氐羌苗裔的各民族。以泰山为中心的两集团中，在泰山以东至海以南至淮的各部落，形成了夏、商、周时期的东夷各族。历史记载与考古发现还证明，华夏的形成也吸收了长江流域的部落及其文化。由此可见，华夏民族是大融合的产物。正因她具有对各种民族成分与文化因素都兼容并包的特点，才使之具有强大的涵化力，不仅使其族体在后世发展越来越大，并且成为中

---

① 先秦黄河下游，包括今河北省南部与中部。今黄河下游与先秦济河走向大体一致。因而古、今黄河的下游即先秦河济之间的广大地区。

华民族凝聚结合的核心。

考古发现的材料还说明，边疆许多民族是在当地起源、形成，在其发展过程中越来越紧密地与中原发生关系。早在夏、商、周已与"四夷"各民族发生多层次联系，春秋、战国进一步形成了华夏居中称为"中国"，夷、蛮、戎、狄配合东、南、西、北"五方之民"构成"四海"之内统一的"天下"，并且形成了"修其教不移其俗，齐其政不易其宜"①，在统一国家中因俗而治，"五方"构成整体格局的政治理想和地理观念，表明华夷统一已形成为历史的大趋势。于是中华民族从起源到孕育大一统的历史阶段已经完成。

从秦汉到1840年的2000余年间，是中华民族自在发展的历史阶段。

这个大的历史阶段，其主要成果是统一的多民族中国形成与确立；各民族共同祖国观念的形成，古典爱国主义在反抗外国侵略的斗争中得到了发扬。

中华民族的自在发展是指在中国古代随着统一的多民族中国形成、巩固和确立，各民族的根本利益相互关联，客观上在形成和发展着中华民族的一体性。这种深层次的内在联系，被历代王朝推行的民族压迫制度和民族间的纷争所掩盖，人们比较明确地注意到民族间的矛盾和隔阂，而各民族间根本利益的一致和整体不可分割的联系，未能成为自觉的民族意识。直到近现代，在中国古代实际已形成并得到了发展的中华民族整体，才在与帝国主义的斗争中得到认识，形成发展了中华民族自觉的整体认同。所以与中国古代统一多民族国家形成相对应，即从秦汉至1840年以前的2000余年间，中华民族整体已经形成而又未能出现自觉意识，是中华民族自在发展的历史阶段。

---

① 《礼记·王制》。

2000余年间，统一多民族中国的形成又可分为开端、发展、确立三个历史时期。

开端时期包括秦汉、三国、两晋与南北朝。在这一时期，前400余年（前221—220）是大一统时期，华夏在大一统历史条件下形成为汉族，并且实现了华夷的统一，奠定了尔后统一多民族中国疆域的基础。国家元首称号已包括华夷统一的含义。郑玄在注释《礼记·曲礼》"君天下为天子"一句时说："天下，谓外及四海也。今汉于蛮夷称天子，于王侯称皇帝。"这一含义，在《白虎通义》、《独断》等东汉名著中，都有相同的阐释。地域观念方面，也已稳定地形成以郡县为主干、以民族地区为边裔统一的地理观。从公元220年进入三国时期开始，后虽经西晋短暂统一，一直到公元581年隋朝建立以前，是中国南北分别由汉人与少数民族为统治民族，从割据混战到南北分别实现多民族统一，形成南北王朝对峙的时期①。

如果从统治民族与民族关系角度观察，则前530余年（前221—316）是以汉人为统治民族的时期；公元317年以后中国南部由汉人为统治民族，中国北部则由北方少数民族为统治民族。这些北方民族，从两汉以来已与汉、晋等王朝发生多层次联系，已经是中国的少数民族，并且对中国的政治、文化都已有深刻的了解。他们走上"逐鹿中原"的历史舞台，表现出如下几个特点：

第一，自居中国，并力图与南方汉人建立的王朝争夺"中华正统"；

第二，以中国分裂为变态，统一为常态，以统一中国为己

---

① 隋于公元589年灭陈，南北完全统一，作为一个历史时期仍断于581年隋朝建立。以下元朝实于1279年才灭南宋，而1271年改国号，作为一个历史时期的标志较为恰当。

任；

第三，所建立的王朝制度，以继承秦汉制度为基础，实行农牧民族"胡汉分治"，以汉人农业经济为立国之基，汉文化为主导的农牧文化相结合；

第四，认同自身是炎黄裔胄。

由于以上特点，使原先仅限于汉人称"中国人"，此时"中国"已改变为各民族共有的称号，而"汉人"稳定地成为中国主体民族的专称；原先以"中国"对"四夷"的总体称谓虽继续沿用，又派生出以"蕃汉"区分汉族与少数民族的总体称谓。从"五胡"所建王朝到北朝，虽然是中国少数民族建立的王朝，却与汉人建立的王朝一样，是中国历史发展不可缺少的一环，体现了中华各民族共同创造中国历史的传统。中华民族的文化与历史并不因为少数民族成为统治民族而被割断其传统；相反，在促进农牧两大类型民族的统一与农牧文化结合的基础上，使中华民族的文化与历史的整体性，不断得到发展和巩固。由秦汉开端的统一多民族中国，在三国、两晋、南北朝时期经受了严峻的考验，并且集积着更高度的统一。

从公元518至907年，隋唐两个王朝，是统一多民族中国形成史的发展时期。907至1271年，再度经历由大分裂到中国南北部分别由汉人和少数民族建立王朝对峙的严峻考验。史家或以两宋与辽金对峙称为"第二次南北朝"，或以西夏从1038—1227年基本与辽宋、金宋对峙大体同时存在，而称为中国历史的"新三国时期"。

这一历史时期，从581—907的300余年为大一统时期，907—1271的360余年是从大分裂重新南北统一形成对峙的时期。后360余年，不仅南北王朝对峙，还有多个地区性与边疆王朝各据一方。然而统一多民族中国的历史从隋唐到元统一以前仍然得到了大幅度的发展。

首先是中国的疆域这一时期在秦汉基础上进一步得到了发展和巩固。唐代在汉地推行州县制度；民族地区推行羁縻府州制度：“即其部落，列置州县，其大者为都督府，以其首领为都督、刺史，皆得世袭。虽贡赋版籍多不上户部，然声教所暨，皆边州都督、都护所领，著于令式。”据欧阳修统计，唐代在全国各民族地区共设这类"府州八百五十六"。① 虽然管辖制度与汉地不同，其作为唐朝疆域则相同。此外，隋唐时期中华民族史一个重要的发展，是西藏的统一与吐蕃王朝的兴起，吐蕃王朝与唐朝关系的发展，奠定了西藏成为中国疆域一部分的历史基础。

辽金与两宋对峙，南北王朝基本制度及经济、文化相同，都是10—13世纪中国历史的重要组成部分。辽金把王朝直接管辖的州县推广到整个中国东北部，在牧区推行部族节度使制度是仿唐代藩镇而又结合游牧民族经济文化特点的牧区地方行政制度，因而使中国东北和北方草原的地方行政制度得到了发展，对中国疆域的巩固做出了重要的历史贡献。其他如渤海、南诏、西夏、大理、西辽等地区性王朝或边疆王朝，虽各据一方，有鲜明的民族特点，然其政治制度均具有鲜明的仿照隋唐或先仿隋唐后参照两宋的特点，文化方面也深受汉文化的影响。即令如黑汗王朝（喀喇汗王朝），已接受伊斯兰教，在文化与制度方面与中原王朝有很大差别，也与上述几个中国的中原王朝或边疆王朝一样，自居是中国的一部分。与之发生关系的中亚、西亚各国，也称其汗王为"东方与中国之君"。② 可以断言，到13—14世纪，元朝统一中国，实际上是隋唐及辽金与两宋时期由大一统到多政权并存，但同一性不断发展的必然结局。

---

① 均见《新唐书·地理志七下》。
② 参见拙作《中国·华夷·蕃汉·中华·中华民族》相关的考证及征引张广达先生的论文。该文已收入拙著《中华民族研究初探》。

第二，国家元首称号的进步反映出农牧民族统一、农牧民族文化结合的特点。

在西汉，匈奴单于也称"天子"[①]，与皇帝是平行的国家元首称号。呼韩邪单于归汉，汉朝赐"汉匈奴单于玺"，"位诸侯王上"，表明单于已成为从属于皇帝的称号。自柔然社崙可汗称可汗，可汗又成为与皇帝平行的元首称号。而唐太宗降服突厥之后，北方游牧民族众汗共拥戴唐太宗为众汗之上的"天可汗"，"是后以玺书赐西域、北荒之君长，皆称'皇帝天可汗'"。[②] 唐朝皇帝享有"皇帝"、"天子"、"天可汗"三种称号，是农牧两大类中国各民族共同的国家元首。以后辽、金两代的皇帝，也都兼存农牧两大类民族国家元首的称号。这种农牧结合的元首称号，后世一直延续到元朝与清朝。中国的统一，实际上是中国农牧两大类民族的统一。中华民族文化同一性的形成，从总体上看也是农牧两大类民族文化的交融结合、多样性与同一性的辩证统一。这种特性在隋唐与辽金两宋时期得到了显著的发展。

第三，隋唐辽金两宋时期，是中国古代向外大开放的历史时期，也是中国古代经济、文化得到了大发展的历史时期。不仅中国各民族经济文化都有相当可观的发展，中国南北与世界的联系也远比以往扩大。中华民族古代的经济、文化及对外交流的历史，这一时期都占有极重要的地位。

元明清已进入统一多民族中国的确立时期。第一，全国所有的民族地区，都置于中央直接派官的管辖之下，形成了在中央直接管辖下的行省与特别政区并存的地方行政制度。尽管古今政权性质、社会制度、政策法令有质的不同，然由统一的中央政府直接管辖省与特别政区的制度从元朝形成并一直延续至今。第二，

[①] 匈奴单于又冠"撑离孤涂"，汉译即"天子"。
[②] 《通典·边防》，中华书局点校本，第5494页。

蒙古帝国尽管有四大汗国,而元朝皇帝身兼蒙古大汗,但元朝皇帝直接管辖的行省与特别政区,仍限于两汉以来传统的中国疆域和西藏,《元史·地理志》所叙元朝的版图,明确限在上述直辖范围之内,只是强调由于元朝推行行省制度,"汉唐极盛之际,有不及焉。盖岭北、辽阳与甘肃、四川、云南、湖广之边,唐有所谓羁縻之州,往往在是,今皆赋役之,比于内地。"① 第三,中国与邻国的边界已稳定地形成,尤其在清朝,中俄签订了《尼布楚条约》、《布连斯奇条约》等,已具有主权国家间划界国际条约的水准。清代中国与一些邻国虽有宗藩关系,但中国与这些邻国的传统边界已是稳定而明确的边界,有些还经过勘查与划定。中国在西方列强侵入以前,不仅已有明确的疆域与稳定的边界,同时也已形成了稳定而明确的在统一中国依据不同民族、文化、历史、地理特点,以不同政策、法令行使管辖的地方行政制度。在统一中国内以不同社会制度存在的各民族,无论是内地还是边疆,汉人还是少数民族,都是中国人。这一认同的实际情况,在皇帝的训诰、大臣的奏议、私家著述乃至词书及国际条约等都已得到反映。第四,各民族大认同的祖国观念,不仅在近代西方列强入侵之后才有实际的表现,在1840年以前早已创造了值得称颂的业绩。在明代中晚叶东南抗倭斗争中,广西壮族及湖广土家族、苗族等兄弟民族所立的战功;明清之际郑成功驱逐荷兰殖民者收复台湾的斗争中,台湾原住民所立的战功;清初叶黑龙江流域各民族在反抗沙俄入侵者的斗争中及雅克萨驱逐沙俄殖民者的战争中各族官兵所立的战功,都表现了在统一多民族中国确立的历史时期,中华各民族祖国观念的大认同,表现出爱本民族与爱中国、保卫祖国与保卫家园一致的爱国主义精神。这是中华民族古典的爱国主义的高度发扬,是中华民族整体民族意识萌发的具

---

① 《元史·地理志·序》。

体表现。

　　从1840年到当前,是中华民族从自发到自觉联合的历史阶段,这个大的历史阶段,大致可以划分为三个历史时期:

　　从1840年到1911年辛亥革命以前,中华民族在反帝、反封建斗争中的自发联合,一方面是粉碎帝国主义的侵略与分裂阴谋,保卫祖国的统一与疆域完整,同时也逐步深入,从不同层次上寻求将古代中国转化为现代中国的强国之道。其主要成果是,在最艰难的历史条件下,共同保卫了祖国的统一与疆域的基本完整,并推翻了两千余年的君主专制制度,建立了共和制民国。近代中华民族的爱国主义在反帝、反封建斗争中,已较古代有显著的发展,是中华民族由自在发展向自觉发展过渡的历史时期。

　　1911年辛亥革命以后至1949年中华人民共和国建立以前,是中华民族在明确的政治纲领指导下联合起来,并且终于推翻了帝国主义、封建主义、官僚资本主义统治,获得了中华民族独立解放的历史时期。这个历史时期,在辛亥革命至1924年中国国民党第一次全国代表大会以前,贯彻"五族共和",中国各民族粉碎了形形色色的民族分裂阴谋,维护了祖国的统一,但"五族共和"还未能真正反映中国近代民族问题的根本实质。1924年1月23日,孙中山先生在提交国民党第一次代表大会讨论的《中国国民党第一次全国代表大会宣言》中,重新解释"民族主义""有两方面之意义:一则是中国民族自求解放,一则是境内各民族一律平等",在这个文件中还提出了"少数民族"的概念[①]。1937年抗日战争爆发,共产党倡议和推动建立了抗日民族统一战线,进一步明确了贯彻1924年孙先生新"民族主义"的道路和政策方针,全面阐明中国近代社会的主要矛盾是帝国主义与中华民族的矛盾,必须广泛地团结各族人民,反抗帝国主义的侵

---

①《孙中山先生选集》,人民出版社,1981年10月版,第591页。

略,"对外求中华民族的彻底解放,对内求中国各民族之间的平等"[1]。这个纲领把中华民族根本利益的一致性和不可分割性揭示出来,阐明了中国近代民族问题主要矛盾是反抗帝国主义的侵略以求中华民族的独立和解放——这是中华民族的民族革命;同时,必须反对国内的民族压迫制度,以求国内各民族的平等,这是中华民族反封建民主革命总任务中一个重要的组成部分。1938年以后,又逐渐明确在中华民族获得独立解放的过程中与获得独立解放以后,建立和完善在统一中国实行各少数民族的区域自治的制度,是解决中国民族问题的具体道路。这样就从纲领、道路、政策、方针各方面把中华民族联合成整体上升到了理论和自觉意识的高度。抗日民族统一战线推动了中华民族全民族抗日战争,经过八年抗战,取得了抗日战争的胜利,这是中国近代中华民族第一次取得完全胜利的反侵略战争,是中华民族获得独立解放的伟大转折。

1949年10月1日到当前,是中华民族在获得了民族解放和独立以后的蓬勃发展时期,根本的问题是在现代化的基础上实现中华民族的振兴和祖国的完全统一。

(原载《社会科学战线》1996年4期)

---

[1] 毛泽东:《目前统一战线中的策略问题》,收入《毛泽东选集》第二卷。

中华民族解

中华民族，是本世纪初才出现的称谓。但中华民族的历史非常悠久，从起源时代发展到当代，一脉贯通，文化传统从未被割断。在过去的几千年中，中华大地上涌现过为数众多的族称，当代中国也有56个兄弟民族。中国古今各民族，既各自具有形成发展的历史与文化，又在数千年中逐渐形成了统一的多民族国家，共同缔造了中华民族的历史与文化。深刻理解中华民族这种既具多元又是一体的辩证发展，对正确认识中国民族问题，是必要的。

一、中华民族的涵义

对中华民族所涵盖的内容的认识是逐渐深入、逐渐明确的。伟大的革命先行者孙中山先生，在兴中会誓词中提出"驱逐鞑虏、恢复华夏"，后一句曾改为"恢复中国"、"恢复中华"。这是从朱元璋讨元檄文"驱逐胡虏，恢复中华"所表述的传统华夏即汉民族意识中引伸出来的。1905年，孙先生联合各革命党人组织同盟会，誓词是"驱逐靼虏，恢复中华，创立民国，平均地权"，将"民族革命"与推翻帝制结合起来。辛亥革命以后，更认识到当时四万万中国人中，汉人是多数，还有满、蒙、回（维吾尔等信仰伊斯兰教的民族）、藏、苗、瑶、僮（壮）等各民族共处于统一的国家，民族间不允许互相"宰制"。根据当时的情形,尤其强调不可仇视满人,"务与之平等处于中国之内"①。他宣告:"国家之本,在于人民。合汉、满、蒙、回、藏诸地为一国,即合汉、满、蒙、回、藏为一人,是曰民族之统一"②。孙中山先生称这种统一的民族为中华民族,并相信"中华民族为一伟大之民族,必能完成伟大的事业"③。如何达到民族统一,他最初主张以汉族为中心,实行民族同化。国共合作以后,重新解释三民主义时,指出:"国民党的民族主义,有两方面的意义:一则中国民族自求解放,二则中国境内各民族一律平等"。指出了中华民族反对帝国主义以求独立解放和国内各民族一律平等两个方面的区别与联系,认为前者是中华民族的自决,后者为中国各民族的联合,只是孙中山先生当时未找到使国内各民族平等联合的途径,所以对中华民族所涵盖的内容,还未能予以明确的概括。

辛亥革命以后,帝俄策动当时外蒙古哲布尊丹巴等宣布"独立"。1912年10月和1913年10月,哲里木盟10旗王公在长春两次举行东蒙古王公会议,讨论赞成五族共和,拥护民国,反对外蒙古"独立"④。1913年初,在归绥(今呼和浩特)又召开了西蒙古王公会议,内蒙古西部22部34旗王公一致决议"联合东蒙反对库伦"并通电声明:"数百年来,汉蒙久成一家","我蒙同系中华民族,自宜一体出力,维持民国"⑤。这大概是在政治文告中,第一次由少数民族代表人物共同决议宣告中国少数民族同属中华民族的一部分。

中国共产党一贯重视民族问题,但对中国既是多民族,又是

① 胡汉民编:《总理全集》第一集第916页。
② 《孙中山选集》,人民出版社1981年第2版,第90页。
③ 陆达节辑《孙中山先生外集》,中华书局1932年版,第65页。
④ 《东方杂志》第九卷第6号,1912年12月。
⑤ 西盟王公会议招待所编:《西盟会议始末记》。

统一不可分割的整体这两个方面如何理解，也有个认识的过程。因而，如何将马列主义民族殖民地问题的理论与中国革命实践相结合，在民族问题上提出适合国情的纲领与政策也需要一个发展过程。抗日战争时期，毛泽东主席在《中国革命与中国共产党》中以"中华民族"为第一节，指出中华民族自古就劳动、生息、繁衍于中国这块广大的土地上。在四亿五千万人口中，十分之九以上是汉人，此外还有数十种少数民族，"虽然文化发展的程度不同，但是都已有长久的历史。中国是一个由多数民族结合而成的拥有广大人口的国家"[①]。"中华民族的各族人民都反对外来的压迫，都要用反抗的手段解除这种压迫。他们赞成平等的联合，而不赞成互相压迫"[②]。在近代"帝国主义和中华民族的矛盾，封建主义和人民大众的矛盾，这些就是中国社会的主要矛盾……而帝国主义和中华民族的矛盾，乃是各种矛盾中的最主要的矛盾"[③]。这样就从本质上揭示了中华民族在帝国主义的侵略面前，是一个整体，体现着中国各民族整体与根本利益的中华民族，是帝国主义侵略直接的对立面，同时中华民族当中还包括汉族和数十种少数民族。因而中国民族问题的总纲领是"对外求中华民族的彻底解放，对内求中国各民族间的平等"[④]。与上述孙先生新三民主义中的民族主义一致，而在实践中逐渐明确了在统一多民族中国实行区域自治的政策。

综上所述，中华民族既是中国各民族的总称，又概括了中国各民族的整体认同，是不可分割的实体。中华民族与中华民族当中数十种兄弟民族，所表述的是不同层次的民族认同，是辩证统

[①②③④] 《毛泽东选集》，人民出版社1952年版第2卷，第591—592、593、601—602、724页。

一的民族结构①。只强调中华民族的一体性，忽视了各兄弟民族客观册存在的不同特点、民族意识和民族利益，或只强调各民族都是具有不同特点、民族意识和民族利益的单一民族，而忽视了中华民族的一体性和中华民族的共同利益，两者都是片面的。中华民族的一体和中华民族所涵盖的各兄弟民族的多元，二者是辩证统一而不是互相对抗的。强调任何一面而忽视了另一面，都不能科学地表示中华民族的涵义。

二、中华民族的起源

关于中华民族的起源，历来为中外学人所关注。传统的汉文史籍认为中华各民族均起源于黄河中下游，其留居在中原发展的为华夏，称中国，其被流徙于边疆的为四夷（裔）。这是关于中华民族起源的一元说，是古代的正统史观在民族起源方面的表现。自17世纪以来，西方不断鼓吹关于中华文明与人种的各种"外来说"，其中以"西来说"影响最大。"新中国的考古学证明了这两种观点都没有科学的依据"②。

中华远古人类的发现与研究，为中华民族起源的本土说奠定了坚实的科学基础。直到目前为止，世界上唯独中华大地上，从腊玛古猿、南方古猿、直立人（猿人）、早期智人（古人）、晚期智人（新人），关于人类起源的各个阶段的化石都有了丰富的发现，可以建立较为完整的进化序列。其中，中国的西南应是人类

---

① 费孝通：《中华民族的多元一体格局》，收入《中华民族多元一体格局》，中央民族学院出版社出版》1991年。

② 陈连开：《关于中华民族起源学说的由来与发展》，收入《中华民族研究新探索》，中国社会科学出版社出版，1991年。

起源的地区之一。自本世纪 20 年代发现了北京人、河套人等古人类化石以来，古人类学界已注意到中华古人类的体质，不仅表现了人类进化各阶段的普遍特征，还越来越与蒙古人种（黄种人）的体质特征相联系，从中已初步追溯出蒙古人种起源与形成的过程。到晚期智人阶段，不仅有了柳江人那样的早期蒙古人种的代表，并且与山顶洞人比较，蒙古人种在晚期智人阶段已出现了南北异形现象。中华新石器时代居民的体质特点与晚期智人阶段有明显的继承性和发展，并且在蒙古人种的同一性中，有不同种系类型的分化，表明到了新石器时代，中华远古居民已存在不同族群的区分[①]，从而又证明中华大地是蒙古人种的故乡，中华民族的远古祖先，应是来自这些远古洪荒时代已繁衍生息于中华大地并继续在本土创造历史与文化的人们。中华民族在发展中吸收了外来的文化与民族成分使自身更加壮大，但就整体而言，中华民族起源于中华大地，绝非来自中华大地以外任何一方，过去形形色色的"外来"说是没有科学根据的。

中华新石器文化的区系类型研究和中华远古各部落集团的研究，为中华民族起源的多元说奠定了坚实的科学基础。新中国建立以后的 30 余年，批判了中华文化"西来说"，又暗示了另一倾向，即中华文化起源于黄河中下游，然后向四方辐射，给人从一个中心起源的印象。最近 10 余年各地的发现日益丰富，考古学界对各地新石器文化的年代序列、地层叠压、器形器物的演进、文化内涵的比较，发现中国的新石器文化分为几个大区域并各自在当地旧石器文化发展的基础上起源，各有其演进的序列，各个区域的文化自成系统，地域不重复，内涵有差异。尽管目前对于新石器文化区系的划分各说并存竞长，但中华新石器文化是多元

---

① 陈连开：《关于中华民族起源的几点思考》，载《广西民族研究》1991 年第 3 期。

起源多区域不平衡发展则已基本上是各家一致的看法[①]。另一方面，关于远古传说中存在着的各部落集团的研究，可与新石器文化多元区域性不平衡发展所表明的客观历史相互印证[②]。这些都证明了中华民族起源的多元特点，"这是中华民族格局中多元的起点"[③]。另一方面，各区域的文化也在接触中相互影响并出现了竞争的机制，既表现出相互吸收比自己优秀的文化而不失其个性，也表现出统一的趋势。例如起源于今黄河下游以泰山为中心的海岱区域的文化，在新石器时代晚期覆盖了差不多整个黄河流域，向南影响及于长江中游与下游，北及于燕山与河套一带。按远古传说，这个时期起源于黄土高原的炎黄部落集团，战胜了以泰山为中心的太昊、少昊集团建立起号令黄河流域诸部落的大联盟。这也许是中华民族历史上第一次文化比较后进的征服者反被文化比较先进的被征者所征服而达于融合，成为华夏民族起源的核心和国家形成的前奏。这种接触与融合，实际上反映了起源时代各族团间的文化交流与统一的趋势，"从多元上增加了一体的格局"[④]。中华民族的整个发展过程中所表现的多元与一体的辩证统一，在起源时代已有了萌芽。

[①] 陈连开：《关于中华民族起源学说的由来与发展》，收入《中华民族研究新探索》，中国社会科学出版社出版，1991年。

[②] 陈连开：《中国远古的各部落集团》，收入《民族史研究文集》第3集，中央民族学院出版社即将出版。

[③] 费孝通：《中华民族的多元一体格局》，收入《中华民族多元一体格局》，中央民族学院出版社出版，1991年。

[④] 费孝通：《中华民族的多元一体格局》，收入《中华民族多元一体格局》，中央民族学院出版社出版，1991年。

三、中华民族的凝聚核心
华夏—汉民族的形成

黄河流域东西两大区系新石器文化和神话传说中东西两大系部落集团,通过漫长的接触、斗争,发生了融合与分化。对西系炎黄、东系太昊、少昊集团而言,一方面在黄河中下游融合的结果,形成了夏、商、周三支华夏的主要来源;另一方面,两大集团的部落,又分别在黄河上游和泰山以东以南继续按原有文化传统发展,形成了氐羌和夏、商、周时期的东夷。这是融合与分化在同一进化过程中的两个侧面。夏、商、周三支,起源与兴起的地区不同,文化大同小异,到西周已融为一体,以夏为族称,又称中国,以与夷戎等相区别。同时,先秦文献与考古学材料都证明夏、商、周不仅融合了黄河流域两大系文化与部落,也吸收了长江流域及燕山南北的部落与文化。中华民族最早的核心和最初的三个朝代都是大融合的产物。

春秋战国,是有明确文字记载的中国古代史上第一次社会大变革的时期,也是边疆各民族,其中尤其是西北与北方各游牧民族进入中原,成为中国古代史上有明确记载的第一次民族大迁徙,民族矛盾激化,经过长时间接触与斗争,最终达于大融合时期。春秋初叶,"夷狄也亟病中国,南夷与北狄交,中国不绝若线"[1]。在"攘夷"的旗帜下,中原诸夏联合起来与内迁各族斗争,民族意识强烈表现出来。因为文化发达,诸夏又自称华,或联称华夏,岐视夷狄,甚至诬称之为"禽兽"。对处理华戎关系,

---

[1] 《春秋·公羊传·僖公四年》。

当时的政治家与思想家倡言："戎狄是膺，荆舒是惩"①，"德以柔中国，刑以威四夷"②，"裔不谋夏，夷不乱华"③ 等原则，强调"夷夏之别"和"夷狄之防"。这是当时华夏民族观的主要方面，是后世汉族大民族主义正统观的思想根源。另一方面，华夏本身是大融合的产物，与四周各族有密不可分的多层次联系。春秋时的政治家与思想家又主张"徕远人"，有的甚至认为"夫和戎狄，国之福也"④，"远人不服，则修文德以来之，既来之，则安之"⑤。孔子收徒"有教无类"，其中包括一些来自夷狄区域的弟子。孔门高足子夏说："与人恭而有礼，四海之内皆兄弟也"⑥。"四海"这个概念，《尔雅·释地》解释说："九夷、八狄、七戎、六蛮谓之四海"，是包括四方各民族的。可见春秋时期华夏民族意识又有兼容并包的一面。这一面对后世汉民族滚雪球一样壮大自己也有极深刻的影响。

春秋时期的民族矛盾，到战国已渐消融。秦、楚等春秋时称为夷狄，战国已与三晋、齐燕并列诸夏"七雄"。同时，春秋时内迁到中原与诸夏杂处的各族已经华化，而泰山以东以南的东夷，长江下游的吴、越，四川地区的巴、蜀，到战国末叶，也都已融于华夏。其中有一部分在边疆成为非华夏各民族，尤其是百越，分布很广，除了勾践建立的越国已融于华夏，其他各支仍是我国南方百越裔各族的先民。

民族融合促进了华夏民族共同体的稳定与壮大，七雄兼并实质上是华夏的民族统一过程。战国时期，华夏已形成了稳定的民

---

① 《诗经·鲁颂·閟宫》。
② 《左传·僖公二十五年》。
③ 《左传·定公十年》。
④ 《左传·襄公十一年》。
⑤ 《论语·季氏》。
⑥ 《论语·颜渊》。

族共同体,但还不是统一的民族。许慎在《说文解字·叙》中说:当战国时,"分为七国,田畴异晦(亩),车涂异轨,律令异法,衣服异制,言语异音,文字异形"。说明了在战国时华夏民族还存在明显的地区差异,经过秦汉四个多世纪大统一的陶铸,于是发展为统一的民族,并且成为统一多民族中国的主体民族,在中华民族形成与发展的过程中,起着凝聚核心的作用。西汉时,仍按先秦传统自称为华夏或中国,而边疆其他民族则称之为"秦人"或"汉人"。这种民族间相互称谓,在汉朝灭亡以后同样延续。两晋之际,"五胡"逐鹿中原,占有传统称为中国的两京(长安、洛阳)地区,自居于"中国皇帝",明确地与汉人共享中国的称谓,汉人则比较稳定地成了族称。到南北朝时期,汉人已由他称成为南北汉人的自称,于是"中国"成为各民族共有的称谓,"汉人"成为汉民族专有的族称。中国各民族的总体称谓也由"华夷"对举演化为"蕃汉"对举[①]。

四、中华民族的自在发展

中华民族的自在发展,是指在统一多民族中国的古代形成与发展过程中,中国各民族的内在联系与整体不可分割性客观地在形成与发展着,也就是说:中国各民族既是各自在形成发展,又客观地在统一的多民族国家里逐步形成为中华民族的整体,只是在古代历史条件下,这种客观实际未能成为自觉的民族意识。因为在中国古代,没有真正遇到来自中华大地以外的威胁,而历代民族之间的战争和王朝所推行的民族压迫制度所造成民族之间的歧视与隔阂,又掩盖着中华民族客观存在的整体利益一致和不可分割的联系。在世界的古代和中世纪,曾有过许多大帝国,其中

---

① 陈连开:《中国华夷、蕃汉、中华、中华民族》,收入《中华民族多元一体格局》。

有的地跨欧亚非三洲，但这些帝国都在军事力量衰败之后而分崩离析，并且在崩溃瓦解之后，都未能重建其统一。而被西方称为"古老的中华帝国"的统一多民族中国，以秦汉为发端，却沿着统一→分裂之后逐渐形成南北朝→更高度的统一与繁荣（隋唐）→再度由大分裂逐渐形成南北两王朝对峙（辽、宋、金）→统一多民族中国的确立（元、明、清）这样的轨迹发展。这个铁的历史事实，足以说明在中国古代已存在中华民族的整体性。

中华民族的生存空间即中华大地的地理特点，在世界上是独具特点的。它自然分为面向海洋四季分明的湿润东部或东南部和背靠欧亚大陆干旱的西部或西北部。东部是广大的农业区，西部基本上是游牧区，间有小块河谷与绿洲农业区。从南北角度看，从南到北又明显划分为三个温度落差很大的气候带，即秦岭、淮河一线以南为亚热带（包括中南、西南极少数热带地区），秦岭、淮河以北到秦长城以南为温湿带和中温带（包括辽东辽西地区），秦长城以北为寒温带。因此，东西两大部和南北三带天然划分为水田农业区、旱地农业区和游牧区（包括游猎和渔猎区广义称之），农牧两大类型和水田农耕、旱地农耕、游牧三个发展带的各民族及其文化。这两大类型和三个发展带各民族的统一过程也就是统一多民族国家的形成与发展以至于确立的过程，这两大类型与三个发展带民族文化的不断汇聚和辐射、相互吸收和影响的过程，也就是中华民族共同文化的形成与发展的过程。两大类型和三带各民族间的相互依存与相互补充的经济联系和文化影响的发展，以致相互不可分割关系的形成与发展过程，是中华民族整体性得以发展的最深层的基础，是多民族终于结成统一国家的根源所在。

任何民族的形成，都首先表现出一定的政治结构，其最高层次即国家的形成。中国古代统一多民族国家的形成与发展是中华民族整体性的重要特征之一。中国的疆域辽阔而广大，不仅是各民族共同开发的，也是因各民族首先在本地区形成政治中心，进而形成地区性多民族统一，最终形成多民族统一的中国。全国性的统一是由许多局部统一为前提，因而不同层次的统一运动，都对缔造中国的广大疆域作了不可磨灭的贡献。华夏—汉民族在统一多民族中国形成过程中起了主体民族的作用，中华民族中其他古今各民族也都有自己的贡献。建立有全国性影响王朝的，以汉人居多，也有一些是少数民族。秦汉到清末，全国统一的时间占三分之二，大分裂和南北王朝对峙的时间占三分之一，各民族越来越统一是中国古代历史发展的主流和总趋势。从元朝实现全国大统一以后，朝代历经更换为明、清，但中国没有大分裂，维持了六个半世纪的全国统一。值得注意的是，把全国所有民族地区都置于中央王朝直接管辖之下，从而标志着统一的多民族中国古代发展过程的完成，这个历史使命是由蒙古族为统治民族的元朝和以满族为统治民族的清朝完成的。中国各民族共同缔造的统一多民族国家，是中华民族在古代已形成为整体的最高政治表现。中国古代国家元首称号的演变既深刻又生动地体现了这个整体的存在。

由于中华民族的众多成员分为农牧两大类型，国家元首的称号也明显有两大类型不同的特点。这两大类型国家元首称号合而为一，体现着两大类型文化的结合和民族的统一。

秦始皇创立了国家元首称为皇帝的制度，又从周朝继承了天子的称号。汉承秦制，对皇帝与天子的含义，有明确的分职。《礼记·曲礼》说："君天下曰天子"，东汉大经学家郑玄解释说："天下，谓外及四海也。今汉于蛮夷称天子，于王侯称皇帝"[①]，"四海"包括所有民族地区，天子是各民族共同的国家元首，王侯指汉朝的诸侯王，皇帝是诸侯王的共主、郡县的最高统治者。

---

① 重点号为引者所加。

在统一多民族中国形成的开端阶段，不仅形成了以郡县地区为主干、民族地区为边疆的统一地理观念，也形成了各民族统一的国家元首。

游牧系统，在汉初匈奴单于与汉天子、皇帝相当。呼韩邪单于归汉，"位诸侯王上"①，单于成为天子之下的称号。十六国时期，刘渊称帝，最初以皇帝、天子兼为大单于，不久以单于称号加诸太子，又兼六夷大都督，实行游牧民族与农耕民族"胡汉分治"的制度，于是农牧两个系统的国家元首称号合并于同一朝廷，如下图表示：

统一多民族的国家元首 { 皇帝：诸侯王及州郡县的元首
　　　　　　　　　　　天子：所有边疆各民族地区的元首

储君 { 太子：皇帝、天子法定继承人
　　　大单于：兼六夷大都督，主管内迁各民族的部落军民。

北魏时，柔然将鲜卑部落酋长称号——可汗提高到游牧民族国家元首的地位，与匈奴单于最初的地位一样，相当于皇帝和天子。随着多民族统一的发展，唐太宗贞观四年（630年），西北各游牧民族的可汗们，共尊唐太宗为天可汗，即各游牧民族众汗共同拥戴的汗上之汗。于是唐朝的国家元首拥有皇帝、天子、天可汗三种称号，如下图：

统一多民族的国家元首 { 皇帝：州县及诸王的元首
　　　　　　　　　　　天子：所有边疆各民族的元首
　　　　　　　　　　　天可汗：北部与西北游牧各民族众汗之汗

两宋沿秦汉隋唐制度又进一步加强中央集权，国家元首称天子与皇帝。辽朝将中国北部农牧各民族置于同一个朝廷管辖之下，以不同的法律与官制分别进行统治。如《辽史·百官志》所说："官分南北，以国制治契丹，以汉法待汉人……因俗而治，

---

① 《汉书·匈奴传下》。

得其宜矣。"辽的这种二元政治制度是继承了十六国"胡汉分治"和唐代以《唐律》治州县，以各民族传统习惯法治理各民族，而民族间纠纷则用《唐律》等制度加以系统化和创新，从而创立了把中国农业区与游牧区各民族置于同一个中央政府直接管辖之下"因俗而治"的政治体制。其后金朝、元朝和清朝，都对这种制度有所继承和发展。而清朝对游牧区各民族有一套完整的管辖与治理的典章、律例，并依据各民族的历史渊源、宗教信仰和社会发展等特点，对蒙古、西藏、新疆，对西南各民族形成了各有特点的管辖制度和政策。可以这样说：游牧区的统一只有草原游牧民族才能完成，进而成为中国大统一的必要前提；同样，对游牧民族行使管辖的典章制度也只有北方各族在吸收中原文化的基础上实行农牧文化结合，才能使之法律化、典制化。这种结合，辽有开创之功，清则集其大成而使之达到成熟。清朝开国之君努尔哈赤称爱新觉罗国伦汗即金国汗，同时也享有蒙古科尔沁等部所上昆都仑汗的称号。清太宗在改国号称皇帝的前夕，也先接受蒙古各部首领所上全蒙古大汗的称号。所以清朝皇帝实拥有皇帝、天子、全蒙古大汗三种称号。按汉文文献，无论唐朝还是辽金元清，皇帝、天子所拥有汗号并不经常使用，因为按汉代以来的传统制度，皇帝、天子已经是完全包括内地与边疆各民族统一的国家元首，然而北方民族所上天可汗、大汗、昆都仑汗、博格达汗等称号，都表示了游牧诸汗的臣服。农牧两个系统国家元首称号的合一，在中国古代是农牧各民族统一整体形成与发展的具体体现。

中华民族从起源时代起，是多民族多区域的不平衡发展，但又内在地各民族兴衰互相关联。中华大地上东西两大部南北三带各民族，在古代总是以黄河中下游为中心相互影响。两京（长安、洛阳）地区，在古代历来是影响各民族兴衰的腹地。两京定，则全国统一，边疆安宁，各民族共同稳定发展；两京乱，则国家分裂,边疆与内地众汗诸王争雄割据,必须经过许多局部的统一才能重建全国的更高度统一。即使是辽金元明清,首都已移到北京地区,中原腹地治乱仍然关系至为重大。全国的治乱兴衰,与中华各民族的发展都息息相关。即令如西藏,其地理条件与内地有较大的自然障隔,从唐代以来,西藏的兴衰与稳定从来都和中原王朝的强弱脉络相通①。当然,有统一的一面,也有矛盾的一面。各民族统治阶级政治上的强弱,争夺地区性或全国性政权的斗争,彼此消长,都互相具有连环性影响。自秦统一以来2000多年间,中国这么辽阔的版图上发生过多少次分分合合,但无论是分是合,各民族既各自形成发展,又彼此关联统一发展的特点贯穿于中国古代史的全过程。也就是说:中华民族众多成员的多元发展与中华民族的一体发展,这个对立统一体的两个侧面相辅相成又相反相成,始终在多民族统一国家中作矛盾对立统一的运动。

虽然在中国古代,中国各民族还未能在民族意识上认清中华民族是一个整体的客观存在,但从很早的历史年代起,中国的少数民族就自居为中国的一部分,主张中国的大一统。十六国时期,石勒(羯人)、苻坚(氐人)等自称"中国皇帝",以统一中国为己任。鲜卑人建立的北魏,更认为自己的北魏王朝才是中国的"正统"。"中国"与"汉人"两个称谓在两汉魏晋都是同义词,使二者含义有了区别,是成为统治民族的少数民族必须分享"中国"称号的结果。11世纪喀喇汗王朝的大学者马赫穆德·喀什噶里所纂的《突厥语词典》在解释突厥语"桃花石"(中国)条文中,把中国分三大部分:上秦为中国东部,即宋朝,中秦为契丹,下秦为中国西部,即喀喇汗王朝统治下的喀什噶尔。据专家研究,"参照其他穆斯林文献,我们还可以看到,马合木·喀什

---

① 王辅仁:《关于藏族形成和发展的几个问题》,收入《中华民族研究新探索》。

噶里关于整个中国的概念,实际上也反映了当时中亚地区人们的普遍认识"[1]。金末元初女真人蒲鲜万奴,在东北牡丹江和绥芬河地区立国,称号"大真"即"大女真"之国,不久更国号为"东夏",即明确表明自己是"中国东部之王"。直到清朝,人们仍认为"清起东夏"[2],也是承认清兴起于中国东部。民族虽不同于汉人,但都属于中国,这个认识在中国古代已经在边疆各民族中普遍形成。

五、从自发到自觉的中华民族大联合

从自发到自觉的中华民族大联合,是指中国各族人民在1840年以后反帝反封建的斗争中,最初是自发地联合起来共同进行斗争;以1919年"五四"运动为标志,明确提出了反对帝国主义的政治目标,尤其是中国共产党登上领导中国民族民主革命的政治舞台以后,中华民族已实际开始在反帝反封建斗争中的自觉大联合。这样就使中国的民族问题可以明确划分为本质上有区别的三个不同时代:中国古代的民族战争、民族矛盾,是统一多民族中国形成过程中的矛盾和斗争,就当时各民族诸王众汗而言,是不同王朝、不同民族的矛盾和斗争,就当代中国是古代中国的继承与发展而言,它没有超出中国历史的范围,是中华民族形成过程中的各个民族成员之间的矛盾与斗争。自1840年以后到新中国建立以前,中国的民族问题,有两个基本的方面,即中华民族与帝国主义的矛盾,这是最主要的方面,通过民族革命来

---

[1] 张广达:《关于马哈木·喀什噶里的〈突厥语汇〉与见于此书的圆形地图》,载《中央民族学院学报》1978年第2期。

[2] 《清史稿·藩部一》。

解决，以求中华民族的自决，即中华民族的独立解放，这是世界民族殖民地问题极为重要的组成部分；解决中国各民族之间的矛盾的问题是民主革命总任务中的一个组成部分，通过废除封建的民族压迫制度以求各兄弟民族的平等、联合来解决。新中国建立以后，在继续完成民主革命，废除民族压迫制度，实现区域自治和各民族的民主改革以后，主要是实现社会主义现代化，促进各民族发展社会生产力，相互支持，共同发展，在社会主义与现代文明基础上，实行各民族的繁荣发展与中华民族共同繁荣发展的统一。

1840年以后至1919年以前，中国各民族在反抗资本帝国主义列强的侵略战争中，在保卫家乡捍卫祖国领土完整的斗争中、在反对腐败的清廷的斗争中，在反对帝国主义的瓜分阴谋和民族分裂活动以维持祖国统一的斗争中，都表现了高度的爱国热忱和各种形式的民族联合斗争。这些斗争，客观上都是由于资本帝国主义的侵略造成了中华民族空前的危机才促使中国各民族逐渐联合起来，但主观上还未能认清外来的侵略是造成中华民族危机的根源，资本帝国主义侵略者，是中华民族的头号敌人，因而这些联合还是自发的。马克思曾盛赞太平天国运动是"一个强大的革命"，指出"不管引起这些起义的社会原因是什么，也不管这些原因是通过宗教的、王朝的、还是民族的形式表现出来，推动了这次大爆炸的毫无疑问是英国的大炮"[1]。恩格斯在评论1857年第二次鸦片战争时说："我们不要像骑士般的美国报纸那样去斥责中国人的残暴行为，最好承认这是保卫社稷和家园的战争，是保存中华民族的人民战争"[2]。马克思主义的创始人，虽然一方面批评太平天国只提出了"反满"的口号，"除了改朝换代以外，

---

[1] 《马克思恩格斯选集》，人民出版社，1972年版，第2卷，第1—2页。
[2] 《马克思恩格斯选集》，第2卷，第20页。

他们没有给自己提出任何任务"。同时,他们也根据中英鸦片战争和太平天国革命的事实指出:"中国的南方人在反对外国人的斗争中所表现的那种狂热态度本身,显然表现他们已觉悟到古老的中国遇到极大的危险;过不了多少年,我们就会看到世界上最古老的帝国作垂死的挣扎,同时我们也会看到整个亚洲新纪元的曙光"[1]。马克思主义的创始人以其敏锐的洞察力和科学的预见性指出了中华民族的主要敌人并昭示了中华民族必然的觉醒。在他们预言之后的54年,辛亥革命推翻了帝制,再过8年,1919年爆发了"五四运动",于是中华民族开始迈上了自觉联合的道路。中国共产党自成立之日起,即把中国的民族问题当作中国革命总任务的一个重要组成部分,推动和领导中华民族的自觉大联合,以实现中华民族的独立解放和振兴。中国共产党如何将马克思主义和中国民族问题的实践结合起来,形成一整套理论、政策、方针,需要整部专著来加以论证。本文仅在此对中华民族的自发与自觉联合作立目说明,以求全文纲目完整而已。

(原载《中南民族学院学报》1992年第5期)

---

[1]《马克思恩格斯选集》,人民出版社,1972年版,第2卷,第21—22页。

论中华民族的结构

本文旨在对中华民族结构的基本特点作一个提纲挈领的叙述。

一、中华大地的基本特点

虽然中国历代王朝的封疆范围时有不同,但当代中国各民族及其先民创造历史与文化的生存发展空间是比较明确而稳定的。这个空间范围,我们称之为中华大地。

中华大地地处亚洲东部、太平洋西岸。其得天独厚、特点鲜明的地理环境,是中华民族具有特殊的结构,创造了独具特点的历史文化所依托的自然条件。

中华大地第一个地理特点是四周都有天然限隔,内部构成体系完整的地理单元。其西北临帕米尔高原(古籍中的葱岭),虽有一线可通,秦汉以后形成丝绸之路,然而这巨大而高寒之区,在整个古代仍是一个难以逾越的地理极限。西南有世界上最高的山脉——喜马拉雅山脉,成为中国与南亚诸国天然的分界,而横断山脉构成的山河阻隔与热带丛林瘴病之区,越往古代越是中国与东南亚之间交往的障碍。北方地势起伏不大,为广漠无垠的草原与沙漠,然而中国古代民族历史舞台,常以萨彦岭、贝加尔湖、外兴安岭一线为限。此线以北各族人民,虽与此线以南人民族类相近,终因极北严寒苔原,人烟极稀,不见与中原直接往来。东面自黑龙江流域东部沿海直到中国东南沿海,有漫长的海岸。河姆渡文化等新石器文化证明，早在六七千年以前，中华民族的先民已面向海洋，透射出向海洋发展的曙光；先秦以来已有见诸文献的海上交通；尤其自唐代以来，海上交通日见发达；在明代还有过郑和下西洋的壮举，然而此举终究未能导致中华民族向海洋上发展。纵观整个中国古代，人们大都信奉先秦已产生的这一概念，即认为中国四外环海，内部由中原和四夷共同构成"天下"，故天下又称为"四海之内"。虽中西交通在陆上与海上都有一定规模的发达，对中华大地之外，秦汉以来有了不少了解，但仍基本上是传统的"四海"范围以内多民族内向汇聚，共同创造着中华民族的历史。

中华大地的地理环境的另一特点是自西向东构成三个落差显著的阶梯。西部青藏高原，平均海拔4000米以上；其以东以北和东南，有蒙古高原、黄土高原、云贵高原及塔里木盆地、四川盆地等浩瀚高原与巨大盆地相间分布，平均海拔降到2000—1000米以下，是第二阶梯。第三阶梯，包括北起大兴安岭、中经太行山、南至巫山一线以东及云贵高原东缘以东地区，平均海拔低于500米，多为丘陵，仅少数山峰高达2000米左右，而东北平原、华北平原、江淮平原等大平原，是第三阶梯中最低平的地带，尤其滨海地带，低于海拔50米。

如此落差显著的三大阶梯，像把巨大无比的大躺椅，西北背靠亚欧大陆，东南面朝太平洋，有近2万公里的海岸线。季风气候显著，加上地域辽阔，地形复杂，形成多种多样的气候。以雨量而言，东部低阶梯湿润多雨，中部第二阶梯，除云贵高原外，一般为干旱和半干旱气候，尤其西北内陆，距海数千里之遥，加之重重山岭阻隔，东南方从太平洋、西南方自印度洋吹来的湿暖夏季风鞭长莫及，是中国最干旱的地区。青藏高原则以高寒为特点，自成气候大区。

如果说中华大地东西跨60个经度以上，内陆气候以距海远近而形成湿润、半干旱、干旱的自东南向西北的明显递变,由南北跨30多个纬度,呈现出热带、亚热带、暖湿带、中温带、寒温带从南向北递变。大体言之,台南、琼西及滇南河谷一线以南为热带;此线以北至秦岭、淮河及白龙江一线以南为湿润多雨的亚热带;秦岭、淮河以北至秦长城以东以南,即辽东、河套、陇西一线以南为暖湿带;秦长城以北以西为中温带;黑龙江大兴安岭北端为寒温带。新石器文化遗存及古代文献记载的物候与气象记录表明,亚热带与暖湿带的分界在过去几千年间有过较大的推移,比如黄河中下游在新石器时代和商周,均较现代暖和得多。但总体上自北向南平均气温递增的规律并没有多大改变。

这种南北气温递减、东西雨量递减的气候,把中国明显划分为人口与经济分布均成鲜明对比的东西两个大部,即北起黑龙江省爱辉(黑河)沿大兴安岭南下,中经陇山南至邛崃山,直到云南腾冲一线,以东为中国的东部,农业发达,人口集中,地域面积约占全国总面积的40%,人口占全国总数比例却自古至今保持着高达90%以上,自唐宋至明清的千余年间,东部人口占全国总数经常高达95%以上。上述一线以西为中国的西部,面积占全国总面积60%,主要是草原游牧区,穿插分布小块河谷与绿洲农业区,人口占全国总数通常在10%以下。然而,河西走廊和天山以南是连接中华大地与中亚、西亚以及南亚的咽喉和枢纽,中国西部并不因为地广人稀,减少其在中华民族历史与文化发展中的重要性。

受前面两大特点制约,中华大地地理环境的第三个特点是农业区、牧区及农耕民族、游牧民族发展带分野清楚,而又天然地互相依赖,互相补充。同时也表现出不同民族之间,甚至同一民族不同地区之间社会发展的显著不平衡。大致是:秦岭——淮河之南,是以稻作农业为代表的水田农业和南方以种植水稻为主的农业民族分布之区;秦岭——淮河以北至秦长城以东以南是农业起源以粟黍为代表的旱地农业区。汉族起源与早期发展以旱地农业为主，春秋时楚与吴、越华化以及自东汉以来多次南迁，于是在黄河、长江、珠江等大河的中游、下游及淮河流域，汉人成为兼容旱地与水田农耕的农业民族。秦长城以西以北是草原游牧区和森林游猎区与渔猎区，是游牧民族和狩猎、渔猎民族分布发展的区域。

中国经济的多元多区域不平衡发展，全国生产部类多样而区域相对单一，形成了各区域各民族经济的相互依赖和相互补充。尤其是广大游牧区生产的单一性和不稳定性，既形成了农牧经济的共生互补，又形成了游牧民族对农业民族经济上的需求和依赖大于农业民族对游牧民族的需求和依赖。

机器制造工业兴起以前，农业生产是决定性的生产部门。汉族是中国农业最发达的民族，其精耕细作与农业科学技术，在现代农业科学与集约化现代化农业生产形成以前，达到了世界最高水平。中国历代封建王朝，无论其统治民族是汉人还是北方少数民族，没有一个不是建立在广大汉地个体农业的基础上。汉地农业生产被破坏，王朝的经济基础即被削弱；汉地的统一被破坏，国家就会分裂；中原混战不息，生产凋蔽，边疆就会出现众汗诸王纷起的局面。

中华民族以农业为基础立国，这并非意味着草原牧区的经济无关宏旨。中国是一个拥有广大草原的国家。

从自然地理角度观察，在欧亚大陆中部有一条带状分布的大草原，西起欧洲多瑙河下游，经东欧草原地带一直伸展到中国的东北，绵延21000多公里，称为"欧亚草原带"。中国广大的草原，位于这个草原带的最东端。其地域横亘于北纬30°—50°之间，蜿蜒万里，整个草原地带属于中国的西部。从人文地理和民族关系角度观察，辽阔的中国草原上曾兴起匈奴、鲜卑、柔然、突厥、回纥、契丹、蒙古等强大的民族及他们建立的游牧军事国家．他们的历史舞台往往超出了中国的范围，成为中国以外世界历史的一部分，然而其主要发展方向仍是在中华民族结构中的内向汇聚。在中国古代，农牧民族的矛盾与对立，是中国历代王朝民族问题的主要侧重面，秦、汉、明三个汉人建立的强大王朝及北魏、北齐、北周三个由汉化鲜卑人与鲜卑化汉人建立的北朝，都在北方郡县沿边修筑万里长城。在封建统治者看来，万里长城是处理农牧民族问题防御战略的实施，是利用强大中央集权国家力量修筑的防御工程。从农牧民族发展的客观实际看，它一方面是把农牧民族分隔开来，对郡县农耕区起了一定保护作用的防御工程，另一方面又在沿长城一带进行农牧产品交换与文化交流，形成了自辽东、辽西至西域沿长城分布的一系列以农牧交换为其特点的城镇，所以又是把农牧民族联结起来的宏伟漫长的纽带。这种既相反相成又相辅相成的作用，是农牧两大类型民族及其经济、文化既相矛盾又不可分割生动而深刻的反映。世界上唯独中国有这种特点，也只有中国强大的中央集权王朝才有力量修筑这种被世界称为伟大奇观的万里长城[①]。

万里长城在民族关系方面无需起战略防御作用，因而也没有为民族问题而大兴土木，修葺长城的大一统王朝有汉人建立的唐朝、蒙古人建立的元朝及满洲人建立的清朝。这些朝代都在统一多民族中国形成发展过程中起了极为重要的作用。契丹人建立的辽朝和女真人建立的金朝，其州县区域跨长城两边，对中国疆域的发展与农牧民族的结合也起了重要的作用。中国近代，万里长

---

① 不能把一切出于防御目的的长城与万里长城相提并论。春秋战国时诸侯间的长城的消亡，意味着华夏诸侯兼并的结束与民族的统一，与北边万里长城为农牧民族关系的产物，性质仍有所区别。罗马帝国在英格兰修筑的长城有117公里，维持了3个多世纪，是欧洲历史上可以算做与中国万里长城相似的防御工程，但由于地理、历史、经济、文化、民族遇异，这一工程随罗马帝国灭亡共同消失，与中国万里长城横亘万里贯通古今是无法相提并论的。

城在中华民族内部关系上的战略防御作用完全消失了，已成为中华民族不屈不挠反抗帝国主义侵略和中华民族伟大创造力的象征。当前，长城内外的各民族，都在进行现代化建设，传统那种农牧经济模式及民族分布格局已发生根本的变化，在长城南北都建立了现代工业体系。草原牧区畜牧业的现代化，在现代中国经济体系中已构成中国大农业的一个重要组成部分，是中国最重要的畜产品和牛羊肉食基地。

中国地区广大，气候、地形多样，农业区除汉地以外，中南、西南农耕经济与长江、黄河中下游有较大区别。季风气候对中国农业生产至关重要，但也往往带来水旱灾害。各个地区农业的产品也有不同程度的互补和互相依赖，而且各地开发过程不平衡，经济文化重心随时而移。从总体上看，在现代工业和商业兴起以前，中国的东部较西部发达，尤其是黄河、淮河、长江、珠江流域农业发达区域的农业是中华民族古代发展主要基础。唐中晚叶以前黄河与淮河流域较长江、珠江流域发达，晚唐以后中国的经济文化重心逐渐南移向长江流域和珠江流域。沟通南北地区交流的需要，使中国从春秋时期已开始，至元朝完全修通南起杭州北达大都（今北京）的南北大运河。在南北铁路修通以前，运河一直起着南北交通大动脉的作用，沿运河形成了一系列商业都会。南北大运河，是可以和万里长城相媲美的中国古代独特的人造地理景观。

现代工业和商业兴起，尤其是在中华民族现代化进程开始以来，形成了沿海利于开放的地带为东部，长江、黄河中下游古代经济最重要区域为中部，其他省区为西部的发展新格局。

总之，中国古代的历史进程已表明，中国南北三大区域民族的交替作用，农牧两大类型经济和文化的共生与互补，矛盾与交融，和中华大地的地理环境有密切的关系，也是中华民族形成发展的内在联系客观条件之所在。在现代化进程中，东部优先发展，并推动东、中、西部协作，共同发展，各民族共同繁荣，是中华民族现代化和进一步一体化必然的发展趋势。

二、中华民族的民族结构

中华民族起源、形成、发展的历史，其族体结构与文化发展，是以"多元起源，多区域不平衡发展，反复汇聚与辐射"的方式作"多元"与"一体"辩证运动。① 汇聚融合的结果，是很早就形成了华夏/汉民族，成为中华民族结合凝聚的主干和核心。

华夏民族是汉民族的前身，汉民族是华夏民族的延续和发展。这种同一民族前后不同阶的直接延续，用华夏/汉民族进行表述比较明晰。她是中国远古各部落集群融合的产物，又在数千年中，不断涵化吸收其他民族成分及其文化而发展壮大，始终表现出不断汇聚、融合和涵化、吸收的特点。其经历的几个大的历史阶段，与整个中华民族所经历的几个大的历史阶段大体吻合，也有整体与个体的区别。

起源阶段，即传说中的"五帝"时期，与新石器时代的龙山文化形成期相吻合，即距今5000—4000年这个千年纪。在此以前当然应包括在起源的历史阶段中。此处所指起源，是指由部落向民族，由部落联盟向国家过渡的时期。当时黄河中游与下游两大文化区系和炎黄、两暤两大部落集群，经历了融合与分化的过程。汇聚、融合的结果，形成了夏、商、周三族的先民，成为华夏民族的主要来源。另一方面，分化的结果，形成了陇山以西游

---

① 参见陈连开：《中华文化的起源与中华民族的形成》，《中国古代文化史1》，北京大学出版社，1989年11月第1版，第1—41页。又参见《中国民族文化的特点》，《云南社会科学》1994年第2期。

牧部落集群，其苗裔即周秦以来的氐羌诸部；黄河下游及泰山周围，则形成了泰山以东至海、以南至淮的部落集群，其苗裔即夏商周时期的东夷。同时，在"五帝"时期，华夏民族的先民中也汇聚、融合了一部分长江中游与下游的部落与文化。这个千年纪为华夏首先在黄河中下游形成民族和建立国家准备了历史与文化的基础。

华夏雏形阶段，从前21世纪至公元前771年，即夏、商、西周时期。夏、商、周三族相继兴替，建立王朝，经过近千年的融合，到西周时已形成华夏民族的雏形。然当时秦人与西戎同列，楚人尚自称蛮夷，即令与周同姓的晋与燕，也自视处夷戎包围之中，与诸夏有很大差别。

华夏民族形成阶段，即公元前770—前221年，史称春秋战国的时期。这个时期戎狄和南蛮汇聚中原，形成与华夏交错杂处的局面，在"尊王攘夷"的旗帜下，诸夏民族意识增强，华夷尊卑和"夏夷之防"的意识强烈。但经过春秋近300年的斗争、接近与融合，内迁各部落华化，秦、楚、燕也与三晋及齐国共称华夏，泰山以东以南的东夷华化，长江下游越人的强国吴、越也与华夏认同。此时以华夏民族大认同为核心，形成了华夏居中称为中国，夷、蛮、戎、狄配以东、南、西、北，合称"五方之民"，共同构成"四海"之内"天下"大一统的观念，华夷统一已成为不可逆转的历史大趋势。

汉民族的形成阶段，即公元前221—公元581年，是中国历史的秦汉及魏晋南北朝时期。秦祚短促，但是统一多民族中国形成的开端；汉继秦而兴，前后4个世纪，在大一统的历史条件下，华夏民族的地方差异虽然仍较明显，但由于形成了统一的政权，有统一的文字，确立了以孔孟儒家学说占统治地位并以此为理论基础形成了人伦和法制的规范及以农为本的经济生活等等，出现了"车同轨，书同文，行同伦"的局面；到南北朝时期，汉人的族称也已确立。经过魏晋南北朝差不多4个世纪的历史考验，证明汉族是一个具有稳定而巨大的凝聚力和涵化力的民族。以后经过隋唐以下不同发展阶段，其不断吸收涵化其他许多民族的成分及其文化，发展成为拥有人口以亿计的民族，不仅在中国始终占人口的绝大多数，也是世界人口最多的民族。汉族以农为本，通过长达两千余年在统一多民族的中国的发展，不仅黄河、长江、珠江、辽河等大河中下游宜耕平原是汉族集中分布之区，其他平原与河谷宜耕地区和少数民族地区交通枢纽与城镇，也有汉族与当地各民族交错共处，形成在全国除西藏自治区以外，其他各省区人口都居于多数，东密西疏、点面结合的分布网络。这个分布网络，构成了中国各民族大杂居、相对聚居格局的骨架，在中华民族的结合凝聚过程中起了核心和主干的作用。

除了华夏/汉族以外，中国古今都有众多的少数民族。未经完整的统计，仅据一些文献记载推论，历史上华夏/汉民族以外各民族的人口与华夏/汉族相比较，相差不像当代那样悬殊。但自秦汉以来，中国各民族以汉族人口最多并且构成当时全国人口的多数（在边疆民族地区各不同历史时期汉人数量不同，在清朝前半期以前，边疆的汉人在当地大致上多是居民的少数），是符合历史实际的。在当代中国各民族中，回族是以元代东来的中亚、伊朗、阿拉伯诸信仰伊斯兰教的民族成分为主，也包括唐、宋以来久居中国的阿拉伯、伊朗等处的穆斯林商人，并且吸收涵化了汉、蒙古、党项等许多民族成分，在中国土地上形成的中国民族。他们来源的民族成分如此复杂，而且全国分散，生活在汉人的汪洋大海之中，却形成了同一个民族，共同信奉伊斯兰教起了重要的纽带作用。中国近代历史上，也有以邻国朝鲜移民于中国东北形成的中国朝鲜族；以俄罗斯移民形成的中国俄罗斯族。京族的先民，从邻国越南移居中国，他们是在16世纪初从越南涂山等地漂流到沥尾、巫头、山心三个中国的小岛（今属广西壮族自治区防城县），在中国已生活了400多年，形成了中国的京族。除以上几个少数民族以外，其他中国各民族，均起源于中华大地，是在中华大地上经过漫长历史年代繁衍生息、形成发展的民族。

中国古今各民族，依据其起源、语言系属、经济特点、文化习俗及宗教信仰、分布等因素划分为若干族系。这种族系划分由于各家学术见解与对中国民族史了解的程度不同而有不同的划分方法，今以语言系属为基干，参照其他因素作一简述，希望有助于对中华民族民族结构的了解。

从历史上看，秦长城以北（辽东、辽西均属长城以内），是阿尔泰语系各民族起源之区和活动的广阔天地。东北是肃慎（先秦）——挹娄（两汉魏晋）——勿吉（南北朝）——靺鞨（隋唐）——女真（辽、金、元、明）族系部落或民族起源、发展、分布之区。部落众多，各有族姓名称，其中曾出现渤海、女真完颜部和满洲等强族，或以牡丹江流域为中心建立东北边疆王朝（渤海国），或统治中国北部（金朝），或统一全中国（清朝）。由于他们传统的生产和生活，骑射居先，在整个民族的文化与习俗中占有显著重要的地位，通常误称他们为"游牧民族"。实际上他们都是以狩猎、渔猎为主，农业也有所发展，依山结屯族居，从来也不是像匈奴、突厥那样以牧为主，定期游牧的民族。他们的文化具有游牧民族骑射为上，社会组织一直保持部落形式等特点，有传统的萨满教信仰，也与中国北方游牧民族相通，其语言属阿尔泰语系，满—通古斯语族。当代中国除满族属于这一族系，赫哲、鄂伦春、鄂温克传统上以游猎为生，驯鹿为其具有特点的养畜，其游牧地区广及外兴安岭、大兴安岭、西北及于贝加尔湖地区；赫哲族以渔猎为生，分布于黑龙江与松花江、乌苏里江交汇地区。后三个民族，直到本世纪50年代以前，都还处在原始社会向阶级社会过渡的社会阶段。

肃慎族系以西，东北大平原中部，历史上曾经是涉貊—夫余族系分布之区。其中夫余是中国东北平原农业发达较早并在西汉以前已出现王权的一族。夫余王臣属于汉朝，享受诸候王的礼遇。公元483年被其同族系的高句骊所灭，493年勿吉人逐其残部并据有其地。高句骊为涉貊—夫余族系另一强族，分布于古盐难水（今浑江）及小辽水上游（今苏子河）一带，西汉玄菟郡于其地置高句骊县。公元2世纪始强大，与辽东、玄菟两郡时有争战，对东汉及魏、晋王朝时叛时服。公元5世纪初，趁当时中国分裂，占踞辽东、玄菟两郡，并于公元427迁都平壤，已属邻国。其所踞辽东地区，于唐高宗总章元年（668）收复，唐于其地建安东都护府。

夫余以西，大兴安岭山原，是东胡族系起源兴起的地区。东胡之名见于战国，以其居匈奴（胡）之东，中原称之为东胡。秦汉之际，匈奴单于冒顿灭东胡，并其地。至汉武帝时击败匈奴，东胡同族系的乌桓人南迁至东北五郡塞外（今河北北部沿边地区及内蒙古赤峰市、辽宁省西部一带）。东汉时鲜卑始强。包括乌桓、鲜卑在内的东胡族系，起源于大兴安岭山原，氏族、部落众多，以山原游猎为主。乌桓人南迁后，逐渐以牧为主，同时与汉人杂处，农业也有所发展，至曹操征乌桓，以其部众编为骑兵，"号为天下名骑"；随着进一步内迁大多汉化，乌桓旧所分布的五郡塞外，由鲜卑人南迁填补。匈奴人削弱以及后来终于西迁以后，鲜卑继续西迁与南迁，成扇形广布于蒙古草原及代北、河西、陇右等地。在中国历史的"王胡十六国"时期，曾建立一系列王国。其中拓跋部曾建立北魏王朝，是由少数民族建立的第一个统一淮河以北中国的王朝。

鲜卑分布如此广大，且有慕容、宇文、拓跋等强部，与他们涵化吸收了大量匈奴留居于中国境内部众分不开，也与他们主动积极吸收汉文化分不开。到隋唐，各部鲜卑除一部分融入羌、突厥、契丹等族以外，绝大部分已融入汉人当中。乌桓、鲜卑是隋唐时汉人的重要来源之一。

东胡族系在东北地区南北时期北有室韦，南有契丹与奚。而柔然雄强于蒙古草原，势力远达西域，族属与鲜卑相近。

室韦诸部与鲜卑有直接的渊源联系。从北朝至隋唐，分布在以大兴安岭为中心，东及于嫩江、洮儿河、北流松花江，西北至额尔古纳河、黑龙江中游与上游以及北海（今贝加尔湖）的广大地区。是由众多部落构成的以狩猎为主的森林草原部落集群。隋唐时，突厥强大，前后突厥汗国都曾在室韦地区设立吐屯，而唐朝也曾设立室韦都督府。公元9世纪中，回纥汗国灭亡并西迁以后，室韦诸部西迁至蒙古草原，出现了许多与室韦渊源相通的部落，其尤为强大的有鞑靼、克烈、蒙兀等部，辽金时臣属辽金，时服时叛。13世纪初叶，以唐代蒙兀室韦西迁形成的蒙古部最强大，统一诸部，形成蒙古族，至13世纪中建立元朝，并于1279完全统一中国。

契丹人分布在室韦之南以潢水（今西拉木伦河）为中心的地区，游牧为生，唐代于其地设置松漠都督府；奚分布在契丹西南以饶乐水（今老哈河）为中心的地区，半农半牧，唐于其地设置饶乐都督府，均为羁縻府州。至公元10世纪初叶，契丹建立王朝，史称辽朝，曾统治中国长城南北一带以北的广大地区，与北宋对峙。契丹与奚，在辽朝的一个多世纪已合而为一，辽亡以后，大多均汉化，至元时已是汉人的一部分。其中有些仍在牧区从事游牧的部落，已化入蒙古诸部之中。

中国北部的大草原，在清代及其以前是中国游牧民族的历史大舞台。战国末叶，匈奴人已兴起于秦、赵两诸侯国之北。公元前209年冒顿自立为单于，建立游牧国家，先后东役属东胡，北统一丁零等部，西逐月氏、乌孙，役属西域诸城邦及游牧各部，以长城为界与西汉对峙。西汉中晚叶匈奴臣属汉朝，东汉中叶单于西迁，而部众留居草原者化入鲜卑。其进入郡县者，逐渐半农半牧，"五胡十六国"时期曾建立一系列王国。南北朝时期这一部分匈奴人汉化，是隋唐汉人的重要来源之一。匈奴人的族系，史家历来意见不一，难于定论。现通常归之于与突厥族系渊源相通。

突厥族系的先民为丁零（狄历），先秦已见于记载，匈奴盛时为匈奴所役属，至南北朝称敕勒（铁勒、高车）。北朝末叶突厥取代柔然在蒙古草原的统治，延至隋及唐初均号称强大。唐中叶回纥（回鹘）兴起，建立汗国，是继突厥之后的强大游牧汗国。突厥、回纥与隋唐基本同时，并保持着密切的政治、经济、文化联系。

突厥族系各族语言属阿尔泰语系突厥语族。在中亚、西亚乃至东欧都有操突厥语族语言的民族。这些民族都是在不同国家不同历史条件下形成的，其先民与中国突厥语族各民族有渊源相通之处，而民族形成的历史背景各不相同。

当代中国的民族属突厥语族的有维吾尔、哈萨克、柯尔克孜、撒拉、乌孜别克、塔塔尔、裕固，其形成均经历过由多元融成同一民族的过程，且历史上经历了多次大迁徙，不断涵化吸收了多种来源民族成分与文化因素。这些民族的先民有过共同信奉萨满教的历史，后来有些曾接受摩尼教、佛教、祆教、景教，现在除裕固族仍信奉萨满教又接受了藏传佛教，其他几个当代中国属突厥语族的民族均信奉伊斯兰教。

新疆古称西域（狭义），因其地是中国与中亚、南亚进而至西亚、非、欧交通的枢纽，历来都是多民族居住和交往的地区。其土著最早见于记载的西汉时西域三十六国的族系，未能作出明确的判别。依据历史文献所记述古西域诸国人的某些体质特征和考古发现的当地民族古文字，专家们判断其中多属印欧人种，其语言属印欧语系伊朗语族或与之较为相近的语言。西域与青藏高原邻近通道地带各游牧部落，多属于氐羌族系。月氏、乌孙原是分布在祁连山及河西走廊地区的游牧民族，属印欧人种。其中月氏先秦已见于中国文献记载，并且与商、周有一些联系交往。匈奴冒顿、老上单于时先后破灭月氏、乌孙，杀其王，逐之西迁。月氏几经迁徙终定居于大夏，建立贵霜王朝。乌孙迁居在以伊犁河流域为中心的地区游牧，并与原居其地部分操印欧语系伊朗语族语言的游牧人塞种融合，发展成为天山以北势力最大的游牧强族，后与汉朝结盟，在打败匈奴单于的战争中起了重要的作用。

经过很长的历史演变，其中尤其是前后突厥汗国回鹘人西迁等重要历史进程，西域地区各族大都突厥化。今属印欧语系伊朗语族语言的中国民族只有塔吉克族，以牧为主，信奉伊斯兰教。公元840年回鹘人西迁，与世居西域的城邦居民及早先已分布在西域的突厥人及汉人等融合为一体，形成了维吾尔族，以绿洲农业为主，商业也较发达。乌孙人的苗裔则是哈萨克族的来源之一，至今哈萨克人以牧为主。晚唐，西突厥的一支沙陀人内迁至中原，迅速汉化，五代曾建立后唐、后晋、后汉三个王朝和北汉王国。至北宋统一，这些东来的沙陀人大部分汉化。一部分迁到塞北的沙陀人，则是辽金时汪古部的重要来源，成吉思汗统一蒙古草原诸部，汪古部成为蒙古诸部中的一部。

分布在陇山以西，今甘肃、青海、川西北一带诸部，统称氐羌，自成一族系。

氐虽与羌有密切的历史渊源，实其起源与分布在今陇南、天水地区及陕甘接壤的陇东地区和川西北嘉陵江上游与白龙江一带，是在这些地区的河谷与山间平坝从事农耕为主，畜牧业占有较重要地位的诸部。他们地域与甘青川西北羌人相接或在氐人分布区内与羌人杂处，但与羌人以游牧为主有着显著的不同。

氐羌的起源与炎黄部落集群有密切的渊源。炎黄部落东进与黄河下游泰山以北以西的两皞集群诸部落融合，形成了夏、商、周三族的先民；其西进至黄河上游及岷山等地区诸部则是氐羌族系的先民。战国时期，羌人在甘青草原渐强，部落林立，不相统属，但也形成了一些雄强部落，西汉时成为甘青草原上的主要游牧部落集群，东汉时曾是西北主要劲敌。

陇山两侧战国时西戎氐羌诸部大多被秦兼并而华化，而秦汉时在陇东、陇南、川西北仍有诸氐羌分布。东汉、魏晋时，氐人、羌人都有相当多的部落内迁，至东晋在关中已形成与汉人人数相当的局面。其仍居原处游牧的诸羌人部落，东汉时称为西羌。"五胡十六国"时期，氐人建立了几个王国，其中前秦苻坚曾短时间统一黄河流域。东进的羌人也建立了后秦。这些进至郡县地区的氐羌部落，至隋唐大都已经汉化，是隋唐时汉人的重要来源之一。

东晋时，鲜卑吐谷浑部西迁，在甘青地区发展，建立吐谷浑汗国，其统治下的民众则主要是羌人。羌人强部在魏晋南北朝时期见于记载的则有党项、白兰等部。至唐中叶，吐蕃东进，灭吐谷浑，唐迁吐谷浑、党项等部于西北郡县安置。吐谷浑人内迁后不断分散，或汉化，或化入其他民族之中。党项人则经过两三个世纪在西北的积累，1038年元昊建立西夏，至1227年西夏灭于成吉思汗。西夏灭亡以后，党项人分散，分别化入不同民族之中。仍居甘、青、川西北的羌人诸部则经过与吐蕃长期融合，成为甘、青、川藏族的主要来源。

羌人的先民及羌人诸部南下，在川西及云贵高原发展的过程，新石器时代已经开始，秦汉以来不断继续，《史记》将这些部落统置于"西南夷"当中。实两汉时西南夷，大体包括氐羌族系、百越族系和属南亚语系孟—高棉语族的闽濮等族。今属汉藏语系藏缅语族的云贵川各民族，大体都是以南下诸羌为核心融合多种成分形成的民族。当代中国民族中仍有羌族，以农为主兼事畜牧，其分布地区属古羌人分布之区。历史上的氐人分布区内也还有少部分居民保持氐人遗裔的意识，其风俗习惯也颇有古氐人遗风。

西藏高原上发现的旧石器与新石器文化，说明西藏民族起源同样具有本土与多元的特点，其文化与黄河流域尤其是黄河中上游文化有相通的渊源。在公元 7 世纪吐蕃王朝建立以前的千余年间，西藏也是部落众多，又逐渐形成了象雄（羊同）、孙波（苏毗）、博（雅隆）三大部。象雄以牧为主，农牧结合；孙波为古羌人的一部，分布在藏北高原一带，是游牧部落；博人在雅隆河谷以农为主，至隋唐之际兴起，统一诸部。7 世纪初叶，松赞干布建立吐蕃王朝，经过几代人在统一西藏的基础上东进，并甘、青、川的诸羌，也包括少量吐谷浑人、汉人、回鹘人等，融合形成了藏族。有些著作将藏与羌合而称为羌—藏族系，是合理的划分。为了将藏族的起源及其融合过程中各种不同来源给读者以清晰的印象，故在此分别加以叙述。

中南与东南，最大的两个族系是百越和苗瑶。另有百濮，起源于江汉地区，或已融入楚人、巴人之中而华化；或已南下，与百越、氐羌部落杂居，部众分散，分别化入不同诸族。在汉代西南夷中有哀牢所属闽濮等，隋唐时有濮子蛮（朴子蛮），或其中也可能融合了南下的江汉百濮苗裔。现往往将南亚语系的濮子蛮及其苗裔，今之佤、德昂、布朗三族列入"百濮"族系。然而先秦百濮与两汉闽濮、躶濮及唐代濮子蛮仅族称有同音"濮"字，起源地域不同，很难说是属于同一族系。

苗瑶族系先民，是三苗的一部分。汉代有长沙—武陵蛮，是今日中国民族苗、瑶、畲的先民，中南地区与西南地区汉代以后以"蛮"为族号者还有一定数量的部别，其族系当与这一族系有一定联系，其苗裔的大多已经汉化，或成为其他少数民族的来源。

百越在长江下游及岭南、云贵乃至中南半岛广泛分布。其中在长江下游兴起较早的吴、越，春秋晚叶曾争霸于中原，至战国已经华化。秦汉时百越分为东瓯、闽越、南越、西瓯、骆越诸部分，南北朝隋唐时又有俚、僚（佬）等泛称。中国今属汉藏语系壮侗语族各民族，是百越族系的苗裔，分布在岭南及云贵广大地区。

台湾现在也是以汉人为多数、居民多民族杂居的省分，其原住民，是有不同族称、语言差别也比较大的几个部别（一般认为是九族），现在统称为高山族。他们的来源与中国东南的远古居民有密切的渊源；有些部落说南岛语系语言，可能与其他说南岛语系语言的民族有共同的历史渊源。目前，台湾学术界，其中包括高山族的学者，越来越重视对高山族历史与文化的调查研究，将会以新的研究成果充实对高山族历史的认识。

从以上中国各族系诸族的起源、分布、经济、文化及族体形成与演变等基本情况可以看出，中华民族，是以多元起源、多区域不平衡发展、反复汇聚与辐射方式作矛盾统一运动的民族。各兄弟民族间，农牧区分明显而又互相依存互为补充；语言族属复杂，而又在全国范围内共同使用汉语作交际工具；各有自身形成发展的历史而又共同缔造了统一的多民族中国。在数千年历史发展中，主流是由许许多多分散的民族单位，经过接触、斗争、混杂、融合，同时也有分化和消亡，形成了一个由众多民族你来我去，此兴彼替，我中有你，你中有我，既各具个性，又具有多层次共同性的统一体。

三、中华民族的政治结构

任何民族都是以一定的政治结构组成民族，其最高形式就是国家。中华民族当代的最高政治结构，是统一多民族的社会主义中国。1997年香港回归祖国，随后澳门回归祖国，将完全消除殖民统治的遗留，创造一国两制的模式并最终实现整个中国的完全统一。

统一的多民族中国所经历的数千年形成和发展的过程，也就是中华民族由众多分散孤立的民族单位形成多元一体格局的过程。在世界的古代与中世纪，都曾有过一些强大的帝国，或地跨亚非，或兼有欧非，有的甚至地连亚非欧三洲。但这些帝国一般都在军事力量分裂或崩溃之后，帝国也随之土崩瓦解，再也无法恢复往日的统一。唯独被西方称为"中华帝国"的统一多民族中国，在其古代形成发展过程中，以秦汉为开端，三国两晋和南北朝经历了分裂和南北王朝对峙考验，隋唐达到了重新统一和空前的繁荣。五代十国再次分裂，辽宋金再度形成南北王朝对峙，到元明清进入确立的时期。这个历史进程表明，"中华帝国"的形成确立是以统一（秦汉）──→分裂后逐步形成南北朝对峙（三国、两晋、南北朝）──→重新达到更高度统一与繁荣（隋唐）──→再度分裂和南北朝对峙（五代十国辽宋金）──→巩固和确立（元明清）这样的形式螺旋式发展的。

中国之所以具有如此强大的生命力、凝聚力，原因很多，其根本的原因，是中国乃是由多民族形成统一的国家，华夏/汉民族起了主干作用，其他各民族也作了不可磨灭的贡献。这种各民族以凝聚结合的方式缔造成功的统一多民族国家，与世界古代及中世纪的大帝国以及近代殖民地大帝国都有显著的不同。

中国如此广大的疆域，是中国各民族的先民共同开发的。这一点从中国各民族起源、分布、迁徙的事实中足以得到说明。中国的统一也是以如下的方式逐渐扩大和巩固的，即：各族局部性的统一──→较大的地区性多民族统一──→全国性的大统一。分裂了以后，重新以上述形式凝聚结合，从而谱写了各民族共同缔造中国的历史。以下从几个主要方面叙述其梗概。

（一）中国历代王朝的统治民族以华夏/汉民族为主，也有其他少数民族；中国的疆域和统一是各民族共同缔造的。

从夏、商、周到西晋（公元前21世纪到公元316年）的2500年间，华夏/汉民族一直是统治民族，其自身也处在从民族雏形不断发展壮大和形成的历史进程当中。

公元304年，匈奴刘渊建立政权，从而揭开了少数民族逐鹿中原的历史序幕。自公元317年开始，正式开始了汉人在中国南部、北方少数民族在中国北部以不同王朝对峙的历史，到公元581年隋朝建立结束，589年南北完全统一。

隋唐是汉人为统治民族的统一时期。五代当中的后唐、后晋、后汉三个朝代是沙陀人建立的，十国中有沙陀人建立的北汉。

辽宋金夏时期，契丹人建立辽朝，女真人建立金朝，党项人建立西夏，汉人建立两宋，都是对中国历史有重要影响的王朝。

元、明、清时期，元朝是蒙古人建立的，明朝是汉人建立的，清朝是满洲人建立的。元和清两朝，实现了整个中国的大统一。

边疆地区，不同时期也有过许多由当地民族建立的国家，对当地的多民族统一起了很大作用，并且是构成中国大统一的地区基础。他们的历史是中国历史发展中的一个环节，今日中国的疆域，是对所有中原与边疆各王朝、汗国、王国疆域的继承，也是历史上所有中原与边疆各民族建立政权历史的继承和发展。无论在当时这些政权之间以何种关系同时存在，其历史发展的结局都构成中国历史的一个组成部分。

（二）数千年中，各民族共同缔造统一多民族中国，是中国民族关系的主流，统一是中国历史发展的主流。

中国民族众多自然存在民族矛盾，在剥削阶级为统治阶级的古代，也不可避免地存在民族歧视。民族矛盾激化到不可调和时就发生民族间的战争。同一民族当中,也有不同地区、不同阶级、不同利益集团之间的矛盾,并激发出起义、分裂、割据的战争。矛盾的对立,使统一中包含着分裂与割据的因素,并且实际上造成了两度大分裂;根本利益的一致性和相互不可分割的联系,促进了中国的统一,并且是中国历史发展的主流。统一不断扩大和得到巩固,各民族越来越紧密地结合,在统一的国家里和平相处,各自得到了发展。

下面从统一、大分裂、南北地区性的多民族统一与南北朝对峙三种情况,来看中国历史发展的主流。

统一:先秦是统一多民族中国起源与孕育阶段。夏、商、周都具有诸侯共主的性质,其统一虽与秦汉中央集权不同,仍当归入统一时期,即公元前21世纪到公元前771年约1500年为统一时期。

秦、汉是统一多民族中国形成的肇端时期,从公元前221年到公元220年是中国历史第一次中央集权制大统一的时期。

隋、唐是统一多民族中国的发展时期,公元755年安禄山叛乱以后,中晚唐虽然有河北藩镇割据,总体上还是艰难地维持了唐朝的统一。隋、唐从581年到907年共326年。

元、明、清是统一多民族中国确立的时期,从公元1260年元世祖即位到1911年辛亥革命结束帝制,共650年。

以上三次大统一,都有政权嬗替、民族间、阶级间、各政治集团间的战争,总体上是中国历史上的统一时期。如果以夏代到清末4000年王朝史计算,以上统一时期共有2970年左右,约占中国古代历史年代的3/4;如果以秦始皇统一后各王朝的历史计算,2100年中,统一时期共约1370年,占2/3弱;如果加上西晋(265—316)、北宋(960—1127)的200余年,则占2/3强。

大分裂:春秋(前770—前477)、战国(前476—前222),西周灭亡,共主统一的局面分裂,前后有448年,诸侯争霸、兼并，割据混战。

三国（220—265），虽然晋灭东吴在公元280年，三国鼎立的局面从西晋建立起作为一个历史时期已基本结束，大分裂前后半个世纪左右。实际上从黄巾起义失败以后，军阀混战，到西晋建立前后有80年左右的大分裂时期。

五代十国（907—960）前后53年，这个时期从镇压黄巢起义后开始军阀割据，到荆南、南汉、南唐、吴越、北汉等南北割据政权最后消灭，前后也有80年左右的分裂混战。

以上从夏代到辛亥革命以前约4000年中，完全大分裂的时期约有650年左右，仅占中国古代年代总数的15%左右；如果以秦始皇统一以后2100年计算，则大约分裂的时期共约100年，仅占5%左右；再加上汉末、唐末军阀混战与"五胡十六国"的百数十年，则也是15%左右。

南北地区性统一：东晋、"五胡十六国"之后，从公元420—580的160年间，南北多民族地区性统一，形成分别由汉人和少数民族南北两王朝对峙，是中国历史上的第一次南北朝。北宋统一南北诸王国，与辽对峙，以后南宋与金对峙，从公元960—1034前后274年，是中国历史上第二次南北分别由汉人与少数民族建立朝代对峙的时期。两次南北朝共有434年，约占夏到清4000余年的10%强，占秦到清2100年的20%强。

从统一的范围与各民族成为中国一部分的统一程度看，也是越来越扩大，越来越紧密，越来越巩固。近现代反帝反封建的斗争，各民族从自发向自觉大联合发展，在最艰苦严峻的历史条件下，保卫了祖国的统一和疆域基本完整，争取了中华民族的独立解放。所以，中国广大的疆域是中华民族共同开发、共同缔造、共同保卫的，统一的多民族中国是中华民族共同缔造的，这是中华民族形成发展客观的历史事实，不是任何人主观可以臆造或能够加以抹煞的。

(三）从秦汉至清代中央集权制度以汉文化为基础，同时实行农牧民族文化的交融结合；对边疆民族，实行在统一中国内"因俗而治"。

中国古代的中央集权制度，是秦汉奠定的，以后历代王朝在基本继承中有所因革省益；隋唐在中央集权君主制度发展过程中，起了承前启后的作用；明清两代发展到极端，大权集于专制君主一身。这个制度从秦汉至清代一脉相承，以汉文化为基础，同时贯穿着农牧民族文化的交融与结合。这种基本精神，在历代王朝制度体系各个层面都有一定的反映。客观地研究中国农牧民族关系发展与中国统一多民族国家的形成，不能不认定：中国统一多民族国家在整个古代的形成发展，本质上是以华夏/汉民族为主体的农牧两大类型民族的统一；以华夏/汉文化为主干，农牧两大类型文化的撞击、结合与交融；以汉地耕作农业经济为基础，农牧两大类型经济的相互依赖与相互补充。没有这些客观的深层次不可分割的联系，任何单纯依靠军事力量维持的统一都不可能维持长久，更不可能在完全分裂了以后又重新达到更高度的统一，以致于完全得到巩固与确立。

对边疆民族地区的管辖制度和政策，历代王朝有基本的继承性也有各自的特点。毫无疑问，这种制度与政策，是封建压迫制度的一个组成部分，是民族压迫制度造成了民族间的歧视与隔阂。但其与殖民地制度和强迫同化有根本的区别，总的原则在《礼记·王制》中已提出，即"修其教不移其俗，齐其政不易其宜"，在维护国家统一的前提下，各民族保持其固有的制度、宗教、习俗，实行"因俗而治"。各民族的统治阶级，不因接受王朝封号而丧失权力，反而可以借助朝廷的封敕加强其统治地位。各族的习俗与宗教信仰等也可以兼容并存。这种制度，一方面保障了中国的统一，各民族都是中国人的认同观念和民族地区既是各民族的家园，也是中国统一版图的观念，不断得到加强；另一方面也保障了各民族传统的延续与各自特点的发展,从而形成了在统一多民族中国众多民族中有多种社会制度、多种宗教、多样的习俗等等兼容并存和平往来的格局。这种统一与多元兼容,是中国的统一能不断得到发展的重要原因之一。当然这种兼容并存,是建立在各民族剥削阶级占统治地位的基础上,与当代中国所推行的各族人民当家作主在统一的多民族中国社会主义制度下实行区域自治的制度有本质的区别。

(四)各个不同历史阶段的民族问题既有历史渊源的联系,更有本质的区别;既要重视其历史渊源的联系,更要区别其本质上的不同。

中国自古是多民族国家,民族问题历来是中国社会政治生活中影响全局的重要问题之一。

中国古代,各民族社会发展不平衡。中国是由多民族形成统一的国家,经历了从秦汉至清代2000余年不断发展巩固的过程。2100余年间,统一、分裂交替出现,各民族不同政权间相互的封贡、交聘、盟誓、和亲、战争,不同时期各不相同。无论这些政权之间当时以何种关系相处、互相以何种称谓交往,都是统一多民族中国形成过程中的问题。各民族各种政权的历史,都是中国历史发展的一个环节,是中国古代历史的一个组成部分。其在当时可能是互为敌国,从中国历史发展的总和看则没有超出中国历史的范畴。自1840年至1949年,虽然经历了旧民主主义与新民主主义革命的不同阶段,也无论当时是否已形成民族自觉意识,在150余年中,中国的民族问题的两个主要方面:一方面是中华民族联合成整体反抗帝国主义的侵略和压迫,以求中华民族的独立和解放,这是中华民族的民族革命,是近代中国社会的主要矛盾;一方面是中华民族的各族人民反抗国内的民族压迫制度以求各兄弟民族一律平等,这是中华民族反对和废除封建压迫制度的斗争,是中华民族民主革命总任务中的一个组成部分。中华人民共和国建立以后,各兄弟民族实现了平等、团结、共同进步,建立了新型的社会主义民族关系。民族问题的主要内容是在实现社会主义现代化过程中,各兄弟民族互相尊重、共同奋斗、相互支援、团结协作,以争取协调平衡的发展和整个中华民族的共同繁荣。在现代化基础上中华民族的振兴,不仅是中华民族历史的新发展,也是对世界和平与文明发展的伟大贡献。

(原载《烟台大学学报》1996年第2期)

关于中华民族结构的学术新体系

——中华民族多元一体格局理论的评述

1988年秋，费孝通教授在香港中文大学作Tanner演讲随后发表了《中华民族的多元一体格局》这篇著名论文，对中华民族结构的全局作了自成学术体系的纲要性论证。此论甫出，在国际人类学、社会学界引起了很大的反响；在国内更受到了普遍的好评，被认为是研究中华民族结构的核心理论，是解开中华民族构成奥秘的钥匙，推动了民族研究的发展。

国家民委民族问题研究中心在1990年5月，以费老的论文为中心议题，召开了民族研究国际学术讨论会。为了给讨论会提供一个更全面的参考，费老提议将他的论文和该文所征引的论文编集成册，于是出版了《中华民族多元一体格局》一书（中央民族学院出版社1989年版）。应邀参加1990年国际学术讨论会的，除国内的费孝通、林耀华、苏秉琦、佟柱臣、王锺翰、陈述等在海内外享有盛名的民族学家、考古学家、历史学家以外，还有来自日本的著名人类学、社会学家中根千枝，来自香港中文大学的著名人类学家、社会学家乔健等，共26名国内外专家教授。党和政府从事民族工作的领导人和民族问题理论家江平、赵延年等也与会参加了讨论。这次国际学术讨论会的成果，已编成《中华民族研究新探索》一书，由中国社会科学出版社于1991年出版发行。在北京市第七个五年计划期间哲学社会科学优秀研究成果评奖中，《中华民族多元一体格局》荣获特等奖。《中华民族研究新探索》出版于1991年，已超出评奖年限，没有参加本届评奖。这两本论文集，都是以费老《中华民族的多元一体格局》为核心，从多角度、多层面对中华民族多元一体格局的理论作了论证，是对中华民族进行整体性综合研究的重要新成果。

为便于对中华民族多元一体格局理论的了解，试作一评述，以飨读者，不妥之处，由笔者负责，请予批评指正。

一、中国民族研究的新发展

中国历史上有对边疆各民族的社会与历史加以记述的优良传统；1949年以前，学术界也开展了一些对边疆民族的调查研究。这些都积累了弥足珍贵的资料，是值得重视的文化遗产。中华人民共和国建立以后，废除了历史上遗留下来的民族压迫制度，禁止民族歧视，推行各民族一律平等和民族团结的政策，并全面开展民族工作。只有对少数民族情况及形成当前情况的历史过程有足够的认识，才能适应制定相应的具体政策和全面开展民族工作的需要。对于这种需要而言，历史上所遗留的关于少数民族的资料与知识，就显得非常贫乏和零散，而且其中难免带有民族偏见和歪曲。于是向学术工作者提出了新的研究任务，要求他们对当时了解得很不够的各少数民族的社会历史进行科学研究。这项工作即被称为民族研究，如今已发展成为包括民族学、民族史及其他相关学科的学术研究领域。这就是中国民族研究和民族学科产生和发展的历史背景。

回顾四十多年来中国民族研究的发展，大体可分为如下几个阶段，即：1949年到1966年春，以对少数民族的族别研究为主；1978年到1988年，在族别研究继续深入的同时，大力展开地区民族的综合研究和民族关系史的综合研究，对汉民族的民族学研究也已初步展开；1988年到目前，在上述综合研究大力展开的同时，又出现了对中华民族整体的综合研究。这几个阶段是有其内在的发展逻辑的。

从中华人民共和国成立到"文革"开始以前，以对中国少数民族进行族别研究为主，突出地把少数民族作为研究对象，尤其是注重对少数民族的社会历史进行实地考察，这在当时是很有必要的。50年代初配合中央访问团的调查，着重于民族识别，帮助了国家划定民族成分的工作。1956年开始直到1964年才基本结束的中国少数民族社会历史调查，不仅为当时的少数民族社会主义改造提供了制定政策的科学依据，而且从科学方面看，这次广泛而深入的调查抢救了由于社会改革而马上就会消失的历史与社会面貌的资料，几年间积累调查报告一千数百万字，还搜集了各种文字的历史文书和其他历史文物，拍摄了一批少数民族改革以前社会形态的资料影片。在此基础上国家民委组织编纂《中国民族问题五种丛书》。这些成果不仅是中华民族的宝贵财富，也是人类的共同财富。不仅中华民族当前需要，子孙后代也需要；外国人为了了解中国各民族和从事科学研究，也是现在和将来都需要的。

1978年以后，出现了民族研究最活跃、最好的局面。学术界一方面消化过去对少数民族族别研究的成果，充分发扬其优点，同时也看到了把民族研究的对象限于少数民族，尤其是限于一个民族一个民族地研究，确有不可避免的缺点。缺点在于把原本包括在民族研究这个整体概念中的局部过分地突出，甚至从整体中割裂出来，这样不容易看到各少数民族在中华民族整体中的地位以及它们与汉族的关系，对各少数民族间的关系也不易把握。事实上，一个民族一个民族地进行研究，在族源、地区分布、经济文化特点方面，硬性把相关民族分割开来，不仅内容有许多重复，而且无论是民族历史还是其他专题研究，都很困难。我国的民族间不可分割的联系，也不是今天才有的，而是千百年中华民族共同历史发展形成的。局限于少数民族的族别研究，已不能适应已经有了一定基础的民族研究学科继续发展的需要，于是出现了族别研究继续深入，同时综合性的民族研究蓬勃发展的新局面。

自1978年以来，开展了对汉族的民族学研究、地区性民族研究、民族关系的综合研究以及对中华民族进行整体性的综合研究，这并不是说现在民族研究仍偏重于少数民族已没有必要，也不是说族别研究无须进一步深入。事实上族别研究的一些重要成果也是在这十多年中完成的，其中包括《民族问题五种丛书》的编纂和出版。我们不能因为开展对汉族的民族学研究、地区性民族研究、民族关系的综合研究和对中华民族的整体研究，就否定了过去花很大力气所进行的族别研究。因为这种研究，不仅是当时历史条件下的需要，现在也仍需继续发展；同时它也是地区性、整体性、综合性民族研究必要的前提。我们也不能因为族别研究已有了很大的成绩就认为民族研究不需要扩大视野、作多层次的发展，因为任何学科都必须随着社会发展的需要而不断发展。对中华民族进行整体性综合研究，如果在50至60年代就提出来，尽管在历史观与民族观方面已可能从根本上区别于1949年以前的"边政研究"，但缺少必要的族别研究和地区性民族研究与民族关系等方面研究的基础，课题提出来也不会得到广泛响应，因为不具备发展的条件；而如果现在已有了相当的基础而不提出对中华民族进行整体研究的任务，也会失去发展这种整体研究的良好机遇。因此，适时地提出对中华民族进行整体性综合研究，并创造性地提出了关于中华民族结构全局的"多元一体"理论，是中国民族研究符合逻辑的发展。

中华民族多元一体格局理论的提出，也是费老几十年从事民族研究的一个新的突破。几十年来，费老把国内少数民族、农村、小城镇及城市里的工厂，都看成是不同层次的社区，亲自进行观察和分析。在他的研究工作中，社会学和民族学研究是一脉贯通的。尤其是，费老从1945年以来，积极投身爱国民主运动，中华人民共和国建立以后，又长期从事民族研究的领导和调查研究工作，最近十多年，更从中华民族振兴的宏观视野出发，虽年事已高，仍坚持亲自前往西北、西南、中南、东北许多民族地区和珠江三角洲、长江三角洲、黄河下游冲积平原进行调查研究。仅1991年，以81岁高龄，外出调查135天！他的研究工作是紧密与中华民族的解放、发展和振兴的实际相结合的，因此，必然学习历史唯物史观和马克思主义民族观的理论与方法，在新的理论基础上有批判地发扬早年接受功能观点的长处。关于中华民族结构全局的"多元一体"理论，正是他在几十年长期调查与研究积累的知识与资料基础上所作的高层次概括。从这个意义上讲，中华民族多元一体格局理论的提出，也是费老几十年从事民族研究工作一个合乎逻辑的发展。

二、中华民族多元一体格局理论的学术构架

作为一个关于中华民族结构的学术新体系，是由几个重要组成部分构架起来的。

首先遇到的是中华民族的含义问题。

中华民族，是本世纪初才出现的民族称谓。对这个称谓所涵概的内容，认识是逐渐深入、逐渐明确的。伟大的革命先驱孙中山先生，在兴中会、同盟会纲领里所提出的"驱逐鞑虏，恢复中华"[1]仍属于传统的华夏/汉民族意识。辛亥革命以后，他认识

---

[1] 兴中会时期最初提出"驱逐鞑虏、恢复华夏"，后一句曾改为"恢复中国"，"恢复中华"。

到中国人当中，汉人虽居多数，但还有满、蒙、回（包括维吾尔等信奉伊斯兰教的民族）、藏、苗、瑶、壮等各民族，并提出民族间不允许互相"宰制"，尤其强调不可仇视满人，"务与之平等处于中国之内"，①1912年在就任中华民国临时大总统时宣言："国家之本，在于人民。合汉、满、蒙、回、藏诸地为一国，即合汉、满、蒙、回、藏为一人，是曰民族之统一。"②孙先生称这种统一的民族为中华民族，并相信："中华民族为一伟大之民族，必能完成伟大之事业。"③如何达到民族统一，他最初主张以汉族为中心实行民族同化；国共合作以后，重新解释三民主义时，指出："国民党之民族主义，有两方面之意义：一则中国民族自求解放；二则中国境内各民族一律平等"，指出了中华民族反对帝国主义以求独立解放和国内各民族一律平等两个方面的区别与联系。前者是中华民族的自决，后者是中国各民族的联合。孙先生对中华民族结构上述三个阶段认识上的飞跃，是不可以道理计的。只是当时历史条件下，仍未找到使国内各民族平等联合的具体途径。

中国共产党一贯重视民族问题，但对中国既是多民族，又是统一不可分割的整体这两个方面如何理解，也有个认识过程，因而将马列主义民族殖民地问题的理论与中国革命实践相结合，在民族问题上提出适合国情的纲领与政策，需要一个发展的过程。到抗日战争时期，毛主席在《中国革命与中国共产党》中以"中华民族"为第一节，从本质上揭示了中华民族在反抗帝国主义侵略的斗争中是一个整体，同时中华民族当中还包括汉族和数十种少数民族。因而解决中国民族问题的总纲领是："对外求中华民

---

① 胡汉民编《总理全集》第一集，第916页。
② 《孙中山选集》，人民出版社1981年第二版，第90页。
③ 陆达节辑《孙中山先生外集》，中华书局1932年版，第65页。

族的彻底解放，对内求中国各民族间的平等。"① 与上述孙先生新三民主义一致，而在实践中逐渐明确了要走统一多民族中国实行民族区域自治的道路，中华人民共和国建立以后，又制定了民族区域自治的各种政策与法规，从而实现了各民族的平等、团结和少数民族的当家作主。

中国的民族民主革命实践，推动了对中华民族全部含义的学术研究，尤其是中华人民共和国民族区域自治制度的完善和民族工作所获得的成功，为学术研究正确阐明中华民族的含义开辟了道路。费老说："我将把中华民族这个词用来指现在中国疆域里具有民族认同的十一亿人民。它所包括的五十多个民族单位是多元，中华民族是一体。它们虽则都称'民族'，但层次不同。"② 中华民族既是中国民族的总称，又概括了中国各民族的整体认同。中华民族与中华民族当中的数十种兄弟民族，是不同层次的民族共同体辩证统一的民族结构。只强调中华民族一体，而忽视各兄弟民族客观地存在着不同的特点、民族意识和民族利益；或只强调各民族是都具有不同的特点、民族意识和民族利益的单一民族，而忽视了中华民族的整体不可分割性与中华民族长远和根本利益的一致性——两者都是片面的。中华民族的一体和中华民族所涵概的各兄弟民族的多元，二者有机地联系着，强调任何一面忽视另一面，都不可能科学地表述中华民族的含义。

关于中华民族的起源，历来为中外学人所瞩目。传统的汉文史籍认为中华各民族均起源于黄河中下游，其留居中原发展的为华夏，其被流徙于边疆的为四夷（裔）。这种关于中华民族起源的一元说，是古代的正统史观在民族起源方面的表现。自17世

---

① 《毛泽东选集》，人民出版社，1965年第12次印刷，第二卷，第746页。
② 《中华民族多元一体格局》，中央民族学院出版社1989年版，第1页。以下征引该书简称为《格局》。

纪以来,西方不断鼓吹关于中华文明与人种的各种"外来说",其中以"西来说"影响最大。在《中华民族研究新探索》(以下简称《新探索》)中有《关于中华民族起源学说的由来与发展》一文,对以上两说的源流作了轮廓的介绍。费老和《格局》、《新探索》两书的其他作者,依据中国古人类学与考古学的资料和研究成果,证明了"外来说"与"一元说"都没有科学的依据,阐明了中华民族起源的本土说与多元说,从而构成"多元一体格局"理论的一个重要组成部分。因为目前世界上仅仅在中华大地发现了人类起源包括直立人、早期智人、晚期智人各主要阶段的化石,可以建立较为完整的序列,从而证明中华大地应是人类起源的地点之一。古人类学研究的成果又表明,中华远古居民的体质特征是以蒙古人种(黄种)为主干发展的,从中可以追溯蒙古人种的起源、形成以及与现代中华民族人种的直接渊源,又证明了中华民族的远古祖先,应是来自远古洪荒时代已在中华大地蕃衍生息、并继续在本土创造历史的人们。中华民族的起源具有鲜明的土著性。中华新石器时代文化的多元区域性发展和远古传说中的多部落集团,又证明了中华民族起源的多元特点,"这是中华民族格局中多元的起点";同时各区域文化也在接触中出现了竞争的机制,相互吸收比自己优秀的文化而不失其个性,实际上说明了在起源时代各部落集团间的文化交流与统一的趋势,"从多元上增加了一体的格局"。① 中华民族在整个发展过程中所表现的多元与一体的辩证运动,起源时代已有萌芽。

关于中华民族"自觉实体"和"自在实体"的理论,是构成"多元一体格局"学术体系的基本骨架。费老说:"中华民族作为

---

① 费孝通:《中华民族的多元一体格局》,引文见《格局》第5—6页,另参见《格局》中所收《中华新石器文化的多元区域性发展及其汇聚与辐射》,《新探索》中所收《从考古学上看中华民族的融合与统一》等论文。

一个自觉的民族实体，是近百年来中国和西方列强对抗中出现的，但作为一个自在的民族实体则是几千年的历史过程形成的。"① 在《格局》与《新探索》中的其他论文，对这个理论作了多角度的论证。

中华民族的自在实体，是指在统一多民族中国的古代形成与发展过程中，中国各民族既是各自在形成发展，又逐步地形成了中华民族的整体；只是在中国古代这种客观实际基本上未能形成为自觉的民族意识。因为在1840年以前，没有真正遇到来自中华大地以外的威胁，而历代民族之间的战争和王朝推行的民族压迫制度所造成的民族歧视与隔阂，又掩盖着中华民族的整体利益一致和不可分割的联系。历史文献偏重记载民族间的战争，在古代，这是当时民族观的反映；到近代，人们也往往难以摆脱这种局限，比较注意民族矛盾与斗争的一面，却忽视了整个中华民族一体发展的一面。

由于费老的论文是纲要性论证，而中华民族的自在发展过程及其基本特征又需要较长篇幅才能作较为深入的论证，最近我已撰专文《中华民族的自在发展》，在《中央民族学院学报》1992年第4期发表，于此不再进一步展开。

中华民族的自觉实体，是在近百年中国与西方列强对抗中出现的，即自1840年以后，在中国的民族与民主革命过程中出现的。所以为自觉的实体，是在反对帝国主义侵略争取中华民族独立解放的斗争中，中华民族的整体性逐渐被认识，从而在反帝斗争中首先是自发地联合，进一步自觉地联合。其中尤其是中国共产党建立以后，以马克思主义民族观与解决中国的民族问题实践相结合，使中华民族的整体性与根本利益的一致性上升为全民族的觉悟。中国共产党制定了正确的路线、方针、政策，成为中华

---

① 《格局》第1页。

民族大联合的领导核心，领导着中华民族推翻了三座大山，实现了中华民族的独立解放，创立中华人民共和国，目前正在为实现社会主义四个现代化而奋斗。

经过对中华民族自在实体与自觉实体的研究与阐明，从而认清了中国的民族问题应划分为本质上有区别而发展上相联系的三个时代，即：中国古代的民族矛盾和民族间的战争，是统一多民族中国形成过程中的矛盾和斗争。就当时各民族诸王众汗而言，是不同王朝、不同民族的矛盾和斗争；就统一多民族国家形成、发展与确立而言，这些中国古代各民族的矛盾和斗争，没有超出中国历史的范围，是中华民族形成过程中的各个民族成员之间的矛盾与斗争。自1840年以后到中华人民共和国建立以前，中国的民族问题有两个基本的方面，即中华民族与帝国主义的矛盾，这是最主要的方面，通过中国的民族革命来解决，以求中华民族的独立解放，这是世界民族殖民地问题极为重要的组成部分；解决中国国内民族问题，是中国民主革命总任务的一个组成部分，这个任务在中华人民共和国建立以后，继续废除历史上遗留下来的民族压迫制度，消除了历史上所造成的民族歧视与隔阂，从而实现了各兄弟民族的平等、团结和少数民族的区域自治。中华人民共和国成为中国各民族团结、友爱的大家庭，生动地体现了中华民族的独立、解放和自立于世界民族之林的豪迈姿态。自党的十一届三中全会以来，各兄弟民族携手并肩，继续解放和发展生产力，互相支援，共同繁荣，争取在实现四个现代化的伟大事业中，做到各兄弟民族和整个中华民族在现代文明基础上繁荣昌盛的统一。

看到上述三个时代民族问题发展上的联系而又从本质上加以区别，是非常必要的。因为，对中国民族问题三个时代的区别与联系的认识，既是从关于中华民族自在实体和自觉实体的研究与阐发中派生出来的，反过来也是正确理解中华民族上述两大阶段发展过程的重要关键之所在。

三、几点体会

任何一种社会科学理论的命运，取决于它对社会现象解释的广泛性及其适应社会发展需要的功能。

在关于中华民族多元一体格局理论提出以后的几年中，民族研究领域运用它来进行各种课题研究的自不待言，考古学界也认为它是适用于解释中国考古文化现象的理论工具。新石器时代考古学家严文明教授在今年初发表的《略论中国文明的起源》一文中分析了关于中国文明起源诸因素及相关诸文化之后，得出的结论说："中国古代文明的起源是多元的，又是有主体的，以后的发展主体虽越来越大，仍然保持着多元，形成一种多元一体格局，最后发展为现在以汉族为主体的统一多民族国家。"[①] 今年4月初在四川广汉三星堆为纪念三星堆考古发现60周年召开的国际学术讨论会，对中国青铜器时代文化和中华文明的起源与发展，"许多学者提出了多元一体格局的新观点"。[②] 在文化史研究领域，"多元一体格局"的理论也得到了承认。比如，由中华炎黄研究会、中国和平统一促进会、福建省炎黄文化联合会主办的"闽文化学术讨论会"于今年3月在厦门市举行，来自海峡两岸的50多位专家、学者参加了这次讨论会，关于闽台文化及台湾文化与中华文化的关系，两岸学者的共识是："中华文化是一个

---

① 《文物》1992年第1期，第48页。
② 《四川日报》1992年4月7日报道：《广汉三星堆考古研究表明四川平原是中华文明重要的发源地之一》。

多元的统一体。"① 此外，关于《周礼》的研究和中国经济史研究，也颇有与"多元一体格局"理论不谋而合的各种观点。这些都已见于著作和论文，说明了关于中华民族多元一体格局的理论是具有生命力的。

当前把关于中华民族整体性的综合研究提到学术研究的日程上来，具有很大的现实意义。对中华民族以往数千年多元一体运动进行科学的分析，是为了科学地总结历史上处理民族关系的得失和留给我们应予发扬的遗产，是为了从我们的祖先所创造的光辉业绩中吸取巨大的精神力量，从而团结起来，奋发图强，面向未来，面向世界。中华民族在资本主义兴起以前曾长期处于世界领先的地位，对人类作出了极其卓越的伟大贡献。现在我们应该不辜负自己的祖先，争取在现代文明发展中，卓然自立于世界民族之林，对人类文明的发展作出更加伟大的贡献。毛主席曾指出："国家的统一，人民的团结，国内各民族的团结，这是我们的事业必定要胜利的基本保证。"② 当前，我国社会主义四个现代化的事业发展很快，如何正确解决各兄弟民族社会飞速发展与继承发扬其民族传统的问题，如何使中华民族的共同繁荣与各兄弟民族在现代化基础上的繁荣昌盛统一起来等等，有许多新的课题需要进行深入的调查研究，需要从整个中华民族的现代化的宏观角度与各兄弟民族现代化的具体实践结合起来进行调查研究。十余年来，许多学术部门，其中有些是费老倡导或参予进行过研究的课题，比如黄河上游多民族经济开发区的研究；关于东西部发展既有优先又要在发展中求均衡互补和相互促进的研究；关于以上海为中心，江浙为两翼开发长江三角洲，与珠江三角洲比翼齐飞带动整个中华腾飞的研究；关于重振西南丝绸之路的研究；

---

① 《光明日报》，1992年8月25日《史学》。
② 《关于正确处理人民内部矛盾的问题》，人民出版社1957年6月版，第1页。

关于在开放东部沿海的同时,全方位开放民族地区边境贸易的研究等,都在实践中对四化建设起了借鉴与推动作用。如果在当前,对民族地区四化中出现的新情祝与新问题和50年代那样来一次全面深入的社会调查,对于在当前新形式下制定相应的政策,完善民族法规,发展社会主义民族关系,肯定是十分有益的。现在有50年代调查的经验和教训,整个研究队伍的素质也比50年代有很大的提高。在党的路线和方针指引下,再度的少数民族社会历史调查,有理由期待会得到巨大的丰收。也有理由相信,关于中华民族多元一体格局的理论,将在新的少数民族社会历史调查中得到检验和进一步发展完善。

我们还注意到,近百年来,帝国主义列强为其分裂中华民族和瓜分中国的侵略需要服务,曾炮制过关于中国民族关系的种种谬论,诸如"满蒙非中国论"、"回疆非中国论"、"异民族统治中国论"等等。在我国这些谬论已遭到唾弃;在国外,也没有多少市场,但仍有一些反华势力和受他们庇护与支持的分裂主义者泛起这些历史的沉渣,为其分裂中华民族的阴谋张目,以一种似是而非的面目混淆人们的视听。关于中华民族多元一体格局的理论以及对中国、华夷、番汉、中华、中华民族这些称谓含义的发展演变的深入考证,并非着意于批判上述帝国主义谬论所进行的研究,实际上这些研究所揭示的中华民族整体结构的特点与它对中华民族内在联系的认识过程,也是从科学上对近百年来形形色色的帝国主义歪曲中国民族关系谬论的一个有力的批判,是肃清这些谬论影响的科学武器。

世界上的任何国家,都有一个发展的过程。中国经过两千多年形成发展,到1840年西方列强侵略中国以前,已确立为巩固的统一的多民族国家,有明确的疆域与边界,在1840年—1949的百年极为严峻的历史考验中证明了它坚如磐石的巩固性。研究中国的民族关系和中华民族的结构必须从这个最基本的事实出发。马克思指出:"对人类生活形式的思索,从而对它的科学分析,总是采取同实际发展相反的道路。这种思索是从事后开始的,就是说:是从发展过程的完成的结果开始的。"[①] 如果我们不从统一多民族中国发展过程的完成结果开始去追溯其发展过程和必要规律,而是拿着统一多民族中国发展过程中一些民族矛盾与民族战争的事实来把中国各民族的历史与整个中华民族的历史对立起来和分割开来,那就违背了中国历史最基本的事实和客观规律。

民族,是稳定的,但不是凝固的人们共同体,民族是历史的产物,随历史的发展而发展。世界上为数众多的民族,其社会与文化发展极不平衡,并且有着许多不同的发展层次。我国在以往的数千年中,民族及各民族关系的主流是由许许多多分散孤立存在的民族单位,经过接触、混杂、联合、相互涵化,同时也有分裂和消亡,形成一个你来我去,我来你去,我中有你,你中有我,而又各具个性的多元一体。直到中华人民共和国建立以前,我国的数十种民族,有从事农耕和游牧的不同,处在不同的社会阶段,可以说人类社会发展的诸形态都在当时的现实生活中并存,文化方面有很明显的差异,人数多寡与分布状况也相当悬殊。建国初期,党中央和毛主席明确指示:对人们共同体进行科学分析是可以的,但政治上不要划分为民族、部族。对具有民族认同并经过民族识别的人们共同体,一律享受平等的政治权利,根据各种不同的分布状况以多种形式实行民族区域自治。几十年来的实践证明,这种从学术研究方面对什么是民族以及民族起源、形成和发展各种形态进行讨论,又将这种科学研究紧密地和民族工作结合起来的做法,既有利于民族工作的开展,也有利于民族研究学术的发展。依据我国的民族情况和民族工作成功的实

---

① 《马克思恩格斯全集》第23卷,第92页。

践，费老曾指出，在民族这个概念上是否可以设想分为三个层次：第一就是中华民族；第二是汉、藏、蒙、回等56个民族；第三是这56个民族中有些民族还包含着若干一定特点的集团，如藏族中的康巴人、安多人，苗族中的红苗、青苗等等。① 中华民族多元一体格局是对这三个层次结构所作的理论概括，是来自实践的高层次概括。

对于中华民族的界定，还有需要继续研究的课题。比如：我国许多民族与邻国一些民族有共同的历史渊原、文化特点、语言文字，甚至族称也相同。另外，中国各民族，其中主要是汉族，也有一些中国的少数民族，已移居于世界许多国家和地区，或已成为当地的华裔民族，或仍保持中国籍成为久居国外的华侨。对于这些跨境分布的民族和分散居住于世界的华裔民族，他们与中华民族这个总体称谓如何界定？事实上这个问题不仅中华民族存在，世界上任何一个多民族国家都存在。即使是欧洲过去存在的单一民族国家，现在也差不多成了有许多民族居住的国家。因此，这种情况是摆在"民族"和"民族界限"研究方面的新课题，它具有广泛的研究和学术价值，在《格局》与《新探索》中虽然作了初步的探讨，但还有待深入发展。像这种多民族统一体，有人称为"国家民族"（state nation），② 具有一定的参考价值。当然各国多民族统一的历史、政治、经济、文化基础不同，被称为"国家民族"这一层次的共同体其内在联系与巩固的程度也千差万别，需要具体分析。在使中华民族多元一体格局理论研究继续深入发展当中，需要放眼世界，在各种可比与参照的情况中作更具广泛性的理论概括。

目前，学术界已开展关于中华民族凝聚力的研究和讨论，认

---

① 参见《民族团结》1986年第6期所载费老关于民族识别的谈话。
② 英 A. D. 史密斯：《论民族与民族主义》，《民族译丛》1986年第1期。

为这是一个综合性的课题，涉及到历史学、哲学、社会学、民族学等诸科学，"因此需要多学科协同合作，才能期待出现新的局面"，① 我们完全同意这样的观点，并希望为学术界各方面协同合作做出自己的贡献。以马克思主义历史观与民族观为指导，是中国民族研究的一个优势，这是我们必须坚持的。同时，我们没有理由拒绝借鉴和吸收世界上其他学派的观点与方法。香港中文大学人类学系主任乔健教授在评论费老长达 60 年的曲折研究时指出，至少可以看到费老在研究中所运用的观点与方法，包括功能的观点、历史的观点（即历史唯物主义观点）、整体的观点，基本结构的强调，强调研究与实际的结合。乔先生说："从上面我们所说的这些观点看来，费先生是多方面的，这许多观点，如果放在一个西方学者身上，他一定是互相矛盾，或者是互相排斥的，但在费先生的著作里却是很自然地融合在一起的。所以能如此，我觉得并不是完全由于费先生的功力，主要是因为在中国这样一个悠久、庞大复杂的文化里，从事社会科学的研究，绝不可能单纯地采用一种观点，更不可能只依附于一个学派，而必然是兼容并包，而且不断发展新的观点与方法。"② 在马克思主义历史观与民族观指导下，借鉴与吸收多种观点与方法，综合性地运用多学科，如考古学、古人类学、历史学、民族学、地理学乃至自然史等多学科的资料与研究成果来对中华民族进行整体性的研究，正是《格局》与《新探索》中许多论文作者所力求做到的。

对中华民族整体进行综合研究，是一个巨大的学术研究系统工程，现在仅仅是开拓，需要几代人乃至十几代人才能使之完善。比如关于中华民族起源问题，从 17 世纪西方学者提出"西来说"以来，"外来说"与"本土说"争论了两三个世纪，由于

---

① 《光明日报》，1992 年 6 月 17 日《史学》。
② 《新探索》，第 13—14 页。

中国古人类学和新石器时代考古学大量新发现与研究的成果，才为我们确立"本土说"与"多元说"提供了有力的科学事实作为立论的基础。中华民族这样庞大而复杂的结构，我们现在还研究得不充分，许多包括在这一领域的研究课题甚至还没有提到日程上来。费老在1990年5月民族研究国际学术讨论会上强调，对中华民族整体性的研究，是科学研究，大家遵守学术讨论原则，要互相促进，有不同意见以科学的态度去争鸣，不要有了争鸣就互相扣帽子。他语重心长地说："我已经80岁了，年纪大了，多年思考中华民族的整体发展，现在不提出来，怕没有机会了。但这项研究仅仅是初步的，子子孙孙还要继续研究下去。"[①] 他的一席话，道出了这项研究的现状和前景，希望通过多学科长期的协作努力，使之日臻发展至于完善。

（原载《民族研究》1992年第6期）

---

① 《新探索》第424页。

中国民族研究的识异与求同[*]

中国古代文献关于不同民族的记载，其由来非常古远。以近代学科形态出现，则梁任公在1902年的《新史学》、1906年的《历史上中国民族之观察》及1922年的《中国历史研究法》中已越来越明确民族史在中国史学中的地位。民族学自19世纪中叶在欧美形成学科，1903年，林纾、魏易即将德国哈伯兰(Michael Haberlandt)的民族学由英译本译成中文，书名《人种学》，交北京大学堂书局出版。中国正式使用民族学的名称从1926年蔡子民先生发表《说民族学》到现在也有70年。当前，在中国大陆，将研究民族问题诸学科，统称为民族研究，已成为一个包括民族史、民族学、民族语言学、民族问题理论、民族经济等诸多学科的学术部门。

这是由中国民族问题所占重要地位决定的。

1949年以后，民族研究在中国海峡两岸不同的环境中发展。回顾大陆上民族研究的总体情况，大概可以分为三个阶段：

第一阶段是50年代。当时是以民族识别为中心，进行了广泛的访问、调查和研究。

中华人民共和国建立以后，中央人民政府决定完全废除历史上遗留的民族压迫制度，制定和推行民族平等、团结和民族区域自治的政策。这就需要识别和确定到底有多少民族。据1953年统计，全国各地所报自称或他称的民族有四百多个，经过50年

---

[*] 本文是作者在"海峡两岸中国少数民族研究与教学研讨会"上的报告，本刊发表时略有删节。

代的识别，以后60—80年代又依据新的调查材料，确定中国有56个民族，除汉族以外，其他55个兄弟民族称为少数民族。少数民族是指人口数量较之汉族居于少数，而政治权利则无论人口多少一律平等的民族。

民族识别工作，一是区分汉族和少数民族；二是区分是单一民族还是同一民族中具有不同地区性或其他特殊从业、生活方式等特点的人们群体（台湾学术界称为族群）；三是要确定各民族为大多数人民乐于接受而且较为科学的名称。

这是一项政策性、科学性都很强的工作。因为中国是个很古老的多民族国家，地域广大，民族众多，语言多样，社会发展很不平衡，要把民族识别的工作从理论到实践都解决得非常圆满，不是一件容易的事。依愚所见，民族识别工作的主要成果，是确定了当代中国有56个民族。这样才能顺利推行民族平等、团结和民族区域自治的政策，全面开展民族工作，在科学上和理论上，坚持民族是历史的产物，而不是古代某一英雄人物或氏族、部落简单的血缘延续。各民族有共同的历史，却不一定是单一的来源。事实上，在中国这样有数千年民族共处历史的国家，不可能有单一来源的民族；必然是以古代某一族体为核心，在发展中涵化吸收了不同来源才形成了当代中国的某一民族。在科学研究方面，依据各民族的客观实际，确定其社会发展水平、社会形态、族体特点；但在民族识别上，则凡有民族认同要求，并具备确定为单一民族的条件经过中央人民政府确认的，一律称为"民族"，享有平等的权利。

上面我只能简单陈述一孔之见，希望进一步了解中国民族识别的理论与实践，则有黄光学、施联朱两位专家主编的《中国的民族识别》一书（民族出版社1995年1月第1版）和该书所收录费孝通、林耀华两位教授的专论，可供参考。

第二阶段，自1958至1965年，以对少数民族的族别研究为主，中心是调查研究各少数民族当时所处的社会发展阶段和特点。并且结合文献，研究各民族起源、形成、发展的历史，同时进行了最广泛的民族语言调查。此项规模浩大的调查研究，1956—1958年初由全国人民代表大会民族委员会主持，当时从专门研究机构、高等院校，抽调了民族学、历史学、考古学、社会学、经济学、语言学等学科的专家和学生组成八个少数民族社会历史调查组，分赴内蒙古、新疆、西藏、云南、贵州、四川、广东、广西等省区对20个少数民族的社会历史进行调查。1958年以后，少数民族社会历史调查工作改由国家民委和中国科学院哲学社会科学部（现中国社会科学院）领导，具体事务由民族研究所主持，调查组由原有8个增至16个，在全国各少数民族分布较集中的省区进行调查研究，人员最多时调查组人员达到千余人，其中中央民族学院历史系（现中央民族大学历史系和民族学系的前身）参加调查的师生达240余人。据不完全统计，从1953年开始试点到1956年形成8个调查组、1958年形成16个调查组，前后所获资料340余种，总计3000万字左右，此外还有大量文物、照片和民族学影片。在此基础上，由国家民委主持编纂了《民族问题五种丛书》，到目前"五种丛书"已出版。此外，还出版了一批研究少数民族社会形态、族别史、族别风俗志及语言文字与文化的专著。对少数民族族别研究的深入和推进，也促进了关于中国少数民族其他各相关学科的发展。

　　第三阶段是1978年到目前。这一阶段以地区民族研究、民族关系研究的发展较突出，汉民族研究的课题也提到了日程上来。在这些综合性研究有相当进展的条件下，80年代末，及时提出了对中华民族进行整体性研究的任务，其中尤其是费孝通教授《中华民族的多元一体格局》一文发表以后，对中华民族的整体研究引起了中国的两岸三地及国外学术界的关心与瞩目。当然，上面所说三个阶段只是就其突出的特点而言，并不能截然分开。实际上1978年以后,对各民族的族别研究仍在发展而且趋于成熟,族别研究的著作大多是在1978年以后成书。对中国各兄弟民族的族别研究,任何时候都是民族研究不可缺少的课题。

综上,除1966—1976十年"文化大革命"空前浩劫时期学术研究遭到破坏而停止以外,在1966年以前,大陆上的民族研究集中在对各少数民族的历史发展过程与当前社会、经济、语言文字、风俗习惯、宗教信仰、民族意识等各个方面的调查与研究,着重点放在研究其区别于汉族和其他少数民族的特点方面,换句话说,着重点放在"识异"上。在当时这是非常必要的。中国古代虽然有记述边疆各民族的传统,积累了大量资料;30—40年代对中国一些少数民族的调查研究也取得了若干可贵的成果,但对于全面推行民族工作,贯彻民族平等、团结与区域自治的政策而言,古代与30—40年代积累的知识与资料,都显得非常不够用,必须通过艰苦、细致、全面的科学调查研究,才能为全面开展民族工作,促进民族地区的发展提供较为系统和科学的知识。这样的调查研究不仅对促进民族团结、巩固祖国统一有积极的意义,对提高各兄弟民族的自信心和建设家乡、建设祖国的积极性也有重大的意义。深入地、科学地认识各民族历史与文化的特点,也是促进兄弟民族间互相尊重、互相理解、互相谅解、互助协作的必要条件。所以,民族研究方面的"识异",不是使各兄弟民族越来越疏远,而是为促进各兄弟民族越来越在互相了解的基础上发展团结和互助提供必要的科学知识,为民族工作适应各民族历史、社会和文化特点,提供参鉴和决策的依据。所以这不仅是一项严肃的科学研究工作,也是具有广泛应用性的调查研究工作。

1976年粉碎"四人帮"以后,民族研究学术界共同感到,重点放在对少数民族一个民族一个民族的调查与研究,尽管在一定阶段上有必要,同时也暴露出一些弱点。这些弱点集中表现在不能很好地阐释各民族发展中的相互关系——不仅是汉族与少数民族的关系，也包括各少数民族之间的关系。70年代末，有些学者反复撰文阐释历史上的中国与中国历史上的民族，对中国、中国民族等范畴进行探讨，以中国如此众多民族、悠久历史、广大疆域如何形成统一的多民族国家以及为何会形成统一多民族国家而不是各民族分别在不同地区形成不同国家为中心，研究中国民族关系发展的过程及其内在的联系。1981年，在翁独健、白寿彝等老前辈的指导下，在北京香山召开了"中国民族关系史学术座谈会"。在这个座谈会推动下，中国民族关系史、地区民族关系史、兄弟民族间的关系史以及民族关系的各个层面的研究工作十分活跃，每年都发表大量论文，80—90年代先后出版了通史体及地区的、民族间的关系史专著近20部。80年代末开始的对中华民族整体性进行研究，是在以往族别研究、地区性综合研究、民族关系史研究已取得显著成绩的基础上进行的。1951年老一辈史学家范文澜曾发表《中华民族的发展》一文，实际上提出了对中华民族进行整体研究的任务，但由于当时缺乏族别研究、地区性综合研究和民族关系史研究的基础，对中华民族整体研究只能提出任务而未能得到推进。停顿了40年以后，才出版了《中华民族多元一体格局》（费孝通等著，中央民族学院出版社，1989）,《中华民族研究新探索》（费孝通主编，中国社会科学出版社，1991），《中华民族研究初探》（陈连开著，知识出版社，1994）。广东中华民族凝聚力学会先后召开过三次讨论会，均出版了论文集。四川重庆史式教授，联络台湾及新加坡和大陆一批学者，共同研究和撰写《中华民族史》，已出版一本论文集。

如果说族别研究着重点放在"识异"，那么地区性的民族研究、民族关系史研究、对中华民族整体的研究等，着重点就是放在"求同"。这个"同"是客观存在的中华民族整体不可分割性、根本与长远利益的一致性、中华民族文化特质的共同性以及中华民族的大认同与凝聚力等等，而不是人们主观上的虚构。对这些客观存在的事实进行挖掘、研究和阐释，就是"求同"。所以"求同"不是虚构"同"，而是把未能被认识的"同"通过调查、研究，反映与阐明清楚，成为民族的觉悟，或称民族的自觉意识。也可以说"识异"是"求同"的学术基础，"求同"是"识异"的旨归。传统中国哲学较重视"相辅相成"却忽视了"相反相成"，实际上这两者往往在同一过程中相互作用。在民族研究上，如果我们不关心和重视各兄弟民族之"异"，当然不是实事求是的科学态度；如果看不见各兄弟民族间的"同"，也违背了中国民族发展的客观实际。在实践中，如果片面强调中华民族的整体不可分割性和中华民族的共同利益而忽视了各民族的特点与利益，或反过来片面强调民族特点与利益而忽视了中华民族的整体不可分割性与共同利益，都是违背客观规律的，必然给中华民族和各兄弟民族之间的发展带来损失和挫折。这是近现代历史反复证明了的。笔者自知不学，然而为使命感所驱使，正在主编《中华民族的形成与发展》，试图对中华民族整体的形成、发展过程及主要层面，作一个较为全面的叙述和论证。此书主要观点和基本学术构架，在拙著《中华民族研究初探》中已有所论证，其中的错误与缺陷，希望得到方家与广大读者的批评，以利在即将成书的《中华民族形成与发展》中能有所提高。

　　大陆与台湾民族研究在学术上的接轨，已有一个可喜的开端。大家在相互接触中，深感到彼此多接触、了解、取长补短的必要。同时也感到，无论对学科名称、研究范畴，还是理论、方法和术语，双方都存在很大的差异。这种差异是在彼此隔绝的不同政治环境中形成的，有些需要在学科接轨与整合中求同，使彼此能顺利交流、讨论，否则，各自所云、所指不同，无法达到交流的目的；有些是在学术思想上的不同流派，彼此并存，争鸣竞长，有什么不好！本来，我很想认真谈谈对这个问题的想法，可惜对台湾学术界的了解还刚刚起步，远不像台湾学者那样有较多来大陆的机会可以较全面而深入对大陆的学术界进行直接的了解，同时，台湾学界与国外学术界接触较多，这也是我们长期缺乏的条件——总之是学力有限，力不从心。最近十余年来，费孝通、李亦园、乔健等教授创造条件，使两岸三地学者在香港、苏州已举办过四次"现代化与中国文化"研讨会，着重从人类学、社会学角度讨论中国现代化与中国传统文化诸问题。今年夏天，由费孝通教授倡导，中国两岸三地和日本、韩国的几位人类学、社会学名家——费孝通、李亦园、乔健、中根千枝、金光亿在北京大学举办的"社会人类学高级研讨班"授课。这些活动和两岸关于民族史及民族研究共同探讨的活动一样，都充分表现了学术接轨中识异、求同的热忱和愿望。

我自知不学，最近几年才有机会拜读台湾学者一些论著，也有幸结识学界同仁，亲自领教。但究竟了解肤浅，可能有些言不及义。但初步接触中，深有感受，觉得求同的基础非常雄厚。

首先是两岸学者都发自肺腑，认定中华民族是一个整体。在这个整体中，汉族占绝大多数，无论人口、文化、经济都是中华民族的主干，同时还包括55个少数民族。中华民族是由汉族和众多少数民族结成的一个整体，中华民族的各个成员是享有平等权利的兄弟民族。海外华人，大多已加入居住国国籍，成为居住国的国民，有些仍是旅居海外的华侨。无论有居住国国籍的华人还是华侨，一般也都保持和发扬中华民族文化，是中华民族在海外发展的子孙。这种一个民族分别为不同国家国民的情况，在当代世界上并不仅仅中华民族如此。

其次，中国的两岸三地和海外华人拥有雄厚的经济实力和强烈的民族亲情认同以及振兴中华民族的愿望。两岸学界都怀着共同的使命感：通过自己的研究，深入挖掘中华民族历史、文化、经济等各个层面的共同性，以促进中华民族的大统一和在现代化基础上的中华民族的振兴。

再次，我们高兴地看到台湾学术界所持有的客观与求实的严谨态度。在80年代以前对汉族以外的中国各民族称为边疆民族，主要是指文化上有别汉族的各民族；1980年以后称汉族以外的各民族为少数民族。台湾的少数民族学者还提出无论汉族还是少数民族都称为兄弟民族。实际上大陆在政策上称汉族以外各民族为少数民族，在日常生活中常常称当代中国各民族为兄弟民族。从此次与会学者的一些论文中，我们可以看到台湾学者对大陆少数民族的研究，其中包括大陆民族政策与民族工作都怀着浓厚的兴趣。据杨嘉铭先生初步统计，主要发表在近20年的专书论文共60种，从内容上加以区分，其中一般性论著23种，以大陆为研究对象者26种，专门研究台湾原住民者11种，三者比例为2.1∶2.4∶1。

第四，我怀着很大的兴趣，希望了解关于台湾人类学、社会学中国化或称本土化的讨论。作为一种近代学科，这些学科都是上世纪与本世纪之交或本世纪初叶传入中国，又都是上世纪在欧洲形成学科；本世纪，特别是二次世界大战以后在美国有很大发展，并对这些学科的传播有世界性的影响。台湾研究民族学（文化人类学）的学者，大多有受欧美尤其是美国专门教育的背景，有这些国家的高层次学位。他们运用所学来研究中国的民族、中国的社会，自然有其特长；在大陆，我们这一代在成长时基本上与外界隔绝，缺乏这种特长，此是我们深感所缺、需要补课的。可惜我们已迈向老年，补课也很有局限，于是鼓励年青一代不固步自封，努力吸收世界各种学派的理论和方法来充实自己，取其所长，扬弃不适用的部分。另一方面，大陆上的学者，生活在各民族之中，接近研究对象，作了长期的实地调查，结合文献、考古、语言等方面资料，熟悉研究对象，有些方面的研究已达到相当的深度，已获取一些较为成熟的成果，这是大陆学者的优势与特长所在。如果两岸学者和衷共济，共同努力，取长补短，一定会在民族研究领域中创造出有中国特点的新学科，成为中华民族现代文化的重要组成部分。中华民族的现代文化，必然是世界现代文化的一个组成部分，但不是西方文化的附庸，也不是对西方文化的模仿。它既不是洋装土货，更不是土装洋货，而是吸收了西方理论和方法并与中国国情及传统文化相结合创造出来的中国学科。在可以预见的未来，还不可能有一种完全国际化的文化，但可以期待一种与西方文化取得平等地位，并且与西方在现代化基础上交相辉映的中华民族现代文化。我们的祖先以其灿烂的东方文化与西方文化交相辉映，在中华民族的振兴中，中华民族的子孙应该发扬祖先的传统，创造出现代文化去充实丰富人类文化的宝库。中华民族的民族结构有其特殊性和典型性，我们不需拿任何一种理论套用，却需要吸收各种有益的理论和方法去进行深入研究，从中概括出新的理论和方法，以丰富世界民族学科的内容，从而使世界的民族学科更富于普遍性和科学性。长期以来，我从事中国民族史的研究，主要以历史学的方法，同时也吸收民族学、考古学、古人类学、语言学、地理学等相关学科的资料和研究成果，包括其研究方法和理论，试图阐明中华民族的形成过程和其中的内在联系。台湾学者将这种多学科的综合研究方法称为科际整合。在此次研讨会期间，林恩显教授多次提到民族关系史研究，并建议大陆学术界在进行民族关系研究时，应吸收台湾学术界族群研究的理论。这是本人乐于接受的。记得前年，听李亦园院士介绍台湾学术界关于人类学、社会学中国化的努力，有感成八行打油，曰：

西学中国化，自古有传统。唐僧不畏难，取经集大成。

六祖灵根硕，本土立禅宗。两岸同努力，可期成大功。

善于吸收外来优秀文化而不失民族特性，使外来文化经过再创造成为民族文化的一部分，是中华民族的优良传统。我们深信两岸在民族研究领域共同努力创立的诸学科，既是中国的，又完全是可以与国际学术对应交流的，它们是中国现代文化不可或缺的一个组成部分。

（原载《社会科学创作》1995年第4期）

传统的民族观与中华民族一体观

中华民族,是本世纪初才出现的称谓,最初与汉族同义。随着中国革命对中国民族问题认识的加深与解决民族问题工作的推进以及中国民族研究的进步,对中华民族所包含的全部内涵,认识也越来越深入、全面。目前,在中国大陆,中华民族既是中国各民族的总称,又概括了中国各民族的整体认同,是不可分割的实体[①]。

需要讨论的是,在中国以往的几千年中,涌现过为数众多的民族,当代中国也有56个兄弟民族。中国古今各民族,既各有其起源、形成、发展的历史与文化,又在数千年中越来越紧密地结成了统一的多民族中国,共同创造了中华民族的历史与文化。中国古今的各民族,既是互相有区别的不同民族,又实际上在不断发展中表现出互相不可分割的一体联系,具有多层次的民族认同。如何认识和阐明这种"一"与"多"的对立和统一,在中国是一个既古老而又内容常新的命题。1988年,费孝通教授发表了《中华民族的多元一体格局》这篇著名的论文,对中华民族的"多元"与"一体"的辩证运动及结构特点,作了高层次的概括。今谨就中国传统的民族观与中华民族一体观的发展陈述一些情况,还谈不上对此作出科学阐释,希望能有助于对中国的民族与民族关系问题的了解。

---

① 陈连开:《中华民族解》,《中南民族学院学报》1992年第5期,第39—40页。

（一）传统的"夏夷之辨"

民族共同体发展的层次不同及民族关系发展的层次不同，使各民族的认同和区别也会有不同的尺度。华夏/汉民族在起源时代，由黄河中、下游东西两大区系的新石器文化及黄河中、下游东西大系统的部落与部落集团通过长达千年（前3000—前2000）的接触、撞击争斗至于接近和融合，形成了夏人、商人、周人三族。他们起源的地区不同，祖先来源各异，然而都是上述东西两大系文化及两大系统部落融合的产物，文化特征大同小异。商灭夏，夏、商两族进一步融合；周灭商，三族融为一体。周王在取得了统治地位以后，主动采取了一系列与夏、商认同的政策和措施：首先宣告，周灭商，是由于商纣王"失德"，因而也丧失了"天命"，周之代商，如商之代夏一样，都是按"天命"行事，是"皇天上帝，改厥元子"①。第二，分封周王的兄弟、宗室为诸侯的主干，"以藩屏周"②；封舅族姜、任等姓诸侯为周室的婚姻同盟；又封黄帝、炎帝、尧、舜等"先圣"及夏、商之后③。这样便构成了西周的宗法等级分封体系。第三，将周人原在"西土"所称谓"区夏"（即夏区，古今语法不同）的范围扩大到所有上述各类诸侯分布之区，诸侯称为"诸夏"，又将原商朝统治的中心区域称为"东夏"④。凡夏、商、周三代统治的区域，都认同

---

① 《尚书·周书·召诰》。
② 《左传》定公四年。
③ 《礼记·乐记》下："武王克殷反商，未及下车而封黄帝之后于蓟，封帝尧之后于祝，封舜之后于陈；下车而封夏后氏之后于杞，投殷之后于宋。"《史记·周本纪》所记封地稍异。
④ 《尚书·周书·微子之命》："庸建尔于上公，尹兹东夏。"

是大禹开辟的土地,称之为"禹绩"或"禹迹"[①]。后来又将周初只限于称京师为"中国",扩大到与"诸夏"同义。第四,周人自认为是黄帝姬姓的苗裔,并主动与商族认同,将原只是东方各部落及商族的祖神与天帝的帝喾,纳入黄帝为始祖的谱系,成为黄帝的曾孙,又奉帝喾为商、周共同的祖先。奉周人的始祖母姜原为帝喾的"元妃",而商人的始祖母简狄及帝尧的母亲都是帝喾的"次妃"。第五,采用商的文字而加以改进和发展。西周经过灭商以前的文王及灭商以后建立周朝的武王、周公、成王、康王几代人的努力,大体上已使夏、商、周三族融合形成了同一民族的雏形:有了共同的族称——夏、中国;共同的始祖——黄帝,周之舅族姜姓诸侯的始祖炎帝,是黄帝的亲兄弟;共同的地域——"区夏",又称"禹绩";共同的文字——从地下发现的商周甲骨文与金文。另一方面,西系炎、黄两大部落集团又有一些部落在黄河中上游及上游发展,即夏、商、周三代的氐羌/西戎。其中除陇山以东各部落在春秋、战国时期已融合于华夏当中,分布于黄河上游及长江上游地区的各部落发展为秦汉以来的氐羌族群。东系大暤(昊)、少暤(昊)两大部落集团分布在泰山以东至海、以南至淮各部落,发展为夏、商、周三代的东夷,到春秋、战国时期,他们又都融合于华夏。西周时,夏夷的区分已比较明显,但夏夷尊卑的观念不明显,夏夷间的限域也不太严格。"夏夷之辨"的观念还没有明确地提出来[②]。

西周末叶至春秋中叶的一两个世纪,游牧人戎狄内迁,在中

[①] 《诗经·商颂·长发》:"浚哲维商,长发其祥,洪水茫茫,禹敷下土方。"《商颂·殷武》:"天命多辟,设都于禹之绩。"至于夏及周承认其所居为"禹绩"不复多引。

[②] 参见陈连开《论华夏/汉民族的形成》,《烟台大学学报》1991年第2期。《论华夏雏形的形成》,《社会科学战线》1993年第3期。《中国远古的各部落集团》,中国社会科学院民族研究所编,《中国民族史研究》第3集,中央民族学院出版社,1993年。

原与诸夏交错分布，并对诸夏造成了威胁，南方自称"蛮夷"的楚国① 势力也日益壮大，兼并了"汉阳诸姬②"，进而北上威胁随、蒋、陈、蔡等诸侯国，甚至危及周王。南北这种蛮夷之势，《春秋公羊传》僖公四年（前656）评论说："夷狄也亟病中国，南夷与北狄交，中国不绝若线。"诸夏在"尊王攘夷"的旗帜下求团结以解救面临的危难，民族矛盾激化，民族意识空前高涨。族称由诸夏又称诸华，或合称华夏③。华、夏二字古音近，可以互假。华字本义为花，引伸为文彩、文明；夏原是地名，进而为部名、国名、族名，又含有大的意思。《左传》定公十年孔《疏》说："中国有礼义之大，故称夏；有章服之美，谓之华。"夏而称华，自居衣冠礼乐文明，歧视夷狄为野蛮人，甚至是"禽兽"。

《左传》闵公元年（前661），"狄人伐邢"，管仲说："戎狄豺狼，不可厌也；诸夏亲暱，不可弃也。"

《左传》僖公二十五年（前635），晋文公欲以武力逼取阳樊这个地方，"苍葛呼曰：德以柔中国，刑以威四夷。宜吾不敢服也！"

《诗经·鲁颂·閟宫》说："戎狄是膺，荆舒是惩，则莫敢我承。"

《左传》襄公四年（前569）晋国魏绛主"和戎"，"晋侯曰：'戎狄无亲而贪，不如伐之。'魏绛曰：'诸侯亲服，陈新来和，…劳师于戎，而楚伐陈必弗能救，是弃陈也，诸华必叛。戎，禽兽也，获戎失华也，无乃不可乎！'"

以上事例表明，到了春秋中叶，华夷尊卑、亲疏之别，界限

---

① 《史记·楚世家》记载，楚王熊渠说："我蛮夷也，不与中国之号谥。"其后楚武王也说："我蛮夷也。"在楚庄王以前中原诸侯视楚为蛮夷。

② 《左传》僖公二十八年："汉阳诸姬，楚实尽之。"

③ 《左传》襄公四年："诸华必叛。"今传《尚书·武成》"华夏蛮貊"，或以为西周初已有"华夏"一词，但此篇为伪古文，成书晚于汉。

分明,在处理华夷关系时十分强调"夏夷之辨"。

在齐桓、晋文以后大约一个世纪,孔子主要强调"裔不谋夏,夷不乱华"①。他的后学孟子进一步提出"用夏变夷",反对"变于夷"②。但孔、孟既有贱视夷狄的一面,同时又主张兼容并包,有促进华夷接近的一面。孟子还公开承认:

"舜生于诸冯,迁于负夏,卒于鸣条,东夷之人也。文王生于岐周,卒于毕郢,西夷之人也。地之相距也,千有余里,世之相后也,千有余岁,得志行乎于中国,若合符节。先圣后圣,其揆一也。"③

孔子强调不能让夷裔乱华夏,但他主张采取怀柔政策,使之亲附。孔子说:"远人不服,则修文德以来之,既来之,则安之。"④ 孔子办学"有教无类"⑤,他的弟子,其中包括贤人七十二,有来自当时仍是夷狄地区的子弟。孔门高足子夏说:"与人恭而有礼,四海之内皆兄弟也。"可见在先秦,民族观已随着民族本身及民族间关系的发展不断进化。儒家的民族观,较之齐桓、管仲时已有了明显的进步,在当时具有代表性,对后世有很大的影响。

春秋时期区分华夷,族类与文化并重,而以文化当作判别华夷的最高标准。当时族类的区分,包含地域、语言、习俗和礼仪,经济方面的差异也被重视,而祖源反而不放在重要地位。《左传》襄公十四年(前559)姜戎酋长驹支说:"我诸戎饮食衣服不与华同,贽币不通,言语不达。"姜戎为"四岳之后"——这是驹支强调而诸夏也承认的——与姜姓诸侯同根共祖。但由于

---

① 《左传》定公十年。
② 《孟子·滕文公》上。
③ 《孟子·离娄》下。
④ 《论语·季氏》。
⑤ 《论语·卫灵公》。

礼俗、语言、衣服、经济等不同,虽已内迁至晋国的南部,也还是戎人。《吕氏春秋·知化篇》记载伍员谏吴王夫差将伐齐,说:"夫齐之与吴也,习俗不同,言语不通,我得其地不能处,得其民不能使。夫吴之与越也,接土邻境,壤交通属,习俗同,言语通,我得其地能处之,得其民能使之;越于我亦然。"越人自称是大禹之后,诸夏也都相信。吴人声称是周王季历的长子与次子泰伯、虞仲之后,周人也承认这种说法。鲁与吴通婚还受到了"同姓为婚"的指责。但由于吴、越的语言、习俗不同于诸夏,"断发文身",诸夏仍认吴、越是蛮越。《吕氏春秋·为欲篇》说:"蛮夷反舌、殊俗、异习之国,其衣服冠带,宫室居处,舟车器械,声色滋味皆异,其为欲一也。"以上所举春秋、战国时期区分族类的那些基本要素,与近代以来民族学进行民族识别的基本要素相当近似。族类区分有如此明确的标准,说明华夏已形成为稳定的民族共同体,其他非华夏各族也已经具备了由部落向民族过渡的基本特征。民族间相区分的标准明确,是民族共同体发展层次较高的反映。

华夏所持兼容并包的民族观及华夏高度发达的礼乐文明,促进了进入中原的非华夏各族的华化。而春秋时仍是夷蛮戎狄或被中原视同蛮戎的一些国家,如秦、楚、徐、吴、越、巴、蜀、中山等,也都努力吸收华夏文化,尽可能使自己与中原诸夏接近。到战国,这些国家先后都已华化,秦、楚成了战国中后叶最强大的诸夏大国。

在春秋中晚叶,孔子作《春秋》,进行"华夷之辨",有严格的标准:族类与文化相较,文化放在首位。这个文化首先是指周代的"礼乐",按当今的术语,就是以春秋时仍作为诸侯相处的最高行为准则的政治文化为最高标准。董仲舒在《春秋繁露·竹林篇》中评论《春秋》宣公十五年(前597)晋楚邲之战孔子的"笔法"时说:"《春秋》之常辞也,不与彝狄而与中国为礼,至邲之战，偏然反之。何也?《春秋》无通辞，从变而移。今晋变而彝狄，楚变而为君子，故移其言而从事。"韩愈在《原道》中评论说:"孔子之作《春秋》也，诸侯用夷礼则夷之；进至中国则中国之。"唐宣宗大中年间进士陈黯撰《华心》一文，说:"夫华、夷者，辨乎在心。辨心在察其趣响。有生于中州而行戾乎礼义，是形华而心夷也；生于夷域而行合乎礼义，是形夷而心华也。"① 罗泌在《路史·国名纪》中也指出:"《春秋》用夏变[于]夷者夷之，夷而进于中国则中国之。"

孔子这种以文化放在"华夷之辨"首位的观念是自然的。因为华夏是大融合的产物，就其多重来源而言，华夏可以说是夷蛮戎狄所化成，分别与四周各民族都有共同的渊源。在华夏形成民族雏形以及以后的发展过程中，又不断有一部分化出去移徙到边疆，化入当地各民族之中。《史记》所叙夏、商、周、楚、秦、赵及姜姓诸侯，都有子孙"或在中国，或在夷狄"② 的情形，说明华夷之间"你中有我，我中有你"自古已然。孔子本人是商的苗裔，但他崇尚周的"礼乐"达到无以复加的地步。他说:"周监于二代，郁郁乎文哉，吾从周!"③

总之，以儒家为代表的民族观，既具有民族优越感、有贱视夷蛮戎狄的一面，又具有兼容并包，促进民族接近与亲善的一面，而以文化放在区分华夷的首位，促进了民族间的认同。这些特点，可以说是中国传统的"华夷观"的基本特点，孔孟以后至清朝前期关于华夷关系的种种议论，都离不开这些基本特点。

---

① 《全唐文》卷767，陈黯《华心》。
② 《史记》中的《秦本纪》、《楚世家》等篇及夏、商、周各本纪叙事均有其子孙分化"或在中国，或在蛮夷"的记载。
③ 《论语·八佾》。

(二)"大一统"格局中的"夏夷之防"

强调"夏夷之辨"是为了贯彻"夏夷之防"。《春秋公羊传》成公十五年评论孔子"笔削"的原则说:"《春秋》内其国而外诸夏,内诸夏而外夷狄。王者欲一乎天下,曷以为内外之辞言之?言自近者始也。"这个评论,道破了"夏夷之辨"和"夏夷之防"都是在"大一统"思想主导下,防止以夷"乱华"和夏"变于夷"的本质,是在"王者无外"的前提下分"内外",在"大一统"格局中有"夏夷之防"。中国古代由众多民族发展、确立为统一国家的过程,也就是"大一统"与"夏夷之防"矛盾对立统一的过程。

春秋以前所称"四夷",是泛指四方之夷。由于春秋、战国时期中原地区华夷杂处,又日趋融合,对边疆地区的民族了解也日渐增多,到战国时出现了夷、蛮、戎、狄配合东、南、西、北四方,与"中国诸侯"合为"五方之民",共成"天下"的观念[①]。《管子》,一般认为是稷下学派的学者依托管仲的思想与政绩发挥而成的一部战国时期的著作。其中《小匡篇》已有"东夷、西戎、南蛮、北狄、中国诸侯"五方整齐的称谓。据《隋书·经籍志》记载,《礼记》是"汉初,河间献王又得仲尼弟子及后学者记一百三十一篇献之",经戴德删订、汉末马融增订、郑玄作《注》才得以流传。其中《王制》下说:"中国戎夷五方之民皆有性也,不可推移。东方曰夷,被发文身,有不火食者矣;南方曰蛮,雕题交趾,有不火食者矣;西方曰戎,被发衣皮,有不

---

① 童书业(童疑):《夷蛮戎狄与东南西北》,附录[清]崔述《辨夷蛮戎狄》,《禹贡》,1937,第七卷第10期。

粒食者矣；北方曰狄，衣羽毛穴居，有不粒食者矣。"中国夷蛮戎狄，皆有安居、和味、宜服、利用、备器。该篇还肯定，"五方之民"生活、生产方式与习性的差异，都是地理环境不同，因地制宜适应环境所形成的，非人力可以推移，因此《王制》提出来对四方各族统一和管辖的方式是"修其教不易其俗，齐其政不易其宜"。后世对边疆民族各种"因俗而治"的制度和政策，都是从这个总原则出发制定的。

中国的大统一，是在许多地区性的统一的基础上实现的。战国"七雄"，其中每一个国家都实现了地区性的华夷统一，而全国统一的历史大趋势当时人已看出是不可逆转的。战国初叶，孟子到魏国，魏惠王"卒然问曰：'天下乎定？'"孟子肯定地回答"定于一"①。《春秋公羊传》以"大一统"为宗旨总结《春秋》所纪242年历史，分为"所传闻世"、"所闻世"、"所见世"。按《公羊》学派的"三世说"："所传闻世"是"据乱世"，"内其国外诸夏"；"所闻世"是"升平世"，"内诸夏外夷狄"；"所见世"是"太平世"，"夷狄进至于爵，天下大小若一"②。他们认为历史是进化的，待夷狄和中国诸侯一样"进至于爵"，天下统一了，也就"太平"了。在战国，这当然还不是现实，但已是一种可以实现的理想了。此外，华夷"服事观"的整齐化和理想化，也是华夷大一统政治理想的一种表现。

夏、商、西周，已出现了"服事"观念或制度。大禹"合诸侯于涂山，执玉帛者万国"③。《诗经·商颂·殷武》说："昔有成汤，自彼氐羌，莫敢不来享，莫敢不来王，曰商是常。"《国语·周语》上，记载祭公谋父谏周穆王将伐犬戎，说："先王之制，

---

① 《孟子·梁惠王》下。
② 《春秋公羊传》隐公元年《传》及《解诂》。
③ 《左传》哀公七年。

邦内甸服，邦外侯服，侯卫宾服，蛮夷要服，戎狄荒服。"《禹贡》托名大禹，现一般考订多认定是战国的著作，《职方》现收入《周礼·夏官司马》流传，也可能是成书于战国的著作①。战国时全国统一还没有实现，可是两书都超前统一地划分了全国的行政区域地理。在诸夏范围内，《禹贡》依据山川自然分野划分"九州"，《职方》依据战国七雄疆域形势划分"九州"。又以王畿为中心，按地区远近，华夷不同，管辖制度由近及远，由繁渐约，《禹贡》分为"五服"，《职方》分为"九服"。其"九服"则以"方千里曰王畿"为中心，每向外五百里为一"服"，依次分为"侯服"、"甸服"、"男服"、"采服"、"卫服"、"蛮服"、"夷服"、"镇服"、"蕃服"。其他《吕氏春秋》、《尔雅》等都有"九州"的划分，不再一一介绍了。

对于《禹贡》、《职方》中"五服"、"九服"的名称、内容，古今学者多所诠释，各家所说不尽相同，但都表达了以天子为首，以王畿为中心，包括华夷的统一理想。郑玄注曰："服，服事天子也"，是一语破的的解释。所以，对于国家元首的层次，在秦始皇实现全国统一以前也有了原则性的阐释，其最高的层次就是"守在四夷"②、"君临四海"。《逸周书·太子晋》中说："善至于四海，曰天子；达于四荒，曰天王；四荒至，莫有怨訾，乃登为帝。"《吕氏春秋·功名篇》说："善为君者，蛮夷反舌、殊俗、异习皆服之，德厚也。"《礼记·曲礼》说："君天下曰天子。郑玄《注》：天下，谓外及四海也。今汉于蛮夷称天子，于王侯称皇帝。"

---

① 《禹贡》托名大禹，《职方》托名周公，实际上是战国时期的著作，自本世纪30年代以来考辨颇多，盖可定论。初成时独自行世，今传《禹贡》为《尚书·夏书》中的一篇，《职方》为《周礼·夏官司马》中的《职方氏》。

② 《左传》昭公二十三年。

先秦所憧憬的那种"定于一"的理想境界,到秦汉已经实现。秦汉奠定了而后中国 2000 年中央集权封建君主专制制度的基础,汉代四方各族的臣服,又奠定了而后中国疆域的基础。汉朝"天子"称号加之于"四夷";"皇帝"称号加之于"王侯",同时包举郡县而言。国家元首称号这两重含义已完全体现了华夷的大统一。地理观念也出现了以郡县和诸侯王地区为主干,民族地区为边裔的一体观念①。把秦汉断定为统一多民族中国形成的开端,是符合中国历史实际的。

自秦汉到清代 2000 年间,多民族中国的大统一,曾经历两度大分裂。每度分裂之后,又分别由南北多民族的地区性统一形成南北两王朝对峙,进而达于全国性的更高度的统一。到清代乾隆年间,全国所有各民族地区都已置于朝廷直接派官管辖之下,其管辖制度又依据各地区民族、文化、社会经济、原有政治制度的不同而有很大的区别。与周围邻国,有的是有传统的较为稳定的边界,康熙、雍正时与俄罗斯订立了具有近代国际条约水准的分界条约,划定了中俄东段与北段边界。这些基本情况,标志着统一的多民族中国的古代发展过程已经完成。2000 年间,历代关于民族问题的种种议论与对策,时移势异,各不相同,但基本精神总离不开在"大一统"思想主导下强调"夏夷有别"。虽然民族矛盾贯穿着中国古代历史的始终,有时表现得十分激烈,但随着多民族统一中国的发展,中国各民族仍然越来越近,越来越发展着相互依赖、相互影响、互补共生的一体联系。2000 年间的许多次民族战争,在当时是不同民族、不同王朝间的战争,从统一多民族中国的形成发展及其确立的过程看,则都是中国历史的一部分,矛盾斗争的各方,都是中华民族形成发展史上不可缺

---

① 郝懿行《方言笺疏》卷 12《方言》:"裔,蛮狄之总名",郭璞注"边地为裔,亦四夷通以为号也。"

少的一环。中国古代从"夏夷之防"到"中华一体",是一个经历了数千年矛盾对立统一的漫长过程。在这个过程中,中原和边疆都有过许多王朝。历代中原王朝无论统治民族是汉人还是其他民族,都继承和推行秦汉奠定的政治制度,从汉武帝以后历代都以儒家思想为各项制度与文化发展的理论基础。即令几个由北方游牧民族为统治民族的王朝,虽具有农牧两种文化结合的鲜明特点,仍以中国传统的制度和文化为主体。因而中国历代王朝更替,统治民族时或不同,但中华文化传统从来未被割断。

传统的"夏夷之辨"把文化标准放在首位。与此相应,传统的"夏夷之防"也是把保卫中华文化传统放在首位的。这一点,在中国古代关于"正闰"的争辩中表现得相当明显。从汉代的统一被分裂之后,出现了魏、蜀、吴三国,西晋短暂地统一之后,又大分裂,北方和西北一些少数民族走上了争夺中原政权的历史舞台,进而形成了中国古代史上第一次南北两王朝对峙。这样同时存在几个王朝,就发生了"正统"属于谁的问题。隋唐两代在制度、文化等方面都大力提倡和恢复汉晋传统,却并不否认北朝的合法性。宋代民族矛盾尖锐,理学昌隆,关于"正统"问题有许多辩论。欧阳修作《正统论》上、中、下三篇及附论[①],司马光在《资治通鉴》中也有关于"正闰"的长篇评论,朱熹在《通鉴纲目·凡例》中对怎样才算"正统"有明确的说明。他们共同的标准都强调是否统一了"天下",欧阳修则尤其着重强调是否延续和发扬了儒家的"道统"。两宋时,辽、金雄踞中国北部,与宋朝对峙,欧阳修、司马光都曾主持朝政,而朱熹是影响以后数百年的一代理学宗师,他们衡量"正统"的标准是把大一统和儒家"道统"放在首位,而并不强调占统治地位的民族是夏还是夷,充分说明了"夏夷之防",是把保卫中国的统一和中华文化

---

① 欧阳修:《居士集》卷16。

传统放在最根本的首要地位。

欧阳修的《正统论》太长，朱熹《凡例》关于"正统"问题的处理一条很明确，本文不拟征引。司马光的"臣光曰"颇具代表性，节引如下：

"臣愚诚不足以识前代之正闰。窃以为苟不能使九州合为一统，皆有天子之名而无其实者也，虽华、夷、仁、暴，大、小、强、弱时或不同，要皆与古之列国无异，岂得独尊奖一国谓之正统而其余皆为僭伪哉！若以自上相授者为正邪，则陈氏何所受？拓跋氏何所受？若以居中夏者为正邪，则刘、石、慕容、苻、姚、赫连所得之土，皆五帝、三王旧都也。若以有道德者为正邪，则蕞尔之国，必有令主，三代之季，岂无僻王！是以正闰之论，自古及今，未有能通其义，确然不可移夺者也。"①

金末文学家王若虚读到这一段评论，欣然感佩地赞同："正闰之说，吾从司马公！"② 元代为修宋、辽、金时期历史，关于"正统"问题辩论了几十年，差不多与元朝共始终，最后在元末还是以宋、辽、金各修"一代正史"的方式解决。明太祖的《论中原檄》中所表达的民族观，在古代可以算是典型代表了。《檄》中说：

"自古帝王临御天下，中国居内以制夷，夷狄居外，以奉中国，未闻以夷狄治天下也。自宋祚倾移，元以北狄入主中国，四海内外，罔不臣服，此岂人力，实乃天授。然达志之士，尚有冠履倒置之叹。自是以后，元之臣子，不遵祖训，废坏纲常，…夫人君者，斯民之宗主；朝廷者，天下之根本；礼义者，御世之大防。其所为如彼，岂可为训于天下后世哉！及其后嗣沉荒，失君臣之道，…于是人心离叛，天下起兵，…虽人事所致，实天厌其

---

① 《资治通鉴》卷69，《臣光曰》。
② 王若虚：《滹南遗老集》卷30《议论辨惑》。

德而弃之也。……当此之时，天运循环，中原气盛，亿兆之中，当降生圣人，驱逐胡虏恢复中华，立纲陈纪，救济斯民……"①

在北伐讨元之际，明太祖、宋濂等虽然在夏夷关系方面提出了明确的口号，仍承认元朝入主中国是"天授"，因而在古人心目中就是合法了。明之所以要北伐，也因天已"厌其德"，强调是执行"天诛"，恢复"纲常"。明初，宋濂监修《元史》，对元世祖作了如下的总评："世祖度量弘广，知人善任，信用儒术，用能以夏变夷，立纲成纪，所以为一代之制者，规模宏远矣。"②《元史·地理志》对元代统一中国的评价也很高，《志序》说：

"自封建变为郡县，有天下者，汉、隋、唐、宋之盛，然幅员之广，咸不逮元。……若元，则起朔漠，并西域，平西夏，灭女真，臣高丽，定南诏，遂下江南，天下为一。故其地北逾阴山，西极流沙，东尽辽左，南越海表。元东南所至不下汉唐，而西北则过之，有难以里数限矣。"

在管辖方面，"汉、唐极盛之际，有不及焉。盖岭北、辽阳与甘肃、四川、云南、湖广之边，唐所谓羁縻之州，往往在是，今皆赋役之，比于内地。"③

在成吉思汗至蒙哥汗时期，蒙古帝国所创地跨欧亚两洲的诸汗国，元朝皇帝仍名义上是他们的大汗，但《元史》限于纪中国传统范围以内，赞颂元朝大一统之盛。可见宋濂及明朝并不因提出"驱逐胡虏，恢复中华"就否定元朝的历史功勋。

清初，民族矛盾激化，抗清义军此起彼伏。当时著名的思想家顾炎武在论证"亡国"与"亡天下"的异同时说："有亡国，

---

① 《明太祖实录》卷26，吴元年十月丙子条。此文为宋濂代笔，《皇明文衡》收入宋《代言》项下。
② 《元史·世祖本纪》十四《论》。
③ 《元史·地理志》一《序》。

有亡天下。亡国与亡天下不奚辨？曰：易姓改号谓之亡国；仁义充塞，至于率兽食人，人将相食，谓之亡天下。……是故知保天下，然后知保其国。保国者，其君臣食肉者谋之；保天下者，匹夫之贱与有责焉耳。"①

从亭林先生这一著名论述中引伸出"天下兴亡，匹夫有责"的命题，是中国古代爱国主义思想的重要精华。当时还有一位与顾亭林齐名的黄梨洲先生（宗羲），他们早年都参加过抗清斗争，在清朝统治稳定并大力提倡与推崇中华传统文化以后，他们都专心著述，虽不食清禄、终身不仕，也不再抗清，并在著作中颇寄情清廷能施行他们的经世致用之学。顾的外甥徐乾学兄弟，应科第并入仕清廷，徐乾学官至礼部侍郎、左都御史、刑部尚书等，还参预了监修《明史》、《大清会典》、《大清一统志》等官修史志与典制。当徐氏兄弟官运亨通、步步显达之时，其舅仍一如继往与之保持亲密的联系。顾、黄等明清之际的大思想家与影响一代学风的大学者，他们在传统的"夏夷之防"的理论与实践中，也是把保卫中华文化传统放在首位的。

在大一统格局中有"夏夷之防"，又在统一的多民族中国的形成与发展过程中各民族共同创造中华文化，便是中国古代由"夏夷之防"到"中华一体"的辩证过程。清人段玉裁撰《说文解字注》，他在注解"夏，中国之人也"一句时说："以别于北方狄，东方貉，南方蛮闽，西方羌，西南僬侥，东方夷也。"段氏强调了民族差别，依据先秦华夷对举的古义作解释。另一位清代学者王绍兰在他的《说文段注订补》中对这一条段《注》提出了批评，他说："案，京师为首，诸侯为手，四裔为足，所以为中国之人也。"王氏着重从统一的多民族中国已确立的现实出发，阐明"中国人"应包括中国各民族在内，中国各民族是一个整

---

① 顾炎武：《日知录》卷13，《正始》。

体。段、王两位清代学者对"中国"一词的不同解释,反映了由"夏夷之辨"、"夏夷之防"到"中华一体"的辩证过程和在统一的多民族中国确立以后人们观念上对"中国"一词含义认识的深化与词义的规范化,不啻是从"夏夷之防"到"中华一体"发展过程的一个总结,是大有助于对传统"夏夷之防"观的理解的。至1840年前后,士大夫关于"夏夷之防"的议论,着重在于抵抗西方列强的侵略,但也有以顽固的封建王朝观念抗拒面向世界,抗拒接受先进文明的负面作用,这些已属另一范畴,与本文虽不无联系,仍当另文讨论,于此不拟展开了。

(三) 中华民族从自在发展到自觉的联合

随着统一的多民族中国的形成、发展、巩固和确立,在中国古代,实际上已形成了中华民族整体。只是由于1840年以前,没有遇到来自中华大地以外足以危及中华民族生存的对立面,不可能在与外部势力的矛盾、冲突中显现中华民族整体的存在,而中国历代王朝所推行的民族压迫制度和中国各民族间的矛盾、冲突,使人们集中注意了中国各民族间的歧视、隔阂和斗争,而掩盖了各民族间的联系。对于这种未能成为民族自觉意识,但在两千年统一的多民族中国形成与确立过程中不断发展着的中华民族整体性,姑且称之为中华民族的自在发展[①]。

中国古代,民族间的区别与认同虽然有了明确的标准,却没有形成"民族"这个词。中国人民在政治生活和科学文化领域中使用"民族"一词,是19世纪和20世纪之交的年代从外文中引

[①] 陈连开:《中华民族的自在发展》,《中央民族学院学报》,1992年第4期。

进的①。这是世界近代史上才形成的观念。在世界的近代，伴随欧洲资本主义的萌芽、发展和资本主义制度取代封建制度而形成的一些民族，到1871年欧洲资产阶级革命结束时，已形成一系列的单一民族国家，从而也产生了民族（Nation）与国家（Nation）一致的观念。这种在先有近代民族而后才形成近代民族国家的历史条件下所出现的民族与国家同一的概念传到中国时，中国已经是一个有两千年发展历史的统一的多民族国家。在已有了巩固的统一多民族国家的历史条件下，接受从西方传来的"民族"的观念，存在历史与文化背景很大的反差。因而在引进"民族"一词和最初几十年的使用中存在不同的理解和含义混乱的情况，丝毫不足为奇。从西方历史与文化背景的角度观察统一的多民族中国的民族与民族关系，自然也会觉得有许多问题不好理解。几十年来，学术界都希望揭示中国各民族与中华民族（或称中国民族）之间的区别与联系，曾有不少名家对这一问题进行论证和辨析。真正揭示了这两者的辩证关系本质的是中国革命解决中国民族问题的进程。

伟大的革命先行者孙中山先生，在兴中会誓词中提出了"驱逐鞑虏，恢复华夏"的目标。这是从明太祖北伐檄文"驱逐胡虏，恢复中华"所表达的传统华夏/汉民族意识中引伸的。1905年，孙先生联合各革命政党组织革命同盟会，誓词里提出的目标是："驱逐鞑虏，恢复中华，创立民国，平均地权。"将"民族革命"与推翻专制帝制、创立民主共和国、平均地权、解决民生问题结合起来。当时孙先生虽然以推翻满洲贵族的政权作为"民族革命"的根本宗旨，却并不排斥满族及其他少数民族。武昌起义

---

① 林耀华：《关于"民族"一词的使用和译名的问题》，《历史研究》1963年第2期。此文发表后，进行补充者颇有数篇，不详细介绍。中国社会科学院民族研究所韩锦春、李毅夫两先生编辑的汉文"民族"一词考源资料搜罗繁富，足资参考。

成功以后，孙先生当选为中华民国临时大总统，1912年元旦他在《中华民国临时大总统宣言书》中郑重宣告：

"国家之本，在于人民。合汉、满、蒙、回、藏诸地为一国，即合汉、满、蒙、回、藏诸族为一人。——是曰民族之统一。

武汉首义，十数行省先后独立。所谓独立，对于清廷为脱离，对于各省为联合。蒙古、西藏，意亦同此。行动既一，决无歧趋，枢机成于中央，斯经纬周于四至。——是曰领土之统一。"①

孙先生以汉、满、蒙、回、藏概指中国各民族，这么多民族同处于统一的中华民国，孙先生指出，民族间不允许互相"宰制"，根据当时情形，尤其强调不可以仇视满人，"务与之平等处于中国之内"②。在以后的十余年中，孙先生与军阀及其后台——各国帝国主义进行斗争，对于中国民族革命的真谛有了更明确的认识。1924年1月23日在《中国国民党第一次代表大会宣言》中予以阐明：

"国民党之民族主义，两方面之意义：一则中国民族自求解放；二则中国境内各民族一律平等。"③

孙先生在这里所使用的"中国民族"，也就是现在通常所用的"中华民族"，是指体现中国各民族总称的整体而言。这个《宣言》已阐明了中华民族反对帝国主义以求独立解放和国内各民族一律平等两个方面的区别与联系。随着中国民主革命的发展，孙先生对中国民族问题深层次的认识上的飞跃，每一步都不是可以道理计的。他原则上指明了中华民族自觉地联合成为一个整体的道路，给各民族以很大的启迪。

---

① 《孙中山选集》，人民出版社，1981年第2版，第90页。
② 胡汉民编：《总理全集》第一集，第916页。
③ 《孙中山选集》，人民出版社，1982年第2版，第591页。

辛亥革命之后不久，帝俄策动当时外蒙古哲布尊丹巴活佛等宣布"独立"。1912年10月和1913年10月，哲里木盟10旗王公等在长春两次举行东蒙古王公等会议，商讨赞成五族共和、拥护民国，反对外蒙古"独立"相关诸事宜。1913年初，在归绥城（今内蒙古自治区呼和浩特市）又召开了西蒙古王公会议，内蒙古西部22部34旗王公一致决议"联合东蒙，反对库伦"，并通电声明：

"蒙古疆域与中国腹地唇齿相依，数百年来，汉蒙久成一家。我蒙同系中华民族，自宜一体出力，维持民国。"①

这大概是在政治文告中，第一次由少数民族代表人物共同决议，宣告中国少数民族同属中华民族的一部分。

中国共产党一贯重视民族问题，但对中国既是多民族，又是统一不可分割的整体这样两个方面如何理解，也有一个认识的过程。因而，在民族问题上提出适合中国国情的纲领与政策，也需要一个发展的过程。1931年，日本军国主义者发动"九一八"事变，侵占了中国的东北，实际上已悍然发动了侵华战争。中华民族面临生死存亡的重大抉择。空前的民族危机，迫使中华民族的觉悟空前地飞跃。毛泽东主席指出："帝国主义和中华民族的矛盾，封建主义和人民大众的矛盾，这些就是近代中国社会的主要矛盾。……而帝国主义和中华民族的矛盾，乃是各种矛盾中的最主要的矛盾。"② 这样就从本质上揭示了中华民族在帝国主义的侵略面前，是一个整体。体现着中国各民族整体与根本利益的中华民族，是帝国主义侵略者的直接对立面。同时，中华民族当中还包括汉族和数十种少数民族，应该废除民族压迫，促进国内

---

① 西盟王公会议招待所编：《西盟会议始末记》所收劝告库伦文和劝告外蒙各盟文两则通电。

② 《毛泽东选集》，人民出版社，1952年版，第2卷，第601—602页。

各民族的平等联合。因而解决中国民族问题的总纲领是:"对外求中华民族的彻底解放,对内求中国之间的平等。"①

与孙中山先生在1924年所解释的民族主义纲领一致,中国共产党在实践方面,逐渐探索出在统一的多民族中国实行民族区域自治,以及废除民族压迫,禁止民族歧视,加强民族团结等一系列的民族政策。从而在明确的理论基础和具体政策指引下,实现了中国各民族的平等联合,中华民族已实现为自觉的整体。

中国革命在民族问题上所揭示的深层次联系,为学术研究开辟了道路。抗日战争的发展,极大地揭示了中华民族中各兄弟成员之间休戚与共、祸福相连、存亡之机不可分割的性质。从日本军国主义的铁蹄下解放出来,只能是中华民族全民族共同进行的伟大的民族解放战争。中华民族这种最广泛的认同,产生了无比巨大的凝聚力,结成了包括当时中国各政党和中国各民族以及海外侨胞、华人最广泛的抗日民族统一战线。全民族抗战八年,艰苦卓绝,同仇敌忾,终于取得了抗日战争的伟大胜利。

抗日战争时期,学术界一方面引人注目地提了中华民族是一个整体的论证,同时也注意到在强调中华民族是一个整体的前提下,要承认少数民族的存在,并且对少数民族的社会、文化、习俗等展开了一些调查。如何将这两方面从科学上加以概括,费孝通教授进行了长期的调查、研究和思考,于1988年撰写了《中华民族的多元一体格局》,他说:

"我将把中华民族这个词用来指现在中国疆域里具有民族认同的十一亿人民。它所包括的五十多个民族单位是多元,中华民族是一体,它们虽则都称为"民族",但层次不同。

中华民族作为一个自觉的民族实体,是近百年来中国和西方列强对抗中出现的,但作为一个自在的民族实体,则是几千年的

---

① 《毛泽东选集》,人民出版社,1952年版,第724页。

历史过程形成的。"

费老的论文,对中华民族的结构全局作了高层次的概括,现在中国历史学、考古学、文化学、民族学等多学科中,都有较深刻的影响,可见其学术价值是得到了较广泛认同的。根据对中华民族的上述理解,因而只强调中华民族的一体性,忽视了各兄弟民族客观地存在的不同特点、民族意识和民族利益,或只强调中华各民族都是具有不同特点、民族意识、民族利益的单一民族,而忽视了中华民族的一体性和中华民族的共同利益,都是片面的。

中华民族文化源远流长,是一个有极强凝聚力的民族。对全民族都迫切希望为之奋斗的历史使命理解越深,就越能使中华民族的凝聚力发挥出巨大的功能。中华民族已经获得了独立解放,实现民族平等、团结以后,最根本、最中心的历史使命是中华民族的现代化。改革开放是中华民族现代化的必由之路。自1978年至今的15年,为实现中华民族现代化而共同奋斗,已成为中华民族自觉联合最广泛、最深刻的民族觉悟。不仅大陆上的各兄弟民族在改革开放进程中已发生了巨大的变化,中国经济建设的成就,其中包括中国各民族地区经济建设的成就,举世为之瞩目和称许;同时,大陆各兄弟民族与台、港、澳同胞的关系以及与海外华侨、华人的关系也得到了很大的改善和发展。整个中华民族的大团结,正随着现代化事业的发展而日益得到增强,伟大祖国完全统一的前景,也为所有中华民族子孙所深切关心。这些都使海内外中华民族子孙为之欢欣鼓舞。为中华民族的振兴和祖国的完全统一贡献自己的力量,是海内外中华民族子孙共同的心愿。这不仅仅是因为"血浓于水",更是扎根于极为深厚历史土壤的中华民族传统文化和深厚的民族认同感所形成的凝聚力在推动全民族为面向现代化,面向未来,面向世界而共同奋斗。1990年,广东省在叶选平、郑群等领导人的倡议和支持下,提出了中

华民族凝聚力问题的讨论,并得到海内外强烈的共鸣。赵朴初先生赋诗称颂说:

  出题能令万民思,
  九派群科尽在兹。
  功德日增凝聚力,
  灵根长发万年枝。①

满族学者、著名书法家启功先生也赋诗称颂:

  粘如胶漆,甘如饴蜜,
  民族众多,团结如壹,
  中华文化,繁荣扬溢,
  凝聚千秋,永世迪吉。②

两老的华章,对中华民族现代化事业所发挥的巨大凝聚力作了画龙点睛的描绘。中华民族的现代化,是中华各民族共同繁荣的伟大事业,是中华民族恢复历史上所处世界领先地位,重新跻身世界先进民族之林的伟大历史进程。中华民族的现代化,必将使中华民族博大渊深的传统文化发扬光大,在现代物质文明与精神文明的基础上发展得更加光辉夺目,为世界文明的发展作出更为卓越的伟大贡献。民族地区拥有广阔的天地和丰富的资源,如何随着民族地区现代化建设的发展,促进各兄弟民族发展为现代化的民族,这是中华民族现代化、中华民族共同繁荣的重要组成部分。其中有许多科学研究的课题,有待进行深入的、认真的调查与研究。国家民委、中国社会科学院等有关领导部门,正着手组织进行一次关于少数民族现状和发展问题的较为全面的社会调

---

  ① 马宝珠:《深为海内外中华儿女关注的大课题》,光明日报,1993年1月3日3版。
  ② 启功:《赠广东省中华民族凝聚力研究会》,收入《增强中华民族凝聚力第二次学术讨论会论文集》,香港汉荣书局,1992年。

查，这是非常及时和令人鼓舞的。深信这次调查，将会对民族地区的现代化建设与各兄弟民族现代化的发展过程中出现的新情况和新问题，积累科学的资料并作出有说服力、有启发性的科学分析。调查研究越充分，越能为民族地区和各民族现代化进程的顺利发展提供有利条件。现代化事业越发展，中华民族的大联合越巩固，传统的中华文化，也必将在现代化的进程中放射出光耀夺目的光辉。

（原载陈连开《中华民族研究初探》，知识出版社，1994年）

中华学与中华民族研究

任何一次伟大的历史转折，都会诞生历史与时代所需要的学说和思想。人文社会科学的命运，取决于社会和历史发展对它的需要，以及它满足这种需要的功能。中国是一个有数千年发展历史的统一多民族国家。一方面是各民族各有其起源、形成、发展的历史与文化，另一方面又共同缔造了统一的中国和中华民族共同的历史与文化。关于中华民族这种既包含着"多"又结合为"一"的民族结构，自上世纪末到本世纪末正好一个世纪，曾出现过三次研究与辩论的高潮，而这三次都出现在中华民族处于伟大变革的转折关头。

第一次是19世纪和20世纪相交的年代。当时中国是否会被瓜分，中华民族是否会沦亡，为整个中华民族所焦虑。清朝最高统治集团是帝国主义代理人的面目已较为清楚。特别在甲午中日战争中国惨败和戊戌变法维新运动被镇压以后，有志救国之士对清朝已大多认定非推翻不可。恰在此时，民族国家与民族主义的思潮从欧洲传来，日本也取得明治维新成功。前者对当时寻找救国之路的中国人有巨大影响也有巨大困惑。因为欧洲用 Nation 来表达资本主义上升时期形成的民族，在1871年欧洲资产阶级革命结束时已形成一系列的单一民族国家（Nation-State），因而也形成了民族与国家同一的观念。然而当19世纪晚叶这个欧洲近代史上形成的观念传到中国时，中国已经是一个有2000多年（秦统一至清末）统一多民族分分合合发展历史的国家，而且清朝已经是统一多民族中国发展到巩固地确立的阶段。因此在孙中山为首的革命阵营中有单纯排满"恢复汉族"主权的一派，也有以孙中山先生本人为代表的把推翻满洲贵族统治的清朝与推翻2000年专制帝制建立共和民国相结合的革命民主派。1905年由众多革命派别联合形成的中国革命民主同盟是以孙中山先生为代表的革命民主派取得了领导地位。另一方面，在民族结构方面有君主立宪派，以梁启超先生为代表。这一派主张实行君主立宪，反对革命派。而在中国的民族结构方面，梁先生于1903年在《政治学大家伯伦知理之学说》一文中抓住"排满"问题进行辩论。他说："吾中国言民族者，当于小民族主义之外，更提倡大民族主义。小民族主义者何？汉族对于国内他族是也；大民族主义者何？合国内本部、属部之诸民族是也。"他认为中国欲求存，必须"合汉、合满、合蒙、合回、合苗、合藏，组成一大民族……果有此事，则此大民族必以汉人为中心点，其组织者必成于汉人之手，又势事之不可争者也"。这场大辩论的结果，是1911年武昌起义以后创造了中华民国。在以后的几年中，孙先生实际上是接受了以汉族为中心合满、蒙、回、藏为一体实行"五族共和"的主张，把共和政体与中国各民族统一结合起来。而梁先生，也实际上接受了推翻帝制、实行共和的事实。中华民族实现了一次大飞跃，即推翻了2000年封建专制帝制，创立了共和政体。

第二次引起对中华民族研究的浓厚关注并形成高潮是在抗日战争的前夕。日本军国主义的侵华本来面目已一日超过一日地暴露在国人面前，中华民族面临空前的危亡时刻，除国民党蒋介石为首的统治集团推行积极反共、消极抗日，高喊"攘外必先安内"，同时也抹煞中国各少数民族的存在不计在我们讨论范围之内，学术界对中国民族的结构也展开了辩论。有些历史学家力主"中华民族是一个"，不分汉人还是其他民族，也不论"本部"还是"边疆"，统称中国境内为一体，共同抗敌。另一些研究中国民族问题的学者则认为必须承认中国境内有许多民族，在强调各民族共同抗日的同时，还要承认并尊重中国少数民族的存在。这场争论是在学术上如何认识中国民族结构的争论，共同关心的是如何团结各民族共同抗日。这场关于中国民族结构的讨论，实际上随着中华民族全民族抗日民族统一战线的形成和中国共产党关于在统一的多民族中国实行少数民族区域自治的理论与政策的形成过程中有了明确的结论。1938年，毛主席在《论新阶段》中已提出"民族区域自治"的概念，后来在《论抗日民族统一战线》、《中国革命与中国共产党》等论著中又作了进一步的论述，中华民族与中国各民族的含义进一步明确：在中国共产党领导下，形成包括中国各民族、各阶级、各政党与政治派别及抗日民众团体，以至海外侨胞的全民族抗日统一战线，从而取得了抗日战争的伟大胜利。这是中华民族第一次取得反对帝国主义侵略战争彻底胜利的伟大民族解放战争。

第三次掀起对中华民族作整体性研究的高潮，是在最近的20余年。这是改革开放所带来的发展，中华民族即将实现在现代化基础上复兴的前夕所作的更深刻更全面的自省与自觉，以达到为实现这种复兴而万众一心、团结、奋斗的目的。目前，这种研究已逐步形成几个引人瞩目的中心。比如，在广东，由叶选平、郑群等领导同志所倡导，以广东省社会科学院为核心，团结了一批学者研究中华民族凝聚力，已出版好几本论集及关于全民族抗日战争的专著。广东地处改革开放前缘，又是最重要的侨乡之一，其关于中华民族凝聚力的研究特点之一，是与海外华侨及华人有广泛的联系。在重庆市，以史式先生为代表，研究中华民族史，不仅团结了中国大陆一大批历史学、考古学、民族学等学科的学者，也与台湾力主中华大统一的政要元老及学者有联系，共同探讨，较为活跃，已开过多次学术讨论会，并已出版第一本专题论集。其他在云南昆明、吉林长春、宁夏银川、湖北武汉、上海等处，也都有一些学者在从事对中华民族史与中华民族凝聚力的研究，并出版了专题论集与有关专著。在北京，如果从广义而言，关心整个中华民族历史、文化的研究机关、出版著作的研究机构和学者，难以一两句话概述；而以中华民族凝聚力为专题，则即将出版中国社会科学院民族研究所一些学者集体合作的专著和北京大学社会学人类学研究所一些学者集体合作的专著。两书选题接近而特点不同。至于我本人，也试图对中华民族进行整体性的研究。这个研究是受周恩来总理一项指示的启发开始的。

1969年6月13日《苏联政府声明》，贩卖过去帝国主义御用学者关于中国历史与中国边疆的谬说，继续鼓吹长城以外不是中国疆域、中国西部边界不超出甘肃兰州的陈词滥调。当时负责中苏边界问题谈判的同志，传达总理的指示说，中国是一个统一的多民族国家，俄国也是一个多民族的大国，这两个多民族国家是怎样形成的？怎样发生了边界问题？给当前中苏边界遗留哪些问题？请组织一些专家研究一下（据记忆，有不确处由我负责）。在当时情况下，我的老师们当作"反动学术权威"关进"牛棚"，于是指定我与另一位先生负责，从"牛棚"中请出几位老师从事此项研究，并重新开始《中国历史地图集》（谭其骧主编）东北地区的编绘。而我在这些工作告一段落之后，即以统一多民族中国的形成发展为中心，开展民族关系史的研究。1984年北大阴法鲁教授接受主编《中国古代文化史》教材的任务，邀我撰《中国文化的起源与中华民族形成》（全书第一章）。至1987年我又发表《中华民族的含义初探》，提出"中华民族，是中国古今各民族的总称，是由许多民族在结合成统一国家的长期发展过程中逐渐形成的民族集合体"。"目前，我们在讨论中华民族含义时，仍集中在如何涵盖中国各民族与中华民族这种'多'与'一'的关系方面"。（《民族论坛》1987年3期）1988年春，我的老师费孝通教授召我，指出"多元集合体"的概念不准确,应是"多元一体"。不久他老人家即撰写了《中华民族的多元一体格局》,并以此在香港中文大学作Tanner讲演。自"中华民族多元一体"观点发表以来,我即以此为核心观点,对中华民族形成史进行研究,协助费老主编出版了《中华民族多元一体格局》(1989)、《中华民族研究新探索》(1991)及个人专集《中华民族研究初探》(1994)三本论集。今天得参加"中华学丛书出版座谈会",并喜获萧君和《中华学初论》、《中华统一史》两本专著,可以说是遇到了知音和同行专家。萧先生的视野较我们从事中华民族形成史的视野更开阔,他计划要组织出版一系列专著,构成《中华学丛书》。陈世学先生,以一位成功的企业家,用自己的经济实力支持《中华学丛书》的出版和中华学研究的开展;黑龙江教育出版社以近年经管的成功与坚持精神文明建设高品位出版物的毅力来出版这一套丛书,都是很有远见的举措。中华学可以说是近年来关于中华民族整体研究的发展所催生的新学科,是中华民族现代化过程中进行深刻自省自觉的学术产物。我还来不及拜读萧教授的两本大著,仅粗略地拜读了两书的绪论,深感其体大思精。凡应时而生的新学科,其初生阶段未必很完善,但必定会以其生命力达于完善和兴旺,经过两三代乃至几代学人为之深入发展而成为显学。我衷心希望,不仅我本人,也包括我的学生,能与萧先生为首的学术梯队携手合作,以促进共同的学术研究而达于繁荣。萧先生的两本大著,我将组织我目前的四位博士研究生学习,我也会认真拜读。到年底,我们将以中华学为题开一次师生共同讨论的小型学术讨论会,到那时再将我们的体验与看法贡献给萧先生和中华学丛书的各位作者与出版社。衷心祝愿中华学脱颖而出,成为中华学术与世界学术的一门显学;衷心祝愿《中华学丛书》能日益为国内外学术界所推崇与爱护;衷心希望中华儿女共同从中华学中获得学识与启迪,从而使研究的队伍日趋壮大，使中华学日臻完善。

（原载《佛山科学技术学院学报［社科版］》16卷第4期，1998年12月）

论中华民族的聚合力

中华民族历史发展的过程，是各民族的多元与中华民族一体的辩证统一过程。这种深层次的内在联系力，称为中华民族的聚合力。共同的经济利益，是多民族聚合的物质基础；成熟的政治力量，特别是中国共产党的领导和社会主义的统一多民族国家所形成的新型民族关系，是使中华民族聚合力得以充分发挥的决定因素。

一、解 题

中国无论是在历史上还是当代，都有为数众多的民族，他们在古代就逐渐地形成为统一的国家；当代则形成了统一的多民族的社会主义国家。中国民族史，既是众多民族各有其形成发展的历史，又是由众多民族共同创造的中华民族整体不可分割的历史。各民族的多元与中华民族的一体，两者辩证统一，是中华民族历史发展的鲜明特点。对于中国历史发展这种深层次的内在联系力，我称之为中华民族的聚合力。

以前，我曾经用"向心力"来表述、强调了边疆各民族对中原、对华夏—汉民族的向慕这个侧面，但未能全面而确切地表述各民族共同创造中华民族历史的内涵，所以不再采用。前不久我还写过《民族团结是中华民族凝聚力的体现与重要因素》，发表在《光明日报》去年4月26日《史学》版，参加关于中华民族凝聚力问题的学术讨论。经过学术界同仁讨论，认为"凝聚"比

"向心"虽然准当一些，但"凝"往往与"固"、"结"相联系，不能确切地表述中华民族历史的发展动态；尤其当前，中华民族奋发图强，面向未来，面向世界，以很高的速度发展，用"凝聚"二字表述中国各民族这种生气勃勃的团结奋斗，显得很不达意。经过反复思索，拟用"聚合力"这个词来代替"凝聚力"。

为了进一步说明中华民族的聚合力是客观的存在，请看下面一些最基本的历史事实。

（一）据英国考古学家格林·丹尼尔教授研究，世界上独立起源的古老文明有六处，即美索不达米亚（两河流域）、埃及、印度、中国、墨西哥和秘鲁。传统也有世界四大文明古国的观念。这些古老的文明，大多在而后的历史发展中文化传统与民族发展都发生断裂，唯独中华文明和中华民族，从起源发展至今，文化传统和民族发展延绵不断，一脉贯通。

（二）在世界的古代与中世纪，都曾形成过一些庞大的帝国，其中有的地跨亚非或欧非两洲，有些地跨欧亚非三洲，但他们在军事力量衰败以后分崩离析，并且在崩溃以后都未曾恢复往日的统一。只有被西方称为古老的中华帝国的中国，以秦汉为形成统一多民族国家的发端，中间虽然经过两度由大分裂到南北对峙，但是在每次大分裂之后都重新达于更高度的统一，并终于在中国古代史上即已形成为巩固的统一多民族国家。

（三）中国在世界古代与中世纪历史上，一直是世界上最强大的国家之一，经济、文化处于世界领先地位。但资本主义兴起以后，中国越来越落后了。1840年西方列强用大炮轰开自大的"天朝"之门，使中国沦为半殖民地。帝国主义列强企图灭亡中国或者瓜分中国，但中国各族人民仍然在最困难的历史条件下，英勇顽强，前仆后继，共同保卫了祖国的统一和领土基本完整。统一的多民族中国的巩固性经受了长达一个世纪的最严峻的考验。

（四）尽管中国封建的民族压迫制度使国内民族矛盾有时表现得相当尖锐，各种社会阶级与阶层、各种不同的社会与政治集团之间，也存在着不同的利益与利益冲突，政治斗争有时表现得非常激烈，但每当外敌入侵，威胁到中华民族的生存与根本利益时，又往往能停止国内的斗争，或捐弃前嫌，以不同形式、不同层次联合起来共同反抗外来侵略。国内各政党间的斗争，即使政治立场根本对立，仍都以一个中国为前提；那些勾结帝国主义出卖祖国或在外国扶植下搞民族分裂的个人与政治集团，都受到了整个中华民族的唾弃，他们无一能实现其民族分裂的阴谋。

（五）华人在沿太平洋各国已达5000余万，世界各国也几乎都有华人移居。分布在海外的华裔与华侨，过去非常关心中华民族的独立解放，现在同样关心中华民族的振兴。

（六）当前，世界上许多地区，其中尤其是东欧和前苏联地区，民族矛盾激化，造成了很多国家的动荡、分裂甚至进行战争。而社会主义中国各兄弟民族，在党的领导下，为实现"四化"，建设有中国特色的社会主义社会共同奋斗，爱国主义与社会主义热忱在新的历史条件下，得到了高度的发扬。

上述这些最基本的历史事实和当前现实，充分证明，中国民族虽然众多，但存在着不可分割的内在联系，从根本上和长远上存在着休戚与共的民族利益，存在着既促进各民族自身发展又促进中华民族整体发展的强大聚合力。

二、中华民族结构的深层联系是聚合力的源泉

中华民族的聚合力，来自中华民族结构内在的深层次联系。这种联系，使中华民族的结构表现出明显的特点。

(一) 东西两大部、南北三带各民族的相互依存，相互补充。

中华民族生存空间的地理特点，决定了中华民族整体上分为东西两大部、南北三带[1]。

东西两大部，指面向海洋湿润的东部和背靠欧亚大陆干旱的西部。这两大部大体上以北起大兴安岭，沿阴山河套，南下陇山山脉、邛崃山脉，再南至云南腾冲一线划分。东部为农业区，人口密集，首先发达于黄河与长江的中下游，逐渐发展到珠江、辽河等大河的中游和下游。地域约占全国总面积的40%，人口却一直占全国的绝对多数，近千年一直保持在全国总人口数的90%以上。西部面积约占全国的60%，主要是草原游牧区，穿插分布若干河谷与绿洲农业区，地广人稀，近千年通常只占全国总人口的10%以下，有时仅占5%左右。近年来由于现代工业的兴起与流通的发展，西部人口呈上升趋势，也不可能从根本上改变地广人稀、在全国人口中只占绝对少数的格局。

南北三带，是指秦岭、淮河、白龙江一线以南为水田农业经济、文化发展带；此线以北至秦长城以南（包括辽东、辽西）为旱地农业经济、文化发展带；秦长城以北为游牧经济、文化发展带。民族的起源、形成、发展与上述东西两大部、南北三带的总格局相适应。各民族在经济和文化上相互依存、相互补充，在政治上越来越统一，从民族构成上"主流是由许许多多的分散孤立的民族单位，经过接触、混杂、联结、融合，同时也有分裂和消亡，形成一个你来我去，我来你去，我中有你，你中有我，而又各具个性的多元统一体"[2]。

---

[1] 参见拙作《中华文化的起源与中华民族的形成》，《中国古代文化史》第一章第一节，北京大学出版社1989年版。

[2] 费孝通：《中华民族的多元化一体格局》，《中华民族多元一体格局》，中央民族学院出版社1989年版，第1页。

（二）各民族多区域不平衡发展，又形成了中华民族聚合的主体民族。

中国各民族的多元起源多区域不平衡发展无需更多的说明。其中黄河中下游，处在两大部与三带的中枢地理位置，自然条件适于农业发展，而又东西南北汇通，有利于聚合四方的优秀文化与四方部落。

新石器时代，北起燕山南北，南至长江、珠江流域，西达陇山东西，可以说平行同步发展。新石器晚期也同步出现铜器和城堡，大体同时透射出文明的曙光。但黄河中下游首先形成了夏、商、周三族，建立了中国最早的三代王朝。三族融合，形成了同一民族的雏形。复经春秋战国，边疆民族内迁和黄河、长江两大河中下游广大地区的民族大融合达于大认同，形成了华夏民族。秦始皇的大统一是在这个基础上实现的。在秦汉长达四个多世纪统一的条件下，诸夏消除了一些明显的地区分割和差别，被边疆各民族先后称为秦人和汉人。南北朝时，汉人进而成为他称与自称统一的族称，并且一直沿用至今。

华夏——汉民族的起源与形成，是以黄河中下游两大部落集团的融合为核心，也是四方各部落汇聚融合的结果[①]。秦汉以后，汉人又不断涵化加入其中的其他民族成份，形成为中国各民族中人口占全国总人口绝对多数的民族。

汉族主要聚居在农业地区，除了西北若干绿洲农业区和雅鲁藏布江河谷农业区，可以说凡是宜耕的平原和河谷地带几乎全是汉族聚居区或与当地民族共同的聚居区。近代工业兴起，汉族人口日益有向大中城市集中的趋势，同时在少数民族地区的交通要

---

① 参见拙作《中国·华夷·蕃汉·中华·中华民族》，收入《中华民族多元一体格局》；《论华夏、汉民族的形成》，《烟台大学学报》1991年第2期，中国人民大学报刊复印资料《先秦、秦汉史》1991年8月号全文转载。

道和工商业城镇，一般都有汉人长期定居。这样汉人就大量深入到少数民族地区，形成一个点线结合、东密西疏的网络，这个网络是中华民族多元一体结构的骨架；汉族在政治上、经济文化上的领先与主导作用，也就使汉族通过这个网络成为中华民族聚合的主体民族。

（三）民族地区占全国面积60%以上，而又偏重在中国西部。

我们通常把少数民族分布比较集中的地区称为民族地区。据统计，1990年民族自治区面积占全国总面积的64.3%。这些地区除了地大物博之外，还有地处边陲，国境线长，地理位置偏重在中国西部，主要是高原、沙漠、山地等特点。若以经济类型而言，中国五大牧区都是民族地区，中国的游牧民族，都是少数民族。游牧经济与农业经济是中国直到本世纪70年代两种最基本的经济类型，对中国的历史发展，有极为深刻的影响。

历史上由于各种原因所造成的民族迁徙，不断改变原有的各民族分布状况，从而形成了大杂居和相对聚居的分布特点。民族地区不仅有众多的汉人分布，各少数民族也大都是交错分布。现在少数民族占当地人口10%以上的有11个省（区）：内蒙古（19.38%）、辽宁（15.62%）、吉林（10.2%）、广西（39.08%）、海南（17%）、贵州（34，69%）、云南（33，39%）、西藏（96.30%）、青海（42.10%）、宁夏（33.25%）、新疆（62.42%）。

少数民族的人口相差也很悬殊。人口最多的为壮族，有1548万多，其他百万以上的民族17个，人数最少的民族只有几千人。近年来一方面国家在计划生育方面对人口少的少数民族有所照顾，同时进一步落实民族政策，一些过去报表填写汉族的人恢复了少数民族成份，因此少数民族人口增长率比汉族高，少数民族人口总数在全国人口总数中所占百分比也呈上升趋势。比如历次全国人口普查统计，少数民族人口占全国人口的百分比：

1953年6.06%，1964年5.76%，1982年6.67%，1990年8.04%，此外1990年统计还有70余万人有待进一步民族识别来确定其民族成份[①]。历史上的民族压迫制度，不利于各少数民族的发展。中华人民共和国建立以后，废除了民族压迫制度，执行民族平等团结和民族区域自治政策，无论人口多少，都享有平等的政治权利，形成了新型的社会主义民族关系。民族地区各民族交错分布，有利于民族间的友好合作、互助互利、发展民族团结，达到共同繁荣。

（四）统一的多民族中国在古代已经确立，中华民族已经历了漫长的形成、发展过程。

和欧洲在资本主义上升时期形成一些单一的民族国家不同，中国统一多民族国家，以秦汉为形成的发端，到清代已完成古代的发展过程，全国所有民族地区，都已置于朝廷直接派员的管辖之下，根据不同的社会、文化与民族背景，各民族地区实行不同的管辖制度。当西方列强侵入中国以前，中国和邻国有明确的边界，其中和俄罗斯订立了具有近代国际法水准的边界条约。这些事实说明了中国古代，统一的多民族国家已经确立。

统一的多民族的中国，不仅广大的疆域是各民族共同开发的，而且是由各民族分别在不同地区形成了局部的统一，才能实现全国的大统一；分裂以后同样是经过多民族的地区性统一，形成南北对峙，才重新实现更高程度的大统一；古代最终把全国统一起来，是由蒙古人建立的元朝和满洲人建立的清朝完成的。1840年以后，面对列强的分裂、瓜分阴谋，乃至武装侵略，中国各族人民更是英勇顽强，反抗侵略，患难与共，风雨同舟，共同保卫了祖国统一。中国拥有如此辽阔广大的国土，与中国古今

[①] 本节所举人口数据，均取自国家民委经济司、国家统计局综合司编的《中国民族统计》(1949—1990)，中国统计出版社，1991年出版。

各民族共同开发缔造和英勇保卫分不开。

中国古代中央集权的国家制度,是由秦汉奠定的,隋唐起了承前启后的作用,直至明清,基本制度一脉相承,是以汉文化为基础的。另一方面,中国古代的国家制度也不断发展。由于中国各民族自然地分为农牧两大类型,因而国家制度也具有农牧两种类型的不同特点。农牧两大类型民族的统一、两种文化的结合、两类国家制度的合一,也就形成了中国古代的国家制度有许多农牧文化结合的特点;南方民族文化也得到了一定的反映。这不仅反映在古代国家元首称号的发展演变方面,也反映在以"因俗而治"的原则形成的历代制度,其中尤其是在对民族地区的管辖制度的演变方面①。

中国近现代的革命斗争中以及各种经济、文化领域,都涌现了许多少数民族的杰出人物;在中国古代,也涌现出许多少数民族历史人物。周武王伐纣,《牧誓》中所举"西土"八国,已为大家熟悉。春秋战国及秦汉以来,同样不断涌现出一些出身于少数民族的政治家、军事家、科学家、艺术家。他们有些在本民族发展史上有深刻的影响,有些则具有地区性和全国性影响。中国社会科学院民族研究所的专家们,编撰了《中国民族史人物辞典》。收录出身于少数民族历史人物辞条近7000条,全书达120万字,其中近现代史上的人物业绩辉煌,中国古代史上人物也颇可观,无论是古代还是近现代,上述各方面的少数民族历史人物,都是各民族共同创造中国历史的代表。

在历史上的民族压迫制度下,各民族的关系不可能平等;在各民族奴隶主、封建主统治阶级占统治地位的历史条件下,民族间的矛盾,许多时候演变成战争。其中有些战争的规模很大,有的进行的时间也很长。过去研究历史,从巩固对民族地区的统治

---

① 参见拙作《中华民族的自在发展》,《中央民族学院学报》1992年第4期。

需要出发，重点放在"边政"、"边患"、"边功"等方面，因而着重叙述与论证历代的民族间的尖锐矛盾与战争，而忽视了在统一国家中各民族相安共处、互相交流、促进了共同发展的一面。全面地看问题，应该说，中国古代始终存在着民族压迫，民族间不平等，因而存在矛盾和隔阂，有时甚至兵戎相见，国家分裂；但主流仍是各民族共同缔造统一的多民族中国，并且在统一中国相安共处、不平衡发展。从秦汉以后，中国统一的时间占三分之二，分裂和南北对峙的时间占三分之一。统一是中国各民族关系史发展的主流与总的趋势。

与统一多民族中国形成、发展相适应，各民族的根本利益互相关联，客观上在发展和巩固着中华民族的一体性。这种深层次的联系，被历代王朝执行的民族压迫制度和民族间的纷争所掩盖。人们比较明确的注意到民族间的矛盾和隔阂，而各民族间根本利益的一致和整体不可分割的联系，未能成为自觉的民族意识。到了近代，帝国主义侵略与中华民族的反帝斗争，促进了中国各民族从自发到自觉的大联合，中华民族进入了自觉发展的过程。

总之，中华民族已经历了漫长的发展，1840年以后，虽饱经忧患，历尽沧桑，但始终威武不屈、奋斗不息，不仅获得了独立解放，而且正以实现社会主义现代化的奋发图强的气势巍然屹立于世界民族之林，从而体现了中华民族的聚合力是在中华民族结构的内在联系中客观地存在着发展着。研究工作的任务是由内在联系所显示出来的各种特征来展现中华民族聚合力的存在与发展。这是一项很有价值的科学研究工作。

三、中华民族聚合力得以充分发挥的基本因素

中华民族的聚合力,要通过一些最基本的因素才能得以充分发挥出来。

在长远和根本上具有共同的经济利益,是多民族聚合的物质基础。

中国各地区、各民族经济的多样性和发展不平衡性,使中国各民族自古就有相当程度的经济交流和互相依存。汉地发达的农业经济,不仅是中国古代各王朝立国之基,也是各民族经济交流互补的物质基础。司马迁在《史记·货殖列传》中已对全国各经济区域的物产、各民族间的交流以及各地区的都会,有扼要而清晰的叙述,可以说是中国最早的概述全国经济地理的专篇。他说:"汉兴,海内为一,开关梁,弛山泽之禁,是以富商大贾周流天下,交易之物莫不畅通,得其所欲。"[①] 肯定了统一有利于各地区、各民族互通有无关系的发展。

关于各王朝对民族间的互市所采取的形式与政策,已发表了一些论著,本文不赘述。而中国南北大运河,在此需要提一下。

世界非常著名的苏伊士运河、巴拿马运河,对沟通世界起了很大作用,它们都是资本主义世界市场形成的产物。中国的大运河,从春秋战国开始一直修到元朝,南起杭州,北到通州,把钱塘江、长江、淮河、黄河四大水系联结起来,使南方物资可北达今北京,西达开封、洛阳,再经漕运到达关中。直到近代铁路与海运兴起以前,运河一直是贯通南北的大动脉,南北物资交流颇

[①] 《史记》,中华书局标点本,第326页。

赖运河沟通。中国古代的经济都会，都扼各区域间水陆交通的要枢，而沿运河的各大都会，突出地具有经济都会的功能。统治者修运河固然带有军事、政治的目的，但从根本上讲还是南北物资交流的需要。中国地势北高南低，长达数千里的运河，需要多处大规模的人工工程才能反地势而北流，千百年维持这条大动脉畅通，若不是以经济需要为原动力，那就不可想像。还有灵渠，长度远不如运河，凿通却并不容易。秦始皇出于征南越、西瓯的目的修了灵渠，沟通湘江与珠江水系，军事作用只是短暂的一瞬，灵渠却曾长期发挥其沟通岭南北的作用，至今仍不失其灌溉的功效。此外，沿长城一线，古代长期起着农牧民族联接和互通有无、物资集散的作用，并形成了一些以农牧交换为特点的城市。这些城市之所以长期存在和发展，农牧经济交换方面的需要，是重要的原因之一。至于西北、西南"丝绸之路"、"草原丝绸之路"、"海上丝绸之路"，都是通过民族地区，使中国与中亚、西亚、南亚进而与非洲、欧洲进行经济文化交流，对中华民族的经济、文化发展以及中华民族对世界经济文化的贡献，都发挥了很大的作用。研究这些交通道路、物资交流及经济文化影响，已成为世界性学问。

如果说发达的农业与手工业和地区广大的游牧业曾经造就中华民族在世界古代与中世纪史上的领先地位，那么这些在资本主义兴起以后就越来越落后了。现在，中华民族已有了空前的紧迫感，认识到必须奋起直追世界先进水平，在社会主义现代化的基础上，使中华民族共同繁荣，才能造就中华民族聚合力新的物资基础，使中华民族得以重新跻身于世界先进行列。

现代世界经济的特点，使中国的东部沿海处在有利的地理位置，并得到了优先发展。这些地带，在古代海运发达以前，称为"蛮荒"。现在的福建省，在汉代仅设一县，海南岛直到宋明仍是充军流放之区。古代经济最发达的黄河与长江两大河的中游地区现在称为中国的中部,与沿边西部民族地区、东部沿海地区,形成了现代中国经济发展的中、西、东三大部。

经济发展新的不平衡,已经在现代化的进程中显现出来,而且有拉大的趋势。这种发展状况是必须及时予以重视,并尽快予以改变的。当然不可能同步发展,不平衡在今后也还会存在。但各地区、各民族这种经济发展上的差距,应该与西方社会趋向两极的差距有本质上的不同,使其在社会主义制度下,具有可调节性。必须通过各种调节与协作手段,以达到各地区、各民族协调发展的目的。社会主义道路是共同富裕的道路,各民族共同繁荣,是党和国家在民族政策上的根本立场。党的十三届七中全会通过的《建议》,对于少数民族地区经济发展问题,提出了一条很重要的原则,那就是"逐步改变民族地区经济相对落后的状况,使之同全国的经济发展相适应"。江总书记最近在党的十四次代表大会上的报告指出:"我国地区广阔,各地条件差异很大,经济发展不平衡。应当在国家统一规划指导下,按因地制宜、合理分工、各展所长、优势互补、共同发展的原则,促进地区经济合理布局和健康发展。"又说:"加快少数民族地区经济发展,对于加强民族团结,巩固边防,促进全国经济发展,具有极为重要的意义。"这样就指明了在社会主义制度下各地区、各民族协调发展,达到共同繁荣的道路。最近几年,我国民族地区经济发展的速度较快,许多沿边地区重新发挥了在对外开放与经济交流中的重要作用,已初步显示了民族地区在社会主义现代化事业中巨大的潜力和光明的发展前景。如何进一步贯彻党的路线与政策,研究发展中不断出现的新情况和新问题,不仅是经济学界需要关心注目的重要课题,也应是民族研究领域需要经常关心注目的重要课题。

成熟的政治力量,是中华民族聚合力得以充分发挥的决定性因素。

中国民族很多，生产、生活类型、习俗、文化、语言都有很大差别。早在春秋战国时就形成了夷、蛮、戎、狄配以东、南、西、北四方，与华夏居中，五方共称"四海"和"天下"的观念，承认各民族的生产、习俗、语言，都是自然形成，有其合理性，不可随意推移。《礼记·王制》说："凡居民材，必因天地寒暖燥湿，广谷大川异制，民生其间异俗，刚柔轻重迟速异齐，五味异和，器械异制，衣服异宜。修其教不易其俗，齐其政不易其宜。"《礼记》所记述的这种兼容并包的观点和根据各地制宜"因俗而治"，不强迫改变原有社会制度与习俗、语言的总原则，在历代王朝对民族地区的管辖和民族政策中，都不同程度地得到了运用。历代制度各有特点和发展，总体上都是在统一中国内，多民族相安共处，多种经济制度并存，多样文化兼容，多种宗教各行其道，这是有利于多民族聚合为统一国家，发展中华民族一体的一面。近些年来，民族研究已注意到全面研究历代王朝的民族政策及其积极与消极的两个方面，并且已有了若干研究成果问世。全面总结历史上民族政策及其影响，是有益于当前如何加以批判和给予借鉴的。

当然，真正使中华民族聚合力得以充分发挥的决定因素，是中国共产党的领导和社会主义的统一多民族中国所形成的新型民族关系。

中国共产党将马列主义与解决中国民族的实践相结合，逐渐地认清了中国民族问题的实质与基本特点，制定了适合于中国基本国情的民族理论与民族政策。在反帝反封建斗争中，其中尤其是抗日战争时期，结成了包括中国各民族的最广泛的抗日民族统一战线，取得了抗日战争的伟大胜利。在解放战争时期，使统一战线进一步得到发展。中国各阶级、阶层、各民族在共产党的领导下，推翻了"三座大山"，创建了中华人民共和国。中华人民共和国建立以后，废除了民族压迫制度，贯彻民族平等、团结政策,消除了历史上遗留下来的民族歧视与隔阂,实现了各兄弟民族和各民族内部的大团结,推行和完善了民族区域自治的制度和政策。各兄弟民族形成了新型的社会主义民族关系。中华民族在实现独立解放的基础上,继续在社会主义大道上前进。中国共产党依据不同时期的社会基本矛盾与中国的基本国情,在各个时期及时掌握了使中华民族聚合力充分发挥的不同中心。当前的中心,就是进一步贯彻改革、开放的路线和方针政策,以经济建设为中心,使各民族协调发展,达到中华民族共同繁荣的宏伟目标。邓小平同志在今年南巡时所提出的"三个有利",即有利于解放和发展社会生产力,有利于提高整个中华民族的综合国力,有利于改善各族人民的生活,应是我们检验过去四十年民族研究,发扬适应"三个有利"的方面,扬弃与"三个有利"不适应的"左"的方面的重要依据和标准。这样才能使我们的民族研究在历史唯物主义和马列主义民族观指导下,达到成熟,能够团结各兄弟民族坚定地在党的领导下,共同为建设中国特色的社会主义、实现社会主义现代化的事业中,发挥积极的作用。

弘扬中华民族文化,发扬中华民族伟大的爱国主义传统,也是中华民族聚合力得以发挥的重要因素。

中华民族的文化,是包涵着中国各民族丰富多样多彩多姿的灿烂文化。汉文化是中华民族文化的主干,同时各兄弟民族的文化也构成中华民族文化的丰富内容。最近十几年,出现了文化研究的热潮,对各兄弟民族的文化及其对整个中华民族文化发展的贡献,也引起了广泛的研究兴趣,并已取得了若干重要的成果。在民族研究方面,由国家民委主持编撰的中国各少数民族简史和简志,叙述了各兄弟民族的历史及其对祖国历史的贡献。这些对于各兄弟民族提高民族自信心、发扬爱国主义精神和积极投入社会主义现代化事业作出自己的新贡献,是非常有益的。

在中国古典的爱国主义传统中,各少数民族不仅表现在统一多民族国家的形成发展与中华民族经济、文化发展所作的贡献方面，还表现在无论哪个民族成为统治民族，都认定自己是中国、坚持国家的统一方面。在明代抗倭战争、郑成功收复台湾战争及中俄雅克萨战争等对外敌的自卫反击战中，各民族同仇敌忾的精神已经表现出来。近代在反抗列强侵略，保卫祖国，保卫家园的斗争中，各民族的爱国主义精神及可歌可泣的英勇事迹是中华民族具有很大聚合力的一个重要表观，更值得大力表彰。在中国共产党领导下，各民族的爱国主义精神与社会主义积极性相结合，在新的历史条件与新的理论基础上，已成为整个中华民族的伟大的民族觉悟。民族研究应充分注意到对这种觉悟，进行理论的概括，使之在更加自觉的基础上得到更高度发扬，使之成为建设社会主义现代化事业的巨大力量，成为维护社会稳定、加强祖国统一和民族团结的巨大力量，成为使中华民族聚合力充分发挥的重要因素。

　　本文重点在论证国内各民族间的聚合力。但在讨论中华民族聚合力的问题时，丝毫不能忽视海峡两岸中华民族子孙，都坚持一个中国、对祖国统一和中国民族振兴的关心。目前两岸交往日增，相信终将会找到统一祖国的聚合点，在"一国两制"的原则下实现祖国的统一和中华民族的大团结。台、港、澳的经济发展水平高于大陆，大陆的发展又是台、港、澳经济更高度发展的大后方；散布在世界各国，特别是沿太平洋各国的华人，也有较强大的经济实力。同根共祖和中华民族优秀文化的源远流长，使台、港、澳同胞及远离故土的华人，时刻都在关心中华民族的现代化事业。改革开放以来，台、港、澳在大陆的投资占引进投资的80%以上[①]，海外华人的投资，也是大陆当前引进投资的重要来源。如果采取进一步开放改革的政策，促进大陆、台、港、澳

[①] 引自1992年9月27日《光明日报》（史学版）赵元浩教授的发言。

和东南亚经济的共同发展,无疑将是中华民族聚合力得以充分发挥的一个重要的方面。

(原载《思想战线》1993年第2期)

中华民族的自在发展

中华民族的自在发展，是指在中国古代随着统一的多民族中国的形成、巩固和确立，各民族的根本利益互相关联，客观上在发展和巩固着中华民族的一体性。这种深层次的内在联系，被历代王朝推行的民族压迫制度和民族间的纷争所掩盖，人们比较明确地注意到民族间的矛盾和隔阂，而各民族间根本利益的一致和整体不可分割的联系，未能成为自觉的民族意识。到了近代，帝国主义的侵略与中华民族的反帝斗争，促进了中华民族中各兄弟民族从自发到自觉的大联合，中华民族才进入自觉的民族实体发展过程。那么为何说在中国古代已存在中华民族自在发展的实体？本文试图从各民族共同缔造了统一的多民族中国和中华民族自在发展的基本特征两大方面作个纲要性论证，希望得到师友和广大读者的指教，以使鄙见得到提高和发展。

一、中华各民族共同缔造了统一的多民族中国

（一）各民族共同开拓和缔造了祖国的疆域

中华民族起源于中华大地，呈多元多区域不平衡发展。中华各民族的先民分别在不同的地区开发了祖国的疆域。这么广袤而辽阔的土地，也是由各民族先有许多局部的统一，进而形成大地区的统一才最终形成全国性的统一。所有中国各民族都为开拓缔造祖国的疆域作了不可磨灭的贡献。

中国最早的王朝夏、商、周，王畿与诸侯封域，大体包括西至陇山，东至泰山，南至荆山，北至燕山、霍山，即包括今陕西关中、山西南部、河南、湖北北部、山东东部与河北中部及南部的地区。当时的疆域观念还包括"王事天子"的边疆民族地区。春秋战国，秦、楚、晋（三家分晋：赵、魏、韩）、齐、燕，都分别统一了一个大的地区，都是包括许多民族的诸侯大国。另一方面，战国末年，与华夏七雄兼并统一大体同步，北部游牧地区也出现了东胡、匈奴、月氏三个游牧民族的政权；南部百越已形成了闽越、西瓯、骆瓯等几个较为统一的中心；西南夷君长以百数而夜郎与滇号为强大。实际上，在中原华夏通过七雄兼并在走向全民族统一的过程中，边疆各民族也进入了实现地区性的统一过程。

公元前221年，秦始皇完成了兼并六国统一中国的历史使命，随后即并东越，设闽中郡（今浙江一部及福建）；兼并南越与西瓯地区，设南海、桂林、象郡，今两广地区并入统一中国版图；西南郡县统一前已有巴、蜀、黔中（包括今四川大部及贵州与四川、湘西接壤地区）；西北及北边，在战国秦、赵、燕长城的基础上，修筑万里长城。长城以南为郡县，包括今甘肃东部、宁夏大部、内蒙古包头及阴山以南；东北至辽河中下游，包括今辽宁西部、中部和南部。

秦汉之际，匈奴冒顿单于杀父自立，复经老上、军臣两代单于，匈奴东并东胡，西走月氏，役属乌孙及西域诸城邦，北服坚昆、丁灵，于是东起大兴安岭山脉，西至今新疆乃至中亚一些地方，北至今贝加尔湖，长城以北"诸引弓之民并为一家，北州以定"①，成为一个统一的多民族的游牧军事国家。在中国大地上第一次出现北部游牧区与南部农业区两个强大政权对峙的局面。

① 《汉书·匈奴传上》。

汉文帝曾写信给匈奴单于说："长城以北引弓之国受令于单于，长城以内冠带之室朕亦制之。"① 然而匈奴虽强，其"人众不能当汉之一郡"②。经过几十年和战交替，汉宣帝甘露三年（前51年）呼韩邪单于降汉，汉"宠以殊礼，位在诸侯王上"③。汉元帝初即位，又遣使与呼韩邪单于盟约曰："自今以来，汉与匈奴合为一家，世世毋得相诈相攻……汉与匈奴敢先背者，受天不祥"④。匈奴成为汉朝藩属以后，长城以北仍受制单于，但疆域则已统一于汉朝。

汉在与匈奴斗争的几十年中，西取匈奴浑邪、休屠两王属地，设置河西四郡，为沟通西域隔绝胡羌创造了条件。汉武帝元鼎五年（前112年）设护羌校尉于今青海湟源。争取西域也很快见效，元鼎二年（前115年）张骞自乌孙还，西域始通。汉宣帝神爵二年（前60年）匈奴日逐王先贤掸降汉，罢匈奴所置西域僮仆都尉，汉始置西域都护，治乌垒（新疆轮台），乌孙及西域诸城邦均听其节制。于是汉的疆域西至葱岭（帕米尔），东北争取乌桓，汉武帝元狩四年，置乌桓校尉，而夫余、高句丽等东北民族属玄菟郡，汉的东北疆域已至松花江流域及大兴安岭地区。

在中国南部，秦汉之际及汉初，原秦南海龙川令自立为南越武王，统一百越。汉武帝元鼎六年（前111年）南越亡，汉以其地置南海、苍梧等九郡，今两广及海南诸地尽属汉之郡县。又通西南夷，元鼎六年夜郎侯入朝，封为夜郎王，又以邛都为越巂郡，筰都为沈黎郡。元封二年（前109）滇王降汉，置益州郡，仍赐滇王印。于是汉之疆域已尽巴蜀及云贵高原。以后历代中国

---

① 《汉书·匈奴传上》。
② 《汉书·匈奴传上》。
③ 《汉书.匈奴传下》。
④ 《汉书.匈奴传下》。

的疆域有所伸缩，而传统疆域的基础则在西汉已经奠定。

过去，写历史着重强调匈奴对农业区的破坏作用，虽不无夸张，也是历史事实。但从中国统一的历史过程看，匈奴统一中国北部草原游牧区的历史功勋是不可磨灭的，从大兴安岭森林草原到大漠南北，西到阿尔泰山与额尔齐斯河流域及帕米尔高原，东西万里，南北数千里，有为数众多的游牧部落和许多族称的游牧古族，把这些广大的地区与众多部落统一起来，并且终于成为统一多民族中国一个大区域，正如楚、秦为统一中国各自统一了一个大区域，其功不可没一样，匈奴也建立了这样的功勋。同样，南越统一百越地区，西南夷以百数而又形成了几个较大的中心——都有统一一个区域的功绩。上述这些局部统一，实际上是中国实现大一统的必要前提。因此，我们应以同一尺度去评判中国历史的发展，去观察中华民族整体历史发展中各民族所作的贡献。其实自匈奴统一中国北部草原游牧区，后世统一的中国有过两度大分裂，又有别的强大游牧民族如突厥、回纥、契丹、蒙古等重新统一北部草原。他们在制度与文化各方面尽管都有新的发展，但都步着匈奴的后尘。北部草原游牧区的统一都成为中国重建更高度的统一的一个重要前提。与此相仿，隋唐之际吐蕃松赞干布统一西藏，也为藏族的形成创造了历史条件。尽管吐蕃与唐朝和战交替，为争夺对青海与安西地区的统治权，但总的历史进程是形成了"虽曰两国，有同一家"①的甥舅关系。以后吐蕃各地区与宋、辽、金发生了一定的政治、经济、文化交往，故元朝统一西藏，使之成为中央控制的特殊行政区域并没有遇到多少困难。吐蕃统一西藏高原之功也是不可磨灭的。其他在边疆和中原建立过王朝的各民族对缔造中国疆域所作的贡献不能一一详述。总之，今日中国是历史上中国的继续与发展，不仅是汉人建立的

---

① 白居易：《代忠亮答吐蕃东道节度使吉都离等书》（收入《白氏长庆集》）。

中国王朝的历史与疆域的继承和发展,也是所有由各民族在中原与边疆建立过的王朝的历史与疆域的继承与发展。中国的疆域是由中华各民族的先民共同开发的,也是由中华各民族共同缔造的。

(二)中华各民族共同创造了统一的多民族中国古代的国家制度

中国古代的统一多民族的国家制度,是由秦汉奠定的,隋唐起了承前启后的作用,直至明清,基本的制度是一脉相承的,文化传统从未被割断。另一方面,中国古代的国家制度也是不断发展的。中华各民族,自然分为农牧两大类型,因而国家制度也具有农牧两种类型不同的特点。农牧两种类型民族的统一,两种文化的结合,两类国家制度的合一,也就形成了中国古代的国家制度有许多农牧文化结合的特点;南方民族文化也得到了一定的反映。

首先,在国家元首演变中体现了上述特点。秦始皇统一中国,国家元首称为皇帝。汉承秦制,而对皇帝与天子两个国家元首称号的含义,有不同的分职。《礼记·曲礼》说:"君天下曰天子",东汉大经学家郑玄注曰:"天下,谓外及四海也。今汉于蛮夷称天子,于王侯称皇帝。""四海"按《尔雅·释地》解释:"九夷、八狄、七戎、六蛮,谓之'四海'",即包括所有边疆民族地区。"于蛮夷称天子",即天子是各民族共同的国家元首。王侯是指汉的诸侯王,也包括郡县地区长官,皇帝是诸侯王的共主,郡县的最高统治者。当时的地域观念,汉代扬雄《方言》说:"裔,彝狄之总名。"晋代郭璞注曰:"边地为裔,亦四夷通以为号也。"① 在统一多民族中国形成的开端阶段,已形成了以郡县地区为内地、为主干,民族地区为边疆的统一地理观念,也形成了

---

① 《方言笺疏》卷12。

统一的国家元首称号。

　　游牧系统，在汉初匈奴单于地位与汉天子皇帝地位相当。呼韩邪单于归汉，"位诸侯王上"，单于成为天子之下的称号。十六国时期，刘渊称帝，最初以皇帝、天子兼大单于，后来以单于称号加诸太子，兼六夷大都督，实行游牧民族与农耕民族用不同制度管辖的"胡汉分治"制度，于是农牧两个系统国家元首称号合并于同一朝廷。可以如下图表示：

统一多民族国家元首 { 皇帝……诸侯王及州、郡、县的元首
　　　　　　　　　 天子……四夷，法理上所有边疆民族地区的元首

储　　君 { 太子……皇帝、天子法定继承人
　　　　　大单于……兼六夷大都督、主管内迁各民族的部落军民

　　北魏时，柔然自社伦可汗开始将鲜卑部落酋长称号可汗提高到游牧民族国家元首称号的地位，与匈奴冒顿、老上、军臣等单于时期的单于称号一样相当于皇帝及天子。随着多民族国家的发展，唐太宗贞观四年（630年）在突厥汗国灭亡以后，北方和西北各游牧民族首领，共尊唐太宗为天可汗，即游牧民族众汗共同拥戴的汗上之汗。于是唐朝国家元首拥有皇帝、天子、天可汗三种称号，如下图所示：

统一多民族国家元首 { 皇帝……诸王及州县的元首
　　　　　　　　　 天子……所有边疆各民族的元首
　　　　　　　　　 天可汗……北部与西北游牧各民族汗上之汗

　　两宋制度，沿秦汉、隋唐加强中央集权，对民族地区管辖的制度也有其发展与特点，国家元首则沿秦汉称天子与皇帝。

　　辽朝制度一方面是农牧各民族统一于同一朝廷直接管辖，同时又表现出在同一朝廷中按不同的法律和官制分别统治农牧两种不同类型的民族的特点。这二元合一的体制，如《辽史·百官志序》所说："官分南北，以国制治契丹，以汉制待汉人。……北面官治宫帐、部族、属国之政，南面治汉人州县、租赋、军马之

政。因俗而治，得其宜矣。"在法律上，对契丹、奚等游牧民族用其固有的游牧区习惯法治理，对汉人、渤海人等农业民族，用《唐律》进行治理。辽的这种制度，是继承了十六国胡汉分治和唐以《唐律》治州郡，以各民族传统习惯法治理各民族，而民族间诉讼则用《唐律》等制度，而创立了把中国农业区与游牧区各民族置于统一中央政府直接管辖之下"因俗而治"的先例。其后女真人建立的金朝、蒙古人建立的元朝、满洲人建立的清朝，都对这种制度有所继承和发展。而清朝对游牧区各民族有一套完整的管辖与治理的规章、律例，并根据历史渊源、宗教信仰状况和社会文化等不同的特点，形成了对蒙藏、新疆、西南各民族各有特点的管辖制度及政策，从而建立了全国各地一律行使直接派官而又各具特点的管辖制度。清朝所以能完成这一历史发展过程，除了吸收秦汉以来典制与律令以外，还对辽、金、元对游牧区各民族行使直接管辖的典制与律令进行吸收并加以系统化。前已论证，游牧区的统一，只有草原游牧民族才能完成，进而成为中国大统一的必要前提。同样，对草原游牧民族行使直接管辖的典制也只有北方各族在吸收中原文化的基础上加以创造，才能使之法律化、典制化。辽、金、元、清在这一历史发展中，都作了自己的贡献：辽有开创之功，清则集其大成，而使之达到完备。

辽的国家元首拥有皇帝、天子、可汗三种称号；金初行勃极烈制度，皇帝、天子又是都勃极烈。后废勃极烈制度，有皇帝、天子，而无可汗的记录，然而对北方游牧区的部族制度则从辽继承下来。元朝皇帝，既是蒙古诸部的大汗，又是中国的皇帝与天子。清朝则努尔哈赤自称爱新觉罗国伦汗，即金国汗，同时也享有蒙古科尔沁等部所上昆都仑汗的尊号。清太宗皇太极在公元1636年称皇帝与天子的前夕首先接受了蒙古各部首领所上全蒙古大汗的尊号。所以清朝皇帝，实拥有皇帝、天子、全蒙古大汗三种称号。当然，无论唐朝还是辽、金、元、清，皇帝、天子所拥有的汗号并不经常使用,因为按照汉代以来的传统制度,皇帝、天子已经是完全包括内地与边疆各民族统一的多民族国家元首的称号。然而,北方游牧民族所上天可汗、大汗、博格达汗等称号,都表示了游牧民族诸汗的臣服。农牧两个系统国家元首称号合二为一,是统一多民族中国古代国家制度的发展。清朝皇帝对所有边疆民族地区都行使直接派官管辖,更是统一多民族中国已经得到巩固与确立的一个重要标志。

其次,再看中央对各民族地区管辖制度的演化与发展。

对边疆民族地区,秦朝有典客,"掌诸归义蛮夷"①。汉景帝时更名大行令,武帝称大鸿胪,位列诸卿。以后此官名称与地位都屡经变更,历代朝廷专设主持边疆民族事务的机构则相同。到清代,设理藩院,主要管理蒙、藏等民族事务,地位提高到与六部同级,是中国古代制度最为完备的民族事务机构。

秦又有属邦,"掌蛮夷降者",汉避高祖讳,改称属国,湖北云梦卧虎地出土有《属邦律》、《法律问答》,也有涉及民族事务的条款,可见对于属邦有专门的立法。汉代属国都尉的设立从武帝时安置匈奴与羌人于西北各郡开始,以后在东北、西南、中南部都有设置。因民族杂居的发展,到东汉属国内有属县,都尉除"掌蛮夷降者"又"治民比郡"②。

秦及汉武帝时,差不多每征服一地,即与内地一样设立郡县,只是"凡县主蛮夷曰道"。秦已设道,两汉继之,道多设于西南、中南民族地区及西北氐人地区。这些地区的民族多是农耕民族。匈奴归汉以后,游牧民族的社会组织,大不同于农耕民族,于是在南方民族地区继续发展秦以来在郡(汉武帝以后在州郡)之下民族聚居区各民族首领为君长、王、侯,基本上不改变

---

① 《汉书·百官公卿表》。
② 《后汉书·百官志》。

其原有社会组织，优待各民族首领的制度，为后世羁縻州及土司制度的萌芽形态。在游牧民族地区则设专门军镇如使匈奴中郎将、护羌校尉、护乌桓校尉，晋设东夷校尉于辽东，西南设蛮夷校尉等监护，同时对各部落酋长爵之以王、侯，赏之以金帛，开关市，通有无。这种制度与政策，是"修其教而不易其政，齐其俗而不易其宜"①的具体运用。

唐代在民族地区推行羁縻府州制度，"即其部落列置州县。其大者为都督府，以其首领为都督、刺史，皆得世袭。虽贡赋版籍，多不上户部，然声教所暨，皆边州都督、都护所领，著于令式"②。"大凡府州八百五十六，号为羁縻云"③。唐这种既不改变民族地区社会制度和经济文化特点，又通过加封唐朝爵号官号以巩固各部落酋长地位的制度，虽号为羁縻，但已将内地都督府州等官号加诸部落，是中央对民族地区的管辖制度的重要发展。宋在南方与西南继承唐朝羁縻府州，而辽在游牧地区仿唐节度使制度，发展为部族节度使制度，实际上是在朝廷管辖下在游牧区推行的地方行政制度。辽金把州府县及部族节度使制度一直推行到黑龙江流域与外兴安岭地区及大漠南北，为元代在这些地区直接设立行省准备了历史基础。

元朝的地方行政制度在中国古代是统一多民族中国进入确立阶段的重要标志之一。这就是行中书省的划分与行省制的确立。全国分为中书省（称腹里，即中央直辖区，包括今河北、山东、山西、河南北部、内蒙古中部、东部地区）及辽阳、岭北、陕西、甘肃、四川、云南、湖广、江西、江浙、河南等10个行中书省，简称行省。此外，吐蕃地区属宣政院（宣政院主管全国佛

---

① 《后汉书·百官志》。
② 《礼记·五制》。
③ 《新唐书·地理志七，下》。

教及吐蕃政教事务)。同时在西藏地区有军事机构及十三万户府的划分。元世祖还将其子奥鲁赤封西平王出镇吐蕃[①]。元朝在吐蕃的种种设置，使中央政府对西藏直接行使了主权，是当时中央管辖下的一个特别行政区。西域为察合台后王封地，中央设有宣慰司都元帅府及监督机构，也是一个特别行政区。

在四川、云南、湖广等行省的少数民族地区，设有宣抚司、安抚司、招讨司、长官司、蛮夷司、寨、洞、甸等各级土职，是民族地区土司制度的开始，较唐宋羁縻州制又有所发展，因为这些土司都是行省内少数民族聚居区由当地民族首领统治，由行省或行省派出的宣慰司都元帅府节制与管辖。

元朝皇帝又是蒙古诸汗国的大汗，汗国分布远及钦察、伊儿等处，涉及欧亚两洲许多地区。然而元朝作为中国的一个统一的王朝，其疆域仍以中国传统疆域为限，《元史·地理志》说："自封建变为郡县，有天下者，汉、隋、唐、宋为盛，然幅员之广，咸不逮元。……其地北逾阴山，西极流沙，东尽辽左，南越海表。"这么广大的地区，都是中央直接派官行使主权管辖，如《元史·地理志》所说："汉唐极盛之际，有不及焉。盖岭北、辽阳与甘肃、四川、云南、湖广之边，唐所谓羁縻之州，往往在是，今皆赋役之，比于内地。"明代是比较纯粹的农业王朝，在北边一方面修长城，同时在长城以北推行羁縻藩封的制度，以互市沟通农牧经济。清以继承秦汉、隋、唐、宋、明制度为基础，同时系统吸收与发展了辽金元三代对游牧民族地区直接管辖的制度、法令与经验，对蒙藏、新疆、西南等民族地区推行各具特色的地方行政制度、律令、典章最为完备，已在前面叙述，于此不赘。同时清康熙、雍正时与俄罗斯以主权国家中国与俄罗斯订立了划分边界的《中俄尼布楚条约》、《中俄布连斯奇条约》等，明

[①] 《仁庆扎西藏学研究文集》，天津古籍出版社1989年版。

确划分国界，又和一些当时的藩属国家，按传统管辖确定了宗主国与藩属国之间的传统边界。在西方列强侵入古老的中华帝国以前，中国不仅是一个巩固统一多民族国家，而且已有明确的国界。

这个巩固的统一多民族国家，是中华各民族共同缔造的。

二、中华民族自在发展的基本特征

中华民族作为一个自在的实体在统一多民族中国古代的两千年发展中，已经逐渐形成，并且越来越巩固。具体表现出如下几项基本特征。

（一）东西两大部南北三带的相互依存，相互补充。

中华大地的地理特点，决定了中华民族的整体构成，分为东西两大部，南北三带[①]。

东西两大部，是指面向海洋的湿润的东部和背靠欧亚大陆的干旱的西部。这两大部大体可以北起大兴安岭、沿阴山河套，南下陇山山脉、邛莱山脉，终于腾冲一线划分。东部为农业区，人口集中，尤其集中在黄河与长江的中游及下游，逐渐发展到珠江、辽河等大河的中游与下游，地域面积占全国总面积的40%以下，人口却在有数字可统计的近两千年中，一直占绝对多数，近千年一直保持在90%以上。西部面积占总面积60%以上，主要是草原游牧区，穿插分布小块河谷与绿洲农业区，人口稀疏，近千年大约均占总人口10%以下[②]。如以民族分布而论，则东部

[①] 《中国古代文化史》（一），北京大学出版社1989年版，第5—8页。
[②] 见梁方仲《中国历代户口、田地、田赋统计》（上海人民出版社1980年版）、葛剑雄《中国人口发展史》（福建人民出版社1991年版）的有关统计与论证。

主要是汉族人口集中分布之区和中南、东南、西南农耕民族分布区，西部主要是游牧民族分布区，穿插一些农耕区，除西藏外，大多为汉族与当地民族杂居区。

南北三带，是指秦岭、淮河、白龙江一线以南为水田农业经济、文化发展带；此线以北至秦长城以南（包括辽东、辽西）为旱地农业经济文化发展带；秦长城以北为游牧经济、文化区发展带。以民族分布而论，华夏/汉民族在起源与初期发展阶段，为较单纯的旱地农耕民族，到春秋、战国时期，楚发展为以江汉平原为中心的华夏，吴、越在长江下游华化，于是成为兼有水田与旱地农耕的民族。百越与南蛮各族，首先创造了水田农耕；兴安岭——阿尔泰语系各族，从游猎发展为游牧，而肃慎—勿吉—靺鞨—女真族系各族，则为游猎、渔猎或兼有不太发达农耕的民族。上述三个经济、文化、民族发展带和东西两大部又可归结为农、牧两大经济文化类型，经济上互相依存、互相补充，文化上互相渗透，不断汇聚与辐射，而这种在经济上以农区经济为基础的互相依存与补充，文化上以汉文化为主导的互相吸收与结合，促进了政治上越来越统一。这是中国有如许多多民族而终于形成统一国家最深刻的客观存在的内在联系。

（二）东西两大部与南北三带的发展是不平衡的。

黄河中下游，处在两大部与三带的中枢地位，其地理条件适合发展农业，而又东西南北汇聚，吸收四方的优秀文化与四方的各部落，建立了中国最早的王朝夏、商、周并融合而形成华夏民族。在新石器时代，北起燕山南北，南至长江、珠江流域，西至陇山东西，可以说是大体平行同步出现铜器，大体同时透射出文明的曙光。而黄河中下游首先进化至国家、民族的形成，除了黄河中下游两大文化区域与部落集团的交汇融合，也是四方优秀文化与四方部落汇聚融合的结果。

以华夏为核心，进而至秦汉形成为统一的多民族国家，华夏发展为汉族,在黄河中下游和淮河流域,进而在长江中下游像滚雪球一样发展成为中国众民族中人口最多,经济为历代立国基础,文化为历代制度基础,文化传统以汉文化为主导,从起源至今一脉贯通的伟大民族。无论历代王朝是以汉人还是少数民族为统治民族,汉族都是主体民族。另一方面,入主中原的游牧民族,都曾带来新的经济、文化因素,使中原民族的经济、文化得到发展,同时使中国的疆域更加扩大与巩固,但他们本身都在汉人的汪洋大海之中,不可避免地要汉化。

有一个人数众多,经济、文化处在领先地位的主体民族,即华夏/汉民族的存在与发展,是中华民族凝聚的核心,是中国统一曾经受到两度大分裂又重新达到更高度统一最稳定的民族与经济、文化因素。在统一多民族中国,语言极为丰富多样,而汉语,其中尤其是有最广泛适应性的汉文,成为各民族共同的交际工具。

汉族是分布地域最广的民族,因而汉族本身发展也是不平衡的。其他边疆各民族发展一般比汉族后进一些,而且一般本民族发展也不平衡,但都各具本民族的经济文化特点,对中华民族的经济、文化发展作出了不可忽视的贡献。中华民族的经济丰富多样,中华民族文化多彩多姿,与众多中华民族成员的贡献分不开。

农业历来是中国古代立国之基,广大游牧区的存在,也是使中华民族经济、文化在世界上独具特点的重要因素。同时,中国西部虽然地广人稀,经济在古代一贯落后于东部,然而是联结中亚、南亚、西亚进而通往非洲、欧洲的走廊与枢纽,中国西部并不因其地广人稀减少了在中华民族历史上与经济文化发展史上的重要性。相反,这一地带至今仍保存着许多汇聚了中国各民族及南亚、中亚、西亚文化的伟大宝库,表明了中国西部的特殊重要性。可以说,没有东部的农业区,则中华民族经济与文化发展没有最主要的基地和温床；没有中国的西部，则在海运发达以前，就没有与外部世界联系的桥梁，即使在唐、宋海运发达以后，也是最重要的陆上交通孔道。

农牧两大类型的经济与文化在古代有互相矛盾的一面，尤其是牧区生产的单一性与不稳定性，使牧区对农区有更大的依赖。而牧区始终保持着部落亦兵亦民的集群社会组织，古时骑兵的力量，很容易形成一阵阵的军事优势，成为掠夺农区的重要威协。另一方面，农业区也需要牧区的畜力和畜牧产品。这种既矛盾又互相依赖的辩证关系，反映到历代王朝的战略思想上就是利用强大农业王朝的组织力量修筑万里长城，既把农牧两类民族分隔开来，又对长城以外的各部落酋长给予封爵，使之成为藩属，同时沿长城一线互市，使农牧民族联系起来。长城这种世界上独一无二的伟大人造地理景观，是中华民族这种农牧截然划分既矛盾又互补辩证关系极为深刻而壮观的反映。另一伟大的人造地理景观，便是南北大运河。从春秋时期起，历代不断发展，到隋唐已将钱塘江、长江、淮河、黄河四大水系沟通，从杭州一直通到长安、洛阳，往北唐代已达幽州，元代正式通到大都（今北京）。直到近代南北铁道修筑以前，南北大运河一直是南北交通的大动脉。水势就下，而中国地势总体上是北高南低，东南更低。但历代王朝仍一反此种自然条件，以巨大的人工工程，沟通南北航道。统治者固然曾利用这一大动脉为他们游玩服务，但若非南北经济互补要求沟通，单纯为统治者游玩，是绝不可能持久的。世界上唯独中华民族在古代开凿过这么伟大的运河！苏伊士运河、巴拿马运河驰名世界，其工程的艰巨与长度都无法与中国南北大运河相比，更何况它们都是在资本主义世界市场形成过程中的产物。

中华各民族经济文化发展不平衡，而政治上结成了统一的国家。这样就必然形成统一国家中多种社会形态同时存在和多种经济文化兼容并长。因而在过去两千年，大都是在国家统一的条件下，各民族各具特点的历史与文化同时并存和发展。统一性与多样性的辩证统一，始终促使中华民族在古代作多元一体的不平衡的运动。

(三) 中华各民族的兴衰相互关联

中华大地上东西两大部南北三带各民族，在古代总是以黄河中下游为中心相互影响。从西周已确立的镐京（陕西长安县丰镐村附近）、洛邑（河南洛阳市东北）东西两京到两汉时长安、洛阳两京及其畿甸地区，在中国古代历来都是影响各民族兴衰的中原腹地。两京定，则全国统一，边疆安宁，各民族共同稳步发展；两京乱则国家分裂，边疆诸王众汗争雄，必须经过许多局部统一，才能重新达到更高的统一。即使是辽、金、元、明、清，全国性政治中心已北移到今北京地区，中原腹地的治乱，关系仍然至为重大。

中华各民族的最初分布，秦长城以北为游牧民族（包括游猎、渔猎民族广义称之），华夏最初集中于黄河中下游。北方游牧民族南下，往往是造成全国性民族交错迁徙的重要动力。其中尤其是两晋之际的大迁徙以及两宋之际的大迁徙、南宋末年的迁徙、明末清初的大迁徙，原有的民族分布格局作了大规模的变动，加上历代出于各种原因的往边疆屯垦、移民或边疆民族的内迁，形成了各民族分布以大杂居和地区性聚居为总特点。汉族差不多在清末已形成在全国范围内与各民族交错杂居，其他许多民族，也有一部星散分布于全国许多地方。其中蒙古族、满族由于曾经是元朝与清朝的统治民族，在全国大多数省分留下了他们的苗裔；而回族由于其经济与民族形成的特点，可以说星散全国。

全国的治乱盛衰，与中华各民族的发展息息相关。即令如西藏，其地理条件与内地有较大的自然障隔，西藏的兴衰稳定也从唐代以来和中原王朝的强弱脉络相通①。当然，有统一性的一面，也有矛盾的一面。各民族统治阶级政治上强弱，争夺地区性或全国性统治地位的斗争，彼此消长，互相具有连环性影响。这类历史事实举不胜举。

各民族经济、文化的发展，民族内部社会分工发达，必然促进整个中华民族的发展与民族间经济文化交流的发展。民族的迁徙运动，也促进了民族间血统上的相互吸收，你中有我，我中有你，从起源时代到整个中华民族发展过程，这是始终存在的发展特点。

国家的统一发展与巩固，民族间经济、文化交流的发展深化，是中华民族凝聚力日益强大的根本原因。各民族根本利益与整体利益的不可分割，在古代被民族压迫与民族歧视所造成的隔阂所掩盖，待帝国主义列强侵略日深，这种唇齿相依、首足相通的整体性才逐渐提高到整个中华民族的民族觉悟上来。

（四）无论哪个民族为统治民族，历代王朝从来都被公认是中国的王朝。

在中国古代，夏、商、周、秦、两汉、魏晋、南朝（宋、齐、梁、陈）、隋、唐、五代中的后梁后周、两宋、明等王朝，是以华夏/汉民族为统治民族的王朝。而北朝（北魏、北齐、北周）、辽、金、元、清等王朝是以北方南下的游牧民族（女真与满洲实非游牧民族，按习惯广义称之）为统治民族的王朝。其他还有为数众多的由各民族建立的边疆王朝和割据政权。以汉人为统治民族的王朝，无须加以说明。以少数民族为统治民族的王朝，在历史上也从来都公认是中国的合法王朝，是中国历史发展的一个环节。中国古代史学家，虽然受儒家"正统"史观支配，

---

① 参见王辅仁《关于藏族形成和发展的几个问题》，收入《中华民族研究探索》，中国社会科学出版社1991版。

歧视边疆各民族，但由少数民族建立的王朝，仍包括在历代"正史"之中。的确，历史上诸王朝长期争论过"正统"属谁，宋代理学昌盛，但欧阳修、司马光、朱熹① 衡量"正统"的标准都没有强调是否汉族或少数民族，而强调是否统一和是否实行儒家"道统"。当时辽金与宋朝对立，司马光以保守著称，朱熹是理学宗师，然他们都不着重排斥少数民族而只着重强调统一，这是值得注意的。元代为修宋、辽、金三代历史，"正统"属谁，争论几十年，最后是以辽、宋、金各修一史，都居"正统"的方式解决。古代"正统"、"义例"的争辩有歧视少数民族的倾向，但并不把少数民族建立的王朝排斥在中国历史之外。从宋代所说"十七史"到清中叶形成的"二十四史"，都把少数民族建立的几个王朝包括在其中。

除了上述各全国性影响的王朝，少数民族在中原还建立过"五胡"政权，在边疆建立过更多的边疆王朝。如何评价这些政权的历史，非三言几语可言其大略。综其共同的特点，大概有如下几点：

第一，它们一般是在中原某个王朝藩属的基础上，利用王朝给予的封爵与权力役属其他各部而雄据一方。

第二，中原乱则各自为政，一般是在中原分裂的历史条件下在一个区域建号称王称汗，虽然强大，仍需接受中原王朝的封号，或即使不奉中原王朝"正朔"，仍以中国一部分自居。如黑韩王朝，自居中国的下部（西部）②，蒲鲜万奴立国于牡丹江、图们江、绥芬河一带，仍自称为东夏，即中国东部之王。

第三，一般都仿中原建立制度，而且一般都促进本地区经济、文化的发展。

---

① 参见《居士集》卷 16《资治通鉴》卷 69《臣光曰》、《通鉴纲目》凡例。
② 参见《中央民族学院学报》1978 年第 2 期张广达文。

第四，其结局都归于中国更高度的统一，因而这些王朝，都是中国的少数民族在一个或连贯几个地区的政权，同样是中国历史的一个环节。

（五）各少数民族一方面创造发展本民族的历史，同时也与汉族及其他各民族参加全国性历史活动，涌现了一批全国性影响的历史人物。

居于全国统治地位的少数民族，其中许多杰出人物如魏孝文帝，元太祖、世祖，清康熙、雍正、乾隆三帝等，他们对本民族和整个中华民族历史发展的影响，已有大批论著加以叙述和论列。我们所指主要不是这些。

从周武王伐纣起，《牧誓》中提到来自西土远方的八种族称：庸、蜀、羌、髳、微、卢、彭、濮。春秋战国除华夏人物，也出现过一些当时仍被视为夷、蛮、戎、狄的重要历史人物。秦末农民起义，越人对项羽、刘邦都有过很大的帮助，成为汉秦起义的积极参加者，有些在汉朝封侯受赏，以《汉书》所记功臣侯者，高祖时封470余人，其中越将5人以功封侯①；吕后时封12人，其中有越人1人；文帝时封10人，其中有故韩王信之孙降匈奴为匈奴相又归汉者2人；武帝时封侯74人，其中匈奴王侯将相降者18人，属国内和归义人匈奴庶众立功封侯者6人；越人王侯及地方官降者7人；东越、骆瓯5人，小月氏2人，西域1人，其他民族5人；昭帝时匈奴人金日磾以托孤大臣封侯；宣帝时有两匈奴单于归汉封侯。以上都属于功臣侯者。在东汉末，董卓、曹操、三国时蜀、吴都有多种少数民族的军队参加各种战争。

西晋末年，流民大起义，各民族与汉人共同斗争，其中匈奴人郝度元、氐人齐万年等还成为各民族拥立的起义领袖。南北朝

---

① 巴人七姓助汉王刘邦灭三秦，有封侯者，姓名待查。

为民族大融合时期,北朝以鲜卑为统治民族,少数民族的历史人物固然不少,南朝南方少数民族也涌现了一些颇有影响的领袖人物,如俚人冼氏家族,其中南朝末到隋唐冼夫人及其后继者对岭南统一的影响,至今为人所称道。隋唐继南北朝大融合而兴,中华民族达于空前的繁荣昌盛,为亚洲经济文化中心,在世界上也是最发达的国家,至今为世界所赞扬的东方文明,其所以为举世公认,与隋唐鼎盛有密切的关系。当时汉人杰出人物辈出,少数民族人物之盛也为前古所未有。隋唐最有影响的世家大族在全国性政治生活中仍占有极高的地位,其中包括十六国以来北方各民族贵族的后裔。柳芳《论氏族》说唐代世族:"代北则为虏姓,元、长孙、宇文、于陆、源、窦首之。"① 这些都是隋唐时期有重大影响的世族。从这些世族中涌现的人物,鲜卑首姓元氏后裔的影响自不待言,其他如高颎、贺若弼、窦毅、独孤信、长孙无忌、宇文述等等,在政治和军事方面都极为显赫,颇有影响的农民起义首领窦建德、刘黑闼、徐世勣等,据历史学家陈寅恪考证也是少数民族的后裔②;大建筑家宇文恺、作《切韵》的陆法言、经学家元善、文学家元稹、刘禹锡(独孤氏后裔)等都是鲜卑世族后裔,而大诗人李白、白居易,或先世曾寓西域,或先世从北由西域迁居内地。少数民族人材辈出,与隋唐的民族政策较为开明关系很大,而这种政策也是统一多民族国家发展与各民族关系发展的反映。

不仅唐开国时期由于北朝的影响,少数民族出身的历史人物很多,整个唐代,出身于少数民族的藩将,影响都很深远。两《唐书》都专为藩将立传,正如陈寅恪教授所说:"综括论之,以唐代武功而言,府兵虽至重要,然其重要性殊有时间限制,终不

---

① 《新唐书·柳冲传》。
② 陈寅恪:《论隋末唐初所谓"山东豪杰"》。

及藩将一端,其关系至深且巨,与李唐一代三百年相终始者,所可相比也。"① 唐太宗所用蕃将多为各族酋长,统本部落兵众,唐玄宗以后蕃将多由军功累迁升为节度使,其所统不尽为蕃兵。安禄山、史思明以强蕃反叛中央,而哥舒翰、高仙芝、李光弼等也是蕃将为节度使,所统也有蕃兵,为平息安史的重要统帅。当时朝廷有蕃汉官,军队有蕃汉兵。首都长安、东都洛阳都有各民族之为官、求学、经商、卖艺各色人等居住。

宋、明等汉人建立的朝廷,仍有蕃官、蕃兵及比较明确的升黜奖惩制度,从少数民族中仍涌现一些杰出的人物,如明永乐、宣德年间七下西洋的郑和为回族人,七使奴儿干的亦失哈为海西女真人等等。

总之,在中国古代,少数民族出身的历史人物,不仅对本民族本地区的发展作出了卓越的贡献,也涌现了许多拥有全国影响的政治家、军事家、科学家、文学家、艺术家。中国社会科学院民族研究所高文德先生等编撰的《中国民族史人物辞典》,收入出身于少数民族的历史人物辞条近7000条,全书达210万字,虽包括近现代人物,中国古代史上人物也颇可观。中华民族的历史是以华夏/汉民族为主体,各兄弟民族共同创造历史,不是空泛之论,有非常丰富而充实的内容。

(六)中华各民族共同祖国观念的形成

对于这一问题,拙作《中国·华夷·蕃汉·中华·中华民族》②一文中作过较为系统的考证和叙述,本文不赘。总之,随着统一多民族中国的发展,边疆各民族共同祖国观念越来越明确。尽管中国古代各王朝的民族压迫制度造成了民族间的隔阂,但外敌入侵,同仇敌忾。明代抗倭斗争,广西和湖广土司统帅的壮、土

---

① 陈寅恪:《论唐代之藩将与府兵》。
② 见《中华民族多元一体格局》,中央民族学院出版社1989年版。

家、苗等民族的军队,曾建立赫赫战功。清初俄罗斯殖民者入侵黑龙江流域,当地各民族奋起反抗,在雅克萨反击战中,许多民族的官兵表现了高昂的反侵略的爱国主义精神。明清之际,郑成功收复台湾,台湾各族人民积极响应,一举驱逐荷兰殖民者,收复了祖国的宝岛台湾。这些都是中国古代各族人民共同抗击外敌的事例,说明尽管当时存在国内民族间的矛盾,但共同抗击外寇侵略,热爱祖国的意识已经得到了初步的发扬。这种精神到中国近代帝国主义侵略已成为整个中华民族的直接对立面时,中华民族由自在发展便逐渐地向自觉的发展过渡。中华民族的整体意识日益成为全民族的觉悟,中华民族共同的祖国观念在反帝反封建斗争中越来越巩固,中华民族的爱国主义也由自在发展的古典爱国主义向着新的高度发展。

(原载《中央民族学院学报》1992年第4期)

21世纪中华文化的走向

和19世纪与20世纪之交中华民族子孙满腔悲愤地迎接即将到来的新世纪的情景形成鲜明对照的是，在20世纪与21世纪相交的年代，中华民族的子孙充满民族自豪感，满怀信心地去迎接21世纪，迎接即将到来的现代化和现代化基础上的民族复兴。在这一伟大的历史变革面前，不仅中华民族自身十分关心在新世纪中中华民族的美好前景与文化走向，而且全世界都对占世界人口总数五分之一的中华民族怎样迎接新世纪及其文化的走向表现出格外的关注。因此，对21世纪中华文化走向的理解，是研究中华民族及其主体汉族的学人应有之义。只是题目如此之大，不才如我，很难驾驭。谨抛引玉一砖，请大家指教。

首先谈谈对21世纪世界历史总趋势以及在这个总趋势中中华民族定位的理解。

有种似很流行的说法，说"19世纪是英国世纪，20世纪是美国世纪，21世纪是中国世纪"。

这种说法没有表述出三个世纪历史的本质。从世界历史的本质内容看，16世纪至18世纪，资本主义从萌芽到发展，使资本主义制度得以确立，给人类社会带来了前所未有的生产力、生产关系和新的文化与文明的巨大变革。这些急促的巨变，充分显示了资本主义制度与其前各种社会制度相比所具有的无可比拟的先进性。同时，也充分暴露了它野蛮、掠夺和贪婪的本质。马克思、恩格斯于19世纪中叶在充分肯定资本主义来到人间的进步意义的同时，还明确宣告它必然灭亡，并将被共产主义所代替。

马克思、恩格斯所宣布的人类社会文明的走向，已经使人类社会发生了深刻的变化，而且还将继续指引人类文明发展的方向。

19世纪后期，资本主义逐渐演化为帝国主义，其掠夺本质暴露无遗，几乎把世界瓜分完毕，形成了对世界的殖民统治。所以，19世纪是资本主义转化为帝国主义的世纪，是帝国主义世界殖民体系形成的世纪。在这一历史进程中，英国由于工业革命中的领先地位而从一个不大的岛国扩张成为在世界殖民体系中占主导地位的"日不落帝国"。所谓"19世纪是英国世纪"，如果是指在这个世纪中，英帝国主义称霸世界，是世界殖民地掠夺中的头号帝国主义掠夺者，则完全符合历史事实。但这是历史的表象，本质却是资本主义向帝国主义的转化和世界殖民体系的形成，是无产阶级与垄断资产阶级矛盾的深化，是殖民地各民族与帝国主义的民族矛盾的深化。

在19世纪与20世纪相交的年月，许多人都在预言20世纪世界历史与文明的走向。列宁明确指出了资本主义向帝国主义的转化，指出了殖民地民族解放运动与世界无产阶级革命运动结成联盟的方向。马克思、恩格斯曾号召："全世界无产者联合起来"。列宁把这个总纲性口号发展为"全世界无产者与殖民地、半殖民地各民族联合起来。"20世纪初、中叶，几个新老帝国主义国家为重新瓜分世界发动了两次世界大战，结果却与他们的愿望相反，俄国进行"十月革命"，产生了第一个由马列主义政党领导的社会主义大国；而广大殖民地、半殖民地国家，在"十月革命"的鼓舞与推动下，进行了世界范围的民族、民主革命和反法西斯战争。所以，20世纪历史发展的总趋势和本质，不是帝国主义重新瓜分世界或某个、某一两个帝国主义称霸世界的世纪，而是世界殖民体系彻底崩溃瓦解和前殖民地、半殖民地国家获得民族独立，转化为发展中国家的世纪！人类的历史将永远铭记这个伟大的革命性转变，而绝不会以某个或某一两个帝国主义称霸世界来作为20世纪的标志!

20世纪末给我们带来的信息是,发展中国家一般在获得民族独立以后很快走向谋求现代化,并争取在现代化基础上实现民族复兴的道路。世界虽然千头万绪,在一些地区,民族分裂和对抗给人以深刻的印象,使人觉得世界很不安宁。而美国依仗其经济、科技和尖端武器无可置疑的领先地位,企图独霸世界,使人觉得目前喊得很尖锐的"全球化",似乎就是"美国化"的不同说法;或者说,在美国统治集团的眼中,"全球化"不过是"美国化"的不同说法。但世界历史总的趋势并非按美国统治者的主观设想而运行,当前世界历史占主导地位的仍是发展中国家的现代化和在现代化基础上的民族复兴。这个历史进程,将成为21世纪的主流,反映着21世纪世界历史与文化发展的本质。

中国自20世纪80年代以来,随着改革开放的纵深发展,实现现代化的前景已经较为明朗地展现在世人面前。我们可以预期,在发展中国家民族复兴的历史潮流中,伟大的中华民族可以取得领先地位,至少可以和其他复兴的先进民族并驾齐驱,从而与他们共同跻身21世纪世界上最强大的先进国家的行列。中华民族与其他民族复兴、现代化目标的实现和社会文明的伟大飞跃,将成为21世纪世界历史和人类文化与文明进步的主要标志。

在现代化的进程中,中华文化必然发生最深刻的转型与更新。事实上,自1840年以来,这种转型与更新在不断摸索、争辩、斗争中艰难起步,并已经取得了令人瞩目的伟大成就。然而面临的问题也错综复杂,但依愚所想,大概一是如何对待中华传统文化,二是如何对待西方文化,三是如何使中华文化进一步走向世界,成为世界文化中充满生机和活力的有机组成部分。

世界上文明起源、发达最早的几种文化与文明中,其传统一直没有被割断而延续发展至今的,唯有中华文化。文化是民族的灵魂。一个多世纪以来,首先是林则徐、魏源放眼看世界,得出

"师夷之长技以制夷"的结论。后来李鸿章、张之洞等人搞"洋务运动",在与帝国主义的交涉中李屡屡屈膝丧权,而他们的实践却推动了"师夷之长技",进而提出"中学为体,西学为用",企图从技术层面上学习西方,但保持孔孟礼教和君主专制制度不做根本性的改变。"洋务运动"如何评价,现在希望有个较客观的尺度,但封建道统和政治体制不变是无论如何改变不了中国落后面貌的。后来康梁变法,孙中山先生革命,在推翻清朝之后赞成"五族共和",都进入在制度层面上学习西方,结果却证明资产阶级的君主立宪和民主共和制度都难于实现。"五四"新文化运动,全面打倒旧礼教,对中华传统文化进行了彻底的批判乃至否定,这在当时是可以理解的。在一个多世纪的摸索中,中国人民终于肯定了"马列主义与中国革命实践相结合"的方向,经过几十年的实践、争辩、发展和斗争,才形成了毛泽东思想和邓小平理论,确立了在现代化进程中建设有中国特色的社会主义道路。

对于"五四"运动中高呼的"打倒孔家店",在"五四"以后就不断进行辩论与反思。全面否定"克己复礼",反对任何形式的封建复辟,毫无疑问是符合中国历史发展要求的,而对以仁为核心的孔孟思想与学说,如何在新的历史时代赋予其新的内涵,推陈出新,发扬光大,笔者以为是继承和弘扬中国传统文化永不衰颓的课题。中国传统文化中的人文主义精神和民本思想,应该在现代化进程中闪烁出新的灿烂光辉。

回顾自"五四"以来,尤其在中国共产党领导下、在毛泽东思想和邓小平理论指导下的文化与文明发展,在下列领域,笔者以为是在革命性转型基础上继承了中华传统文化的精髓:

第一,从根本上否定了封建君主专制制度,无论是"五族共和",还是"人民民主专政"的立国纲领,都坚持整个中华民族的大一统。邓小平根据中国的现实,提出了走中国特色的社会主义道路，在"一国两制"的原则下实现祖国的和平统一。在这一原则下，香港、澳门已回归祖国。在台湾，虽然李登辉等极少数政客坚持其"台独"立场，从事分裂祖国的活动，但大多数政要与知识分子以及人民大众，仍希望两岸增进了解和交往，争取祖国和平统一。这说明"大一统"的传统民族大义，在中华文化中根深蒂固，丝毫不可动摇。

第二，辛亥革命前后曾就满汉问题进行过辩论，孙中山先生在民族问题上第一步由"驱除鞑虏、恢复中华"跃进到在"五族共和"纲领下谋求中国各民族的大统一；第二步跃进到对外反对帝国主义，谋求中华民族的独立解放，对内实现各民族一律平等，以谋求中华民族的团结。中国共产党在新民主主义阶段，基本上推行了孙中山先生"新三民主义"的民族问题的纲领和政策，并在实践中以民族区域自治为核心，力求实现中国各民族共同平等、团结、进步和繁荣，尊重各兄弟民族的风俗习惯和文化特点，使中华民族的"多元"和"一体"得到了较和谐的辩证统一。

第三，全面推行现代化，着重追踪科学技术最前沿的发展，在"科教兴国"的纲领下，全面推进社会生产各部门的现代化。在这种情况下，社会和政治生活如何现代化、法制化，已引起全国各民族的瞩目。如何既实现现代化又避免"全盘西化"，如何弘扬中华民族的传统文化，也已引起各层次、各方面人们的思考和探索。这将是一个长期摸索、总结和提高的认识过程。各兄弟民族现代化的进展是不可阻挡的，同一性肯定会日益加强，但可以肯定，各民族的文化特点不会因此而消失，不同民族的现代化会有不同的形式和特点。所以，我们始终相信，在中华民族全面现代化的进程中，会长期存在"多元"与"一体"并存的辩证统一关系。中华民族这种历史上存在和发展的多元一体格局，在现代化进程中仍将继续得到弘扬光大，且还会对世界经济一体化进程中不同民族、不同国家文化与制度的多元化，提供有益的借鉴。

（原载吕良弼主编《中华文化与海峡两岸汉民族研究》，中国社会科学出版社，2002年）

第二编 中华民族的起源、形成与发展

关于中华民族起源学说的由来与发展

中华民族，是本世纪初出现的称谓，最初用来指汉族，辛亥革命以后，即已用来作中国各民族的总称，并且总的趋势是后一种用法越来越普遍。中国历史上有过许许多多的民族，他们又逐渐形成了统一的国家，客观上存在一个各民族相互关联的整体。近百年通过反帝斗争，这种客观存在的整体性逐渐被揭示出来；由于马列主义民族观创造性地运用于中国革命实际，而达到自觉的认同和中华民族的大团结。现在，中国是一个既有平等，团结、互助友爱的56个兄弟民族，又有整个中华民族的共同繁荣和发展的社会主义民族大家庭。中华民族既是中国各民族的总称，又用以概括56个兄弟民族的整体认同和相互不可分割的实体。所以中华民族与56个兄弟民族，是不同层次的民族认同的民族称谓。

本文所指中华民族的起源，就是从中国各民族的起源的整体角度观察，而不是仅指汉族或某个少数民族的起源。自然，在新中国建立以前，对这一问题的研究，往往主要是指华夏/汉民族，或完全是指华夏/汉民族。

因为关于中华民族与中华文明的起源，不仅是写好中国民族史所不可回避的开宗明义的一部分，也是对中华民族整体研究的起点，所以我不避浅陋，仍希望以本文对以往关于这一问题的各种假说与学说以及与此相关的地理与神话等问题作一个综述。为便于行文起见，文中征引前贤及师友的论著，于作者，一概不避名讳、不加尊称，尚祈鉴谅。

一

　　传统的汉文文献,是相信中华民族起源于中原地区,其中有一部分被流窜于边疆,才有了"四裔"各族。司马迁综春秋、战国各说,在《五帝本纪》中这样叙述:由于共工、骧兜、三苗、鲧有罪,"于是舜归而言于帝,请流共工于幽陵,以变北狄,放骧兜于崇山,以变南蛮;迁三苗于三危,以变西戎;殛鲧于羽山,以变东夷。"这种史观不仅影响及于《史》、《汉》而下,一直到近现代也还有一些专家相信中华民族与中华文明起源于黄河中下游,然后扩散到边疆,才有了边疆的民族与文明。

　　然而这种一元中心起源的正统史观,到本世纪初叶受到了挑战,首先是梁启超以进化论为思想武器,同时也受到马克思主义的一些启发,1902年发表《新史学》,提出要以研究社会和国民人群进化并得其"公理公例"的新史学来代替以帝王为中心的旧史学。他在1906年发表《历史上中国民族之观察》,以"中华民族"称呼汉族,而以"中国民族"为中国各民族的总称。他指出:"现今之中华民族自始本非一族,实由多数民族混合而成。"而"苗蛮'、"百越"、"百濮"等其地"中国民族","要之自有史以来即居中国者也"。以后他在1922年又发表《中国历史上民族之研究》,对汉族、蒙古族、突厥等族进行了初步的叙述。今天我们看梁的研究只是提出了一些问题,而且仍难免受到大汉族主义正统观的影响,但本世纪初敢于否定汉族的单一来源并断言它是"多数民族混合而成",是对中华民族一元中心起源正统观的大胆挑战。

　　另一派即以顾颉刚为代表的"古史辨"派。顾于1923年发表《与钱玄同先生论古史书》,提出了"层累地造成的古史观"。

1923年又发表《答刘（掞藜）胡（堇人）两先生书》，进一步阐明这种上古史观："（一）打破了民族出于一元的观念"；"（二）打破了地域向来统一的观念"；"（三）打破了古史人化的观念"；"（四）打破了古代黄金世界的观念"，由此引发了一场关于中国上古史及先秦文献的可靠性的大论战。这是中国史学界在20—40年代的一个起了广泛作用的学术讨论。在学术上，顾受清代崔述、姚际恒等辨伪学说的直接影响；在思想与治学方法方面，主要受梁启超、钱玄同、胡适、王国维等人的影响，同时也受到《新青年》和"五四"运动的鼓舞。他说："若是我不到北京大学来，或是孑民（蔡元培）先生等不为学术界开风气"，"要是不逢到《新青年》的思想革命的鼓吹，我的胸中积着许多打破传统学说的见解不敢大胆宣布"[①]。此后，他在《古史辨》第四册序中还指出，"我自己决不反对唯物史观……至于研究古代思想及制度时，则我们不该不取唯物史观为基本观念"。

当然，"层累地造成的古史观"涉及的内容很广泛，古史辨派的疑古及对先秦古籍的全面批判以至否定，有些结论和方法都有纠枉过正之弊，但它对打破中华民族一元中心起源的影响是显而易见的。

与古史辨派对上古历史及有关文献的态度虽大异其趣，然而同样不相信中华民族只有一源的是1927年蒙文通所撰《古史甄微》，认为中国上古民族可分为江汉、海岱、河洛三系，其部落、姓氏、地域各不一样，其经济文化各具等特征。蒙的这种"三系学说"，与1943年出版的徐旭生撰《中国古史的传说时代》可为呼应。徐概括中国古代大致可分为华夏、东夷、苗蛮三大集团，这三大集团互相斗争，后来又和平共处，终结完全同化，才渐渐形成了尔后的汉族。他说："我们战国及秦汉时代的人民常自称

[①] 《古史辨》第1册自序，上海古籍出版社重印本，第80页。

为华夏是错误的,他们实是华夏、东夷、苗蛮三族的混合。我们常常自称为'炎黄裔胄',其实这个词不能代表我们。必须说是羲、皞、炎、黄裔胄,才可以代表我们全体老汉族(今日的汉族混杂了很多族是很清楚的)。"[1] 此书一出版,就受到了很大的重视,由于他篇幅宏大且自成体系,确实对中华民族、特别是汉族的起源的研究,起了很大的推动作用。

此外,在20—40年代,曾出版多种综合性的中国民族史,其中林惠祥撰《中国民族史》,1936由商务书局出版。书中较全面地对汉文历史文献和当时的考古学材料以及民族学等多种学科的研究成果进行了系统的综合研究,因而对华夏/汉族及各其他中国民族的起源、形成进行了较为全面的叙述,可视为新中国建立以前中国民族史的代表作。

上述各家虽不是以唯物史观为指导思想,有的却也直接或间接受到唯物史观的启发。而李大钊在把马克思主义革命学说介绍到中国来的同时,已极大地关注着以马克思主义唯物史观为指导从而创立马克思主义新史学的工作。其后郭沫若将唯物史观运用于整理研究甲骨文、金文史料,撰著了《中国古代社会研究》、《青铜时代》、《奴隶制时代》、《甲骨文字研究》、《卜辞通纂》、《两周金文大系图录考释》等一系列鸿篇巨著,建立起中国从原始社会、奴隶社会到封建社会发展进程的学术体系。今天看起来已具有中国马克思主义史学早期形态的特点,然而在30—40年代,这是中国史学的一场真正的革命。同时代的其他马克思主义中国史家和民族家,对中国各民族起源和中华文明起源的总体研究,都做了许多开创工作,使新中国的民族史,得以有正确的方向和良好的基础继续发展。在80年代以前主要是族别史研究,近年出现综合研究势头。最近费孝通撰《中华民族的多元一体格

---

[1] 《中国古史的传说时代》(增订本),叙言,文物出版社重印本,第4页。

局》,从中华民族的多元起源、凝聚核心汉族的出现及各少数民族的发展等多角度,论证中华民族多元一体格局的形成过程,指出:"它的主流是由于许许多多分散孤立存在的民族单位,经过接触,混杂,联合和融合,同时也有分裂和消亡,形成一个你来我去,我去你来,我中有你,你中有我,而又各具个性的多元统一体。"① 这一提法,将进一步推动我们在唯物史观的指导下,使中华文明和中华民族起源的研究,走上一个新台阶。

二

几个世纪以来,欧洲人从直接接触到古老的中华文明之日起,就对中华文明的起源及民族来源产生了浓厚的研究兴趣。他们一方面受着欧洲中心观念和当时流行的学说的影响,也受到考古学发展水平的限制,在他们看来,欧洲文明是受西亚与埃及的古老文明的启迪而发达起来的,所以中华文明也应从西亚、埃及寻其根源,从而产生了种种"外来说"。在关于中华文明起源形形色色的"外来说"中,"西来说"占主流,林惠祥在《中国民族史》第三章第二节作了详细介绍。由于中国考古学的发展,即使是当年力主中国文化西来说的瑞典考古学家安特生也对自己过去的观点有所纠正。② 诚如夏鼐所说:"我以为中国文明的起源问题,像别的古老文明的起源一样,也应该由考古学来解决。"③依我的理解,关键是新石器时代的考古学。

---

① 《中华民族多元一体格局》,中央民族学院出版社,1989年,第1页。
② 《中国大百科全书·考古卷》"安特生"条,中国大百科全书出版社,1986年,第18页。
③ 《中国文明的起源》,文物出版社,1985年,第81页。

由于对已发现的7000余处中国新石器文化遗址的文化内涵、文化层叠压关系、年代测定等方面已作了比较系统的研究,现在对中华民族与中华文明的起源呈多元特点的认知,在考古学界已无异议,但各家对中国新石器文化的宏观概括还有较大差别,或者说有几种不同的学说。

应该看到,自50年代末60年代初,考古学界就已提出了新石器文化多区域和相互融合、吸收的观点,到1979年夏鼐发表《碳14测定年代和中国史前考古》一文,将中国的新石器文化划分为七大区域,已原则上提出了多元起源的问题。1979年4月,在西安举行全国考古学规划会议,苏秉琦提出了划分我国考古学文化的区、系、类型问题,随后于1981年第5期《文物》发表了论文《关于考古学文化的区系类型问题》。他指出:"过去有一种看法,认为黄河流域是中华民族的摇篮,我国的民族文化先从这里发展起来,然后向四处扩散,其他地区的文化比较落后,只是在它的影响下才得以发展。这种看法是不全面的。在历史上,黄河流域确曾起过重要的作用,特别是文明时期,常常居于主导的地位。但是,在同一时期内,其他地区的古代文化也以各自的特点和途径发展着。各地发现的考古材料越来越证明了这一点。同时,影响是相互的,中原给各地以影响,各地也给中原以影响。"

按照苏的概括,我国新石器文化可划分为六大区:

(一)黄河中游,今关中、伊洛、汾涑平原,即仰韶文化的中心区。

(二)以泰山为中心的鲁、豫、苏接境区,习惯上称为黄河下游,这是大汶口及山东龙山文化分布区。

(三)以江汉平原为中心的长江中游文化区。

(四)以太湖平原为中心的长江下游文化区。

(五)鄱阳湖—珠江三角洲文化区。

（六）以长城为中心的北方文化区。

如果我冒昧地将这种学说称之为"多元区域说"，那么安志敏的概括我则冒昧称之为"黄河流域主干说"。1982年文物出版社出版的安著《中国新石器时代论集》，大概可以代表他在80年代以前的研究成果。安认为黄河中游的仰韶文化在中国新石器文化中起到了主干作用，而距今5000年前后，已出现以黄河下游的新石器文化为主导的统一趋势。黄河流域是中华文明起源的大中心，其他文化在不同地区起着地区性中心的作用，但黄河流域对四方各地文明的发达都起着辐射与推动的作用。最近安所撰《略论中国早期新石器文化》，又指出黄河中游是早期新石器文化发展的重要地区，而"中原地区之外的许多考古发现，也一再更新了我们的认识……这些迹象充分表明全国范围内的早期新石器文化可能有着不同的来源，在长期的发展过程中，由于相互交流和影响，逐渐出现了融合统一的趋势，并为古代文明的出现奠定了基础"。[①] 安对自己学说作了新的阐述。

1980年6月17日，石兴邦应邀在南京大学历史系作了《关于中国新石器时代文化体系的问题》的学术报告，认为我国新石器文化可分为：

（一）仰韶文化系统。

（二）青莲岗文化系统（包括东南、西南）。

（三）北方文化系统（包括新、蒙、东北）。

石还认为，上述三种文化又可归纳为以西北腹地为代表的半坡系统和以东南沿海为代表的青莲岗系统。这样两大系统的划分，与湿润的中国东南部及干旱的西北部的自然与民族分布相吻合。

佟柱臣则认为在中国大陆东部有三个新石器文化接触地带，

---

① 《磁山文化论集》，河北人民出版社，1989年，第2页。

即在北纬 40°—42°之间东西横亘的阴山山脉，是阴山以北狩猎经济类型诸文化和阴山以南黄河流域粟作农业经济类型诸文化的接触地带；在北纬 32°—34°之间秦岭山脉以南及其余脉桐柏山脉和汉水流域、淮河流域这东西一线，是黄河流域以粟作经济类型为特点的诸文化和长江流域以稻作经济类型为特点的诸文化的接触地带；在北纬 25°—27°之间的南岭山脉以迄武夷山脉，是长江流域诸文化与珠江流域诸文化的接触地带。他既注意自然环境对人们创造文化的影响，也注意到各文化区的相互影响与融合。按上述接触地带可以把中国东部的新石器文化划分为阴山以北、阴山以南到秦岭以北、秦岭以南到南岭以北、岭南及武夷山以东五大区域。① 1986 年，佟又著文指出，中国没有一个新石器时代文化起源的问题，而各地新石器文化，是从旧石器时代晚期各地的遗存发展过来的。因而，不存在向四方传播的问题。在佟看来，安特生的仰韶文化西来说固然不对，新中国建立后为了反驳"西来说"，又暗示了仰韶文化自东向西发展的意见无论从西方起源向东方发展，抑或从东方开端向西方波及，都不符合新石器时代文化发展的实际。所以中国新石器时代文化，既是多中心的、不平衡的，又是相互吸收与融合的。②

严文明把中国新石器文化概括为中原文化区、山东文化区、长江中游文化、江浙文化区、燕辽文化区和甘青文化区。从经济类型，又可划分为旱地农业经济文化、稻作农业经济文化、狩猎采集经济文化区三大经济类型区域。他说："中原以外这五个文化区都紧邻和围绕着中原文化区，很像一个巨大的花朵，五个文

---

① 《中国新石器时代文化三个接触地带论——中国新石器时代文化综合研究之一》，载《史前研究》1985 年第 2 期。
② 《中国新石器时代文化的多中心发展和发展不平衡论——论中国新石器时代文化发展的规律和中国文明的起源》，载《文物》1986 年第 2 期。

化区是花瓣，而中原文化区是花心。"严既注意到各文化区的特点，又注意到它们之间的联系与统一趋势，从而提出了"中国史前文化的统一性与多样性"的命题。①

1983年我受嘱撰写《中华文化的起源与中华民族的形成》时，对以上各家之说还没有全面的了解，当时有些论文尚未发表，即使今日作上列综述，也不知是否较为准确地了解了各家之说。1985年我撰写了《中华新石器文化的多元区域性发展及其汇聚与辐射》，②当时主要是受苏、安等的启发，大胆作了一个宏观的综合研究，从而作出如下几点结论：

（一）中国的旧石器考古学及远古人类化石的发现与研究，证明中华大地是人类起源的重要地区之一。是蒙古人种（黄种人）的故乡，从而彻底推翻了形形色色的"外来说"，肯定了中华文明与中华民族起源于中华大地，虽然在其发展过程中吸收了不少外来成分，就起源而论是土生土长的。

（二）也使传统认为中华民族与文明起源于黄河中下游然后向四周扩散的一元中心说得到了修正，证明了中华民族是多元起源，既有多元区域性不平衡发展，又呈现文化上向中原汇聚及中

---

① 《中国史前文化的统一性与多样性》，载《文物》1987年第3期。
② 原载《北方民族》创刊号，后编入《中华民族多元一体格局》一书中。在修改本稿时，我又注意到《华东师大学报》1982年第1期已发表丁季华所撰《中国文明起源单一中心说质疑》。作者将中华民族远古祖先所创造的原始文化分为八大区域：中原；黄河下游及山东；江汉、三峡；长江下游；华南；甘青；东北；秦长城以北。《中山大学学报》1987年第4期也刊载了格勒所撰《中华大地上三大考古文化系统和民族系统》，提出北方草原细石器文化系统和胡民族系统；中原地区仰韶文化系统和氐羌民族系统；长江中下游和东南沿海地区的青莲岗文化系统和越濮民族系统。这三大考古与民族文化区域系统的更高层次便是中华民族的整体文化系统。海外，美国著名考古学家张光直以人类学与考古学方法对中国远古文化与民族起源进行综合研究，也颇多创见。这些均不及详述了。真是学而后知不足，本文挂一漏万，难免缺漏，尚祈方家指正。

原文化向四周辐射的特点。这种多元区域性不平衡发展反复汇聚与辐射，可以说贯穿于中华民族发展的始终。

（三）在新石器时代已出现中华大地从南到北三个文化发展带：即秦岭—淮河一线以南为水田农耕文化，秦岭—淮河以北至秦长城以南（包括辽东、辽西）为旱地农耕文化，秦长城以北为狩猎/渔猎文化（进入青铜器与铁器时代即发展为游牧或渔猎兼不发达的农耕文化）。最近十多年以来，我反复阐述，中国民族呈现从南到北如上述地理分布的水田农耕、旱地农耕和游牧（包括东北狩猎/渔猎民族习惯广泛称之）三带和湿润的东南部及干旱的西北部的相互依赖，相互补充的特点，并强调这种南北三带与东西两大部不平衡发展而又互相离不开的发展特点，是中国既有多民族各具特征的发展而又必然结成统一整体的重要根源之一。经过对中国新石器文化的宏观研究与概括，我深信上述这种中国民族的发展特点，其根源一直可以追溯到中华文明与中华民族的起源阶段。

三

新石器文化的多元区域性发展，每个区域与每种文化都呈现多种类型与各地的差异，证明了创造这些文化的氏族部落为数众多而在各区域又有大体同类的部落集群的存在。先秦文献可与此相印证。《左传·哀公七年》说："禹合诸侯于涂山，执玉帛者万国。"《尧典》说尧"协和万国"；《吕氏春秋·用民》也说："当禹之时，天下万国。"春秋战国人征引这些传说，说明当时还保存着原始时代部落林立的朦胧史影。

然而，多元起源及各部落集群的发展是不平衡的。到新石器中晚期，虽然四方都已透射出文明的曙光，进入青铜时代却首先在黄河中下游（通常称之为中原地区）形成了国家，汇聚形成了中华文明的主流和中华民族凝聚的核心，从而为秦汉以来逐渐形成统一的多民族中国奠定了基础。

就起源阶段而言，我们根据新石器文化与远古传说的材料，足证华夏同样经历了由多元走向一体的过程。它是以黄河中下游东西相对的两大部落集群的融合为核心，并吸收四方优秀成分大融合的结果。关于这个问题，我在《华夏文化的起源与中华民族的形成》[①]一章中已作初步的阐述。本文，我想讨论一下关于地理概念与地理因素的问题。

我在上文所称的黄河中游与下游，是以今地理概念为准，在《中华新石器文化的多元区域性发展及其汇聚与辐射》一文中所叙黄河中游与下游东西相对的两个文化区，也是如此。实际上这只是为了便于当今读者了解，如果按先秦地理，则是一个错误的概念。

黄河，在我国是与长江相匹配的大河。在青海，这两条大河的发源地相距并不很远。今黄河由青海出发，经甘、宁、内蒙古、陕、晋、豫诸省区，在鲁北垦利县境入海。黄河以改道频繁著称，其全流见于史册记载，大约是在春秋战国时期。先秦是否也经过多次改道？现在专家论断大相径庭；不过黄河下游，在先秦与现今有很大不同，那时黄河下游流经今河北平原至天津市区入海，各家所考结论相同。今黄河下游走向大体与先秦的济河一致。

因此，按先秦的地理概念，整个黄河中下游都是仰韶文化分布区域。其前仰韶期诸文化，即沿古黄河中下游分布。安志敏《略论中国的早期新石器文化》指出，前仰韶期三种主要文化的分布："（1）裴李岗文化，以河南为中心，大体是沿黄土高原的

---

① 《中国古代文化史》第1章，北京大学出版社，1989年版。

边缘和太行山脉的东麓，南自淮河北至漳河之滨的狭长地带，共发现遗址四十处。(2)磁山文化，主要分布在河北南部，沿太行山的东麓，南自漳河北过易水，处于华北平原的西部边缘的狭长地带，共发现五处。(3)大地湾文化，分布在黄土高原的渭河流域，个别遗址穿过秦岭，到达丹江上游，共发现七处。"至于仰韶文化的分布，以渭、汾、洛诸黄河支流汇集的中原地区为中心，北到长城沿线及河套地区，南达鄂西北，东至豫东一带，西到甘、青接壤地带。其主要类型有：半坡、史家、后冈、庙底沟、西王村、秦王寨、大司空村，各类型都是分布在陕、晋、豫接壤的黄河中下游地区和豫北、冀南地区，亦即先秦古黄河下游地区。

总之，若以先秦地理而论，黄河中游及下游沿太行山东侧一直到易水以南都是仰韶文化的起源与分布密集的地区；若与黄河中游相比较，则燕山南北一线虽不是仰韶文化分布的中心，也受到仰韶文化的影响，以至红山文化在其内涵被全面认清以前，曾被定为仰韶文化的地方性变体。

所称黄河下游的新石器文化区，实际上是以泰山为中心的济水、泗水流域延至淮河下游以北的新石器文化。由此可见，新石器文化在今黄河中下游东西相对的两大区域，按古地理是东以泰山为中心的济、泗、淮北地区，西以华山、嵩山（古称崇山）为中心的黄河中游，延及黄河下游，太行山东侧。其河、济之间及济水上游，东起泰山，西至嵩山，即今冀南、豫东、鲁西地区，为两大区文化的接合部，相互影响、汇聚，交融较其他地区为多，因而进入文明的门槛也较早。传说之古帝活动中心，大都在这个地区：

黄帝，邑于涿鹿之阿，在今河北涿鹿县境，地处京西北。有的考证，认为在今保定地区；

太昊，都陈，今河南淮阳，地处豫东；

少昊，邑于穷桑，迁于曲阜，由鲁北迁鲁西；

颛顼，都帝丘，今河南濮阳，地处豫东北；

帝喾，都亳。晋皇甫谧以为在河南偃师县，即今偃师县境，地处嵩山北。但商代以亳为名者多处，其东有今山东曹县境之亳，其东北燕山地区有燕亳。1984年我与干志耿、李殿福合撰《商先起源于幽燕说》，断定燕亳也许是见于记载最原始的亳，它处之亳，都是商人迁徙所至从其祖居之都而得名。[①]

今考古发现的新石器晚期、青铜器早期（实际是同一个考古文化期）的古城，可以与上述传说相印证：

淮阳平粮台古城。在河南淮阳县南4公里，呈方形，边长185米，总面积约3.4万平方米，属龙山文化晚期，碳14测定树轮校正约当公元前2355年，是一座距今4300多年以前的古城[②]。相传此地为大昊之都，属于传疑，然而它是夏代以前的古城，则是可以肯定的。

登封王城岗古城。在今河南登封县告成镇西约1公里的台地上，地处嵩山南，为东西并列而相连的两座城。每城总面积不足1万平方米，属龙山文化晚期古城。[③] 经碳14测定树轮校正距今约4400年[④]。

边线王古城。在山东寿光县边线王，略呈圆角梯形，城内面积4万平方米，夯土城墙基槽发现有儿童、猪、狗等骨架，是为奠基的牺牲。属山东龙山文化的古城址，虽地处古济水之南，也与河济之间相距不远。

城子崖古城。在山东章丘县龙山镇，龙山文化即因最先发现

---

① 《商先起源于幽燕说》，载《历史研究》1985年第3期。
② 《河南淮阳平粮台龙山文化城址试掘简报》，《文物》1983年第3期。
③ 《河南文博通讯》1987年1期；《登封王城岗遗址的发掘》，载《文物》1983年第3期。
④ 《放射性碳素测定年代报告》（七），载《考古》1980年第4期。

于此而得名。此处城址到底是龙山文化期的古城址还是聚落遗址，尚无确定结论。如果是聚落遗址，也是有了较大规模且有了夯土围墙，墙根厚度约为 10 米，其地在今济南市稍东北。最近有重要发现，龙山期古城已得到证实，详情尚待报道。

根据龙山期古城的特点与规模，它们都是王权萌芽与宗教祭祀中心的产物，不具有"市"的性质。《墨子·明鬼》说："虞夏商周三代之圣王，其始建国营都，日必择国之正坛，置以宗庙。"大概从龙山文化期的古城已有了这种性质，至少也是其雏型的出现。

关于中华文明首先在中原地区发展，是以中原地区东西相对两大文化区与两大部落集团交融汇聚为核心的观点，不至有什么疑问，它同时又是吸收四方优秀文化的产物，也引起了学术界的注意。比如上文提到中原地区城市起源的诸小型城堡，在今内蒙古赤峰市英金河、阴河流域，考古工作者也发现了 43 座石城遗址，是属夏家店下层文化（以农耕为主的早期青铜文化）期的古城，城内面积一般 1—2 万平方米。此外在敖汉旗大甸子还发现了属同一文化期的土夯筑的城址，城内面积达 6 万平方米。夏家店下层文化碳 14 测定约当公元前 2300 年—前 1600 年，[①] 稍早于中原夏代或大体与之年代相当。更不用说在赤峰市与辽西地区早于夏家店下层文化的红山文化，其文化因素与商文化有多方面的渊源联系。其中红山文化的"女神庙"与祭坛，我们曾推断这是中国目前所知最古老的高禖祭天的物证，是商代高禖祭天求嗣礼制的源头。[②]

为篇幅计，此题不能继续展开，谨重复一下我在《中华新石器文化的多元区域性发展及其汇聚与辐射》一文中的结尾："中

---

① 参见《考古》1989 年 18 期第 112 页徐光冀的发言。
② 同前引《商先起源于幽燕说》。

华民族最早的国家组织为夏、商,都在黄河中下游。但从甘肃秦安大地湾仰韶文化的殿堂式建筑、辽西红山文化的祭坛等文化因素观察,均与商周以下中华古代制度有渊源联系,而红山文化的玉器群,也被认为与商文化有渊源联系。"

"红山文化的动物群玉雕有龙、马、鸟、虎……均与商代玉器主要题材相同,而良渚文化的玉器如玉璧、玉琮……显系两个系统。但良渚文化的玉器,同样在商周得到继承和发展,比如前面已提到玉璧与玉琮等成为商周祭天地的礼器……这些因素都可以说明,中华文明在黄河中下游发达,出现了中华最早的国家制度、青铜文化和文字制度,主要是黄河中下游两大系统新石器,同时也是其他诸多新石器文化内向汇聚熔铸的结晶"。[1]

至于为何在中原而不是在别处首先发达,除前仰韶文化——仰韶文化——河南、陕西龙山文化及青莲岗文化——大汶口文化——山东龙山文化两大文化系统的内涵丰富,积累时间长达3000年,足以融合孕育出中华文明的主流之外,同时其地处南北三大文化发展带的中央,是南北文化交汇的中枢,也是中原得以吸收熔铸四方优秀文化的有利条件。对远古时期中原地区的气候较当今为暖和,森林遍布,湖泊众多,古黄河下游与河济之间,支流如脉络汇于主干,宜于农业发展以及中原对四方具有吸引力等地理因素,史念海所撰《由地理的因素试探远古时期黄河流域文化最为发达的原因》一文,作了比较详细的论证[2]。史先生还在其《河山集》(二集)的有关章节中对黄河中下游的变迁作了进一步的论证,可供我们参考。我们如果忽视了地理的因素,就无法全面而科学地理解中华文明与中华民族为何首先在中原地区发达。

---

[1] 《中华民族多元一体格局》,中央民族学院出版社,1989年,第135页。
[2] 《历史地理》第3辑,上海人民出版社,1986年。

四

研究中华文明与中华民族的起源，总离不开对远古神话传说的鉴别与整理。可以说，随着民族的形成与发展，历代都有学者在整理古史，企图"整齐故事"，构造着同一来源的谱系。我们以唯物史观研究民族与文明的起源，更需要以科学的态度与方法甄别和使用远古传说史料。

第一，是要审慎地甄别先秦文献的形成年代。在这一方面，自20年代以来，各家都做了许多有价值的考证。尤其是甲骨学与金文学研究的丰硕成果，可以给我们提供鉴别的实证，使一些一度被怀疑的古史和典籍的可靠性又得到了比较准确的估计。但对先秦文献都要一一经过自己系统研究，是一个浩大工程，必须借鉴专家们的研究成果。新中国成立以后，顾颉刚与王煦华、刘起釪、李民等师生经过持续的努力，给学术界贡献了像《崔东壁遗书·序》[1]这样比较系统的辨伪学说史和《〈尚书〉与古史研究》[2]以及其他许多关于远古神话的论文，对我们研究民族与文明起源时，是有很大参考价值的。按照他们对文献形成年代的考订，可靠的西周文献所记述的古史只有夏、商、周三代；《国语》晋、郑语都有虞、夏、商、周四代的说法，但孔、墨号为春秋显学，推崇二帝（尧、舜）三王（夏禹、商汤、周文、武），也没有把舜与虞代相联，更不用说虞以上的唐与尧相联。至战国始有

---

[1] 顾颉刚、王煦华：《崔东壁遗书·序》，上海古籍出版社，1983年，第1—71页。

[2] 李民：《〈尚书〉与古史研究》（增订本），此书有刘起釪序，中州书画社，1983年。

唐、虞、夏、商、周五代的说法,并且把夏、商、周原本起源于不同地区也不一定同时代的始祖分配到唐、虞的朝廷里做了各种专职的大臣,又都是黄帝的裔续。这种古史系统与黄帝为始祖的统一谐系,是战国人为主张大一统服务和华夏民族由多元融合为一体认同的产物。

第二,《左传》、《国语》保存了大量的远古神话史料。但不是当时所撰系统的远古历史,也不是为保存神话而编订的远古神话系统,而是当时君臣应对和卿大夫之间讨论所遇到的问题征引远古传说作借鉴。今天我们应该把当时的史事与征引的传说分开加以研究,同时还要注意这些传说的地区性特点。比如黄、炎为兄弟的传说出自晋人司空季子。当晋公子重耳(晋文公)流亡到秦,希望得到秦穆公支持,夺晋怀公之位而代之。秦穆公以五女嫁给重耳,其中包括晋怀公为质于秦时所娶之女怀嬴。晋怀公为重耳之弟晋惠公之子,故怀嬴于重耳已是侄媳,故重耳欲辞,又恐破坏了争取秦国支持的夺位计划。于是司空季子征引了黄帝有子25人,得12姓的传说,及黄帝、炎帝都是少典氏与有蟜氏所生之子,"黄帝以姬水成,炎帝以姜水成,成而异德,故黄帝为姬,炎帝为姜"的传说,从而引申出"娶妻避同姓,畏乱灾也",至于异德异姓可以通婚,落脚于"今子于子圉,道路之人也,取其所弃,以济大事,不亦其可乎"!司空季子这段征引使我们了解了晋国崇信其出于黄帝,并有黄炎同出少典,兄弟异德异姓姬、姜的传说。晋出自周之宗室所封,其以周姬与姜姓世为婚姻的史实上推至黄炎,明显打上了尊周的烙印。这一传说还反映了部落外婚制的遗俗,只避同姓,不论辈分,在春秋时人们仍然奉行着。至于司空季子所促成的晋秦政治婚姻,则应当春秋时史事来研究。

这类例子很多。以成篇文献而论,《禹贡》大概是成于战国初期的地理文献,其中保存着禹平洪水的远古传说及禹与夏代相联的古史。但在统一的中央政府之下划分九州，按各州土壤高下及物产上贡与贡道，按民族分布的远近与特点确定五服（不同程度与不同贡献的管辖、羁属），使"声教讫于四海"等内容，则反映了战国时的地理知识、地理概念与大一统的政治理想，与禹和夏是毫无关系的。也许夏有"服"的观念，九州原是禹所自出的羌人地域的名称，可以提供我们一些追溯民族与文明起源的线索。

第三，先秦诸子差不多都曾征引远古神话传说为自己立说的依据。因此，诸子的思想与他们所征引的神话也要加以区别，并研究其地区的差异。《韩非子·显学》说："孔子、墨子，俱道尧、舜，而取舍不同，皆自谓真尧、舜。尧、舜不复生，将谁使定儒墨之诚乎？殷、周七百余岁，虞、夏二千余岁，而不能定儒、墨之真，今乃欲审尧、舜之道于三千岁之前，意者其不可必乎。无参验而必之者，愚也；弗能必而据之者，诬也。故明据先王必定尧、舜者，非愚则诬也。"确实，古本《竹书纪年》记载"舜囚尧于平阳，取之帝位"；"舜囚尧，复偃塞丹朱，使不与父相见也"。《韩非子·说疑》说："舜逼尧，禹逼舜，汤武放桀，武王伐纣，此四王者，人臣弑其君者也，而天下誉之。"韩非所说与《竹书纪年》合，一因两书都产生在战国，二因其思想与文化都是三晋的范围，而且都出自战国的魏国。韩非受业于荀卿，而深斥儒家所鼓吹仁义，主张完全以法为治。儒家主张大一统，韩非也主张大一统，一个主张法先王行王道，一个主张法后王行霸道，思想体系之不同决定了两家对远古传说的取舍不同。而同一神话人物，各地所传相差亦远，不仅行为各异，世次也互相抵牾。其中奥秘，我以为到了战国，华夏已融成稳定的民族，中国统一已成为不可扭转的历史发展趋势，各地区各学派，心目中的民族来源的统一谱系有总体的相同：即认同、统一、尊周（战国时周的天下共主地位已完全丧失，但无论谁统一都必须继周为统则是必然的)。然而所不同:初则魏为中心,三晋处"天下之中";《禹贡》贡道实以洛阳为中心;继则稷下学派齐为中心;终则楚、秦为中心。各以本区为中心来构成统一的谱系,此所以关于古帝系统,其说纷繁,诸多来自各不相同地区与部落的天神与祖神,置于同一祭坛上和统一谱系中,世次混乱,人神混杂,而且同一神话人物往往经过各家分合,或一人而分为二三,或多人而为一位。一个蚩尤,既是三苗之君,又是九黎之首,还是炎帝之后;既代表东夷与黄帝争战于涿鹿,又为九黎之君与禹及伯夷战于荆山;到刘邦起事时,还作为战神把他与黄帝放在一块祭祀。神农本是创造神,西方以为后稷是神农,南方以为烈山氏是神农,东方似乎"勤其官而水死"的冥是神农。可见各地各部落集团原本有各自不同的神农。到后来这位代表农业发明者的天神不仅各地不同的神农合而为一,而且原本与炎帝毫无关系,到西汉却已有了"炎帝神农氏"①的说法,于是神农与黄帝谁先谁后,一直争论至今。

先秦大概除了《诗》、《书》、《诸子》之外,还有比较系统的神话在各地流传,保存至今者为《天问》与《九歌》以及号为先秦神话渊府的《山海经》。《九歌》无疑是楚国的神话诗,《天问》则成书至迟不会晚于战国初年,顾颉刚曾指出《天问》"颇有《诗经》以后《论语》以前之风"②。再细考《天问》所问180多个问题,仅有几问涉及楚国,还集中在吴王光胜楚和淫荡之母生有贤子子文等事,其中只字未提到楚国的祖神高阳、祝融、重黎,与《离骚》首句即表屈原与楚国所自出:"帝高阳之苗裔兮,朕皇考曰'伯庸'"大不相同,且于《九歌》诸神,其中包括最贵的天神东皇太一都没有任何迹象提

---

① 刘歆:《世经》。
② 《古史辨》第7册,《三皇考》。

及，而且文风也与楚辞不同。所以《天问》不仅成书较早，大概也不是楚辞，更不可能出自屈子之手。它包括天地开辟，大地情形的神话和夏、商、周三代来源与兴亡的神话和史事。林庚《天问论笺·序》指出《天问》是一部兴亡史诗，"是以夏、商、周三代为中心的"①。至于《山海经》，其形成于战国，各家所论大体相同。然而就内容而言，《五藏山经》地理多于神话，论者或据神话之古朴而推断其成书早于《海经》与《大荒经》；或以为成书于秦始皇时方士之手，而保存了先秦地理知识与史料。《山海经》与《大荒经》以神怪为主而兼叙地理与民俗，论者以为是巫祝之书编次而成，其中难免掺入若干后人的东西，大体仍保留着先秦的面貌②。其产生地区，或以为楚，或以为蜀，或以为齐鲁。以其中最显者为帝俊，即东方之天帝、日月的父亲、人类的始祖等内容判断，恐其中《山海经》与《大荒经》主要是东方沿海地区的产物。

总之，先秦的神话需要一次从研究民族与文明起源角度的彻底整理。这一工程，不仅要求我们对先秦文献形成的年代作一番认真的鉴别，还要将春秋、战国史事与《左传》、《国语》等书所征引的神话分开进行研究，将先秦诸子的思想史与他们所征引的神话分开进行研究。这样，把各时代、各地区、各家征引的远古神话梳理清楚，还神话以本来面目，再对照《天问》、《九歌》、《山海经》等书中的神话及地下出土的实证，才能比较系统地理清楚原本来自不同地区与不同部落集团的天神、祖神与事物起源的创造神，如何在华夏民族形成过程中放到了同一祭坛上，安置在同一谱系中，也才能理解为何神话系统中的世次、人物、事绩，矛盾百出，混杂难辨。如果不是这样，我们即使再讨论一百

---

① 《天问论笺》，人民文学出版社，1983年，第6页。
② 参看《山海经新探》中有关论文，四川社会科学院出版社，1986年。

年，也不可能在纷繁的矛盾中，得出为大家所能认可的远古神话体系及民族与文明起源的科学结论来。

（原载费孝通主编《中华民族新探索》，中国社会科学出版社，1991年）

论中华文明起源及其早期发展的基本特点

关于中华文明的起源，历来有种种猜想与说法。最近几十年，尤其是近30余年，中国古人类学和中国旧、新石器时代考古学的新发现与研究成果层出不穷，为中华文明和中华民族起源的研究提供了科学依据。因而关于中华文明和中华民族起源的研究，可谓近20年中国人文科学中独领风骚的一个领域。

在师辈启迪和社会需要推动下，我自20世纪80年代初，从东北史地之学和中国民族关系史研究过渡到对中华民族进行整体研究，关于中华文明和中华民族起源，成为我用力较多的一个方面。1984年，阴法鲁教授约我为其主编的《中国古代文化史》撰写第一章：《中华文化起源和中华民族形成》。1987年我开始就《中华民族的含义与中华民族起源初探》和《中华新石器文化的多元区域性发展及其汇聚与辐射》发表文章。这些文章是受苏秉琦教授关于中国新石器时代文化区系类型理论的启发，用多学科综合研究的方法对中国旧、新石器时代文化进行梳理的初步成果，对中华民族的结构也提出了"多元集合体"的观点。不久，费孝通教授召我，说已读过我关于中华民族含义及中华民族起源的文章，指出"中华民族是多元集合体"的提法有些模糊，应是"多元一体"。1989年费老发表了《中华民族的多元一体格局》这一著名论文。自此，我便以"中华民族多元一体格局"为核心理论，先后协助费老出版了《中华民族多元一体格局》及其修订本、《中华民族研究新探索》，并出版了个人专集《中华民族研究初探》。我关于中华民族研究的一系列论文陆续发表以来，学术界师友给了我多方面支持，尤其是费老、苏老，都是我在大学时期的老师。他们一再勉励我坚持研究,并指出综合历史学、民族学、考古学和古人类学等多学科的材料与研究成果一炉共冶,从而得出自己的体会,这种研究方法也很对头。这些支持和勉励,使我在自己学业根底不深且研究条件有种种缺陷的情况下,坚持了20年,取得了一些成果。

总括20年来,关于中华文明起源及其早期发展已发表的一系列文章,其要点包括:

1. 中华文明与中华民族起源,具有鲜明的本土特点。

2. 中华文明与中华民族起源,具有鲜明的多元起源、多区域不平衡的发展特点。

3. 中国的农业从起源时期起就呈现出南北不同的特点,最近10余年的考古发现证明南北农业起源均可追溯至距今万年左右,与世界农业起源最早的各地区大体同步。

4. 中华文明与中华民族萌芽,可追溯至距今5000余年以前。距今5000年至4000年这一个千年纪,考古学界称为"古文化古国",我称之为"王朝前古国"。这个历史时期,在考古学上大体相当龙山文化期向青铜器时代过渡;在社会发展方面,是从无阶级社会向有阶级社会过渡;在文化发展方面,是从无文字向有文字文明过渡;在国家和民族发展方面,是从部落联盟向国家和民族形成过渡;在中国文献记载方面,是从黄帝至尧舜的五帝向夏商周过渡。因而,我所说的"王朝前古国"时期,是王朝前夜文明初曙、国家雏型从萌芽至发展的漫长过程,也可以说是一个历史时代。

5. 中华文化的发展在不同区域是不平衡的,这种不平衡性导致了不同区域间的互补关系,是中华文化产生汇聚和向一体发展的动力因素。

6. 中华文化的发展延绵不绝,连续而未有中断,与其他任何古老的文明相比都是不同的。中华文化又是兼容并蓄的,是一种"和合"的文化，故其"内聚"和"外兼"是对立统一体。正因为中华文化的这些特性，造就了中华文化的丰富与长久生命力，也是中华民族结构形成为"你中有我，我中有你"的原因。

应该说，这些关于中华民族起源和早期发展特点的认识，不仅仅是我个人的成就，它凝聚了多个学科数辈学者的共同心血。除了考古学的研究成果外，还有历史学和民族学的成果。大致说来，对我影响较大的前辈学者除上面已提到的老师，还有顾颉刚、傅斯年、蒙文通和徐旭生等先生。若说我自己还有些成绩的话，可以归结为两方面的原因：一是时代在进步，我们站在前辈学者的肩上，故比前辈看得稍微远一些；二是新中国的考古学成就可以说是突飞猛进、日新月异，我们有幸看到这么丰富的地下资料，眼界和认识自然会提高一些。

另外，曾多年从事历史地理和民族史研究的经历对我的帮助也甚大。历史地理的背景，使我在历史的研究中时刻关注其与空间的关系，考虑空间问题时又会照顾到历史的时序；而民族史的背景，使我更关注"纵横时空网络"中族群关系的变化，由历史事件真实性的探求深入到探讨"中国性"（Chinese-ness）诸问题。我始终相信，在学术研究的道路上，后人必定要超过前人，所以我的这些认识也会随时代的更替而被不断补充和发展，我自己也随时准备更新认识，向更高的目标前进。

一

关于中国人及其文化的来源，长期存在外来说和本土说、一元论与多元论的争辩[1]。以往由于受到当时政治背景和流行学说的局限，科学发现也不充分，因而很难得到有说服力的认识。如关于中华文明起源的种种西来说，就带有明显的虚构、编撰和假想成分。而且，从18世纪的法国人约瑟夫·德·古尼（甚至更早的17世纪）开始，止于20世纪初叶的安特生之前，所有西来说的立论都是站在西方文化中心论的立场之上（包括古埃及文明中心说和西亚古文明中心说等）[2]。考古学发展起来以后，有的研究仍不免有种种偏见和浅见。

当前，中国境内古人类学的材料已相当丰富和系统，旧、新石器时代（特别是万年以来）的考古发现在中华大地上已是"遍地开花"。这些系统而又丰富的发现，文化性质明确，内涵清楚，相互关系也易于得到证明，用来与中国文献记述的远古神话传说互相印证，已经充分证明了中华文明起源具有鲜明的本土特点和多元特点，以及新石器时代以来由多元向一体发展的特点。

人类起源于何方？是一个中心还是多个中心？学界尚在不断探讨之中。中国古人类学研究有近80年的历史，在近半个世纪的风雨坎坷中取得了喜人的进展：人类起源各阶段的人骨遗骸化石材料，在中华大地上均有所发现，且分布广泛；人类起源序列各主要环节，在中国古人类学的发现中没有缺环。从体质特征方面观察，早期智人阶段已经出现了向蒙古人种（黄种人）方向演化的萌芽；到晚期智人阶段，以柳江人（广西柳州市）和山顶洞人（北京周口店）为代表，蒙古人种出现南北异型的分化现象。

中国旧石器时代文化早期遗存有不同于他处的特点。北京人遗址文化堆积之厚、内涵之丰富早已引起全世界的关注和瞩目。可以说，世界上普遍承认旧石器时代早期文化的存在，得益于北京人遗址的丰富文化内涵和鲜明特点。河北省阳原县泥河湾盆地小长梁遗址的遗存，其特点也是非常突出的。主要表现在石器的制作和加工上，大型球状石核以外，其他石器普遍较小，一般重约5—10克，最小仅有1克左右。但数量众多，已发现有2000多件！据其形制可分为尖状器、刮削器、雕刻器、锥型器等，反映了当时人们过着狩猎的生活。从这些细石器的精细程度推测，在此以前其文化当有漫长的发展过程，人们必然具有足以保证技术传授、模仿、改进和继承的语言交流。长江流域也发现了一系列腊玛古猿材料。将这些材料综合起来考虑，有理由推断：人类起源当在四五百万年以前，中国处于人类起源地区的范围之内[3]。

早期智人及与之相应的旧石器时代中期文化，分布范围已明显扩大，尤其以黄河中游及其支流渭河、汾水流域，所发现的地点为多。属晚期智人的分布几乎遍及整个中华大地，与其相对应的旧石器时代晚期文化遗址和地点，在现今行政区划的各省区均有分布，仍以黄土高原较为密集[4]。

从考古学文化的特征分析，中国南北的旧石器时代文化既具有不同的风格和传统，又具有共同的特点。至迟到旧石器时代晚期，中国北部出现了不同区域类型的发展倾向。

综上所述，人类起源的问题还会进一步争论下去。但人类起源仅非洲一个中心之说，过去就已受到一系列新发现的质疑。最近在中国山西曲垣发现的世纪曙猿化石，对"人类起源于非洲"的论断提出了新的挑战。因资料的限制，"基因证据"的研究也远未解决人类起源到底是一个中心还是多中心问题。当然，讨论人类的起源不能局限一国或一个地区的狭小范围之内，应该站在全球和全人类的视角来讨论和分析问题。实际上，中国人的起源问题正是人类起源问题的一部分。另外，假若"人种"的划分是可行的，中国人的起源问题还涉及到蒙古人种的起源问题。虽然目前尚难确断中国是否是人类起源的中心地区，但已知的材料已经证明中国是蒙古人种的故乡。谁也无法否认，中华大地上的这些人类化石，从直立人一直到现代人，其体质形态的进化表现出明确的连续性。

将化石材料与现代中国人体质形态的基本特点相比较，也能发现中华民族的历史连续性。正如吴汝康教授所总结的那样，中国人具有的四大突出特征：(1) 铲形门齿，中国人为98%，白色和黑色人种相加也仅为5%；(2) 印加骨，出现的比率也相当高；(3) 面部扁平；(4) 下凳圆枕[5]。因此，中华民族，包括其主体——华夏/汉民族，从总体上来说，其远古祖先应是那些起源于中华大地，并留居于本土继续创造历史的人们。

故，中华文明的起源具有鲜明的本土特点[6]。

二

对中华大地上万年以来的考古学文化，许多学者都有极其精彩的归纳和总结。从这些归纳和总结中，可明显看出中华文明起源与发展的第二个特点，即由多元起源而向一体汇聚的特点。

传统史观认为，中华民族是从黄河中下游最先发端，而后扩散到边疆各地，于是有了边裔民族。司马迁综合春秋、战国诸说，在《史记·五帝本纪》中这样表述：由于共工、欢兜、三苗、鲧有罪，"于是舜归言于帝，请流共工于幽陵，以变北狄；放骥兜于崇山，以变南蛮；迁三苗于三危，以变西戎；殛鲧于羽山，以变东夷。"这种史观影响甚大，直至近现代也还有一些学者相信中华民族与中华文明仅起源于黄河中下游。过去史家总是用"礼失求诸野"的观点来推测区域间文化发展变化的关系，把当时的政治、经济中心当作中华文明起源的中心。这就是本土起源说中的一元说。

一元说的论点已被半个多世纪以来的考古发现所推倒，中华文明不是从黄河中下游单源扩散至四方，而是呈现多元区域性不平衡发展，又互相渗透，反复汇聚与辐射，最终形成为中华文明。我在许多场合都讲到过这样的认识，在《中华民族起源学说的由来与发展》一文中，曾对此加以总结，提到中华文明起源研究与近代以来史观变化之间的密切关系。当然，多区域不平衡发展的观点并非我的发明。1927 年，蒙文通先生首先将古代民族分为江汉、河洛和海岱三大系统，其部落、姓氏、地域各不一样，其经济文化也各具特征[7]。傅斯年继之于 1930 年和 1934 年提出"夷夏东西"说，认定中华文明来源的两大系统。1941 年，徐旭生先生将中国古代民族概括为华夏集团、东夷集团和苗蛮集团三大"古代部族集团"[8]。

上述诸说，对考古研究的促进是非常明显的。傅斯年是中央研究院史语所的创办人，中国学者进行的最早的考古发掘就是在他支持下开展的。他关于"新史学"的主张对古史研究有相当的推动。徐旭生先生参加过 1927 年的西北考察，1959 年又开创了"夏墟"调查和"夏文化"研究。后来考古学界开创了考古学文化区系类型研究的苏秉琦教授就是他的学生，追溯起来，受他的影响最大。

众多的考古发现以及考古学文化区系类型的研究成果已经昭示：中华文明起源有多个中心，长江、黄河都是中华文明的发祥地。对于中华文明的多元性特征，我在《中华文明研究初探》一书的第 118 页曾做如下概括："中华大地上的远古居民，分散活动于四面八方，适应各区域不同的自然环境，创造着历史与文化。旧石器时代已显出来的区域特点的萌芽，到新石器时代更发展为不同的区系，各区系中又有不同类型与发展中心。而神话传说中，远古各部落所奉祀的天帝与祖神及崇拜的图腾也有明显的区域特点。考古文化与神话传说相互印证，揭示了远古各部落集团的存在，从而成为认识中华民族起源多源特点的科学基础。"

我所以强调考古与神话传说的"相互印证"，就是为了改变"考古自考古，神话自神话"的两分局面。中国没有发达的神话，或者说，中国的神话体系与西方是不同的，它是古史的传说，即古史的一部分。诚如徐旭生先生所指出的那样：掺杂神话的传说

(Legend) 与纯粹神话（myth）是不一样的，中国的古史传说并不是纯粹的神话。但中国的古史传说至迟到战国时期就有了总结和归纳，表明不同来源和世系的各区域文明渐渐向一体发展。

下面就中国新石器时代文化区系划分，其与远古部落集团的对应文化，及各区系间文化的内外互动、融汇等内容，详为叙说。这是综合我以往发表的多篇论文而成的，同时针对考古研究的新认识（如碳14重新测年数据），结合最近的考古发现作了相应的补充和修订。需要说明的是，随着新发现的考古学文化密集分布于中华人民共和国的地图之上，我关于中华民族起源及其发展结构的总体认识也因之日趋精确和完善，这些不断丰富的新知识更细致描绘了中华文明起源的本土特点、多元特点以及由多元向一体汇聚的特点。

三

据地质学的研究，我们知道公元前1万年左右进入冰后期，开始了全新世，人类的历史也由此进入新的纪元。

1987年8月，考古学家在河北徐水南庄头发现一处距今约10000年左右的新石器时代早期遗址，出土了一批陶器、石磨盘、石磨棒等，还发现了一些植物种子，说明农业已经萌芽[9]。此外，江西的仙人洞下层和广东的玲珑岩和西樵山等地也都发现了万年左右的文化遗存。虽然我们关于新石器时代早期的文化（约公元前6500年之前）只有上述零星的发现，但已足以说明中华文明所具有的多元起源特点。就旧石器时代文化的面貌和我国比较优越的地理自然环境等条件来推测，我相信未来定会有更多的发现，只是时间的早晚问题。我国也是探寻农业起源的最佳地区之一。

迄今为止，我国已发现的新石器时代的遗址有7000余处。7000年前的考古学文化几乎已是遍布全国各地，如辽河流域的查海文化、兴隆洼文化，山东泰沂地区的后李文化，关中地区的大地湾和老官台文化，中原地区的裴李岗和磁山文化，长江下游的河姆渡文化，长江中游的彭头山文化、城背溪文化和石皂文化等等。这些新的发现不仅突破了"黄河一元中心论"的传统认识，更丰富了"满天星斗说"的内涵。苏秉琦先生将这些成果归结为"区系类型理论研究"的必然："用考古学文化区系类型学说对中国古文化进行重新认识，大大开阔了考古学家观察古代各族人民在中华辽阔国土上创造历史的视野，开始了从文化渊源、特征、发展道路的异同等方面进行考古学区系类型的深入探索，过去那种过分夸大中原文化、贬低周边古文化的偏差开始得到纠正，这就为中华文明起源的研究的突破，开拓了新的思路"[10]。

这与我几年前从中华文化的起源和中华民族的形成角度对考古发现的归纳基本一致。我在许多场合又进一步强调对这个问题的认识，主张中华民族起源、形成、发展的历史，其族体结构与文化发展是以"多元起源，多区域不平衡发展，反复汇聚与辐射"的方式作"多元"与"一体"辩证运动的。这是我试图结合区系类型划分问题，进而对文化发展变化进程进行的分析和归纳。这个过程是相当复杂的，在具体的细节方面认识还会有不断的反复，但总的进程应是如上所概括的那样。

所以，我坚持认为有两点贯穿了中华文化发展的全过程：一是中华文化的多元区域性不平衡发展，各地区的新石器时代文化各有渊源，又自成系统，分布区域和范围明确，文化内涵和面貌也无法相互重合，可以明显地划为几个独立的文化区系。二是区域性文化呈现向中原汇聚及中原文化向四周辐射的双向运动特点。

上述认识不仅来源于对新石器时代文化的区系划分，更来自对其相互关系的分析，故不妨将具体的划分结果及其认识作下列复述[11]，并依照新的考古发现和研究成果对以往的叙述稍作修改。

1. 黄河中下游东西相对的两个文化区

黄河中游区，以渭、汾、洛诸黄河支流汇集的中原为中心，北达河套及长城沿线，南接鄂西北，东至豫东，西抵黄河上游甘青接壤地带。南头庄文化以下，有磁山（前6100—6100年）—裴李岗文化（前6200—前5500年）、大地湾（下层）文化（前5900—前5300年）、仰韶文化（半坡类型和庙底沟类型，前5000—前3000年）①、中原诸龙山文化（前2900—前2000年）继之。

与这一区域相对应的为炎帝和黄帝两大部落集团，从中可以追溯氏羌与华夏起源，并且大致可以肯定继中原龙山文化发展的是夏文化（晋南、豫西、豫中）、先商文化（豫北、冀南）和先周文化（关中）。炎黄集团起源之地比较接近，无论从文化还是从地理的因素分析，这两大集团都是有共同起源和共同文化特点的亲缘集团。炎、黄同出少典——有蟜氏部落，后世成为异姓相互通婚的不同氏族与部落。我认为黄帝起源于陇山西侧，天水地区为近是。在黄帝集团的发展中，陕北是极为重要的地区。相传，黄帝死后葬于桥山。黄帝并非具体历史人物的私名，其陵园所在就表明了陕北在黄帝集团发展中的重要性，黄帝集团另一个最重要的活动地区是燕山地区。该集团从陕北向燕山地区迁徙的

---

① 苏秉琦将仰韶文化分为"仰韶文化"和"后仰韶文化"，将洛阳—郑州的"仰韶文化"定名为"王湾一期文化和王湾二期文化"，晋南地区则为陶寺文化。详参《中国文明起源新探》所附"中国考古学文化区系年表"，三联书店，1999年，第184—185页。

证据已得到了考古学的印证。以仰韶文化为代表的中原文化自渭水下游越过黄河后，沿汾河和桑干河北上，与燕山以北红山文化在桑干河及汾河发源的河北张家口地区交汇在一起。两种文化的碰撞与交流，促进了文明曙光的出现[12]。

《国语·晋语》说，黄帝有25子，因母不同而别为12姓（实则11姓）。这11姓显然不一定出于同一来源，而是不断融合的结果。故传说中的黄帝谱系有不同的称号，如"轩辕氏"、"有熊氏"等，说明这些后加入的群体尽管还有自己的图腾，但均奉黄帝为共同祖神和天神。"黄帝"既是该集团共同奉祀的天帝，也是该集团大酋长所共享的名号。

炎帝又称赤帝，是炎帝部落集团共同奉祀的天帝，也是该集团大酋长袭用的称号。相传，前后承袭炎帝名号者凡8氏，共530年，最后一位为榆罔氏[13]。炎帝集团起源之区当为陕西境内渭水上游和秦岭以南汉水上游一带。其后不断迁移。炎帝的后裔有姜姓诸夏及姜姓之戎，还包括氐羌。后发展为共工、四岳和氐羌三大支系。共工一分为二，即共工和鲧（缓读），说明炎帝集团又有进一步的分化。共工发展于今豫东及冀南地区，徐旭生具体指出其为辉县境内，范围显然过于偏小。鲧兴于崇山（今嵩山），发达于豫晋接壤地区，故，鲧被认为是黄帝集团的一个支系。四岳，或写作西岳，又作太岳。其后裔有申、吕、齐、许等国。申在今河南南阳；吕原在陕西，后迁南阳；齐在山东；许即今河南许昌。炎帝都陈（今河南淮阳），大约四岳一支是炎帝的主流。氐羌则比较复杂，一直处于西北农牧交错地带。传说中，共工与鲧治水失败后，被天帝殛死，鲧化为黄熊或黄龙，共工化为赤熊[14]。这与黄帝集团以猛兽为图腾有相通之处。可见，炎黄两大集团分布的地区内，不仅新石器时代文化系列相同，文化特点亦有相当的相似处，差别只是地方类型和文化中心的差异。神话传说上的共同性更加说明两大部落集团的文化渊源相通。

今黄河下游，以泰山为中心，南至淮，东至海，北至无棣，实际是先秦时期的济水及海岱地区。其文化渊源和承袭关系比较清楚，发展序列完整。后李文化（前 6300—前 5600 年）[15]、青莲岗·北辛文化（前 5600—前 4300 年）①、大汶口文化（前 4300—前 2500 年）、龙山文化（前 2500—前 2000 年）和岳石文化（前 1900—前 1500 年），诸文化前后互继。海岱山区的新石器时代文化与神话传说的太昊、少昊部落集团相对应，其中一部分与炎黄集团融合，成为夏人、商人的来源之一，大部分则为夏商周时期的东夷先民。整体上，海岱地区的新石器文化应是三代时的东夷及其先民的文化。

太昊，分布偏北，时代稍早于少昊，它是东方的帝，又是风姓的祖神。少昊的分布与太昊交错重合而稍偏南，以鸟为图腾。《左传》昭公十五年列举有 15 个以鸟为氏的部落或氏族。传说中，少昊的后裔有后益、皋陶、蚩尤和羿等，今莒县是其核心区。

2. 长江中下游东西相对的两个文化区

随着长江中下游考古发现的增多，我们对于这一地区的考古学文化面貌和结构关系有了更清楚的认识。

长江中游，以江汉平原为中心，南包括洞庭湖，西尽三峡、川东（今渝东），北达豫南与黄河中游的考古学文化相间分布，是一个自成体系的考古学文化区。关于长江流域（特别是长江中上游地区）新石器时代以来的考古学文化谱系关系，由于两湖和四川、重庆等地区考古工作者的工作，也由于三峡库区 1995 年

---

① 从前学术界把江苏淮安青莲岗和大墩子下层为代表的一类遗存作为"青莲岗文化"，或作为"大汶口文化一期"。北辛文化早、中期的碳 14 年代为前 4600—前 4300 年。可参阅华东文物工作队：《淮安青莲岗新石器时代遗址调查报告》，《考古学报》（第九册），1955 年；南京博物院《江苏邳县四户镇大墩子遗址探掘报告》，《考古学报》1964 年第 2 期。碳 14 年代数据依上述考古所新公布的数据。

以来的抢救性发掘，学者们有了更新的认识。如青年学者孟华平写的《长江中游史前文化结构》[16]一书，对中游地区的考古学文化作了很好的归纳，也落实了我原来的一些设想：时代越晚，考古学文化的分布范围越广，其文化内涵包容性也因之越丰富。

传说中，这个区域有三苗集团。按照《国语·楚语下》及高诱注，三苗是九黎的后裔。九黎的分布，文献记载不明。三苗则战国初吴起指出其地望："昔者三苗所居，左有彭蠡之波，右有洞庭之水，文山在其南，而衡山在其北"。（《战国策·魏策》）《史记·五帝本纪》载："三苗在江淮、荆州数为乱。"徐旭生和钱穆均作过考证，所说即鄱阳湖、洞庭湖一带。俞伟超首先从考古学的角度把三苗与长江中游的史前文化联系起来，认为长江中游"以屈家岭文化为中心的原始文化"属于三苗文化遗存。屈家岭文化最盛时"向北影响丹江和汉水中游，直抵伏牛山麓，使得那里的原始文化从以原始因素为主，转化为以屈家岭因素为主。在洞庭、鄱阳两湖间江西修水一带的南部类型，因自身序列不清，不知始于何时。但至迟到屈家岭阶段，长江中游的原始文化因素已达到那里，并同岭南的石峡文化结合在一起。在前3000年中叶以后，这个文化系统发展到新阶段，文化面貌发生急速变化，可能进入铜石并用时期，并同黄河中下游龙山文化阶段诸文化发生更多的接触"[17]。考古学文化的这种发展与三苗集团的分布范围和势力消长大致吻合。从长江中游史前文化的谱系分析来看，屈家岭文化、石家河文化有明显的北方因素，故有的学者把它们当作"北方系统的考古学文化。"越来越多的证据说明它们的起源与面向海洋的"鼎文化"传统有内在的联系。如，石家河文化中的陶规受泰沂地区的文化传统的影响，石家河文化的玉器也有明显的大汶口—龙山文化风格（如玉凤等）。

可见，长江中游地区，屈家岭文化时期大致出现了"一统"的局面，相对稳定一段时间后进入石家河文化时期，此时整个长江中游的文化面貌有较大的变化。"后石家河文化"与石家河文化之间已经发生文化的断裂现象，似乎说明了尧舜禹时期中原对"三苗"的征伐。

另有学者指出，黄帝集团在较早的时期有一支发展到长江中游的宜昌地区，与西陵峡一带的土著通婚，衍生出"昌意族"并从考古学上予以证明，即"仰韶文化南下对大溪文化中心区的影响，也许就有着黄帝与嫘祖传说的历史背景"[18]。长江以北地区，无论大溪文化还是油子岭文化，都明显可见仰韶文化（半坡文化和庙底沟文化）的影响因素，而且呈由北向南逐渐减弱之势，至江南则基本不见其踪迹。

长江下游，以太湖平原为中心，南到杭州湾地区，北以宁镇地区为中心（包括苏皖接壤地区），是一个自有渊源、新石器时代的考古学文化序列完整的文化区系。自河姆渡文化（前5000—前3400年）—马家浜文化（前5000—前4000年）以下，有松泽文化（前4000—前3200年）、良渚文化（前3200—前2200年)①。

这个地区分为三个明显的中心，即杭州湾宁绍地区、太湖周围和苏杭地区、以南京为中心的苏皖接壤地区，其文化面貌有自己特点，如稻作农业、干栏式建筑等。特别是，良渚文化出现的成套的礼玉、高坛建筑土筑（"金字塔"）和规划严整的聚落等等，成为中华文明的重要内容，说明其开始进入等级礼制社会。令人惊讶的是，良渚文化的发展突然中断。其新石器时代的文化与后来的青铜文化看不出直接的联系。我曾将其原因推测为自然灾害方面的后果。近来从地理、地质研究的结构基本支持了这个

---

① 考古学界对马家浜文化、松泽文化有不同的意见，或以为前后相袭，或以为并行发展。本文采用苏秉琦《中国文明起源新探》一书所附录《中国考古学文化区系年表》的观点，分为两个并列的文化。

推测：距今4000年前，在长江下游一带发生了大规模的洪涝灾害[19]。

良渚文化明显地影响到南北各地。鲁南—苏北一带的大汶口—龙山文化就包含有颇多的良渚文化因素，反过来，良渚文化也受到了大汶口—龙山文化的影响，这两种文化的陶器和石器常有互借现象。近年来，关于良渚玉器符号和大汶口文化符号的探讨，已表明了两种文化区系间的密切往来。发掘不久的江苏新沂花厅遗址，就是两大集团文化相碰撞的最好证明。在这处属于大汶口文化的遗址中，所出土的玉器基本是良渚文化的风格。严文明认为这是两种文化"冲击"与"碰撞"的结果[20]。

良渚文化的重要性，考古学家和历史学家都已作了充分的估计，或称其达到"酋邦制"阶段，或认为处于"军事民主制古国"时期。我以为应列作"前王朝古国"时期，至于这一历史时期的性质与文化内涵，已在引言中阐述，于此不赘。我们清楚地知道，良渚文化的诸多因素为夏商周所吸纳，如礼玉制度，鼎的使用，甚至商周时期的"饕餮纹"也是直接来自良渚玉器上的纹饰[21]。但是，整个三代，长江下游的文化和文明发展都表现出中断和回归的特点，直到春秋中晚叶才重新起步，兴起了吴越文明。也许，正因此之故，在先秦文献及汉晋以来流传的神话传说中，不见远古时期客观存在于这一带的部落与部落集团。因此，相当长时期内，对其认识一直是一片空白。如，前举蒙文通的"三系说"和徐旭生的"三集团说"都将长江下游视作洪荒无人的空白之区。

我们的意见是，伏羲、女娲神话起源于长江下游。由于已在《中国远古的各部落集团》一文做了考证，此不重复。

3. 燕辽文化区及黄河上游文化区

燕辽文化区，相当于苏秉琦所说"以燕山南北、长城地带为重心的"北方文化区，包括辽东、辽西和燕山南北地带的新石器文化。辽西，进入 1980 年代以来有一系列重大考古发现，凸显了辽西作为文明起源中心的地位。特别是围绕"坛—庙—冢"及"古文化—古城—古国"的讨论，将牛河梁、红山咀等的重要发现提高到文明起源的认识水平，进而中华文明的北方源头已见端倪。不久，又发现最早的查海文化和兴隆洼文化。查海遗址位于辽宁阜新，兴隆洼遗址位于内蒙古敖汉旗。两种文化的最早年代均超过前 6000 年[22]。查海出土十几件真玉制品，包括工具和装饰品，还发现了最早的龙纹图像，被誉为"中华第一村"。兴隆洼遗址是目前中国北方已知年代最早的环壕聚落遗址，已发掘的房屋有 120 多座，排列有序，居于中心的房子面积达 140 平方米，可知当时的社会结构组织已相当系统和发达。兴隆洼文化的发现，揭开了北方新石器考古研究的新篇章。查海文化和兴隆洼文化的玉器是已知最早的中国玉器作品。属于新石器时代早期的文化还有赵家沟文化（距今 7200—6800 年）[23]，继之为红山文化（距今 6000—5500 年）和富河文化（距今约 5200 年）。前述之牛河梁和红山咀均为红山文化，其重要性不言而喻。

辽东及旅大地区，为新乐文化（距今 7300—6800 年）和小珠山（下层）文化（距今 6500—4500 年）。小珠山为代表的辽东半岛的新石器文化明显受到了大汶口—龙山文化的影响。山东长岛大汶口文化遗址的系统发掘，从一个侧面证实了山东半岛和辽东半岛之间文化联系的密切性。新乐文化基本是一支独立的文化系统，与红山文化和大汶口文化都有一定的关系，如彩陶和"之"字纹的普遍使用等。在内蒙古的中南部已进入仰韶文化（庙底沟类型）的分布范围，此不赘。

由上可知，该区的考古学文化系列比较完整，且自成体系。文化面貌也有自己的特点，如常见细石器、石砌建筑和陶塑像发达，玉器自成系统，等等。这些内涵，都昭示了这是一个独立的古文化区。多年前，我写了《商先起源于幽燕说》（与干志耿、李殿福合作）及《商先起源于幽燕说再考察》两篇文章，论证了商起源于幽燕地区，至上甲微以后，南下发展于河济泰山之间[24]。

黄河上游，指陇山以西的甘青地区，分布着马家窑文化（距今5200—4000年）和齐家文化（距今约4000年）。这已进入新石器时代的晚期，大体与中原的龙山文化相当，即所谓的"龙山时代"时期。新石器时代中期，一般认为这里是仰韶文化的分布范围。再向上因材料有限，则无法追溯。

黄河上游的新石器时代文化，是一种旱地农业文化，直至青铜时代早期。但狩猎和畜牧业则一直占有相当大的比重，其继续发展的是游牧文化。人们通常不把甘青区划为一个独立的区系，除了囿于材料外，主要没有同时考虑生计类型的文化要素。这一带昆仑神话一直占有重要地位。

4. 鄱阳湖—珠江三角洲为中心的华南文化区

华南地区，包括今天的两广、闽台和江西等省在内，多为山地和丘陵地带，地处东南沿海，是降雨充沛的热带和亚热带地区。约万年以前，这里已经进入新石器时代。新石器文化可分为早、晚两期。

早期的文化具有浓郁的地方色彩。遗址多分布于洞穴、贝丘或台地。打制石器和磨制石器共存，骨角器、蚌器较为发达，陶器粗糙。采集渔猎经济仍占主要地位。重要的遗址，如江西仙人洞、广西的豹子头、广东的西樵山遗址等，均在距今8000年以上。仙人洞文化距今约1万年。新石器时代中期，只有台湾的大盆坑文化，距今约6400年。

新石器时代晚期，已有发达的农业，江西修水山背和广东石峡文化都发现了稻谷遗存。陶器也更为精致，更晚的时候还出现了硬陶。石峡文化距今5000—4000年，山背文化距今4800年。在福建有昙石山文化（距今4000—3500年），台湾有凤头鼻文化

（距今 4500—3500 年）、圆山文化（距今 4000—3500 年）和卑南文化（距今 3000—2000 年）等。台湾海峡两岸，是一个考古学文化系统。这些分布于江西、两广和闽台的考古学文化既有地域差别，又有颇多的共性。如，石峡文化与长江中游的考古学文化有相互影响的关系，而石峡文化的玉器又受到良渚文化的影响（如良渚式玉琮）。

对于广泛分布于华南地区的几何纹陶和有段石锛、双肩石斧为代表的文化遗存，曾命名为"几何印纹陶文化"。实际上这在年代上是有问题的。"几何印纹陶文化"始自新石器，兴盛于商周时期。

云贵高原所知的新石器文化遗存仍然较少，认识也还有限。俞伟超认为，四川盆地的青铜文化一部分就来源于云贵高原的文化（另一部分来自岷江上游）。新石器时代早中期的文化基本未见，晚期以云南的白羊村文化为代表（距今约 4200 年）。在洱海、滇池地区的这些遗存，表明这里是稻作农业的文化。在西藏昌都，发现了卡若文化，距今 5300—4000 年，除了旧石器外，磨制石器和陶器共存，是一种以粟为主要作物的农业文化。

古史记载，这里是远古时期的荒蛮之野。百越系统诸民族当起源于岭南及东南沿海远古文化基础之上。

5. 北方游牧与渔猎文化区

考古学文化的区系划分，通常将兴隆洼—红山文化划入北方新石器文化区，而将黄河上游划入西部文化区。从地域和文化的角度分析，这样的划分是有充分依据的。考虑到经济文化类型的因素，我们将上述二区分为燕辽文化区和甘青文化区，包括河套和长城沿线地区。后来相当长的时期，这里都是游牧民族活动的舞台，农牧业交替发展，构成"华夏文化"的边缘[25]。

东北北部、蒙古高原、阿拉善平原和塔里木盆地东缘等地区，普遍分布着以细石器为代表的考古遗存，陶器和磨制石器始终没有得到发展。在黄河和长江流域的农业已经相当发达时，这里仍是以采集、狩猎为主的经济形态。关于中国细石器文化的分布及特点，贾兰坡先生已作过精彩的分析，无需重复。至少万年以前的旧石器时代晚期末叶，华北地区已出现了典型的细石器。中石器时代的遗址，如山东沂源凤凰岭、河南许昌灵井、陕西的沙苑、内蒙古的扎赉诺尔等，细石器的传统都比较发达。随着农业的发展，黄河流域的细石器消失了，仅在红山文化及长城沿线有所保留。在北方和西部草原地区，细石器普遍延续到金属使用以后，说明细石器在游牧区和渔猎区盛行的时间较长，且与华北地区有密切的渊源关系。在蒙古草原和新疆等地，由于细石器的遗存多暴露于沙丘之下，断代相当困难。这里仅以黑龙江为例，将东北北部的考古学文化作一介绍。据《黑龙江古代民族史纲》的归纳，这里的新石器文化可分西部铜钵好赉文化、中部昂昂溪文化和东部新开流文化。其中新开流文化距今6000年，是典型的以渔猎为主的文化，有磨制石器、篦纹陶和细石器共存。昂昂溪文化的农业有一定程度的发展，而铜钵好赉文化则是以狩猎为主的遗存。

关于这些更为边远地区的文化（相对于中原中心），倘若不是借助于考古发现，可以说我们根本就没有什么系统的认识。在古史传说体系里，也难以落实。

四

讨论中华文明的起源和发展，还有必要分析一下经济类型。中华农业起源自成体系，是世界上探讨农业起源的中心之一。自1979年以来，我反复撰文阐述中华各民族的发展，在古代呈现出东西两大部和南北三带相互依存、相互补充的总特点。这东西两大部和南北三带民族统一的过程,也就是统一的多民族中国形成的过程。

所谓东西两大部,是指面向海洋湿润的东南部农业区和背靠欧亚大陆的广大干旱牧区,在牧区中有小块河谷与绿洲农业的西北部。所谓三带,就是秦岭—淮河一线以南的水田农业带,此线以北至秦长城以南的旱地农业带,以及秦长城以北的游牧带(包括渔猎和畜牧)。这三个经济地带,也是中华文化与民族起源与发展的地域空间。

在全面研究了我国新石器时代的文化区系特征后,我们进一步深信上述东西两大部和南北三带的发展格局,其起点和萌芽,实可追溯到新石器时代。虽然,就畜牧文化而言,考古学研究有许多难以克服的困难,但结合民族学和民族史的研究仍可将这个游牧区的形成,看成是从原始农业中分化出来的,是在金石并用时期和青铜器时代早期,原有在草原边缘地带从事原始农业的诸部落征服草原并与在草原上从事游猎的人们相融合的结果。因此,在中华文化起源与形成的阶段,就已经萌生和孕育了东西两大部和南北三带发展的特点和格局。这是中华民族起源具有多元特点的一个非常重要的方面。

关于上述总特点的具体描述,我们已在许多场合和论著里讨论过,这里仅强调如下几点,作为进一步的小结:

1. 农业的起源与进步,是新石器时代最重要的成就,是一场"革命"。

2. 中华新石器时代农业所呈现的南北异型,基本奠定了以后我国农业的格局,因气候和自然环境的变化,北纬41°—44°同时进入青铜时代后,由原始农业区变成了游牧文化区。

3. 河谷地带,农业与游牧文化呈交错式分布,更凸显出两种经济形态的互补与平衡发展的关系,形成所谓华夏"边缘"。更为重要的是,游牧文化与旱地农业文化、水田农业文化的平行发展、相互依存、相互补充，共同缔造了中华文化。

4. 这种区域间文化发展的不平衡性在中华文化的起源阶段就已经明显表现出来，在后世得到充分发展，这既是历史传统所致，也与中华民族所处的地理环境特点分不开。因此，研究中华民族的起源必须考虑到中华大地的地理特点。

公元前3000—前2000年间，是中华文化由多元向一体融合的最关键时期。我们将这一时期笼统地称之为"前王朝古国文化时期"。

由于农业和其他生产技术的进步，社会财富的积累空前迅速。从考古发现看，这一时期，是一个经济文化发展迅速的时代，同时也是社会结构深刻变革的时代。首先，贫富分化、社会分化加剧，于是，出现了凌驾于部落成员之上的贵族（常为部落酋长和军事首脑）。战争与土地兼并成为国家孕育的酵母，一方面造就了最早的国家管理者，另一方面造就国家机器本身。原有各部落与部落集团逐渐打破部落与地域的界限，因之，考古学上所见到的现象是：文化上呈现出强烈的统一趋势。

具体而言，起源于以泰山为中心的海岱文化逐步统一了黄河流域、长江中下游和燕山南北地区，形成了山东龙山文化、良渚文化（后期）、红山文化（后期），使上述各区系的文化特征都有了"龙山文化"的面貌，虽然仍有地区性特点和差异，但统一的趋势已经完全显露出来。故，考古学者将这一时期概括为龙山文化形成期，也有学者将它直接称为"龙山时代"。

神话传说中，黄帝战胜炎帝、太昊、少昊、蚩尤，尧舜禹战胜三苗等惊天动地的战争，就反映了当时部落集团间的兼并事实。中华大地上，由多区域文化并行发展的新石器文化，在此一时期进行了反复碰撞、融汇与吸收、涵化，加速了以中原为中心的夏王朝的最后形成。所以，中华文化是多元起源，而中华文明却是在中原最早出现。

最近几十年的考古新发现，使我们对中华文明最终形成的过程有了清晰的认识。考古学昭示，在青铜起源与文明初曙时期，燕山南北、黄河上游、长江中下游本来是与中原齐头并进的，有的甚至走在中原的前面。正是在这些四面八方的先进文化汇聚于中原、各部落集团融合的基础上，才形成了夏人、商人、周人，先后建立了夏、商、周三个王朝，复经春秋战国的民族大迁徙与大融合，形成了稳定发展的华夏民族。华夏民族在中华民族中首先形成，是以炎黄部落集团融合为核心，不断融合太昊、少昊、三苗及其他各部落集团的一部分，吸收四方先进文化大融合的结果。

从华夏各部分来源来看，其与四方各民族都有共同的渊源联系。四方各部落与部落集团，都有一部分分化出来，进入华夏形成的过程，大部分仍沿固有文化传统继续发展。当然，在其发展过程中，也不断吸收邻近各部落与部落集团的文化与成分，发展形成为边疆各民族。同时，华夏民族在形成发展过程中，也不断有一部分分化出来迁徙到边疆，融于当地各族之中，成为当地民族的一部分来源。中华各民族形成发展的这种一方面是融合，另一方面是分化的特点，一直可以追溯到起源时代。这一特点，对中华民族后世历史的发展影响至为深刻，此所以是"你中有我，我中有你"的缘故。

附　记

正当拙文即将发排之际，新华社6月6日发表了记者池茂花、帅政两位撰写的电讯，报导山西省临汾地区襄汾县陶寺村新近出土距今超出4000年的古城，使尧都平阳得到了考古学上的落实。中国古代第一个王朝是夏代。前此有黄帝至尧舜五帝时期约千年文明形成的历史时期，我将这个千年纪称为"王朝前古国"时期，其年代与性质、内涵已在本文序说中表述，于此不赘。从中国新石器文化的区系及目前已知的金石并用时期长江流域与黄河流域一系列古城看，中华文明初曙时期有6个中心：长江上中游的成都平原、中游的江汉及洞庭湖平原、下游的杭嘉湖平原；黄河流域上中游的泾渭关中平原、中游的涑汾河洛平原和下游的古河济之间。从古城年代及文化内涵看，两大母亲河6个中心地区文明因素水平相近，各具特点，而长江流域似略早于黄河流域。然而中国最早的王朝出现在黄河中游，长江流域最早的礼乐文化萌芽，都汇聚到黄河流域，在夏商周礼乐文明中得到了反映。在夏至唐中叶以前，中国的经济重心长期在黄河流域，晚唐至两宋以后才重心南移，而政治中心一直在黄河流域。这种格局的形成，鄙意以为进入青铜时代以后，中国游牧民族逐渐形成，与中国农耕民族经济文化既不可分割又互相矛盾，促使中国古代政治、军事重心一直是北重于南；秦以来形成万里长城，把中国农牧民族既分隔开来，又联系起来，正是中国农牧两大类型经济文化与民族之间既不可分割又互相矛盾关系的反映与产物。这些问题容后论述，而中华文明起源6个中心的发展，融汇为三代礼乐文明，是本文应有之义。但篇幅过长，当另文论述。

[参考文献]

[1]　陈连开. 中华民族研究 [C]. 北京：知识出版社，1994.

[2]　列·谢·瓦西里耶夫. 中国文明的起源问题 [M]. 北京：文物出版社，1989.

[3]　贾兰坡院士就河北发现世界之最早细石器，认为人类起源在亚洲 [N]. 光明日报，1994-04-07 (2).

[4]　贾兰坡. 中国大陆上的远古居民 [M]. 天津：天津人民

出版社，1978．
- [5] 吴汝康．人类发展史［M］．北京：科学出版社，1978．
- [6] 严文明．中国史前文化的统一性与多样性［J］．文物，1987（3）．
- [7] 蒙文通．古史甄微［M］．上海：商务印书馆，1933．
- [8] 徐旭生．中国古史的传说时代（增订本）．北京：文物出版社，1985．
- [9] 保定地区文物管理所等．河北徐水县南庄头遗址试掘简报［J］．考古，1992（11）．
- [10] 苏秉琦．中国文明起源新探［M］．北京：三联书店，1999．
- [11] 费孝通．中华民族多元一体格局［M］．北京：中央民族学院出版社，1989．
- [12] 苏秉琦．文化与文明：1986.10.5 在辽宁兴城座谈会上的讲话［R］．辽海文物学刊，1999（1）．
- [13] 徐宗元．帝王世纪辑存．北京：中华书局，1964．
- [14] 杨宽．中国之古史导论［M］．上海：上海古籍出版社．
- [15] 王永波等．海岱地区史前考古学的新课题——试论后李文化［J］．考古，1993（3）．
- [16] 孟华平．长江中游史前文化结构［M］．武汉：长江文艺出版社，1997．
- [17] 俞伟超．先楚与三苗文化的考古学推测［J］．文物，1980（10）．
- [18] 王震中．从仰韶文化与大溪文化的交流看黄帝与嫘祖的传说［J］．江汉考古，1995（1）．
- [19] 任振球．公元前 2000 年左右发生的一次自然灾害异常期［J］．大自然探索，1984（4）．
- [20] 严文明．冲击与碰撞：花厅墓地试析［J］．文物天地，

1991（3）．
[21]　李学勤．良渚文化玉器与饕餮纹的演变［J］．东南文化，1991（5）．
[22]　新中国考古五十年［M］．北京：文化出版社，1999．
[23]　中国社科院考古所．敖汉赵宝沟——新石器时代聚落［M］．北京：中国大百科全书出版社，1997．
[24]　陈连开等．商先起源于幽燕说［J］．历史研究，1985（3）．商先起源于幽燕说的再考察［J］．民族研究，1987（1）．
[25]　王明珂．华夏边缘：历史记忆与族群认同［M］．台北：允晨文化实业公司，1994．

（原载《中央民族大学学报（哲学社会科学版）》2000年第5期）

关于中华民族起源的几点思考

一、问题的提出

中华民族，是本世纪初出现的称谓，开始用来指汉族，辛亥革命以后，越来越普遍地用来作中国各民族的总称。现在后一种含义已经定型，体现了中国各民族长远与根本利益的整体不可分割性和中国各民族的总体认同。[①]

1949年以前，关于中华民族起源的研究，仅限于华夏/汉民族。本文拟从中华民族的整体方面探讨其起源，试图以古人类学、考古学、民族学、自然史等多学科的材料及科学成果，与古代文献记载相结合，进行多学科的综合考察，以求对中华民族远古祖先的来源、社会进化与部落及部落集团的状况有比较科学的认识。解决这些问题，是中国民族史应有之义，尽管漫长的远古时代，还没有民族的区分，即使是新石器时代已存在着各部落与部落集团的区分，也还不能与国家形成以后的民族区分相提并论。

中国自古就有许多民族，从秦汉开始形成统一的多民族国家，虽中经两度大分裂，却又从地区性多民族统一形成南北朝，进而达到更高度的统一。在这个统一多民族国家发展的历史中，

[①] 参看拙作《中国·华夷·蕃汉·中华·中华民族》，收入《中华民族多元一体格局》，中央民族学院出版社，1989年。

汉文化起了主导与领先的作用，文化传统从未因分裂或统治民族的不同而割断，不管各朝代统治民族是汉人还是其他民族，汉地的农业经济都是立国之基，汉人占着全国居民的绝大多数；但各少数民族仍在统一的多民族中国保持其特点，发展其历史与文化，并且对中华民族的发展作出自己的贡献；中国古代多民族国家的全国大统一与确立，是在蒙古族和满族为统治民族的元朝与清朝实现的。对于这样伟大的历史奇观与多民族相互关连的历史发展，历来引起学者寻根探源的兴趣。以往中外学者对中华民族与文化起源有过种种假说，大体言之，古代汉文文献多记述中国各民族共同起源于中原地区，然后有一部分窜徙于边疆，才有了四夷（裔）各族及其文化。自17世纪以来，西欧学者又提出了种种"外来说"，其中占主导地位的是"西来说"。[1]

无论传统的汉文文献所记述的中原起源说，还是西方人的"外来说"，都没有正确回答中华民族起源的问题。1906梁启超在《历史上中国民族之观察》中指出："现今之中华民族自始本非一族，实由多数民族混合而成。"[2] 到20年代，顾颉刚提出"层累地造成的古史观"，又不啻为对中华民族只有一个源头的古史系统一空前的冲击。

然而，冲破旧体系不易，建立新体系就更难。1927年蒙文通撰《古史甄微》，断言中国远古"民族"可分为江汉、海岱、河洛三系。与蒙提出"三系说"基本同时，傅斯年在30年代连续发表《大东小东说》与《夷夏东西说》，指出在夏、商、周三代以前，在黄河中下游及淮河流域，各部落可归结为东西两大系统。1943年徐旭生出版了《中国古史的传说时代》，1957年又作

---

[1] 参看拙作《关于中华民族起源学说的由来与发展》，收入《中华民族研究新探索》，中国社会科学出版社，1991年。
[2] 梁任公以"中华民族"称呼汉族，以"中国民族"概称中国各民族。

了较大修订，出版了该书的增订本，概括中国远古大致可分为华夏、东夷、苗蛮三大集团，这三大集团先是互相斗争，后来又和平共处，终于完全同化，才渐渐形成了尔后的汉族。这些都作了建立新体系的尝试。

今天回头看，本世纪以来上述诸家的学说，都具有精湛而发昏振聩的睿智与卓识。在他们以后的近一个世纪，中国学术的发展，为我们提供了进一步思考和创立新观点的条件。这些条件主要是：

（一）以马克思主义史观与民族观为指导的中国民族史学科的建立与发展；

（二）中国考古学，特别是新石器时代考古学的飞跃发展；

（三）古人类化石的发现与古人类学的研究成果；

（四）原始社会史研究的新进展；

（五）对于古代文献考订辩证研究的新进展；

（六）古气候、物候及自然史研究也提供了一些有价值的参考资料。

运用这些学科的资料与新成果，对中华民族的起源，作出新的探讨与概括，不仅有必要，而且有了可能。此事体大，自知非余学力所能胜任，然而科学发展，总需要有勇气去探索，谨以此文，以就正方家，祈收抛砖引玉之效。

二、中华民族起源的土著特点

证明中华民族起源的土著性，是古人类学的发现与研究为我们提供的坚实科学基础。

人类起源于何方？是从一个中心起源还是多中心？一个多世纪以来，曾有过多种假说，至今未能定论。不过目前古人类学与旧石器时代考古学界已公认：腊玛古猿和南方古猿是从猿到人进化过程中，人类的直系祖先。我国不仅发现了云南禄丰腊玛古猿的丰富化石材料，并且是至今世界上唯一发现腊玛古猿（雌性禄丰古猿）头骨的地点。[①] 湖北和川东三峡地区，也在近十几年不断传出发现与人类起源有直接渊源关系的南方古猿的信息。更可喜的是，在上述发现人科古猿的地区，又发现了巫山人、元谋人、郧县人、蓝田人等属于能人和早期直立人的丰富材料，并经过科学测定确定了其年代。本世纪60年代初，在坦桑尼亚奥杜威峡谷发现了一大批古人类材料，1974年美法联合考察队又在坦桑尼亚发现一具较完整的人科骨架，定名为"露西"（"Lucy"）。1987年5月美国俄亥俄州克利夫兰自然博物馆的约翰森（D·C·Johanson）和伯克利大学的怀特（Timothy D·White）教授宣布：他们在奥杜威峡谷又发现了302件人类骨头和牙齿化石。由于这些重要发现，西方一批学者作出了"人类起源于非洲"的结论。但目前世界上，唯独我国，不仅发现了人科古猿的丰富材料，而且在人类起源从能人、直立人、早期智人、晚期智人的各个阶段的发现，没有缺环。这些科学发现，至少证明了我国，其中特别是长江中上游与西南地区是人类起源的地区之一，而中国古人类的体质特征，与蒙古人种（黄种人）的起源和种系分化相联系，又足以证明中国是蒙古人种的故乡。

（一）古人类各阶段的发现

详细论证中华远古人类各进化阶段的特点与序列，属古人类学的范畴，已有人类学家一系列的论著，可供我们学习和参考。本文为追寻中华民族远古祖先的来源，有必要简要谱列中华远古人类进化各阶段的发现。

能人（？）巫山人。现在通常是以直立人（Homo erectus）为

---

① 吴汝康：《古人类学》，文物出版社，1989版，第82页及216页。

从猿到人最早的人属成员，人类社会历史以此为发端。又有能人（Homo Habilis），有的认为是介于南方古猿与直立人之间的人科成员，但也往往认为能人是直立人的祖先，最早的人属成员应是能人。过去，由于在我国还没有发现可能是能人的研究对象，因而此案一直悬着。中国科学院古脊椎动物与古人类研究所与重庆市博物馆联合组成三峡地区古生物考察队，1985年开始对万县盐井沟和巫山大庙龙骨洞进行发掘，于当年10月发现人类下颌骨和附在下颌骨上的两颗臼齿；1986年10月又发现了一颗古人类门牙，经过测定，年代距今180万年，定名为巫山人。1991年2月中国科学院复用古地磁方法测定，其地质年代属早更新世早期，距今204万年。当时，三峡地区与湖北武当山、荆山和川北大巴山构成我国第二阶地东缘，巫山山地也没有现在这么高，长江与三峡都还没有形成。根据其年代已逾200万年以及体质与牙齿形状及发育等特征，古人类学界有的认为这是中国首次发现了可能属"能人"的研究对象，找到了从猿到人进化的中介环节。[1]

直立人，又称猿人，其距今百万年以上者为直立人的早期阶段，数十万年者为中晚期阶段。如元谋直立人，简称元谋人（以下均用简称），距今170万年；蓝田人（公王岭遗址发现），距今约100万年；郧县人，1975年湖北郧县梅铺龙骨洞已发现四颗人类牙齿化石，经鉴定为直立人早期[2]；1990年又在郧县曲远河口学堂梁子经发掘出土一具古人类头骨，经专家研究，其与1989年在同一地点发现的古人类头骨化石均属直立人类型，仍命名为

---

[1] 参见宁荣章《人类黎明的曙光——"巫山人"发现记》，载《中国文物报》1991年9月1日4版，9月8日4版。
[2] 贾兰坡的《中国大陆上的远古居民》及《中国大百科全书·考古卷》均叙述于早期直立人阶段。

郧县人[①]。北京人，早已为人们所普遍熟悉，自本世纪20年代到新中国成立以后，总计发现了属于40个个体的北京人化石和不下10万件石制品以及丰富的骨器、角器，尤其是发现了丰富的用火遗迹，证明那时人类已能有效地保存火；其文化堆积达40米，积年距今70—20万年，可证当时已有较稳定的活动范围与较固定的居地。在全世界同一阶段人类（直立人中晚阶段）遗址中，北京人的材料是最丰富的。因为其发现较早且有石器、骨制工具与用火遗迹，才使我国猿人的存在得到世界古人类学与考古学界的承认。

其他属于直立人、早期智人、晚期智人的发现，已在拙作《中华新石器文化的多元区域性发展及其汇聚与辐射》[②] 中叙述，本文不再一一复述。唯需要补充的是近几年在福建东山县继发现了属于晚期智人的东山人之后，1990年又发现了距今14000至8000年的旧石器晚期文化。[③] 这不仅填补了大陆上东南沿海关于旧石器文化和古人类发现的空白，还为探讨台湾左镇人的来源及台湾文化的起源提供了新的科学资料。从分布地区看，可能属于能人的巫山人，发现于长江的中游；已确定属于直立人早期阶段的元谋人（发现于云南楚雄彝族自治州的元谋县，地处金沙江南岸）属长江中上游；郧县人与蓝田人比较接近，是鄂西北与陕东南接壤的山地。而长江和三峡形成于更新世晚期，距今八九十万年。上述几处发现的能人、早期直立人生活的年代都在三峡形成以前，这些地方还是连成一体的山地湿热森林，是人类起源的最适宜的自然环境。直立人的中晚期和早期智人的发现，目前比较集中于黄河中游的黄土高原。晚期智人已知的分布范围：西南至

---

① 参见《中国文物报》1991年2月3日第1版报道。
② 已收入《中华民族多元一体格局》，中央民族学院出版社，1989年。
③ 参见《中国文物报》1991年1月27日第1版报道。

云贵高原，中南有广西柳江人等重要发现，东南到闽台，东北至黑龙江，北方至内蒙古。若以与晚期智人相应的旧石器晚期文化分布而论，则已有较晚期智人分布更大范围的发现，特别是在西藏高原1990年又发现了两处旧石器文化地点，与以前发现的五处，揭开了西藏高原旧石器时代晚期人类活动记录的新一页。由此可见，到了晚期智人阶段，也就是旧石器时代晚期，中华大地已普遍有了人类的分布。

（二）中华古人类与蒙古人种起源形成的联系

自本世纪20年代发现了北京人、河套人等古人类化石以来，古人类学界即已注意到中国古人类的体质，不仅普遍地表现了人类进化各阶段的特征，还越来越与蒙古人种的体质特征相联系，从中已初步追溯出蒙古人种起源与形成的过程。比如美国人类学家海德路加（Hrdlicka，Ales）曾首先指出铲形门齿是蒙古人种特征。[①] 魏登瑞（WeidenreichFranz）曾指出北京猿人具有一系列与蒙古人种密切相关的性状。我国人类学家贾兰坡依据魏登瑞和海德路加的研究结果，统计现代蒙古人种和其他人种有铲形门齿者所占百分比，指出铲形的上门齿在蒙古人种中有最大的优势。在蒙古族中，有铲形上门齿者，男女均占91.5%；汉人中，男性占89.6%，女性占95.2%；居住在美洲的奥克斯印第安人，男女均占98.3%。而黑人男性占9.0%，女性占7.8%[②]。据人类学家卡包奈尔（Carbonell）于1963年统计，中国人、日本人中显著具有内侧铲形门齿者占92.7%，上外侧铲形门齿者占91.3%；

[①] 已有较规范的译名：海德利希卡、赫德利希卡，因征引贾兰坡先生旧著，仍用旧译名。

[②] 见《中国文物报》1990年10月4日第1版报道。

其他人种,高者也不过占 5%,或者完全没有。①

过去魏登瑞曾经将北京人的铲形门齿这一特征,作为北京人是现代蒙古人种祖先的一个论据。现在的材料证明,这个特征,一直可以追溯到 170 万年以前的元谋人。元谋人的两枚上内侧门齿,即已呈现铲形结构。② 在我国所发现的古人类遗骸中,凡发现了上门齿的,铲形性质都很发育。③

铲形门齿发育,在我国远古居民中都比较突出,这是表明其与现代蒙古人种有直接渊源关系的一个重要的特征。其他,如头型、颅面等许多特征,均表明大荔人、马坝人等早期智人已经出现了向蒙古人种方向演化的萌芽;到了晚期智人阶段,不仅有了柳江人那样的早期蒙古人种的代表,而且与北京山顶洞人比较,蒙古人种在旧石器时代晚期已出现了南北异形的现象。我国新石器时代居民的体质特点,与晚期智人阶段有明显的继承性与发展上的联系,又在蒙古人种的同一种性中,有了不同种系类型的分化。黄河流域与长江流域以及其他边疆发现的新石器时代的居民,既是在蒙古人种主干下发展,同时又存在不同种系类型的差别。以黄河中游与下游新石器时代居民的体质为例,虽属于同种系,仍存在某些性状的差别。这些都表明了在新石器时代,居民们已存在不同族群的区分④。

综上所述,中华大地是人类起源的地区之一,是蒙古人种的

---

① 参见贾兰坡《骨骼人类学纲要》,商务印书馆,1954 年,第 24 页;《中国大陆上的远古居民》,天津人民出版社,1979 年,第 16 - 17 页。贾先生原将汉人按英文直译为"中国人",今按族称称之。

② 转引自吴新智等《中国古人类综合研究》,收入《古人类论文集》,科学出版社,1978 年。

③ 参见胡承志《云南元谋发现的猿人化石》,《地质学报》,1973 年第 1 期;《中国大陆上的远古居民》,第 16 页。

④ 参见吴汝康《古人类学》,第 205 页,及上引吴新智等的论文。

故乡。中华大地上的远古居民，有些在漫长的进化中已移居于中华大地以外。不仅亚洲许多地方，甚至美洲印第安人的远古祖先，现在许多学者认为是来自中国大陆。但中华民族的祖先，应是来自这些远古洪荒时代已繁衍生息于中华大地并且继续在本土创造着中华民族起源时代历史与文化的人们。中华民族在后世的发展中吸收了外来的文化与民族成分，使自身更加壮大。但就整体而言，中华民族起源于中华大地，并非来自中华大地以外的任何一方，具有鲜明的土著起源的特点。

三、中华民族起源的多源特点

中华民族起源的土著特点，证明了各种"外来说"没有科学的依据，但也并非如汉文文献记述的传统史观那样，说中华民族是从黄河中下游单一起源，然后扩散到边疆才有了边疆的民族。中华民族的起源，又具有多源的特点。

中华大地上的远古居民，分散活动于四方八面，适应各区域不同的自然环境，创造着历史与文化。旧石器时代已显出来的区域特点的萌芽，到新石器时代更发展为不同的区系，各区系中又有不同类型与发展中心。而神话传说中，远古各部落所奉祀的天帝与祖神及崇拜的图腾也有明显的区域性特点。考古文化与神话传说相互印证，揭示了远古各部落集团的存在，从而成为认识中华民族起源多源特点的科学基础。

我国的新石器时代遗址，迄今已发现7000余处，黄河与长江两大河流的中下游分布较密，尤其黄河中游，仰韶文化遗址已发现1000余处。其年代大体自公元前6000年至公元前2000年。1986年在河北徐水县高林村乡南庄遗址发现的属新石器时代早期的文化，经过四年研究，确定其年代距今万年左右。① 华南新石器时代贝丘与洞穴文化遗址，早期年代偏早，而结束晚于中原地区；其他边疆地区结束均稍晚些。尽管发展不平衡，但各地区的新石器文化，各有渊源，自成系统，分布区域明确，文化内涵与面貌也不能互相重合，②因而可以划分出几个较大的文化区系③；各区系之间，互相影响、互相吸收，又有着多层次的联系与统一性。自1979年苏秉琦教授正式提出考古文化区系类型问题以来，经过十余年的研究，各文化区系的内涵、面貌、演进、交融与汇聚，已有了明确的轮廓。苏先生所划分的黄河中游、黄河下游、长江中游、长江下游、鄱阳湖—珠江三角洲、北方六大区域，为学界所宗。然而也还存在多种不同的划分，我在拙作《中华新石器文化的多元区域性发展及其汇聚与辐射》中，学习参考众家见解而断以己意划分了九大区域。今结合对各部落集团的考察，作一扼要的叙述：

1. 黄河中游，以渭、汾、洛诸黄河支流汇集的中原为中心，北达河套及长城沿线，南接鄂西北，东至豫东一带，西至黄河上游甘青接壤地区，分布着仰韶文化。其渊源与承袭的序列是：前仰韶文化（裴李岗、磁山、大地湾三种较早的新石器文化均早于

---

① 参见吴汝康等《人类发展史》，科学出版社，1979年，第180－183页；《中国大百科全书·考古卷》，第710－711页；潘其风《中国古代居民种系初探》，收入苏秉琦主编《考古学论文集》，文物出版社，1987年出版；韩康信、潘其风《古代中国人种成分研究》，《考古学报》1984年2期；中国社会科学院考古研究所编《新中国的考古发现与研究》，文物出版社，1984年，第189－193页。
② 《中国文物报》1990年12月20日第1版报道。
③ 参见佟柱臣《中国新石器时代文化的多中心发展为不平衡论》，收入佟著《中国东北地区和新石器时代考古论集》，文物出版社，1989年；《从考古学上看中华民族的融合与统一》，收入《中华民族研究新探索》，中国社会科学出版社，1991年。

仰韶文化而且与之有直接的发展承袭关系，年代为前6000—前5400)[①]→仰韶文化（前5000—前3000）→中原（陕西关中、山西南部、河南及河北南部）龙山文化（约前2900—前2000)[②]。与这一文化区系相应的为炎帝与黄帝两大部落集团，从中追溯氐羌与华夏起源，并且大致可以肯定继中原龙山文化发展的是夏文化（晋南、豫西、豫中）、先商文化（豫北、冀南）、先周文化（关中）。

2. 今黄河下游，以泰山为中心，南至淮，东至海，北至无隶，实际上是先秦济水及海岱地区，分布着大汶口文化。其渊源与承袭序列是：青莲岗·北辛文化（前5400—前4000)[③]→大汶口文化（前4300—前2500）→山东（典型）龙山文化（前2500—前2000）→岳石文化（前1900—前1500）。岳石文化填补了山东龙山文化与商文化之间的空隙。海岱地区的新石器文化与神话传说中的太昊、少昊部落集团相对应，其中一部分与炎黄集团融合，成为夏人、商人的来源之一，大部分则为夏商周三代东夷的先民。从整体上看，海岱地区的新石器文化，应是三代时东夷先民的文化。

---

① 参见安志敏《略论中国早期新石器文化》，收入《磁山文化论集》，河北人民出版社，1989年。该文论述仰韶文化起源西起陇山两侧，南达汉水上游及汝颖上游，北达太行山东侧今河北中部与南部，最北达易水南岸。实，按古地理这一区域均属黄河中游与下游。前所述徐水发现的早期新石器文化，由于报道过于简略，不知其与仰韶文化区及红山文化区的文化有何渊源关系，其地理则处于这两大文化区交错地带，值得深入研究。

② 近年考古学界颇以中原龙山文化概称陕西、河南、山西、河北的龙山文化，以与山东地区典型龙山文化相对而言，今从之。

③ 考古学界有的主张两者为不同的文化，但都与大汶口文化有渊源联系，有的主张统一命名为青莲岗文化或北辛文化。今以其分布基本重合而又都与大汶口文化有渊源联系但内涵有所差异，以"青莲岗·北辛文化"的方式表述。又，凡关于年代数据而未特别注明出处的，均据《中国大百科全书·考古卷》相关条目碳14测定经树轮校正的年代数据。

3. 长江下游以太湖平原为中心，南达杭州湾地区，北以南京为中心，包括苏皖接壤地区，形成了一个新石器文化区系。其序列大体是：河姆渡文化早期（前5000—前4000）→马家浜·崧泽文化（前4300—3300)[①]→良渚文化（前3300—前2200）。良渚文化与中原龙山文化大体同时并在黄河与长江两大河流域平行发展，以其文化面貌颇具龙山文化风格，曾被认为是龙山文化在长江下游的变体，可见其受黄河流域文化影响之深；另一方面，良渚文化因素，其中特别是玉器，如玉琮、玉璧、玉钺等礼器，在夏商周礼制中，是祭天地和象征王权的重器，又可见其为夏商周礼乐文化的一个重要来源。目前，民族史学界颇以长江下游新石器文化为追溯百越民族与文化起源的对象，甚至直称百越文化，其与中原文化的联系在考古学与民族史学界都很受重视。鄙意以为，目前关于远古部落及部落集团的记载与阐述，长江下游几乎是空白。当中原进入炎黄两昊集团呈现统一趋势和由部落联盟向国家过渡的时期，长江下游的良渚文化却突然消失，其文化因素，主要表现为北上融化于夏商周礼乐文明体系之中，同时也表现了南下岭南出现在岭南新石器文化的迹象。在良渚文化消失后500年左右，重新起步的马桥文化，分布与良渚文化大体重合，文化面貌也表现了对良渚文化的若干继承，但无论是陶器、石器都明显返朴回归，技术与风格都远远落后于良渚文化，特别是玉器，其中的玉质礼器已完全绝迹。所以，河姆渡→崧泽·马家浜→良渚文化区系的创造者，最多可以说是百越民族的先民，春秋战国时兴起的百越民族与文化，其来源比这个区系复杂得

---

① 关于马家浜文化与崧泽文化，考古学界意见尚未统一。一种认为均为马家浜文化，是马家浜文化的早期与晚期，另一种认为是前后相承的两种不同的文化。马家浜文化早期的年代可能与河姆渡文化晚期大致相当，不过，一般仍认为其是继河姆渡文化早期发展的一种新石器文化。今以"马家浜·崧泽文化"表述其联系与一定的差异。

多。或者说，就百越文化起源而论，很可能应从岭南新石器文化区系中去追寻。远古长江下游各部落的天神，可能即伏羲女娲，在拙稿《中国远古各部落集团》中对此猜想作了较详细的论述，[①]于此不赘。

4. 长江中游，以江汉平原为中心，南包洞庭湖平原，西尽三峡川东，北达豫南与黄河中游新石器文化相间分布，是一个自成区系的新石器文化。其渊源，目前考古学家尚在继续研究。自1977年起，先后在湖南石门、澧县等地发现了早于大溪文化的新石器文化，其中石门皂市下层文化经碳14测定（未经树轮校正）为距今6920±200.年[②]。1990年，又在湘北岳阳市洞庭湖区坟山堡遗址上层发现了屈家岭文化的一组连体建筑，在其下层出土一批较大溪文化更早的遗物，与皂市下层文化近似[③]。1989年初在澧水北岸鸡公山发现了属于旧石器时代中期的遗存，距今约10万年，[④]填补了洞庭湖平原旧石器文化的空白，对研究中国南部旧石器中期文化和长江中游新石器文化起源都具有重要意义。此外，在湖北秭归、天门等处也发现了属于皂市下层文化范畴的新石器文化。据目前已有的发现与研究成果，长江下游新石器文化区的序列大致是：皂市下层文化（约为前5000）→大溪文化（前4400—前3300）→屈家岭文化（前3000—前2000）→青龙泉三期文化（又称湖北龙山文化，上限约为前2400）。考古学与民族史学界颇以长江中游新石器文化为追溯三苗部落集团及其文化起源的对象。

5. 辽西及燕山南北，主要分布着红山文化，其范围以辽西

---

① 见本书。
② 参见何介钧《洞庭湖区新石器时代文化》，《考古学报》，1986年第4期。若经树轮校正，约距今8000年左右。
③ 《中国文物报》1990年8月2日第1版报道。
④ 《中国文物报》1989年3月17日第1版报道。

及赤峰市为中心，过去曾被当作是仰韶文化的北方变体，自80年代以来发现渐多，研究也随之深入，才认清该地区的文化自有渊源，自成体系。而其中发现的玉器与礼制萌芽，颇引起国内外瞩目，该地区也由此成为追溯中华文明起源的重要文化区系。下文还要讨论，此处从略。

6.黄河上游，在黄河中游彩陶艺术在公元前3000年左右衰落了，在甘肃、青海、宁夏一带黄河上游地区新石器文化中却更加发达起来。这一地区的新石器文化主要是马家窑文化，据文化层叠压关系与文化面貌，或可以认为是仰韶文化的一个变体，称之为甘肃仰韶文化，年代约为前3300—前2050年。其后延一般认为是齐家文化，也是一种具有龙山文化性质的铜石并用文化，年代上限约为前2000年。黄河上游的新石器文化及青铜文化，是氐羌部落集团及其先民的文化遗存，与炎黄部落集团及仰韶文化有共同的渊源关系。

7.华南地区，以鄱阳湖—珠江三角洲为中心，包括两广、闽台和江西南部。以目前所知，新石器时代基本上暂分为早晚两期。

早期遗址多分布于洞穴、贝丘和台地。它们共同的特点是大量打制石器与磨制石器共存，骨角器比较发达，有的还有蚌器，普遍地使用器形简单的绳纹粗陶，农耕遗迹不甚显著，也没有明显可以肯定的家畜遗存，而采集与渔猎经济占主要地位。世界的普遍现象是先有农业的发展，才出现了陶器制作，而岭南贝丘文化，在没有明显的农业的情况下，却有了粗质的陶器。鄙见所及，以为当地是热带，蚌、鱼等水产丰富，人们极易获取生活资料，而这些水产都要求熟食易于消化，故人们在没有农业种植之前，先制作了陶器，以求煮熟食物；年代也普遍偏早，如江西万年县仙人洞遗址下层、广西桂林市甑皮岩遗址、广东英德县青圹洞遗址、广西南宁豹子头遗址等贝丘遗址的新石器文化，经碳

14测定，年代大约都在距今8000—9500年左右，即约为公元前7500—前6000年，个别甚至超过了万年。

华南的新石器时代晚期文化，已有了较发达的农业，其中有些硬陶是在高达900—1100℃高温条件下才能生产出来。有的遗址中还发现了彩陶。已命名的以江西修水县山背村遗址命名的山背文化，年代约前2800年；以广东曲江市石峡遗址命名的石峡文化，约为前2900—前2700年；以福建闽侯县石山遗址命名的昙石山文化，年代尚待进一步测定，其文化与台湾凤鼻头文化属同一范畴，[①]凤鼻头文化约为前2000年左右。广泛分布在华南的新石器文化，应是百越先民的文化遗存。

8.西南地区，包括云贵和川康西藏地区的新石器文化遗址，发现相对少一些，区系划分也有待于进一步研究。从云贵高原元谋人、桐梓人、丽江人及旧石器时代早、中晚期文化的发现来推测，西南应有当地新石器文化起源的发现，然而目前所知的当地新石器文化，年代普遍晚于黄河与长江中下游及华南地区；其文化面貌，既与黄河中游、上游地区，又与华南地区的新石器文化有着不同层次的联系，同时也表现出地方性的特色。其中昌都、甘孜等处、川西北和滇西北地区的新石器文化与黄河上游及中游的新石器文化有密切的联系，这些地区新石器时代居民大概与黄河上游、中游新石器时代的居民同属氐羌部落集团的先民。

1990年在西藏拉萨市北郊曲贡遗址，经发掘出土大量打制石器与磨制石器共存，发现了不少陶器，有些制作精美，特别是发现了一件猴头陶塑艺术品，似可以将西藏古吐蕃人关于人类起源于猴的神话上推到新石器时代。这是一处距今约4000年，即约为公元前2000年的新石器文化遗址，而且是代表与昌都卡若

---

① 参见《建国以来福建考古工作的主要收获》、《台湾三十年来的考古发现》，两文均收入《文化考古工作三十年》，文物出版社，1979年。

文化不同性质的新石器文化遗存。①

川东属长江中游,新石器文化区系已如上述。四川盆地的新石器文化,受陕甘影响而又具有独特的风格,至商周发展为蜀文化,广汉三星堆也有惊人的新发现。从今大理以东以南和滇中、滇东及贵州和长江以南川东南地区,成为西北与华南及长江中游新石器文化的交汇地带,虽有来自黄河上游的明显影响,而来自长江中游、下游及华南的文化影响,占有一定的优势。这可能是一支受氐羌先民影响较深的三苗与百越集团的先民所创造的文化分布之区。②

9. 东北北部、蒙古高原、阿拉善平原和塔里木盆地东缘。普遍分布着以细石器为代表的遗存,而陶器与磨制石器始终未得到充分的发展。这些以细叶石器为代表的广大地区,在新石器时代除东北北部有些地方有农业的发展,大都仍以采集、狩猎为主;进入青铜时代,或演化为游牧区,或为渔猎区;塔里木盆地东缘,则有较发达的农业遗存。这些以细叶石器为代表的文化,是北方各游牧与渔猎部落集团先民的文化遗存。

以上各区系,发现与研究都不平衡,有些课题在考古学界尚有多种观点在争鸣竞长。然而上述各区分系文化与创造这些文化的部落及部落集团的分布,表明了中华民族多源起源的特点。从这一观点提出以来,考古学、民族史学及相关各学术界,取得共识的人越来越多,以愚所料,终将会成为定论。

---

① 参见《中国文物报》1990年11月1日第1版报道。
② 参见方铁《从考古遗存看远古时代西南地区人们共同体的分布》,《思想战线》1989年《西南民族研究专辑》。

四、中华民族东西两大部与南北三个发展带的萌芽

自1979年以来,我反复撰文阐述中华各民族的发展,呈现出分为东西两大部和南北三带相互依存,相互补充的特点。这东西两大部南北三带民族统一的过程,也就是统一多民族中国形成的过程。所谓东西两大部,是指面向海洋湿润的东南部农业区和背靠欧亚大陆广大的干旱牧区,在广大牧区中间有小块河谷与绿洲农业的西北部;所谓南北三带,就是秦岭—淮河一线以南水田农耕,此线以北至秦长城以南旱地农耕,秦长城以北游牧(包括渔猎、狩猎广义称之)三个文化与民族发展带。然而近七八年,又不断研究了中国新石器文化的区系之后,我更进一步深信上述东西两大部南北三带的发展格局,其起点与萌芽,一直可以追溯到新石器时代。也就是在中华民族起源时代,就已经孕育了这种特点与格局的萌芽。这是说明中华民族起源具有多源特点的一个重要方面。

农业的起源与进步,是新石器时代最重要的成就。中华民族的农业从起源时代已呈现南北不同的特点。黄河流域与辽河流域是以粟(稷)、黍为主体的旱地农业。这两种作物起源于本土。至少在公元前6500—前5000年,西起陇山,东至泰山,北至辽水、南至淮水,即秦岭—淮河一线以北已形成粟、黍为主体的旱地农业体系。从磁山·裴李岗文化(前仰韶文化)、仰韶文化、大汶口文化、红山文化诸遗址判断,当时农业已达到了惊人的成就,到龙山文化时期又有进一步的提高。据测定,仰韶文化期人

们的食物中有近50%的碳-4植物,龙山期碳-4植物达70%。[①]
而粟、黍为碳-4植物,说明龙山期黄河中游与下游居民的食物以农业生产为主,农业已代替狩猎、渔猎成为主要的经济部门。这时边疆生产力水平不如黄河中下游那样高,但粟的种植已传播到黄河上游甘青及康、藏、云、贵与东北松辽平原等处。

秦岭与淮河一线以南,是以水稻为主体的水田农业区。稻起源于何处尚有争议,然而目前所知最早的稻作品种是在长江的下游和中游发现的。河姆渡遗址的稻谷遗存距今有7000年,数量也大得惊人。到前3000年以后,良渚文化中已出现石犁,稻的品种籼、粳俱全,种植范围已扩大到岭南及云贵等地区。

农业和畜牧业的分离,被称为第一次社会大分工。中华民族起源阶段,这种分工应体现为游牧区的形成。新石器时代存在于广大草原的狩猎文化到青铜时代发展为游牧文化,而黄河上游、大青山以南及河套地区、西拉木伦河地区一线在新石器时代为河谷原始农业文化区,到分元前2000年以后,在青铜时代生产力发展的推动下,这些地区却和广大草原一样逐渐形成了游牧文化,是游牧民族的活动舞台。游牧文化在中华民族发展史上,是与旱地农业文化和水田农业文化平行发展、互相依存、互相补充的。

最近我进一步思考,为何在西拉木伦至西辽河上游、大兴安岭南端、阴山以南及黄河上游一些河谷,在新石器时代基本上是农业文化,但到了青铜时代,尤其是铁器时代,自夏商一直到清中叶,却总体上是游牧民族的历史舞台?过去对上述地区农耕民族与游牧民族同步南迁有些不解,其实,竺可桢早已给我们透露了获取答案的信息。他在《中国科学》1973年第2期发表《中国五千年来气候变化的初步研究》,根据文献与考古资料所发现

---

① 参见蔡莲珍等《碳13测定和古代食谱研究》,《考古》,1984年第10期。

的气象、物候、地质、农牧活动的变化,得出了我国近5000年的气候可分为四个温暖期、四个寒冷期的结论。其中从仰韶文化期至商末为第一个温暖期,年平均温度比现在高2℃左右,一月分平均温度比现在要高3℃—5℃。竺先生还论证,年平均温度下降2℃,会使作物物候现象推迟1—2周,而物候1—2周,相当于地理位置相差纬度2℃—4℃。又龚法高、张丕远、张瑾瑢合撰发表于《历史地理》第五辑的论文《历史时期我国气候带的变迁及生物分布界限的推移》,对竺先生的研究有进一步的充实与引伸。他们的结论是:"根据花粉和考古证据分析,距今8000—3000年间气候温暖时期的气候状况和亚热带位置,表明当时各地气温普遍地比现在高,但升高幅度各不相同。在东部地区,随着纬度升高,古今温差增大。东北地区当时年平均温度比现在高3℃以上。"三位先生的这一成果启发我去判断为何新石器时代在北纬41℃–44℃间,即今承德、赤峰两市与通辽之间,一般都是农耕文化分布之区,到青铜时代这些地区却已成为游牧民族文化分布之区。由此可见,民族史研究,不仅要注意吸收考古学成果和资料,还要注意从自然史的资料和研究中吸取成果。中华民族从起源时代已呈现东西两大部南北三带的萌芽,在后世更得到充分发展,是与中华民族所处地理环境的特点分不开的[①]。起源的多源特点与发展的多区域不平衡性,都要从这种自然环境的特点中寻找其根源。

[①] 参见拙作《中华文化的起源与中华民族的形成》第一节,收入《中国古代文化史(Ⅰ)》,北京大学出版社,1989年。

五、中华民族起源时代各部落集团的融合与分化

公元前 3000—前 2000 年这一期间内,由于生产力和人类自身进化以空前的速度发展,战争、兼并和私有财产的积累与掠夺频繁发生,于是出现了凌驾于部落民族成员之上的权力、贵族。原有各部落、部落集团打破了部落与地域的界限,文化上呈统一的趋势,原始部落崩溃瓦解,开始向国家与民族过渡。部落集团之间的融合与分化,血缘结合的分解,地缘结合的凝聚,都表现为王朝前古国文化的发达,透射出文明的曙光。

所说文化上呈统一的趋势,主要是指起源于以泰山为中心的海岱文化,逐渐统一了黄河流域、长江中游与下游、燕山南北,形成了山东(典型)龙山文化、良渚文化(后期)、红山文化(后期),使上述各区系文化特征都具有龙山文化的面貌。虽仍具有明显的地区差异,却又明显具有统一的趋势。所以这千年间,考古学上可以概称之为龙山文化形成期。

在边疆,发展速度相对缓慢些。先前已存在的发展不平衡,这一时期表现得更为明显。

在各主要部落集团关系方面,一是战争与兼并加剧,男子成为以战争为职业的特点表现在墓葬中。那些磨制得锋利的箭头和武器,都随男子入葬。妇女遗骸旁边只发现一些纺轮之类的工具。妇女已丧失其统治地位而成为男子的附属,在上述时期墓葬中也有很典型的表现。神话传说中,黄帝战胜炎帝、两昊、蚩尤,尧舜禹战胜三苗等惊天动地的战争和战胜洪水的伟大公共水利事业,不仅促进了打破各部落界限从而形成前王朝期军事民主制古国,还加速了夏王朝的兴起。

最近这十几年许多重要的新发现，使我们耳目一新、茅塞顿开，考古学向我们昭示出，在青铜起源与文明初曙时期，燕山南北、黄河上游、长江中、下游本来是与中原齐头并进，有的甚至走在中原的前面。正是在这四方八面的先进文化汇聚于中原、各部落集团融合的基础上，才形成了夏人、商人、周人，先后建立了夏、商、周三个王朝，复经春秋战国的民族大迁徙与大融合，最终形成了稳定发展的华夏民族。[①] 华夏民族在中华民族中首先形成，是以炎黄部落集团融合为核心，不断融合两昊、三苗及其他各部落集团的一部分，吸收四方先进文化大融合的结果。从华夏各部分来源来看，其与四方各民族都有共同的渊源联系；四方各部落与部落集团，都有一部分分化出来，进入华夏形成的过程，大部分仍沿固有文化传统继续发展，当然也不断吸收邻近各部落与部落集团的文化与成分，发展形成为边疆各民族。同时，华夏民族在形成发展过程中，也不断有一部分分化出来迁徙到边疆，融于当地各族之中，成为当地各民族的一部分来源。一方面是融合，另方面是分化的特点，一直可以追溯到起源时代。这一特点，对中华民族后世历史的发展影响至为深刻。

本文按期刊篇幅已逾一般常规，原计划具体叙述各部落集团融合与分化的过程，并从考古学文化方面叙述前王朝期古国礼制雏型的发展，现在只能待有机会另外作文向读者请教了。

(原载《广西民族研究》1991年第3期)

---

① 参见拙作《论华夏/汉民族的形成》，《烟台大学学报》1991年第2期。

中华民族形成发展的特点

中国古代已形成了许多民族，并结成了统一的多民族国家。在我国古代，民族之间的区别和认同虽然有了明确的标准[1]，却没有形成"民族"这个词汇。中国各民族在政治生活和科学文化领域中使用"民族"一词，是19世纪与20世纪之交的年代从外文中引进的[2]。在世界的近代，伴随欧洲资本主义的萌芽、发展和资本主义制度取代封建制度过程而形成的一些民族，到1871年欧洲资产阶级革命结束时，已形成了一系列单一的民族国家，从而也产生了民族（Nation）与国家（State、Nation）一致的观念。这是一种在先有近代民族而后才形成近代民族国家的历史条件下所出现的民族与国家同一的观念。而中国从秦汉至清代已有两千年统一的多民族国家发展的历史，并且在清代已完全确立为统一的多民族国家，因而接受从西方传来的"民族"这个近代名词，存在历史与文化背景上很大的反差。在引进"民族"一词和最初几十年的使用中存在不同的理解和含义混乱的情况，丝毫不足为奇。用西方的立场和观点来观察中国的民族和民族关系，自然也会觉得很不好理解。于是他们将汉族与中国等同起来，而又与中国的少数民族对立起来，完全背离了中国的历史和现实的实际情况。中国各民族、各阶级的各种政治派别以及从各种思想体

---

[1] 参见本书：《传统的民族观与中华民族一体观》。
[2] 林耀华先生1963年发表《关于"民族"一词的使用和译名问题》，曾引起广泛的讨论，中国社会科学院民族研究所韩景春、李毅夫两先生编辑的《汉文"民族"一词考源资料》，搜罗繁富，足资参考。

系出发的学术研究，也对中国的民族及民族问题有不同的看法，都从自己根本的政治立场出发，试图对中国的各民族和中华民族之间的区别与联系作出解释。然而，真正揭示了两者间辩证关系本质的是中国革命解决民族问题的进程。孙中山先生领导的革命，从旧三民主义过渡到新三民主义；中国共产党领导各族人民实现了中华民族的独立解放，共同缔造了中华人民共和国，并且形成了新型的社会主义民族关系。当前，中国各民族正团结奋斗，在现代化进程中互相协作、共同发展、共同繁荣。这些都为正确阐明中国各民族与中华民族的区别和联系开辟了道路。通过几十年不断的讨论、调查和理论概括，费孝通教授认为：民族是稳定的同时又是发展变化的人民共同体；民族的发展是分层次的。在当前，中国的民族有三个层次：中华民族是一个层次；中华民族中的各个兄弟民族，都是单一的民族，又是一个层次；各兄弟民族中还有若干不同的地区性或文化上有所区别的人们集团，比如藏族中有卫藏、康、安多等不同的集团，瑶族中有自称"勉"（盘瑶）、"金门"（蓝靛瑶）、"布努"（背篓瑶）、"瑙格劳"（白裤瑶）、"甘迪门"（山子瑶）、"拉珈"（茶山瑶）、"炯奈"（花篮瑶）、"藻敏"（八排瑶）等不同的人们集团[1]，这些人们集团也是一个发展层次。费老依据中国这种实际情况提出："我将把中华民族这个词用来指现在中国疆域里具有民族认同的十一亿人民。它所包括的五十多个民族单位是多元，中华民族是一体。它们虽则都称为'民族'，但层次不同[2]。"

本文将从中华民族的整体出发，探讨其起源、形成、发展的基本特点。

---

[1] 费老在不同的地方作过表述，此为我依据自己的理解所作的陈述，若有不准确处，由我负责。

[2] 《中国民族多元一体格局》，中央民族学院出版社，1989年，第1页。

一

关于中华民族的起源,长期存在本土说与外来说、一元说与多元说的争辩①。以往各种假说,受到当时流行的史观和方法论的影响,有的还受特殊政治目的影响,同时也受到当时古人类学、考古学发展水平的限制。最近十年间,我力求学习和吸收中国古人类学和旧、新石器时代考古学发现的材料与研究成果,并和文献记述的远古神话相结合,试图对中华民族的起源作出自己的解释。从而逐渐明确,中国的古人类学发现与研究成果,已为阐明中华民族起源的土著特点,奠定了科学基础;中国的新石器时代考古学关于中华新石器文化区系类型的研究成果和关于远古部落集团的研究成果相结合,已为阐明中华民族多元起源、多区域不平衡发展的特点奠定了科学基础②。

尽管对中华大地上某些远古人体遗骸的种族属性在古人类学界还有不同的判断或存疑,但如下两点已得到基本的认同:①中华远古人类遗存的发现和研究,已证明人类起源从腊玛古猿、直立人(猿人,包括早期、中晚期)、早期智人(古人)、晚期智人(新人)各阶段均有较丰富的发现,从而可以建立起人类起源各阶段没有缺环的进化序列;目前唯独中华大地的发现,可以用一个国家的材料建立起这样完整的序列。中华大地应是人类起源的地点之一。②中华大地发现的远古人类,其体质特征,主干方

---

① 参见《关于中华民族起源学说的由来与发展》,收入《中华民族研究新探索》,中国社会科学出版社,1991年。

② 参见陈连开《关于中华民族起源特点的几点思考》,《广西民族研究》,1991年第3期。

面，与蒙古人种（黄种人）相联系，从中可以追溯蒙古人种的起源及蒙古人种不同种系类型形成的早期形态，从而又证明，中华大地应是蒙古人种的故乡。依据以上两个基本的认识，可以断言，中华民族虽然在其发展过程中，吸收了某些从中华大地以外进入的成分并与本土各民族相融合形成了新的民族，但从整体而言，中华民族的远古祖先，是起源于中华大地并且继续在本土创造历史与文化的人们，关于中华民族各种"外来说"没有科学的依据。

传统的中国"正统史观"认为，中国各民族是从黄河中游一个中心起源的，其在中原发展的为华夏/汉民族，其被流徙于四方的为四裔各民族。然而考古学和对远古各部落集团的研究，修正了这种正统史观。中华新石器文化的多元起源、多区系不平衡发展[1]，新石器时代各个区域人体遗骸所表明的蒙古人种不同种系型与新石器时代文化区系的划分互相吻合[2]，运用远古传说与新石器时代考古学的成果相结合所追溯的远古各部落集团及各部落集团的分化与融合等[3]，说明中华民族起源具有鲜明的多元特点。

中华大地的农业起源南北具有不同的特点，构成了中国南北水田农耕、旱地农耕不同的发展带和与之相应的民族与文化发展带。中国的游牧民族起源，大致上有如下三种情况：①阴山以北

---

[1] 参见陈连开《中华新石器文化的多元区域性发展及其汇聚与辐射》，收入《中华民族多元一体格局》，中央民族学院出版社，1989年。

[2] 参见吴汝康等著《人类发展史》，科学出版社，1979年，第180—183页；《中国大百科全书·考古卷》第710—711页；潘其风《中国古代居民种系初探》，收入苏秉琦主编《考古学论文集》，文物出版社，1987年；韩康信、潘其风《古代中国人种成分研究》，《考古学报》1984年第2期等。

[3] 参见陈连开《中国远古的各部落集团》，收入《民族史研究》第三集，中央民族学院出版社，1993年；以上各点，在拙作《中华民族起源学说的由来与发展》中有也所叙述和论证，可供参考。

蒙古高原新石器时代以细叶石器各种刮削器及其他与狩猎相适应细石器为特点的游猎各部落，到青铜器与铁器时代发展为游牧民族；②河湟河谷、燕山南北及西辽河流域、阴山以南及河套一带新石器时代的原始农耕兼有较多养畜的各部落，在金属工具使用以后征服了草原，发展为游牧民族，或原有的农耕部落南下，游牧民族进驻；③大兴安岭草原的游猎部落南下或西进至草原，转化为游牧民族，藏北高原从气候较暖转化为高寒荒漠，可能也经历了原始农耕或游猎向游牧民族的转化，目前考古发现尚不充足，一时不能作出推断①。这些材料又证明，中国各民族从古代直到近代东部沿海工商业发达以前，所呈现的南北三带与东西两大部的经济、文化及民族发展的结构特点②，在中华民族起源的时代已经萌芽。这是中华民族后世发展多元与一体辩证运动的起点③。

二

民族的形成与发展，通常总是和一定的国家形成发展相联系的。在中国长达数千年的历史进程中，一方面是各民族各自具有其起源、形成、发展的历史；同时，各民族又通过多层次的联

---

① 关于中国游牧民族的起源，从目录上看1993年佟柱臣教授发表了专论，尚未来得及拜读，以上鄙见不知是否与佟老看法吻合？总之，以往那种认为人类都是从狩猎到游牧，再发展为农耕的模式与理论，已被中国的考古学所推翻。在中国，农耕南北起源不同，游牧与农耕在中国是并列发展的，与欧洲有显著的不同。

② 参见陈连开《我国少数民族对祖国历史的贡献》，书目文献出版社，1983年；此外，关于南北三带与东西两大部结构，我曾在不同的论文中反复论证，于此不赘。

③ 参见费孝通《中华民族的多元一体格局》第二、三节，收入《中华民族多元一体格局》论集。

系，逐渐形成了统一的国家。众多的民族都成为同一中国的一员，其历史均构成了中国历史的组成部分，各民族的根本和长远利益一致，结成了不可分割的整体。因此，客观上伴随统一多民族中国的形成和发展，中国各民族也形成了一个相互依靠的共同体。只是在中国古代，由于各民族的差别和矛盾在历代王朝民族压迫制度下造成了民族间的歧视和隔阂，掩盖着客观上存在的中国各民族的一体联系；而中华大地的外部世界，确实也没有一种威胁力量，足以使中国各民族产生"兄弟阋于墙，外御其侮"的民族危机感。因此，在中国古代，各民族客观上存在并不断发展的一体性联系，未能上升为整个中华民族的自觉意识。我们将中国各民族这种一体性的发展历史称为中华民族的自在发展。1840年以后，西方资本帝国主义列强的侵略，威胁着整个中华民族的生存，于是中国的各民族从自发到自觉联合成一个整体，以反抗帝国主义的侵略和压迫，争取中华民族的独立解放。中华民族的存在和发展由自发状态逐渐提高为自觉意识，并上升到整个中华民族的民族觉悟，这便是中华民族的觉醒和联合。我们将中华民族在近代，尤其在孙中山新三民主义和中国共产党领导下实现的中华民族的大联合，称为中华民族的自觉发展。费老说：

> 中华民族作为一个自觉的民族实体，是近百年来中国和西方列强对抗中出现的，但作为一个自在的民族实体则是几千年的历史过程所形成的[①]。

对于中华民族的自在发展及其基本特征，请参见拙文《中华民族的自在发展》[②]。在此，谨作如下两点补充：

(1) 在秦始皇统一中国以前的三个千年纪，以黄河中下游为主要历史舞台，经历了三次东西各部落与部落集团以及夏代以后

[①] 《中国民族多元一体格局》论集，第1页。
[②] 见《中央民族学院学报》1992年第4期。

各民族、部落、部落集团的冲突、涵化与融合，从而形成了中国最早的国家和华夷五方共同构成"天下"的格局，为华夷统一国家的形成奠定了历史的基础。

第一次冲突、涵化、融合及统一的趋势，发生在新石器时代的晚期至铜石并用时期。

考古学证明，黄河上游、燕山以北西辽河上游、长江上游巴蜀地区、中游江汉地区、下游吴越地区，在新石器时代晚期，都已透射出文明发达的曙光[①]。但大约在距今5000年左右，在黄河中下游最先开始了统一的趋势。当时仰韶文化最富特点的彩陶艺术在黄河中游突然衰落，转向黄河上游及河湟地区发达起来。而起源于黄河下游由大汶口文化发展形成的龙山文化，不仅在以泰山为中心的海岱地区形成典型龙山文化（山东龙山文化），而且其文化特征，覆盖了黄河中游所有仰韶文化分布区，甚至延伸到淮河流域及汉水流域，从而形成了冀南、晋南、河南、陕西及至湖北的龙山文化。与这种文化上东系盖覆西系而呈现统一趋势相反，起源于黄河中上游的炎黄部落集团东进和北上，到达黄河中下游及燕山地区以及古河济之间和泰山以西地区。于是炎黄与东系太昊、少昊部落集团发生接触、冲突和涵化，在冀中平原发生大战，最后在涿鹿决战，战胜两昊集团[②]，形成了以黄帝为首领的统一黄河中、下游各部落与部落集团的大联盟，黄帝成为号令黄河中下游各部落的共主（古文献称之为"天子"）。这是中国历史上有文字可以推考的第一次文化上较为后进的征服者反被文化先进的被征服者所征服而达于相互涵化与融合的历史过程。于是黄河流域东西两大部落集团和文化都发生了融合和分化。西系炎

---

① 参见本书《中华文明初曙从多元向一体的发展》。
② 参见本书《中国远古的各部落集团》。

黄进至古黄河中下游与河济之间,[①] 与两昊部落集团共同涵化而形成了夏、商、周三族的先民,他们分别与晋南、河南、冀南、陕西龙山文化相对应[②];而陇山以西属炎、黄各部落,仍按原有文化传统发展,并且进入青铜时代在较高生产力水平上从河谷农耕兼养畜,进而征服草原成为氐羌族群[③]。东系两昊集团除与炎黄结成联盟逐渐涵化、融合者外,分布在泰山以东至海以南至淮的各部落仍按原有文化传统发展而形成了夏、商、周三代的东夷族群[④]。这种融合与分化是黄河流域东西两大系文化区域与两大部落集团同一进化过程的两个侧面。同时,来自江汉的三苗集团及来自长江下游创造了良渚文化的部落集团,其许多文化因素,也是夏、商礼乐文明的一个重要来源[⑤]。

第二次东西冲突、涵化与融合,即夏、商、周的替代和融合,从而形成了华夏民族的雏形。这个过程,约从公元前 21 世纪至周平王东迁,经历了 1000 多年。三族到西周已具有民族雏形的基本特征:有了共同的族称——夏;共同的地域观念——禹域、禹绩、区夏(夏区),并与四夷相对称的中国;初步构成了有共同祖先来源的谱系——以黄帝为共同始祖;文化及制度大同而小异,自孔子以来已有定评。之所以称为民族雏形及三族的起源、融合过程,已有拙文《论华夏雏形》[⑥],本文不详赘。

[①] 古黄河从今河南武陟东北流经辉县东、浚县西折北在今天津市东南入海,因而在太行山两侧形成"两河之间"的《禹贡》冀州,《禹贡》已认定是中国国家起源之区。今黄河下游走向大体与古济水一致,古今黄河之间大致上也就是古河济之间,包括今冀南、豫东北、鲁西北地区。

[②] 参看《论华夏民族雏形》,《社会科学战线》1993 年第 3 期。

[③] 参看《夏商时期的氐羌》,《云南民族学院学报》1994 年第 4 期。

[④] 参见《华夏五方格局与夷蛮戎狄》。

[⑤] 关于良渚文化在中原礼乐文明中的反映,苏秉琦、陈剩勇、董楚平等先生均有专论,不详具。

[⑥] 见《社会科学战线》1993 年第 3 期。

第三次即春秋战国时期，华夏已形成稳定的民族共同体并已形成华夷五方格局与华夷统一的历史趋势。这一时期的民族关系，不仅有东西冲突、涵化与融合，也存在南北与东西交错的矛盾斗争。

公元前771年，申侯引西戎杀周幽王，次年平王东迁。春秋时期秦主要在崤山以西发展，"霸西戎狄"。这一时期的南北关系，有所谓"南夷（楚）与北狄交，中国不绝若线"①。到了战国，进至黄河中下游的戎狄各部落、海岱地区的东夷、长江下游的吴越、长江上游的巴蜀基本上已华化，春秋时被称为蛮戎的楚与秦，也与三晋、齐、燕并列诸夏七雄。东西连横与南北合纵交错，不仅诸夏大认同，已具备稳定的民族共同体的基本特征，而且出现了民族统一的剧烈兼并，形成以华夏居中，东夷、西戎、南蛮、北狄配合四方，"五方之民"共同构成天下的格局。《礼记》大概是战国时的作品，经西汉整理编纂成书。其中《王制》篇所完整表述"五方之民各有性也，不可推移"，因而统一君王必须依据其习性文化与地理特点，"修其教不移其俗，齐其政不易其宜"——华夷五方格局的观念与华夷统一"因俗而治"的设计都很明确。战国时，中国尚未统一，然而这种历史趋势已不可抗拒，当时各家学说各异，主张"大一统"几乎可以说是殊途而同归。

（2）统一多民族中国形成发展确立的过程，以秦汉为发端，经过了魏晋南北朝时期严峻的考验到隋唐达于更高度的统一；隋唐是统一多民族中国的发展阶段，经过五代十国和辽宋金第二次中国的南北王朝对峙，到元代达到了前所未有的统一；元明清是中国统一多民族国家的巩固与确立的阶段，到清乾隆年间已完成古代的发展过程而完全确立。其标志：①中国所有各民族分布之

---

① 《春秋公羊传》僖公四年。

区已完全置于朝廷直接派员的管辖之下；②依据各民族地区不同的民族历史、经济、文化，其中尤其是宗教影响之不同，制定各有特点的管辖制度、律令和赋税政策等，仍体现了"因俗而治"的原则；③与俄罗斯订立了具有近代主权国家间条约形态的边界条约，条约中体现主权的国家名称是"中国"；④与周围邻国虽有一定宗藩关系，仍有较明确的传统边界，其中有些经过了勘订。总之，在西方列强侵略中国以前，中国已经是巩固的统一多民族国家，有明确的疆域和国界，有稳定的各具特点的管辖制度和律令，朝廷在所有中国各民族地区都有效行使主权[①]。尽管清朝的民族压迫在各民族间造成了隔阂，但当列强侵略、威胁中华民族根本的共同利益时，中国各民族仍共同奋起反抗，不仅在历次具有全国影响的反侵略斗争中是如此，同时在云南边境反英、法帝国主义蚕食的斗争中，中法战争镇南关战役中，新疆反抗阿古柏入侵和帝俄侵占伊、塔等地的斗争中，1904年西藏抗英斗争中等等，当地各民族都是把保卫家园和保卫祖国统一起来，表现了高昂的爱国主义英雄气慨。

在统一多民族中国形成的过程中，多元与一体的辩证运动贯彻始终。因而以统一→分裂和地区性多民族重新聚合形成南北朝→更高度的统一→再次分裂与地区性多民族重新聚合，形成第二次南北对立→统一多民族中国的确立，这样的螺旋式推进，完成了古代的发展历程。在世界上，这是独一无二的伟大奇迹。

从五胡十六国起，中国少数民族走上争夺中原政权帝王宝座的历史舞台，以后无论是汉人为统治民族，还是少数民族为统治民族，都认同是中国。在汉代，中国与汉人同义；至十六国与南北朝时，汉人成为单一的民族名称，中国为中国各民族共享。原

---

① 参见《历史上的中国与中国历史上的民族》，收入翁独健主编《中国民族关系史研究》，中国社会科学出版社，1983年。

来,以中国对四夷总体称谓称为"华夷",南北朝出现了新的总体称谓"蕃汉"。隋唐以后至于清朝,"华夷"之称虽仍沿传统使用,而蕃汉对举则成为统一中国内各民族越来越广泛的总体通称,尤其在少数民族作为统治民族的王朝可以说是法定的称谓[①]。无论是汉人建立的朝代,还是少数民族建立的朝代,其官修一代之史自古同称"正史"。

统一的多民族中国形成的过程实际上是中国南北三带东西两大部农牧两大类型民族的统一。无论统治民族是什么民族,汉人都居人口的多数,汉地的农业经济,都是立国之基,汉文化都居主导和领先的地位,历代制度都是承袭秦汉开创的中央集权君主专制制度而有所因革,文化传统不因统治民族的变更而断裂。另一方面,历代制度,尤其是少数民族为统治民族的制度,又都有着农牧文化结合的特征。从汉代以来,历代王朝对游牧民族和南方农耕民族的政策和管辖方式有着很大的不同。1971年春,《中国历史地图集》清代部分草图已成,周恩来批示请郭沫若审阅。我与林家有等几位同志前往郭府汇报对疆域处理的原则,同郭老说到南北民族关系。郭老说,中国古代中原王朝对待民族关系,总的原则是"北方防御,南方浸润"。郭老这个指教,启发我注意研究中国古代南北民族关系之不同,并且在1979年以来讲课和接待某些来访者中,不断对此有所阐发。应该说这个观点最初是郭老指点出来的。当北方民族为统治民族时,往往主动接受汉文化,同时也在更深更广的领域推行农牧文化的结合。对这一结合的研究现虽已被重视,但仍处于刚刚起步阶段。从汉代以来,朝廷就对"内附"各族首领重赏赐,封王侯,争取他们为藩属,实现"王者守在四夷"的理想,保障郡县安全和农牧经济文化的

---

① 参见本书《中国·华夷·蕃汉·中华·中华民族——一个内在联系发展被认识的过程》。

正常交流。但汉人统治的王朝，兵源、财源、官吏等基本上或单纯来自汉地农业区域，视游牧区为"无用之地"，虽然出于稳定和保障农区安全的需要，用各种方式争取游牧民族"内附"，一般只推行"羁縻政策"，实行间接管辖。蒙古人建立的元朝和满洲人建立的清朝，却把契丹人建立的辽朝对农牧民族行使直接治理的不同制度、设官、法律体制发展推行到全国各民族地区，这不仅是统一多民族中国发展的逻辑使然，也是北方民族固有的文化观念和汉文化结合的产物，是农牧文化结合对中国古代国家制度的推行和发展。

国家的统一和各民族多种经济区域不平衡发展与多种社会经济制度的并存，是中国古代统一多民族国家制度发展的又一个大特点。这是贯彻"修其教不移其俗，齐其政不易其宜"各种"因俗而治"政策的结果。直到新中国在民族地区实行民主改革以前，这些地区仍存在有原始社会诸多特点的社会制度、奴隶制度、封建农牧制度、地主经济发达的封建制度，有的民族地区资本主义工商业也有所发展，可以说还存在一部活的社会发展史。各民族间，并不因社会制度不同而不能共同生活在统一的中国，也不因为社会制度不同而不能正常进行经济交流，实现互相依赖、互补共生的相互需要。所以，整个古代，民族间的经济交往和同一民族各区域间的经济交往，商业的发展，构成了中国封建时代显著区别于欧洲封建时代的特点。在中国的农牧区域之间，有道万里长城，既是汉人王朝和汉化北方民族王朝修筑的一道把农牧民族分隔的保障郡县安全的防御工程，也是一道把农牧两大类型民族联系起来的纽带。因为沿长城一线，从汉代以来形成了许多农牧交换的地点和农牧交换中心，在中国古代是农牧民族进行经济文化交流的接触地带。万里长城，这一世界上独一无二的伟大地理景观，把农牧民族既相矛盾又相互依赖相互补充两个方面的辩证关系深刻地体现出来。还有一种伟大的地理景观，即中国的大运河。世界上有名的大运河,都是在资本主义世界市场的推动下开凿出来的。中国的大运河,沟通南北从钱塘江、长江、淮河到黄河四大水系,长达数千里,而且中国地势北高南低,需要做许多人工蓄水工程才能反地势而使水运能够北上。如果不是南北经济交流的需要,仅仅是几个皇帝用它"下江南",像大运河这样浩大的工程能够持久发挥其功能,那是不可想像的。

前几年有种议论,说中国自古是封闭的。其实中国虽四周有天然障隔,导致与中华大地以外的交往需要克服无数困难,但考古材料证明,先秦时中国已与葱岭(帕米尔)以西有了交往。自张骞开辟中西交通,通过今新疆达到南亚、中亚、西亚、北非、东非乃至欧洲的陆上交通被西方学者称为"丝绸之路",并已引起全世界学者研究的兴趣。通过西南、北方、东北的陆上交通,也有一定影响。海上交通开辟也比较早,唐中后叶以来海上交通日见发达,以至外部世界因陆上交通而称中国为"秦",因海上交通称中国为"唐"。但中国虽然有过丝绸之路的盛况,有过郑和下西洋的壮举,却在古代一直主要是各民族内向汇聚。从明代以来不断有许多移民向海外发展,但也从未对外部世界进行任何侵略和领土扩张。张正明教授曾形象地称西方的观念是"地中海",欧洲、西亚、非洲古代文明通过地中海相互交往而发达,中国则认为四周都是海洋,中国各民族在神州这块"海中地"上内向汇聚,同时又保持着和外部世界一定程度的联系和交往。

中国的民族文化,具有鲜明的特点。在统一的多民族中国发展过程中,即逐渐发展了中华民族文化的共同性,又发展着各民族不同文化的多样性。这种共性与个性的相辅相成,使中华民族多元与一体,在文化领域表现得光耀夺目、多彩多姿。中华民族文化的多元起源、多区域不平衡发展,反复汇聚形成一个一个发展的高潮,又反复向四周辐射,促进各民族文化及文化共性的发展。这是中华民族文化发展的基本运动形式。

三

　　资本/帝国主义列强侵略压迫，使中国逐渐沦为半殖民地；香港、台湾、东北等地区，曾一度沦为殖民地。在1840年以后的一个世纪，中华民族遇到了前所未有的挑战，遭受了空前的屈辱和民族生死存亡的深重危机。于是，整个中华民族根本利益一致的切身体验，使中华民族的爱国主义觉悟逐渐觉醒，逐渐提高；中国各民族联合成为一个整体与帝国主义对抗，以求中华民族的独立解放，越来越从自发走向自觉。这种民族的觉醒和觉悟，在孙中山先生《中国国民党第一次全国代表大会宣言》中已得到了体现。孙先生明确指出："国民党之民族主义，有两个方面之意义：一则中国民族自求解放；二则中国境内各民族一律平等。"[①] 中国共产党在新民主主义革命时期解决民族问题的纲领与孙先生重新解释的民族主义纲领一致，并在抗日战争时期又提出了民族区域自治的政策。中华人民共和国建立以后又不断加以完善，实现了中国少数民族的区域自治，从而把中华民族的一体和多元有机地比较完美地结合起来。中国近百年的历史和解决民族问题的实践反复证明：中国任何一个民族的解放，其中包括汉族，都必须依靠中华民族的联合，随着整个中华民族的独立和解放才能实现；那些帝国主义扶植下所搞的"独立"，都是以分裂中国为目的，不仅加深了其本民族的灾难，也给整个中华民族的独立解放事业带来损失，因此都遭到了本民族和中国各民族的唾弃而以失败告终。这是中国各族人民经过几代人上下求索和浴血奋战才认识到的客观历史规律。关于这个历史规律的认识过程，

[①] 《孙中山先生选集》，人民出版社，1981年第二版，第591页。

已在《中华民族学》第二编及拙作《中华民族解》① 中作初步的叙述，于此不赘。

当前，完全实现祖国统一的大业和实现中华民族现代化的大业，不仅为海峡两岸及港澳的中国同胞所共同关心，散布在世界许多国家和地区的华侨与华人同胞，也和祖国的同胞一样关心。如果说在50年代到70年代因为彼此相隔，这种共同的关切未能得到沟通，那么，今天我们有条件共同探讨中华民族形成、发展的特点，来促进祖国的完全统一和中华民族的现代化。在中华民族子孙中，有许多共同点，认识是一致或比较一致的。

其一，中国只有一个。何时能使中国完全统一，用什么方式统一，海峡两岸的中国人目前还在认识和实际主张方面有较大差距；但中国只有一个，任何分裂中国，或制造两个中国的主张与活动，都违背民族大义，应该加以反对和唾弃，则大家都认同。海峡两岸中国人对中国统一的这种认同与差异的状况，在世界上所有华人中，大致也差不多。在一个时期存在的这种认识上的同和异，是必然的，也可以理解；只需本着求大同存小异的精神，大家都朝着祖国完全统一的目标在探讨，将来终会找到全民族认识上的聚合点，促成中国完全统一的实现。"一国两制"，不仅是现实生活中提出的一个创造性的统一方案，也可以从中国两千年统一国家发展一直有多种社会经济制度并存的事实中断定当代"一国两制"的方式是可行的理想方案。

其二，中华民族是中国各民族的总称，汉族是主体民族，同时中国各少数民族，也是其中不可分割的成员，应该享有平等的政治权利。中国的民主革命，证明了中华民族的独立解放，要依靠中华民族的大联合；中华民族的现代化，也只有在中国所有各

---

① 陈连开等《中华民族学》，延边大学出版社，1992年；《中华民族解》，刊于《中南民族学院学报》1992年第5期。

民族共同繁荣，实现现代化的基础上，才能完全得以实现。这些在中国大陆已经比较容易理解；在台湾，许多有影响的学者中，也从50年代以来就提出了类似的观点。中国最早将人类学和考古学相结合的权威学者李济博士，于1950年在一次台湾学者聚会讨论中国民族的构成学术座谈会上说：

> 假如我们对于构成中国民族人种成分，没有预定的成见，我们对于所有在中国境内存在的各色人等及他们在中国民族史的地位，尤其是早期的，都应该予以同等的重视。若是，有某一人种或民族成分于某一时期，在中国境内占了一个优胜的地位——蒙古人、满洲人——我们固然不能否认他们在那一时期对于中国民族成长的贡献，但是，说他们能代表那一时期的中国民族，显然是与事实不符的。历史的晚期是如此，在历史的早期，以及历史以前，中国民族形成的程度，似乎也没有停滞在任何一个固定的阶段中。故历史所称的"汉民族"、"周民族"、"殷民族"、"夏民族"，没有一族在他们的最盛时期，独占过那时的中国江山。所谓"黄帝子孙"，我们可以认明，实在只是一种属于文化意义的传说，并不切合人种学的事实。①

1993年在北京召开的"海峡两岸中国民族史学术研讨会"上，来自台湾、香港的史学家、人类学家、民族学家共聚一堂，讨论"中华民族传统文化与中华民族的形成与发展"，台湾政治大学民族研究所唐屹教授在发言中说：

> 民族问题一向是我国一项重大问题，从过去到现在一直存在着。11亿人口的大国——中国，是一个多民族而统一的国家，对这个国家之根本，应该有一个共识。关于中华民族的基本概念，费孝通先生的"中华民族的多元一体格局"，

---

① 台北《大陆杂志》，1950年，第1卷第1期。

同样会被台湾学界所接受①。

笔者去年参加了由两岸三地学者共同参加的"第四届现代化与中国文化研讨会",也有相同的感受。在会上我提交的《传统民族观与中华民族一体观》,台、港多位知名的专家表示赞同拙文的看法。过去在海外华人中,对中华民族的含义包括中国少数民族不太理解。这既有长期以来中国正统史观的影响,也可能与长期受西方关于民族的观念影响有关。相信多回大陆考察,理解了中国民族历史发展的实际,这种歧疑很自然会消除。

其三,散布在世界许多国家和地区的华侨应包括在中华民族之中是很自然的;已成为居住国公民,甚至已成为占该国人数重大比例乃至最大多数的华人,尽管他们已脱离了中国国籍,但一直保持着中华传统文化,因此他们也是中华民族的一部分。世界上跨境分布的民族很多,中华民族也是如此。在中国,自古以来区分民族的标准,都是以文化放在首位。海外的华人与华侨,把中华文化带到世界各地加以弘扬,实际上成为沟通中华民族与世界各民族经济文化交流的桥梁。海外华人与华侨心向祖国:民主革命时期,积极关心和支援祖国的革命斗争,为中华民族的独立解放作了不可磨灭的贡献;当前又积极关心和支援祖国现代化的事业,促进中华民族与世界各民族友谊的发展。他们这种魂系中华的珍贵感情和实践,是中华民族凝聚力的一个重要体现。

其四,中华民族有5000年的文明发展史,有优秀的传统文化,其中包括中国各民族的优秀文化。世界现代化的历史证明,只有在重视发展物质文明的同时,也重视精神文明建设,才能保证现代化事业的健康发展;也只有在现代化过程中,发扬传统民族文化,既实现了民族文化的现代化,又不失本民族文化的特性,才能为世界文化的发展作出新的贡献。这是整个中华民族都

---

① 见《民族研究动态》1993年第4期,第54页。

极为关心的问题。值得注意的是,近百年以来,许多优秀的中国知识分子,在海外留学掌握了现代科学技术,而又保持和发扬了中华传统文化;许多在海外居住了多年,甚至两三代人,仍不失中华传统文化的特点。这不仅足以使中华民族感到自豪,也为世界上其他民族所钦佩。

其五,大陆、台湾及港、澳,中国的两岸三地已拥有雄厚的经济实力,加之沿太平洋其他各国和地区的华人经济实力,对于中华民族的振兴与中华民族的现代化而言是雄厚的物质基础。改革开放15年来,中国大陆经济的高速发展,证明了中华民族经济发展有广阔的天地。台、港同胞与海外华人与华侨同胞的资金,也已证明是促进中国大陆经济发展的重要因素。他们有能力为中华民族的振兴作出重大的贡献,同时也促进了整个太平洋沿岸华人居住各国与地区的共同繁荣。

如果整个中华民族共同努力促进中华民族传统文化与现代化相结合,促进中华民族与亚洲太平洋各国的共同繁荣,那么祖国统一的步伐一定会加速,中华民族面向现代化、面向世界、面向未来的进程也会加速。一个现代化的中华民族,必然对世界和平与现代文明的发展,作出更加卓越的贡献。

(原载陈连开著《中华民族研究初探》,知识出版社,1994年)

中华文明初曙从多元向一体的发展

依据中国远古神话传说，轩辕氏征服两暤（皞）、杀蚩尤之后，"诸侯咸尊轩辕为天子……是为黄帝。天下有不顺者，黄帝从而征之，平者去之，披山通道，未尝宁居"。[1] 黄帝以来"五帝"，都承袭了黄帝作为号令整个黄河中下游乃至汉水上游各部落共主（天子）的地位，虽然"五帝"都经过诸部落首领推选，但他们具有召集各部落首领议定征伐、选官、刑伐等权力，还从事治水、制器等重大公共事业。考古文化也证明，在距今5000年到4000年这个千年纪，即与"五帝"相吻合的时期，已具备了礼制的萌芽、文字的起源、城堡与宗教的出现中心、私有财产的积累等重大因素。事实上已是君王权力的雏形，王朝形成的前夜，中华文明时代到来的初曙。对于这种由原始社会崩溃向阶级社会过渡、部落联盟向国家过渡的形态，通常称为军事民主制。鄙意以为，依据中国的神话与考古文化所表明的这种过渡的形态，姑称之为前王朝期古国和文明初曙较为妥当。"五帝"时期部落共主的产生与传袭，已在《中国远古各部落集团》中叙述，今简叙燕山南北、黄河流域、长江流域考古文化所证明的文明初曙：它们大体同步出现，是多元起源的，然而汇聚于中原，奠定了中华民族最早的一批王朝——夏、商、周在中原发展和华夏民族在中原形成的文化根基。

---

[1] 《史记》卷一，第3页。

（一）燕山以北红山文化后期的
坛、庙、冢组合与古城堡

自1979年提出考古文化区系类型的问题，考古学界首先注意到中原文化与燕山以北两大区系间通过太行山东西两侧的相互交往和影响。以仰韶文化为代表的中原文化，沿华山汾河和桑干河北上，燕山以北的红山文化顺大凌河、西辽河向南延伸到石家庄附近，它们在桑干河与汾河发源的张家口地区交汇在一起。[①]两个文化系统的交汇与撞击，反映着创造这两种文化的部落与部落集团的交往与冲突。这种交汇与撞击，已迸发出文明的火花。辽宁考古工作者继1979年在辽西山区喀左县东山嘴发现一座大型红山文化后期祭坛之后，1983—1985年又在距祭坛50公里的建平、凌源间牛河梁发现了红山文化后期的女神庙、积石冢和小型城堡。经碳14测定和树轮校正，这些遗址距今5000余年。

东山嘴石砌祭坛，各个部位都以南北分布，南圆北方，两翼对称，讲究主次，附近有陶塑神像群、龙形和鸟形玉饰以及一批奇特而非实用的彩陶与黑陶。牛梁河遗址主体范围有50平方公里上下，以女神庙为中心，周围山上有积石冢环绕。

女神庙本身面积不过200平方米，而且有近1米的地下部分，尚未脱离半地穴式居住址的原型。但已分主室、左右侧室、前后室和南室组成的多室神殿址，主次分明，前后对应，讲究对称，已具备后世宗庙建筑的雏型。其地理位置，北通老哈河谷，东连大凌河川，东北以努鲁儿虎山谷与敖汉孟克河相接，西南沿大凌河两源分别通往承德和喀左，正好处在红山文化分布四通八

[①] 参见苏秉琦《文化与文明》，《辽海文物学刊》1990年第1期。

达的中心地带。因此，它不仅是牛梁庙与冢建筑群的核心，大概还是整个红山文化的创造者各部落的祭祀中心。

牛梁河已揭露的积石冢共编号5个大冢，东西一线铺开，其东西各二冢之间有特大冢，呈圆坛式，用三层石砌圆圈，自外向内，层层叠垒，或称之为坛。同时每个冢前（南）都有铺石面和红烧土面，与冢上建筑南北对应，留下了冢前祭祀活动的重要证据。

据残存的陶塑神像分析，东山嘴有两件无头孕妇裸体像，牛河梁所发现的一尊完整的女性头像，其大小与真人相似，是典型的蒙古人种，与现代华北人的脸形相似。其双目是用晶莹碧绿的圆玉珠镶嵌而成，显得炯炯有神，加上其他残存的塑像残块，比如那些因年龄差异而发育不同的乳房，那样圆润的肩膀，那些肉质感极强的修长手指等等，都证明牛河梁女神庙是有许多女神像的大殿堂。① 或以为此即母权社会的遗存，实为商周高禖祭天求嗣大典的蒿始。《礼记·月令·仲春之月》谓："是月也，玄鸟至，至之日，以大牢祠于高禖，天子亲往，后妃率九嫔御。"这一记载说的是商代崇信"玄鸟生商"而设每年仲春燕子来时宫妃陪同天子到郊外举行祭天求嗣的大典，并且与后妃同寝。周继承了这一大典。商祭简狄，周祭姜嫄，祭祀对象都是始祖母。玄鸟被认定是上帝的使者，送嗣的媒神，故与祭为天子及后妃九嫔，祭礼的对象也是女神，祭礼的目的是为求嗣生育繁殖后代，牛河梁女神庙证明这种祭典起源于红山文化后期。同时，东山嘴祭坛南圆北方，也符合中国古代君主祭天南为圜丘，北为方泽的仪制；东

---

① 参见郭太顺、张克举《辽宁省喀左县东山嘴红山文化建筑群址发掘简报》，《文物》1987年第11期；辽宁省文物考古研究所《辽宁省牛河梁红山文化"女神庙"与积石冢群发掘简报》，孙守道、郭大顺《牛河梁红山文化女神头像的发现与研究》，两文均载《文物》1986年第8期；又参见《光明日报》1986年7月25日头版报道。

山嘴、牛河梁的坛、庙、冢在50公里范围内"三合一"的整体布局，也与后世各王朝的天地坛、太庙、陵寝"三合一"整体布局相似。红山文化晚期，这么规模宏大、经过整体规划的祭祀中心，表现出对天和祖宗隆重的祭祀与崇拜，中华民族在整个古代的宗教观念核心都与此一脉相承。积石冢葬品，有的拥有大型精美玉器随葬，除日常用玉器外，有的大墓，如牛河梁第二地点冢Ⅰ第四号墓，墓主男性，一对玉猪头龙饰挂在胸前。此外在内蒙古翁牛特旗三星他拉出土大型玉龙，高26厘米，在东山嘴还出土了一种双龙首玉璜。这些都不是一般饰物，而是含有特殊地位和宗教与权力的重器。在其他一些陶器上，也发现有龙题材的饰纹，而以玉雕猪头龙最具代表性，年代越晚，头部渐小，吻部渐长，身渐细，由头尾相连到缺口渐宽，近似蛇蜷曲形状。① 这种龙与在中原所发现的如蛇似鳄的龙虽为两种类型，却有异曲同工之妙。

在坛、庙、冢遗址，已发现小件铜器与冶铜的遗址。古城堡的出现，目前所知，多属夏家店下层文化。其中在敖汉旗大甸子发现的土筑遗址，城内面积达6万平方米，这种古城距今都有4500年左右②

（二）黄河上游大地湾遗址"殿堂式"建筑群

黄河上游甘肃秦安大地湾，地处陇山以西渭河发源之区。这

---

① 参见上已征关于东山嘴、牛河梁遗址诸考古报告。另参见孙守道、郭大顺《论辽河流域的原始文明与龙的起源》，《文物》1984年第6期。

② 参见《考古》1989年12期徐光冀在中华文明起源座谈会上的发言，第112页。

里不仅发现了早于仰韶文化的大地湾文化,而且仰韶文化早、中、晚各期遗存也很丰富,还发现了少量马家窑文化遗存,是黄河上游地区最重要的新石器时代遗址之一。

大地湾遗址,座落半山腰上,随地形变化而分若干小区。每个小区都有建筑技术甚高的大型房屋,其中最突出的901号房,是一座结构严谨、复杂的建筑群体,包括前面的广场总面积达290平方米。建筑分主室、左右侧室、后室、前门附属建筑四部分。主室居中,大门向南,全室呈长方形,面积达130平方米,八柱九间,大门开在正中间第五间,东西边各有门通向侧室,北边是后室,整个大厅地面外观极像现代化水泥地面,平整光洁,用铁器叩击,发出与叩击现代混凝土地面相同的清脆声。厅中两根对称的顶梁支柱,直径57厘米,周长1.79米,经测定此建筑距今为5000年前后,属仰韶文化后期。这是目前所知同时期最大的建筑群体,显然不是一般的居住址,表明了大地湾应是当地的中心聚落。而901号建筑群体,是这个中心聚落进行公共活动场所。它按奇数开间,正面设门,建筑呈长方形,以长的一面为正面;左右对称,前后呼应,木架承重,墙壁仅起间隔作用,具有后世延续几千年中国土木结构建筑的传统特点。它不仅充分表现了5000年前时的建筑艺术与建筑水平已相当惊人,也是后来几千年中国式殿堂建筑的一个雏型。[①]

---

① 参见《光明日报》1986年8月6日头版新闻,《人民日报》1986年8月7日头版报道;甘肃文物工作队《甘肃秦安大地湾901号房北发掘简报》,《文物》1986年第2期;郎树德《大地湾考古与中国文明起源的线索》,《西北史地》1986年第3期。

（三）长江下游良渚文化等级礼制的萌芽

以太湖平原为中心，苏南、浙北及上海地区，已发现属良渚文化墓葬近百座，其中小墓居多。而少数大墓的规制、特点与随葬品等，表明了当时已有等级礼制的萌芽。

在江苏吴县张陵山、草鞋山、武进寺墩、上海青浦福泉山、浙江余姚反山、瑶山等处所发现的大墓，都建在人工堆筑的土墩上。这些土墩，一般要高出地面数米，面积达数千平方米，被称为"土筑金字塔"。土墩不是随意堆积起来的，如反山大墓，堆土约2万立方米，上有封土层，其下各堆土层，分别由带粘性的深灰土、黑色粘土和深灰黄土、青灰色粉土、深灰褐土以较平整的层次逐层堆筑增高。这种分层以不同颜色土逐层往上筑，反映事前有过有意识的设计，施工有统一指挥，这是当时某种特殊宗教信仰的体现。瑶山土墩顶部设有祭坛，坛的面积约400平方米，四周有砾石坎墙；中心部分是7×6米的近方形红土台，红土台外有土填的沟围绕；在坛上有两列共12座墓，南列多以琮、钺等玉器随葬，北列则多为璜和纺轮，所葬似有性别的不同。

大墓墓坑一般为5—9平方米，有木质葬具，有的发现了朱绘木棺或木椁的痕迹。各墓都有丰富的以琮、璧、钺、璜、冠状饰等礼玉及各式玉佩为主的随葬品和少量陶器、石器、象牙器等。如寺墩3号墓，墓主为青年男子，随葬品达百余件，仅有陶器4件，石器9件，而琮33件，璧24件，钺3件，玉制重器总共达60件。这类礼玉重器，不仅是财富的标志，还是当时宗教意识的象征，反映出大墓主人生前不仅是富有和拥有很大权力的贵族或酋长，还是身兼通天地的大巫。《周礼·太宗伯》记述：古"以玉作六器，以礼天地四方，以苍璧礼天，以黄琮礼地……"

而钺在夏、商、周都是王权的象征。可见夏、商、周礼制文化中这些玉制礼器，在良渚文化中已经发源。

良渚文化的礼玉以琮、璧、钺为代表，与红山文化以猪龙为代表不同。良渚、红山两种文化，都以用玉为突出特征；两种文化都有鸟、蝉、龟等类玉佩。然而红山文化无论礼玉或日常玉佩，虽然造型生动，玉器上却多素面晶亮而无刻纹；良渚文化玉器则一般都刻有兽面或神人兽面合璧的花纹，精致对称，庄严沉重，神秘肃穆，其中有些花纹后来移植到商、周青铜礼器上。再从良渚文化的大墓与小墓比，不仅随葬物相差悬殊，而且墓的大小也不可同日而语。大墓按当时的宗教意识精心设计与施工，小墓则极为草率。尤其是福泉山七座大墓中的三座有人殉。前已叙述，新沂花厅大墓则不仅有人殉，甚至可能有人祭。这些大墓均属良渚文化后期，与中原龙山文化中后期并行发展，已可见当时的礼制萌芽，是建立在部落中有明显等级区分和奴隶制已有初步发展的社会基础之上的。

（四）黄河中游与下游的礼制萌芽与小型城堡的形成

以河南为中心，包括晋南、冀南和关中的中原龙山文化，一般仍称之为陕西龙山文化（客省庄2期）、河南龙山文化。实际上它们之间的共性，可统一称之为中原龙山文化；它们的地方差异，又表明有晋南豫西、关中、豫北冀南、豫东皖西北及南阳等几个中心，或称之为地方类型。

中原龙山文化的礼制萌芽，目前所知以陶寺类型较为典型。[①] 这种文化主要分布在霍太山（太岳）以南临汾盆地，已发现遗址近 80 处，而以汾河、浍河、滏河交汇地带分布最密。有的遗址群面积达 100 万平方米以上，其中最能反映当时等级文化与礼制萌芽的是襄汾陶寺的一批墓葬。[②]

陶寺遗址墓地面积在 3 万平方米以上，已发掘揭露面仅 5000 平方米，1000 多座墓，估计整个墓地墓葬总数要超过已发掘的 5—6 倍或更多。墓葬大致有大中小三种类型，年代大致相当公元前 2500—前 2400 年的陶寺早期。虽然几百座墓依旧在形式上仍保存氏族墓地的传统排列，但大型墓约占总数 1%，中型墓约 80 座，约占总数 10%；此外，约占总数 87% 以上的为小型墓。这三种类型又可依据墓的大小及随葬品情况分为七八个层次。可见在公元前 2500—前 2400 年时，当地的社会已明显出现了金字塔式的等级结构。到公元前 2000 年左右，则墓葬分为几座、几十座一组，似乎是家族墓地，连氏族部落的外壳都已抛弃。尤其值得注意的是，从陶寺早期的五座大型甲种墓的分布与排列可以看出，那时执掌大权的部落贵族可能相继出现于同一氏族乃至是同一家族，从而提供了当时部落首领已经从某一贵姓中世选或某一家族中世袭的证据。[③]

大型墓甲种，墓室约 8 平方米以上，使用朱绘木棺，棺内铺垫朱砂，随葬物多达 100 余件乃至 200 件以上，墓主均男性。其

[①] 考古学界目前使用名称不很统一，有称之为陶寺文化，或晋南龙山文化、山西龙山文化，不过目前渐趋统一使用中原龙山文化陶寺类型。

[②] 参见中国社会科学院考古研究所山西工作队、临汾文化局：《1978—1980 山西襄汾陶寺墓地发掘简报》，《考古》1983 年第 1 期。

[③] 参见高炜、高天麟、张岱海：《关于陶寺墓地的几个问题》，《考古》1983 年第 6 期；高炜：《陶寺考古发现对探讨中国古代文明起源的意义》，收入《中国原始文化论集》，文物出版社，1989 年。

中3015号墓，出土器物有木器23件、石器130件、骨器11件、陶器14件，此外还有30件随葬品被扰乱在灰坑内。200多件随葬品中，尤其引人注目的是蟠龙纹陶盘、鼍鼓、陶异形器（土鼓?）、特磬及玉钺、彩绘木案、俎、盘、豆等。中间七八层次的墓制与随葬等级有序，由大到小渐次降低。而小型墓，墓坑不足1平方米，除骨骸外，仅1—2件骨笄、石器，或全无随葬物品。陶寺龙纹，明显有鳞片，扁方头，豆状圆目，张口露牙，舌端吐圭，呈树杈状，全形像蛇似鳄，与红山文化龙纹通身光亮、猪头蛇身不同。两种文化中的龙有共同因素，也有明显差异。龙在古代崇信的"四灵"中居首，其起源也是多元的：陶寺龙纹为蟠龙，红山龙纹为猪龙。

蟠龙纹陶盘和鼍鼓、特磬、玉钺等仅出土于陶寺大型甲种墓。龙纹在整个古代的特殊地位，在商、周青铜器纹饰中已有表现；鼍鼓和特磬，曾在安阳西北岗1217号王陵中发现过。[①]《诗·大雅·灵台》说周文王受命于天修灵台，"于论鼓锺，于乐辟雍，鼍鼓逢逢，矇瞍奏公"。其他考古发现与传世铜器也一再证明，鼍鼓和特磬是王室或诸侯专享的重器；[②] 玉钺在夏、商、周为王权与兵权的象征，屡见于《诗》、《书》记载。这些重器在陶寺大型甲种墓中出现，既证明了夏、商、周礼乐文化的一个重要源头；也证明了陶寺大型甲种墓主人，生前是高踞于部落一切成员之上并掌握祭祀与征伐大权的酋长或显贵。大墓两侧分布着使用彩绘木棺与华丽装饰品的女性中型墓，大概是酋长与贵族占有两个或两个以上妻妾的反映。其他如案、俎、盘、豆等彩绘木器或成套彩绘陶器、玉器等，一般也只见于大型墓和中型甲种墓。这

[①] 梁思永、高去寻：《侯家庄》第6本，《1217号大墓》，台北"中央研究院"历史语言研究所1968所版第23~27页插图八十一，图版十三~二十二，三十一。

[②] 参见前已征引《关于陶寺墓地的几个问题》。

些同样是等级身分的体现,也是墓主攫取大量财富的证明。

小型城堡则比较集中于今黄河下游、古河济之间、今河南东北部与山东西北部地区。

城子崖古城,在山东章丘县龙山镇,龙山文化即因最先发现于此而得名。过去对城子崖遗址是古城址还是大型聚落遗址,尚无定论。1989—1990年山东省文物考古研究所重新进行勘探与试掘,平面近方形,东、南、西三面的城垣比较规整,北面城垣弯曲并向外凸,城内东西宽430余米,南北最长处530米,面积约20万平方米。城墙大部分有茔槽、夯筑,① 以后岳石文化、周代均在此筑城。可见自龙山时期形成城址,直到周代,这里都稳定地是当地的政治、宗教中心。

淮阳平粮台古城,在河南淮阳县南4公里,呈方形,边长185米,总面积约3.4万平方米,属龙山文化晚期,碳—14测定树轮校正约当公元前2355年,距今4300多年,是一座早于夏代的古城。

登封王城岗古城,在今河南登封县告城镇西约1公里的台地上,地处嵩山南,为东西并列而相连的两座城,每城面积不足1万平方米,属龙山文化晚期。碳—14测定树轮校正距今约4400年,也早于夏代。

边线王古城,在山东寿光边线王,略呈圆角梯形,城内面积4万平方米,夯土城墙基槽内发现有儿童、猪、狗等骨架,是为奠基牺牲。属山东龙山文化古城。虽地处济水之南,也与河济之间相距不远。

《荀子·富国篇》说:"古有万国。"《战国策·赵策三》也说:"古者四海之内,分为万国,城虽大,无过三百丈;人虽众,无过三千人。"这些都是对原始社会崩溃时期,氏族部落与王朝前

---

① 参见《中国文物报》1990年7月26日(总193期)第一版报道。

古国林立的描写。而龙山文化时期的古城，虽不具有"市"的性质，却是酋长祭祀天地与祖神的宗教中心与战争不息的防御工程。《墨子·明鬼篇》说："虞夏、商、周三代之圣王，其始建国营都，曰必择国之正坛，置以宗庙。"龙山文化时期古城已有了这种性质，至少是其雏形的出现。

由以上叙述，可见中华文明在起源时代，前王朝期古国和文明初曙的时期，是燕山南北、黄河流域、长江流域大体同步出现，然后汇聚于中原，奠定了中华民族最早的一批王朝夏、商、周在中原发展和华夏民族在中原形成的历史根基，而且成为中华民族在后世多元一体运动发展的开端。

（原载陈连开著《中华民族研究初探》，知识出版社，1994年）

中华新石器文化的多元区域性发展及其汇聚与辐射

由于教学和编写教材的需要，有关领导部门与老前辈嘱我研究中华文化起源与中华民族形成的课题。这显然是我的学力所难胜任的。既已接受任务，也只好使出以蚁负山的劲头，来消化考古学界一些老前辈和辛辛苦苦在各地踏访、发掘、研究整理的同志们所发表的论著和报告。结果发现：（一）彻底推翻了形形色色的"外来说"，肯定了中华文化与中华民族起源于中华大地。虽然在其发展过程中吸收了不少外来成分，但就起源而论是土生土长的。（二）也使传统认为中华民族与文化起源于黄河中下游然后向四周扩散的单源中心说得到了修正，证明了中华文化既是多元区域性不平衡发展，又呈现向中原汇聚及中原文化向四周辐射的特点。这两点可以说贯穿了中华文化发展的全过程，在新石器时代已可以轮廓鲜明地追溯其根据。近年来由老一辈考古学家所倡导，考古学界颇重视考古学文化区、系、类型的研究，为我们提供了许多可资借鉴的研究成果。《中国大百科全书·考古卷》的出版，已对1984年以前的主要成就，作了较全面的总结，为我们提供了规范概括和断代数据。[①] 今趁吉林省民族研究所学刊创立之机，综众家之说，间亦断之己意，一则以志庆，同时也向考古学界请教。

[①] 以下有关旧、新石器时代文化的年代数据，凡未加说明的，一般均依据《中国大百科全书·考古卷》有关词条中放射性碳素断代经校正的数据。

一、中华远古人类及其文化证明了
中华文化起源于中华大地

中国的旧石器时代考古学与古人类学最重要的成就之一，是证明了在我国，人类进化自直立人（猿人）、早期智人（古人）、晚期智人（新人）各个阶段没有缺环，可以建立较完整的进化序列。

关于人类的历史，目前一般的说法是 300 万年左右。据《文汇报》1987 年 9 月 26 日报道，在云南元谋县小河村蝴蝶梁，最近发现了一段直立人左股骨和一些早期旧石器，暂定名为"蝴蝶人"。在距此遗址 2000 米的地方，1986 年 12 月还发现过东方人。据初步测定，"蝴蝶人"距今 400 万年，"东方人"距今 250 万年。这些发现若得到考古学界与人类学界的确认，那么人类起源超过 400 万年的预告已初步得到证实。众所周知，1956 年在元谋县那蚌村发现的"元谋人"，距今 170 万年，已得到普遍确认。此外，在云南禄丰县，还发现了丰富的腊玛古猿化石。上述发现表明，中国的西南应是人类起源的中心之一。

为了对我国远古人类各进化阶段有个轮廓的了解。今择要谱列为下：

直立人，又称猿人，是人类进化的最早阶段，大约从人类起源一直到距今 10 万年以前。目前已得到确认的有：元谋人，距今 170 万年；蓝田人（陕西蓝田县公王岭），距今 110—115 万年；北京人（北京周口店），距今 70—20 万年；郧县人（湖北郧县）、郧西人（湖北郧西县）、和县人（安徽和县），这些都与北京人一样属直立人的中晚阶段，年代与北京人相当。郧县人可能稍早些，郧西人、和县人均晚于北京人。

早期智人，又称古人。从我国材料看，这一阶段人类生活在距今10万年至4万年以前。其中重要的发现有荔人（陕西大荔县）、丁村人（山西襄汾县丁村）、许家窑人（山西阳高县许家窑）、金牛山人（辽宁营口市金牛山）、长阳人（湖北长阳县）、巢县人（安徽巢县）、马坝人（广西曲江县马坝）。

晚期智人，又称新人。这是生活在距今4万至1万年以前的人类。已发现的有：山顶洞人（北京周口店山顶洞）、峙峪人（山西朔县峙峪）、河套人（内蒙古乌审旗的黄河沿岸）、建平人（辽宁建平县）、安图人（吉林延边州安图县）、哈尔滨人（黑龙江哈尔滨市阎家岗）、柳江人（广西柳江县）、兴义人（贵州兴义县）、丽江人（云南丽江县）、左镇人（台湾台南县左镇）。

上述直立人、早期智人、晚期智人的体质，越来越表现出与蒙古人种的联系，表现了蒙古人种起源与形成过程中各个环节上的形态与特征。中国科学院古脊椎动物与古人类研究所《中国古人类画集》编写组在该《画集》的《前言》中指出："我国境内已知各阶段人类化石和旧石器有许多共同点，有鲜明的继承性，各不同时期的人类化石，都有铲形门齿，石器以单面反向修理居多，工具组合以刮削器为主，兼有尖状器和砍砸器等。这些无可辩驳的事实，是对形形色色的'中国文化西来说'有力的批判。"[①] 另据宋兆麟等所著《中国原始社会史》征引美国人类学家海德路加和德国人类学家魏登瑞的研究，表明铲形门齿在现代中国人中反映最突出。以女性为例，其上内侧门齿铲形者占所研究总人数中 82.7%，半铲形者占 12.5%，微铲形者占 1%，非铲形者占 3.8%。与此相反，现代白种人女性上内侧门齿，铲形者仅占所研究总数中的 2.6%，非铲形者占 70.4%。而卡色奈尔在 1963 年统计的中国人、日本人中显著铲形者，上内侧门齿为

---

① 《中国古人类画集》，科学出版社，1980年，第2页。

92.7%，上外侧门齿为91.3%，其他人种中，有完全没有的，高者也不过5%①。由此可见，铲形门齿为蒙古人种最明显的特征之一。元谋人的两枚上内侧门齿，即已呈铲形构造②，可以说是已呈现蒙古人种体质特征的初步端倪。至晚期智人阶段，体质特征更有许多与现代蒙古人种接近或相同，并呈现了南北异形的现象。中华大地丰富的古人类化石及其体质特征表明，这里应是蒙古人种（黄种人）的故乡。他们可能有些在长达数百万年的发展中已移徙于中华大地之外，但他们是中华大地最早的居民。中华民族的最早祖先，应是来自这些远古洪荒时代繁衍生息于中华大地的人类。他们生活的时代，从考古文化的分期，称为旧石器时代。在这占去人类历史99%以上的漫长岁月中，人们以打制石器为主要工具，过着采集与狩猎的群居生活。

直立人的文化遗存，称为早期旧石器文化。在我国目前已知最早的文化有4处：即山西西侯度文化，距今不晚于180万年；云南元谋人文化，距今170万年；河北小长梁和东谷坨的旧石器遗存，距今也有100万年。这4处各分布在云贵高原、黄土高原和华北平原向蒙古高原的过渡地带，证明了我国南北，早在180万年以前均有了人类活动。至早期旧石器中后阶段即与北京人相当的阶段，分布范围较前已明显扩大，而以黄河中游及其重要支流渭河、汾河流域发现的地点最为集中。在长江中下游，也有较多的发现。

与早期智人相联系的文化，是旧石器中期文化，目前所知分布范围大体仍以黄河中游较集中。到了晚期智人阶段，即旧石器晚期，已发现的文化遗址与地点，几乎遍及我国南北各省，其中

---

① 宋兆麟、黎家芳、杜耀西：《中国原始社会史》，文物出版社，1983年，第131页。

② 胡承志：《云南元谋发现的猿人牙齿化石》，载《地质学报》1973年第1期。

尤其是可以说遍布了黄土高原。在蒙古高原与华北平原也有越来越多的发现,在东北则已伸延至黑龙江流域的漠河、呼玛十八站和嫩江流域的昂昂溪等地。长江流域及华南、西南地区的发现也远比前两阶段丰富。尤其值得注意的是,在青藏高原也发现了霍霍西里、申扎、定日三处旧石器地点。位于海拔4000米以上的旧石器地点,在旧石器考古学史上是创记录的。由此可见,到了旧石器晚期,我国各省(区)均已有了人类在那里繁衍生息。在旧石器早期,我国南部与北部的旧石器文化,既具有共同的特点又具有不同的风格与传统。至旧石器晚期,不仅石器工艺有了明显的进步,器物类型也多样化,比如多种类的刮削器、尖状器、雕刻器、锥、锯,个别的还出现了箭头。在以细石器为主的遗址中,以细石叶做成的复合工具十分流行。在辽宁海城县小孤山、周口店山顶洞、四川贤阳、贵州猫猫洞等处遗址中,更出土了骨针、鱼叉、骨锥、骨刀和角铲等。此外,在周口店山顶洞和辽宁小孤山等处,还出土了用兽牙、鸟骨、贝壳、小碟石等原料制成的装饰品。早在元谋人和西侯度文化遗址中即已发现用火的痕迹,而北京人已可以控制火的保存和使用。这些都说明,在中国旧石器早期的人类已经熟食,到旧石器晚期,不仅工具种类增加、工艺进步,精神生活也日益丰富,已有了审美意识,也可能有了宗教意识。如果说旧石器早期中期人类还过着群居生活,到旧石器晚期,母系氏族社会可能已有了一定程度的发展。

进入新石器时代,由母系氏族到父系氏族社会的繁荣走向衰落,人类已由完全依赖自然赏赐的采集与渔猎经济过渡到改造自然的生产经济。其基本标志是农业和畜牧业的产生和磨制石器、陶器与纺织的出现。到目前为止,我国所有各省区均已发现新石器文化遗址,据不完全统计总共有7000余处,年代大约起于公元前6000余年,一般延续到公元前2000年左右,边疆地区结束得要晚一些。鄙意认为中华文化的多元区域性发展,在旧石器中晚期已可看出一些萌芽。旧石器向新石器的过渡与演进，则由于中石器时代考古学近些年才提到日程上来，有许多环节与文化面貌问题，尚不很清楚。到新石器时代，则可根据考古学界对各种考古文化的内涵、面貌、分布、文化层叠压及文化演进等方面的研究，概括出比较明确的轮廓。

二、黄河中下游东西相对的两个文化圈及其交融汇聚

黄河中游与下游存在东西相对两个文化圈，大致上确定其序列与相互关系，是最近十余年的大突破。黄河中游最引人注意的是70年代中叶磁山·裴李岗文化①的发现，这是约公元前6000年至公元前5700年的早期新石器文化。

磁山文化，因1973年首次发现于河北武安县磁山命名，主要分布于河北中部和南部。裴李岗文化，因1977年首次发现于河南新郑县裴李岗命名，主要分布于豫中一带，豫北和豫南也有发现。这两种考古学文化内涵比较接近。由于对这两种早期新石器文化研究的突破，于是对50年代以来不断发现的渭水流域的早期新石器文化即老官台·大地湾文化的研究，也有了新的发展。此外，对秦岭以南汉水上游的李家村文化命名与类型划分虽有不同意见，但属于早期新石器文化则大体上可以肯定。

上述早期新石器文化的地层叠压和文化面貌，表明它们都比仰韶文化早，约当公元前6000年—前5400年，李家村文化可能稍晚一些。从保存着细石器残余看，它们与处在旧石器时代与新

---

① 考古学界一般将裴李岗文化与磁山文化划分为两种新石器早期考古学文化。今从夏鼐教授《中国文明起源》的表述方法。

石器时代之间过渡阶段的河南灵井、陕西沙苑为代表的中石器时代遗存有渊源关系。而它们的聚落分布、建筑形式、墓葬习俗、陶器特征与农业生产等文化因素，都表明仰韶文化对它们有继承发展的关系，尤其是陶面磨光、绳纹、彩绘以及某些器形明显具有仰韶文化前驱的特征。因此，它们往往被统称"前仰韶"期新石器文化。

仰韶文化，因河南渑池县仰韶村遗址而得名。其分布以渭、汾、洛诸黄河支流域的中原地区为中心，北达长城沿线及河套地区，南接鄂西北，东至豫东一带，西至甘青接壤地区，分布广泛，已发现遗址1000余处，内涵也十分丰富，并且对其他地区影响深远；年代约当公元前5000年延续至前3000年，延续时间长久。因有彩绘陶器，曾被称为"彩陶文化"。然而彩陶至庙底沟二期文化[①]在黄河中游衰落了。

庙底沟位于河南西部陕县，1956—1957年中国科学院考古研究所在这里进行发掘。其文化堆积证明，庙底沟一期为仰韶文化，二期具有仰韶文化向河南龙山文化过渡的性质，其后续即是河南龙山文化。这种前后相承的关系，在豫西、晋南、陕西关中各处均得到了验证。

综上，黄河中游的新石器文化，其序列为前仰韶文化（前6000—前5400年）—仰韶文化（前5000—前3000年）—庙底沟二期文化及河南龙山文化（约前2900年—前2000年）。继河南龙山文化的可能是夏文化了。

在黄河下游，新中国建立以前及初期，仅知龙山文化，以光亮黑陶著称，被称为"黑陶文化"。以与被称为"彩陶文化"的

---

① 庙底沟文化不仅是仰韶文化诸多类型中之一，本文仅涉及区系，不涉及各考古学文化的不同类型，故只限于涉及不同区系演进序列时提到某些类型，以下皆仿此。

仰韶文化东西相对。这种曾在一段时间内影响极深的看法，现在已经被否定了。现在，龙山文化一般是专指山东龙山文化或称典型龙山文化；而河南龙山文化及陕西龙山文化才是继仰韶文化发展的黄河中游新石器文化。考古学的这种突破性发展是因为1959年在山东泰安县大汶口发现的新石器遗址，随后被命名为大汶口文化，其分布大体与山东龙山文化范围相同，年代和文化面貌也显系山东龙山文化的前驱。60年代至70年代，又相继在山东滕县北辛庄及江苏淮安县青莲岗发现了早于大汶口文化且为大汶口文化前驱的北辛（下层）文化，或统称为青莲岗文化；在山东平度县东岳石发现了晚于龙山文化的岳石文化，从而清楚地表明，黄河下游的新石器文化，自成体系，是一个与黄河中游新石器文化既有明显区别，又有互相联系、东西相对的文化圈。其分布范围，是以泰山为中心的山东地区为主，南抵淮河以北，东环渤海湾，北达旅大、辽东等处，其序列为：青莲岗文化（前5400年—前4000年）—大汶口文化（前4300年—前2500年）—山东龙山文化（前2500—前2000年）—岳石文化（前1900—前1500年）。岳石文化填补了山东龙山文化与商文化之间的空隙。

值得深入研究的是，在大约公元前3000年即距今5000年左右，仰韶文化在黄河中游突然衰落，黄河下游的新石器文化不断向黄河中游呈现统一的趋势，以至黄河中游继仰韶文化发展的河南龙山文化与陕西龙山文化，影响所及，播及长江流域、珠江流域和黄河上游、长城内外。虽河南龙山文化与陕西龙山文化等与山东龙山文化可以互相区分为另一种地区性新石器文化，然而河南、陕西龙山文化与山东龙山文化大体平行发展而又互相渗透，却是一个相当典型的文化汇聚与交融的现象。这种文化汇聚与交融，反映着创造文化的两大氏族部落集团的交往斗争融合过程。许多事实表明最早发达于黄河中下游的国家制度、文字制度、青铜文化，其主要来源，应从黄河中下游东西相对两个文化圈汇聚交融当中去追溯。

三、长江中下游东西相对的两个文化圈及其交融与汇聚

长江流域的新石器文化，新中国建立以前了解不多。本世纪20年代，曾在浙江发现了吴兴县钱山漾遗址，并对杭州市余杭县良渚遗址进行了发掘。当时认为，良渚遗址的新石器文化，是长江下游最古老的新石器文化，并且是龙山文化向南传播的一个变种。这种看法到50—60年代才开始改变，提出了良渚文化的命名，到1973年在浙江余姚河姆渡发现新石器遗址并命名为河姆渡文化后，才从科学上肯定：长江流域的新石器文化，是与黄河流域并行发展的，长江流域同样是新石器文化起源之区。加之江汉平原和长江下游的发现日见丰富，又逐渐清楚地表明，在长江中游和长江下游，同样存在东西相对的两个文化圈。

长江下游的新石器，以太湖平原为中心，西达杭州湾地区，北以南京为中心包括苏皖接壤地区，其序列大体是河姆渡文化早期（前5000—前4400年）—马家浜·崧泽文化[①]（前4300—前3300年）—良渚文化（前3300—前2200年）。尽管目前考古学界对河姆渡文化与马家浜文化的关系及河姆渡文化早晚期衔接关系及其发展去向还有不同学术见解，但总的特点表明它们仍是一个自成体系的文化圈。其中良渚文化大体与河南龙山文化阶段相

[①] 马家浜文化与崧泽遗址的新石器文化，考古学界仍是两种意见：一种认为均为马家浜文化的早、晚两期；另一种认为是前后相承的两种新石器文化。马家浜文化最早的年代可能与河姆渡早期大致相当，不过一般仍认为是继河姆渡文化发展的新石器文化。

当，文化特征则与山东龙山文化有更密切的联系。然而并不是龙山文化向南传播的变种，而是继承马家浜·崧泽文化发展起来并受黄河下游新石器文化较多影响的长江下游的新石器文化。

长江中游的新石器文化，以江汉平原为中心，南包洞庭湖平原，西尽三峡川东，北达豫南，与黄河中游新石器文化交错分布。据报道，长江中游的早期新石器文化在湖南石门县皂市、临澧及湖北宜都、秭归、天门等县相继发现多处。其中石门皂市下层经碳－14测定（未经树轮校正）数据6920±200年，约当公元前5000年，显然早于大溪文化和屈家岭文化①。

大溪文化，因四川巫山县大溪遗址而得名。其分布东起鄂中南、西至川东、南抵洞庭湖平原、北达汉水中游，主要集中在长江中游西段两岸地区，年代约当公元前4400—前3300年。继大溪文化发展的是屈家岭文化，50年代首次在江汉平原湖北京山县屈家岭发现，主要分布在江汉平原和豫南，有的遗址叠压在大溪文化上层，豫南有的遗址叠压在仰韶文化之上，年代为前3000—前2000年。屈家岭文化在江汉平原与豫南，均表现出受仰韶的明显影响，说明二者之间存在密切联系。

继屈家岭文化发展的是被称之为湖北龙山文化的青龙泉三期文化。其与中原龙山文化有较大的地区差别，年代经校正约前2400年。但长江中游因首先在湖北天门县石家河发现的石家河文化，年代与文化面貌均继屈家岭文化而分布面基本重合并有所延伸，与汉水中上游青龙泉文化内涵大同而小异，应是继承屈家岭文化又基本与中原龙山文化平行发展并受中原新石器文化影响的一种长江中游的新石器文化。

目前长江中游的新石器文化序列分歧意见较多，然而它们与长江下游的新石器文化一样是与淮河以北、黄河中下游以粟为代

---

① 何介钧：《洞庭湖区新石器时代文化》，载《考古学报》1986年第4期。

表的旱地农业文化相区别的长江流域以稻为代表的水田农业文化，则毫无异议。长江流域东西相对两个文化圈，分别受到黄河中下游东西相对两个文化圈的明显影响。大体是通过汉水及汝、颖等河流，黄河中游与长江中游有密切的文化交往；通过淮、泗等河流，黄河下游与长江下游有密切的文化交往。其中显然黄河流域在文化上占有优势，但影响仍是相互存在的。黄河长江两大河流域，分别是中华文化与中华民族两大起源之区，则在新石器时代考古学已得到充足的证明。

四、燕辽文化圈及黄河上游文化圈

辽东、辽西及燕山南北的新石器文化，自70年代以来越来越引起重视。

早在1935年在今内蒙古自治区赤峰市红山后发掘的新石器文化，当时命名为赤峰第一期文化，至1954年又命名为红山文化，其年代约当前3500年。但长期仅发现石器与陶器。至70年代起，不断在西拉木伦河、老哈河、大凌河流域若干地点，先后发现了红山文化的建筑址和墓葬，出土了相当数量的玉器，于是红山文化与中华文明起源问题的联系，引起了学术界特别兴趣。尤其是1983—1985年在辽宁建平、凌源间牛河梁发现红山文化"积石冢"与"女神庙"，中华文明的北方源头已显其端倪。有的还与商族起源问题联系起来考察。

在辽东及旅大地区，新石器文化明显具有大汶口—龙山文化的特征，其早期阶段又存在仰韶文化的影响。而主要分布于辽西及赤峰地区扩及河北北部燕山地区的红山文化，有的认为是仰韶文化的一支；由于其陶器既有彩陶又有一种特有的"之"字纹陶，有细石器，因而可以看出红山与沈阳市新乐遗址下层的新石器文化具有相同的特征，而且年代有前后相承的关系。新乐（下层）文化，不仅以"之"字纹陶为基本特征，年代约当前5300—前4800年，显然早于红山文化。因此，许多学者认为红山文化虽受仰韶文化的明显影响，但仍是一支自有其发生、发展过程的燕辽地区新石器文化；或者说是仰韶文化与新乐文化的汇合与再创造。总之，燕辽地区新石器文化自成区域，其渊源与序列尚待深入研究。然而辽东新石器文化显然受山东新石器文化的影响，辽西燕山地区的新石器文化多受黄河中游新石器文化的影响，这种山东—辽东、幽燕—辽西联系密切的特点，一直影响到后世交通、人口移徙及行政区划等方面，可见其源远流长。红山文化的后续即是约当前2000—前1500年的夏家店下层文化，是一种早期青铜文化，已进入夏及先商时期。

黄河中游的彩陶在公元前3000年以后衰落了，然而在黄河上游，甘肃，青海、宁夏一带彩陶作为一种美术更为发展了，这一地区的新石器文化主要有马家窑文化和齐家文化。

马家窑文化，因甘肃省临洮县马家窑遗址而得名。主要分布在甘肃省，以陇西平原为中心，东起陇山，西至河西走廊和青海北部，北达宁夏南部，南抵四川北部。据地层叠压关系与文化面貌，一般认为它是仰韶文化的一种地方性变体，称为甘肃仰韶文化，年代约当公元前3300—前2050年，大体与黄河中游河南、陕西龙山文化平行发展。

齐家文化，因甘肃省广河县齐家坪遗址而得名，分布与马家窑文化大体重合，而年代上限约当前2000年，下限更晚一些，一般认为是黄河上游继马家窑文化发展的一种晚期新石器文化和早期青铜文化。又因其文化面貌颇似陕西龙山文化，有人认为它是起源于陕西龙山文化，在向西发展过程中受到马家窑文化的影响而年代晚于马家窑文化，故往往在一些遗址堆积中压在马家窑文化上层。

黄河上游地区的新石器文化和燕辽地区的新石器文化一样，在新石器与早期青铜器时期是一种旱地农业为主，狩猎、畜牧业占相当比重的农业文化，其继承发展的是游牧文化。此时已进入夏商纪年的历史时期，不在本节讨论范围。

五、以鄱阳湖—珠江三角洲为中心的华南文化圈[①]

华南地区，包括两广、闽台和江西等省区，绝大部分地区为山岭和丘陵地带，地处东南沿海，受海洋季风影响，是雨量充沛的热带、亚热带。这里的新石器文化基本上可分为早、晚两期。

早期具有浓厚的地域色彩。遗址多分布于洞穴、贝丘和台地。它们共同的特征是，大量打制石器与磨制石器共存，骨角器比较发达，有的还有蚌器，普遍地使用器形简单的绳纹粗陶，农业痕迹不甚显著，也没有明确可以肯定的家畜遗存，而采集渔猎经济仍占主要地位。陶器产生在种植谷物的农业生产以前，手制粗质。年代普遍偏早，如江西万年仙人洞遗址下层、广西桂市甑皮岩、广东英德青塘洞穴遗址、广西南宁豹子头等贝丘遗址，经碳—14测定，这些遗址的年代大约距今8000—9500年，若经进一步校正可以确立，不仅是中国最早的新石器文化，也早于西亚的前陶文化。由于石灰岩地质条件对放射碳素断代标本的影响，往往误差较大。因此，在目前，这些数据仅可供参考。

华南晚期新石器，已有了较发达的农业。在江西修水山背和

---

① 从苏秉琦教授《关于考古学文化的区、系、类型问题》的划分方法、范围与内容，则不敢说是否真的体现了苏先生的科学划分，西南新石器文化附在此略加说明。

广东曲江石硖都发现了稻草和稻谷；陶器也发生了显著的变化，在较晚的时候甚至以高达900—1100℃的高温生产出硬陶，有的遗址中还发现了彩陶；石器也有明显进步，主要是磨制器，种类繁多。目前已命名的考古学文化有以江西修水山背村跑马岭遗址为代表的山背文化，年代当公元前2800年；以广东曲江石硖遗址为代表的石硖文化，当公元前2900—前2700年；以福建闽侯县石山遗址为代表的昙石山文化，年代数据各遗址相差较大，尚待进一步确定，而文化性质，与台湾省凤鼻头文化属于同一个系统，可见在公元前2000—前1000年以前，中国大陆东南沿海的先民已跨越台湾海峡创造了同一类型文化。以上三种文化有时代地域的差别而又有相当多的共性，既与江汉地区的屈家岭文化相类似，又与长江下游良渚文化有不少共同特征，还具有龙山文化的若干因素。

对广泛分布于华南地区以几何纹陶和有石锛为代表的遗存，过去往往统称为"几何印纹陶文化"，并一概归属新石器时代晚期。从50年代末以来，通过重点发掘，揭示不同遗存的文化面貌，命名为不同的考古学文化，于是明确了不能把"几何印纹陶文化"视为统一的考古学文化。这种独特的制陶工艺和文化特征，自新石器晚期萌芽发生，至商周时期兴盛发达，至战国时期才日益衰落，并为原始瓷器的发明开辟了道路，在中国古代文化史上占有重要地位，但不能笼统称为晚期新石器文化。

云贵高原，在古人类化石和旧石器文化遗存方面均有重要发现，而新石器遗存目前所知资料比较零散。在洱海、滇池地区发现了若干遗址，表明稻作农业已有一定程度发展，其中宾川县白羊村遗址，年代约当公元前2200年。滇北、川南地区文化特征比较接近，元谋大墩子遗址大体相当公元前1400年，川北理县、汶川一带分布着马家窑文化，均属新石器晚期遗存。西藏地区除较早的细石器传统外，还有藏南林芝、墨脱等地发现以磨制石器和陶器为代表的晚期遗存。在昌都地区还发现了卡若遗址，有新石器晚期的聚落。除旧石器外，磨制石器和陶器共存，年代约为前3300—前2100年，是一种以粟为代表的农业文化。

六、北方狩猎与渔猎文化圈

考古文化的区域划分，通常将红山文化划入北方新石器文化区，而黄河上游马家窑文化纳入西部文化区。从地域与考古学文化的面貌看，这样划都是有充足根据的。我们之所以把这两个地区区分出来，即以红山文化为代表的燕辽文化区、以马家窑文化为代表的黄河上游甘肃文化区，是因为这些文化均可视为仰韶文化的地方性变体，都是先有农业文化的发展，在青铜时代转向游牧经济。河套地区和河北沿长城一线，直接划入仰韶文化分布地区，与西拉木伦河及黄河上游一样，这些地区后来相当长时期都是游牧民族的历史舞台，农牧业交递发展。另方面上述三个地区，与北方及西部狩猎游牧经济区域也有明显的文化联系，都是以保存细石器为特点，又都在原始农业发展中伴随着占相当比重的狩猎与畜牧业经济。

东北北部、蒙古高原、阿拉善平原和塔里木盆地东缘等地区，普遍分布着以细石器为代表的遗存，而陶器和磨制石器始终未得到充分发展。在黄河流域、长江流域农业和畜牧业有相当发展的新石器时代，这些以细叶石器为代表的广大地区，仍以采集、狩猎为主。除东北北部细石器分布区农业有所发展，其他蒙古、新疆等地区，由于是干旱而高寒的草原和沙漠，没有发展农业的条件，在以后的历史演变中，或为游牧区，或为渔猎、狩猎区域。

过去曾有一种流行的看法，把北方与西部游牧与渔猎区以细叶石器为代表的遗存，统称为细石器文化，并视作新石器时代的游牧民族文化遗存。实际上早在旧石器时代早期的中后阶段，华北旧石器的周口店—峙峪系，即已开辟石器小型化的传统。至旧石器晚期，像山西朔县峙峪和河南安阳小南海等处遗址，已出现了细石器的雏型，至少在1万年以前的旧石器晚期末叶已出现了典型的细石器。中石器时代的遗址，如黄河流域山东沂源凤凰岭、河南许昌灵井、陕西大荔沙苑、青海共和拉乙亥、长城以北内蒙古呼伦贝尔盟札赉诺尔等处，细石器都相当发达，没有与陶器共生。所以，细石器的出现以华北为早，这个传统可能起源于黄河流域的旧石器晚期。随着农业的发展，黄河流域的细石器突然衰落了，仅在红山文化及长城沿线等农业文化的遗址中，还有遗存。在北方和西部草原地区，细石器普遍发展延续到使用金属器以后，说明细石器在游牧区与渔猎区盛行时间很长，而且和华北地区有着渊源关系。在蒙古草原和新疆等地，细石器遗存多自暴露在流沙的沙丘采集，断代比较困难。在东北北部，根据《黑龙江古代民族史纲》归纳，黑龙江流域的新石器文化可分为西部铜钵好赉文化、中部昂昂溪文化、东部新开流文化三个类型，其中新开流文化，以黑龙江密山县新开流遗址为代表，年代当公元前4100年，有磨制石器、篦纹陶和细石器共存，文化面貌表明是以渔猎为主。其他类型，年代与新开流文化相当，也都有细石器遗存。昂昂溪文化农业有一定程度发展，而铜钵好赉文化是以狩猎为主的新石器遗存。

中华新石器文化的诸多文化区系，都是以土著文化为基础，吸收邻区文化影响形成的。其中黄河流域的仰韶文化和龙山文化，积累年代久，内涵丰富，尤其以农业日益发达，聚落越来越密集引人注目。其分布面宽，而辐射影响在其他诸新石器文化区中都有印迹可寻。因而，黄河中游的新石器文化，构成了中华诸多文化区的主干。由此可见，中华新石器文化，既是多源头呈区域性发展，又是交互影响，相对统一的。尤其是在新石器晚期，即距今大约5000至4000年这千年间，诸文化区的面貌已经呈现了渐趋一致的趋势。

七、南北农业及狩猎文化三带的平行发展

中华农业起源自成体系，是世界农业起源的中心之一。在起源阶段即是农业与牲畜饲养相结合，并且南北各具特点。大致以淮河秦岭为界，北方是以粟、黍为代表的旱地农业为主，饲养畜早期有猪、狗、鸡，仰韶期与龙山期又增加了黄牛、山羊、绵羊，马的遗骸也已零星发现，可能饲养较晚；南方是以水稻为代表的水田农业为主，饲养猪、狗、鸡、水牛等。不过南北界线不是截然不可逾越的。在山东、河南一些新石器遗址中发现过稻的遗存，大汶口等遗址中还发现了粟。可见南北农业文化在新石器时代已存在互相渗透的现象。

粟在磁山裴李岗遗址中已有遗存，距今约8000年。稻在河姆渡遗址中也有发现，距今7000年。这些都是目前所知经过种植的作物品种中全世界最早的标本，其作为农业起源的代表与西亚以小麦、大麦为代表及新大陆的以玉米为代表形成鲜明对照。尤其值得注意的是，中华农业南北各有特点，又同北方和西部由狩猎发展为游牧的地区，形成南北农牧经济与农牧民族的平行发展局面。中华民族这种在起源阶段即已萌芽发展的南北农牧三带经济区域与民族发展的特点，对中华民族全部形成与发展的历史都发生了深刻的影响。

此外，制陶、纺织的发明及其鲜明特点，也是中华新石器文化引人注目的成就。和农业发展相联系，建筑与聚落南北也各具特点。北方由穴居发展到最初的半地穴式房子，进而发展为土木

结构的地面建筑。南方由巢居发展为干栏式建筑。

新石器时代农业和畜牧业的出现与发展，使社会生产力有一个突变，促进了母系氏族社会向父系氏族社会发展，原始社会由繁荣走向衰落。在新石器晚期，显然已出现了财产分化与集中，并产生了超越氏族社会之上的权力。在原始社会行将崩溃的进程中透射出来文明的曙光。

这种演化，在聚落布局和墓葬制度等方面遗下很深的痕迹。仰韶文化时期，如陕西宝鸡北首岭、西安半坡、临潼姜寨、河南洛阳王湾等聚落遗址，居民区的建设已有明确区分，一般是分为居住区、陶窑生产区和墓地三部分。半坡遗址，东西宽处近200米，南北最长为300余米，总面积约5万平方米，其中居住区约占3万平方米，这是一处距今约6800—6300年的母系社会聚落遗址。居住区分为两片，每片里有一座大房子，是氏族成员聚会场所。半坡类型墓葬已发现174座，埋葬集中，排列有序，反映了氏族制度下血缘纽带的支配作用。两座合葬墓，分别为两个男子、4个女子同性合葬。在大汶口文化早期的遗址中，也有这类同性合葬的墓，或多人一次合葬，或多人二次合葬。前者一墓为2人、3人、5人不等，后者有的多达20余人。一般认为，这种同性合葬，是母系氏族社会的葬俗。在半坡遗址，小孩一般为瓮棺葬，在居住址范围内也例外发现3座幼儿土葬，其中一座女孩厚葬墓，不仅随葬品丰富精致，而且是半坡遗址中发现的唯一有木板葬具的墓，可能在宗教仪式上有其特殊的意义。半坡遗址，因其为复原中国母系氏族公社的社会生活，提供了丰富的资料，1957年在此建成了博物馆，1961年国务院公布为全国重点文物保护单位。其他姜寨、北首岭等遗址，其面积都是5—6万平方米，居住区2万平方米，也都在每组小住房环境中有一座大房子。住房围绕中心广场布置，大房子面临广场，或在小型住房的中央。这几乎是我国新石器遗址所反映出母系氏族公社居住区的一种典型布局。

龙山文化时期的聚落布局有了明显变化。此时已没有仰韶文化时期聚落那种居住址与窑址的明确区分，陶窑多分布在居住区内。此种布局大概是以父系家庭为单位的生产方式的一种反映。在陕西龙山文化的一些遗址中，还发现大量口小底大的窖穴，意味着父系家庭已有需要贮藏与保护的私有财产，而仰韶文化时期那种居住区的中心广场已不见了。

在龙山文化时期，氏族成员死后仍葬于公共墓地。如果仰韶文化与大汶口文化早期那样的同性合葬，可以推断为兄弟或姊妹型合葬；大汶口后期、龙山文化、齐家文化时期的合葬墓，所葬多为两个成年男女，显然说明已有了较稳定的婚姻，而齐家文化皇娘娘台成年一男二女合葬，男性居中，二女屈附左右两旁的情况，可能还表明已有些氏族成员过着多妻的生活。

在裴李岗文化时期，墓葬之间随葬品种类和数量已有所不同，少数墓葬甚至不见任何随葬品，仰韶文化早期也有类似情况。这些，可能是在母系氏族成员中有特殊宗教上的影响，不一定是财富分化的表现。大汶口晚期、良渚文化、马家窑文化厚葬风气流行，随葬品多寡也较为悬殊，显然是贫富分化、财产集中的一种表现。

大汶口文化早期，随葬品数量、质量相差无几，至中、晚期，在墓的规模、葬具、随葬品方面，差别越来越大。有的墓简陋狭小，随葬品很少或空无一物；而有的墓却十分宽大，如大汶口10号墓，有结构复杂的葬具、死者佩戴精制的玉石饰物，并随葬有玉铲、象牙器和近百件精美的陶器，还有兽骨、猪头和残留的成堆鳄鱼鳞板，贫富形成了强烈的对照。

良渚文化各遗址，共发现墓葬数十座，其中小墓居多。随葬陶器远逊于实用品，个别也有大型玉璧随葬。大墓不仅规模较大，随葬品量多质高。如草鞋山198号墓，东西长17米、南北宽4米，有60多件随葬品。其中玉琮5件，玉璧2件及镯、管、珠、锥形装饰、穿孔斧等共30多种玉器。福泉山发现7座大墓，都有随葬精致的玉器、陶器等，埋在人工筑的高台上，被称为"土筑金字塔"。其中6号墓虽已遭破坏，仍遗存玉、石、牙、陶器119件，当中有玉琮5件，玉璧4件。寺墩3号墓，墓主为青年男子，随葬玉琮、玉璧达57件。张陵山遗址的一座墓中，也随葬陶、玉、石器共40多件，其中以兽面纹的玉琮、玉瑗、玉蝉等较为突出。在墓主脚下与随葬陶器一起发现了3个人头骨，有人推论其身份为奴隶。

玉器是中国古代文明的一项重要内容，它的发源显然在新石器时代。目前发现的最早的玉器距今已7000年左右，到新石器中、晚期，制玉业可能已发展为独立的手工业部门。在河姆渡文化、大汶口文化、良渚文化、红山文化、龙山文化的遗址中，均出土有精美的玉器。其中如玉斧、玉铲、玉兵器等，当有一定的实用价值。东汉人袁康所撰《越绝书》，将人类使用的工具，分为石、玉、铜、铁4个阶段，可能在一定程度上反映了实际发展程序。当前，已有人根据红山文化遗址中的发现，提出了"玉兵时代"的命题。玉簪、玉环、玉璜、玉玦一类供装饰之用，自不必分辨。唯玉龙、玉鸟等可能为图腾神物，玉琮、玉璧等属礼器，具有宗教或权力象征的意义。《周礼》有以"苍璧礼天，黄琮礼地"的记载，这种礼制当是从以往传统中继承下来的。前面所提到良渚文化诸遗址中，随葬玉璧、玉琮等礼器的墓主，应是有特殊地位的人物。表现在新石器晚期，原始氏族部落趋于解体，已产生了超越氏系成员之上的权力；在父系家庭中，也已出现了家内奴隶的征兆。

文明的曙光，还从新石器晚期小型城堡和庄严祭坛、庙堂等建筑中透射出来。

早在仰韶文化时期，如半坡、姜寨聚落遗址外围，便挖有濠沟，是一种比较简单的护围设施。至龙山文化阶段，新出现了夯土版筑或石块垒砌的围墙，形状比较规整，工程规模也比以前大有扩大。河南龙山文化的登封王城岗城址，夯土墙长约90余米。淮阳平粮台城址长宽各185米，城墙残高3米多，南北墙中段各开城门1座。山东龙山文化的寿光边线王城址略呈圆角梯形，城内面积4万多平方米，夯土城墙基槽里发现有儿童、狗、猪等骨架，应是奠基的牺牲。此外，在内蒙古包头阿善、凉城、老虎山等遗址，则有石墙围绕。这些小型城堡是在氏族社会解体过程中，伴随私有财产的增加，战争相应频繁而产生的防御手段。

据新华社1986年8月7日电讯报道，甘肃秦安大地湾遗址出土1座距今5000年的大型建筑遗址，总面积达420平方米。这是一组结构严谨复杂的建筑群体，分主室、左右侧室、后室、前门附属建筑4部分。主室居中，大门向南，呈长方形，面积达130平方米，8柱9间，大门开在正中第五间，东西边各有门通向侧室，北边是后室，周围保存着用黄土夯成的断墙残壁。整个大厅地面外观极像现代水泥地面，平整光洁，用铁器叩击，发出与叩击现代混凝土地面相同的清脆声。厅中两根对称的顶梁大柱，考古人员据护柱泥壁遗痕测量，确定大柱直径57厘米，木柱圆周达1.79米。在1986年8月初有苏秉琦、安志敏等考古学专家座谈认为：它已不是原始居民的普通住房，而是氏族或部落联盟进行公共活动的场所。这座大型建筑所具有的奇数开间，正面设门，建筑成长方形，以长的一面为正面，左右对称，前后呼应，木架承重，墙壁仅起间隔作用，其有后世延续几千年中国木结构建筑的传统特点，它充分体现了原始社会已产生的建筑艺术，也是后来几千年中国式殿堂建筑的一个雏型[①]。

更引人瞩目的是，辽宁考古工作者继1979年在辽西山区喀

---

① 参见《光明日报》1986年8月6日头版，《人民日报》1986年8月7日头版。

喇沁左翼蒙古族自治旗东山嘴村发现1座红山文化大型祭坛之后，1983—1985年又在与祭坛遗址相距50公里的建平、凌源间牛河梁发现了红山文化时期女神庙、积石冢群和小型城堡遗址。经碳—14测定和树轮校正，这些遗址距今已5000多年。出土的文物，不愧为原始社会末期的一个伟大的宝库，其中尤其珍贵的有：东山嘴祭坛发现的两件陶制无头孕妇的裸体小像，残体分别高5厘米和5.8厘米，腹部隆起，臀部肥大，左臂弯曲，左手贴于上腹，阴部有三角形记号，是个典型的孕妇形像。另外还发现2件约为真人1/2的无头陶质妇女坐像。牛河梁遗址还发现了一尊基本完整的女神头像，其大小与真人相近，是典型的蒙古利亚人种，与现代华北人的脸形相似。女神的眼珠是用晶莹碧绿的圆玉珠镶嵌而成。显得双目炯炯有光，神采飞扬。值得强调的是，从其他出土的塑像残块，比如那些因年龄差异而发育不同的乳房，那些圆润的肩膀，从那些肉质感极强的修长手指看，牛河梁遗址应是有许多女神像的大殿堂。议者曾以为这些女神是"母系氏族社会的象征"。苏秉琦教授曾认为应从"类似古人传说的'郊'、'燎'、'禘'等祭祀活动"方面去深入考察，这是符合实际的。东山嘴祭坛南圆北方，正符合文献记载中郊祀的礼制。文献记载最早的郊祀，大概是商族远古祖先祭天求嗣，"契母简狄以玄鸟至之日祀于高禖而生契"。此后成为商周以下历代祭天求嗣的隆重祀典。东山嘴、牛河梁郊祀唯祭女神，盖即高禖最原始最典型实证。

东山嘴、牛河梁红山文化遗址的整体布局也值得注意。坛、庙、冢在约50平方公里范围内"三合一"的规制，有点类似北京的天坛、太庙和明十三陵。积石冢群都在山顶或小山包上，中心是大墓，周围是很多小墓，墓中有的很少或没有随葬品，有的则随葬大型精美玉器。从中可以看出氏族成员的等级分化相当严格，已具有"礼的"雏形。所以参加考察的专家们认为，这一切足以说明"在这里活动的原始先民已脱离了对自然崇拜及图腾崇拜的低级阶段,进入到高一级阶段的文明社会了。这样大规模的建筑,应属一个超越于部落之上的联盟组织"。①

据《光明日报》1987年5月18日头版报道,辽宁考古工作者继辽西女神庙后又在辽东半岛、黄海沿岸丹东地区后洼新石器遗址发掘出40多件距今6000年珍贵石雕与陶塑。值得注意的是在陶塑中同样有龙、虎、鸟等,从图腾艺术角度来说,这和中华文明中的传统观念相吻合。然据此报道当不能作更深入的推论。过去认为在东山嘴、牛河梁遗址中出土的玉龙是最早的龙的遗存,丹东后洼的雕龙实物,可能更早,这是令人注意的遗存。

中华民族最早的国家组织为夏、商,都在黄河中下游。但从甘肃秦安大地湾的仰韶文化的殿堂建筑、辽西红山文化的祭坛等来看,其均与商周以下中华古代制度有渊源联系,而红山文化的玉器群,被认为与商文化玉器有渊源联系②。

红山文化的动物群玉雕有龙、鸟、虎、龟、蝉、狗、蚕、鱼等,均与商代玉器的主要题材相同,而与良渚文化的玉器群如玉璧、玉琮、玉璜、玉玦等,显系两个系统。但良渚文化的玉器群,同样在商周得到继承和发展。前面已提到玉璧与玉琮等成为商周祭天地的礼器,如果再考虑到商周甲骨文字可能在大汶口文化、仰韶文化、红山文化、马家窑文化的一些反复出现的符号和少量可能是文字的发现中找到源头,商周青铜器的器物器形与纹饰也在以黄河中下游两个文化圈为主同时有多种新石器文化中找到原形,这些因素都可以说明:中华文明首先在黄河中下游发

---

① 参见《光明日报》1986年7月25日头版报道及孙守道、郭大顺《论辽河流域原始文明与龙的起源》,苏秉琦《辽西古文化古城古国——试论当前考古工作的重大课题》等论文。

② 俞伟超、严文明等:《座谈东山嘴遗址》,载《文物》1984年第11期。

达，出现了中华最早的国家制度，青铜文化和文字制度，主要是黄河中下游两大系统新石器，同时也是诸多新石器文化内向汇聚熔铸的结晶。黄河中上游秦安大地湾仰韶文化后期的殿堂式建筑群和燕辽地区红山文化的祭坛与"女神庙"以及良渚文化的"土筑金字塔"式墓群，都证明了中华新石器文化的多元区域性发展如星火点点，又源源汇聚中原，成为熊熊篝火，于是使古老的中华文明放射出夺目的光辉，使中国成为世界上最老的文明古国之一。源头如此丰沛多元，在尔后数千年中，既是多民族和文化的多彩多姿，又逐渐结合成统一的多民族国家和层次多样、内涵深蕴的伟大中华文明就不足为奇了。

（原载《北方民族》1988年第1期）

中国远古的各部落集团

中国史学进入20世纪不久，1906年梁启超就发表了《历史上中国民族之观察》，指出"现今之中华民族自始本非一族，实由多数民族混合而成"①。在当时，发出如此宏论，不仅需要学识，还需要惊人的勇气。到20年代，顾颉刚提出"层累地造成的古史观"，又不啻为对中国古史系统一次空前的冲击。

冲破旧体系不易，建立新体系就更难。1927年蒙文通撰《古史甄微》，断言中国远古"民族"可分为江汉、海岱、河洛三系，其部落、姓氏、地域各不一样，其经济、文化特征各具特征。与蒙提出"三系学说"同时，傅斯年在30年代连续发表《大东小东说》与《夷夏东西说》，指出在夏、商、周及三代以前，在黄河中下游与淮河流域，各部落可归结为东西两大系。

蒙的"三系说"、傅的"夷夏东西说"，都作了建立远古河、淮、江、汉间各部落集团总体构成体系的尝试。1943年出版了徐旭生的《中国古史的传说时代》，1957年又作了较大修订，出版了该书的增订本，概括中国远古大致可分为华夏、东夷、苗蛮三大集团。这三大集团先是互相斗争，后来又和平共处，终结完全同化，才渐渐形成了尔后的汉族。此书篇幅宏大，体系完整，出版以后，对中华民族，其中特别是汉族的起源研究，起了很大的推动作用。

今天回头看，上述诸家学说，都具备精湛而发聋振聩的睿智与卓识。在他们以后的近一个世纪或半个多世纪，中国学术的发

---

① 梁以"中华民族"称呼汉族，以"中国民族"概称中国各民族。

展为我们提供了进一步修订与充实这一些学说的条件。这些条件主要是：

（一）以马克思主义史观与民族观为指导的中国民族史学科的建立与发展。

（二）中国考古学，其中特别是新石器时代考古学的飞跃发展。

（三）原始社会史研究的新进展。

（四）对于古代文献考订辨证研究的新进展。

运用这些学科研究的新成果，对中国远古各部落集团作一个新的概括与叙述，不仅有必要，而且可能。此事体大，自知非学力所能胜任，考虑到科学发展，总需要有勇气去探索，谨以此文就正于方家，祈收抛砖引玉之效而已。

一、史料问题

对于远古神话传说史料的鉴别与选择，是一个非常古老的问题。先秦诸子已经提出辩论，至司马迁作《五帝本纪》，更感叹："学者多称五帝，尚矣。然《尚书》独载尧以来；而百家言黄帝，其文不雅驯，荐（缙）绅先生难言之。"他曾西至今甘肃，北过今河北涿鹿，东至于海，南浮江淮，进行实地考察验证，又以《春秋》、《国语》等对照《五帝德》、《帝系姓》诸相关篇章进行辨析，才作了《五帝本纪》。司马迁以后，对于远古的历史及史料不断有学者进行鉴别、分析。到清代。崔述著《考信录》，对远古的历史与史料进行了系统的考辨，成为本世纪20—40年代对于古史一场持续多年的学术大辩论的直接渊源①。

对先秦文献的态度,蒙文通、徐旭生两位先生,与古史辨派大异其趣,他们都对疑古持批判态度。但也不是不对史料进行辩证、鉴别与选择。蒙先生通过对先秦文献的仔细对比研究,发现先秦的记载与神话系统,存在地区差别,这些差别反映着"太古民族"的不同。他说:"《古史甄微》,备言太古民族显有三系之分,其分布之地域不同,其生活与文化亦异。《六经》、《汲冢书》、《山海经》三者称道古事各判,其即本于三系民族传说之史固各不同耶!"②徐先生则在其鸿篇大著的第一章,专门论证他对远古历史和反映远古历史的史料所持的态度与治学方法。傅先生是通过历史地理的考订与辨析,发现了"夷夏东西"两系。他说"现在以考察古地理为研究古史的一个道路,似足以证明三代及近于三代之前期,大体上有东西不同的两个系统。这两个系统,因对峙而生争斗,因争斗而起混合,因混合而文化进展。夷与商属于东系,夏与周属于西系。"③

本文无意对上述各家的考证及其方法进行评论,只想强调,在吸取各家研究成果时,都要注意他们对史料的鉴别与选择。无论对古文献的记载与注释,还是对近代以来的各家考据,都应在尊重与学习中有所鉴别,有所辨析,有所吸收,有所扬弃。如此,或可收到博取众家之长而断以己意的实效。

在有文字记载以前,先民是通过世代相传的神话传说传颂远古的历史,除了天地开辟、人类起源和洪水的神话,最重要的便

---

① 参见《崔东壁遗书》及顾颉刚为该书所作序,上海古籍出版社1983年出版。顾先生等在《古史辨》中的序及自述性论著不备列。

② 《古史甄微·自序》,收入《蒙文通文集》第一卷《古学甄微》,巴蜀书社1987年版,引文见该书第21页。

③ 《夷夏东西说》,收入《庆祝蔡元培先生六十五岁论文集》,引文见该书第1093页。

是关于本族所奉祀的天神（或称帝、上帝）与祖神的神话。

远古初民相信天地可通，人与自然一体。各部落或部落集团所奉祀的天帝往往与祖神同位并称，但各部落间互相不能混淆。直到春秋时期，仍认为祭祀他族的天神、祖神是非礼的，有"神不歆其非类，民不祀其非族"①的信条。

由于时代荒远，神话传说在流传中受到了部落间融合、文化互相渗透等影响，往往原属不同部落或部落集团的天帝与祖神被归纳成同一来源的谱系，放到同一神坛上祭祀。加之自先秦以来的记录带有各地区与各家学说的特点，哪些是真正反映远古历史的神话传说，就成为必须仔细鉴别的问题。今天所能见到关于远古神话的最早记录，在先秦文献中，仅有如下几类：

《诗经》及《尚书》中较可靠的夏商周三代留存的始祖传说及敬祀的神祇②；《左传》、《国语》、《古本竹书纪年》等先秦史书所保存的远古神话传说；先秦诸子所征引的神话传说。

以上三类，既不是三代与春秋战国所编撰系统的远古历史，也不是为保存远古神话而编纂的神话系统；而是为追述祖源或君臣应对，卿大夫之间讨论问题所征引的片断；至于诸子征引神话，为己立说，取舍不同，其中有些或为寓言。

先秦保存远古神话较为系统而流传至今的有《天问》、《九歌》、《山海经》，成书稍晚但仍为《史记》所依据的还有《世本》及收入《大戴礼记》中的《五帝德》与《帝系姓》等。

《九歌》为楚国祭祀诸神的神话诗，其中或渗入了东方海岱与中原一些文化因素，主要还是以江汉地区为中心的长江中游的

---

① 《左传》僖公十年。
② 关于《尚书》各篇的真伪，自两汉今古文之争到现在，不知有过多少论著进行考证，李民《尚书与古史研究》及刘起釪为该书所作的《序》，比较深入浅出，可备参考。该书由中州书画社1983年出版增订本。

神话。《天问》虽编入《楚辞》流传，依据其内容与风格，成书不会晚于战国初年①。所问180余事，包括天地开辟、鲧禹治水、夏商周三族起源与兴亡的神话及史事，"是一部以夏商周三代为中心的兴亡史诗"②。《天问》最初大概形成于中原，及楚既灭中原许多归邦而流行于楚境，终被编入《楚辞》。③

《山海经》为中国远古神话的渊府。其《五藏五经》，地理多于神话，然而其神话内容较《海经》古朴，地理范围大于《禹贡》，而详于晋南、豫西南及河汉之间，可能成于三晋，晚于《禹贡》，为战国末年乃至成于秦始皇时方士之手。《海经》以神话为主，兼叙地理、民俗。大概是以各国巫祝文书编次为篇，形成有早有晚，至西汉末经刘向、刘歆父子编订成书，仍保存着先秦的面貌④。

《海经》与《世本》都有将诸神和事物起源归入同一来源的倾向。《海经》以帝俊为中心，原是东方海岱地区东夷的先民所奉祀的最高天帝，与《世本》及《大戴礼记》两书中的《帝系》以黄帝为中心显然不同。然而《五帝德》、《帝系》已明确归纳出以黄帝为始祖的统一谱系和以黄帝为首的五帝世次，司马迁据以作《五帝本纪》，第一次形成了华夏有同一来源的古史系统。

自清末发现殷墟甲骨文字及半个多世纪对甲骨、金文的研究

---

① 顾颉刚在《古史辨》第七册中《三皇考》中说《天问》"颇有《诗经》以后，《论语》以前之风"，然而所问楚事已涉春秋末年，不及战国史事，可能成于春秋末，至迟不会晚于战国初。

② 林庚：《天问论笺》，人民出版社1983年版第6页。

③ 参见刘起釪《战国古史传说时期综考》上，《文史》第二十八辑第23页；拙作《关于中华民族起源学说由来与发展》，见《中华民族新探索》，中国社会科学出版社，1991年版第174页。

④ 对《山海经》成书时期与地区特点，自本世纪20年代以来各家考证甚多，近有《山海经新探》由四川社会科学院出版社1986年出版，集各家所论，颇便参考。于顾颉刚、谭其骧、蒙文通、袁珂等各家考证，不再一一注明。

与对古史的系统考证、辨析、整理,使我们得以较科学地辨别史料,以之与考古学发现相印证,从而认识到先秦古籍记录的远古神话传说,大致是黄河、长江两大河中下游地区各部落集团关于天地开辟、人类起源及各种事物起源的神话传说;关于各部落集团所奉祀的天帝与祖神的神话传说;关于各部落集团斗争、融合及前王朝期古国历史的神话传说。这些神话所反映的历史,大体都是新石器时代晚期,由父权制氏族部落向国家过渡时期的历史;而父权制以前漫长历史时代仅保存着一些重要阶段的创造神话,差可称之为那个时代的朦胧史影。

除上述各种古籍之外,涉远古神话与历史的著述,《汉书·艺文志》所举,大多已经散佚;如《汲冢琐语》一类先秦古籍,《汉志》固不可能著录;或许还有其他未被著录者在民间口头流传。这些远古遗存的神话,从战国、秦汉延至魏晋,被各家多所采集,构成了多种"三皇五帝"系统。这些关于"三皇五帝"的古史及其理论基础"五德终始说"、"三统说"、"纬说",均为当时政治与历史条件的产物[①],今不足取;其中所保存的一些远古神话传说,自然也是具有值得重视的史料价值。至于边疆地区,新石器文化的发现,已证明那时在边疆也存在着各氏族部落或部落集团,然而其名不见于载籍,其神或许在《山海经》等古籍有所反映,已经难于辨析;在少数民族中一直流传的各种神话传说,也一时来不及加以系统的研究与整理,故于黄河长江两大河流中下游地区以外各部落集团的判别,则有待来日。

---

① 参见《古史辨》第七册中所收顾颉刚《三皇考》、《三统说的演变》、《〈潜夫论〉中的五德系统》,蒙文通、缪凤林《三皇五帝》及吕思勉《三皇五帝考》诸篇论证。

二、父权制阶段以前的朦胧史影

考古学所证明的中华民族远古先民已有近 200 万年的历史，而现在所知的神话传说所反映的历史，大体只有五六千年。前此的遥远洪荒时代，只有若干开辟、创造的神话，反映着不同阶段的朦胧史影。这些创造神话有：燧人氏、有巢氏、神农氏、伏羲氏、女娲氏，至东汉末三国初才有盘古氏开天辟地的神话见于记载。

（一）燧人氏与有巢氏

《庄子·盗跖》叙述："古者，禽兽多而人民少，于是民皆巢居以避之，昼拾橡栗，暮栖木上，故命之曰有巢氏之民；古者，民不知衣服，夏多积薪，冬则炀之，故命之曰知生之民。"《韩非子·五蠹》已将原始巢居与取火的创造人格化，谓："上古之世，人民少而禽兽众，人民不胜禽兽虫蛇，有圣人作，构木为巢，以避群害，而民说之，使王天下，号之曰有巢氏；民食果蓏蚌蛤，腥臊恶臭，而伤害腹胃，民多疾病，有圣人作，钻燧取火，以化腥臊，而民说之，使王天下，号之曰燧人氏。"这些记载，描述了农业发明以前，远古初民依靠采集渔猎生活的时代，穴居巢处与对火的重视[①]。考古学证明，旧石器时代已有使用火的痕迹，尤其是北京人文化证明当时已有效地保存着火和用火烧烤熟食。钻孔技术发明后，才有磨擦取火和钻木取火的发明，这是旧石器时代晚期才有的技术。大约在旧石器时代中期以前，远古居民是利用自然火，保存火种成为最有权威最重要的事情；到旧石器时

[①] 此外《管子·轻重戊》、《礼记·礼运》等篇也有关于燧人氏取火以前人食草木、茹毛饮血，而燧人氏取火使民无肠胃疾病的记载。

代晚期或新石器时代早期,才真正发明了取火。远古人类的发明,在民族学材料中已得到印证,直到本世纪40年代,在一些保存原始社会残余较明显的云南少数民族中,还保留着磨擦和钻木等取火方法[①]。

旧石器时代,人类穴居巢处,以避虫害。迄今所发现的旧石器时代人类居处,多在半山腰的洞穴或半山腰证明了这一点。也许在旧石器时代晚期已发明构木为巢,到新石器时代,中国的建筑已分为南北两大系。南方从巢居发展为干栏式建筑,已发现的最早遗存是距今7000年以前浙江余姚河姆渡遗址的干栏式建筑。其构巢方法,兼用榫卯和绑扎,技术水平已相当高;黄河流域及辽河流域都是穴居发展为半地穴式建筑,再发展为地面上的木骨泥墙构成的圆形和方形房子。后世把这种由穴居野处到构木为巢建筑居室的创造发明归结为有巢氏。古人对南北居住构成及其渊源已品味出来,《太平御览》卷87引《项峻始学编》说:"上古皆穴处,有圣人教之巢居,号大巢氏。今南方人巢居,北方人穴处,古之遗俗也。"

(二) 神农氏

最初发明并主宰农业生产的是妇女,到新石器时代中期支配权转移到男性手中。这一伟大发明的人格化与神格化,就是神农氏。

在先秦,神农与炎帝原是传说中不同的人或神,秦汉间或许已有炎帝神农氏说法,《史记》仍按不同的神话人物叙述;《世经》与《汉书·古今人表》才明确记述炎帝与神农合为一位。此即按"五德相生终始"的理论所作合并。

---

① 参见汪宁生《云南少数民族的取火方法——兼谈中国古代取火》,收入其《民族考古学论文集》,文物出版社,1989年出版。

《庄子·盗跖》说："神农之世，卧则居居起则于于①。民知其母，不知其父；与麋鹿共处，耕而食，织而衣，无有相害之心，此至德之隆也。"完全是一幅母权时代原始社会的理想化图景。而《易·系辞》下描述："神农氏作，斫木为耜，揉木为耒，耒耨之利，以教天下，盖取诸益；日中为市，致天下之民，聚天下之货，交易而退，盖取诸噬嗑。"耒耜一类农具的发明，在新石器时代中晚期；以物易物，日中为市，也是新石器晚期才有的事物。《易》所描述的神农氏时的社会，所代表的是原始社会形将崩溃的父权制阶段农业发展的情况，是这一阶段农业发展的人格化。

　　农业和土地分不开。中国的农业起源，在新石器时代已是南北两大系，应有不同的与神农相关的神话人物。北方农业以稷（粟）为代表，神农与后土的神话，主要反映着北方农业的起源，也各有地区特点。

　　《国语·鲁语》上说："昔烈山氏之有天下也，其子曰柱，能植百谷百蔬；夏之兴也，周弃继之，故祀为稷。共工氏之伯九有也，其子曰后土，能平九土，故祀为社。"《左传》昭公二十九年记叙："共工氏有子曰勾龙，为后上，后土为社；稷田正也，有烈山氏之子曰柱，为稷，自夏以上祀之；周弃为稷，自商以来祀之。"《淮南子·氾论训》说："禹劳天下而死为社，后稷作稼穑而死为稷。"

　　烈山，又以音义均近写作厉山，南北朝和隋唐的记载，都认为烈（厉）山在随州，即今湖北随县境。实则，烈山氏为远古烧山开土以种农作物的人格化。直到宋代，今湖北、湖南地区仍盛行畬耕，即烈山播种的耕作方式。

　　夏商周以禹或勾龙为社，以周人始祖后稷为神农，社稷并

---

① "居居"、"于于"均形容人们生活完全自然不受礼法约束的面貌。

举，代表国家。这也许是以周人的崇拜概述三代。东方海岱地区另有神农的祭祀对象，比如伊耆氏①等；南方水田农耕起源与北方旱地农耕起源年代相仿，必自有神农的传说，而文献失载。《帝王世纪》说"神农氏崩，葬长沙"②，而《路史》具体指为长沙郡之茶陵，或即南方传说中的神农葬处。

秦汉全国统一，各地传说统一，"整齐故事"，神农氏被列于燧人氏与黄帝之间，为"三皇"之一，已被人格化。

（三）伏羲和女娲

伏羲，又写作包牺、庖羲、宓羲、虙戏、伏戏、伏希，同名异写。《易·系辞》下叙述他是始创八卦和结网罟发明渔猎的古帝。《世本·作篇》（茆泮林辑本）说："伏羲制以俪皮嫁娶之礼"，才开始有了婚姻嫁娶。至东汉，《白虎通·号》记载："古之时未有三纲六纪，民人知其母，不知其父"，于是伏羲"因夫妇，正五行，始定人道"。《论衡·齐世篇》也记载："宓牺之前，人民至质朴……群居聚处，知母而未识其父；至宓牺时，人民颇文，知欲诈愚，勇欲恐怯，强欲凌弱，众欲暴寡，故宓牺作八卦以治之。"把伏羲描绘成从蛮荒朴野到文明时代的象征。

先秦文献，伏羲与太昊完全是不相关的神或人，《世经》始将二者合为一位，作为始以"木德王"有天下而列于三皇之首。故后世考伏羲地理，多依太昊遗裔分布与关于太昊活动范围而推论伏羲的神话源于山东泰山以北以西今豫西鲁东北地区。

女娲，见于《天问》及《山海经·大荒西经》。到汉代所记录的神话，女娲曾搏土为人，使世界有了人类③，还炼石补天，战

---

① 参见《吕思勉读史札记》（上），上海古籍出版社1983年版，第39—40页。
② 徐宗元《帝王世纪辑存》，中华书局1964年版，第11页。
③ 《太平御览》卷78引（风俗通）。

胜洪水，使百川东向流归大海①，是一位开天辟地、创生人类的伟大女神。《淮南子·览冥训》叙述女娲补天的伟绩，归结为"虙戏之道"，没有说明他们是什么关系。《风俗通》说明，"女娲，伏羲之妹"②。到晋代，《帝王世纪》，记叙女娲"承包牺制度"，"一号女皇"③。唐代的记录却多叙二人以兄妹为夫妇。卢仝《与马异结交诗》说："女娲本是伏羲妇（原注：一作伏羲妹），恐天怒，捣炼五色石，引日月之针、五星之缕把天补。"李冗《独异志》卷下记录一则神话，说宇宙之开，天下未有人民，只有女娲兄妹二人在昆仑山，议欲为夫妻，又自羞耻，于是请求天的示意。恰有两股烟升向天空，兄妹相祝："天若遗我兄妹二人为夫妻，而烟悉合，若不，使烟散。"祝后，烟果然合而为一。于是兄妹结婚，世界降生了人类。

伏羲、女娲的形象，汉晋以来的记载，一般都说是人面蛇身，考古发现汉到隋石刻画像与绢画所绘图形与文献记录一致。尤其是东汉武梁祠石室画象与东汉石刻，以及隋高昌故址阿斯塔娜墓室彩色绢画伏羲、女娲都是各持规、矩，人头蛇身，交尾合体的图像④。也证实汉代文献虽未说明伏羲兄妹是夫妇，在民间流传实际是夫妇。此外，四川、河南、山东等省还有多处发现两汉的伏羲女娲画像，所捧除规矩之外。还有日月或灵芝，而且一般也都是人首蛇身，交尾合体⑤。

关于兄妹为婚、创造人类的神话，在少数民族中至今广为流传。有的不仅传说兄妹为婚所生子女成了本民族的初祖，还是中

---

① 《淮南子·览冥训》、《论衡·谈天篇》。
② 《路史·后纪》女皇条罗苹注引。
③ 《帝王世纪辑存》第9页。
④ 参见闻一多《伏羲考》，收入《闻一多全集》，三联书店重印1948年版第一卷第4—7页考证与插图。
⑤ 参见陈履生《神画主神研究》，紫禁城出版社附录《汉代神画伏羲女娲》。

国许多兄弟民族的共同来源。尤其是苗、瑶、壮、侗、仡佬、布依等民族关于洪水之后兄妹结婚使人类延续的神话，往往直指兄妹二人为伏戏兄妹①。

伏羲、女娲的神话，究竟起源于何处，现在众说不一，愚以为关于伏羲、女娲兄妹为婚始生人类的神话，是远古血缘公社内婚制在神话中的反映，夹杂种种得天的旨意的情节，是血缘公社内婚制已废之后，人们对于兄妹为婚以为羞耻，相信当初兄妹为婚是在万不得已的情况下受天之命繁衍人类才有的行为。其起源可能在长江中下游原始时代各部落中，理由容后详述，流传至中原，被奉为"人文初祖"；继续流传在中东南和西南少数民族中，则仍保留较原始的神话形态，反映了血缘公社婚姻的特点。

（四）盘古氏

大约在东汉末，南方已流传关于盘古的神话。三国吴人徐整《三五历纪》，记录较为详细，说天地初开，"首生盘古，垂死化身：气成风云，声为雷霆，左眼为日，右眼为月，四肢五体为四极五岳，血液为河流，筋脉为地理，肌肉为田土，发髭为星辰，皮毛为草木，齿骨为金石，精髓为珠玉，汗流为雨泽，身之诸虫，因风所感，化为黎氓"②。南朝人任昉《述异记》卷上所记与之大体相同，并记述："吴楚间说，盘古氏夫妻，阴阳之始也。今南海有盘古墓，亘三百余里，俗云后人追葬盘古之魂也。桂林有盘古氏庙，今人祝祀。南海中盘古国，今人皆以盘为姓。"所以任昉认为："盘古氏，天地万物之祖也！"关于盘古开天地创人类及万物的传说，最初流传于岭南，然后传至于长江流域，与《后汉书·南蛮传》中关于槃瓠与高辛氏女为婚的神话各有渊源，

---

① 参见陶立璠等编《中国少数民族神话汇编》及洪水篇，中央民族学院少数民族古籍整理出版规划领导小组办公室印。

② 《绎史》卷一引。

不能相混①。

三、父权制时代各部落集团

　　所说父权制时代各部落集团，按照远古传说即《史记·五帝本纪》所反映的时期，距今大约为 5000—4000 年这个千年纪。考古学证明，在这个千年纪中，起源于海岱地区的文化，盖覆了黄河中游以至上游，长江中游及下游，乃至燕山以北和岭南，考古学界称之为龙山文化形成期。远古传说和新石器文化的区域性发展相印证，为我们提供了认识各部落集团客观存在的坚实科学基础。

　　迄今为止，在我国已发现新石器文化遗址 7000 余处。黄河与长江两大河的中下游分布较密。尤其黄河中游，仰韶文化遗址已发现达 1000 余处，年代一般自公元前 5000 至公元前 3000 年。华南则早期年代偏早而结束晚于中原地区。其他边疆地区结束都稍晚些。尽管发展不平衡，但各地区的新石器文化，各有渊源，自成系统，分布地域明确，文化内涵与面貌也不互相重合②，因而可以划分出几个较大的文化区系③。各区系之间，互相影响，

---

　　① 盘古非槃瓠，吕思勉《先秦史》、《读史札记》中《盘古考》等早已加以辨析，今差可定论，其来源，或以为南方民族中固有神话，或以为来自印度，两说各有所据，各备一说。

　　② 参见佟柱臣《中国新石器时代文化的多中心发展不平衡论》，收入佟著《中国东北地区和新石器时代考古论集》，文物出版社 1989 年出版。

　　③ 苏秉琦教授指出，自 1979 年正式提出考古文化区系类型化分问题以后十余年对区系的研究和划分，是考古学新时期的两个重要标志之一，苏先生所划分的区系为各家所宗，然而也还存在多种不同的划分。本文参考各家而断以己意，划分为：黄河上游、中游、下游；长江中游、下游；燕山南北；岭南；西南和三北等九大区域系。

互相吸收，有着多层次联系和向统一发展的倾向。

各文化区系具有的共同文化特征和起源，反映着创造这些文化的人们属于有共同起源和具有共同文化特征的大部落集团；各区系中又存在不同的文化中心和诸多类型，又反映着在部落集团中拥有众多的氏族部落和小的部落集团。

(一) 黄帝集团

西起陇山，东至太行山东麓，南至伏牛山以南，北达燕山—阴山——沿长城南北，在新石器时代是前仰韶文化（包括裴李岗、磁山、大地湾三种较早期的新石器文化[1]，年代约为前6000—前5400）→仰韶文化（前5000—前3000）——中原龙山文化[2]（前2900—前2000）起源、发展之区。继中原龙山文化的是夏文化（豫中、豫西、晋南）、先商文化（豫北、冀南）和先周文化（关中）。这个地区，按先秦地理，都属黄河的中游与下游，因为先秦黄河下游流经现在的河北平原在今天津市以南入渤海。今黄河下游，大体与先秦济水走向一致。故，仰韶文化起源与发展之区，在先秦属整个黄河中游与下游。古今黄河之间，即先秦河济之间，包括今豫东、豫北、鲁西北及冀南是黄河与海岱两大文化区系最早接触、交汇的地区，也是传说中炎黄与太昊、少昊各集团接触最早的地区。在专叙黄帝集团以前，交待一下这种地理与文化背景，会有助于以下叙述更加明晰。

黄炎两在集团起源之区比较接近，无论从文化还是地理的因素，这两大集团都是有共同起源和共同文化特点的亲缘集团。

《国语·晋语》四："昔少典娶于有蟜氏，生黄帝、炎帝。黄

---

[1] 参见安志敏《略论中国早期新石器文化》，收入《磁山文化论集》，河北人民出版社，1989年出版。

[2] 近年考古学界，颇以中原龙山文化概称关中、晋南、河南、冀南等地的龙山文化，这些地区龙山文化地区差异明显，但具有统一性。今从之。

帝以姬水成，炎帝以姜水成，成而异德，故黄帝为姬，炎帝为姜。"《史记·五帝本纪》《索隐》说："少典者，诸侯国号，非人名也。"黄、炎同出少典——有蟜部落，后世成为异姓互相通婚的不同氏族与部落，在迁徙与发展中成为两大部落集团。晋代郭璞解说神话中"诸言生者，多谓其苗裔，未必是亲产"①，这种解释，是非常符合神话传说实际的。

　　黄帝得姓的姬水不详所在。姜水则徐旭生对文献、传说与考古资料进行综合考察，断定"炎帝氏族的发祥在今陕西境内渭水上游一带"②。相传"黄帝生于寿丘"，《帝王世纪》认为在"鲁城东北"③，即今山东曲阜，这里是少昊集团的中心；《路史》认在上邽④，即今甘肃天水市境，渭水发源之区。以黄炎亲缘及姜水地理推断，则黄帝起源于陇山西侧，天水地区为近是。这里正是从前仰韶文化到仰韶文化后期中国已知的最早殿堂式建筑发现比较集中的地区⑤。

　　按照《庄子·在宥》的记载，黄帝曾西至空同问道于广成子，《五帝本纪》也说黄帝"西至空同，登鸡头"。唐初李泰《括地志》原州平高县条说："笄头山，一名崆峒山，在原州平高县西百里。《禹贡》泾水所出；《舆地志》云，或即鸡头山也；郦元云，盖大陇山异名也。《庄子》云……黄帝问道于广成子，盖即此。"⑥ 唐平高县在今固原市境，笄头山或即六盘山，或即固原

---

① 《山海经·大荒东经》："帝俊黑齿"注。
② 《中国古史的传说时代》，文物出版社1985年重印增订本第42页。
③ 徐宗元《帝王世纪辑存》，中华书局1964年版第18—19页。
④ 《路史·后记》卷二黄帝条罗苹注。
⑤ 甘肃秦安大地湾一期文化属前仰韶期文化，但大地湾遗址仰韶文化各期都有发现，而大地湾所发现的距今5000年的殿堂建筑，是目前所知中国最早的殿堂式建筑，是后世的中国殿堂建筑的萌芽。
⑥ 贺次君《括地志辑校》，中华书局1980年版第44页。

稍南隆德县境笄头山，自古这些地方都当陇西越陇而东的孔道。

在黄帝集团的发展中，陕北是极为重要之区。相传黄帝死葬桥山，在汉上郡阳周县境。汉阳周县，今地为陕北靖边县东南。此处距今黄陵县有数百里。北魏曾以汉泥阳县置阳周县，今地为甘肃正宁县；桥山也随阳周县名南迁，而南迁了数百里，此即今黄陵县的桥山黄帝陵[1]。黄帝非具体历史人物的私名，其陵园所在，无非表明了陕北在黄帝集团迁徙发展中的重要性。

黄帝集团另一个最重要的活动区域在燕山地区。《五帝本纪》叙述，黄帝在战胜蚩尤以后"合符釜山，而邑于涿鹿之阿。迁徙往来无常处，以师兵为营卫。"釜山，《括地志》说在"妫州怀戎县北三里"，即今河北涿鹿县南桑干河南岸；涿鹿之阿即涿鹿山较开旷处。其地处燕山山脉与太行山脉相接地带，自古扼东向燕山以南河北平原，越山向塞北辽西的要道。据《礼记·乐记》记载，周武王伐纣成功，立即封黄帝后于蓟（今北京市境），也说明直到西周初，仍相信燕山地区是黄帝最重要的故地。

黄帝集团从陕北发展向燕山地区，其迁徙路线大约是顺北洛水南下，至今大荔、朝邑或临潼一带渡河，沿中条山及太行山边逐渐东北上[2]。

《国语·晋语》四记述，黄帝之子二十五人，因母不同别为十二姓："姬、酉、祁、纪（己）、滕、任、荀、僖、儇、儇、衣是也。"实所举仅十一姓。通检《诗》、《书》、《左传》、《国语》、《世本》，证以卜辞、金文，仅有姬、祁、任（妊）、己、姞五姓的后裔见有封国传世。今晋南及晋豫接壤地区，春秋初仍多有姬姓小国，见于《左传》者有虞、虢、焦、滑、霍、杨、韩、魏、

---

[1] 参见王北辰《桥山黄帝陵地理考》，1987年9月16日《光明日报·史学》；《中国历史地图集》第二册第17—18页。

[2] 参见《中国古史的传说时代》第44页。

芮、苟、贾、狐、耿等国,其中除虞、虢、霍、韩等《左传》已说明为周所封,其余大多可能是周以前旧国,入周仍为诸侯。祁姓祖帝尧,有唐、杜、房等国;已姓有苏、温、顾、昆吾等国;姞姓祖伯儵,有南燕、巢、密须等国;任姓祖奚仲,有薛、铸、挚、畴(一作眯)等国。这些古姓小国除个别在今山东与河南南部,大多都在陕豫晋接壤区及太行山东麓。

黄帝的苗裔,春秋时仍有姬姓之戎活动于晋陕之间,太行山东麓今河北中部有祁姓的白狄鼓国,姬姓的白狄鲜虞,鲜虞之后建中山国一直延续到战国后期。《山海经·大荒西经》说:"有北狄之国。黄帝之孙曰始均,始均生北狄。"非无根神话。

上述黄帝集团自陕北南下发展到燕山地区的路线,也得到了考古学的印证。以仰韶文化为代表的中原文化,自渭水下游越过黄河沿汾河及桑干河北上,与燕山以北红山文化在桑干河及汾河发源的河北张家口地区交汇在一起。两种文化的撞击与融合,促进了文明曙光的出现[1]。新石器文化这种扩散与汇聚与神话传说黄帝的活动范围是相吻合的。进而在燕山以北,今辽西与赤峰接壤地带牛河梁、东山嘴所发现的大型积石冢、女神庙和目前所知最早的高禖祭天遗址,更为我们探索黄帝集团的活动,提供了新的信息,值得深入进行研究[2]。

黄帝集团以崇拜龙和天兽为图腾特征。黄帝既是这个集团所

---

[1] 参见苏秉琦《文化与文明》、《辽海文物学刊》1990年第1期。
[2] 参见郭大顺、张克举《辽宁省喀左县东山嘴红山文化建筑群址发掘简报》,《文物》1987年11期;辽宁省文物考古研究所《辽宁省牛河梁红山文化"女神庙"与积石冢群发掘简报》,孙守道、郭大顺《牛河梁红山文化女神头像的发现与研究》,两文载《文物》1986年第8期;又参见《光明日报》,1986年7月25日头版报道。关于红山文化祭坛为高禖祭天遗址,请参见拙作《中华新石器文化的多元区域性发展及其汇聚与辐射》相关的解释。该文收入《中华民族多元一体格局》,中央民族学院出版社1989年出版。

共同奉祀的天帝,也是这个集团大酋长所享有的称号。其他各部落集团,如炎帝、大昊、少昊、颛顼、祝融、蚩尤等也都不是某个具体人物的私名,而是某种身分的酋长所袭用的称号。古注及今人研究多当作一个人的名号,所以面对许多古文献记载,感到矛盾百出,无法自圆其说。

黄帝,一号轩辕氏。周人自居黄帝嫡派,说:"我姬氏(姓)出自天鼋"①,郭沫若考证,即是轩辕②,是一种大鳖而为龙者。今传世青铜器有"天鼋"族徽者常见,有些属先周器。与天鼋并行的还有"天熊"、""天虎"等类天兽族徽③。黄帝又号有熊氏,《五帝本纪》记述黄帝"教熊、罴、貔、貅、豹、虎以与炎帝战于阪泉之野。"可见以猛兽为其族标志者在黄帝集团中颇多。《左传》昭公十七年记载:"昔者黄帝氏以云纪,故为云师而云名。"其主流姬姓,崇拜龙鱼属"天鼋",另一些则崇拜猛兽类"天兽",其图腾崇拜均与"天"相联系。二十五子族属十二姓族,不一定出于同一来源,是黄帝集团在迁徙与发展中不断有新成员参加的结果。这些后来加入者虽各有不同的图腾,然而均奉黄帝为共同的祖神和天帝,同时每一届大酋长,都以天帝的化身而享有黄帝的称号。相传黄帝三百年④,非人寿所能及;又相传黄帝传十世,差可相当三百年,这是袭黄帝号如有熊氏、轩辕氏等曾为黄帝集团大酋长者所传的年代。

(二)炎帝集团

炎帝又称赤帝,是炎帝部落集团共同奉祀的天帝⑤,也是该

---

① 《国语·周语》下。
② 郭沫若《两周金文大辞大系图录考释》,科学出版社,1957年版第31页。
③ 据邹衡先生所辑有"天鼋"族徽传世铜器近100件,"天熊"、"天虎"也颇常见。参见所著《夏商周考古学论文集》,文物出版社1980年版第339—340页。
④ 《大戴礼记·五帝德》。
⑤ 《白虎通·五行》"其帝炎帝者,太阳也"。

集团大酋长袭用的称号。相传前后袭炎帝号者八氏五百三十年，最后一位炎帝为榆罔氏[①]。

炎帝长于姜水而得姜姓。姜水，《水经·渭水注》："岐水又东，迳姜氏城南，为姜水。"前已叙述，徐先生考证断定在陕西境内渭水上游一带。《帝王世纪》叙述：炎帝"姜姓也，母曰任已，有蟜氏女，名曰女登，为少典正妃，游于华山之阳，有神龙首感女登于尚羊，生炎帝"[②]。华山古包括秦岭。秦岭以南，概称华阳。故炎帝集团起源之区，还与秦岭以南汉水上源一带有关。这些地方从前仰韶文化到仰韶文化的遗存都比较丰富，与炎帝起源的传说相印证。有徵可信。

炎帝的后裔，有姜姓诸夏及姜姓之戎，甚至包括氐羌，发展中分为共工、四岳、氐羌三大支。

共工，是炎帝集团势力颇大的一支。《国语·鲁语》上说共工曾"霸九有"。"九有"又称"九州"或"九土"，共工曾为九州之戎的共主[③]并曾与颛顼、高辛"争为帝"[④]。据考证。共工与鲧是同一神话人物，缓读为"共工"，拼读即是"鲧"[⑤]。此说列举了共工与鲧神话传说相通与相同者八九例证，足可凭信。共工与鲧由一分为二，是炎帝集团发展中所生的分化。共工发展于豫东北及冀南地区；徐旭生具体为指河南辉县境[⑥]，范围偏小。鲧以崇山（今嵩山）为中心，发展于豫晋接壤之区。《山海经·海内

[①] 《帝王世纪辑存》第10页。
[②] 《帝王世纪辑存》第10—12页。
[③] 九州之戎的由来与分布参见顾颉刚《九州之戎与戎禹》，收入《古史辨》第七册下。
[④] 参见《淮南子·天文训》及《原道训》。
[⑤] 参见《古史辨》第七册上，杨宽《中国上古史导论·鲧与共工》；持此说者还有顾颉刚、陈家梦、丁山等。现在，古史界颇以为可定论。
[⑥] 《中国古史的传说时代》第47—48页。

经》说:"黄帝生骆明,骆明生马,白马是为鲧。"鲧往晋南发展,与黄帝集团关系密切。加之原来炎黄有亲缘关系,所以鲧又被认定为黄帝集团的一支。

四岳,或写作西岳,又称太岳。《国语·周语下》记述,远古时,共工治水,雍塞百川,以害天下,所以皇天震怒,共工用灭。其后大禹治水:"共工之从孙,四岳佐之",采用疏导方法治平洪水,天下大受其利,所以"皇天嘉之,祚〔禹〕以天下,赐姓曰姒,氏曰有夏,……祚四岳国,命以侯佰,赐姓曰姜,氏曰吕",禹为姒姓的祖神;四岳为姜姓的祖神,其后裔在西周有申、吕、齐、许等国。齐在山东,西周封齐太公以前,传说时代已有逄伯陵在齐,为姜姓在东方之大部落①。吕原在陕西,后迁河南,与申都在今河南南阳地区。许即今许昌市境。相传炎帝都陈,今地为河南淮阳,大概四岳一支是继承炎帝的主流。

炎帝集团的崇拜,与黄帝集团大同小异。《左传》昭公十七年说炎帝:"以火纪,故为火师而火名。"其图腾也是以虫鱼之为龙者为主流。《左传》昭公二十九年说:"共工氏有子曰勾龙,为后土。"勾龙,即呈卷曲状的蛇龙。《山海经·大荒北经》,"共工之臣名曰相繇,九首蛇身,自环,食于九土",为害甚虐。"禹湮洪水,杀相繇"②。《归藏·启筮篇》说共工是"人面蛇身朱发",前已叙述。共工与鲧是一分为二的神话人物,《说文》:"鲧,鱼也。"另外,传说中共工与鲧治水失败以后,被天帝殛死,鲧化为黄熊或黄龙,共工化为赤熊③,与黄帝集团的猛兽崇拜也是有相通之处。可见炎黄两大集团分布之区,不仅反映在新

---

① 《左传》昭公二十年"昔爽鸠氏始居此地(齐);季蒯因之;逄伯陵因之;蒲姑氏因之,而太公因之。"《山海经·海内经》"炎帝之孙伯陵"。

② 《山海经·海外北经》:"共工之臣相柳氏,九首,以食于九山……"大致与相繇的传说相同,可能也是同一神话的分化。

③ 参见杨宽《上古史导论》相关章节的论证及征引的史料。

石器文化中有大致相同的序列与特点，只是在大同中存在不同的地方类型与文化中心；在神话传说中，也都是以对虫鱼而为龙及熊罴一类猛兽的图腾崇拜为特征。两大集团在发展迁徙中形成，一偏在北，一偏在南，而渊源相通，文化特征大同小异。

（三）太昊集团与少昊集团

今黄河下游，以泰山为中心，南至淮，东至海，北至无棣的海岱地区，分布着大汶口文化。其渊源与承袭序列是：青莲岗·北辛文化（前5400—前4000）[①]→大汶口文化（前4300—前2500），→山东（典型）龙山文化（前2500—前2000）→岳石文化（前1900—前1500）。岳石文化填补了山东龙山文化与商文化间的空隙。在神话传说中，海岱时有大昊与少昊两大部落集团。太昊分布偏北，时代可能早于少昊；少昊分布与太昊集团交错重合而又稍偏南，时代也晚于太昊。两昊的后裔，一部分为诸夏，大部分为夏商及西周三代的东夷，直到春秋时，属两昊后裔的诸小国，文化虽与诸夏接近，仍被认为是东夷。

太昊，先秦及汉晋古籍，又写作太皞、大皞、大嘷；先秦记载与伏羲是不同的神话人物。

太昊是东方的"帝"[②]，又是风姓的祖神。《左传》僖公二十一年记述："任、宿、须句、颛臾、风姓也，实司大皞与有济氏之祀。"春秋时仍在济水流域存在的这几个风姓小国，守着太昊与有济氏的祭祀，是东夷而"服事诸夏"。据杜预注核以今地理：

[①] 考古学界有的主张两者为不同文化，但都与大汶口文化有渊源联系，有的主张统一命名为青莲岗文化或北辛文化。《中国大百科全书·考古卷》两名并存，叙述其分布地域基本重合，今仿夏鼐先生"磁山·裴李岗文化"的表述方法，以"北辛·青莲岗文化"表示这两种分布重合，内涵有所差异，而又都与大汶口文化有渊源联系的文化。本文凡关于年代的数据，而未特别注明出处者，均据《考古卷》相关条目碳—14测定经树轮校正的年代数据。

[②] 《礼纪·月令》。

任在山东济宁市境；宿、须句均在山东东平县境；颛臾在山东平邑县东、费县西北。《左传》昭十七年又记："陈，大皞之虚。"与炎帝所都地方相同。大约炎帝东迁，在今鲁西、豫东接壤地区，与太昊集团交错分布。

太昊的风姓，在甲骨文中，风与凤同字。另一方面，《左传》昭公十七年记述："大皞氏以龙纪，故为龙师而龙名。"说明大昊集团既有对龙的崇拜，也和东方各部落一样以鸟为图腾崇拜的基本特征。

（四）少昊集团

少昊，在先秦及汉晋古籍中又写作少皞、小皞、小曎、小灏。在东方以鸟为图腾的各部落中，最典型的数少昊集团。其后裔，郯国的国君在鲁昭公十七年（前525）朝于鲁。他说："我高祖少皞挚之立也，凤鸟适至，故纪于鸟，为鸟师而鸟名：凤鸟氏历正也，玄鸟氏司分者也，伯赵氏司至者也，青鸟氏司启者也，丹鸟氏司闭者也。祝鸠氏司徒也，鴡鸠氏司马也，鸤鸠氏司空也，爽鸠氏司寇也，鹘鸠氏司事也：五鸠鸠民者也；五雉为工正"①，共列举了15个以鸟为氏的部落或氏族，在部落集团中各有所司。

少昊的后裔，在传说中有著名的后益（即秦祖伯翳、伯益）、皋陶（或称皋姚）、蚩尤和羿等神话人物；在春秋时还存在许多嬴姓与偃姓诸侯。

嬴姓祖少昊，其后裔春秋时仍有徐、江、葛、黄、淮夷、费、郯、谭、锺离等国。

徐为西周东夷大国，地处今安徽泗县和江苏泗洪一带；江，今河南正阳县西南；黄，今河南潢川县西北；葛，今河南宁陵县

---

① 《左传》昭公十七年，鸠，作集解，五鸠以五种鸠为氏，集民而治，所以说"鸠民者也"。五工指金、木、水、火、土五工，由五种以雉命氏者分司其事。

境；费，今山东费县；郯，今山东郯城县；谭，今山东章丘县境；锺离，今安徽凤阳县境。此外，秦、赵均出自伯翳，祖蜚廉，蜚与费盖同字异形①。这些都是少昊嬴姓有一部分西迁在晋陕立国的苗裔。

偃姓祖皋陶，与少昊同姓。嬴、偃同字异写②，由于部落的分化所致。偃姓在西周春秋时尚有奄，今山东曲阜，为少昊所都；英，今安徽金寨县；六，今安徽六县；舒鸠，今安徽舒城县。东夷群舒，均为偃姓。

在少昊的后裔中，春秋时的莒国地处今山东莒县，正是少昊集团的中心地区。《左传》隐公二年（前 721）《正义》对莒的注疏引《世本》说："莒，己姓"；又引杜预《春秋世谱》说："莒，嬴姓，少昊之后……，《世本》：'自纪公以下为己姓'。"己姓为黄帝十二姓之一，祝融八姓之首。莒先为嬴。出自少昊，后改己姓，大概是少昊集团加入黄帝集团改从己姓的部落。《帝王世纪》甚至说："少昊帝，名挚，字青阳，姬姓也"③。更说明在黄帝集团取得优势以后，姬姓酋长青阳成为少昊集团的首领，而袭享少昊的称号，挚是一种猛禽，少昊集团以鸟名官，其大首领即挚，青阳袭少昊亦名挚，从其俗，仍保持着少昊集团的图腾特征。姬姓青阳而为嬴姓之少昊，是东西两大系融合的产物。

（五）三苗集团

长江中游，以江汉平原为中心，南包洞庭湖平原，西尽三峡、川东，北达豫南与黄河中游新石器文化相间分布，是一个自成体系的新石器文化区，其渊源与序列虽不如黄河流域东西两大

---

① 《史记·秦本记》秦祖大费，嬴姓，是为伯翳。"大费生子二人：一曰大廉，实鸟俗氏；二曰若木，实费氏，……子孙或在中国，或在夷狄。……其玄孙曰中潏，在西戎，保西垂，生蜚廉"，即秦赵之祖。
② 《说文解字》嬴字段玉裁注。
③ 《帝王世纪辑存》第 26 页。

区系那么清晰，然而也可以大致归纳为皂市下层文化（约为前5000）→大溪文化（前4400—前3300）→屈家岭文化（前3000—前2200）→青龙泉三期文化（又称湖北龙山文化，约为前2400）。在传说中，这个区域有三苗集团。

按照《国语·楚语》下及高诱注，三苗是九黎的后延。九黎的分布，记载不明；三苗则战国初吴起曾明确指出："昔者三苗所居，左有彭蠡之波，右有洞庭之水，文山在其南，而衡山在其北"①。吴起所说的彭蠡即今鄱阳湖，洞庭今仍名洞庭湖，文山不详所在，衡山不是指今南岳衡山，而是在江北某一座横向，即东西走向的大山或山脉②。《禹贡》，"荆及衡阳惟荆州"，山南为阳，荆州在衡山以南，则《禹贡》衡山为豫荆两州的界山，与今伏牛—桐柏—大别山脉相当。可见三苗的分布，以今江汉平原为中心，南到湖南，东至江西，北达河南南部及中部。考古学证明屈家岭文化（前3000—前2000）最盛时"向北影响到丹江和汉水中游，直抵伏牛山麓，使得那里的原始文化从以仰韶因素为主，转化为以屈家岭因素为主。在洞庭、鄱阳两湖间江西修水一带的南部类型，因自身序列不清，不知始于何时，但至迟到屈家岭阶段，长江中游的原始文化因素已达到那里，并同岭南的石峡文化结合在一起。在前三千纪中叶以后，这个文化系统发达到新阶段，文化面貌发生急速变化，可能进入铜石并用时期，并同黄河中、下游龙山文化阶段诸文化发生更多的接触。"③考古文化的这种发展与神话传说中三苗集团的范围与消长大势相吻合。

（六）长江下游的部落与部落集团

---

① 《战国策·魏策》。《史记·吴起列传》等征引略有字句变动，且两湖"左""右"位置互换，为各取地理座标不同。

② 参见《中国古史的传说时代》第58页，又参见钱穆《古三苗疆域考》，《燕京学报》第十二期。

③ 俞伟超《先秦两汉考古学论集》，文物出版社1985年版，第234页。

长江下游的新石器文化，证明这一广大地区应有相当高发展的部落与部落集团存在。良渚文化晚期的许多遗存，更证明了那里有王朝前军事民主古国的存在。这些古国的礼制萌芽成为夏商周礼制文明的一个重要来源。然而，在整个三代，长江下游的文化与文明发展，都表现出中断与回归的特点，直到春秋中晚叶，才重新起步，兴起了吴越文明。远古在长江下游客观存在着的部落与部落集团，在先秦文献及汉晋以来流传的神话传说中，却看不清他们的反映，至今对他们的认识也还是一片空白①。这不能不说是中国远古历史亟待破译的一个谜，一旦得到破译，不仅有助于对吴越文明起源有较科学的认识，更有助关于百越起源问题的解决。

甲　长江下游的新石器文化

长江下游以太湖平原为中心，南达杭州湾地区，北以南京为中心包括苏皖接壤地区，是一个自有渊源、序列较清楚的新石器文化区系；河姆渡文化早期（前5000—前4000）→马家浜·崧泽文化（前4300—前3300）②→良渚文化（前3300—前2200）。良渚文化与中原龙山文化大体平行发展，曾经被认为是龙山文化的变体，可见其受龙山文化影响之深。这个区系又形成了三个中心，即杭州湾宁绍地区，太湖周围和杭州湾北岸苏杭地区，以南京为中心的苏皖接壤地区。其文化，以稻作农业、干栏式建筑、丝织与漆器起源、舟楫发达及最早的犁耕等为标志，显示了发展水平与黄河中下游及长江中游齐头并进各具特点，尤以大量的石钺、有段石锛、有肩石斧区别于其他文化区系并与后来兴起的百

---

① 前所举蒙文通"三系说"、徐旭生"三集团"说都空着长江下游。
② 马家浜文化与崧泽文化，考古学界意见尚未统一，一种认为均为马家浜文化早期和晚期；另一种认为是前后相承的两种文化。马家浜早期的年代可能与河姆渡文化晚期大致相当，不过仍认为是继河姆渡早期文化发展的一种新石器文化。

越文明有深远的渊源联系。

良渚文化中晚叶等级礼制的萌芽，引起了国内外普遍的关注。

以太湖平原为中心，在苏南、浙北及上海地区，已发现属良渚文化墓葬近百座，其中小墓居多，而少数大墓的规制、特点和随葬礼玉等，表明当时原始氏族部落形将崩溃而等级礼制已具雏型。

在江苏吴县张陵山、草鞋山、武进寺墩、上海青浦福泉山、浙江余姚反山、瑶山等处所发现的大墓，都建在人工堆筑的土墩上。这些土墩，一般要高出地面数米，面积达数千平方米，被称为"土筑金字塔"。土墩不是随意堆起来的，如反山大墓，堆土约2万立方米，上有封土层，其下各堆土层，分别由带粘性的深灰土、黑色土和深黄土、青灰色粉土、深灰褐土以较平整的层次逐层堆筑增高。这种分层以不同颜色土逐层往上筑，反映事前有过有意识的设计，施工有统一指挥。是某种当时特殊宗教信仰的体现。瑶山土墩顶部设有祭坛，坛的面积约400平方米，四周有砾石坎墙。中心部分7×6米的近方形红土台，红土台外有灰土填的沟围绕。在坛上有两列共12座墓，南列多以琮、钺等玉器随葬，北列则多为璜和纺轮，所葬似有性别的不同。

大墓墓坑一般为5—9平方米，有木质葬具，有的发现了朱绘木棺或木椁的痕迹。各墓都有以琮、璧、钺、璜、冠状饰等玉质礼器及各式玉佩和少量陶器、石器、象牙器等丰富的随葬品。如寺墩3号墓，墓主为青年男子，随葬品达百余件，仅有陶器4件，石器9件，而琮33个，璧24件，玉钺3件，玉质重器总数共达60件！这类礼玉重器，不仅是财富的标志，还是当时宗教意识的象征，反映出大墓主人生前不仅是最富有和拥有很大权力的贵族或酋长，还是身兼通天地的大巫。《周礼·春官·大宗伯》记述，古"以玉作六器，以礼天地四方：以苍璧礼天，以黄琮礼地……"钺在夏、商、周都是王权的象征,而璧、琮、钺等玉质礼器,也发源于良渚文化。

良渚文化中的小墓,不仅随葬物与大墓相差悬殊,而且墓的大小也不可同日而语。大墓按当时的宗教与礼制精心设计与施工,小墓则极为草率,尤其是福泉山七座大墓中的三座有人殉,新沂花厅大墓则不仅有人殉,甚至可能有人祭。这也是迄今所知最早的人殉与人葬遗迹。

令人惊讶的是,在距今 4000 年前,中原由军事民主制古国进入夏王朝编年的时期,良渚文化的发展突然中断,玉质礼器如钺、琮、璧等及礼玉上所刻的神秘威严的饕餮纹,几乎与"土筑金字塔"一块在长江下游同时消失。而在中原,上述礼玉占有重要地位,饕餮纹在商周青铜器中都是普遍的纹饰。继良渚文化以后出现在太湖地区的是马桥文化,"但两者的文化面貌完全不同,前者有大量玉器而无铜器,后者有小件铜器则几乎没有玉器,前者石器磨得很光洁,后者却很粗糙;前者多灰黑陶,后者多红陶和几何印纹硬陶;前者陶器盛行圈足和贯耳,后者则盛行圜底和凹底,不见贯耳;前者的炊器是鼎,后者既有鼎又有甗;前者的鼎为盆形或釜形,鼎足多扁形或丁字形,后者多罐形鼎,鼎多凹弧形或圆锥形;前者的器物形制上承崧泽文化,后者却含有明显的二里头文化和二里岗文化因素。"而且两者虽然有文化层前后承接的叠压关系,但依据碳—14 测定却中间有 500 年左右的空隙[①]

对于长江下游新石器文化在距今 4000 年以前突然中断,其

---

① 叶文宪《中国国家形成之路》,《华东师范大学学报》1990 年 6 期,良渚文化年代数据最晚 4200 ± 145,马桥文化最早 3700 ± 15。

文化因素大量北传至黄河流域，同时也传到了岭南长江中上游①，过了几个世纪才又从黄河流域、岭南及长江中游传来不同的文化因素，同时也表现出本地文化与技术传统的反朴回归，我们只能从推论突然遭到某种毁灭性自然灾害造成居民大量迁徙中才能得到解释。

究竟是一种什么力量造成了如此惊心动魄的突变？

自然史家研究，断定公元前2000年左右，即大禹治水的时期，有过一次自然灾害集中爆发的异常时期。在短短一二百年间持续严寒，特大地震，洪水滔天，坏山襄陵。这种现象有全球影响，而中国尤甚②，被称之为"夏禹宇宙期"。在上引叶文宪的论文中，断定此种自然灾害集中与突发，是造成中国许多地区新石器文化发展中断，远古居民大迁徙的根本原因，也是加速中国国家形成的重要原因，此外，地质史上的全新世长江下游的海浸，据认为也是造成浙江远古居民大规模外迁的重要原因③。自本世纪30年代起，顾颉刚等即认为大禹治水的故事起源于南方，现在学术界更从自然史的角度研究中国远古洪水与大禹治水的真实背景。总之，长江下游新石器文化在距今4000年以前突然中断其发展，是已被考古学证明了的客观事实，至于为何造成这种断裂，为何造成远古神话长江下游地区各部落与部落集团历史的泯灭，现在已引起研究者的兴趣。如果我们继续扩大视野，从考古学、历史学、神话学、自然史等多角度、多层次去搜寻探索，

---

① 良渚文化北上到中原的事实，已为考古学界多次报道与论证。董楚平《吴楚文化新探》第一章第二节对长江下游新石器文化及其与其他地区文化的联系有集中的资料搜辑与论证，可参考。另苏秉琦《石峡文化初论》(《文物》1978年7期）及叶文宪《良渚文化去向蠡测》(《余杭文史资料》三辑）等均可参考。

② 任振球：《公元前2000年左右发生的一次自然灾害异常期》，《大自然探索》1984年4期。

③ 陈桥驿：《中国文化纵横谈》，《浙江学刊》1991年4期。

终将会得出真正的的科学结论来。

乙　伏羲女娲神话起源于长江下游

伏羲女娲神话起源于东南猜想，本世纪30年代吕思勉已经提出："《楚辞·大招》曰：'伏戏《驾辩》，楚《劳商》只'……伏戏遗声在楚，亦其本在东南之证"[1]。"女娲盖南方之神"[2]。吕先生只是提出这样的猜想，未能展开论证。闻一多《伏羲考》，不仅搜集了汉晋石刻及隋绢画的伏羲女娲图像，证以远古神话，还广泛搜寻了中国南方以至东南亚所流传关于远古洪水及兄妹为婚降生人类的神话，从考古学，神话学、民族学等多角度考证，认为夏的遗裔褒国是庖羲的后裔，夏的姒姓与巳通，亦与伏羲的风姓相通，而禹所娶涂山女即女娲。闻先生断言苗瑶中有对伏羲女娲的崇拜，大概是伏羲一支南徙的结果，而伏羲的正宗为夏，夏亡传之四方，北及匈奴，南包苗瑶。在40年代，闻先生作出如此广泛而深入的考证，影响是很深的。

近来有些学人力倡伏羲即葫芦崇拜，与羌人起源有关，并且是中华文明之源。此虽自成一说，然驳难者也颇有据。

1987年，程德祺在《江海学刊》当年第5期发表《伏羲新考》，认为伏羲氏所代表的原始的华夏族，它的根据地在东南，具体地说是太湖流域，无锡的惠山附近。同一刊物于程文发表的第二年第4期，又发表了李永先《也谈伏羲的地域关系》一文，对程的论断提出质疑，同时论证伏羲氏的地域在泰山一带，以后一部分伏羲氏部族由泰山迁向河南、江淮、甘肃、陕晋，在各地都留下了一些传说与遗迹。

从历史地理的角度，程文主要依据吴承志《山海经地理今释》卷六所说伏羲诞生的雷泽即震泽，而震泽是太湖古名。又认

---

[1]　《古史辨》第七册中，第352页。
[2]　同上书第七册中，第355页。

为伏羲之母号华胥氏,起源于华山,程推断这个华山即无锡的惠山。惠山是否即华山,大可商榷,而雷泽解释为震泽可备一说,何况《山海经·海内东经》说:"雷泽中有雷神,龙身而人头,鼓其腹,在吴西。"吴郡之西有震泽,故程以今太湖当雷泽,不为无据。李先生所驳难,主要是依据汉晋以来将太昊与伏羲合并,太昊以泰山为中心,伏羲自然也在泰山一带。然而这种合并立说基础不可取,本文前已说明,兹不赘述。

愚以为,良渚文化"土筑金字塔"的规制与玉质礼器的显贵肃穆,其人兽合刻花纹的神秘威严,都说明当时长江下游的前王朝期古国已有了宗教祭祀的中心和显赫的宗教首领。伏羲女娲也许即是这种宗教所崇祀的创造神和人类的始祖。试举证以说明此种推断。

证一:在文献中,伏羲"因夫妇,正五行";传说中,无论汉晋石刻和至今流传的神话,都是兄妹为婚,才有了人类的始祖。伏羲女娲所代表的是血缘公社内婚制,这是人类有性行为限制的第一种婚姻形态。兄妹为婚的神话与洪水神话相联系,今主要流传在南方苗、瑶、壮、侗、仡佬、布依等兄弟民族中,有的直指兄妹二人为伏戏或伏戏兄妹二人[①]。可见其起源本在中国的中东南,流传至中原,成了"人文初祖"。

证二:伏羲始画八卦;直到民主改革以前,在南方一些少数民族中,仍保留着八卦起源的痕迹[②]。在考古学上,目前所知最早的"八卦图",是安徽含山县凌家滩新石器文化墓地出土的一

---

① 参见闻一多《伏羲考》所举诸例,见《闻一多全集》,三联重印1948年版第9—11页。又参见中央民院少数民族古籍整理出版规划领导小组办公室编印《中国少数民族神话汇编》洪水篇和人类起源篇。

② 参见汪宁生《八卦起源》,收入所著《民族考古学论文集》第145—150页;又于省吾《伏羲与八卦的关系》,载《纪念顾颉刚学术论文集》,巴蜀书社1990年版,第1—4页。

件精致的玉龟和一块玉版上所刻历法图。这些距今有 4500—5000 年的遗物，经专家研究是当时表示四时历法的原始"八卦图"①。从而为伏羲的神话起源于长江下游，提供了物证。

证三：董楚平《吴越文化新探》从古今汉语声韵通转比较，认为，"戉"与"斧"在上古同义同声，后因戉成为王权、军权的象征，又派生出斧字，以示日用器与礼器的区别②。他还征引《逸周书·王会解》："吕他命伐越戏方"，而《世俘解》仅称"越"。董断言："'越戏'是'越'的缓读，二字音近。戏古读呼，已有定论。"③（如古"於戏"读"乌呼"）。闻一多也说："戏，古读如乎，与瓠同音，若读包戏为匏瓠，其义为葫芦。"④然则伏戏二字与"甫"、"呼"音近⑤，或即以古之斧，戉之音为敬祀之神的称呼。总之，夏华与四裔，就融合一面说，华夏与东南西北各民族都有共同渊源；就各部落集团的分化而言，东南西北各部落集团又都有一部在融入华夏的同时另一部分仍按原有文化传统继续发展成为四裔各民族。这种融合与分化的过程，是中华民族起源时代各部落集团的同一进化过程。

（原载华祖根、卢勋编《中国民族史研究》（三），中央民族学院出版社 1993 年版）

---

① 参见《安徽含山凌家滩新石器时代墓葬发掘简报》及陈久金等《含山出土玉器图形试考》，两文均载《文物》1989 年 4 期。
② 参见《吴越文化新探》，浙江人民出版社 1988 年版，第 16—21 页。
③ 参见《吴越文化新探》，浙江人民出版社 1988 年版，第 33 页。
④ 《闻一多全集》，第 60 页。
⑤ 《吴越文化新探》，第 37 页。

中华民族的孕育

——先秦民族史对中华民族形成与发展的影响

中华民族，是中国古今各民族的总称，是中国由许多民族在结合成统一国家的长期历史发展过程中逐渐形成的民族集合体。这个民族集合体，在古代实际上已有很长发展过程，只是通过近代反帝国主义斗争，才被中国各族人民认识其存在，从而把中华民族的整体性与根本利益的一致性提到民族觉悟与理论高度，最终在中国共产党的领导下，自觉地联合起来。

这么广大的疆域与众多的民族得以结成不可分割的民族集合体，有其极深远的历史根源。在中华民族的起源时代，中华新石器文化即呈现出既具有多元区域性不平衡发展，又具有多方面联系和统一的趋势。至夏商周与春秋战国时代，一方面华夏族体形成，同时华夷统一的观念也已产生，对后世中华民族的发展，具有极深刻的影响。

一、华夏雏型的形成

从中华民族的形成史来概括，一部先秦史可以说是华夷对举的形成史。华是指华夏，是汉族的前身，夷泛指四周各民族。经过夏商周三代的融合，华夏族体的雏型已经形成。

夏商西周三代来源各不相同，但都是在黄河中下游东西两大氏族部落集团经过长期交往、斗争以至融合的基础上发展起来的王朝，1934年，著名的古史专家傅斯年教授所撰《夷夏东西说》

指出:"现在以考察古地理为研究古史的这一道路,似足以证明三代及近于三代之前期,大体上有东西不同的两个体系。这两个体系,因对峙而生争斗,因争斗而起混合,因混合而文化进展。夷与商属于东系,夏与周属于西系。"①

关于夏的来源,《史记·六国年表序》说:"禹兴于西羌。"《集解》引《帝王世纪》:"皇甫谧曰,孟子称大禹生于石纽,西夷人也。"实则夏兴起于以嵩山为中心的颖水上游及伊洛平原,发达于晋南汾水、涑水平原。夏朝的都邑建立和大多数历史事件发生在这两大区域。目前考古学界往往以二里头文化分布在豫西的二里头类型和分布在晋南的东下冯类型为探讨夏文化的重要对象,这是一种上与河南龙山文化相承,年代相当于公元前21世纪到前17世纪的早期青铜文化。按夏的区域与商、周两族兴起地区而言,夏居于商与周的中间,所称"西夷",是对商而言。

商的来源,据《诗经·商颂·玄鸟》:"天命玄鸟,降而生商";《商颂·长发》:"有娀方将,帝立子生商"。这种以鸟为祖先来源的颂诗,已为甲骨文献所证实②。说明商属于以鸟为图腾的东夷部落集团中的一支。商的第一位父系祖先名契。商族起源,一般认为在鲁西豫东北,在其发展中活动到今河北易县一带;上引傅先生论文及其所撰《东北史纲》主商起源于河北东北部之说,此说由于红山文化一系列重要发现,于志耿、李殿福及笔者合撰《商先起源于幽燕说》及《商先起源于幽燕说再考察》③加以引伸,论证商起源于幽燕地区,至上甲微以后南下发展于河济泰山

---

① 此文最初载于《庆祝蔡元培先生六十五岁论文集》,1935,引见该论文集1093页。

② 胡厚宣:《甲骨文商族鸟图腾的遗迹》,载《历史论丛》第一辑,中华书局1964年版;《甲骨文所见商族鸟图腾的新证据》,载《文物》1977年2期。

③ 前者载《历史研究》1985年3期,后者载《民族研究》1981年1期,此外,近年来金景芳、张博家两教授力主商起源于北方说,不及详述。

之间，即今冀、鲁、豫交壤地区及泰山一带。在南下以后先商发展时期，也许对夏朝有某种封贡关系，但商人往往以"西邑夏"称夏朝，是东西对峙的两大势力。商灭夏，两族文化上进一步融合，使商代文化有了更高的发展。

关于周的来源，《国语·周语上》记载："昔我先王世后稷，以服事虞、夏。及夏之衰也，弃稷弗务，我先王不窋用失其官，而自窜于戎狄之间。"按此，周是从山西南部西迁的一支夏人，兴起于戎狄之间。但按照《诗经·大雅》中《绵》、《大明》、《思齐》、《皇矣》、《文王有声》、《生民》及《周颂·夫作》等篇记述周族来源与先公活动，周族始祖母叫姜嫄。"姜"与"羌"相通，已成定论，周人的祖先大概是从羌人中分化出来的一支。其第一位父系祖先名弃，称为后稷，活动于泾、渭上游。他的后世在与戎狄斗争中经过多次迁徙，才定居于渭水中下游岐山周原一带①，商末成为商的诸侯，文王甚至称为西伯，是西方诸侯之长，作丰邑，准备了灭商的政治基础。到武王时，联合西土庸、蜀、羌、髳、微、卢、彭、濮等族及其他众诸侯，一举灭商，建立西周王朝，于是黄河中、下游东西两系统一于周。

现在，有的学者颇主张夏、商、周三族为三个民族。从严格意义上讲，三族祖先来源不同，分属东西两大部落集团，最先发展的地区各异，但三代文化、制度差异性小而共同性大，至西周已融为一体，华夏族体已粗具规模。说华夏雏型由夏商周三支不同的主要来源复合而成比较确切。说是三个民族融合成一个民族则有失严格的科学性。其理由：第一，夏兴起与发展的豫西、晋南，周兴起与发展的渭水流域关中一带，是由仰韶文化东西两大类型发展为河南、陕西龙山文化的区域，而先商活动的河济泰山一带，更是典型龙山文化发展的区域。由此可见，夏商周兴起与

---

① 谭戒南：《先周族与周族的迁徙及其社会发展》，载《文史》第六辑。

发展的地区，其文化都是在龙山文化统一黄河中下游的基础上发展起来的。从考古学文化上看，虽来源不同，东西两系，但夏、商、周先世发展时，这些地区的早期青铜文化共同性已大于地区差异性，以至目前很难区分夏文化与先商文化。第二，按照远古传说，夏商周三族始祖与祖先崇拜各异，但都是在黄帝建立的大部落联盟中发展起来，他们已初步把不同来源的祖先汇聚成以黄帝为始祖的系统。《国语·鲁语上》记载鲁国闻人展禽（即柳下惠）关于祀典的一段名言，他归纳说："有虞氏禘黄帝而祖颛顼，郊尧而宗舜；夏后代禘黄帝而祖颛顼，郊鲧而宗禹；商人帝喾而祖契，郊冥而宗汤；周人禘喾而祖稷，祖文王而宗武王。"《礼祭·祭法》有与此基本相同的记载，神、郊、祖、宗都是祀典名称。炎帝姜姓、黄帝姬姓同出一源，可能与周有更密切的渊源关系，与商族显得并非同一来源，但商人已承认自己是黄帝后裔。可见在华夏雏型形成时并非都是黄帝子孙，之所以不同来源的各支系均奉黄帝为共同祖先，无非以第一位大部落联盟的缔造者为象征，表明商已有与夏有认同的民族意识。直到今日，中华民族，特别是海外华侨与华裔都以自己是炎黄子孙而自豪，也是以炎黄当作中华民族始兴与统一的象征，来作为联系中华民族共同民族感情的纽带，并不抹杀中华民族有不同祖先来源的事实。第三，夏的语言盖即周所尊崇的"雅"言，但迄今没有发现可以确定为夏代的文字，商、周甲骨文字则属同一体系，则已为古文字学界所公认。第四，《礼记.乐记》称："武王克殷反商，未及下车而封黄帝之后于蓟，帝尧之后于祝，帝舜之后于陈"，下车以后才封夏、商之后。这种区分无非强调周封黄帝、尧、舜后裔的迫切与尊崇，历史事实都说明，西周分封是一个较长的历史时期才完成的，其基本格局至少经历了武、成、康三王。按《史记·陈杞世家》记载："周武王克殷封，乃复求舜后，得妫满，封之于陈，以奉帝舜祀"，"求禹之后，得东楼公，封之于杞，以奉夏后氏祀",此外,周武王还封幼子武庚以奉商祀,周公东征灭武庚,复封微子于宋以奉商祀。① 为此,西周所封诸侯,大多为周宗室姬姓诸侯,一部分为申、吕、齐、许等姜姓舅氏诸侯,还有一小部分为黄帝、尧、舜、夏、商之后。其封域以镐京(今陕西西安县北丰镐村附近)、雒邑(今河南洛阳市东北)为中心,西至陇山以东,泾渭上游,北至燕蓟,东至齐鲁,南至江汉,同称为夏,并且把洛阳以东,大部分原属商人的中心区称之为东夏。② 这里"夏"是族称,夏商周三族已融为同一。第四,孔子指出:"殷因于夏礼,所损益可知也;周因于殷礼,所损益可知也。"③ 三代基本制度相同而有所因革损益,已为近世考古与古史研究所证实。

综上,夏、商、周三支不同来源,在西周已复合而成同一民族的雏型,并以中国最早的王朝夏作为族称。同时,中国这个名称,在周武王、成王时,也已经出现。

据于省吾教授考订:商代甲骨文没有"或"、"国"二字,至周初金文才出现"或"字与"国"同用,是指城邑。④ 在商代已有了中商、大邑商居于中,称中土,而四方诸侯称东南西北土的制度与地理概念。对周边各族称"方"。见于文献的商代各族为羌、昆夷、狄、荤粥、西戎、九夷、恍人、蓝夷、鬼方、燕京戎、义渠戎、始呼戎、锗徒戎等,其中九夷、西戎各有所指或亦带有泛称东方与西方夷戎的意思。但在当时西方可以称夷,东方也可称戎。方位并不固定。见于甲骨的族称以百计,其中对羌方、人(夷)方长期进行征伐与掠夺,俘获奴隶,甚至用为人

---

① 《史记·宋微子世家》。
② 《尚书·微子之命》,成王命宋微子"庸建尔于上公,尹兹东夏"。
③ 《论语·为政》。
④ 参见于省吾《释中国》,载中华书局七十周年纪念《中华学术论文集》第5页。

牲，记录惊心触目。《诗经·商颂·殷武》："昔有成汤，自彼氐羌，莫敢不来享，莫敢不来王，曰商是常。"对"来享"、"来王"的各族，商或封为诸侯，或用为官员。周就是商曾视为西夷并加以征伐的对象，鬼方更是商的劲敌。但商朝晚年，周侯、鬼侯并列三公之一。

至周武王、成王时可以确定地说，已出现了中国的名称。1963年，在陕西宝鸡贾村出土的《何尊铭文》："唯王初郡（迁）宅于成周，复禀武王礼，福自天。在四月丙戌，王语宗小子于京室曰：'……惟武王既克大邑商，则廷告于天曰，余其宅兹中国、自之辟民……'"意思是成王迁居于成周雒邑，追述武王在克殷之后曾廷祭告天说，余将居此中国，自此治理中国的人民。①《尚书·梓材》也有周成王追述："皇天既付中国民越厥疆土于先王"的记载，是指皇天将中国的土地与人民付与周武王治理。以上铭文与《梓材》所记互相印证，"中国"显然是指以洛阳为中心的中原地区。《汉书·地理志》谓："昔周公营雒邑，以为在于土中。诸侯蕃屏四方，故立京师。"以今汉语比古汉语，常有倒装用法"，"土中"即"中土"。若以周居于夏之西，商居于夏之东论，伊洛平原的夏区称为"中国"或"中土"是最恰当不过了。《诗经·大雅·民劳》："惠此中国，以绥四方"，又说："惠此京师，以绥四国"。以"中国"与"京师"、"四方"与"四国"互称。郑笺"中国，京师也"。在这里，国是都邑的同义辞，中国即天子所居的城，以与四方诸侯对举。这与"书商"对"四方"意义相同。《大雅·荡》又有："文王曰咨，咨女殷商。女炰烋于中国，敛怨以为德"，又说："内奰于中国，覃及鬼方"，毛传："奰，怒也。……鬼方，远方也。"郑笺："此言时人伏于恶，虽有不醉尤怒也。"这是西周末，诗人引述周文王以殷商失

---

① 参见上引于省吾《释中国》。

德于中国，使中国怨怒，以至远方各族也怨怒的告诫，来警刺周厉王。《大雅·桑柔》："天降丧乱，灭我立王。降此蟊贼，稼穑卒痒。哀恫中国，具赘卒荒。"郑笺："恫，痛也，哀痛中国之人也。"也是以诗警刺周厉王无道，天降丧乱，使周室丧失了立国之基。这些诗句又是以商周封域与远方对举。不过西周夷夏之辨尚不甚严，比如周人时而贬商为"戎殷"，[①] 时而又尊之为"大邑商"。西周时，与周边各族的交往较之商代已有所扩大。如淮夷、徐夷（徐戎）、肃慎、荆蛮、犬戎、狄、太原之戎、条戎、姜戎、猃狁等。通常是和平相处，且时有"来王"、"来朝"的记载，相传成王时曾有过各族共朝天子"王会"。另一方面，也与淮夷、徐夷、荆蛮、犬戎、猃狁等多次发生战争，其中有些还是进行时间较长的战争。

综上，在西周初期出现的中国有三种含义：（一）天子所居之城即京师，与四方诸侯相对举；（二）商周封域，与远方相对；（三）专指以洛阳为中心的地区，这是最初的夏区。周在克殷以前已称其中心地带为"区夏"，也就是夏区，后来又引伸用于周所封诸侯称为诸夏，因而，也都是中国了。《说文》谓："夏，中国之人也。"符合中国一词最初的含义。到了清代王绍兰作《说文段注订补》说："京师为首，诸侯为手，四裔为足，所以为中国之人也。"认为内地与边疆、汉人与各少数民族应为一体，同是中国之人。这是中国统一多民族国家，在清代得到确定在人们观念上的反映与规范化。即使在周代，当时的疆域概念也并不限于封域之内，《左传》记鲁昭公九年（前533）晋国梁丙率阴戎侵犯属周王所有的颍，周景王使詹桓伯责备晋国说："我自有夏以后稷、魏、骀、芮、岐、华，吾西土也；及武王克商，蒲姑、

---

① 《尚书·康诰》："殪戎殷"，伪古文《尚书·武成》作"一戎衣"，"衣"与"殷"同音相通，亦与"夷"通假，是周人贱称商为"戎夷"。

商、奄，吾东土也；巴、濮、楚、邓，吾南土也；肃慎、燕亳，吾北土也。"是包括周边各族在内的。

二、华夷对举的形成

到了西周晚年，周边各族，尤其是西北与北方各族大举内徙，以至两周之际与春秋时期在中原造成了各族交侵错处的局面。这次民族大迁徙的原因，目前仍不十分清楚。蒙文通教授认为主要是由于晚周以来，西北与北方草原持续许多年的大旱灾所造成。可备一说。[①] 如此持续时间久规模大的民族大迁徙，是夏商周以来中国南北三带东西两大部各族交往发展的结果，当晚周王政失修，而各族社会阶级分化的发展以及自然灾害等原因，才酝酿成了两周之际华夷交侵杂处的历史大变局。在这种历史条件下，齐桓、管仲首倡"尊王攘夷"，以成霸业；其后晋、楚相继，维持争霸政治一个多世纪，在《左传》、《国语》等书中，记述春秋时人不仅称西周所封诸侯为"诸夏"，也称。"诸华"或"华夏"连称。华夏与中国同义，夷蛮戎狄合称四夷或四裔。《左传》记载鲁闵公元年（前661）"狄人伐邢"。管仲对齐桓公说："戎狄豺狼，不可厌也，诸夏新蕙，不可弃也。"鲁定公十年（前500）齐与鲁和，两君会于夹谷。齐谋以东夷莱人劫鲁侯，孔子责齐说："两君合好，而以裔夷之俘以兵乱之……裔不谋夏，夷不乱华。"使齐侯自认失礼。孔颖达疏解说："中国有礼义之大，故称夏，有服章之美，故谓之华。"实则，夏训大，"广居也"，是以住土木结构的大房子为特征，未必有傲视他族而自为尊大的意思。"华"则自居礼义文采，视他族为不知礼义的"野人"甚

[①] 参见蒙文通《周秦少数民族研究》，龙门联合书局1985年。

至是"禽兽",华夷贵贱尊卑的观念已很明显。当时诸戎,如犬戎、骊戎、义渠之戎、戎州己氏之戎、伊洛之戎、山戎居东北,可能与我国东胡有关;诸狄,如赤狄,白狄、长狄(鄋瞒)各部落;诸夷,如九夷(东夷)、群舒(徐)、众嬴等;诸蛮,如荆蛮、百濮、巴、庸、蜀等,分别与秦、晋、燕、齐、楚发生错综复杂的关系,逐渐至于被这些诸侯国所融化,原来的语言、服饰、习俗的差异亦渐消失。至于百越中的吴,越来越显著地由断发文身之俗,渐趋华化。所以春秋时"华夏"既是族称又是地理与文化的概念。在当时族类与文化的区别,都被重视,仍以文化为最根本的区别原则,华夷彼此之间亦可互换位置。罗泌在《路史·国名纪》中综览先秦国名的变化,概括说:"《春秋》用夏变(于)夷者夷之,夷而进于中国则中国之。"以楚为例,楚出身祝融八姓,西周初封之于荆蛮地区。在西周晚年,熊渠即宣称:"我蛮夷也,不易中国之号谥",竟藐视周天子,率先自称王号。虽又自动撤销,然中原已视同荆蛮了。至春秋中叶,楚武王仍不讳言"我蛮夷也,"① 然而孔子在《春秋》鲁宣公十二年(楚庄王十七年,前597)对楚晋之战晋师败绩的事,以楚为礼而贬晋,董仲舒在《春秋繁露·竹林篇》中评论说:"春秋之常辞也,不予彝狄而与中国为礼,至邲之战,偏然反之,何也?《春秋》无通辞,从变而移,今晋变而为彝狄,楚变而为君子,故移其言而从事。"另一强大诸侯秦,源出东夷,其远祖西迁陇山地区,在戎狄中成长。平王东迁,以镐京地区封秦为诸侯,渐发展为大国,兼并诸戎,其势足与晋楚抗衡。然而终春秋之世,中原诸侯视秦为西戎,"不与中国之会盟"。这些例证说明春秋时区分华夷礼义文化的标准,看得比族类的差别还高。

说到这里,有必要把"内诸夏而外夷狄"的本义解释一下。

---

① 另见《史记·楚世家》。

《春秋公羊传》阐明孔子"笔削"的如下两条原则:一是详略的原则,即详周天子与鲁而略诸夏,详诸夏而略夷狄;一是亲疏的原则,即亲尊周天子与鲁公而次及诸夏,亲尊诸夏而贬疏夷狄。《公羊传》成公十五年阐述其要旨说:《春秋》内其国而外诸夏,内诸夏而外夷狄。王者欲一乎天下,曷为以内外之辞言之?言自近者始也。"

如果说春秋时,诸侯还能聚集在"尊王攘夷"的旗号下举行"会盟",到战国"尊王"的旗号已被兼并所代替,天下一统已成为不可抗拒的趋势,"攘夷"的任务也已经大体完成。原来被视为戎蛮的秦楚两国,与三晋、燕、齐并列七雄,同称中国与华夏,而春秋时在黄河、淮河、长江流域与诸夏交往杂处的各族,此时不少已经华化。从夏周出于羌,商出于夷已是一个文化汇聚与夷夏各有一部分分化出来融而成为华夏雏型的历史过程。战国时形成的中原三晋、东方齐鲁、南方楚、西方秦、北方燕等几个大的政治、经济、文化中心,同样无不是以当地华夏为核心,各自融化了夷、蛮、戎、狄一部分及其许多经济文化因素而形成。可以说:秦灭六国,统一中国,是在华夏已形成稳定民族共同体的基础上必然的历史结局;华夏民族共同体则是以黄河中下游东西大集团交融汇聚形成的核心,由四方各族分化出一部分在河、淮、江、汉地区融合而成。中华民族历史上第一次出现了南北旱地农业文化与水田农业文化地区的统一与融合,同时也有许多来自西北与北方游牧各部的人们及其文化来到中原,对华夏民族共同体的形成,不仅起了催化作用,也加入了许多新的和有活力的因素。所以,华夏是由多源汇聚复合而成的民族共同体,从其来源看,与四方各族都有共同的渊源关系,从区别看,则是文化汇聚与分化的结果。华夏文化的发达与人口的众多,使之成为中华民族发展的主体,是在历史进程中自然形成的。张正明教授曾论证说:"华夏是蛮夷戎狄异化又同化的先进产物。……无论从血统上来说,从文化上来说,华夏都是蛮夷戎狄共同创造的。由此可以说,中国是蛮夷戎狄共同缔造的。"① 这个论断是符合历史事实的。

前面已经说过,西周时夷、蛮、戎、狄,还没有与"中国"配成东、南、西、北、中五方,那时是京师与四方诸侯对举。春秋时已有四夷的名称,盖指四方之夷,到战国,随着统一条件的成熟,从意识形态到地理划分,都已打破诸侯疆界,形成包括少数民族在内的全国大一统的观念。《禹贡》,打破诸夏封疆,统一划为九州,又根据各地民族远近及其社会特点,分为五服,从而创立根据各地土壤高下与物产不同来确定赋税等役,根据民族特点来确定约束疏密,使"声教讫于四海"这样一种统一的地理观念与政治理想。《禹贡》托言于夏禹,实则为战国时作品,经各家考订已成定论。《周礼》虽根据商周以来官名及其所掌的历史资料,然成为后世中国封建王朝所宗的统一政治学说,是完成于战国,其《职方氏》条说:"职方氏掌天下之图,以掌天下之地,辨其邦国都、鄙、四夷、八蛮、七闽、九貉、五戎、六狄之人民。"也是包括少数民族在内统一的政治模式,所谓四、八、七、九、五、六都言其多,不是夷有四种、蛮有八部之类。《礼记·王制》谓:"中国戎夷,五方之民皆有性也,不可推移。东方曰夷,被发文身,有不火食者矣。南方曰蛮,雕题交趾,有不火食者矣。西方曰戎,被发衣皮,有不粒食者矣。北方曰狄,衣羽毛穴居,有不粒食者矣。中国、夷、蛮、戎、狄皆有安居、和味、宜服、利用、备器,五方之民,言语不通,嗜欲不同。"于是五方整齐,称为"天下"与"四海"的格局形成了。这个华夷五方相配而又都统一于"天子"的政治模式,是从春秋开始到战国才发

---

① 《先秦民族结构民族关系和民族思想》,载《民族研究》1983年5期。

展完成的。① 与中原形成统一的趋势同时，北方游牧民族在战国晚期也出现了东胡、匈奴、月氏三大势力互相兼并角逐的局面，西南夷以百数，而滇与夜郎号为强大，百越分散，与诸夏文化相近。可以这样断言：先秦是中华民族孕育时代，它不仅为诸夏统一创造了历史前提，也为统一多民族国家的形成与发展奠定了基础。

（原载《黑龙江民族丛刊》1988年第2期）

---

① 清人崔述已辨《戎狄与蛮夷之不同》，收入《崔东壁遗书》，上海古籍出版社1983年版。当代学者童书业撰《夷蛮戎狄与东南西北》，辩证五方格局的形成，其说甚详，收入其《中国古代地理考证论文集》，中华书局1962年版。

论华夏/汉民族的形成

汉族在新中国建立以前是否已形成为民族？对这个问题在1954—1956年间曾展开相当活跃的学术讨论。当时，学者们主要依据斯大林关于民族与民族发展诸阶段的理论，形成了如下三种观点：

（一）汉民族在秦汉时已形成，在其后的历史时期中不断得到发展，但由于资本主义在近代仍未能在中国占统治地位，因而汉族到近代也不是资本主义民族。

（二）民族是资本主义上升时期的产物，汉族形成为民族，应在1840年以后中国产生资本主义的时期。

（三）汉民族的形成应与中国资本主义萌芽的历史相吻合，明末清初，或者唐、宋时期已有资本主义萌芽，因而上述资本主义萌芽已产生的时期即汉民族形成的历史时期。

由这一讨论，进而推动了关于"民族"一词的译法、民族的定义以及民族形成的条件等问题的学术讨论，并且至今还没有取得明确一致的意见。在制订和推行民族政策方面，党和毛主席对中国境内各兄弟民族，不论他们的社会发展水平、人数多寡、文化背景、地域分聚乃至采用语言等方面状况如何，只要有民族认同并经过识别确定的各个民族共同体，一律统一称为民族，制订和推行各民族一律平等与民族团结的政策。同时，关于民族的定义及民族形成的学术讨论仍在展开。实践证明，党的民族政策是正确的，将学术讨论与现行政策既区别对待，又努力促进民族研究与民族工作相结合的做法，也有利于民族研究的发展。

由于新中国建立以前对中国各少数民族缺乏系统的记载与研

究，而新中国的民族工作基本上是对少数民族的工作，因而在建国初期对汉民族形成问题进行过一阵讨论之后的20余年中，民族研究基本上是对少数民族的社会历史与文化的系统调查与族别研究，对汉族的研究长期处在停滞状态。1980年以来，学术界重新对汉民族研究发生兴趣，到目前已引起较广泛的重视。在此种情况下，鄙意以为有可能对中国的主体民族在何时形成的问题，得出比较明确一致的意见。解决这个问题的关键是将"民族"与"资本主义民族"两个概念加以区别，而不是将民族的一般特征与一定历史阶段的特殊特征对立起来。

什么是民族？斯大林在1913年所撰《马克思主义和民族问题》一书中下过定义："民族是人们在历史上形成的一个有共同语言、共同地域、共同经济生活以及表现于共同文化上的共同心理素质的稳定的共同体。"其它一些有影响的非马克思主义著作，概括或为八项，或为六项特征。无论斯大林的四项也好，其他著作的八项、六项也好，都未必完全确切概括了世界上千差万别的各民族最普遍最本质的特征，但斯大林所概括的四项特征，仍不失为较科学的概括。这四项特征，在欧洲资本主义上升时期形成的欧洲资本主义民族表现得较为集中和较为典型，但不是资本主义民族才具有这些特征，才可以称为民族，其他只能称之为"部族"乃至"氏族"、"部落"。氏族、部落是原始社会的人们共同体，在原始社会崩溃以后，民族虽然有各种不同的发展层次，但只要在与别的民族交往中有稳定的民族认同并以此区别于其他各民族的人们共同体，都已进入民族的历史范畴，都应统一称之为民族。

汉族，从其起源及其前身华夏的形成，至今已有5000年历史。而稳定地形成为统一的民族和统一多民族中国的主体民族，其基本特征则形成于秦汉时期。秦汉以后，中国有分有合，居于统治民族地位的多数朝代为汉人，也有些朝代由少数民族统治，汉族处在被统治民族的地位。不论什么民族居统治地位，其立国都是以汉地的经济为基础，汉地农业是立国之基；其制度都是沿秦汉开辟的制度发展，汉文化居于领先与主导地位；汉人在全国始终居于人口的大多数。汉族民族共同体在秦汉以后有很大发展，而秦汉形成的基本特征虽得到完善与充实，却始终是沿着秦汉开辟的传统发展，文化传统从未被割断。

一

汉族的前身，以华夏为族称，在先秦已经历三个发展阶段，即起源阶段、民族雏型阶段与华夏民族形成阶段。

起源阶段追溯到中国新石器时代，且与远古传说可以相互印证。

新石器时代，在今黄河中游与下游，存在东西相对的两大文化系统。西以华山—嵩山（古称崇山）为中心，西至陇山两侧，北至太行山东麓，南至荆山是仰韶文化的起源与发达之区，及其最盛时，北延至长城沿线、甘青接壤地区的黄河上游与湟水地区。东以泰山为中心，南至淮河下游北岸，北至无隶、东至海的海岱地区，是大汶口文化起源与发达之区。到公元前3000年前后，即距今5000—4000年这1000年间，起源与发达于海岱地区的文化因素，统一了黄河中游，从而形成了陕西（关中）、山西（晋南）、河南、河北（冀南）等地区的龙山文化与山东（典型）龙山文化。如果将黄河中、下游东西两大新石器文化归纳出一个大致前后相承的序列，则是：

西系前仰韶文化（约为前6000—前5400）——仰韶文化（前5000—前3000）——龙山期文化（约为前2900—前2000）。这个序列在关中、晋南、冀南与豫西、豫中、豫东鲁西等处均得到了验证。继豫西、晋南龙山文化发展的可能是夏文化；继冀南、豫北、豫东鲁西龙山文化发展的可能是先商文化；继陕西龙山文化发展的可能是先周文化。

东系为北辛·青莲岗文化（前5400—前4000）[①]——大汶口文化（前4300—前2500）——山东龙山文化（前2500—前2000）——岳石文化（前1900—前1500）。岳石文化的编年已进入夏代，一般认为是东夷文化，继续发展有分化，有的地区为商文化，有的地区是继续发展的东夷文化。

两大系又都有诸文化类型与中心地点，反映着在新石器时代的中、晚期，在今黄河中、下游，存在着众多氏族部落与部落联盟，又分属有共同文化特征的两大部落集群。

远古传说，西以今陇山—华山—嵩山—霍山—荆山为标志的地区存在黄帝、炎帝为代表的部落集群，东系以泰山为中心的海岱地区，有大昊、少昊为代表的部落集群。黄帝、炎帝、大昊、少昊既是分别由两大部落集群奉祀的天神，大概又兼是在两大集群中的大首领享有的称号，而不是一个具体的历史人物。

大约在距今第五个千年纪中，黄帝首先战胜炎帝，统一西系，又与东系首领蚩尤战于涿鹿之野（今河北涿鹿县境），杀蚩尤，有的记载还说黄帝曾"杀两暤（昊）"，取得了对东系决定性胜利之后，黄帝建都于涿鹿之阿（即涿鹿山下平地），建立了号令今黄河中下游东西两大部落集群的大酋长的酋邦，已具有超越于氏族公社之上统治权力的性质，是国家产生的前奏。

传说在黄帝以后相继为大酋长的有颛顼、帝喾、尧，并以禅让推举方式推举舜、禹等为"天子"。《尧典》可能成书于战国与

[①] 考古学界有的主张两者为不同文化，但都与大汶口文化有渊源联系，有的主张统一命名为青莲岗文化或北辛文化。今以其均为大汶口文化的前驱，且布地域基本重合，年代大致相同，用"北辛·青莲岗文化"表述。

西汉之间，但保存了珍贵的远古传说，从其中所反映的四岳、皋陶、鲧、禹、益等分属东西两大集群中的首领在尧舜时代的议事与权力看，尧、舜、禹和黄帝一样，只不过是东西两大系共同推奉的享有天神化身权威与共主地位的大酋长。东西两系的具有影响的首领，都有相当大的发言权与决定权，而西系占有明显的优势。表现在新石器时代文化上，却如上已叙述，整个黄河中游的仰韶文化彩陶艺术于公元前 3000 年以后突然消失，代替它的是龙山文化系统的文化。这也许是中国历史上第一次文化比较后进的征服者反被文化比较先进的被征服者所征服而达于融合的过程。另一方面，东西两系在汇聚融合的同时，又分别在黄河上游及泰山以东以南沿原有传统继续发展。对东西两大集群而言，则又是一个分化的过程。这种融合与分化是同一进化过程的两个方面。融合的结果形成了夏商周三支，构成了华夏的三支主要来源，① 分化的结果形成了氐羌和夏商周时期的东夷。

夏商周三支虽然都是东西两系融合的产物，其共同性大于差异性，然而起源的地区不同，各自仍保留其原有不同的姓祖传说。夏起源发展于豫西、晋南、豫中，奉鲧、禹为祖神。禹姒姓，相传与父鲧都是治理洪水的大英雄。据顾颉刚、杨宽、陈梦家等考证，鲧与共工是同一神话人物，缓读为共工，拼读即是鲧。此说持据充实，足可凭信。② 夏人建立王朝，禹与夏相联系，而鲧成了禹之父，共工却成为羌人与姜姓的祖神。直到两汉魏晋，汉人中仍广泛流传着禹出自西羌、称之为"戎禹"的传说，而西北羌人中也表现出对大禹的崇敬。③ 传说鲧在治水失败

---

① 此段非一两条注文可说明所依据的考古与文献资料，为全文计先叙述如此，容以后专文讨论。
② 参见《古史辨》第七册上 355 页；第七册下 156 页。
③ 参见《古史辨》第七册下 117—139 页。

被舜殛死,入于羽渊,化为黄龙,一说化为熊,是一种三足鳖。《说文解字》:"禹,虫也,从厹,象形。"而金文中的禹字确实像一条转曲的蛇形,今谓之长虫。地域与传说都表明夏人是从西系中分化出来的一支最早建立国家者,夏为部名、地名,进而至于国名。商是从东系中分化出来最早建立国家的一支,以舜为祖神。①《诗》谓"玄鸟生商",甲骨卜辞证实商确以鸟为图腾。②其起源地区或谓在鲁西豫东,或谓在晋南而迤冀南。前几年笔者与于志耿、李殿福两同志依据红山文化及其他考古发现引申傅斯年之说,倡商先起源于幽燕,至先商发展于河济泰山之间一说,③自信或可得实。周人声称出自天鼋属于夏人一支而"自窜于戎狄之间",④实际上可能是在渭水中上游起源发展于渭水中下游从羌人中分化出来的一支。其奉为所自出的天鼋,是一种大鳖而为龙者,据考证即是黄帝轩辕。⑤孟子曾说:"舜……东夷之人也,文王……西夷之人也"。可见即令儒家祖师"亚圣"也不能否认华夏先王出于羌夷的传说。考古材料与神话传说还证明,在黄河中下游已形成号令各部落的酋邦,透射出文明曙光的同时,在长江下游与燕山辽西及黄河上游陇山西侧也大体同步已透射出文明的曙光,并且这些地区的优秀文化都已汇聚到中原,在

---

① 王国维《殷卜辞中所见先公先王考》首倡甲骨卜辞中的祖神俊、高祖即五帝中的舜,亦即《山海经》中的天帝俊,《左传》、《国语》中的帝喾。其后郭沫若、陈梦家、顾颉刚等甲骨学与古史专家均益成其说且为之引申充实,今盖可定论。

② 胡厚宣:《甲骨文商族鸟图腾的遗迹》,载《历史论丛》第一辑,中华书局1964年版,《甲骨文所见商族鸟图腾的新证据》,载《文物》1977年第2期。

③《商先起源于幽燕说》,载《历史研究》1985年第3期,《商先起派于幽燕说再考察》,载《民族研究》1987年1期。

④《国语·周语上》。

⑤ 郭沫若:《两周金文大系图录考释》,科学出版社,1957年版31页。

商周礼制与物质文化中都得到了反映。① 按照《尚书·吕刑》的记载，尧舜时，禹与姜姓之祖神伯夷、周人之祖神翟与三苗在今鄂豫接壤地区进行过剧烈的战斗。与这个传说相应，考古文化在今鄂豫接壤地区交错分布，前期是江汉屈家岭文化占优势，后期以黄河中游仰韶文化占优势，至龙山期形成了被称为湖北龙山文化的青龙泉三期文化。所以在华夏起源过程中，来自荆山以南的部落与文化也值得重视。

商灭夏，夏商进一步融合；周灭商，夏商周三支融为一体，形成了华夏民族的雏型。其主要标志：

（一）西周通过分封达到了融合与民族认同。其分封地区南达江汉，北达燕山，东以齐鲁为大宗，而关中、晋南、豫西、豫中为中心之区，是为宗周（镐京）、成周（雒邑）两京王畿。所封大类有四：一类即周王兄弟及姬姓王室子孙，为所封之主体，见《左传·昭公二十八年》及《荀子·儒效篇》的记述。

二类为周之舅姓，即姜姓诸侯，如申、吕、齐、许；任姓诸侯，如挚、畴等。

三类为先代之后。《史记·周本纪》叙："武王追思先圣王，乃褒封神农之后于焦，黄帝之后于祝，帝尧之后于蓟，② 帝舜之后于陈，大禹之后于杞。"此外，周武王曾封纣之子武庚于邶以奉商祀，周公东征，武庚被杀，成王又封武庚的庶长兄于宋以奉商祀。

这样夏、商、周三支及其传说中之先圣王的后裔都得到承认，业以夏为共同族称，夏又由朝代国名成为族名。洛阳以东原

---

① 参见《中华民族多元一体格局》，中央民族学院出版社1989年版，第129—136页。

② 《礼记·乐记》谓武王封皇帝之后于菊，帝尧之后于祝，蓟即今河北蓟县，以黄帝都涿鹿推测，封其后于蓟比较合于当时分封原则。

商朝中心区域,号为东夏。① 同时,在西周初又产生了"中国"的称谓,专指为京师,广义为诸夏,与夏同义。②

(二)民族认同还表现在商周都认为所生存与兴起的地方,都是禹所开拓的"禹绩"。商灭夏,商代的"典册"中有关于夏的记载,然而甲骨卜辞中是否有"夏"字,目前尚无定论。在商代,商王一直以"大邑商"、"中土"自居,未必承认其所居与所兴之区与"禹绩"有什么关系。然而到了周代,据说是宋人追思其先的诗《商颂》《长发》说:"洪水茫茫,禹敷下土方……有娀方将,帝立子生商。"《殷武》说:商"设都于禹之绩"。那么,宋(亦称商)是认定其祖先兴起于禹所敷之土,立都于禹所开辟的地方了。周人早在建立朝代以前已宣布他们是夏人一支,其所居为"区夏"(即夏区)了。

(三)认同还表现在逐渐承认了黄帝为共同的始祖,并且周人还宣布商周都是黄帝之后帝喾的子孙。这种将原属东西两大部落集群的天神与祖神放在同一祭坛上祭祀,纳入同一来源谱系中的观念,到春秋战国得到了进一步的发展。

(四)夏代是否有文字,至今无确证;商代甲骨文字,"六书"齐备,已是比较成熟的文字,其来源可追溯到大汶口、仰韶、红山、良渚诸新石器文化中的一些比较常见的刻划符号,商的文字的形成大概也是汇聚融合的产物。周原的甲骨文字,与商的甲骨文字属同一体系,而商周甲骨与金文,是后世汉字的前躯,无可置疑。

所以称西周形成的族体为华夏民族雏型,是因为当时各诸侯在其封域内自为大宗,周天子虽为"天下之大宗",诸侯之共主,

---

① 《尚书·微子之命》,成王命微子:"庸建尔于上公,尹兹东夏。"
② 参见拙作《中国·华夷·蕃汉·中华·中华民族》,收入《中华民族多元一体格局》一书中。

而夷夏限域并不像春秋战国那样明显与严格，诸侯之封于蛮夷区域者，往往已从其俗，或被诸夏视同夷狄或反而自称蛮夷了。

此外，在西周时存在的各国中，数目最多的也许是蛮夷之臣服者。《吕氏春秋·先识篇》说："周之所封四百余，服国八百余。"《汉书·诸侯王表》说："周之封国八百，同姓五十余。"在臣服各国中，有些是周的同盟，比如武王伐纣，诸侯不期而会者八百，而《尚书·牧誓》所举仅庸、蜀、羌、髳、微、卢、彭、濮八国"西土之人"。至于大昊之后风姓任、宿、须勾、擷臾诸国，少昊之后，嬴姓徐、江、黄、梁诸国，皋陶之后，偃姓英、六、群舒诸国，炎帝之后姜姓之姜戎氏，尧之后祁姓之戎狄杜、房、鼓诸国，舜之后姚姓之卢、戎及子姓之孤竹，黄帝之后姬姓之戎如犬戎、骊戎，是在西周末及春秋时仍存在的非诸夏各国。他们或为周以前早已存在的旧国得到了周的承认，或为周公东征所封的东夷与淮夷，有些则是春秋时所产生的戎狄国家。而他们的同姓有些早已是诸夏，乃至如夏、商、周这样为诸夏的主要来源，但他们直到春秋时仍为夷蛮戎狄。《左传》、《史记》所叙姬、姜、姒、嬴诸姓，黄、炎、夏、商、周、秦、楚、赵诸国子孙都有"或在中国，或在夷狄"的情况，其中有些还是已为诸侯而复为夷狄者。这些，都反映了诸夏与夷狄的融合与分化过程。

西周末与春秋时期，边疆各族大规模内迁，与诸夏杂处，民族意识空前高涨，夷夏限域突然明显，尊卑亲疏观念十分强烈。诸夏称华，始见于春秋，于是华、夏单称或华夏联称，以与夷狄相对举。当时区分华夷的标志大致是语言、服饰、经济、地域、习俗等项。如《左传·襄公十四年》记载戎子驹支所说："我诸戎饮食、衣服不与华同，贽币不通，言语不达。"而《左传·襄公四年》记晋国魏绛在列举"和戎五利"时说："戎狄荐居，贵货贱土"，按服虔的解释，"荐，草也，言狄人逐水草而居徙无常，"是指生活与生产方式之不同。《吕氏春秋·直谏篇》记伍子胥谏吴王夫差将伐齐说:"不可。夫齐之与吴也,习俗不同,言语不通,我得其地不能处,得其民不能使;夫吴之与越也,接土邻境,壤交通属,习俗同、言语通。"举了地域、语言、习俗、经济生活等项,是当时民族间区分标准已渐明朗。但由于华夏是大融合的产物,当时区分华夷的最高标准,是以各诸侯是否遵守礼制,华夷可以互相易位。比如《春秋》贬杞(夏禹之后)、邾(曹姓国,周武王振铎之后)为夷狄,而楚武王自称"蛮夷",终春秋之世,秦虽在宗周地区立国,以其多杂戎俗且为中原诸夏所遏,遂霸西戎,被中原诸侯视为夷翟,"不与中国之会盟"。这些都是族类属诸夏而因为不遵周之礼制杂用夷礼而贬为夷狄的显例。齐桓公所举"簇夷"旗帜,攘的重要对象之一就是楚国,《诗经·鲁颂·閟宫》所说:"戎狄是膺,荆舒是惩,则莫敢我承",就是歌烦齐桓公北征狄南服群舒与楚使诸夏得到安宁天下莫敢犯诸夏的诗句。

春秋时诸夏的民族观,一方面认为夷狄是"豺狼、"禽兽",比如《左传·闵公元年》记"狄人伐邢",管仲说:"戎狄豺狼,不可厌也;诸夏亲愚,不可弃也。"《左传·定公十一年》记齐鲁夹谷之会,孔子说"裔不谋夏,夷不乱华"。《左传·襄公四年》记魏绛在说服晋侯不要因伐戎劳师,使诸夏轻视晋国而疏远晋国,不如改为和戎,巩固后方,他说:"戎,禽兽也,获戎失华,无乃不可乎!"可见当时民族歧视之深。另一方面,又主张"徕远人",孔子主张:"远人不服,则修文德以来之;既来之,则安之。"① 他从事教育,"有教无类",其含义之一即不排除非诸夏学生,孔门弟子中包括一些出身于当时称为夷狄的子弟。其高足子夏说:"与人恭而有礼,四海之内皆兄弟也。"② 而"四海"按《尔雅·释地》是:"九夷、八狄、七戎、六蛮谓之四海",是包括

---

① 《论语·季氏》、《论语·颜渊》。
② 《论语·季氏》、《论语·颜渊》。

各非华夏民族的。

到战国时期，内迁至中原的各族已经与诸夏融合，而海岱江淮间的东夷、淮夷与吴越也都先后与华夏融为一体。秦楚不仅与其他诸夏并列，而且是七雄中势大境广而最有可能统一诸夏的两大诸侯国。于是经过春秋到战国，中国古代史上第一次民族大迁徙达于大融合，诸夏大认同，形成了统一的趋势。当时华夏已形成了稳定的民族共同体，其标志：

（一）诸夏大认同。春秋时不仅秦、楚，即使周召公之后所封燕国，因处戎狄间而自视与戎狄相类。齐思和在《战国制度考》中评论说："秦、楚、燕三国，皆边疆民族，春秋时之夷狄。"① 司马迁评论说："秦、楚、吴、越，夷狄也，为强伯（霸）。"② 到了战国，楚、秦、燕与三晋及齐并称七雄，"其后，秦遂以兵灭六王，并中国，外攘四夷"。③ 七雄兼并，从华夏民族史看，是华夏民族的兼并与统一，而秦皇是在华夏民族已形成了稳定的民族共同体的前提下才得以实现大统一的。

（二）形成了华夷五方之民共为"天下"、同称"四海"与华夷统一的观念。在春秋以前，夷蛮戎狄方位无定称，东方有的称戎，南方亦可称夷，北方有北蛮之称，西方有西夷之称。到战国则夷蛮戎狄配东南西北，④ 共称天下五方之民，并形成了华夷统一的政治与地理学说。比如《禹贡》，打破诸侯国此疆彼界限域，统一划分"九州"，又根据各方民族远近及社会特点分为"五服"，从而创立了根据各地土壤高下与物产不同来确定赋税等级，根据民族特点来确定管辖政策，使"声教讫于四海"这样一种地

---

① 见《中国史探研》，中华书局1981年版第115页。
② 《史记·天官书·太史公曰》。
③ 《史记·天官书·太史公曰》。
④ 参见童书业《夷蛮戎狄与东南西北》，已收入其《中国古代地理考证论文集》中，中华书局1962年版。

理学说与政治理想。① 《周礼》于战国时最后成书，为后世历代中国王朝建立制度的理论依据，其《职方氏》说："职方氏掌天下之图，以掌天下之地，辨其邦国、都、鄙、四夷、八蛮、七闽、九貉、五戎、六狄之人民。"从中华民族的发展史看，春秋战国可以说是统一多民族国家的孕育，是华夷对举格局形成，华夷统一的准备时期，其核心是华夏民族的形成。

（三）铁器农具开始推广，社会生产力提高，而各国各种形式的变法，使封建社会制度形成，政治制度也已有由中央集权制下的郡县制代替宗法等级分封的趋势。

（四）在连绵不断的兼并战争条件下，诸夏间的经济交流仍在发展，形成了像大梁（开封）、临淄、邯郸、寿春等大都会，并且与四夷也有一定程度的经济交流。货币在各国都较发达。

（五）诸子百家争鸣，各种流派的学术与思想竞长，然而几乎都鼓吹大一统。

（六）原来各氏族部落所奉祀的天神与祖神已纳入以黄帝为始祖的统一谱系中。当时齐鲁、三晋、秦、楚等各已形成文化中心，各地区各学派差不多都征引远古神话并进行纳入同一谱系构成民族同一来源的古史系统。其共同性即以黄帝为始祖和尊周，但各自以本国本地区为中心，因此黄帝以下，世次紊乱，或一人分为二三，或多人合为一位，互相矛盾，给今天的研究工作带来很大的困难。然而保存在《世本·帝系姓》和《大戴礼·五帝德八》中的谱系，被司马迁采为《五帝本纪》，成为最有影响的谱系。

综上，华夏的起源，是以黄河中、下游两大部集群的融合为核心，同时吸收四方优秀成分的基础上形成了夏人、商人、周人

---

① 《禹贡》成书于战国，托名大禹，实是战国人主张全国统一的地理学说与政治理想。

三支，经夏商西周，三支融为一体，在西周已形成华夏民族的雏型，经春秋战国的民族大迁徙与大融合，在战国已实现华夏的大认同，华夏已形成了稳定的民族共同体。华夏民族是大融合的结果，对四夷而言，又都有一部分分化出来融于华夏之中，这种融合与分化过程，也就是华夷五方之民的形成过程。传统史观以为，中国各民族都起源于黄河中下游，其留居中原者为华夏，其窜徙四方者为四裔各族。历史实际却表明，从华夏起源与形成的各支来源看，华夏分别与四夷各族都有同源关系；另一方面，诸夏也分别有一部分迁徙到边疆，与当地各族融合，成为边疆各族的一部分。这种相互吸收与融合，使中国各民族的来源你中有我、我中有你的特点在先秦已有明显的表现，在后世则表现得更加突出。

二

华夏民族在先秦形成了稳定的民族共同体，但地区差异还比较明显。许慎在《说文解字·叙》中说，当战国时，"分为七国，田畴异晦〔亩〕，车涂异轨，律令异法，衣服异制，言语异声，文字异形"，就是形容华夏民族中存在的地区差异。

秦始皇完成了统一，创建了中央集权制的封建国家，汉继秦，前后400余年，成为统一的多民族中国形成的开端时期。在国家统一的历史条件下，华夏不仅发展成为统一的民族，而且确立了在统一多民族中国主体民族的地位，在尔后统一多民族中国的继续发展中，是一个至关重要的凝聚核心。由于汉代的历史影响暨乎遐迩，族称也逐渐演变为汉人，以后朝代历经更换，而汉人之称一直延续沿用。

汉人的分布地域在秦汉实现了完全统一，在两晋之际与南北朝，其分布格局发生了根本性的变化。

秦统一后，将郡县制推广到原七雄所统治的各地方，制度划一，初分36郡，到秦末，因兼并南越与内地郡县的调整，实已有50余郡。① 汉在秦的基础上，开发西南夷及河西诸郡，全国分为十三州刺史部，百余郡，千数百县。于是汉人分布地域完全统一起来，而且向边疆各郡有所扩展。

基本分布区域，仍为黄河中、下游与长江中、下游。以西汉元始二年（公元2年）为例，当时诸州总户数为12356470户，共有人57671401口。这些基本上是汉人，极少数可能是编入户籍的边郡中的当地民族。其中黄河中、下游及淮北的司隶及豫、冀、兖、徐、青、雍六州合计占总户数的52.82%，占总人数的62.54%。长江中、下游荆、扬、益三州，合计占总户数的19.45%，总人数的20.10%。其他幽（今河北北部及辽宁西部南部）、并（山西北部）、凉（甘肃及青海东部）、朔方（河套及陕北地区）北部沿边四州合计占总户数的15.90%，总人数的14.86%，而今两广地区西汉三郡合计有56408户，311596口，大致相当黄河中游的一郡。② 秦代曾向岭南移民50万以上，至汉代大概已有不少人从了越俗。东汉时，长江中、下游人口有所增加，然而基本格局，仍然是黄河中、下游及淮北占汉人总人口的半数以上，而长江中下游增长至总数的30%以上。③

汉人的分布格局，在西晋末永嘉（307—313）、建兴（313—316）及东晋（317—420）发生了根本性变化。当时由于中国北部先后有匈奴、羯、鲜卑、氐、羌等民族建立政权，在匈奴前

---

① 参见谭其骧《秦郡新考》，收入《长水集》上，人民出版社，1987年版。
② 参见梁方仲编著《中国历代户口、田地、田赋统计》，上海人民出版社，1980年版，1985年第3次印刷第14—16页甲表3，第22页甲表80。
③ 参见梁方仲编著《中国历代户口、田地、田赋统计》，上海人民出版社，1980年版，1985年第3次印刷第14—16页甲表3，第22页甲表80。

赵、羯人后赵时（304—318，318—350），民族矛盾激化，汉人大量南迁至长江下游及中游。据专家统计，南迁汉人占西晋诸州人口总数的 1/8 强；[①] 同时，东北由于鲜卑慕容氏采取安辑流民、设置侨郡、发展农业生产的政策，也使黄河中游及下游相当数量的汉人合族迁至辽东、辽西；西北则因汉人张氏前凉政权招致了不少汉人西迁，以后诸凉大致采取了安辑与发展生产的政策，所以五凉地区（包括今甘肃及青海东部）的汉人数量较两汉时有较大程度的增加。此外，还有一定数量的汉人往西南迁至益州各郡。这样，汉人不仅在边疆及长江中、下游，与其他民族交错分布，黄河中、下游也由于边疆民族内迁而成为与汉人交错分布的地区。后世得到更大发展的汉人与各少数民族大杂居的格局，是从西晋末年大迁徙开始形成的。在民族交错分布，杂居共处的环境中，固然主要方面是有许多内迁的各民族逐渐融合于汉族之中，使汉族族体得到发展；另一方面，也有不少汉人，在边疆长期与当地各族人民共处，而分别融合于当地各民族之中，使各民族族体得到发展。[②]

汉人的共同经济生活，在秦汉得到很大的发展。

汉人在古代始终是农耕民族。秦皇统一，百姓被称为"黔首"，推行"使黔首自实田"的政策，把由商鞅变法以来在秦国普遍实行的土地私有制推行到山东六国境内，使封建地主阶级土地所有制受到法律保护，同时也造成了广大的自耕农民。于是男耕女织式的小农经济定型化，成为整个社会的基本经济成分。在中国古代，从秦汉以后，封建地主阶级与农民的矛盾，一直是汉区社会的基本矛盾，反映这一矛盾阶级斗争的最高形式，是从陈

---

① 谭其骧《晋永嘉丧乱后之民族迁徙》，收入《长水集》上。

② 参见《中华民族多元一体格局》及《中华民族研究新探索》中有关论文，后者由中国社会科学出版社 1991 年 3 月出版。

胜、吴广揭竿而起直到洪秀全前后有过上千次的农民起义，其核心问题都是土地问题。

生产力水平在秦汉有很大的提高。铁制农具在西汉已推广到中原以外的地区，尤其是汉武帝时冶铸由国家垄断，铁器的传播更为迅速。在今辽宁、甘肃、湖南、四川等省以及更边远的一些地方，都已发现了西汉的铁制农具，如铲、镢、锄、镰、铧等，数量既多，形制各异，说明不仅推广了铁制农具，而且因地制宜地发展了犁耕技术。

牛耕、马耕不仅在中原已普遍推广，而且从文献记载与汉晋间画像及出土实物看，当时牛、马耕田方式较先秦已有很大改进。在辽阳发现的西汉晚期村落遗址中出土了铁制耧足，说明中原广泛使用的播种耕具已推行到辽东；而湟水流域与河西等处所发现的牛耕遗迹，反映着屯田与移民将中原先进生产技术带到了西北。虽然发展不平衡，比如江南在汉代还普遍存在"火耕而水耨"，[①] 但铁制农具的推广与耕作技术的改进，比如"代田法"、"区田法"等耕作制度的推行，已使汉人社会的农业生产力水平较先秦有了质的变化。

由中央和地方政府组织兴修水利，也是汉共同经济生活发展的一个重要方面。起源阶段，第一个国家，传说即因大禹治水有大功于民，才得到了普遍的拥戴，由"公天下"变为"家天下"；先秦已有郑国渠、都江堰等影响深远的著名水利工程，可见公共水利在农耕的汉人社会中是多么重要。汉元鼎六年（前111）开始整修郑国渠，扩大灌溉面积，元始二年（前95）又修白渠，与郑国渠相配，当时民谣歌唱道："田于何所？池阳、谷口。郑国在前，白渠后起。举插（铲）为云，决渠为雨。径水一石，其

[①]《盐铁论·通有》。

泥数斗。且溉且粪，长我禾黍。衣食京师，亿万之口。"① 关中除上述两渠之外，还有许多有名的水利工程，其中龙首渠，穿过黄土高原，明挖易于塌方，于是穿山为隧，并按一定距离凿渠井，深数十丈，井与井之间与隧沟通，谓之井渠。此外，在今河南、安徽、山西、山东等处汉代都兴修了灌溉万顷以上的重大公共水利工程。随着移民的发展，在今宁夏、甘肃、新疆等地，也有若干汉代兴修的著名水利设施。值得注意的是，黄河在汉武帝时曾大决口，汉武帝本人作诗并决策治河，以后在东汉也进行过治理黄河的大规模活动，兴修漕运也有所展开。这些影响全局与一个大地区的重要水利事业，无疑是表明农业生产力水平提高与汉人社会经济生活共同性的重要方面。

汉人社会经济的重要特点之一，是"重本轻末"，即重农轻商。但国家统一，社会生产力水平的提高，社会分工的发展，各地区产品的不同，各民族经济上的相互依赖与补充等，都为商业的发达提供了良好的条件。秦始皇曾统一度量衡，修驰道，统一车轨阔度，到汉代得到进一步完善，尤其是统一货币与货币的定型，都不仅有利于郡县地区商业发达，也有利于中国各民族间的经济交流。张骞凿空西域及后来设立西域都护，使西域与内地的交通和商业得到国家的支持与保障，进而促进了中国与中亚、南亚、西亚并通过西亚与非洲、欧洲的经济、文化交流。司马迁在《货殖列传》中不仅描绘了秦与汉初商业发达的情形，而且对经济区域与都会作了概括的叙述，对郡县与边疆各民族的经济往来，也作了弥足珍贵的记载。两汉长期稳定，不仅长安、洛阳成为全国政治、经济中心，在先秦基础上，邯郸、临淄、宛（今河南南阳市）、成都、吴（今江苏苏州市）、蓟（今北京市）、江陵（今湖北江陵县）、寿春（今安徽寿县）更发展为有全国或大地区

---

① 《汉书·沟洫志》。

影响的中心都会，而岭南番禺（今广州市），在秦汉兴起，也成为有重要影响的都会。沿边则上谷（今河北怀来）、云中（今山西大同市）、马邑（今山西朔县）、敦煌、酒泉、金城（今兰州市）、于阗（今新疆和田）、益州（治滇池县，今云南晋宁县东北晋城镇）等处，也都成为汉人与边疆各民族经济交流及当地的政治中心，有的还是中西交通的重要城镇。这些汉人与边疆各民族的经济交流，不仅影响当时汉人的衣食住行，而且大量南方民族的热带亚热带作物如新品种水稻及果菜及从西域传入的葡萄、胡瓜（黄瓜）、胡麻（芝麻）等作物大量丰富了汉人的作物品种；以面粉制成汤饼（面片）、胡饼（火烧）等也改进了汉人的膳食方法；骡、驴等"匈奴之奇畜"传入汉区，充实了汉人的家畜，改善了耕作与运行的条件。所有这些都对后世汉人吸收其他民族的物质文化以丰富自己的生活方式与作物品种等，发生了极深远的影响，在南北朝这种对峙时期表现固然非常显著，即令隋唐这种统一时期，也同样表现得非常显著。

小农经济的定型化，农民与封建地主阶级的矛盾对立统一、度量衡与货币的统一、公共水利的兴修、官修道路网的形成、政治经济文化中心的形成等重要方面，都表明了汉人共同经济生活的发展。魏晋与十六国，中原地区的社会经济遭到了很大的破坏，而长江流域与东北、西北以及西南、岭南却得到了前所未有的开发，这些与大量的汉人移入和当地各民族共同努力分不开。至南北朝，中国北部与南部各自实现了地区性统一，中原经济迅速恢复，南北对流，同时也吸收了一些来自中亚、南亚等处的作物，因而无论耕作技术还是作物品种，从两汉以来至南北朝都有很大进步与增加，为隋唐经济繁荣准备了条件。

秦汉时期实现的汉文字统一与逐渐规范化，是汉族已形成为统一的民族的一个重要标志。

战国时期各国文字基本相同，但字体繁简和偏旁位置却有较大的差异。李斯受命统一文字，以秦篆为基础制定通行小篆，写成范本，推行到全国。另外，秦代已流行的隶书，到汉代普遍推行，当时称为"今文"，而称小篆及先秦文字为"古文"。至西汉晚叶出现草书，东汉晚叶又出现行书，都是汉字逐渐简化的书写字体。魏晋之际，已出现楷书，经东晋王羲之、王献之父子进一步发展，楷书逐渐有代替隶书之势，终于在南北朝成为通行的主要字体，于是汉字已完全规范化。

字义、词义的确定，也是语言文字规范化的重要表现。在先秦大概已开始有辞书、字书的编纂，今传世的第一部汉语辞典为《尔雅》，可能开始编纂于战国，最后定型于西汉。两汉对儒家经典今古文学的争辩，不仅对五经需要定本，也需要字典、词典。西汉末扬雄撰《训纂编》以及他在调查基础上所撰《方言》，不仅对儒家经书中的词义字音有所训释，而且对各方言区域词义、字音、名称等差异也作了记述。至东汉末，刘熙撰《释名》、许慎撰《说文解字》，为辞书、字典的代表作。尤其《说文解字》，共收小篆及先秦古文9335个字，逐字注释其形体音义，是第一部体系完整的汉字字典。以后佛教的发展，翻译的进步，大量少数民族和来自南亚、中亚等处的语汇输入汉语，汉字标音方法也有了切音等新发展，在南朝梁就产生了《玉篇》这样的新字典，更为隋唐汉字字典与辞书的编纂奠定了基础。

秦汉时期，汉人文化也实现了统一与发达。

秦祚虽短，但"焚书坑儒"，对先秦文化有很大的摧残。而秦开创的中央集权君主制对后世有极大的影响，"百代都行秦政事"，即指此而言。到汉代，无论官制、律令、田制等都进一步体系完整，不仅成为汉人社会基本的国家制度，而且发展为统一的多民族中国的国家制度。

秦始皇始称皇帝，皇帝与天子的含义未作明确划分。到汉代，以汉人郡县地区为主干，民族地区为边疆的地理观念已确定。扬雄《方言》说："裔，彝狄之总名"，晋郭璞注："边地为裔，亦四夷通以为关也。"在国家元首称号方面，《礼记·曲礼》说："君天下为天子"，郑玄《注》："天下，谓外及四海也。今汉于蛮夷称天子，于王侯称皇帝。"即于诸侯王及汉区的侯，皇帝是他们的最高元首；于四夷，天子是他们共同的元首。由国家元首的含义体现了多民族统一国家的特点。以后由于统一多民族中国的发展，国家元首的含义与名称以及官制、律令、田制等都有发展变化，但基本制度由秦汉确定，是体现汉文化起主导作用的一个重要方面。

任何民族在一定历史阶段的思想，占统治地位的总是统治阶级的思想。秦皇曾试图以秦国历史代替全民族的历史，以"一断于法"来统一思想，实行"焚书坑儒"。但秦朝灭亡，这种企图以失败告终。汉初行黄老学说，无为而治，休养生息，达到了纠秦之弊发展生产的目的，终不能从长远适应君主制度的需要。到汉武帝时，经董仲舒、公孙弘等《春秋公羊传》学派代表人物的理论鼓吹与政治实践，于是"天人相与"的唯心主义哲学思想，"大一统"的政治思想，"三纲五常"的伦理观念，"习文法吏事而缘饰以儒术"的施政准则，使汉武帝完成了儒法合流，推行了"罢黜百家，独尊儒术"的政策，确立了孔孟为代表的儒家学说的统治地位。这一思想的大变化，不仅对汉人社会历史，而且对整个中国社会历史发展都发生了极深刻的影响，一直到清朝都是历代中国王朝的统治思想，成为一切君主专制下政治、经济、法律、文化政策的理论基础。

历史对于民族意识与感情具有重大意义。汉族是一个极为重视历史与历史传统的民族。在西汉，司马迁作《史记》，不仅对民族的来源归纳为同出黄帝的统一谱系，而且是从黄帝一直叙述到汉武帝的通史，首创纪传体史书，于是编年、纪传二体，成为定型的汉文历史编纂体裁，而纪传体一直是新中国以前"正史"的通行体裁。

汉人的宗教观念,以对天和祖宗的崇敬为核心,同时相信万物有灵。先秦的巫在汉代仍广为流行,而祭天与祀祖,为最重大的宗教礼仪与活动。西汉末,从印度通过西域传入佛教,历东汉到魏晋南北朝,又从北南两道传入佛教经典、教规、仪式与教派,影响到汉人和其他中国各民族的文化、宗教信仰、习俗等各方面,为唐代佛教中国化、汉地佛教影响及于中国的边疆与周围邻国奠定了基础。道教在汉人社会中形成,大概是在东汉,到南北朝已在许多民族中发生重大影响。汉人对宗教采取兼容并蓄的态度,是汉地与中国宗教发展的一大特点,秦汉至南北朝这个特点已有了明显的反映。

汉人的风俗习惯,既有基本的同一,又各地有较大的差异,这和汉人是由许多来源融铸而成,又在各地与其他民族交错分布,而且各地区地理、历史、文化有不同背景相关。西汉晚叶,朱赣对各地的风俗民情加以条贯整理,班氏《汉书》附录于《地理志下》,是研究汉代各地风俗民情的珍贵史料。然而同一性仍是基本的。成书于西汉的《礼记》与《仪记》,对各种基本伦常、称谓、婚、丧、节日礼仪都有阐释。东汉还有应劭《风俗通义》,也是为了从理论和实际方面"纠正流俗",统一风俗。

汉人分布很广,且与各民族错居杂处,但很重视宗法家族,聚族而居是汉人聚落形成的一个特点。尤其到东汉,大族势力形成,又吸收不少依附农民,往往形成很大的地方势力。一方面有中央集权制国家,同时宗族的族长与族规拥有很大的权力;既重视全民族、全国的历史,又重视族姓的谱牒与家族的谱牒。南北朝有许多内迁中原的民族融入汉人之中,然而同姓同宗的宗亲观念,仍然根深蒂固。

文学在汉代以散文与赋见称,先秦南方的浪漫特点与北方的写实特点,在汉代熔于一炉。对后世汉文文学具有深远影响。在两汉产生了司马迁、司马相如、杨雄、班固、曹操、曹丕、曹植及围绕曹氏父子的建安七子等一大批诗人与文学家。汉人的科学，以农业发达为物质基础，天文学、数学、医学、农学等都很有特点。不仅领先于中国各民族与周围邻国，而且可以与罗马帝国东西辉映。产生了如张衡、张仲景、华佗、赵过、蔡伦等一大批科学家和发明家。其中尤其是以造纸术的发明，对世界文化的发展做了杰出的贡献。制瓷术在汉代有了一定的发展，而丝织手工业的发达，不仅使丝成为汉人与中国边疆各民族交换的代表性产品，也成为中西交通最具代表性的商品。

族称的演变为稳定地称为汉人，是汉民族形成的重要标志，并且受到了两晋南北朝许多民族内迁及在中原建立政权使汉人成为被统治民族的严峻考验。

秦汉时期，汉人仍按先秦传统以夏或诸夏自称，并且以郡县为中国，既是区域名、国名，也是民族与文化名称。与四夷，从总体上仍按先秦传统称为"华夷"或"中国与夷狄"。汉人具有明显的优越感而歧视边疆各民族。然而，秦汉又是统一的多民族国家，尤其汉祚久长，疆域广阔，汉人与边疆各民族杂处日益发展，人民之间互相交往，互相学习，通婚合好。边疆各族开始称内地人为"秦人"，至汉中叶，渐改称为"汉人"，而汉人也以当朝国名自称汉人。① 这一改变，既反映了汉民族的新特征，也反映了边疆各民族对汉人的新认识，已具有民族称谓的性质。因为中国作为国名与地区名，都包括了除汉人之外的其他民族。秦的中央部门已有主持民族事务的"典客，掌诸归义蛮夷"，② 地方上也有"属邦"，即由当地民族上层统治的民族地区，并且有了

---

① 参见翁独健主编《中国民族关系史纲要》，中国社会科学出版社，1990年版，102—103页。
② 《汉书·百官公卿表》。

专门处理民族事务的法律条文《属邦律》。[①] 在秦的郡县中，县级"有蛮夷曰道"[②] 的制度，汉代沿用。西汉全国有1314县，32道，[③] 而秦的属邦，汉代大概因为避刘邦讳改称属国，属国都尉秩比二千石，而中央官秦汉有"典属国，秦官，掌蛮夷降者"。[④] 此官在秦代应是"典属邦"，是中央专门管理归降各民族仍保持其原有社会组织或安置于沿边郡县或在原地安置等事务。到东汉，这类属国都尉，"稍有分县，治民比郡"。[⑤] 此外，在西域都护、使匈奴中郎将、护羌校尉、护乌桓校尉、护东夷校尉、护蛮夷校尉等边镇军官管辖范围内，也都有汉人与当地各民族杂处，各民族都在汉朝疆域之内，而以汉人与其他各民族对称，所以说"汉人"在汉代既是指汉朝的编民，也已经具有民族称谓的性质了。

至魏晋，汉朝已经灭亡，边疆各民族仍称内地人为汉人。西晋末年，"五胡"开始建立政权，皇帝以占有两京（长安、洛阳）自居于"中国皇帝"而逐渐将原来称为"中国人"的郡县编民称为"汉人"。这样，"中国"成为各民族共有的称谓，而"汉人"稳定地成为族称，汉人所说的语言也称为"汉语"。原来"华夷"对举的各民族总体称谓，也逐渐演变为"蕃汉"对举。族称的这种变化，至少在南北朝已经比较确定，虽然汉人自称有时仍沿先秦传统称华夏或称中国人，而以隋唐之盛，州县仍称汉地，朝廷也称汉家，汉人不仅是他称，也往往见于诗文、诏令、奏疏作为汉人的自称。一直到清末，"民族"一词输入汉语，于是称为

---

① 《睡虎地秦墓竹简》，文物出版社1977年版，又参见《于豪亮学术文存》，中华书局，1985年版，146－156页。
② 《汉书·百官公卿表》。
③ 《汉书·地理志下》。
④ 《汉书·百官公卿表》。
⑤ 《后汉书·百官志五》。

"皇〔大〕汉民族"或"汉民族",简称为汉族。汉族之称所以由汉朝得名,是汉代已形成统一的民族共同体的一个重要标志。①

(原载《烟台大学学报(哲学社会科学)》1991 年第 2 期)

---

① 参见《中华民族多元一体格局》相关论文。

华夷五方格局与东夷、南蛮、西戎、北狄

春秋以前，夷、蛮、戎、狄并没有严格与四方配合，清人崔述、近人童书业两位前贤已经作了精辟的论证。西周有了四夷的称谓，指四方之夷。《诗·小雅·何草不黄》被认为是"下国刺幽王"的诗，其中有"四夷交侵，中国背叛"的诗句，是指四方之夷交侵，中国诸侯相继背叛。"四夷"与"中国"对举，说明至少在西周末及春秋初已有了"四夷"的概念。① 春秋时又有了"四海"的概念，子夏说："与人恭而有礼，四海之内皆兄弟也。"② 按照《尔雅·释地》的解释："九夷、八狄、七戎、六蛮谓之四海。"四海之内是包括华夏及其他各民族的。

战国时期，诸夏掀起了社会改革的浪潮，各国的"变法"都有一定成效，而秦用商鞅，"变法"最为彻底。此时华夏民族已经稳定地形成，而"大一统"的学说包举华夏。《禹贡》中可能反映了远古一些传说与客观存在的史实，但成书于战国，已成定说。当时诸侯兼并尚在剧烈地进行，《禹贡》却已打破当时的诸侯国界将"天下"划分为"九州"，又根据各"州"民族远近与民族特点，划分"五服"，从而创立了根据各地土壤高下与物产不同来确定赋税等级，根据民族特点来确定管辖政策，使"声教

---

① 《尚书·毕命》有："四夷左衽，罔不咸赖"；《大禹谟》有："无台无荒，四夷来王"；《旅獒》有："惟克商，遂道通于九夷、八蛮"及"明王慎德，四夷咸宾"等记录。均出于伪古文，成书时代盖为魏晋。不足为西周初或更早已有"四夷"概念的依据。

② 《论语·颜渊》。

讫于四海"这样一种华夷统一的地理学说与政治理想。《周礼·夏官·职方氏》说:"职方氏掌天下之图,以掌天下之地,辨其邦国、都、鄙、四夷、八蛮、七闽、九貉、五戎、六狄之民人"。《职方氏》依据战国七雄形势,划分天下的"九州",也是在秦皇统一以前,已有了统一的地理学说。① 《礼记·王制》说:"中国夷狄,五方之民,皆有性也,不可推移。东方曰夷,被发文身,有不火食者矣;南方曰蛮,雕题交趾,有不火食者矣;西方曰戎,被发衣皮,有不粒食者矣;北方曰狄,衣羽毛穴居,有不粒食者矣。中国、夷、蛮、戎、狄,皆有安居、和味、宜服、利用、备器。五方之民,言语不通,嗜欲不同……"通过翻译,"达其志,通其欲"。而天子对各民族,要承认五方之民各有特性,是自然环境所使,不能强求一律,正确的政策是"修其教不易其欲,齐其政不易其宜",实行"因俗而治"。于是中国与夷、蛮、戎、狄配以东、南、西、北、中,"五方之民共为"天下",同居"四海"之内的统一格局形成了。② 华夏是这五方配的核心,四夷各方包括哪些民族,先秦与后世所指有很大的不同,每一方的民族,也不一定完全族类相近,更不是五大民族集团,而是战国时期形成的华夷统一学说中,关于华夷五方格局的一种政治理想,对后世有深刻的影响。华夏民族的形成已有专论,今于先秦东夷、西戎、南蛮、北狄,作一简叙,以全当时五方所包举。

---

① 《周礼》虽依据了西周官制的材料,但成书于战国。作为一种政治学说,是战国的产物,盖亦可定论。

② 《礼记》最后成书于西汉,反映了先秦的制度和理论。《管子·小匡》谓齐桓公时"东夷、西戎、南蛮、北狄,中国诸侯,莫不宾服"。此书也是战国人依据管仲相齐的史迹编纂成的。

（一）东　夷

先秦的东夷，是指今泰山以东至海，以南至淮河下游以北地区的各部落和方国。海岱地区的新石器文化，是大暤、少暤两大部落集团的文化遗存；而大暤、少暤两大部落集团，一方面有一部分与来自黄河上游、中游的黄帝部落集团融合，构成华夏民族的重要来源之一；另一方面，泰山周围及其以东至海，以南至淮的诸部落，仍按其固有文化传统发展，即夏商周三代的东夷，分布在今山东、苏北、淮北地区。他们的文化直接继承海岱地区的新石器文化，继承着山东（典型）龙山文化发展的岳石文化，一般认为即夏代东夷的文化；他们的族源，直接继承两暤部落集团，直到春秋时期，在今山东、苏北、淮北还留存着两暤苗裔仍称为东夷的许多小国。但不能反过来简单地称海岱地区的大汶口文化、龙山文化为"东夷史前文化"，也不能简单地说两暤集团是"东夷部落集团"，因为当时尚未出现夏、夷的区别，而且海岱地区的新石器文化与两暤部落集团也是华夏民族的重要来源之一。夏与商，都与三代时的东夷有一部分共同的渊源联系。秦的远祖，也出于少暤集团。故，海岱地区的两暤集团，其与黄河中、上游炎黄集团融合者为华夏民族的一支来源；其沿原有文化传统在泰山以东以南发展者为夏商西周时期的东夷。

夷的族称，今所见为当时确证的，以甲骨卜辞关于尸（夷）方的记录为最早。古籍记载则夏代的东方已有众多的夷人方国与部落。《后汉书·东夷传》记述："夷有九种：曰畎夷、于夷、黄夷、白夷、赤夷、玄夷、凤夷、阳夷。"这九种夷都见于《竹书纪年》关于夏朝与东夷关系的记载。实际上，"九"仅言其多，不必拘泥于"九种"。《竹书纪年》所载，夏代还有淮夷、蓝夷；

《尚书·禹贡》记载，两河之间的冀州有鸟夷（一作岛夷，形近致误）；青州近海地区有嵎夷、莱夷；青州南部有淮夷；淮南与淮海之间扬州也有鸟夷（一作岛夷）。

甲骨卜辞对商朝东方和东南方的各部落，一种写法像人的侧立之形，释为"人方"；另一种写法像人蹲踞之形，与夏人危坐相区别，释为"尸方"。甲骨学界认为作为族称，都是夷的假借字。然而，有的人认为"人方"是指商东南方淮水流域靠海一带的不同写法，都是指商朝东方和东南方的诸夷。郭沫若先生说："尸方当即东夷也。征尸方所至之地有淮河流域者，则殷代之尸方乃合山东之岛夷与淮夷而言。"①

西周金文才正式出现了"东夷"的称谓。在整个西周时期，东方诸夷都是周王朝的劲敌。不过不同时期，最强大的方国有所不同。文献记载周朝对东方的战争，不同的时间出现了东夷、淮夷、南淮夷、南夷等不同概称。这些实际上反映了周王朝不同时间对东方劲敌用不同的地理方位作整个东夷的概称。西周前后两三个世纪，上述这种概称观念上的变化，造成了现在研究工作辩析上的困难。学术界对西周时期东夷、淮夷、南淮夷到底指哪些地区的部落与方国，有着不同的看法。

据张懋镕《西周金文所见东夷、淮夷、南夷、南淮夷比较表》统计，西周早期仅见有"东夷"。周公、成王东征的对象金文中记载都概称东夷，而《史记·周本纪》说："召公为保，周公为师，东伐淮夷，残奄，迁其君薄姑。"《鲁周公世家》说："管、蔡、武庚等率淮夷而反。周公乃奉成王命，兴师东伐，……宁淮夷东土。"据当时征伐的范围，周公、成王东征主要是在今山东境内，此为东夷起源的地区，也是夏、商时期东方诸夷的核心地

---

① 郭沫若：《卜辞通纂·征伐》，《郭沫若全集·考古篇》2，科学出版社，1982年版第462—463页。

区。金文为当时造器之实录,西周早叶以"东夷"概称东方诸夷部落与方国,而淮夷包括在其中。

周公、成王东征以后,今山东境内的东夷势力一蹶不振。周王朝封姜姓太公于齐,封周公于鲁以镇东方。到西周中叶,淮夷在淮河中下游地区兴起,成为东方夷人势力最强的一支。据上引张先生的《比较表》第二栏,西周中期金文只见有淮夷,反而不见东夷的记录。说明成康以后,周朝与东方诸夷的关系,主要对手是淮夷,因而当时周人又以淮夷概称东方诸夷部落与方国了。文献记载多为事件以后追叙,关于周公、成王东征的记载,盖成于成、康以后,所以依周中叶的观念,反以淮夷概称东夷了。

到了西周晚叶,夷王时器(禹鼎)复见淮夷与东夷并举,而淮夷居前;厉王时器《猷钟》,又有南夷与东夷并见,而南夷在前的记录[①]。西周晚叶的南淮夷、东夷各指哪些地区的部落与方国,将另文加以辨析。总之,一直到春秋晚叶,文献中关于东夷的军事活动虽远涉周雒邑畿甸地区,然而其分布范围,整个西周都没有超出海岱与淮河中游及下游。即使春秋、战国时期所称东夷,也还限于上述地区。

到了秦汉时期,先秦所称东夷已基本上华化,可能有一部分化入蛮、越之中,但先秦的东夷、淮夷分布之区,秦汉已悉为郡县。秦汉及以后历代所称东夷,主要是指先秦的东北夷。又将倭人列于其中,朝鲜半岛上古代各国,也包举在"东夷"之中。东夷泛指中国东北除东胡系以外的各民族及邻近各国,与先秦东夷所包括的地区与民族,都有明显的区别。

先秦的东北夷,包括肃慎与夫余。肃慎,又写作息慎、稷慎,同音异写。《史记·五帝本纪》叙舜时"方五千里,至于荒服",在当时来贡的各民族中有息慎。《集解》引郑玄说:"息慎,

---

① 参见张懋镕《西周南淮夷名称与军事考》,《人文杂志》,1990年4期。

或谓之肃慎,东北夷。"《国语·鲁语》下记述孔子在陈,有隼死于陈侯之庭而身上带着楛矢石砮,于是问孔子。孔子说:"隼之来远矣。此肃慎氏之矢也。"并且讲述其中出典,是周武王克商,命四方各族进贡方物,于是肃慎氏贡楛矢石砮,其长尺余。周王为了以其能招徕远方的美好政绩垂法后世,在箭杆上刻了"肃慎氏之贡矢"分给舜的后裔而封之于陈。孔子说:"分异姓以远方之贡,使无忘服也。故分陈以肃慎之贡。"韦昭注:"肃慎,东北夷,故隼之来远矣。"

肃慎的分布,学术界长期有各种推论。其起源于今牡丹江流域,我在《中国历史地图集释文汇编·东北卷》关于肃慎地理的考释中,已作详细考证,于此不赘。

夫余,又有扶余、凫臾等异译。其始祖传说,颇具有东夷以鸟为上帝使者的特点。夫余的起源之区,目前尚多争论,其最初兴起与立国以北流松花江中游平坦地区为中心,盖无可疑。这些均为秦汉时方显于史,亦不赘述。

夏、商、西周分布在今山东及淮河中下游的东夷,历夏、商、周三代,到战国晚叶都已经华化,成为华夏民族的一部分。这个对华夏民族而言是融合,对两皞集团而言是分化的历史过程,大体可分为夏商、西周、春秋战国三个主要阶段。

相传,夏初后启与后益争夺共主地位,结果后益被杀,后启建立夏朝。不久,仲康失国,东方的后羿、寒浞先后"代夏政",直到后杼灭有穷氏,前后经历半个世纪,夏人才完全战胜东方各部落而使夏朝得以巩固。[①] 从夏启建国到后杼"复禹之绩"的反复,既反映了王朝前古国时期共主(天子)由炎黄、两皞部落集团大首领推举的制度过渡到王位世袭制度,即古所称由"公天下"到"私天下"过渡的剧烈斗争,也反映了黄河中下游东西两

---

① 《左传》哀公七年。

大系部落在国家形成过程中的竞争与角逐。后益、羿、寒促均东系两皞集团的著名首领,是东系中分化出来加入华夏雏形形成行列的部落首领。他们分布在古河济之间,即今山东北部与河南、河北、山东接壤的地区。

在泰山周围与古济水流域,形成了以奄与薄姑为中心的各方国。西周初,奄与薄姑仍是东夷中的大国,他们是东夷中社会发展水平最接近夏、商的方国。而泰山以东至海,以南至淮的各部落与方国,即夏、商时期的九夷或夷方。

西周初,周公、成王东征,既灭奄与薄姑,封鲁与齐王于其故地。两国对待周围东夷部落的政策,有显著的差别。

齐以薄姑故地为中心。据《左传》昭公二十年记述,早在薄姑立国以前,曾有一支姜姓西系部落逢伯陵东迁到此地发展。《史记》也说:"太公望吕尚者,东海上人。"《集解》引《吕氏春秋》说"东海上"是指"东夷之土"。① 可见齐的远古祖先已与东夷发生过较密切的关系。齐"太公至国,修政,因其俗,简其礼,通工商之业,便鱼盐之利,而人民多归齐,齐为大国"。② 齐采取了文化礼俗兼容并包,经济方面充分发挥地利的政策,收到了很好的效果。所以齐太公在营丘立国之初,虽然遇到了莱夷来争,但很快就稳定了。只有五个月就向周公报告其施政与奏效,使周公感到出乎意外的快。

与齐相反,伯禽至鲁,却过了三年才向周公报告奄地已平及鲁的施政。"周公曰:'何迟也?'伯禽曰:'变其俗,革其礼,丧三年然后除之,故迟。'"周公对比了齐、鲁这两种不同的方针政策及其效果之后:"乃叹曰:'呜呼,鲁后世其北面事齐矣!夫政不简不易,民不有近;平易近民,民必归之'。"齐、鲁之两种政

---

① 《史记》卷三二,第1477页。
② 《史记》卷三三,第1514页。

策的不同效果，在考古发现中已初步得到印证。① 进入春秋，齐首先称霸，鲁国地位越来越下降，周公关于鲁将"北面事齐"的预言，也成为事实。而今山东地区的东夷，至春秋时仅莱夷没有完全华化，到齐灵公十五年（前567），齐国灭莱，于是山东半岛各东夷小国已被齐国兼并。

鲁在受封时，周王定下了"启以商政，疆以周索"的方针。② 而伯禽在施政中强调变革当地土著居民的礼俗。虽然鲁以推行周礼著称，但当地东夷土著的习俗仍顽强地保留着。据对鲁国故城的初步发掘，共清理了129座两周时期的墓葬，时间跨度以西周初叶到战国初叶长达五六个世纪。这129座墓可分为风格葬制迥异的甲乙两组。据研究，乙组肯定是周人的墓葬，而甲组由于保留了较多东夷人的风尚与葬俗，肯定不是周人的墓葬。说明从西周至春秋末，尽管在鲁国周文化起了主导作用，并吸收东夷文化而有所区别于三晋文化，但当地土著夷人在其华化过程中，仍长期保存着一些固有的习俗与文化特点。③ 鲁国强行改革，推广周礼，事实上也必然走互相吸收与融合的道路。儒家祖师孔夫子，其先为宋人，是商族的苗裔。他说周礼是吸收了夏、商二代的精华，而又有自身的特点，"郁郁乎文哉，吾从周"。④ 鲁在东夷文化起源和发展的中心地区，以周文化为主导，发展出对后世有很大影响的鲁文化，孔孟儒家学说，可以说是鲁文化的颠峰。伯禽所推行的"变其俗，革其礼"的政策，实际上不可能十分彻底，仍是周俗与夷俗并存又以周礼为主导相融合。

---

① 参见逢振镐《东夷古国史论》，成都电讯工程学院出版社，1989年版第145页所征引刘敦愿未刊稿《西周时期齐鲁两国地位及其转化》。

② 《左传》定公四年。

③ 参见山东文物考古研究所：《曲阜鲁国古城》，齐鲁出版社，第4页，第16—18页，第214—215页。

④ 《论语·八佾》。

到春秋时,在鲁国附近,还保存着属于大皞后裔的东夷小国:任、宿、须句、颛臾等风姓诸国,在今山东境内还有属少皞后裔的东夷小国嬴姓:莒、郯、谭、费等国。他们与诸夏通婚、会盟,在诸夏与楚争霸的斗争中,他们主要是依附齐鲁,被认为是东夷当中与诸夏同盟者。从出土文物看,今山东境内的春秋时东夷各国,社会与文化水平比较接近中原各诸侯,只是因为他们仍保留一些东夷的礼俗,仍被认为是东夷。到战国时,这种礼俗上的差别不再被重视,随着这些国家的被兼并,人民也都华化了。

淮河中、下游,今河南、安徽、江苏接壤与邻近地区,少皞集团的后裔嬴姓与偃姓诸国,如徐、江、葛、黄、淮夷、锺离、英、六、舒鸠等,春秋时期他们主要的倾向也是"即事诸夏",与诸夏通婚、参与会盟,出土器物有明显特点,凡有铭文的都是周朝通行的文字。在春秋争霸与战国兼并的历史进程中,他们先后被楚、吴、鲁、越所兼并,他们的文化对齐、鲁、楚、吴、越都有一定影响,在政治上逐步统一过程中,文化与民族的差别也逐渐消失,当秦统一六国时,"其淮、泗夷皆散为民户",① 都已经成为华夏的一部分。

先秦的东北夷,则在中国的东北继续发展,其中肃慎系有挹娄、勿吉、靺鞨、女真等族称,当今满族、赫哲、鄂伦春、鄂温克、锡伯等族属肃慎的苗裔。夫余的苗裔有高句骊秦汉魏晋时期在中国东北境发展,至公元5世纪,中心南移至朝鲜半岛,建立高氏高丽,已属邻国历史范畴。

(二) 南 蛮

在甲骨文、金文中,均有关于蛮的记载。在西周,蛮不专指

---

① 《后汉书》卷八五,第2809页。

南方民族。《诗·韩奕》说："因时百蛮……奄受北国。"《闵宫》也有"淮夷蛮貊"的称谓。《史记·匈奴列传》说："唐虞以上有山戎、猃狁、荤粥，居于北蛮。"可见蛮并不限称南方民族，并且可以作非夏人各族的通称，与夏对称"蛮夏"。

南蛮总称南方各民族，大概始于战国。《孟子·滕文公》上称楚人许行为"南蛮䴗舌之人"，是说南蛮讲话如䴗鸟（八哥）那样舌头不好使。《吕氏春秋·恃君览·名类》说："尧战于丹水之浦，以服南蛮。"《礼记·王制》说："南方曰蛮。"按文献列于南蛮各族的地理判断，先秦南蛮是对今伏牛山脉以南汉水流域、淮河中上游、长江流域、珠江流域以至云贵高原各民族的统称。其中族系复杂：长江中游有三苗、楚，群蛮；长江下游、东南沿海及岭南有百越，战国及秦汉均自成系统，然而也往往统包在南蛮当中，称为蛮越；长江中上游的濮与巴、蜀，乃至云贵高原的南夷，也包括在南蛮的统称当中。对于这些族系或族群，于此叙其梗概。

（1）长江中游：三苗、楚及群蛮

传说中的三苗，一般认为即南蛮最早见于记载者，三苗以后到春秋中叶以前，在中原诸夏中楚族是南蛮的主力。三苗及其与中原各部落集团的关系，楚国公族如何由祝融八姓集团而被称为蛮夷，又如何由蛮夷而成为诸夏强国，均已由拙文《中国远古各部落集团》及《诸夏大认同》中叙述，于此不复赘述。[①]《后汉书·南蛮传》记述："平王东迁，蛮遂侵暴上国。晋文侯辅政，乃率蔡侯击破之。至楚武王时，蛮与罗子共败楚师，杀其将屈瑕。庄王初立，民饥兵弱，复为所寇。楚师既振，然后乃服，自是遂属于楚。"《南蛮传》所叙这些都是指长江中游的群蛮。

春秋初，晋文侯击破南蛮，究竟指哪一部落或方国，史无明

[①] 两文均已收入本集。

文。楚武王四十二年（前699）屈瑕伐罗，"及罗，罗与卢戎两军亡，大败之。"① 罗，出于祝融集团，熊姓，与楚有共同渊源关系。最初在今湖北宜城县西山区立国。卢戎，杜预注："卢戎，南蛮。"商时旧族，为《牧誓》所举"西土"八族之一。故地在今湖北襄阳市西南南漳一带。大约在屈瑕被杀之后不久，罗、卢都已被楚灭亡。卢戎地方已置为楚邑。楚庄王三年（前611）庸与群蛮叛楚，楚"使卢戢黎侵庸"。杜预注："戢黎，卢大夫。"② 说明在楚庄王以前楚已灭卢而以其地置邑。

在群蛮中，到春秋中仍试图与楚抗衡的有庸。庸也曾参加周武王伐纣之役，是《牧誓》所举"西土"八族之一。所谓"西土"，是周与商相对而称，实则卢、庸、濮、巴均属南蛮。

庸，或以为是巴人的一支，③ 或以为是中原旧国，在周成王时被周所灭而遗族南迁，仍用旧名。④ 两说均待考古发现以求确证。在周夷王时，楚子熊渠"乃兴兵伐庸"，服扬粤，至于鄂，立其三子为王，"皆在江上楚蛮之地"⑤。《集解》引《括地志》直接称庸为"庸蛮"。庸国故地在今湖北竹山县境，其最盛时大概不仅深入江汉平原，还包括汉水中上游到达陕西安康、紫阳等县市一带。

公元前613年楚庄王即位，三年不出号令。到第三年，楚国大饥，"庸人帅群蛮以叛。麇人率百濮聚于选，将伐楚"⑥。楚国有人主张迁都守险以避庸，芳贾却力主伐庸，则百濮自然散去。楚国首先"使卢戢黎侵庸"，结果卢戢黎被俘；庸在此后又与楚师七战七捷。

---

① 《左传》桓公十三年。
② 《左传》文公十六年。
③ 顾铁符：《楚国民族论略》，湖北人民出版社1984年版，第44—45页。
④ 何光岳：《楚灭国考·庸国的兴亡》，上海人民出版社，1990年出版。
⑤ 《史记》卷四〇，第1692页。
⑥ 《左传》文公十六年。

庸取得这一系列胜利之后，以为"楚不足战矣"①，而秦国与巴国都对庸国的屡胜感到威胁，结果"秦人、巴人从楚师，群蛮从楚子盟，遂灭庸。"② 从此散处江汉间的群蛮各部落已全部役属于楚国。庸、卢、罗国被灭之后，大多已在楚国大熔炉中华化，以楚为核心形成了江汉地区的华夏，其余群蛮，或随楚华化，其分布长沙武陵一带者，继续发展，即秦汉时的长沙武陵蛮。

（2）长江中上游：濮、巴、蜀

濮，又写作卜，为《牧誓》所举"西土"八族之一。《伪孔传》说："庸、濮在江汉之南。"《逸周书·王会解》说："卜人以丹沙"，孔晁注："卜人，西南之蛮。"周景王使詹桓伯于晋，也说过：在武王克商以后，"巴、濮、楚、邓，吾南土也"。③

濮，又称百濮。部落众多，分布很广，扬雄《蜀都赋》说："东有巴、賨，绵亘百濮。"④ 左思《蜀都赋》说："于东则绵巴中，百濮所充。"⑤ 杜预《春秋释例》说："濮夷无君长总统，各以邑落自聚，故称百濮。"⑥ 由此可见，蜀以东，楚以南和西南，都有濮人分布。

濮与楚相邻，很早就发生了关系。当西周共和十四年（前828）楚国国君熊严去世，其长子伯霜立，周宣王六年（前822）熊霜卒，其三弟：仲堪、叔堪（《国语》作叔熊）、季徇争立，结果仲堪死，"叔堪亡，避难于濮"。⑦《国语·郑语》说："叔熊逃难于濮而蛮"。濮虽离楚不远，应是属于不同民族，叔熊（堪）

---

① 《左传》文公十六年。
② 《左传》文公十六年。
③ 《左传》昭公九年。
④ 《全上古三代秦汉三国六朝文·全汉文》卷五一。
⑤ 《全上古三代秦汉三国六朝文·全汉文》卷七四。
⑥ 《左传》文公十六年《孔疏》引文。
⑦ 《史记》卷四〇，第1694页。

逃难到了濮人之中，也就被同化而变成蛮人了。

进入春秋，公元前 8 世纪中楚国蚡冒已着手向南略取濮人地区。①公元前 740 年蚡冒之弟熊通弑兄见自立，自称武王，一方面北上伐随，同时"始开濮地而有之"。②虽然蚡冒、楚武王等开始兼并濮人部落，但直到春秋中叶，百濮仍具有较强的势力。楚庄王三年（前 611）庸率群蛮叛楚，"麇人率百濮聚于选，将伐楚"。选，地名，今地为湖北枝江县境。麇，又写作麋，大概即《牧誓》所举"西土"八国中的微。③《春秋大事表》说："郧县为春秋时麋国地"。《中国历史地图集》标在今陕西白河县境，与郧县、郧西县为毗邻地区。庸、麋两国相距不远，庸率群蛮、麋率百濮，都说明所率蛮、濮的部落较多。麋国大概在楚庄王时也已灭亡，人众分散，化入楚人之中。百濮部落则继续存在，周景王二十二年（楚平王六年，前 523）"楚子为舟师以伐濮"。④楚平王此举为了"收南方"，上距蚡冒开始略取濮地已两个世纪，距楚庄王灭庸也将近一个世纪。百濮虽没有形成统一的力量，但部落分散而众多，楚未能完全将他们同化。后世被称为濮僚的族群，大体上是百越与百濮交融而成。当前民族史学界有的认为百越即百濮，实则两者起源不同，而在长江中上游及云贵地区两大族团汇聚交融而形成的濮僚族团，具有两者的特征。

巴人，在先秦有广狭两义。狭义即以廪君种为核心的古民族；广义包括巴人所建方国内的各民族。

关于巴人的起源，《山海经·海内经》说："西南有巴国。大皞生咸鸟，咸鸟生乘釐，乘釐生后照，后照始为巴人。"将巴人

---

① 《国语·郑语》"楚蚡冒于是乎始启濮"。
② 《史记》卷四〇，第 1695 页。
③ 参见何光岳《楚灭国考·麋国考》。
④ 《左传》昭公十九年。

的来源与大皥集团联系起来。《世本·姓氏篇》说:"廪君之先,故出巫诞。"本有五姓:巴氏、樊氏、曋(音审)氏、相氏、郑氏,都源出于五落钟离山,此山有赤黑二穴,巴氏生赤穴,余四姓生于黑穴,"未有君长,俱事鬼神"。后以卜于神的方式,立巴氏之子务相为廪君,"廪君于是君乎夷城,四姓皆臣之"。① 这一神话,《后汉书·南蛮传》引作叙述廪君种的起源。

武落钟离山,一名很(音恒)山,又名难留山,在今湖北省长阳县境内。夷水即清江,自来无异议。② 长阳县在清江下游,巴人起源于清江流域,比较可信。据童恩正先生研究,清江古与大溪通,是长江通往楚国郢都的重要通道。大溪文化即以大溪镇遗址命名,分布在以鄂西南为中心,西至川东,东南至江汉平原的地区。巴人起源正是在大溪文化的中心之区,两者间的联系,当进一步研究。《山海经》将巴人的起源与大皥相联,反映着巴人中可能有一支来自东方的大皥集团;其主流当是在鄂西南土著起源。

巴人在先秦的活动区域很广,主要包括川东、鄂西和陕西汉中一带。其最初的中心,即廪君所居的夷城,大概在清江上游距今湖北恩施县不远处。《后汉书·南蛮传》经引盛弘之《荆州记》说:"昔廪君浮夷水,射盐神于阳石之上。案,今施州清江县水一名盐水,源出清江县西都亭山"。③ 清江县,隋置,即今恩施县。北周曾在清江上游置盐水县,古代这一带出井盐。清江上游称为盐水,因当地有泉水出盐得名。④ 廪君之所以初被四姓推立为廪君即溯清江而上与盐神斗,杀死盐神而都于夷城,是为了争

---

① 《世本八种》,商务印书馆1957年版,秦嘉谟辑本第3433—334页。
② 《水经注》卷三七,夷水条;《太平寰宇记》卷一四七,《长阳县》。
③ 《后汉书》卷八六,第2840页。
④ 《后汉书》卷八六,注引《荆州图[副]》第2840页。

夺盐这种不可或缺的资源。在当时，内陆地区控制了盐，是驾临于其他部落之上的重要条件。

巴与濮往往并称。巴人建立的巴国，被统治者中最基本的民族成分大概是濮。巴国在商代已与中原交往，并且在商末参加了周武王伐纣之役。《华阳国志·巴志》说："击武王伐纣，实得巴、蜀之师，著于《尚书》。巴师勇锐，歌舞以凌，殷前徒倒戈，故世称之曰武王伐纣，前歌后舞也。"然而《牧誓》八国，有濮无巴。或以为濮即巴，或以为《牧誓》八中的彭即巴国。彭与巴，古音可通。彭国故地有一处在今四川彭县境，1959 年在彭县竹瓦街发现了一处窖藏，出土 21 件青铜器，其中"覃父癸"、"牧正父已"两觯被认为是殷人之物，可能是参加伐纣所获。有人即据此判断参加伐纣之彭即巴，在今成都平原中心地带，与广汉早期蜀都相距仅数十里。但早期蜀国强大，后来衰微才被巴人征服，今彭县竹瓦街所发现窖藏盖为巴人征服蜀人以后，彭国西迁所致。在《牧誓》中，彭与卢并提。卢在今湖北南漳一带。其西北邻南河，古称彭水。宋人罗泌在《路史·国名记》中指出："彭濮人皆在峡外"，即三峡以东；清人陶澍《蜀典》认为彭即"彭水夷"。从伐纣地点及巴人起源之区考虑，参加伐纣的巴可能是在彭水立国的巴，以水得名为彭。①

春秋初叶，巴的中心仍在鄂西南，并且和庸、群蛮等都对楚国有一定臣附关系。楚武王三十六年（前 703）巴国遣使请求楚国允许巴与邓（今河南邓县）国结好。"楚子使道朔等巴客聘于邓，邓南鄙鄾人攻而夺之币，东道朔及巴行人"。② 鄾在今邓县南，汉水以北，约在襄樊市以北不远。于是楚与巴联合围鄾败邓。另一方面，巴又与楚抗争，以至在楚文王元年（前 689）巴

---

① 参见童恩正《古代巴蜀》，四川人民出版社，1979 年 1 版。
② 《左传》桓公九年。

楚间发生战争。这一年楚与巴伐申（今河南南阳市东谢营）而惊巴师，"巴人叛楚而伐那处，取之，遂门于楚。"楚国在那处的官员逃跑，被楚文王所杀。当年冬天，"巴人因之以伐楚"。到第二年，楚国才大败巴师于津。①那处，为楚灭掉权国以后安置权国遗民的地方（今湖北荆门县东南），津距清江入长江处不远，故地在今湖北省枝江县。

巴人曾力图在秦、楚之间夹缝中争取独立地位，但既不得不附楚，又需要向秦国朝贡。②公元前661年当庸国屡胜楚师之时，巴与秦共同支持楚国夹击庸国，楚灭庸，与秦、巴瓜分庸地：楚占有庸国的中心地区；秦得到庸国的北境，即今汉水上游陕西南部安康、紫阳一带；巴分得庸国的西境，即今川东巫山、奉节一带。于是巴国完全控制了由长江中游通往中上游的枢纽。其政治中心也从峡外往今重庆地区发展，形成了与蜀在今四川地区东西相峙的局面。到春秋中后叶，巴国发展到最盛的时期，兵锋所指北达邓，南涉沅、澧，西与蜀相抗衡。对楚国，巴渐已摆脱原有附庸地位，而在经济、文化等领域，与楚国保持密切的联系，政治上则时时发生矛盾。公元前377年巴蜀攻楚，曾一度威胁楚都郢城。

进入战国，秦、楚壮大发展，巴国在清江流域的故地被楚国吞蚀，而鄂西北及陕南的势力也被楚、秦两国所逐。战国中叶，楚已进一步略夺巴在川东的许多地方，秦孝公即位初（前361）讨论形势，说："楚闭汉中，南有巴黔中"。③大约此时今川东长寿县以东，长江以南酉阳、秀山、黔江、彭水一带已非巴有。至

---

① 《左传》庄公十八年。
② 《史记》卷六八，第2234页："赵良曰……百里奚相秦七年，……而巴人致贡。"
③ 《史记》卷五，第202页。

楚威王时（前339—前329），"使将军庄蹻将兵循江上，略巴黔中以西"①。今贵州南部原属巴国的地方也都属楚了。这时巴国仅保有川东北一隅之地。至秦惠王后元九年（前316）灭巴、蜀，置郡。巴人自廪君立国，前后也许建立过若干个方国，至秦灭巴，延续约有千年以上。

此外，周武王伐纣之后，据记载还曾以宗子在巴人地区建立过巴子国。记载简略，无从详考。

巴国境内，民族众多。《华阳国志·巴志》说："其属有濮、賨、苴、共、奴、獽、夷蜑之蛮。"其中濮分布很广，是巴国境内居多数的族团，称为百濮，已在前述。苴是巴人的一支，《史记索隐》说："苴，音巴。"② 蜑与巴同族系，《世本》说："廪君之先，故出巫诞"。③ 蜑与诞同音异写，巫诞大概为巫山地区的延人，大溪即在巫山附近入长江。前已叙及，大溪古与清江相通，清江为巴人起源之区。

《巴志》所举其余各部不易细辨，从地域推断，总不出百越与百濮族群。

廪君种勇悍善战，崇拜白虎。④ 此俗至本世纪50年代以前仍在鄂西、湘西、川东土家族中流传，土家族当与巴人有较深的渊源联系。巴人与巴国境内各民族大多在楚、秦兼并以后，随楚、秦华化，成为西南华夏的重要来源。同时，也有相当多的巴人及巴国各族在西南、中南继续发展，成为这些地区各民族的重要来源，土家族主源出于巴人，已为民族史界多数人所认同。

蜀，是长江中上游文明发达最早的古代民族与方国。春秋中

---

① 《史记》卷一一六，第2993页。
② 《史记》卷七〇，第2281页。
③ 《世本八种》，秦嘉谟辑本第333页。
④ 《后汉书》卷八六，第2840页："廪君死，魂魄世为白虎，巴氏以虎饮人血，遂以祠焉。"土家族崇尚白虎，则已见50—60年代诸多土家族社会历史调查材料。

叶以前，长江中上游小国、部落以百数，而蜀为最强大，文明发达也最高。至少在蜀国杜宇开明王朝以前，巴、蜀属于不同的民族。

蜀国称雄于成都平原与川西，境内有许多民族，即使蜀国各王朝，统治者前后也属于不同的民族。

蜀字在殷墟卜辞中已出现，但多数甲骨学者认为甲骨卜辞中的蜀是地名，可能指今陕西、山西、河南或山东的某个称为蜀的地方，与今四川无多大关系。关于蜀人的起源，《世本·婚氏篇》说："蜀之先，肇于人皇之际，无姓。相承云，黄帝后。"①《史记·五帝本纪》说："嫘祖为黄帝正妃，生二子，其后皆有天下：其一曰玄嚣，是为青阳，青阳降居江水；其二曰昌意，降居若水，昌意娶蜀山氏之女，曰昌仆，生高阳。"又参照《帝系》、《山海经》及《竹书纪年》等相关记载，则蜀出昌意一系，与夏、楚、秦同出于帝颛顼。这些都是战国秦汉人在华夏民族形成与统一的基础上，创立民族同出黄帝一系所作的归纳。蜀人的起源不排除与黄帝集团有关来自秦岭以北的成分，同时也应有土著起源或来自黄河上游等可能。总之，目前川西新石器文化的来源及其进化序列都不是很清楚，从早期蜀国青铜器文化，尤其是广汉三星堆青铜文化看，至少反映早期蜀国境内不止一种民族，很可能有来自多方的民族成分，生活在早期蜀国境内。

扬雄《蜀王本纪》记述："蜀之先称王者有蚕丛、柏濩（灌）、鱼凫、开明。是时人萌，椎髻左衽，不晓文字，未有礼乐。从开明以上至蚕丛积三万四千岁。"②把蜀的起源一直推到了相当于

---

① 《世本八种》，秦谟辑补本，第333页。
② 《全上古汉魏六朝文·全汉文》卷五三；《文选·蜀都赋》，刘逵注引《蜀王本纪》说："蜀王之先名蚕丛、柏濩、鱼凫、蒲泽、开明。"刘逵注引，在开明之前有蒲泽。

旧石器时代晚期的年代。李白《蜀道难》更夸张地说:"蚕丛与鱼凫,开国何茫然,尔来四万八千岁,不与秦塞通人烟。"

长江中上游是一个有远古人类化石丰富材料发现的地区。从巫山人、元谋人等属于百万年以上的人类化石至晚期智人资阳人,都发现于这个区域。然而如前已说,这一地区的新石器文化渊源与序列,到目前尚不很清楚。自1929年及以后的10余年在成都以北40公里广汉市三星堆发现一批玉器,与1980—1986年在三星堆发现早期蜀都与两个规模很大的青铜人像及玉器的埋藏坑[1],蜀地的青铜文化,与中原大体同步发展,其文化内涵表明,蜀地青铜文化有鲜明的地区特点,其起源当有土著的渊源;同时又具有受中原、秦陇、江汉以及一些目前尚不明来源的青铜文化明显影响的特点。[2] 说明蜀道虽难于通行,先民仍克服种种天险和外界发生了交往,并可能从远古就已有来自盆地以外的部落向盆地迁徙,在川西形成有鲜明特点的文化。

三星堆遗址发现的文化,从新石器晚期至夏、商、周相当的时期,下至秦汉时期,文化层位、序列比较清楚。考古学界初步将三星堆文化划分为四期:一期距今约4800年左右到距今4000年以前,在成都平原北部黄土台地区域,形成了一支具有当地民族文化特色的氏族部落群体,相当于中原夏朝建国以前的尧舜"禅让"时期。二期、三期包括距今4000年左右到3200年左右,相当于中原的夏代到商代中期。这一时期是典型的三星堆青铜文

---

[1] 现考古学界习惯称之为"祭礼坑"。尚无确证证明其一定是举行宗教仪式后的埋藏;或以为是一次灭国之前为避免宗庙礼器与神像为敌所房获而预为埋藏。依据广汉青铜文明突然中断的情况推断,这种观点似乎比较合理,也待有确证。故姑称之为埋藏坑,究竟为何作如此大规模埋藏,还有待进一步研究。

[2] 参见李学勤《从广汉玉器看蜀与商文化的关系》,收入《巴蜀历史·民族、考古、文化》,巴蜀书社,1991年出版。郑振香《早期蜀文化与商文化的关系》,待刊稿。

化从形成到兴旺发展的时期,建立了古城,出现了国家,有巨大的祭祀中心。四期距今3000年左右,相当晚商周初,此时三星堆古城突然废弃,青铜与玉礼器等突然被埋葬成两座大规模的埋藏坑,而文化与政治中心由成都市十二桥等处的考古发现证明已从今广汉地区转移到成都平原的中心地区。① 这些发现,使文献记载的蜀国蚕丛、鱼凫、杜宇、开明几个时期统治者的更替及其年代可以从考古学材料的实证中去追寻。目前这种研究工作已经开始,也仅仅是开始。②

蚕丛,大概是从岷江上游南下至成都平原北部的早期蜀人的名称,属氐人的一支。章樵注《蜀都赋》引《蜀王本纪》说:"蚕丛始屑岷山石室中"。清人李元《蜀水经》也说:"江水又南经蚕陵山。故蚕陵县以山名也。古蚕丛氏之国在叠溪营北三里"。蚕陵县,汉武帝元鼎间置,治所在今四川茂汶羌族自治县叠溪北。古人以岷江为长江正源,故岷江直称为江。此外,在岷江上游地区的汶川、灌县境内,还有不少以蚕为名的古地名遗迹。而且这些地名,据当地传说多因石而得名。由此推之,后人传说蜀国最初的名称为蚕丛,也可能是因为他们居住在岩石"巉棱如簇蚕"的岷山之故。③ 鱼凫,可能与蚕丛同族,也可能是来自东方。大概鱼凫时期已具立国的规模。考古学界颇以为"三星堆文化发生期的主人或许是蚕丛氏、柏灌(濩)氏;三星堆繁荣时期的主人大约是鱼凫氏;成都十二桥、羊子山遗址的主人则可能是

---

① 参见赵殿增《三星堆考古发现与巴蜀古史研究》,收入《四川文物》,1992年《三星堆古蜀文化专辑》。

② 1992年5月在四川广汉召开了"纪念三星堆文化"发现六十年国际学术讨论会",国内外专家对三星堆文化的内涵所反映的早期蜀国历史、民族、文化展开了深入的讨论,报刊报道,已出论文专集,惜尚未寓目。笔者与会,感到此问题尚需较深入的研究,才可能有较明确的结论。

③ 参见童恩正:《古代的巴蜀》,第56—57页。

杜宇氏；船棺葬新都大墓等晚期蜀文化的主人为开明氏。"[1] 若这个判断不误，则鱼凫时期已达到青铜文化的繁荣阶段，且已修筑古城，具有立国规模。其统治者究竟属何族系，目前难下判断。不过从三星堆出土的青铜人像的发式、服饰等材料判断，早期蜀国境内已具有多民族的特点。

按照三星堆遗址古城突然废弃而政治中心转移到成都平原中心在商末周初的情况判断，杜宇代替鱼凫大概是在商末。杜宇从何而来？《蜀王本纪》叙述："（鱼凫）后有一男子曰杜宇，从天堕，止朱提。有一女子名利，从江源井中出，为杜宇妻。乃自立为蜀王，号曰望帝，治汶山下，邑于郫。"《华阳国志·蜀志》与此稍异："后有王曰杜宇，教民务农，一号杜主。时朱提有梁氏女利游江源，宇悦之，纳以为妃。移治郫邑，或治瞿上。"郫邑，即今成都西北、广汉西南郫县；瞿上，一般认为即今成都市南双流县。可见蜀国的政治中心是在杜宇时期南移至成都平坝中心，与三星堆遗址及成都十二桥、羊子山等处遗址文化反映的历史面貌可以相互印证。朱提为今云南昭通。

参加伐纣的蜀国，大概即杜宇王朝。蜀，古与叟音近。《牧誓》《伪孔传》说："蜀，叟。"孔《孔》："叟者，蜀夷之别名。"据此，则杜宇与蚕丛一样，属于氐羌系民族。但《华阳国志·蜀志》称："七国称王，杜宇称帝，号曰望帝，更名蒲卑。"《文选·蜀都赋》刘逵注引《蜀王本纪》在开明之前有蒲泽，当是杜宇别名蒲卑的异写。"泽"与"卑"何者为正，难断；蒲与濮同音相通。因而杜宇也可能出于百濮。究竟属何族系，姑可存疑，而杜宇时期注重农业，则可以肯定。《华阳国志·蜀志》记述，直到东晋时"巴蜀民农时先祀杜主"。在川西郫县一带，至今一直长期

---

[1] 赵殿增：《三星堆考古发现与巴蜀古史研究》，收入《四川文物》，1992年《三星堆古蜀文化研究专辑》。

流传着杜宇时代发展农业的故事。①

　　杜宇最盛时的疆域，《华阳国志·蜀志》说："(杜宇)自以德高诸王，乃以褒斜为前门，熊耳、灵关为后户，玉垒、峨眉为城廓，江、潜、绵、洛为池泽，以汶山为畜牧，南中为园苑。"《蜀志》把杜宇称帝放在"七国称王"之时，即战国时期，显然有误。杜宇代替鱼凫在商末，其灭亡年代，《路史·余论》记述开明代杜宇之后经11代350年为秦灭。秦于公元前316年灭蜀，则开明王朝代杜宇王朝在公元前666年左右。《华阳国志·蜀志》也说开明王朝传位12世，则开明王朝代替杜宇王朝也是在春秋中叶。总之，杜宇王朝在川中传世甚久，大约从商末一直延续到春秋中叶，存在约有4个世纪。其最盛时，以成都平坝为中心，北控今汉中地区，南包今凉山州及云南北部，东边至少可以称霸于川东。春秋中叶以前，庸国实控今四川奉节、巫山一带，庸国灭亡以后，巴国向川东发展。在巴人西进以前不久，蜀国杜宇王朝，已走向衰亡。

　　开明王朝代替杜宇王朝的过程，《蜀王本纪》叙述："望帝积百余岁，荆有一人名鳖灵，其尸亡去，荆人求之不得。鳖灵尸随江水上至郫，遂活。与望帝相见，望帝以鳖灵为相。时玉山出水，若尧之洪水，望帝不能治，使鳖灵决玉山，民得安处。鳖灵治水去，望帝与其妻通，惭愧，自以为德薄，不如鳖灵。乃委国授之而去，如尧之禅让。鳖灵即位，号曰开明帝。"这一神话反映鳖灵是来自荆蛮地区，善于治水，因开凿玉山（今灌县西北），消除了成都平坝水患，为成都平坝农业与社会发展作出了重大贡献，实际上已造成了代替杜宇王朝的基础。开明王朝传12世，其王有名可考者仅丛帝、卢帝、保子帝、开明帝等四世。② 建国

---

① 参见袁珂：《中国古代神话》，商务印书馆1957年版，第233—234页。
② 参见童恩正：《古代的巴蜀》第73页。

初，定居于广都樊川（今四川双流县）。《太平御览》卷八八八引《蜀王本纪》说："蜀王据巴蜀之地，本治广都樊乡，徙居成都。"徙居时间，《华阳国志·蜀志》在叙述九世开明帝以后说："开明王自梦郭移，乃徙治于成都"，大概已是战国中期。此前，杜宇都郫，开明居广都樊乡都在成都周围，从开明王朝徙居成都以后，成都一直是蜀地政治、经济、文化的中心。

开明王朝第一世鳖灵来自荆，未必一定是楚人，在楚与蜀之间，有庸及巴，楚国势力入川必受阻障，开明来自荆地，是蜀以东荆蛮中一支善于治水的民族。

开明王朝时期，在蜀国北面，秦国日益强大。蜀据有汉中，而在汉水上游与楚、秦、巴角逐；东面与巴抗衡；西南与南面役属氐羌及西南夷众多部落。《华阳国志·蜀志》说："其宝则有璧玉、金、银、珠、碧、铜、铁、铅、锡、赭、垩、锦、绣、罽、氂、犀、象、毡、丹黄、空青、桑、麻、纻之饶，滇、獠、賨、僰、僮仆六百之富。"是一个"地称天府，原曰华阳"的富饶而居住着多种民族的区域。此时期，蜀人进一步冲破蜀道天险。与秦陇、江汉及中原有更多的联系。

到战国中期，秦以联姻、贿赂等方式吸引蜀国。楚则进逼巴国的东南和南部。巴、蜀两国的政治、经济、文化都越来越纳入中华历史发展的主流。秦惠文王后元九年秦并灭蜀与巴，置郡。蜀人与巴人一样，成为西南华夏民族的重要来源。同时也散布于西南其他民族之中，融入当地各民族。蜀国所属诸族，以及滇与夜郎，秦汉时称为西南夷。

（3）长江中下游及岭南：百越

越，作为族称与瓯、闽等相通，而统称为越。《山海经·海内南经》说："瓯在海中，闽在海中。"《逸周书·伊尹朝献》记述，商汤时正东有沤深、越沤。《周礼·职方氏》记述职方氏所掌各族有"七闽"。今本《竹书纪年》说周成王二十四年"于越来宾"。

依据历史记载，春秋末称霸的越国，其王族出于夏朝少康的支庶；吴国王族与周同宗。上述记载，都将越人与中原的关系追溯到了夏、商、西周。考古文化也证明，越人在三代确已在长江中下游及岭南创造历史与文化；新石器时代文化，更可把越人的起源追溯到三代以前。

百越的通称见于战国。《吕氏春秋·恃君览》说："扬汉之南，百越之际。"《汉书·地理志》下颜师古注引"臣曰：自交阯至会稽七八千里，百越杂处，各有种姓"。大体自今湖南的东部与南部以东以南均至海，包括今江西、浙江、广东、海南、广西等省区及苏南、皖南、云贵等部分地区，乃至越南北部所分布的众多部落与民族，是族类相近的一个大族系，战国秦汉均通称为百越，或写作百粤。

百越的起源，从新石器时代文化看，应是在中国的东南部及南部土著起源。青铜时代，有几何印纹陶为主要特征的青铜文化，一般断为古代越人的文化遗存。这种几何印纹陶形成的年代至少可追溯到相当于中原的商代。其分布：在浙江、福建、江西、广东、海南、香港等均普遍发现；在江苏南部、安徽南部、台湾的部分地区也有发现。在云贵高原，目前尚未发现几何印纹陶的遗存，但与几何印纹陶并存的有段石锛和有肩石斧，于云南滇池周围及云南东部和贵州一些地区都有发现，是越人在新石器时代已分布到云贵高原的证据。①

越人当中发展最快，并在春秋中晚叶在长江中下游兴起，以至积极参与中原争霸的是吴国和越国。

---

① 参见文物编辑委员会编《文物考古工作三十年》一书中相关各省区的总结；彭适凡：《江南印纹陶问题学术讨论会纪要》，收入《文化集刊》第三集，文化出版社，1981年出版；吴绵吉：《江南几何印纹陶'文化'应是古越人的文化》，收入《百越民族史论集》，中国社会科学出版社，1982年出版；尤中：《中国西南民族史》，云南人民出版社，1985年版第7页。

吴，称句吴，又有攻敔、攻吾、攻致、攻吴等多种不同写法。相传吴国的始祖太伯、仲雍都是周太王的儿子而长于季历。太王喜欢季历的儿子昌，于是为了让太王传位给季历，使昌得以继承王位，太伯、仲雍从周原出奔，来到荆蛮地区，"文身断发，示不可用"，"太伯之奔荆蛮，自号句吴。荆蛮义之，从而归之者千余家，立为吴太伯"。① 颜师古在《汉书》中注"句吴"说："句，音钩，夷俗语之发声也，亦犹越为于越也。"② 吴，也许是太伯从周原带去的名称，荆蛮是对中东南诸被称为蛮的部落与民族的泛称，实吴太伯所到为越人分布之区。太伯到了越人当中，从其俗。

吴太伯南奔的具体地域，《史记正义》说："太伯居梅里，在常州无锡县东南六十里。至十九世孙寿梦居之，号句吴。寿梦卒，诸樊南徙吴，……今苏州也。"③ 据此，则吴太伯时，已经是以太湖地区为中心。从考古文物观察，太伯南奔大概最初是在镇宁地区。这里虽距太湖不远，然而沿大江，为长江下游通往淮河流域及中原的门户。今江苏省宁江县湖熟遗址发现的湖熟文物，是一种受中原影响较多的土著青铜文化，其年代多认为相当于商末周初。这是一种以农业为主，兼有渔猎的水田农耕文化，不仅有通常认为是越人文化遗存的几何印纹陶和原始瓷器，器物还有鬲、鼎。在新石器时代与青铜时代，中国的炊器可分为东南与西北大系统。东南以鼎为主要特征，西北以鬲为主要特征。太湖地区的青铜文化，至今未发现鬲；而湖熟文化却出土了大量的鬲和甗，这是来自西北的炊器。但湖熟文化把鼎的角状把手移植到鬲上，成为一种当地特有的器物。湖熟文化的分布以南京市为

---

① 《史记》第三一，第1445页。
② 《汉书》卷二八，第1667页。
③ 《史记》卷三一，第1455页。

中心，延伸到江苏、安徽两省的长江沿岸许多地点都有发现。因其具有来自西北的影响，年代在商末周初，往往被称为"先吴文化"，吴太伯兄弟南奔最初也许是在镇宁的地区发展。这里是越人分布地区，而吴太伯带来的周人又带来了中原的筑城及铸造等先进技术，他们与越人同化，而又善于向中原学习，对吴文化的形成具有重要的意义。可见已与周人同化的越人，形成了句吴，是越人中文明发达最快的一部分。吴人及吴文化在发展中，东至于海；在太湖东南与于越错居；南达新安江上游南岸；西临彭蠡与楚相接；北以大江为界与淮夷隔江相望。地域大致相当于今苏南、皖南和浙江北部部分地区。[①]

《史记·吴太伯世家》记自太伯至寿梦19代，大约5个世纪，事极简略。至寿梦时，句吴兴起。寿楚二年（前584），楚国大夫申公巫臣遭楚君迫害，亡命奔晋，"自晋使吴，教吴用兵乘车，令其子为吴行人，吴于是始通于中国"。《左传》成公七年（即寿梦二年）记述，巫臣劝吴通于晋，并"与其射御，教吴乘车，教之战阵，教之叛楚。……吴始伐楚、伐巢、伐徐……蛮夷属于楚者，吴尽取之。是以始大，通于上国"。可见，在寿楚以前吴对楚国有一定的从属关系，至寿梦时，使淮河中下游的东夷各部落与方国以及长江下游的越人各部落，从属楚改而属吴。

寿梦在位26年，在他死后，诸公子争夺王位，公元前515年公子光刺杀王僚自立为吴王阖闾，重用从楚国亡命来归的伍子胥和齐国著名军事家孙武，进行社会改革，终于在即位后九年（楚昭王十年，前506年）联合蔡、唐，与楚决战，一直攻下楚国郢都。但吴在骤胜之际，王族分裂，而于越攻其后，秦楚联军攻其前，吴军被迫从楚境退回，转而与越国角逐。阖闾十九年，伐越兵败，受伤身亡，其子夫差立。夫差二年败越，于越沦为吴

[①] 参见刘惠和《荆蛮考》，《文物集利》第3辑。

国的臣属。此后夫差屡北上伐齐。夫差十四年（前482），"吴王北会诸侯于黄池（今河南封丘南），欲霸中国以全周室。"[①] 吴国空虚，越王勾践乘机袭吴，至夫差二十三年，越国灭吴，夫差自杀。吴国疆域与民众大部分为越国所有。

越，称为于越，与句吴一样，是在长江下游及钱塘江流域文明发达最快的一支越人。《逸周书·王会解》记述周成王二十五年"大会诸侯于雒邑"，于越上贡一种称为䲡的水产，孔晁注："于越，越也。"

于越的起源，《史记·越王勾践世家》说："越王勾践，其先禹之苗裔，而夏后少康之庶子也。封于会稽，以奉守禹祀。文身断发，披草莱而邑焉。"其始祖号无余，《吴越春秋·越王无余传》说："无余始受封，人民山居，虽有鸟田之利，租贡才给宗庙祭礼之费。……无余质朴，不设宫室之饰，从民所居。"无余时还是一幅原始朴野时代的图景。到春秋中叶，于越大体与句吴同时兴起，成为越人中奉禹为祖神的一支。[②]

于越的区域，据《国语·越语》上记述，"南至于句无（今浙江诸暨县南），北至于鄞（今浙江鄞县），西至姑蔑（今太湖）。"大体包括南包杭州湾，北至太湖的地区，即今宁绍平原杭嘉湖平源和金衢丘陵地区。考古发现证明，商周至战国，正是今浙江省境内几何纹陶遗址有数百处，遍及大部分县。据研究，浙江已发现的印纹陶遗址从文化内涵看，可以分为杭嘉湖平原、宁绍平

[①] 《史记》卷三一，第1471页。

[②] 历史文献记载，于越起源，有"禹后"、"越楚同源"等说，又有据地域推断为"三苗苗裔说"等。从考古文化与文献综合考察，由于地域、文化、民族迁徙等原因，实际上中原夏文化、江汉楚文化等均有南下或东迁至长江下游的，越人也有分布在江汉地区的。于越应是土著起源而融合了中原南下的夏人、江汉东来的楚人而形成的文明发达与句吴并驾齐驱的一支。参见陈国强等著《百越史》，中国社会科学出版社，第120—133页。

原、金衢丘陵和瓯江水系四个类型。除瓯江水系的文化面貌与福建发现的同类文化相似外，另外三个区域文化的总特征是比较接近的。① 考古资料所反映的这种情况，与文献记载关于于越的范围相互吻合：于越的分布以会稽（今浙江绍兴市）为中心，包括今浙江北部与中部，并在今太湖地区与句吴交错杂处。

自无余至允常历20余世，《史记》所记极简略。允常时始兴，春秋中晚叶在长江下游与句吴争雄，"允常之时，与吴王阖闾战而相怨伐"。② 《春秋》定公五年（阖闾十年，前505）载："于越入吴"。这时越国趁吴王深入于楚而袭其后方，但入吴后不久仍被回师的吴王阖闾赶出吴国。

允常去世，其子勾践继位，称王。勾践元年（前496）吴王阖闾伐越，结果兵败身死，子夫差继立。勾践三年，又自以为兵强，发兵攻吴，吴王夫差"悉精兵击越，败之夫椒"。结果勾践被俘，降吴为附庸。不久，夫差将勾践放回会稽。此后夫差忙于与中原诸侯争霸，在国内杀戮贤能，重用奸邪，生活荒淫，挥霍无度；而勾践却卧薪尝胆，发展经济，任用范蠡、文种，实行一系列改革，富国强兵，并对楚、晋、齐等大国积极交往，以求孤立吴国。夫差十四年（即勾践十四年，前482），夫差北上大会诸侯于黄池，国内仅以老弱留守，勾践以十年之功所积累的精兵袭吴成功，杀吴太子，夫差惊恐，"乃使人厚礼以请成［于］越；越自度亦未能灭吴，未与吴平"。③ 以后又经过八九年不断对吴国的攻伐，至公元前473年灭吴。"勾践已平吴，乃以兵北渡淮，

---

① 参见《三十年来浙江文物考古工作》，收入《文物考古工作三十年》，文物出版社，1979年出版。

② 《史记》卷四一，第1739页。

③ 《史记》卷四一，第1740页。夫椒，《左传》哀公元年杜注："吴郡吴县西南太湖中椒山。"《史记索隐》引贾逵云，地名，《国语》云败之五湖，则杜预云在椒山为非。"吴越夫椒之战，当在吴国境内，太湖地区，具体地点，难于考定。

与齐、晋会于徐州,至贡于周。周元王使赐勾践胙,命为伯。勾践已去,渡淮南,以淮上地与楚,归吴所侵宋地于宋,与鲁泗东方百里",一时号为霸王。①

勾践既称霸,于是迁都于琅琊(今山东诸城县),作久留北方称霸中原的打算。到临终之际,却已意识到自己自灭吴以后,屡次用兵攻齐、鲁、晋、邾等国,甚至还曾计划攻秦以维系其霸业等做法,不能维持长久,勾践告诫其子"夫霸之后,难以久立,其慎之哉"。② 然而他的后继诸王并未引以为戒,继续其霸业并与齐、楚、晋等国相抗衡,兼灭东夷小国滕、郯等国。春秋战国之际,以齐国之强,仍告诫说:"无攻进,越孟虎也。"③ 但越国终未能在北方立稳脚跟,"孟虎"也变成了"死虎",越王翳三十三年(前379)又从琅琊南迁至吴(今江苏苏州市)。接着"越人三世弑其君",④ 至无疆即位,仍"兴师北伐齐,西伐楚,与中国争强",⑤ 终于在楚威王六年(前334)楚国杀无疆,灭越,其地多属楚,"而越以此散,诸族子争立,或为王,或为君,滨于江南海上,服朝于楚。"⑥ 以会稽为中心的越人故地,大致仍为于越所占据,而臣服于楚国。

于越自允常至无疆,从春秋中晚叶至战国初叶,历两个多世纪,对于长江下游及东南沿海的开发作了很大的贡献。

句吴与于越,虽然从春秋中晚叶至战国初叶称霸于中原,但无论是吴还是越,都仍被中原诸侯视为蛮夷,吴越也自视不如诸夏。鲁成公十五年(吴寿梦十年,前576),寿梦朝周过鲁,与

---

① 《史记》卷四一,第1746页。
② 《吴越春秋·勾践灭吴外传》。
③ 《吕氏春秋·季秋纪·顺民》。
④ 《史记》卷四一,第1747—1748页,《索隐》引《纪年》及《庄子》。
⑤ 《史记》卷四一,第1248页。
⑥ 《史记》卷四一,第1749页。

鲁成公会于锺离,寿梦非常羡慕中原文明,"成公悉为陈前王之礼乐,因咏歌三代之风。寿梦曰:'孤在蛮夷,徒以椎髻为俗,岂有斯之服哉'"。① 在诸夏观念中,不仅吴越,甚至连中原诸侯与吴、越为伍都是"新夷狄",② 而吴越语言相通,习俗相同,虽为敌国,族类却相同。③

吴越保持着与百越其他各支共同的文化特征,经济生活属水田农耕民族,目前所知,在河姆渡文化中已有裁培稻,越人所住干栏式房屋也在河姆渡文化中出现,而越人发达的葛麻纺织及丝织,在吴越地区起源也很早。青铜文化出现与中原同步而发达稍晚于中原,可是春秋晚叶,吴、越铸剑技术闻名于天下,至今出土传世的"吴王夫差剑"、"越王勾践剑"等,举世叹为观止。

吴、越一方面保持着越人习俗,另一方面,又积极向中原和楚国学习,吸取中原、楚乃至东夷文化的精华而发展自己,经过两三个世纪,《荀子·荣辱篇》说:"越人安越,楚人安楚,君子安雅",仍强调楚、越与诸夏之间有差别,实际上句吴已经华化,于越分散,有的也已华化,有的秦汉时仍为百越。百越其他各支,如东瓯、闽越、南越、西瓯、骆越等,各有区域,种姓不一,秦及西汉,仍为强支。其中有些在汉代已经被并灭而华化,但百越苗裔在中国东南沿海与岭南、云贵,仍是源远流长、枝繁叶茂的一大族系。

---

① 《吴越春秋·吴王寿梦传》。按,此书记寿梦朝周过鲁事在寿梦元年,但寿梦二年始得巫臣引导通于晋,前此无与中原相通的事。《史记》卷一四第627页记鲁成公十五年与寿梦会于锺离,为寿梦十年,比较合理。
② 《春秋公羊传》鲁昭公二十三年。
③ 《吕氏春秋·贵直论·知化》:"吴王夫差将伐齐,子胥谏曰:'不可。夫齐之与吴也,习俗不同,言语不通,我得其地不能处,得其民不能使。夫吴之与越也,接土邻境,壤交通属,习俗相同,言语相通,我得其地能处之,得其民能使之,越之与我亦同。'"

（三）西　戎

"戎"已见于殷墟卜辞，是否有作族称的含义，尚待进一步研究。"羌"或氐羌"，则在商代已作为族称，而且羌还用来泛指商以西各部落和方国。

确定地以戎作为族称，始于周人。戎的本义为兵械，《说文》："戎者，兵也。"应劭《风俗通义》说："戎者，凶也。"周人最初大概由"兵""凶"之义引申而称与之为敌的氐羌部落。在灭商以前，周人的劲敌集中于周原以西陇山地区，故又称之为西戎。这是因为，周人出于羌，在商人的眼中，周人仍是羌的一部分。周之舅族，主要是姜姓，与羌相通。故周人文明发达于周原的时候，以夏人自居而讳言于羌，其与周为敌诸氐羌部落，被周人称为"戎"。

灭商以后，为表示对商族的敌忾，时时也称之为"戎殷"或写作"戎衣"。① 至西周中叶，徐为西周东方劲敌，虽明属于东夷，仍往往称之为"徐戎"，此称延续至春秋战国。自春秋时起，"戎"还偶尔与"华"并称为"华戎"，或与"夷狄"一样称为"戎夷"、"戎狄"来做所有非华夏各族的概称。

前已说明，西戎一称最初指周原以西各氐羌部落，延至战国，仍主要是指氐羌系各部落。秦汉以后，整个中国古代，狭义即指氐羌系各族，广义则包括中国西部各族。

（1）氐羌西戎的起源。

---

① 周人往往尊商为"大邦"、"大邑商"，自称为"小邦周"、"西土之人"。西周初的一些铜器铭文和《诰》文，又贬称商为"戎殷"或"戎衣"。殷为周人对商的蔑称，殷、衣同音相通。

氐羌与炎帝、黄帝有密切的渊源联系。《国语·晋语》记述，炎、黄二帝为兄弟，是少典氏（父）与有蟜氏（母）所生，黄帝得姓姬，炎帝得姓姜。《左传》哀公九年说："炎帝火师，姜姓其后也。"在甲骨文字中，羌从羊从人，姜从羊从女，两字相通，表示族类与地望用羌，表示女性与姓用姜。民国初年以来，章太炎在《检论·序种姓》① 中已指出："羌者，姜也"；后来傅斯年在《姜原》② 中进一步论证："地望从人为羌字，女子从女为姜字"；顾颉刚在《九州之戎与戎禹》③ 中更指明："姜之与羌，其字出于同源，盖彼族以羊为图腾，故在姓为姜，在种为羌。"

姜姓各部落，奉伯夷、四岳为祖神。《国语·周语》说"（上帝）祚四岳国，命以侯伯，赐姓曰姜"，其后有申、吕、齐、许等国；《郑语》又说："姜，伯夷之后也"。四岳又称太岳，《左传》隐公十一年说："夫许，太岳之胤也"；庄公二十二年又说："姜，太岳之后也。"四岳，在《山海经》中写作西岳，形近致误。杨宽在《中国上古史导论》④ 中断言："伯夷之称四岳与太岳者，盖又因伯夷本为西羌及姜姓民族之岳神耳。"

姜姓在西周为舅族之显姓，有申、吕、齐、许等诸侯，其中尤以齐与申，为周所倚重。姜姓诸侯为华夏的重要来源之一。但直到春秋，仍有姜姓之戎，姜戎的酋长驹支明确说："我诸戎四岳之裔胄也"。⑤ 即使姬姓，也有骊戎和晋文公之母大戎，晋与他们通婚，受到了"同姓为婚"的指责。

氐羌与姜姓的关系，《山海经·海内经》说："伯夷父生西（四）岳，西（四）岳生先龙，先龙是始生氐羌，氐羌乞姓。"与

---

① 见《章太炎全集》第 3 册，上海人民出版社，1984 年版第 363 页。
② 见《国立中央研究院历史语言研究所集刊》第 2 本。
③ 见《古史辩》第 7 册。
④ 见《古史辩》第 7 册。
⑤ 《左传·襄公十四年》。

姜姓同奉伯夷、四岳为祖神而异姓，表明了四岳苗裔的分化。

《山海经·大荒西经》又记述："有互（氏）人之国，炎帝之孙，名曰灵恝，灵恝生互（氏）人"。氐人与羌人一样，是炎帝的苗裔。

此外，远古神话还有关于共工与鲧是羌人的天神与祖神的内容，而大禹出自九州之戎或西羌。据考证，①炎、黄二帝部落集团起源于陇山东西，渭水上游，其往东发展的为华夏的主要来源之一，往西发展的即氐羌族系。共工与鲧禹，源出陇山地区，而兴于黄河中游。②到商代，他们的苗裔多已与商人融合，有些则在商人眼中仍是羌人。

关于神话传说中，氐羌与诸夏共同渊源于炎黄的关系，列表说明如下：③

上述远古神话关于氐羌与炎黄的渊源联系，在考古学上得到了印证。中国的新石器时代考古学证明，陇山东西、黄河上游的仰韶文化与黄河中下游的仰韶文化有共同的渊源。早于仰韶文化，距今七八千年的，有陕甘接壤地带陇山两侧的老官台文化及秦安大地湾一期文化；有河南及河北南部的磁山·裴李岗文化。大致上，今河南境内及河北南部的仰韶文化是从磁山·裴李岗文化发展而来；晋南、陕西乃至甘青地区的仰韶文化是由老官台文化及秦安大地湾一期文化发展而来的。陇山以西、甘青及今宁夏

---

① 参见拙作《中国远古各部落集团》，收入《民族史研究论集》第3集，中央民族学院出版社1993年版。

② 参见顾颉刚《九州之戎与戎禹》及《从古籍中探索我国西部民族—羌族》，载《社会科学战线》1980年第1期。

③ 此表据《山海经》、《国语》等书所载炎黄及夏、商、氐羌狄源制成，又参考启颉刚《九州之戎与戎禹》及《史林杂识初编》等相关考证制成。神话中所说"生"、"孙"，仅表明某为某的后裔，并非真的父子及祖孙关系。《吕氏春秋·尊师》说："帝 顼师伯夷父"，《淮南·天文训》说："昔者共工与颛顼争为帝"，则伯夷父与共工置于并列，大致不误。

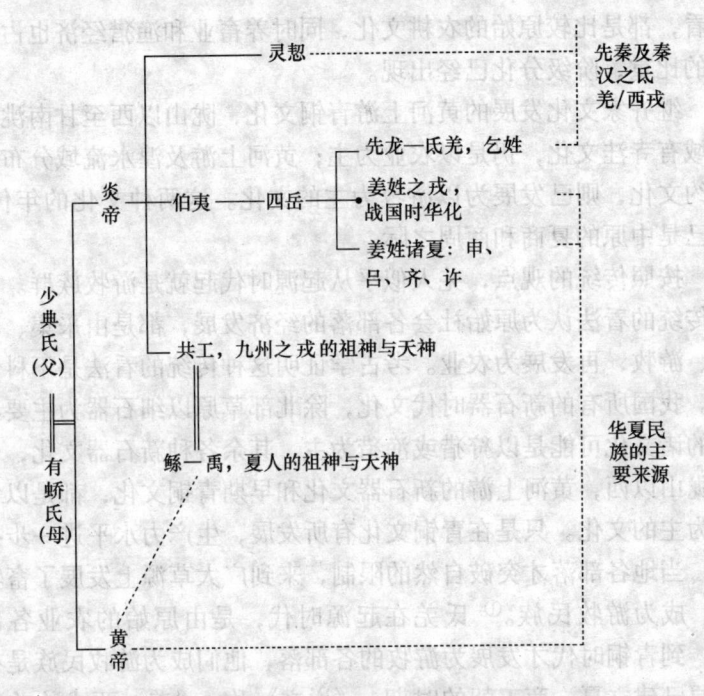

```
                    ┌─ 灵恝 ─────────────────────┐  先秦及秦
                    │                              汉之氐
                    │                              羌/西戎
                    │              ┌─ 先龙—氐羌, 乞姓
          ┌─ 炎帝 ─┼─ 伯夷 ─ 四岳 ─┼─ 姜姓之戎,
          │         │              │   战国时华化
少典氏(父)│         │              └─ 姜姓诸夏: 申、
    ‖     │         │                 吕、齐、许
有蛴氏(母)│         │                              华夏民
          │         └─ 共工, 九州之戎的祖神与天神    族的主
          │                                         要来源
          └─ 黄帝 ─── 鲧—禹, 夏人的祖神与天神
```

南部、四川西北部,继仰韶文化发展的为马家窑文化,年代约当公元前3300—前2050年,基本上与黄河中游及古黄河下游的河南、晋南、陕西、冀南地区的龙山文化平行发展。这时中原地区已进入炎黄与两昊两大系统各部落集团的斗争与融合,形成以黄帝、尧、舜、禹为代表的王朝前古国共主"禅让"的时代。

在黄河中上游,继马家窑文化发展的是齐家文化,这是早期青铜文化,与马家窑文化的分布范围基本上重合。齐家文化的来源,可能不单纯来源于马家窑文化,也受了陇山以东乃至关中文化的影响,年代上限相当公元前2000年,已进入夏代编年范围。

马家窑文化与齐家文化,都比较集中分布在黄河中上游一些适于农耕发展的河谷地带,从出土的生产工具和当时人的生活遗留看，都是比较原始的农耕文化，同时养畜业和渔猎经济也占较大的比重，阶级分化已经出现。

继齐家文化发展的黄河上游青铜文化，陇山以西至甘南洮河流域有寺洼文化，仍是以农业为主；黄河上游及湟水流域分布的卡约文化，则已发展为以游牧为主的文化。这两种文化的年代，都已是中原的夏商和商周之际。

按照传统的观点，羌人似乎从起源时代起就是游牧族群。同时传统的看法认为原始社会各部落的经济发展，都是由采集、狩猎、游牧，再发展为农业。考古学证明这种传统的看法是不科学的。我国所有的新石器时代文化，除北部草原以细石器为主要特征的诸文化可能是以狩猎或渔猎为主，其余各种新石器文化，包括陇山以西，黄河上游的新石器文化和早期青铜文化，都是以农业为主的文化。只是在青铜文化有所发展，生产力水平进一步提高，当地各部落才突破自然的限制，来到广大草源上发展了畜牧业，成为游牧民族。① 氐羌在起源时代，是由原始的农业各部落，到青铜时代才发展为游牧的各部落，他们成为游牧民族是在中原已建立夏、商王朝的时期。《说文》称："羌，西戎牧羊人也。从人从羊，羊亦声"；《风俗通义》也说："羌，本西戎卑贱者也，主牧羊。故'羌'从羊从人，因以为号。"② 许慎、应劭所作的这种诠释，都是指夏商以来中国西部的羌人；若说氐羌起源时代，则都是以原始农业为主，兼事渔猎的各部落与族群。

(2) 夏商时期的氐羌

公元前 212 世纪至 11 世纪，即夏商时期，包括在氐羌范畴

---

① 参见俞伟超《古代"西戎"和"羌"、"胡"考古文化归属问题探讨》、《关于"卡约文化"和"汪唐文化"的新认识》，收入《先秦两汉考古学论集》，文物出版社 1988 年版。

② 《太平御览》2 卷 794 引。

中的各部,大致可分为今陕西子午岭以西和以东两大部类。

子午岭以西,其中尤其是陇山以西黄河及其支流湟水、大通河、洮河流域已进入青铜时代,但未出现较为统一的政权,历史文献对这些地区各部落的活动,缺乏明确的记载。考古文化则证明,在黄河上游及湟水、大通河流域,继齐家文化发展的有卡约文化和唐汪文化,年代大致相当于夏商至西周,经济由原始农耕向游牧转化。黄河中上游及洮河流域乃至岷江上游今川西北地区,继齐家文化发展的有寺洼文化和安国文化。这两种文化与卡约、唐汪文化年代相当,并与之有共同渊源和许多共同特点,但主要的不同是寺洼,安国两种文化仍是以农耕为主要文化,畜牧业占明显比重。对于上述黄河中上游及上游两类型的青铜文化,考古学界与民族史学界都判断属于氐羌族群的文化遗存。他们的政治上与夏、商王朝有何种联系无明确的记载,在经济、文化方面与中原地区的相互影响,则已在考古文化中有所反映。①

子午岭以东、渭水流域及陕北、山西、河南西部,在夏代或为夏朝中心地区,或为夏朝西部诸方,除夏启曾对有扈氏进行征伐涉及今关中地区,罕见夏王朝与西方及西北方各族矛盾冲突的记载。

《诗·商颂·殷武》说:"昔有成汤,自彼氐羌,莫敢不来享,莫敢不来王,曰商是常。"可能在商灭夏之后,西方与西北各部落方国随之臣服,但商代中晚叶,武丁以来的甲骨卜辞却反映出商代主要边患与征伐方向都比较集中在西方和西北方,主要方国有土方、舌方、羌方、鬼方与周方等。

在这些方国中,土方与舌方为西方劲敌,卜辞记录往往是商

---

① 参见俞伟超《古代"西戎"和"羌"、"胡"考古文化归属问题探讨》、《关于"卡约文化"和"汪唐文化"的新认识》,收入《先秦两汉考古学论集》文物出版社1988年版。

王亲征，对土方，武丁也曾统兵征伐。卜辞中"登人"是征伐征集军队的意思，征土方、舌方一次征集达3000人，甚至5000人，征伐和入侵的次数也非常频繁。①

早在1930年郭沫若先生已提出"所谓土方即是夏民族"，②其分布断定在今山西北部至内蒙古包头一带；1989年甲骨学家胡厚宣撰《甲骨文土方为夏民族考》，详征甲骨卜辞与文献记载，断定土方在今山西南部、河南西部，即夏遗民之未服商朝的方国。武丁时屡次进行征伐，然后在山西南部河汾之间今山西省翼城县一带筑大邑镇抚，此即夏人中心区域，文献称为大夏之地，"所谓殷武丁以后土方反叛入侵及殷王征伐土方之卜辞大为减少了。"③按卜辞记录推断，土方在商之西与西北，舌方更在土方之西，则舌方可能是分布在今陕北与晋北一带的游牧民族。

羌方在卜辞中，专称是指称为羌的方国，泛称则包括西方与西北各部落和方国。陈梦家先生《殷虚卜辞综述·方国地理》所举武丁时一次征伐羌方的卜辞，征集妇好之族3000人，"旅万人，共万三千人"。④此外，还有北羌、马羌等专称。《综述》共举关于北羌、马羌的卜辞五条，只有一条是记录对北羌的征伐，其余四条都记录着北羌与马羌对商朝的臣服。陈先生推断，马羌可能是马方之羌，也可能是马方与羌方。⑤北羌与马羌既是臣属于商的羌人方国，总不出商的西边和西北边境的附近。⑥

从事甲骨学研究的专家，曾对武丁以来的边患与商朝的征伐

---

① 见郭宝钧《中国青铜时代》，三联出版社1963年版。
② 《郭沫若全集》历史编1，人民出版社1982年版第309页。
③ 胡厚宣：《甲骨文土方为夏民族考》，载《殷墟博物苑刊》（北京）1989年创刊号。
④⑤ 陈梦家：《殷墟卜辞综述》，中华书局1988年版第276、277页。
⑥ 顾颉刚《从古籍中探索我国西部民族——羌族》认为，羌可能是以马为图腾的羌人的部落，见《社会科学战线》1980年第1期。

作过统计性研究,不仅发现卜辞表明当时的主要威协来自西起陇,从西方和北方环绕商朝的地带,而且有时西方或西北各部落方国"联合行动或结成联盟时,舌方常常居于主导地位。在有关战争的卜辞中,涉及舌方的不论数量还是事类上看都居首位"。[①]卜辞中对舌方战争的记录达二三百条,土方也七八十条,对下危、巴方等战争内容也三五十条不等,"而对羌方、马羌、羌龙战争卜辞的总合不超过三四十条"。[②] 但卜辞中商朝捕获羌人("获羌")或用羌人作人牲、做奴隶,都是统称为"羌",却不具体记载是舌方人、土方人、下危人还是巴人。"这就启示我们,商代用人牲的羌的涵义并非仅限于羌方的臣民,而是对西北游牧民族的统称:'获羌'卜辞不是卜对羌方的战争,而反映了对西北各方国边民有组织的劫掠行径"。[③]

商朝不断向被他视作羌人的各部落、方国进行征伐,有时并非因为被征伐的部落、方国有侵入与掠夺行为,而是专为捕掠人口,即"获羌",除此以外,商朝还强迫已被征服的部落、方国进贡人、畜等,充分表现了奴隶占有制的商王朝民族压迫的特点。他们将这些主要是俘获也有一定数量进贡的羌人,用于祭祀祖宗、上帝、河岳或祈年、祓灾等重要祀典,从两三人至上百人不等,其中武丁卜辞有:"'戊子卜,宂,贞宙今夕用三百羌于丁。用。'(契,245)。'于丁'是武丁至祖庚、祖甲之世祭祀最隆重的祖先之一,多认为是指祖丁。辞末缀验辞'用',表明占卜后三百羌人一次被杀祭了。这是甲骨文中能确知的一次实际杀

[①] 罗琨:《"高宗伐鬼方"史绩考辩》,见《甲骨文与殷商史》,上海古籍出版社1983年第105页。

[②] 罗琨:《商代人祭及相关问题》,见《甲骨探史录》,生活、读书、新知三联书店1982年版第141页。

[③] 罗琨:《商代人祭及相关问题》,见《甲骨探史录》,生活、读书、新知三联书店1982年版第145页。

祭的最高数字"。① 在用作人牲的羌人中，不仅有一般的羌人，还有用"二羌白［伯］"的记录，而对夷、奚人很少见用作人牲的记录，"以国族名相称的人牲除羌以外，出现的卜辞中次数一般较少，有的仅一二条"。② 除了作人牲，羌人奴隶多用于作畜牧生产，偶也有用于农耕生产，这些生产奴隶奚人及其他各族较多，而羌人则主要用于作人牲。陈梦家认为这主要是因为"羌可能与夏后氏为同族之姜姓之族是有关系的"③。其他如郭沫若、顾颉刚、董作宾、胡厚宣等老一辈甲骨学与古史专家及上引罗琨的论文，都有类似的看法。

在被商王朝当作羌人或氐羌的方国中，也有和商朝关系比较好，甚至在商朝做官，参与商王对羌人的征伐，或者先与商处于敌对关系，后又成为商朝诸侯的。前者如鬼方，卜辞记录表明不仅罕见商王对鬼方的战争，而且"鬼族的代表人物自武丁时起就参与王朝的祭祀、征伐、掠夺羌人等活动，常与当时统治集团中的一些重要成员相提并论，连是否'得疾'都受到商王的关心"。④《史记·殷本纪》记述纣王曾"以西伯昌九侯、鄂侯为三公"。九侯即鬼侯。⑤ 在卜辞中也有占卜是否让鬼族人参加祭祀作杀牲者，"验辞记占卜结果令鬼与周一同担任这个职务"。⑥ 纣王时"三公"是何种性质的官，难断，卜辞中有令鬼与周同参加商王祭祀活动作杀牲人的记载，证明商末鬼方与周的首领确曾在商王朝廷用事。

---

① 罗琨：《商代人祭及相关问题》，见《甲骨探史录》，生活、读书、新知三联书店1982年版第126—127页。
② 罗琨：《商代人祭及相关问题》，见《甲骨探史录》第127页。
③ 陈梦家《殷墟卜辞综述》第277页—282页。
④ 罗琨：《"高宗伐鬼方"史迹考辨》，见《甲骨文与殷商史》第87页。
⑤ 《史记》卷三，第107页注（二）。
⑥ 罗琨：《"高宗伐鬼方"史迹考辨》，见《甲骨文与殷商史》第87页。

总括子午岭以东被商王朝统称为羌的部落与方国,大致有三种情形:一种是游牧的羌人部落,但受商的文化影响较多,在今山西北部、陕北至河套一带发现商代这种游牧人的文化遗存颇丰富,舌方是这种人的代表。他们是商朝在西方的劲敌,是商朝主要的征伐对象。一种是夏遗民之未臣服于商朝者,如土方,经过征服,可能大多与商融合,也可能有一部分往北成为匈奴人的来源之一,对龙的崇拜等文化特征在匈奴人中流传。第三种即如周人、鬼方等,与商王朝关系较好,周人是华夏三支主要来源之一,鬼方与楚人关系密切,也和春秋时赤狄等隗姓狄人有着渊源联系。

又,春秋时所称北狄,分布在今陕北、陕甘宁与内蒙古交壤地区、山西及河北北部,有所谓赤狄、白狄者,实皆羌属,与后世以胡人及东胡族系称"北狄",无论地区分布与起源、族属都有很大差别,这是应该注意的。

3 西周及春秋时期的西戎

周人在古公亶父以前,分布在泾水上游,与戎狄杂处。古公亶父不堪戎狄的攻掠,举族迁徙于周原,与姜姓部落世为婚姻,革戎俗,发展农业,奠定了立国之基。① 姜姓部落在文化上与周人还有一些差别,在周原地区出土的先周文化发现了一些带羌戎文化特点的墓葬,大概即姜姓部落的遗存②。前已引述,"姜"即"羌"。姜姓为周之舅族,周人自身也包括在商王朝泛称的氐羌之中。当周人已农耕化并日益壮大兴起时,强调自己原为夏人的一支,"及夏之衰也,……而自窜于戎狄之间",并非本来就是羌人。于是将与周人为敌的氐羌诸部落称为"戎",以与周人及

---

① 参见拙作《论华夏民族雏形的形成》,已收入本书。
② 参见陕西考古队:《扶风刘家姜戎墓葬发掘简报》;尹盛平、任国芳《先周文化的初步研究》。两文均刊于《文物》1984 年第 7 期。

其舅族姜姓诸侯区别开来。

到周文王的父亲季历时,周已臣附于商,并依靠商的支持,展开了对周围与之为敌的游牧部落羌戎的兼并与征伐。古本《竹书纪年》载:

  武乙三十五年,周王季历伐西落鬼戎,俘十二翟王。

  太[文]丁二年,周人伐燕京之戎,周师大败。

  太[文]丁四年,周人伐无余之戎,克之。周王季历命为殷牧师。

  太[文]丁七年,周人伐始呼之戎,克之。

  太[文]丁十一年,周人伐翳徒之戎,捷其三大夫。①

周文王继位后,为商西伯,曾因受谮被囚于羑里,后来赦释,纣王"赐之弓矢斧钺,使西伯得征伐",② 于是伐犬戎、密须,进而伐商朝西境诸侯,造成"三分天下有其二"的局面。

在季历与西伯所征诸戎中,以西落鬼戎为最强。从称"西落"看,当在周原以西汧陇地区③,大概是与鬼方有共同族称的游牧人。一次战争中俘获了"十二翟王",既说明了周人对鬼戎的征伐不遗余力,也可见鬼戎部落众多。"十二翟王",即十二位酋长。"翟"以音同通假于"狄",非族称,是周人加给戎人的蔑称,与戎本非族称,由"兵"、"凶"等义引申加诸敌对部落同义。王国维先生说:"《经》、《传》所纪,自幽王以后至《春秋》隐、桓之间,但有戎号;庄、闵以后,乃有狄号。"④ 又说:"狄者,远也……后乃引申为驱除之于远方之义,……凡种族之本居远方而驱除者,亦谓之狄。且字从犬,中含贱恶之意"。⑤ "翟

---

① 《后汉书》卷八七,第 2871 页注[三][四][五]引。
② 《史记》卷四,第 117 页。
③ 王国维:《鬼方、昆夷、猃狁考》,收入《观堂集林》卷十三。
④ 王国维:《鬼方、昆夷、猃狁考》收入《观堂集林》卷十三。
⑤ 王国维:《鬼方、昆夷、猃狁考》,收入《观堂集林》卷十三。

王"即远方之王或"驱之于远方之王",是对敌对部落酋长的蔑称。议者往往据鬼戎有十二翟之称,断鬼戎为北方民族,或直指为匈奴的先民,盖误。

商及周初,鬼族分布很广。西周早期铜器铭文《小盂鼎》记述了盂在受爵之后两年,即康王二十五年,① 因两次对鬼方战争的胜利,献俘于周庙而受庆赏的盛况。其中第一次仅俘虏即达"万三千八百十一人","执兽三人",此外还掠夺了大量牲畜。第二次又"执兽一人",其他俘获也较多。此铭残泐过甚,不能通读,从可以辨出的俘获数字看,可见当时战争规模之大。郭沫若先生分析俘人达万三千多,"执兽"仅一二人时指出:"足见兽之重要,盖兽读为酋,言先擒其酋首也。"② 此盖即"十二翟王"之类。铭文还记述了鬼方酋长答复讯问时说他们之所以与周为敌,是因为周之越伯首先进犯,才从商人反叛③。这里所说的商人,郭沫若先生判断,即商朝灭亡以后逃往西北近戎处的商遗民,仍以商王朝相号召与周继续为敌者。④另有《梁伯戈》记载梁伯曾伐"鬼方蠻[蛮]"。梁,秦改为少梁(今陕西韩城县),在镐京的东北。王国维据此断定鬼方"全境当环周之西、北二垂,而控东北"。⑤

在今山西省境内,商代原有不少羌人的部落与方国。周初,周初,唐叔受封于晋南,仍"启以夏政,疆以戎索",说明周初晋南羌戎影响仍很大。周王赐与唐叔之民,有"怀姓九宗",⑥即鬼方之"媿姓",春秋时晋南仍有隗国。在太行山东侧,今河北

---

① 王国维认为是成王十五年,然铭文有"(禘)周王、□王、成王",当在成王之后康王时期,即康王二十五年。
② 郭沫若:《两周金文辞大系图录考释》,第36页。
③④ 均参见《两周金文辞大系图录考释》第35—36页。
⑤ 王国维:《鬼方、昆夷、玁狁考》。
⑥ 《左传》定公四年。

南部也有鬼侯城,《史论正义》引《括地志》说:"相州滏阳西南五十里有九侯城,亦名鬼侯城,盖殷时九侯城也。"① 滏阳即今河北省滏阳县,则鬼戎也有东迁至太行山东侧、古黄河下游立国为诸侯的。在周人兴起时,仍在陇汧以西游牧的鬼戎,其实也是许多部落的总名。古公亶父在豳,"薰育戎狄攻之,欲得财物"。②《诗·大雅·绵》歌咏古公亶父在周原筑城,混夷远遁。但周原戎患并未解除,《诗·小雅·采薇·序》说:"文王之时,西有昆夷之患,北有狁之难。"《采薇》说:"靡室靡家,狁之故。"《孟子·梁惠王》下甚至说:"太王事熏鬻,文王事昆夷。"文王经过征服与争取并用,使戎狄"莫不宾服,乃率西戎,征殷之叛国以事纣"。③ 这些名称,其实正如王国维判断:昆夷、绲夷、犬夷、串夷、畎夷等,"余谓皆畏与鬼之阳声,又变为荤粥(《史记·五帝本纪》及《三王世家》)、为薰育(《史记·周本纪》)、为獯鬻(《孟子》),又变为狁,亦皆畏、鬼二音之遗……故鬼方、昆夷、薰育、狁,自系一语之变,亦即一族之称"。④ 都不过是同一族称在不同时期不同文献中的异译。在汉以前,戎与狄不分,实则一直到春秋时所说的戎与狄,基本上都属于氐羌族群,在当时戎、狄都不过是周人对与之为敌的西、北、东北三方环周原分布诸氐羌系部落的蔑称,与秦汉以后以匈奴、东胡族系各民族为北狄大不相同。

周武王克商,得到了"西土"各国的支持,《牧誓》所举有"羌",大盖即卜辞中的专称"羌方"。西、北、东北三方环周原分布的游牧各部落羌戎,则对周王仍是叛服不常。故武王灭商以

---

① 《史记》卷三第107页注 [二]。
② 《史记》卷四,第113页。《后汉书》卷八七第2870页说:"及武乙暴虐,犬戎寇边,周古公逾梁山而避于岐下"。可见薰育即犬戎。
③ 《后汉书》卷八七,第2871页。
④ 王国维:《鬼方、昆夷、狁考》。

后，为了保证镐京的安全，"放逐戎狄泾洛之北，以时入贡，命回'荒服'"。① 从今陕甘接壤地区、陕北至山西北部以及河套一带，都是戎狄游牧诸部，与周朝保持"以时入贡"、"王事天子"的关系，时亦发生战争，比如《小盂鼎》、《梁伯戈》所记述的战争，有些规模还相当大，而文献失载。

至周穆王时，"戎狄不贡，王乃西征犬戎，获其五王，又得四白鹿、四白狼，王遂迁戎于太原"。② 据古本《竹书纪年》："穆王十七年，西征，至昆仑山丘，见西王母，乃宴。"昆仑山丘具体所在，各家考证不一，肯定已越过陇山，西至今甘肃境内，见到了西戎某一位女酋长。

周穆王迁戎于"太原"，自来考证众说纷纭。今比较明确，此太原指泾水上游，实际上是古公亶父迁往周原以前周人与戎狄杂处的地区。秦族后来在此逐渐壮大；诸戎与秦及诸戎与周的关系错综复杂，周越来越倚靠秦人以控制西戎。③

据古本《竹书纪年》及《后汉书·西羌传》④记载：

周夷王时，命虢公伐太原之戎，获马千匹。

周厉王时，西戎杀秦仲同族，即居于犬丘的一支秦人大骆的后裔，王命伐戎，不克。

周宣王四年，使秦仲伐戎，被戎所杀。宣王召秦仲之五子，予兵7000破西戎，戎稍却。秦迁居于犬丘，被封为西垂大夫，逐渐壮大。

宣王五年，猃狁侵至泾水北岸，宣王派南仲筑城于朔方，派尹吉甫击败猃狁，逐至太原。一时戎狄臣服。

---

① 《史记》卷一一〇，第2881页。
② 《后汉书》卷八七，第2871页。
③ 参见《中华民族研究初探》所收《诸夏大认同》关于秦人的部分。
④ 见《古本竹书纪年辑证》第48—49页；《后汉书》卷八七，第2871页。

宣王三十一年，王遣兵伐太原之戎，不胜；三十六年伐条戎、奔戎，败绩；三十八年晋人败北戎于汾隰；戎人灭姜侯之邑；三十九年，王伐申戎。这一次宣王与申戎的战争，大概与《国语·周语》上记述："（宣王）三十九年，战于千亩，王师败绩于姜氏之戎"，是同一史实。千亩为周王籍田之所，距镐京应属不远①；申，姜姓，当时申国的同族而仍为戎者，又称姜氏之戎。条戎在中条山以北鸣条陌②，奔戎当距条戎不远，汾、隰为二水名，汉有隰城县，在今山西离石县境。夷王至宣王与诸戎战争，重心仍在镐京西北，陇山地区泾水上游，或称犹，或称西戎，都是陇山地区诸部落的统称。另外就是今山西霍太山南北。这些地区自商代以来泛称为羌或氐羌，周人从周原初兴到宣王时西、北及东北三面环戎的局面未曾根本改变，只是随周的兴衰而戎患有强弱，关系有叛服不同而已。

申的另一支早已列于诸夏，与周保持密切的舅甥关系。宣王封其舅申伯于谢邑（今河南南阳市东谢营），以控南国。其三十九年与申戎战，败绩，大丧"南国之师"，很有可能即封于谢邑的申侯所率南国之师。幽王也是娶的申国的女子为后，幽王失信于诸侯，又废申后及其所生太子宜臼，激怒了申侯。公元前777年，宜臼的外公申侯联合缯国和犬戎攻镐京，杀幽王，立宜臼，是为平王。迁都雒邑，史称东周。可见四岳后裔之一申，在陇山地区的虽也称"申侯"，仍包括在西戎当中，又称申戎、姜氏之戎，与封于谢邑，累世与周王室通婚的申侯，也是"或在中国，或在夷狄"的一个显例。

进入春秋时期，诸戎分布很广，可分为镐京及岐周地区；伊洛地区；鲁西豫北地区；晋国周围地区；陇山与陇以西地区。其

---

① 参见阎若璩《潜丘札记》。
② 参见高士奇《春秋地名考》。

中镐京及岐周地区，被秦并逐；鲁西豫北地区，鲁、齐与戎人争斗与会盟；晋国周围诸戎也都与晋发生错综复杂的关系，先后至春秋末战国初逐渐华化。陇山东西两侧诸戎，为大荔、义渠、绵诸、翟、獂乌氏、朐衍等，也与秦交往争逐，终被秦兼并而融入秦人之中。而黄河上游，今甘青及川西北一带的诸部落，西汉时仍不甚强大，汉武帝采取隔绝胡、羌的政策，戎的统称又渐为氐羌所代替。到东汉，羌为东汉王朝西部主要民族问题。对于春秋以来到秦汉的西戎与氐羌，本文不拟详述，且记载校详，无需多所辨析。今属于氐羌系后裔的各族，从西北到云贵，分布颇广大，也是源远流长的一大族系。

（四）北　狄

狄，作为族称，始于春秋中叶。是中原诸夏对北方一些部落与国家的称呼，不是北方民族的自称，而且各个历史时期所指各族，并非同一族系，也不是同一民族集团。

狄的本义，王国维先生考证很详细，他在《鬼方、昆夷、獯狁考》中断定，是由"远"与"剔除"的含义，"后乃引申之为驱除之于远方之义。"此外，狄还有强悍有力、行动疾快等含义。《尔雅·释兽》）说："麋，绝有力，狄"。邢昺《疏》："绝异壮大有力者，狄"。《礼记·乐记》说："流辟邪散，狄或涤滥之音作。"郑玄《注》："狄、涤，往来疾貌也。"春秋初，在秦、晋、郑、卫、邢等国以北，即今陕北及山西、河北两省的中部与北部，有许多强悍有力的部落，对中原诸夏造成了威胁。但当时这些部落与陇山地区的西戎及伊洛之戎仍统一称为戎，只是方位上称为北戎。到春秋中叶，北戎渐称为狄，或北狄。在狄的族称出现以后差不多100年间，北狄中又出现了赤狄、白狄、长狄等支。

春秋初无狄称，中叶以后，狄与戎在地区上有区别，但整个春秋时期乃至战国中叶以前，戎狄仍往往混称。再考察春秋北狄诸部的族姓，陕北、山西、河北诸地的戎狄文化遗存，都说明春秋时期的戎与狄，只是地域分布有明显的区分，族类却比较接近。进入战国，春秋时期的北狄主要部分都已华化，也有一部分当胡人南下后，已融入胡人之中，成为匈奴人的重要来源之一。

如果说春秋时期所称北狄主要成分属于羌人范畴，那么到战国中叶和晚叶，北狄即主要是指胡人和东胡人。两者族系不同，秦汉以后历代所称北狄都是指匈奴、突厥、东胡、蒙古族系各民族。这是中国民族史所不能不加以辨析清楚的。在匈奴之北有丁零，以后有铁勒、敕勒等汉译名称，都在语音上与"狄"相通。但丁零、铁勒、敕勒是这些民族自称的译名，狄是中原对北方民族的通称，最初是对北方民族的蔑称，两者语源不同，含义也不一样，这也是中国北方民族史研究中所不可不加以辨析的。

汉以前，历史文献往往戎狄混称，汉武帝采取"隔绝胡羌"的政策，赵充国在湟中屯田以制诸羌，说明西汉已恢复羌人的名称，胡与羌也已经明确加以区分。但《史记》、《汉书》都没有为诸羌立传，羌人的祖源与史迹仅附在《匈奴传》中简略加以叙述。《后汉书》始有《西羌传》。历史文献这种情况，为后世研究带来了一些难以考辨的困难。直到现在，有一些民族史论著中，仍往往未能真正把春秋时期的北狄与战国末及秦汉以后以胡人、东胡族系称为北狄这两者之间在族系与历史渊源方面划分清楚。然而，把两者加以区分，对研究羌戎和北狄的历史与考古都是非常重要的。

《春秋》庄公三十二年（前662）载："冬，狄伐邢。"这是

《春秋》第一次有"狄"① 的记载。

关于北狄的起源,《山海经·大荒西经》说:"有北狄之国,黄帝之孙曰始均,始均生北狄。"《潜夫论·志氏姓》说:"隗姓赤狄,姮姓白狄,此皆太古之姓。"隗为鬼方之姓,赤狄隗姓不仅与鬼方有渊源联系,王国维先生还断言他们是西周初唐叔受封时所得"怀姓九宗"的后裔。赤狄中有潞氏,是赤狄的强部之一,《志氏姓》记述这一支为妘姓封于潞的后裔;潞氏灭亡之前执政者名酆舒,《世本·姓氏篇》(秦嘉谟辑本)说"(周)文王第十七子酆侯之后,氏于国,潞有酆舒",出于姬姓。姬为祝融八姓之一,姬为周王族姓,赤狄中也有祝融八姓及姬姓王族支庶的苗裔。

白狄姮姓,《世本》作"嬛姓",注解者又疑是姬姓之误写。究竟何者为正确,如今很难断定,一般认为以姮姓比较可靠,且是"太古之姓",由来已很古远。

白狄中有一支叫鲜虞,曾建立中山国。杜预《春伙释例》说:"鲜虞中山,白狄,姬姓。"《春秋谷梁传集解》的作者范宁与杜预同属晋代学者,他也说:"鲜虞,姬姓,白狄也。"到唐代,杨士勋《疏》特别注明范宁《集解》是引自"《世本》之文"。但比杜预、范宁都早的东汉时人应劭的《风俗通义·姓氏篇》认为鲜于(虞)是箕子的后裔,属于子姓。《鲜于璜碑》也说鲜于"为箕子之苗裔"。姬姓、子姓是周及商王族之姓,可能是鲜虞华化以后出于攀附的说法,也可能鲜虞所建中山国的王族出于姬姓或子姓。

长狄,按《国语》与《孔子家语》的记载为漆姓。《史记·孔子世家》及《说苑·家语辨物》说是釐姓。或谓漆为涞的误写,

---

① 在此以前《国语·郑语》提到狄及狄人当中的鲜虞等部名,比《春秋》出现"狄"的名称早12年。

涞与厘同音，长狄应是厘姓。

以上所举神话和北狄的族姓，都说明春秋时期所称的北狄，与西戎族类比较接近。考古文化也可以与这种情况相印证。追溯到新石器时代，今河套、阴山以南及燕山以南的广大地区，虽具有地区性的差异，但总的特征都属于仰韶文化分布范围，到龙山文化期又都演变为上述地区带有地区差异的龙山文化。到了青铜时代，除燕山以南今北京市北部及长城沿河北北部一些地方有夏家店上层文化分布，说明山戎已南下达到北京市的北部山区以外，其他如阴山河套以南及今山西中部与北部，河北中部与北部及陕北、河套等地区的游牧民族文化遗存，虽有一定地区差别，但有共同的特点与优势，且受商、周青铜文化的影响较深。①

依据上述传说、族姓及考古文化的面貌与内涵推测，春秋时期的北狄源出于商朝泛称的羌及历史文献所记述的鬼方、猃狁。这一点我完全认同王国维先生所论证。但王先生将猃狁，鬼方及春秋时的北狄与秦汉所称北狄的主要成分与匈奴混同，以致认为鬼方、猃狁就是匈奴的先民，却不敢苟同，我认为这是把两大族系混淆了。历史上的混淆，影响到王先生的混淆，王先生因为有诸多杰出成就，他的这个混淆虽是智者千虑中的一失，至今仍影响极大。这是我所以反复要加以强调的。我必须再次强调：春秋时所称北狄，属商人所泛称的羌，周人所泛称的戎，也就是我们通常所说的氐羌族系，与秦汉以匈奴、东胡为北狄，在族系方面有很大的区别，这是中国民族史学与考古学都必须区别清楚的。

春秋时期所称北狄的先民，南面与诸夏往来，接受商、周及春秋时期诸夏文化的影响，他们固然有一部分华化，同时也有一些诸夏贵族及人众融入其中，成为北狄的来源。另一方面，阴山

---

① 参见邹衡《夏商周考古论集》的相关部分及许成、李世增《东周时期的戎狄青铜文化》，《考古学报》1993年第1期。

以北的青铜文化也具有明显的商文化的影响。而且与陕北、山西、河北等地的戎狄青铜文化具有较多的共同因素。说明春秋时期的北狄与山戎、东胡及阴山以北的胡人也存在交往和彼此吸收的关系。战国中晚叶胡人南下，陕北、山西、河北等地的赤狄、白狄应有相当多的部分已化入胡人之中。这就使春秋时期的北狄与胡人、东胡既相区别，又相联系。区别在于胡人起源于阴山以北，东胡人起源于大兴安岭山原，与羌戎起源于陇山地区大不相同；联系在于鬼方、猃狁及春秋时期的北狄，有相当多的部落融化于胡人之中；自然在狄、白狄的发展过程中也会受到阴山以北文化的影响，而使之与羌戎其他部分逐渐区分开来。

在阴山以北，新石器时代分布着以细石器为特征的诸文化。细石器起源于华北，传播到蒙古高原形成以刮削器在生产工具中占优势的狩猎文化，与阴山、河套及其以南新石器时代以农耕文化为主的情况有明显的不同。到公元前第二个千年纪末叶以及公元前第一个千年纪前半叶，即商代晚叶与西周时期，阴山以北也进入了青铜时代。在南西伯利亚、鄂毕河上游及哈萨克地区，分布着命名为卡拉苏克文化的青铜文化，其中颇发现了与商周器物相似的陶鼎、陶鬲及青铜刀、战斧、矛、镞等。这种青铜文化，在今蒙古人民共和国南戈壁省和乌尔札河、德勒山附近，也有发现。在20世纪50年代，苏联考古学与历史学界，均认为追溯卡拉苏克文化的渊源，是受商文化影响较明显的一种独特的游牧民族青铜文化。这么广大地区的各部落文化特征相近，说明这些部落族类相近。也与大漠以南长城以北各游牧民族在文化方面某些特点有相通之处。① 依据考古文化与地理分布，学术研究，一般

---

① 参见 C·B·吉谢列夫《苏联境内青铜文化与中国文化的联系》，《考古》1960年第2期；《四十年来苏联境内青铜时代的研究》，《考古》1959年第6期；H·赛尔奥德札布：《蒙古人民共和国考古遗存简述》，《考古》1961年3期等。

都推断匈奴与丁零的起源有共同的渊源，他们都可归入胡人族系。至于阴山以北青铜文化所受中原商周青铜文化的影响，如上所述，可能是通过与鬼方、猃狁等部的接触间接接受的，也不排除有部分夏人在夏朝灭亡后与商朝继续对抗，一方面接受了商人的青铜文化，另方面在政治与军事失败之后北上融入胡人之中，或本来在夏朝灭亡时就北上将中原一些文化因素带到了阴山以北。这些都有待考古学发现与研究的进一步深入来证明。

在燕山南北，其中特别是燕山以北西拉木伦河、老哈河、大凌河三河之源地区，新石器时代的红山文化及早期青铜文化夏家店下层文化，都是以农业为主的文化。以文献记载与这种考古文化相结合进行考察，很有可能商族起源在幽燕地区。[①] 到公元前1000年—前300年，即商周之际到战国晚叶，夏家店上层文化，主要分布在今内蒙古自治区赤峰市、哲里木盟、兴安盟以及辽宁省朝阳等地区，基本上与红山文化分布区相重合；今河北省承德地区及北京市北部燕山以南地区也有发现。这是一种受商周青铜文化影响而又独具特点的游牧民族文化，目前考古学界多认定这是山戎、东胡人的文化遗存。东胡人起源于兴安岭山原，大概是在商族的祖先从燕山地区南下到古河济之间的过程中，东胡、山戎的先民也随之从大兴安岭山原南下，春秋时北与燕为邻的称为山戎，名为戎，实与氐羌系称为戎者族系不同，戎为泛称；战国末在匈奴以东，被称为东胡。从其后继各族的语言与胡人族系同属兴安岭—阿尔泰语系看，则其起源也有渊源相通之处，然而与氐羌族系不能相混。在秦汉以后的历史发展中，东胡族系的鲜卑，胡人中的匈奴、丁零、敕勒都有不少部落南迁和西迁至陇山以西羌人分布之区，与氐羌杂处，久之乃与氐羌相融形成新的族

---

① 参见于志耿、李殿福、陈连开：《商先起源于幽燕说》；《商先起源幽燕说再考察》，前者见《历史研究》1985年3期，后者见《民族研究》，1987年1期。

称，习俗、语言、信仰都有被氐羌族系同化的现象。这些属中国民族发展史中常见的民族间相互吸收的现象，从起源与先秦民族史观察，则胡人、东胡、氐羌自属不同族系，他们的后裔有迁徙杂处甚至形成新的亚种等现象，但胡与东胡属兴安岭—阿尔泰语系各族、氐羌属汉藏语系族，是有族系区别的。

商代甲骨卜辞，常见"奚"的称号。按《周礼》及《说文解字》的记载和解释，是一种奴隶的名称。为何把奴隶称为"奚"？有多种解说，很有可能如《周礼·司隶》所举"蛮隶"、"闽隶"、"貉隶"、"夷隶"一样，是奚人被俘掠沦为奴隶的称呼。《周礼·秋官·禁暴氏》有"奚隶"的名称。到东晋及南北朝，东北有奚族，这是属东胡族系的游牧民族，与甲骨卜辞中的"奚"有无渊源联系，还待进一步研究。但商及西周的政治势力范围已达辽西地区，那里的民族与商朝发生关系是可能的。

至于春秋时北狄三大支：赤狄、白狄、长狄的分布、兴衰、华化，将另撰文叙述。本文谨说明北狄的含义，不同历史时期所指及其起源区分清楚，即已完成任务。

以上华夷五方观念在先秦形成与具体所指，大体已说清楚，其余不在本文展开了。

（原载陈连开著《中华民族研究初探》，知识出版社，1994年）

中国民族史研究的基本
特点和发展三阶段

中国古代史学,有记述边疆各民族史事、社会的传统。近代边疆危机的出现与加深,边疆史地之学兴,于是对辽、金、元三史的研究蔚成风气,而《皇朝藩部要略》、《蒙古游牧论》、《朔方备乘》、《西伯利东偏纪要》等北方史地与民族的著作,可以说开了近代边疆民族研究的先声。

1902年梁启超先生发表《新史学》一文,可谓中国史学史乃至整个中国学术史发昏震聩的一大变局。在该文《历史与人种之关系》一节,他指出:"历史者何?叙人种之发达与其竞争而已。"[①]此处所说的"人种",从其叙述与论证看,是包括今日"种族"与"民族"两重含义在内的。1906年,梁所发表的《历史上中国民族之观察》一文指出:"今之中华民族自始本非一族,实由多数民族混合而成。"[②]1922年,又著《中国历史研究法》,认为:"举要言之,则中国史之主的如下:

第一:说明中国民族成立发展之迹,而推求其所以能保存盛大之故,且观察其有无衰败之征。

第二:说明历史上曾活动于中国境内者几何族?我族与他族调和冲突之迹如何?其所产结果如何?

第三:说明中国民族所产文化,以何为基本,其与世界他部

---

① 《梁启超史学论著四种》,岳麓书社,1985年版,第252页。
② 《饮冰室合集》,上海中华书局,1932年版,专集第十一集,第4页。在该文中梁先生以"中华民族"称呼汉族,以"中国民族"概称中国各民族。

分文化相互之影响如何？

第四：说明中国民族在人类全体上之位置及其特性，与其将来对人类所应负之责任。遵斯轨也，庶可语于史矣。"①

如果将中国民族史的任务和学科名称的发端归之于梁任公在本世纪初叶的大力倡导，想能为学界所认同。他不仅提出了任务，也做了初步的研究，发表了几篇专论。到20年代，史界于是有成型之作问世，1928年王桐龄教授出版了《中国民族史》。自此以后到50年代以前，综合性的中国民族史或族别史、民族史论文集的出版，已有了一定的数量，说那时中国民族史已初步形成为中国史学的一个分支，盖不为过。

进入50年代以后，海峡两岸对中国民族史的研究，在各自的环境中得到了发展。国外对中国一些民族的历史与文化所进行的研究，也让学界刮目相看。以愚之不学，难作全面综述。若能对大陆上的发展现状作个简介，有利两岸及港澳的学术交流，则不胜荣幸之至。即令如此，也难免挂一漏万，不过主观上力求客观全面而已。

一、大陆上中国民族史学的几个基本特点

中华人民共和国建立以后，废除了历史上遗留下来的民族压迫制度，禁止民族歧视，推行各民族一律平等的政策和民族区域自治的政策。只有对少数民族情况及形成当前情况的历史过程有足够的知识，才能适应制定各项民族政策和全面开展民族工作的需要。对于这些需要来说，历史上所遗留的关于少数民族的知识，就显得非常贫乏而零散，而且其中也难免带有民族偏见和歪

---

① 《梁启超史学论著四种》，第112页。

曲。于是向学术界提出了对少数民族的社会、历史、文化等进行全面的调查研究的任务，概称为民族研究，民族史在其中占有重要的地位。

在中国大陆，民族史的研究，有如下几个主要特点：

指导思想方面，强调以马克思主义唯物史观和民族观为指导，从民族平等的立场、观点出发去研究历史上不平等的各民族，承认中国的历史，是中国各民族所共同创造，中国各民族的历史都是中国历史的一个组成部分。因而民族不分大小，对其起源、形成、发展及其对祖国历史的贡献，都进行调查和研究，实事求是地加以叙述和论证。

组织系统方面，从中央到民族地区各省（区），都建立了专门的民族研究机构。在这些研究机构中一般都有民族史的研究室。同时在北京和民族地区也设立了中央民族学院和地区民族学院，在5个民族自治区及延边自治州等地，还设立了综合性大学。这些高等学院，大都有历史系或研究民族史的所或室。此外，在北京大学、南京大学、武汉大学、西北大学、中山大学、兰州大学等综合性大学中，也都设立了研究民族史的研究部门或者与中国民族有密切关系的研究部门。大陆上从事中国民族史的教学和研究的队伍较大，其中有相当数量出身于少数民族的教学和研究人员。

史料范围的扩大，是中国民族史学的重要发展。既重视汉文史料也重视少数民族文字史料并力求两者结合，同时也重视文献材料与考古学材料的结合，已成为中国民族史研究的突出特点。

1950年以前的各种民族史著作，以汉文文献中的"正史"为主要依据，或者仅限于"正史"中的材料。浩如烟海的汉文史籍和各种文献关于中国各民族的记载，无疑是取之不尽的材料宝库。无论研究中国哪一个民族，忽视了向汉文文献的调查和发掘，或者否定汉文文献的史料价值，都无从掌握历史事实的总和及其内在的联系。因而汉文史料仍是研究中国民族史的主要依据。40年来，大陆学者不仅对"正史"进行了校点出版了中华书局的校点本，而且对各种档册、笔记和地方文献也进行了较为系统的搜辑、整理和研究，出版了一些地区性史料丛书。如方国瑜教授主编的《云南地方史料丛书》，在方先生去世以前已编印了60余种。李澍田教授主编的《长白丛书》，也出版了30余种。由《西藏研究》主编的《西藏研究丛书》已出版著作及整理的史籍10余种。在北京的中国藏学研究中心及中国社会科学院边疆史地研究中心，都正着手组织出版与本单位研究范围相关的丛书，其中也包括汉文文献史料的整理与出版。中央民族学院图书馆由吴丰培教授主编，连续编印了《中国民族史地丛刊》，已印行30余种，《川藏游踪汇编》24种，《甘新游踪》36种。民族文化宫图书馆也印行了藏区和满族历史文献数十种。其他如内蒙古、新疆、广西、贵州等省（区）所整理和印行的史料也受到了研究者的重视。

故宫明清档案的整理与运用，各民族地区的档案史料的发现、整理，北京图书馆所藏及各地所藏碑刻、文物史料的整理与出版，都对扩大汉文史料范围的视野，起了重要的作用。

以民族为对象，分别勾辑史料或整理成丛书或为史料汇编的史料搜辑、整理、出版工作，也有一定进展。如：《回民起义》四大册共收76种官私著作与笔记，《维吾尔族史料简编》上下两册，《藏族史料集》、《内蒙古辛亥革命史料》、《元代云南行省傣族史料编年》、《元代罗罗史料辑考》等先后出版。这些史料丛刊或汇编有的全是汉文史料，有的以汉文史料为主，也汉译了部分少数民族文献与国外资料。从明清实录中辑录有关各民族地区或某些民族的专题史料，在北京、东北、内蒙古、西藏、云南、贵州、广东、广西等省（区）的有关研究机构中都做了一些专门的工作，出版了一些实录史料专书。

对于少数民族文字史籍及其他文献资料的搜集、整理、研究、汉译与出版，是中国民族史研究史料视野范围扩大的一个重要方面。

满文档册的整理，早已受到重视。在北京故宫博物院、沈阳故宫博物院、中国第一历史档案馆、辽宁省档案馆等处，这方面的研究和汉译工作，已取得一定的成绩。满文家谱及其他满文文献的搜集与研究也受到了重视。1978年以后，台湾清史界对《旧满文档》的发现、研究、整理工作的成果也传到了大陆，受到了清史与满族史研究者的重视。对蒙古文史籍的研究、整理与汉译出版，成果不少，已出版了好几部汉译蒙古文古籍的整理之作。藏文文献也许在中国少数民族文字文献中最为丰富，近年来对一些有名的藏文古籍进行了研究，整理和汉译出版及藏文校注版都取得得了长足的进展，对藏族史研究工作起了很大的推动作用。对彝文文献的发现、搜辑、整理，使人耳目一新。据中央民族学院语言研究所彝文文献翻译组1981年邀请川、滇、黔的知名彝文经师编著的《北京现存彝文历史文献的部分目录》著录，仅在北京图书馆等处即有彝文文献达596部，1000余册之多。其中属于历史书的有56部。已出版了彝文百科全书式文献《西南彝志》的汉文节译本等，其他已印行的彝文或汉译本也有数十部。少数民族的古文字资料，如古突厥文、回鹘文、蒙古文、契丹文、女真文、西夏文的研究所取得的成果，也为中国民族史研究开拓了新视野，其中如《西夏文字研究》等所取得的成果，已受到国内外学者的称许。至于傣文、水书、方块壮字等民族文字资料的搜辑、整理、出版，也做了许多工作。壮文《布洛陀经诗译注》、《纳西象形文字谱》等书的出版，使学术界对西南少数民族文字文献与资料引起了新的兴趣。

从事少数民族文字文献的研究、整理和汉译工作，有些是由本民族的语言或史学工作者进行的。把这些文献史料运用到民族研究中去，是出现创造性新成果的一个重要的条件。通晓古今民族文字，肯定是培养研究中国民族史的高级研究人员的必要途径之一。

考古学材料在民族史研究中的运用，是民族史研究不容忽视的一个重要的史料来源。40年来各边疆民族地区的考古发现十分丰富，不仅可以证史，更重要的是往往可补文献记载之不足。可以这样说，凡重视文献材料与考古材料相结合的研究，都产生了创造性的新成果，结合得越好，成就越突出。在这一方面拟另作论文叙述。目前已形成"民族考古学"这样一个新的边缘学科，对考古学和民族史学都是重要的发展。

朝鲜、日本文献中，有大量关于中国史、中国东北地区与民族史的材料，过去几十年早已引起学界重视。系统地辑录，则近年来除出版了吴晗教授在几十年以前从《朝鲜李朝实录》中辑录的大量中国史料以外，王锺翰教授还辑有《朝鲜李朝实录中的女真史料》。吉林省社会科学院孙玉良研究员辑有《日本文献中所见渤海史料汇编》等。

自光绪二十三年（1897）洪钧《元史译文证补》问世，波斯史家拉施特和志费尼的著作已为我国治元史与蒙古史者所知。在翁独健教授等大力推动下，现在拉施特主编的多卷本《史集》及志费尼所著《世界征服者史》已汉译出版。其他汉译涉及中国民族史的学术著作和史籍，还有一些，不赘叙。

在研究方法方面，重视吸收多学科的材料和研究成果对民族史进行综合研究，也是中国民族研究一个重要的发展。比如前已叙述少数民族文献学、考古学材料与研究成果的吸收运用，此外如语言学、地理学、体质人类学、自然史等相关学科的材料与研究成果的吸收和运用，均已受到了重视。当然在这一方面，最主要的还是重视有系统的社会历史调查，将中国民族史研究和民族学研究结合起来。这是大陆上中国民族史学一个得天独厚的条件和突出的特点。这些调查工作，都是紧密地和开展民族工作配合进行的。中华人民共和国建立以后不久，曾派出对少数民族进行慰问和初步开展民族工作的中央访问团。配合中央访问团的工作，一批专家和民族研究工作者深入民族地区进行了访问和调查。当时的调查研究，是以民族识别为中心，协助国家确定民族成分的工作。随着民族区域自治政策的推行和民族地区民主改革的酝酿，最初由全国人民代表大会组织和领导，后来由国家民族事务委员会和中国科学院哲学社会科学部（现中国社会科学院）组织和领导对全国各少数民族进行了最广泛的社会历史调查。这项大规模的调查研究活动，从1956年开始到1964年才基本结束。各单位根据当时工作需要和研究课题需要所进行的调查研究无法全面统计。

全国少数民族社会历史调查，从民族工作方面看，为当时少数民族地区的社会缺席改革提供了制定政策的依据。从民族研究的学科发展看，这次调查抢救了由于社会改革马上就会消失的社会面貌的资料，近10年间积累较为成型的调查报告一千数百万字，还搜集了各种文字的历史文书和其他历史文物，摄制了一批少数民族民主改革以前社会形态的资料影片。在此基础上，国家民委组织编纂了《中国民族问题五种丛书》。尽管当时的调查和编纂工作都难免受到"左"的政策、观点以及模式化等局限，但进行了如此持久的调查所积累的材料和研究成果，不仅是中华民族的宝贵财富，也是人类的共同财富。不仅中国民族学、民族史学当前研究工作会予以重视，子孙后代也会予以足够的重视。外国人为了了解中国各民族，从事关于中国各民族历史、社会、文化等研究，也是现在和将来都会需要的。

二、大陆上中国民族史学的三个发展阶段

要对40多年中国大陆上的中国民族史学的发展,划分成若干阶段是一件非常困难的事。如果作个粗略的划分,则1950—1966年夏为以族别史研究为主的阶段;1978—1988年是以地区民族史和民族关系史蓬勃发展为特征的阶段;1988年以来,对中华民族进行整体研究的课题已由于"中华民族多元一体"的理论的出现而提到了日程上,可以说是标志着中国民族史研究一个新阶段的开端。从1966年夏到1976年整整10年,是史无前例的文化浩劫时期,不仅民族研究出现了停顿,整个中国学术研究都处于停顿,因而这10年对学术发展史而言,无法划分为某一阶段。

从1950到1966年以族别史研究为主是有必要的。前已叙述,当时全面开展民族工作,而历史上所积累的知识对这种需要来说既零散又显得贫乏,因而需要花很大的力气去进行调查研究,一个民族一个民族地进行调查研究。在此基础上编撰族别史。

1978年以后,出现了学术研究最活跃的局面,中国民族史学也不例外。从事民族史研究的同仁在消化过去对少数民族的族别研究,充分发扬其优点的同时,又看到了把民族研究对象限于少数民族,尤其是一个民族一个民族分别进行研究,确有不可避免的缺点。缺点在于不易看到少数民族在中华民族整体中的地位,以及少数民族与汉族的关系,各少数民族间的关系也不易阐明清楚。把各民族分别地进行研究,在族源、地区分布、经济文化特点等方面,硬性把相关联的一些民族割裂开来,不仅内容有许多重复,而且无法对这些民族的起源、形成、经济文化特征叙述清楚。中国的民族,长期在统一的多民族中国的分分合合中发

展,各民族或族群的分化与融合错综复杂,当前中国民族间不可分割的联系,不是今天才有的,更不是某种人为的规定可以办到的,而是千百年中华民族共同的历史发展所形成的。在实际的研究工作中所遇到的困难和问题,使民族史学界认识到,族别史研究是完全需要的,但局限于对少数民族的族别研究,不能适应已经有了一定基础的民族史学科继续发展的需要,于是出现了族别史研究继续深入,而地区民族史、民族关系史等综合研究发展起来。族别研究方面,在文化史、经济史等专门史领域以及对汉民族史的研究也得到了初步的发展

1988年秋,费孝通教授提出了"中华民族多元一体格局"的观点,对中华民族的结构特点,作了高层次的理论概括,于是推动了对中华民族整体进行综合性的研究。对中华民族的起源、形成、发展进行综合性的历史研究的课题适时地提出来了。这项研究仅仅有了开端,从理论上进行探讨已发表了一些论文,比较集中的是由费先生主编的《中华民族多元一体格局》和《中华民族研究新探索》两本论文集。同时,对中国民族史进行综合性的研究,编撰通史体的中国民族史,在最近几年也出现了新的局面。对中华民族进行整体性研究及综合性的中国民族通史的编撰,都是在族别史、地区民族史、民族关系史有了相当基础的条件下才得以发展起来,标志着中国民族史学已进入一个新的发展阶段。

上述三个阶段,不是截然分开的。早在50年代,中国民族史的一些基本理论问题即已经提出来讨论。比如如何确定中国的历史疆域和中国历史上的民族;如何阐明中国历史上的民族关系和民族关系发展的主流;如何评价历史上的民族战争及民族英雄;对少数民族为统治民族的王朝如何评价,牧游民族南下对中国历史所起的作用如何评价等等。此外,民族的定义如何确定,汉民族在何时形成为民族等问题,在民族史学界也展开了讨论。

由于当时族别史的研究很不充分，各断代的民族关系及民族史也未展开较全面的研究，只是汉朝与匈奴的关系问题讨论较多，也有专著出版。这种状况，决定了上述一些问题的讨论，仅仅把问题提了出来，讨论了一阵也未能继续深入下去。

十年浩劫时期，学术讨论全无，但在所谓"评法批儒"的闹剧中，有"儒家卖国，法家爱国"的谬论，大肆歪曲历史上的民族关系，一时闹得乌烟瘴气。好在这种喧嚣，在"四人帮"垮台以后，只需一两篇文章即予澄清。

到80年代以后，族别史研究的成果消化了，民族关系史和地区民族史的发展，蔚然成为一个新阶段的特征。上述涉及民族关系的一些基本的理论问题，在讨论中也渐趋于在求大同中存小异。比如对历史上中国范围的确定，一种意见认为应该以1840年以前中国疆域为准，凡是在这个范围以内活动，创造历史和文化的各民族，都是中国历史上的民族。因为，1840年以前，中国已确立为巩固的统一多民族国家，凡在形成统一多民族国家过程中在中国境内的各民族历史，都是中国历史的一个组成部分，中国的大统一是由许多民族局部的统一逐渐形成的，其结果便是确立了1840年以前的疆域。凡原来在这个疆域范围以内活动后来迁至境外立国，其在境外立国时期已入世界史范围。殖民主义和帝国主义对1840年以前中国疆域的侵占或分裂，都是对中国疆域的分割。现在或者通过谈判收回主权，或者依据现状和相互有利的原则重新确定边界，或者作其他适当解决，都是中国主权范围以内的事，以中国的国家利益为准则，依据历史和现状与相关国家通过谈判解决。另一种意见认为，中国是中华人民共和国国土上现有和曾经有过的民族共同创造的历史，中国民族史的范围也应以这一范围为准。又比如，对"中国自古是统一多民族国家"这个提法，有的认为不确切，这样说等于否定了中国形成统一多民族中国的过程。另一种意见认为，中国在秦以前是形成统一多民族国家的孕育时期；秦汉是形成统一多民族国家的发端，并经受了三国魏晋南北朝大分裂的考验。隋唐是统一多民族中国的发展时期；五代、辽宋金夏，或称为第二次南北朝时期，或称为又一次三国时期。经过两度大分裂的考验，至元明清进入统一多民族中国的巩固与确立时期。总括中国的统一，第一种形式是各民族的统一，如秦始皇统一诸夏，成吉思汗统一蒙古，努尔哈赤统一满洲等是；第二种形式是地区性的多民族统一，如南朝统一长江流域和珠江流域，北朝统一中国北方等是；第三种形式是古代的统一多民族大统一如汉、唐、元、明、清等朝代是；第四种是当代的大统一。无论哪种统一，都对统一多民族中国的形成与确立作了贡献，是统一多民族中国发展、形成、巩固过程中不可缺少的一环。中国的疆域，是各民族共同开拓的，也由各民族共同捍卫才得以在近百年帝国主义侵略面前保卫了祖国的统一和领土完整。所以中国的历史是各民族共同创造绝非空谈。对于中国民族关系的主流，在讨论过程中，有的认为战争的记录充斥史籍，因而战争是主流；有的认为中国的古代历史2/3时间统一，1/3时间分裂，各民族在统一国家中和平友好交往是主流。通过讨论，在1981年北京香山中国民族关系史学术座谈会上，比较一致地认为，上述两种关系都在历史上存在，历史上民族关系是不平等的，对这些问题要作具体分析，各个历史时期也不相同，但各民族共同创造了统一的多民族中国是历史的事实，因而各民族是在统一多民族中国的发展过程中发展民族间的关系，共同创造中华民族的历史，这是中国民族关系的主流。对中国的民族问题，要划清不同时代的本质不同，中国古代民族间的矛盾、战争，是统一多民族中国形成发展过程中的民族矛盾，对当时各个王朝各个民族来说，自然是不同的国家与民族间的战争，对统一多民族中国发展历史而言，则都属于中国历史的范围，是统一多民族中国历史一个发展的环节和不可分割的组成部分。自1840

年到1949年，是中华民族反抗帝国主义侵略，保卫祖国的统一与完整，因而这一历史时代的民族问题有两个方面，主要方面是中华民族反抗帝国主义侵略以求中华民族的独立与解放，通过民主革命来解决，是世界殖民地民族问题的一个重要组成部分；另一方面，是中国各民族反对封建的民族压迫制度以求各民族一律平等，在平等的基础上求联合、求团结，这是中国民主革命的一个重要的组成部分。当代的民族问题则是继续完成祖国统一并在现代化的过程中，求各民族的共同繁荣和现代化。以上三个时代的民族问题有历史的联系，更重要地是在本质上应加以区别。这些问题求得了共识，于是中国民族关系史和中国民族史才有了共同的理论基础。其他还有一些问题就不一一赘述，总之是在求得大同的基础上存小异。这是1987年以后研究讨论所求得的重要成果。

中国民族史著作大批涌现，民族史的论文每年都是数以千数大量发表，体现了自80年代以来中国民族史学的繁荣。据统计，从1979至1992年10余年间，大陆上出版了中国民族史学范围内的专著有200余部。要把它们一一列举评介是非常困难的。

族别史，除《中国少数民族简史丛书》及55个少数民族都出版了一本简史或简史简志合编以外，由内蒙古社会科学院《蒙古族通史》编写组所撰《蒙古族通史》，是目前已出版的大型族别通史。由专家所著的《彝族史》、《傣族史》、《藏族史》、《羌族史》等，也都具有族别通史的规模。族别史的研究，也包括了古代民族的族别研究，如《匈奴史》、《突厥史》、《回纥史》、《鲜卑史》、《契丹史略》、《女真史》、《吐蕃史》、《党项史》、《百越民族史》、《南蛮源流史》、《东夷源流史》等等，出版了一系列的专著。可见族别史研究并没有因为民族关系史、地区民族史等综合性研究的发展而停顿，相反，对古今各民族的族别研究，会在民族关系史、地区民族史等综合性研究的推动下发展得更加成熟。

对汉民族形成史的研究也是如此。

综合性的通史体裁的中国民族史，在50年代以前已出版多种，中华人民共和国建立以后，虽然屡次提出要撰述包括民族历史发展与贡献的中国民族史，在各家中国通史中也力图尽可能反映各民族历史的内容，终因族别史研究尚不充分，通史体的中国民族史著作，一直到1990年才出版了翁独健教授主编的《中国民族关系史》，1991年出版了江应梁教授主编的《中国民族史》（上中下三册），由王锺翰教授主编的《中国民族史》（上中下三册）正在由中国社会科学出版社出版。这些大型通史体中国民族史和中国民族关系史，体现了中国民族史学发展的总体面貌。其他还有一些个人编著，不一一列举了。

地区民族史，以地区民族关系史为主，也包括一些民族地区地方史和历史地理专著。《中国北方民族关系史》、《西北民族关系史》、《中南民族关系史》、《西北民族史》、《中南民族史》、《中国西南民族史》、《东北民族史》、《云南古代民族史略》、《新疆简史》、《云南简史》、《中国历史地图集释文汇编·东北卷》、《中国西南历史地理考释》等均已出版，其他还有若干部较大部头的地区民族史、民族地区历史地理的专著，正在交付出版。

民族关系史除综合性的通史体著作和地区史著作以外，民族间关系史，如《蒙藏民族关系史略》、《汉唐和亲史稿》等类著作也出版了一些，经济、政治、文化等方面的专史研究与出版，也取得了若干成果，总的情况是正在向这些领域开拓发展。每年发表的论文都不少，表明这是民族史学界所关心的重要方面。

由少数民族为统治民族的中原王朝或边疆王朝史，也是中国民族史取得了显著成果的一个重要方面。十六国时期中的一些王朝史，现出版了好几部专著。北魏、北周、辽、金、元、清及匈奴、突厥、回纥、渤海、南诏、西辽、喀喇汗朝、大理、西夏、东夏等王朝史，都出版了专著，有的还出版了好几部专著。论文数量之多，也颇蔚为大观。由韩儒林教授主编的《元朝史》（上下册），可以称作这一领域中著作的代表。

民族考古学方兴未艾。已出版的一些民族地区考古专著和关于敦煌文书、吐鲁蕃文书、丝绸之路艺术、铜鼓、悬棺等等方面的专著或论文集，已引起民族史学界很大的兴趣。今年新近出版寄到案头的有佟柱臣教授的《中国边疆民族物质文化史》和陈明芳副研究员的《中国悬棺葬》，是民族史与考古学相结合的最新成果。这方面的专著还将不断涌现，是推动中国民族史学发展的重要因素之一。

对少数民族历史人物的研究，已成为中国民族史研究的一个相当活跃的方面。在历史上的小说、戏剧里，少数民族人物出场差不多都是反面人物。其影响相当深远。近40年来对少数民族历史人物的研究，较客观地叙述和论证了他们对本民族、本地区或者整个中国历史发展的贡献，或者在经济、文化、民族关系等方面所作的贡献，即使是比较复杂的历史人物，也对他们所处的历史环境及其是非功过，叙述与评价都比较客观。每年所发表的论文，很难统计，比较成型的传记性作品，也已有一定的数量。比如帝王中魏孝文帝、金世宗、元太祖（成吉思汗）、元世祖、清太祖（努尔哈赤）、清太宗、康熙帝、雍正帝等都有传记性专著出版，其中有些人甚至已出版两三部传记性专著。皇后中如萧太后（萧绰）、慈禧等也有传记性著作出版。其他如松赞干布、元昊等也出版了传记性专著。还有一些著作属群体性的传记著作，如《达赖喇嘛传》、《班禅额尔德尼传》、《清代八旗王公贵族兴衰史》、《回族人物志》、《回族历史人物传记》、《蒙古族历史人物论集》、《东北历史人物传》、《壮族历史人物传》等等。中国社会科学院民族研究所民族史研究室编撰的《中国民族史人物辞典》，收入出身于少数民族的历史人物辞条近7000条，全书210万字，包括近代人物和古代人物，是一部内容丰富的少数民族历史人物辞典，也表明了对少数民族历史人物的研究,受到了民族史研究者的很大的重视。

由于学力不足,仅能对大陆上中国民族史学方方面面的情况勾画出上述轮廓,挂一漏万,以偏概全之弊,尚希方家鉴谅。

(原载《西北民族研究》1992年第2期)

中国古代的少数民族和民族关系

黄河中、下游的诸夏，经历了夏商周三代千余年的融合，同时与周边的各族交往，到春秋战国时期，逐渐形成了华夏居中，夷蛮戎狄配以东南西北，"五方之民"共同构成"天下"的大一统观念。以四夷配四方，并非依据族属相近分类，而是先秦与秦汉以来各方所指的族群和地区，都不断有一些变化。为叙述方便起见，本讲将按地区分为东北、北方、西北、青藏高原、西南及中东南五节来叙述各族历史梗概，民族关系则在各族历史梗概中作简要叙述。

一、东北各族

1. 肃慎、挹娄、勿吉、靺鞨、女真、满洲

肃慎，又译称息慎、稷慎。《史记·五帝本纪》记载，舜时有息慎来朝。《逸周书·王会》记载周武王时稷慎来会，贡"楛矢石砮"。东汉郑玄注："息慎，或谓之肃慎，东北夷。"晋孔晁注："稷慎，肃慎也。"《山海经·大荒北经》说："大荒之中，有山名曰不咸，有肃慎氏之国。"注家谓不咸山即今长白山。新、旧《唐书》均记唐靺鞨粟末部在唐中后期建立渤海国，有五京，以"肃慎故地为上京"。此城遗址，即今黑龙江省宁安县东京城。由此可推断不咸山为长白山不误。古肃慎分布在长白山及牡丹江流域与松花江上游一带。

两汉时，肃慎又称挹娄，音近满语"叶鲁"，意为"穴"，因

肃慎系诸部古时多于深山老林中半地穴式居住而得名。两汉、三国、两晋均有与挹娄交往的记载，其自称为肃慎，挹娄盖为他称。到南北朝，称勿吉，音近满语"窝集"，意为深山老林。以上族称反映了肃慎、挹娄、勿吉分布区域基本相同，均以在林中狩猎为其生产和生活的基本特点，社会发展以各部不相统一的原始状况为特点，与外界交往以狩猎产品为主，尤以名貂为上品。

南北朝是这一族系发展的重要转折时期。以往较单一的狩猎逐渐向农业、畜牧业方向发展转变，并有造船、车及日用铁器等手工业。部落共同体由以往"邑落各自有长，不相总一"，演化为粟末、伯出、安车骨、拂捏、号室、黑水、白山七大部，各"胜兵数千不等"。部长号"大莫弗瞒咄"，"父子相承，世为君长"①，已是有贵贱等级化分的部落联盟。

公元493年，勿吉灭夫余，占据了松花江中游夫余故地，"于东夷最强"。在灭夫余前后，勿吉与中原王朝的关系有进一步的加强。北魏太和年间（477—499年）来贡5次，以后更是"贡使相寻"②，一直延续到东魏时期。

隋唐改称靺鞨或靺羯，同音异写。除原勿吉七部以外，黑龙江下游与库页岛还有思慕、郡利、越喜、窟说等部。隋末，粟末首领突地稽"率其部千余家内附，处之于营州（今辽宁省朝阳市）"。营州是隋唐在东北的政治经济文化中心，粟末部在此与汉人、契丹人、高丽人等杂处，经历数十年，成为靺鞨诸部中最先进的一部。696年，契丹李尽忠反；次年，靺鞨东归，首领大祚荣率众居挹娄故地，自号震国王。唐中宗遣使招慰之，祚荣遣子入侍。713年，唐睿宗遣使拜大祚荣左骁卫大将军、渤海郡王，以其地为忽汗州，祚荣为都督。从此去靺鞨称号，专称渤海。到

---

① 参见《魏书》、《北史》的《勿吉传》。
② 参见《魏书》、《北史》的《勿吉传》。

唐中晚叶,渤海在东北为最强,仿唐制立官、称王,设5京、15府、62州。同时一直保持对唐朝的藩属关系,是唐朝的羁縻州,称为渤海都督府。

靺鞨其他诸部,以黑水部为最强。725年,唐玄宗在其部置黑水军,次年属黑水都督府,以最大部首领为都督,所属诸部首领为刺史;朝廷派"长史,就其部落监领之"[①]。安史之乱后,渤海渐强,黑水等部亦为所制,然而仍保持与唐通贡往来。

926年,方兴未艾的契丹灭渤海,徙其民于辽东。以原黑水靺鞨为主的诸部,乘势南下,占据渤海故地,被辽朝称为女真。辽金以来文献,又写作女直、诸申、朱先等,一般认为即肃慎的音转或不同译写形式[②]。辽代女真,按其与辽的关系及社会发展水平分为:系辽籍女真,以定居农耕为主,分布于辽东,又称"熟女真";分布在辉发江一带的女真与辽有半羁縻关系,称为"不生不熟女真"或回跋女真;分布在松花江以北及黑龙江中下游各部,不系辽籍,以狩猎或渔猎为主,对辽朝定期朝贡,被称为"生女真"。辽曾设生女真节度使以羁縻生女真各部。至12世纪初,生女真诸部已统一。1112年初,生女真部节度使阿骨打公开反辽,1115年称帝,国号金。金于1125年灭辽;1127年灭北宋,俘徽钦二帝;1141年与南宋议和,划淮为界,成为与南宋对峙的中国王朝。到12世纪中叶,海陵王、金世宗时正式迁都燕京(今北京),并全面按唐宋制度改用汉制。

金朝大量女真人从东北迁居淮河以北,到元代,原辽金两代在辽东的"熟女真"和迁入长城以内的女真人,都已列入"汉人"。辽金时期仍分布在长白山及松花江、黑龙江流域的女真人,元末又有大量南迁,直到15世纪中叶才稍稳定。因而明代女真

---

① 《旧唐书·北狄列传》。
② 参见崔广彬:《"肃慎"一名之我见》,《北方文物》1987年第3期。

分布为："东濒海，西接兀良哈，南邻朝鲜，北至奴儿干、北海。"①即今辽宁省抚顺、庄溪以北，鸭绿江中游以西，北流松花江及嫩江以东至库页岛的广大地区，大体都有女真部落分布，并逐渐形成建州女真、海西女真和东海（"野人"）女真三大部。

建州女真与明廷关系密切。1403年（永乐元年），元女真胡里改万户降明，置建州卫，以其首领阿哈出为参政，不仅为明廷招纳女真各部，还在对元朝残余势力的斗争中屡建军功，明廷赐阿哈出汉名李献诚，其子释家奴赐名李显忠。1405年，阿哈出招降了斡朵里万户猛哥帖木儿，明廷授猛哥帖木儿为建州左卫指挥使。到明英宗时，几经拆释，形成建州三卫，其势日强。海西女真分布在黑龙江、松花江和阿速江（乌苏里江）一带，其地处今日本海、鄂霍茨克海以西，元以来称为海西。永乐时已于其地开设卫所，以后历次南迁，至嘉靖（1522—1566年）、万历（1573—1619年）年间最终形成哈达、乌拉、叶赫、辉发四部，又称扈伦四部，与明廷关系较密切。东海女真分布在外兴安岭及黑龙江下游至库页岛广大地区。其中包括一些与女真族属不同的吉里亚克人部落。明廷对上述女真三大部十分重视，永乐、宣德时曾多次派遣女真人亦失哈为使，出抚其地。1411年在黑龙江口特林开设奴儿干都指挥使司，辖控设在女真各部的诸卫所。到正统年间（1436—1449年）有184卫，20所；万历时（1573—1619年）达384卫，24所、7站和10寨。②这些卫所，明廷"给以印信，俾仍旧俗，各统其属，以时朝贡"③。建州和海西各部，以农为主，兼事狩猎、渔猎，社会发展较快；东海女真以狩猎、

---

① 《大明一统志·女直》。
② 参见《中国历史地图集释文汇集·东北卷》第四章第二节，中央民族学院出版社1988年版，第234—289页。
③ 《大明一统志·女直》。

渔猎为主，社会发展较为缓慢。17世纪初，建州左卫首领努尔哈赤统一女真各部，1616年建立后金，并着手创立满文。1635年（天聪九年），皇太极改族称诸申为满洲，次年改国号为大清。1644年清朝入关，定都北京，大量满洲人入关。同时，清朝在黑龙江和吉林两将军辖区内仍有若干原属女真的各部落，逐渐以其部落名见于记载，即赫哲、鄂伦春、鄂温克等族先民。

2. 夫余、高句骊

夫余一名，见于《史记·货殖列传》，为涉貊人立国最早者。《三国志·魏志·夫余传》记载："夫余在长城之北，去玄菟千里。南与高句丽、东与挹娄、西与鲜卑接，北有弱水。方可二千里，户八万。"其地相当今嫩江、松花江平原最平坦的地区。在东北各族中，农业发达最早，家畜饲养业也受到重视，王以下有马加、牛加、猪加等，"皆以六畜名官"。还有大使者、使者等官，共同处理国政。有法律及刑狱等设置。

早在西汉，夫余即已臣服于汉朝，两汉均属玄菟郡，魏晋属东夷校尉管辖。汉制，每夫余王死，朝廷"赐玉匣"（金缕玉衣）；新王继位，经汉朝册封。说明夫余王享受汉诸侯王待遇。汉魏之际，夫余在东北各族中最强，挹娄、高句丽"畏服之"，至北魏时，勿吉渐强，493年勿吉灭夫余，夫余解体，族人分奔鲜卑慕容部、高句丽及勿吉，夫余自此从史籍中消失。

高句丽与夫余同属涉貊人的一支。汉武帝时置高句丽县，属玄菟郡。西汉末，夫余王子朱蒙不见容于父兄，率众南逃至卒本川，筑纥升骨城（今辽宁省桓仁县东北），称王，即以当地族名高句丽为国名。以后又迁都国内城（今吉林省集安县高句丽故王城），居民多数为高句丽人，统治者则为南来夫余王族。其立国初，臣服于夫余；同时向东汉称臣纳贡。夫余削弱后，即乘势发展，王以下有相加、对卢、沛者等百官，刑律严苛。经济以农业为主,家畜饲养及手工业也较发达。十六国后期及东晋初,高句丽王谈德利用中原战乱无力顾及东北的机会扩大土宇,史称"广开王土"或"好大王"。北攻夫余,南制百济、新罗,直到汉江北岸,东陷辽东城,控有辽河以东之地。北魏统一中国北部,控制高句丽,427年(其长寿王十五年)移都平壤。自此,高句丽成为朝鲜半岛古三国(新罗、百济、高丽)之一。

南北朝时,高丽仍占据辽东,但对南朝和北朝都称臣纳贡,世代接受南北朝封号。隋唐重新统一中国,着力收复辽东故郡,曾多次征讨高丽。唐高宗总章元年(668年)克平壤,灭高丽,设安东都护府辖高丽故地,而新罗统一大同江以南。至唐玄宗时,明确唐与新罗以浿水(今大同江)为界。高丽亡时,有数十万人被迁居中原安置,以后逐渐汉化;其留居辽东者,部分加入渤海、契丹等族之中,以后也转而汉化;入新罗者,为朝鲜族来源之一。

二、北方各族

秦长城以北,是游牧民族的广阔天地。中国古代的民族关系,最引人注目的是农业民族和游牧民族的关系。统一多民族中国的形成和发展,最明显的特征是农牧两大类民族的统一和发展。中国北部草原,新石器时代即有人活动,夏商周时期已有鬼方、獯狁等族称见于记载,然而形成强大政治、军事力量并成为中原农业王朝威胁的,最早还数匈奴和东胡。

1. 匈奴

匈奴,又称胡,其名显于战国,不少学者认为獯狁、鬼方等古族是其先民。

史书记载的第一位匈奴单于头曼,其驻地头曼城大致在今包头市境,活动范围大体为阴山河套一带。战国末叶,东胡、匈奴并强,秦、赵、燕三国各修长城以拒胡。秦始皇派蒙恬率30万大军攻打匈奴,将三国长城连成一体,西起临洮至辽东,后世称万里长城。前209年,冒顿杀其父头曼自立为单于。冒顿、老上两代单于数十年相继,乘秦亡及汉初休养生息的机遇,南并楼烦、白羊王,东灭东胡,北服浑庾、丁零等族,西逼月氏远徙,迁乌孙于伊犁河,役使西域城邦各国,在中国第一次建立了统一北方草原并控制西域的游牧军事政权。匈奴由许多部落构成,诸贵姓实为部落之主。单于或父死子继,或兄终弟及。全国分三大区,单于居中,左贤王辖控东部,右贤王辖控西部,皆由单于子弟封授。其余诸贵姓,呼衍、兰、须卜、丘林等四氏,世与单于联姻,分掌不同权力。其他各贵姓也都各有份地,并在国中掌握一定权力和本部兵力。对被征服各族,或保存其部落,按时贡纳贡赋,否则没其妻子为奴婢;或并入匈奴诸部;在西域设僮仆都尉,征收苛重赋税。

汉初经过近70年休养生息,国力富强。汉武帝决意对匈奴实行战略攻击,于前127、前121、前119年,先后派卫青、霍去病为将,发动了对匈奴的三次大战役,单于和左贤王皆远遁漠北,而河西浑邪王率4万众降汉,自此"漠南无王庭"。于是汉设朔方及河西诸郡。同时,汉武帝又派遣张骞沟通西域,并设法隔绝胡羌,争取乌桓、丁零、乌孙等族反抗匈奴,使匈奴完全孤立。

前57年,匈奴分裂,形成五单于争立的局面。呼韩邪单于取得优势并附汉为藩臣,汉廷待以殊礼,位居诸侯王上。匈奴遭遇自然灾害,民众困乏,汉朝以大量物资赈灾。汉元帝还以宫女王昭君嫁给呼韩邪单于和亲。西汉末,有60余年汉、匈关系和平友好,边境安宁。东汉建武二十四年(48年),匈奴南境领八部之众的右薁鞬日逐王比归汉，继其祖父之号称呼韩邪单于，于是匈奴分裂为南北两大部。两年之后，汉置使匈奴中郎将于南匈奴，单于比设庭定居于西河郡美稷（今内蒙古准格尔旗一带）。

北匈奴既攻南匈奴，又常掠汉边郡，扰西域，阻塞中西交通。汉和帝永元元年（89年），汉与南匈奴联手攻北匈奴，北匈奴被迫西迁，余众十余万加入鲜卑；另有一部分散居于漠北，至5世纪臣服于柔然。南匈奴则逐渐接受汉文化，发展农耕，在十六国时期曾建立汉、前赵、夏等政权。至南北朝后期，匈奴人众或汉化，或融入其他民族，匈奴称号逐渐消失。

2. 东胡、乌桓、鲜卑、柔然、室韦、契丹、奚

东胡见于史籍甚早，春秋时"晋北有林胡、楼烦之戎，燕北有东胡、山戎。各分散居溪谷，自有君长，往往而聚者百有余戎，然莫能相一"①。战国时东胡成为燕、赵北边劲敌。赵武灵王曾向东胡学习胡服骑射以教百姓；燕昭王时，将军秦开曾为质于东胡，深得其信任，归而袭破东胡。燕于是在燕山南北及辽东、辽西置五郡，筑长城。东胡由燕山南北退至西拉木伦河及其以北地区。

前209年，匈奴冒顿自立为单于不久，袭击攻破东胡。东胡瓦解之后，余众退保乌桓山和鲜卑山，分别以乌桓、鲜卑族称见于史乘。两山所在，学者意见不一，大致不出大兴安岭山原，乌桓在南，鲜卑居北，均受制于匈奴。前119年汉武帝发兵大举进攻匈奴之后，漠南地空，于是迁乌桓于东北五郡塞外，设乌桓校尉以领之，其部众分布于今辽西及燕山以北一带。部落勇健者被推为大人，"违大人言，罪至死"。西汉末，匈奴分裂，乌桓进一步自立，49年乌桓完全脱离匈奴，辽西乌桓大人郝旦等诣汉廷

---

① 《史记·匈奴列传》。

朝贡，汉光武帝"封其渠帅为侯王者八十余人"。汉献帝时，辽西乌桓首领蹋顿"总摄三部"，冀州牧袁绍矫旨赐蹋顿等为单于。207年，曹操败袁绍之后征乌桓，斩蹋顿，收其众，"三部乌桓为天下名骑"。随之进一步内迁，各族杂处，或成为"杂胡"，或融入鲜卑①。

鲜卑"语言习俗与乌桓同"，分为东部和北部两大支。北部鲜卑即建立北魏的拓跋部的先世，原居大兴安岭山原北段今嫩江流域；东部鲜卑分布在今哲里木盟一带。随着匈奴的削弱，鲜卑曾两度大举南迁。第一次是在汉武帝迁乌桓于东北五郡塞外时，东部鲜卑即南下饶乐水（今西拉木伦河）乌桓故地；北部鲜卑也走出山原，来到大泽（今呼伦湖）一带。东汉时乌桓入塞而北匈奴西迁，东部鲜卑南迁近塞，北部鲜卑则分布到蒙古草原。"匈奴余种留者尚十余万落，皆自号鲜卑，鲜卑由此盛"②。至3世纪晚叶，东部鲜卑演化为宇文、慕容和段三部，各以首领姓氏为族称。宇文部首领为南匈奴单于远亲，东汉末已统治辽西塞外鲜卑。西晋太康（280—289年）年间宇文莫圭占有以柳城（今辽宁朝阳市）为中心的地区，建牙紫蒙川（老哈河上游）。325年（晋太宁三年），慕容廆据柳城。344年（晋建元二年）慕容皝大破宇文部，其避匿松漠者后来衍生出契丹与奚两族。段氏之先为渔阳乌桓大人家奴，西晋时首领务勿尘被晋封为辽西公，势颇强。然而在务勿尘子就六眷死后，段氏贵族内讧，338年（晋咸康四年）被慕容氏所灭。慕容氏先祖在东汉中叶是鲜卑中部大人之一，曹魏初，首领莫护跋迁至辽西滨海地区，居大棘城（今辽宁锦州附近），被魏封为率义王。284年（晋太康五年）慕容廆降晋，授为鲜卑都督，旋自称单于。其子皝迁龙城（今辽宁朝阳

---

① 《后汉书·乌桓鲜卑传》。
② 《后汉书·乌桓鲜卑传》。

市），"南摧强赵，东兼高丽，北取宇文，拓地三千里，增民十万户"①，在东北号最强。慕容皝子儁称帝，国号燕，史称前燕。357年迁于邺，370年亡于前秦。384年，慕容皝第五子垂又称燕王，次年称帝，都邺，是为后燕。随后慕容氏诸贵族纷纷以燕为号称王称帝，有西燕、南燕、北燕，不久均亡。

北部鲜卑走下大鲜卑山，走出大泽，来到蒙古高原，与匈奴、敕勒、汉人等族杂处，其自身社会发展也较快，至首领力微时，迁居盛乐（今内蒙古和林格尔西北），与曹魏和亲，势渐强。至猗卢时，晋封为大单于。313年（晋建兴元年），以盛乐为北都，平城（今山西大同）为南都，晋进封猗卢为代王。338年（晋咸康四年），代王什翼犍立，自建年号，势强。但什翼犍死后，苻坚与匈奴刘卫辰灭代，拓跋部中衰。386年（晋太元十一年），什翼犍之孙拓跋珪收残部，即代王位，建元登国，改国号为魏，396年建天子旗号，史称北魏。至太武帝时，统一中国北方。至孝文帝时迁都洛阳，改革旧俗，包括鲜卑、乌桓、匈奴等进至中原与汉人杂处者，大多汉化。鲜卑余部尚有秃发、乞伏等，到唐代族称部号也都基本消失。若干留于蒙古草原者，也都融入其他游牧民族。

柔然，又称蠕蠕、芮芮、茹茹，同名异写。或谓"东胡之苗裔"、"匈奴别种"、"塞外杂胡"②，总之是多种草原族群重新组合的产物。其首领以郁久闾为姓，出自拓跋鲜卑，乘中原混乱，北魏忙于兼并逐鹿时，逃至大漠，收集诸族散亡部众，号为柔然，是较典型的游牧族群，"冬则徙漠南，夏则还居漠北"③，对北魏叛服无常。402年（北魏天兴五年），社仑自称丘豆伐可汗，

---

① 《资治通鉴》卷97《晋纪》卷19。
② 参见《晋书》、《魏书》、《宋书》、《梁书》、《南齐书》等本传。
③ 《魏书·蠕蠕传》。

逐渐统一大漠南北,成为北魏北方劲敌,其后还役属西域各族。突厥兴起后,于555年灭柔然,其残部有的南迁随鲜卑汉化,留居西域及大漠南北者,融入突厥、回纥等族。

室韦,始见于《魏书》,译作失韦。隋唐改译作室韦。鲜卑南迁,留居大兴安岭山原东胡苗裔,"其南者为契丹,在北者号室韦"①。以游牧、射猎为生,也有粗放农耕。室韦部落众多,北朝至隋唐,都与中原王朝有一定贡属关系。柔然强大时又被柔然所役属。6世纪时受制于突厥,突厥人称之为达怛,突厥碑文中有九姓和三十姓达怛的记载。840年,回鹘汗国灭亡,回鹘人西迁,于是室韦(达怛)人迁入大漠南北。不久,契丹建立辽朝,部分室韦人编入契丹;迁徙草原者,接受突厥、回纥文化,形成众多强部。

契丹与奚,都是以鲜卑宇文残部为核心积聚形成的族群。以饶乐水(又号潢水,今西拉木伦河)为中心,一直分布到今老哈河、滦河及辽西一带。奚稍南,以牧为主,兼营农业;契丹稍北,为较单一的游牧族群。北朝时,与北魏关系良好。突厥兴起,臣属于突厥。唐太宗征高丽,契丹与奚并向唐称藩,且有军功。唐以契丹八部地置松漠都督府,分为十州,契丹首领窟哥封为松漠都督、无极男,赐姓李;以奚五部地为饶乐都督府,奚首领可度者为都督,封楼烦公,赐姓李。契丹与奚在唐代称为"两蕃"。唐中叶,尤其是安史之乱以后,两蕃与唐叛服无常,与大漠游牧汗国如突厥、回鹘也依违随势而移。契丹日渐强大,907年耶律阿保机统一各部,即可汗位,916年称皇帝。947年辽太宗改国号为辽,在汉文史籍中辽与契丹并用为国号,而契丹文字记载仅称契丹。在辽代,契丹与奚基本上已合并,奚的族称逐渐不显。1125年,金灭辽,契丹大多为金朝属民,到元代为"汉

---

① 见《北史》、《隋书》的《室韦传》。

人八种"之一。1124年，耶律大石西迁至中亚，建立西辽；有一部分则北撤，并入蒙古族群之中；其中有一支即今达斡尔人的先民。

3. 蒙古族

隋唐室韦诸部中，有蒙兀室韦在些建河（今额尔古纳河）流域以射猎游牧为生。840年回鹘西迁，室韦诸部随之迁入蒙古草原，而蒙兀部在今鄂嫩、克鲁伦、土拉三河之源及肯特山以东地区形成为强大的蒙古部。此外，在蒙古草原上还有强部塔塔尔部游牧于贝加尔湖周围，蔑儿乞部游牧于色楞格河流域，斡亦剌部游牧于叶尼塞河上游。他们都操蒙古语。另外尚有三个信奉景教的蒙古化突厥部落，即克烈部、乃蛮部和汪古部。这些部落按其生活方式与发展水平，大致可分为"草原游牧民"和"森林射猎民"两类。辽金时期，他们臣服于辽金，但各部仍自成势力。

出于对财富、人口和畜产的贪欲，蒙古贵族进行了无休止的部落间兼并战争，到12世纪晚叶，原先部落林立的蒙古草原只剩下蒙古、塔塔尔、克烈、蔑儿乞、乃蛮五大部相互对抗。其中蒙古部首领铁木真善用兵，有谋略，终于统一各部，于1206年在斡难河畔召集忽里台（大聚会），被推戴为全蒙古大汗，号成吉思汗，建立蒙古国，也标志着蒙古族的形成。成吉思汗制定了军事、政治、法律制度，并实行按等级身份分配牧地与依附牧民的分封制度，又命塔塔统阿以畏兀儿字拼写蒙古语，创制了通行的蒙古文。

在统一蒙古之后，1211—1215年成吉思汗大举攻金，破90余州，陷中都；1226年又南攻西夏，1227年在灭西夏战役中去世。继为大汗的窝阔台，完成其父计划，于1234年灭金。此前成吉思汗曾于1218—1223年大举西征，1235—1241年窝阔台汗再度西征，1253—1258年第三次西征。不久，三次西征所建立的地跨亚欧的大蒙古汗国，分裂为钦察、察合台、窝阔台、伊儿四个汗国。西征基本上属世界历史范围，真正成为中国历史有机组成部分的是统一中国的元朝。1253年，大汗蒙哥命其弟忽必烈灭大理、招降吐蕃诸部。1260年忽必烈立为大汗，建中都（后改为大都），1271年改国号为元，建立元朝。1279年灭南宋，统一全中国，结束了唐末五代以来，辽、宋、金、夏、吐蕃、大理等政权长期并存或对峙的局面，基本重建统一多民族中国的版图。元朝建立以后，蒙古族经济与社会发展加速，其分布除岭北、辽阳、甘肃三个行中书省较集中外，也有很多散居于西北各宗王领地和中原各地。1368年元朝灭亡，其残余政治军事力量相继降明，明廷在辽东、漠南、嘉峪关外和哈密等地设置蒙古卫所，任用蒙古首领为长官。退居漠北的大汗，内讧不止，从14世纪末开始，西部瓦剌和东部鞑靼贵族，进行了长达60余年的争夺汗位战争。直到15世纪末叶，达延汗统一蒙古诸部，划分为6个万户，自统左翼察哈尔、乌梁海、喀尔喀三万户；任其第三子为济农（副汗），统鄂尔多斯、土默特、永谢卜三万户。西部瓦剌四万户仍自成势力。达延汗去世不久，重新分裂。其后俺达汗又曾统一诸部，终未能使蒙古草原完全安定。清朝以盟旗制度统一划分蒙古，出现了蒙古较长时期的安定局面。藏传佛教自明代在俺达汗时传入蒙古，到清朝大力加以提倡，对蒙古族社会、文化等各方面的影响都非常深远。

　　蒙古族不仅在促进中国统一方面有着重大的历史贡献，其文化也丰富多彩。其他蒙古语族各民族，达斡尔族主要分布在东北，一般认为是以辽朝灭亡时北迁的一支契丹人为核心形成的。土族、东乡族、保安族主要分布在青海、甘肃两省，其族源、形成过程，学者间尚有不同的认识，其语言、文化皆有相通之处，也各自有不同的特点。

三、西北民族

本节主要叙述活动于天山南北的各族。甘肃、宁夏、青海属西北,另设青藏高原民族一节,叙述羌、藏等族。回族散布全国,在宁夏相对集中分布,故在西北民族一节叙述。

1. 月氏、乌孙

月氏与乌孙,在匈奴兴起以前均游牧于敦煌、祁连间。战国晚叶,月氏强,乌孙属之,匈奴冒顿也曾为质于月氏。前209年冒顿立,不久袭击月氏,迫其西迁于伊犁河流域。其中有一支逃入祁连山,被称为小月氏;西迁者即被称为大月氏。前174—前161年,匈奴老上单于联合乌孙击大月氏,杀其王,迫使大月氏再西迁至妫水(今阿姆河)流域,征服了大夏人,建立贵霜王朝。在西迁中,沿途都有一些月氏人残留于天山南北。大月氏西迁大夏,乌孙即分布在伊犁河流域至伊塞克湖一带,逐渐强大,极盛时户12万,口63万,建都于赤谷城,畜牧业发达,主要有马、羊、牛、驼等,尤其"多马,富人至四五千匹"[①],同时也开垦农田,发展农业。汉武帝时,张骞通西域归来,建议联合乌孙以制匈奴。前119年,张骞第二次出使西域,向乌孙表达结盟意向。前116年,乌孙派使臣随张骞到汉朝。前108年,汉以江都公主(细君公主)嫁乌孙昆莫(王)为右夫人。后江都公主病逝,又以解忧公主嫁乌孙昆莫,形成汉与乌孙联盟,实现了"断匈奴右臂"的战略目的。

---

① 《汉书·西域传》。

2. 西域诸城邦及游牧民族

在塔里木盆地两侧，主要由天山山脉及昆仑山与阿尔金山积雪形成的一些河流，在沙漠干旱地带中形成一些大小不等的绿洲，其农业发达，又处于交通要道，于是形成若干城邦。前60年，汉宣帝设西域都护时"总督城郭，三十有六"[①]。以后汉朝对西域的辖属发展，设置不同名称的职官，"凡国五十，自译长、城长、君、监、吏、大禄、百长、千长、都尉、且渠、当户、将、相至侯、王，皆佩汉印绶，凡三百七十六人"[②]。在汉辖属西域以前，匈奴控制西域；至汉宣帝时，匈奴退出西域，自此至王莽篡汉，先后任西域都护者18人。

除城邦各国外，还有羌人游牧于玉门关往西直到葱岭的狭长地带。著名的有婼羌、蒲犁等。而天山东部土著有姑师（车师），"庐帐而居，逐水草，颇知田作"，其分布以吐鲁番盆地为中心。匈奴在与汉朝争夺西域的过程中曾五夺车师，直到前60年（汉神爵二年），匈奴日逐王降汉才告结束。

自汉武帝通西域到隋唐以前，不仅奠定了天山南北古西域成为中国领土的历史基础，同样重要的是开辟了"丝绸之路"。即使在两汉以后中原有过长时期的战乱历史，沟通中外经济、文化交流的这一通道也没有中断过，显示了许多至今为世人所瞩目的辉煌文明。

3. 突厥、回纥（回鹘）

突厥族名出现于北周。《周书·突厥传》载："突厥者，盖匈奴之别种，姓阿史那氏，别为部落。"最初居今准噶尔盆地之北，

[①] 《汉书·西域传》。
[②] 《汉书·西域传》。

叶尼塞河上游。以游牧为主，但掌握了冶铁技术。5世纪中叶迁于金山（阿尔泰山）地区，"为柔然锻奴"。至6世纪渐强，546年酋长土门可汗破铁勒，得降众5万余落；552年土门打败柔然，自号伊利可汗，建立突厥汗国，史称前突厥汗国。有称为"特勒"、"俟斤"、"叶护"、"设"（或译为"杀"、"察"）等贵族、部落首领及职事诸官，统兵者称为"梅录"，一部之长称为"啜"，监领之官称为"吐屯"①，并创造了突厥文字。建立汗国不久，伊利可汗派其弟室点密率"十姓"部落居西域。553年，伊利可汗去世，其子木杆可汗继位，竭力扩大疆土。582年，汗国分为东西两大部分。东西突厥相互矛盾，又都与隋唐朝廷随势依违无定。629年（唐贞观三年），唐灭东突厥，次年在漠南设云中、定襄两个都督府。突厥贵族移居长安，居五品以上者达百余人。630年，唐进军西域，10年后设安西都护府，648年（唐贞观二十二年）迁都护于龟兹（今新疆库车），657年（唐显庆二年）灭西突厥。

东西突厥汗国灭亡以后，唐朝安置任用其大批贵族，而突厥部众因东征西讨负担过重。在突厥贵族中也有一部分人希望重温往昔横跨北亚、中亚大汗国旧梦，679年（唐调露元年），漠南突厥反，以后连年各部反唐者纷起。682年（唐永淳元年）阿史那骨咄禄叛唐，自立为颉跌利施可汗，建牙帐于漠北乌德鞬山（今蒙古杭爱山之北），自此称为后突厥汗国。至其继立者默啜时，"大抵兵（马）与颉利时略等，地纵广万里；诸蕃悉往听命"②。唐玄宗时，着力解决突厥问题，714年大败突厥，斩蒙啜子同俄特勤。716年默啜身亡。在以后30年中，突厥贵族分裂，

---

① 韩儒林：《突厥官号考释》，载《韩儒林文集》，江苏古籍出版社1990年版，第503—524页。

② 《新唐书·突厥传》。

汗位累因政变转换，而回纥渐兴。745年（唐天宝年间），回纥首领裴罗击杀后突厥末代可汗——白眉可汗，后突厥亡，余部归属回纥。

突厥本只是一个驻牧在金山地区的小部落，因建立前、后突厥汗国，地跨万里，其制度、文字与文化对大漠南北及中亚都有较大影响。故突厥一称在突厥汗国及其后都包含比突厥部落广泛得多的含义。

秦汉时，漠北有丁零（狄历）。南北朝时，译称敕勒或铁勒，因其使用高轮车，又称之为高车。北魏时，铁勒（高车）诸部中有袁纥部，隋代译称韦纥或乌护，唐代译称回纥，788年其首领更名为回鹘。7世纪初，回纥人主要活动于漠北色楞格河流域，以游牧为主，冶铁等手工业也较发达。回纥马享有盛誉，成为与中原贸易的主要商品。7世纪初叶，菩萨袭位为俟斤，626—627年，联合薛延陀部反抗东突厥，大破之，"回纥由是大振"[①]。唐朝支持薛延陀和回纥，并于630年灭东突厥。628年，薛延陀建立汗国，回纥与薛延陀族属相近，名义上为其属部，实独立，又与唐保持密切关系。而薛延陀称雄漠北，屡与唐朝及诸游牧部发生战争。646年，回纥首领吐迷度联合仆骨、同罗等部灭薛延陀，于是遣使入贡，受到唐太宗赐宴内殿。至此，漠北统一于回纥。次年，唐于铁勒诸部之地设瀚海都督府，吐迷度为都督，属唐燕然都护府管辖。663年（唐龙朔三年），唐移燕然都护府于回纥境，改名为瀚海都护府。后突厥汗国兴起和强盛时，回纥为后突厥汗国所役属。8世纪40年代初，后突厥内乱。742年，回纥、葛逻禄、拔悉密等部攻杀后突厥乌苏米施可汗。744年，回纥首领裴罗自称骨咄禄毗伽阙可汗，居东突厥故地，受唐玄宗册封为怀仁可汗，徙牙帐于乌德鞬山和温昆河（今鄂尔浑河）之

[①] 《旧唐书·回鹘传》。

间，建立回纥汗国。既沿袭突厥官制，又参照唐制设内外宰相、都督、将军等官。与唐朝长期友好，历代可汗均经唐朝册封。安史之乱期间，回纥助唐平叛，屡有大功，尤其是757年助唐收复了长安。唐肃宗、代宗、德宗、穆宗均以公主嫁当时回纥可汗。788年（唐贞元四年），回纥可汗请改名为回鹘（取鹘勇健高翔之义），唐朝认可。840年，突厥沙陀部与回鹘内部反汗势力勾结，灭回鹘汗国。庞特勤等王族与宰相等大臣率15部西迁，又联合西域诸部建立哈剌汗王朝，延续了几个世纪。另一支迁至今吐鲁番和吉木萨尔一带，史称西州回鹘，后来建立了高昌回鹘王国。还有一支迁至河西走廊，即甘州回鹘。

回纥（鹘）创制了文字，不仅留下重要的历史文献，对后来蒙古文，乃至满文的创制都起了先导作用。回纥本来信仰萨满教，唐晚期又接受摩尼教，西迁至高昌后，接受佛教。至14世纪，伊斯兰教影响较大。15世纪晚叶至16世纪初叶伊斯兰教化过程中，原哈剌汗王朝、高昌王朝，以西迁回鹘为核心并涵化当地原有居民各部，形成了维吾尔族。

突厥、回纥（鹘）两大汗国时期，西域还有众多部落，如葛逻禄、处月、古斯、突骑施、黠戛斯等，他们与突厥语系各民族都有渊源关系。至明清时期，当代突厥语系各民族的族称都已出现。

4. 回族

唐代以来，通过东南海上交通或西北陆路交通，都有一些波斯、大食商人及手工艺匠人来到中国。久之，他们当中相当多的人已汉化或融入中国其他民族中。辽宋时已有回回族称，但常与回纥（鹘）相混，直至元明，回回这个名称也不一定专指穆斯林，往往泛指西域各色人。蒙古汗国西征，从中亚、波斯等处俘掠来的工匠或平民，先后签调来的军队，入仕于元朝的官员和学使,以及留居于中国的商人等,使穆斯林分布中国各地,而原先已移居中国的波斯、大食人的后裔,也有一部分回回信奉伊斯兰教。于是,以元代从中亚、波斯、阿拉伯等地来到中国各地的人为主体,经明清又吸收皈依伊斯兰教的蒙古、汉人、西夏人等,从而形成了中国的回族。

元代回回中,不少人在中央或地方政府中身居高位,在当时国内外贸易中也有重要影响。他们虽分散居住于全国各地,但又较为集中在回回人屯驻地、大都及水陆交通要津。其中,以今甘肃河西、宁夏、新疆、云南、河南、山东为回回兵屯驻耕种的重要区域。到明代,随着回回人政治地位急剧下降,其分布也向西北、云南、沿海和大运河两岸原分布较多或便于经商处集中。他们在当地与各族杂处,或相通婚(多为汉人或其他民族男性与回族女性结婚)。在宗教生活中,仍保持固有语言文字,而日常学习与生活则通用汉语汉文,因而回族人口不断增加。

回族多从事农业,又以善于经商著称,其手工艺也有特点。回族饮食品种、风味,不仅为本族群众所喜好,对其他各民族群众也有吸引力。

四、青藏高原民族

广袤的青藏高原,远古时期就有土著居民繁衍生息,先秦氐、羌诸部活跃于此。秦汉后氐、羌诸部还建立了不少地方政权。7世纪初松赞干布统一青藏高原,建立了统一的吐蕃王朝。其后长期分裂,至13世纪时形成了稳定的藏民族,经过元明清三代的经营,青藏高原成为统一多民族中国的有机组成部分。

1. 氐、羌诸部

氐、羌是对青藏高原西北部即今甘肃、青海及部分新疆地区古代部落的统称,起源很早。在甲骨文和先秦文献中即已记载氐、羌之名。

自秦代开始,中央王朝在氐人聚居地设置行政区划。汉代在氐族地区设有武都郡、陇西郡、阴平郡等;并置十三氐道。从西汉至三国,氐人经历了两次较大规模的迁徙,其中迁往内地的逐渐汉化,成为华夏汉民族的重要来源之一。到魏晋南北朝时期,氐族势为迅速强大,人口多达百万,五胡十六国时期氐人还建立了前秦、后凉政权。后来,吐蕃兴起并四处扩张,氐人分布地区都被吐蕃占据。经过几个世纪的发展,大部分氐族与藏族融合。有学者认为,今天分布在四川省平武县、甘肃省汶水县境内的白马藏人可能就是氐人的后裔①。

羌人早在殷周时就有部分杂居中原,秦汉至唐宋时期部落林立,以游牧为主,与汉人杂处的部分羌人逐渐从事农耕。其首领多受历代中原王朝册封,往来联系密切。东晋时,羌人中的烧当羌建立了后秦,为十六国之一,盛时控有今陕西、甘肃、宁夏及山西、河南的一部分。1038—1227年间,羌人中的党项羌建立了更为强盛的西夏政权,境土包括今宁夏回族自治区全部、甘肃省大部、陕西省北部以及青海省、内蒙古自治区的部分地区,先后与辽、北宋及金、南宋鼎立。至于羌人与后来藏族的关系,《新唐书·吐蕃传》中有这样的记载:"吐蕃本西羌属,盖有百五十种,散处河、湟、江、岷间;有发羌、唐牦等,然未始与中国通。"

氐羌诸部在青藏高原生息繁衍,又四处迁徙,不仅成为青藏

---

① 王锺翰主编:《中国民族史》,中国社会科学出版社1994年版,第265页。

高原主体民族藏族的主要来源,也成为汉族和其他少数民族的来源之一,为中华民族的发展壮大做出了巨大的贡献。

2. 吐蕃王朝

在吐蕃王朝建立前的5至6世纪时期,青藏高原分布着许多氏族和部落组织,它们互不相统,争战不休。在这些大大小小的部落组织中,影响较大的有苏毗、羊同、白兰、附国、党项、吐谷浑等。

7世纪中叶,雅隆穷结地区(今西藏山南穷结县)悉补野部的首领、藏族历史上的民族英雄——松赞干布,征服苏毗、羊同等部统一了青藏高原,建立了吐蕃王朝。松赞干布定都拉萨,建立官制,制定法律,创立藏文,引入佛教,并与唐朝和亲,迎娶文成公主,内政修明,四境安宁,青藏高原进入了一个新的历史时期。

松赞干布去世后不久,吐蕃奉行武力扩张政策,与唐朝为争夺对西北各部的控制不断发生战争,唐蕃关系进入一个低潮时期。唐蕃争战,始于对吐谷浑的争夺。吐谷浑原为鲜卑的一支,游牧于今辽宁锦县西北。西晋末年,首领吐谷浑率部众西迁至今甘肃、青海间。后来,吐谷浑成为姓氏、族称和国名。吐谷浑地处唐朝与吐蕃之间,战略地位重要,唐蕃双方都想控制吐谷浑,进而控制整个西域地区。自663年(唐龙朔三年)起的30余年间,双方进行过3次大规模的战役,均以唐朝失败而告终。同时,吐蕃还为争夺唐安西四镇而与唐朝进行了长期战争。

到吐蕃赞普墀德祖赞在位时,唐蕃双方实现了第二次和亲,唐中宗养女金城公主入藏,嫁给墀德祖赞。唐蕃关系有了一定改善,双方于733年(唐开元二十一年)在赤岭(今青海湟源日月山)树碑划界,达成了唐蕃历史上第一次划界会盟。

但金城公主去世后,墀德祖赞自恃国力渐强,又与唐朝在边境展开大规模战争。连年征战,导致了吐蕃内乱,墀德祖赞被大臣杀害,其子墀松德赞即位。墀松德赞是继松赞干布后吐蕃王朝最著名的赞普,他在位的43年是吐蕃王朝的鼎盛时期。此时的唐朝正值"安史之乱",边防空虚。吐蕃连陷唐朝西北边防重镇,并一度攻陷唐都长安,将长安城洗劫一空。783年(唐建中四年),唐蕃双方在清水(今甘肃清水)会盟,唐朝被迫放弃了对西域的控制并正式承认吐蕃在河陇地区事实上的统治。到9世纪20年代初,唐蕃双方达成了历史上著名的"长庆会盟"。盟文约定:"今蕃汉二国所守见管本界:以东悉为大唐国境,以西尽是大蕃境土。彼此不为寇敌,不举兵革,不相侵谋封境。"①

"长庆会盟"后,唐蕃双方出现了一段使节往来频繁,边境安宁的时期。但随着842年末代赞普达磨被杀,吐蕃王朝分崩离析,随后处于长期的分裂状态。唐朝也于半个多世纪后灭亡,中原内地陷于五代十国分裂时期。

3. 宋元明清时期的藏族

自9世纪中叶吐蕃王朝崩溃,原吐蕃境内一直四分五裂,没有组成一个统一的政权。这种状况一直持续到13世纪中叶元朝对西藏实行有效统治以前,历时400余年。这400余年,吐蕃本土正处于封建割据与藏传佛教形成的过程,藏族社会经历了一次深刻的变革。今甘肃、青海、四川、云南等地的藏族纷纷内迁,构成了新时期藏族分布新格局。藏传佛教中的萨迦派首领萨迦班智达(简称萨班)顺应统一潮流,与蒙古军队统领阔端在凉州会晤,避免了蒙古军队与西藏的武装冲突,保证藏族人民能正常生产和生活。萨班的侄子八思巴后来被元世祖忽必烈封为帝师,他协助忽必烈在青藏高原调查人口,设置驿站,1264年(元至正

---

① 王尧:《吐蕃金石录》,文物出版社1983年版,第43页。

元年）领总制院事，管理全国佛教事宜和藏族地区行政事务，还奉命创制蒙古新字（即八思巴文），对元代中央加强西藏地方行政建制，促进汉藏两族文化交流，起过重要作用。八思巴去世后，元朝政府进一步提高总制院的级别，并正式命名为宣政院，下辖藏族地区各宣慰司、招讨司、万户府等地方行政机构，实现了中央政府对青藏地区的有效统治。可以说，到13世纪，藏族在以青藏居民为核心，融合西北、西南一些民族和部落的基础上，已经形成为一个具有共同语言、共同生活地域及共同心理素质的民族。

1368年，明朝建立，旋即攻克大都，元朝灭亡。明朝一改元代扶植萨迦派为西藏地方统治者的做法，实行"多封众建"的政策，先后敕封一系列宗教领袖为法王、王、西天佛子、大国师和国师等，利用这些宗教首领和一些地方势力对藏族地区实行间接管辖，并通过贡赐和茶马贸易进行交流，增强他们对中央的向心力，从而维护了国家版图的统一。

明代初期，藏族地区诞生了影响深远的黄教。这是由著名宗教领袖宗喀巴创立的藏传佛教中的格鲁派，因其师徒戴黄色僧帽而称为黄教。黄教在各地广建寺庙，传法授徒，先后形成了达赖喇嘛和班禅喇嘛等几大活佛转世系统，并在蒙古族地区广为传播，对藏族和蒙古族社会产生了重大的影响。

清朝初年，采取大力扶植黄教的政策，先后册封五世达赖为"达赖喇嘛"，五世班禅为"班禅额尔德尼"，并两次派兵进驻青藏，稳定青藏地区局势。1725年（清雍正三年），清朝在青海设置"总理青海蒙古番子事务大臣"，通称"青海办事大臣"或"西宁办事大臣"。1727年（清雍正五年）在西藏地区设驻藏大臣，全称"钦差驻藏办事大臣"，主管西藏所有僧俗官员的任免，稽查财政收支，指挥地方军队，督察司法、户口、差役等事项，负责巡视边境，办理涉外事务，监督达赖、班禅及其他大活佛转世的抽签，主持达赖和班禅的坐床典礼。1793年（清乾隆五十八年），清廷又颁发了著名的"钦定藏内善后章程二十九条"，对驻藏大臣的职权以及官吏应遵守的制度、边界防御、对外交涉、财政贸易、活佛转世（金瓶掣签制度）等方面，分别作了详细规定，并以法律形式固定下来。"藏内善后章程"的颁行，标志着清朝西藏地区的施政由最初的扶植黄教、稳定局势，发展到清军驻藏、设立驻藏大臣的阶段，表明清朝政府对西藏地区的统治超过了以往任何朝代。

吐蕃王朝解体后的1000余年，以藏传佛教为核心的藏族文化取得了全面发展与繁荣。规模宏大的藏文大藏经结集出版，以《格萨尔王传》为代表的一系列藏族文学作品纷纷问世。恢弘壮美的布达拉宫和其他寺庙建筑艺术巧夺天工，精美绝伦的壁画和饶有趣味的藏戏引人入胜，还有各种泥塑、石雕以及藏医藏药等，充分体现了藏族人民心灵手巧、勤劳勇敢的民族性格，向世人展示了博大精深的藏族文化底蕴。

五、西南及中东南民族

与东北的茫茫林海、北方的浩瀚草原、西北的沙漠绿洲、青藏高原的雪域风光不同，西南及中东南广大少数民族地区或者是群山万壑、山河阻隔，或者是丘陵林立、交通不便。这样的地理条件导致了西南及中东南各少数民族分散林立、成分众多的特点。这一地区古代所出现的族群，不可能一一介绍，仅能述其大要。

1. 西南夷

前3世纪末至5世纪初的汉、晋时期，称今云南、贵州及滇、桂、黔、川、重庆连接地带的各兄弟民族为"西南夷",其名始见于《史记·西南夷列传》:"西南夷君长以十数,夜郎最大。"后来,《汉书》、《后汉书》、《华阳国志》均有关于西南夷的专门记述。西南夷族类十分繁杂,但大体源于氐羌(藏缅语族)、百越(壮侗语族)、百濮(南亚语系孟高棉语族)、苗蛮(苗瑶语族)等四大族系。其中,源于氐羌族系的各族,成为今天西南地区属汉藏语系藏缅语族的彝、白、纳西、拉祜、哈尼、基诺、傈僳、羌、普米、景颇、阿昌、独龙、怒等民族的先民;源于百越族系的各族成为今天西南及东南地区壮、傣、布依、仡佬、侗、水等民族的先民;源于百濮族系的各族成为今天西南地区南亚语系孟高棉语族的佤、布朗、德昂等民族的先民;源于苗蛮族系的各族则成为今天苗、瑶、畲等民族的先民。

2. 南诏与大理

5世纪初至6世纪末的南北朝时期,由于南北分裂,中央王朝对西南地区的统治力量减弱,西南地区夷帅、大姓纷纷割据一方,自相雄长,最后出现了以爨氏为代表的地方政权。隋朝时曾派兵征讨,但爨氏依然盘踞在原来的地方。

约在6世纪末7世纪初(隋末唐初),爨氏政权逐渐衰落,洱海地区的乌蛮(彝族)迅速崛起,形成了6个强大的奴隶主集团,史称六诏,"曰蒙巂诏、浪穹诏、越析诏、邓赕诏、施浪诏、蒙舍诏"①。六诏中蒙舍诏位于诸诏之南,故称南诏。南诏经舍龙、细奴罗父子的经营,在六诏中势力最强。

7世纪末,吐蕃勃兴并不断向西南渗透,唐朝在西南的统治受到威胁。于是,唐朝决定扶植与之关系密切的南诏统一六诏。经过几年的征战与和谈,南诏首领皮罗阁统一了六诏,并于738

---

① 《新唐书·南诏传》。

年（唐开元二十六年）正式建立南诏国。南诏国传13世，历274年，基本上与唐朝相始终。在近300年的相处中，南诏与唐朝大部分时间关系和好，南诏13王中有10个经唐朝加封。

10世纪初，南诏国灭亡，白族人段思平建立新政权，改国号为"大理"。大理历传22王，1253年（元宪宗三年）为忽必烈所灭。大理国基本上与宋朝相始终，大力吸收汉文化，盛行佛教；工商业较为繁荣，"大理刀"锋利无比，有"吹毛透风"之誉，闻名全国。

3. 百越族系各族

百越又称越或百粤，秦汉以前已广泛分布于长江中下游以南地区，因部落众多，故有百越之称。从事农耕、渔猎，以金属冶炼、水上航行著称；有断发文身的习俗。自东汉始，百越中的一部分被称为俚、僚，到两晋南北朝和隋唐时，俚、僚已成为百越民族的统称。历代中原王朝都很重视争取俚、僚人的支持，俚、僚人也积极学习汉文化，"渐染华风，……才贤辈出，科甲蝉联，彬彬然埒于中土"。[①] 还出现了像冼夫人这样维护国家统一和地方安定的杰出领袖，被岭南俚、僚人民尊为"圣母"。

大约从唐代开始，俚、僚人不断分化，其中属于汉藏语系壮侗语族的各民族，如壮族、布依族、侗族、水族、仫佬族、毛南族、黎族、仡佬族等，先后于宋、元、明时期逐渐形成为单一民族。由于唐、宋、元、明、清各中央王朝对壮侗语族各民族地区的统治比较深入，各民族与汉族的交往也不断加深，因此壮侗语族各民族社会经济、文化风俗发展较快，有的与当地汉族水平已基本一致。

---

① 《古今图书集成·职方典·高州府》。

4. 苗瑶族系各民族

苗瑶语族各民族包括今天的苗族、瑶族和畲族，共同来源于古代的南蛮。据《后汉书·南蛮传》和《夷俗考》记载，南蛮是"盘瓠之后"，主要活动于长江中游的江汉平原、洞庭湖平原及周围地区。传说南蛮中的三苗部落曾北上与炎黄作战，失败后又退回南方。商周时，南蛮主要分布在江汉荆州地区。春秋战国，荆楚逐渐强大，并从最初自称为蛮到完全华化，成为当时统一华夏强有力的竞争者之一。秦汉时，群蛮集中分布在长沙郡、武陵郡一带。秦汉以后屡经迁徙，逐渐形成了苗族和瑶族，广泛分布于湘、鄂、川、黔、滇、桂、粤、重庆、海南等省（市、区）。畲族则分布于浙、闽、赣、粤等省。

5. 土家族、京族、高山族

中东南地区的民族，除百越族系的壮侗语族和苗蛮族系的苗瑶语族各民族外，尚有土家、京、高山等与上述两个族系差别较大的民族。

土家族主要分布在湘西和湖北省恩施地区，以及重庆市的酉阳、石柱等县。土家族属汉藏语系，通用汉语。关于土家族的来源，有多种说法。但根据文献、考古和社会调查资料的综合分析，土家族主要应来源于定居在今湘、鄂、川、黔、渝交界地区的巴人[①]。大约到清代改土归流后方出现土家的名称。

京族集中居住在广西防城的山心、巫头、沥尾三个小岛上，故有"京族三岛"之称。1511年，京族自越南迁入防城，距今已有400多年的历史。京族主要从事渔业，农业生产开始较晚，

[①] 参见陈连开主编：《中国民族史纲要》，中国财政经济出版社1999年版，第705页。

迁入后历经几代才开始向附近的汉族学农耕技术。

高山族是对台湾少数民族的统称，包括阿美人、泰雅人、排湾人、布农人、鲁凯人、卑南人、曹人、雅美人、赛夏人等族群。主要分布在台湾岛中部山区和东部纵谷平原及兰屿岛上，大陆也有部分高山族，分布在福建、上海、北京、南京、安徽等地。据考古发现和文献记载，高山族应是古越人的一支迁到台湾岛后融合马来人而形成的拥有众多族称的族群。早在三国时，高山族就被称为"夷洲人"、"山夷"。生产以农业为主，狩猎、捕鱼为辅，其详细情况，还有待海峡两岸作深入研究加以识别与认定。

6. 元明清时期西南和中东南各民族的"改土归流"

元、明、清三代，是统一多民族中国最后形成和确立的时期，历时 700 余年。蒙古族和满族成为统治民族以及王朝更替，并没有影响全国的统一，反而不断发展和巩固。

元明清三代中央王朝在西南和中东南的少数民族地区，在建立省级行政机构的同时，根据少数民族的实际情况，推行有别于内地的土司制度。土司制度是在唐宋时期羁縻州县制的基础上发展而成的，其实质是"以土官治土民"，利用各少数民族的首领进行间接统治，中央政府的政令实际上并没有能够真正得到贯彻。明清两朝的统治者，已开始酝酿解决这个问题。清康雍乾时期，国力强盛，中央政府已有足够的力量加强对少数民族地区的统治。雍正时，大力推行"改土归流"政策，即由中央政府选派有一定任期的流官直接管理少数民族地区的政务。涉及的地区和民族有滇、黔、桂、川、湘、鄂等省区的苗族、彝族、布依族、侗族、瑶族、白族、傣族等。实行"改土归流"之后，不但多民族中央集权国家的统治得到了巩固，各少数民族的经济社会和文化发展也进一步加快。少数地区虽然还残存土司制度，其作用和影响也已大大削弱。中华人民共和国成立后，彻底废除了少数民族地区的土司制度。

（原载林甘泉主编《从文明起源到现代化》，人民出版社2002年）

第三编 各专题研究

第三編　合金組織及び状態

要划清中国不同历史时代
不同性质民族问题的界限

中国自古就是一个多民族国家，因而自古就存在着民族间的交往和民族矛盾与斗争，其中包括民族间的战争。换句话说，即存在着民族问题。列宁说过："在分析任何一个社会问题时，马克思主义理论的绝对要求，就是要把问题提到一定的历史范围之内；此外，如果谈到某一国家（例如，谈到这个国家的民族纲领），那就要估计到在同一历史时代这个国家不同于其他各国的具体特点。"[1]

遵循列宁这个教导，分析中国历史发展不同时代不同性质的民族问题，是我们理解中国历史发展规律的关键之一，更是我们观察和分析中国近现代民族问题以及认识解决民族问题的途径之所以不同于其他国家之处的关键所在。

先秦姑置不论。自秦汉至清朝前期，即公元1840年资本主义列强侵入中国以前，是中国古代中央集权制封建国家形成、发展、巩固的历史过程，是漫长的君主专制封建时代。在此期间中国各民族的互相交往与斗争，都是中国古代统一多民族国家形成与发展巩固过程中的民族问题，因而是国内性质的民族问题。

1840年至1949年中华人民共和国成立以前，是中国的近代，是由民主主义和新民主主义两个革命阶段构成的资产阶级民主革命时代。近代中国社会的主要矛盾是中华民族与帝国主义的矛盾。因而中国近代的民族问题，首先是中华各民族结成整体，从

---

[1]《列宁选集》第二卷，第512页。

帝国主义压迫下争取祖国独立，保卫祖国的统一与领土完整，形成现代的中华民族的独立国家，换言之，即争取中华民族的彻底解放。这是世界民族殖民地问题的一部分，而且是其中非常重要的一部分。另一方面，在争取中华民族彻底解放的过程中，中华民族共同奋斗，推翻了两千多年君主专制下的国内民族压迫制度，争得了各民族一律平等。其主要标志，是在中国共产党领导下，各民族共同奋斗，缔造了伟大的中华人民共和国。

中华人民共和国建立以后，中国已进入社会主义新时代，即中国的现代。封建君主专制制度所遗留下来的民族压迫制度已废除，实现了国内各民族的平等团结和各民族内部的团结。在民族地区实行区域自治的基础上，大力发展民族地区社会主义政治经济和现代科学文化，争取逐步消灭民族间发展的不平衡，使各民族地区赶上和接近汉族地区的发展水平，达到共同繁荣的目的。这样，我国各兄弟民族，将在社会主义现代化的进程中，日益发展社会主义的民族关系，不断增强各兄弟民族和民族内部的大团结，取得中国社会主义事业的胜利。

当然，以上三个历史时代是互相衔接的，因而不同时代不同性质的民族问题，也不是孤立的。研究它们之间的历史渊源和联系，无疑是重要的；严格地区分它们之间本质的不同，划清界限，则是正确观察分析中国民族问题的前提。这样的区分，符合中国历史发展的规律，有充分的理论根据；而且对于我们建立中国历史与中国民族史的科学体系，理解党的民族政策和从事民族工作实践，以及当前正确地进行爱国主义宣传教育，都是非常必要的。

一

从秦汉到清代的两千多年间，我国并不是经常保持着统一，各王朝的疆域也不是不增不减,而是经历了多次统一与分裂的反复。其间大多数王朝是汉族统治者建立的,也有几个王朝由少数民族统治者建立;在边疆地区,更有过许多由少数民族建立的王国、汗国以至帝国。它们或南北对峙,或四分五裂。同时存在的各王朝与王国、汗国,往往互称"敌国"与"外国",我们把它们之间的矛盾斗争,都归结为国内性质的问题,是否恰当?

马克思指出:"对人类生活形式的思索,从而对它的科学分析,总是采取同实际发展相反的道路。这种思索是从事后开始的,就是说,是从发展过程的完成的结果开始的。"[①]马克思给我们指出了解决问题的途径与方法。

任何国家历史发展的动力,都寓于它的内在矛盾对立统一的演化之中。从秦汉到清代统一分裂交替的历史过程,是中国古代统一多民族国家矛盾对立统一的辩证发展过程。中国古代君主专制的统一,是建立在小农经济的基础上,地主阶级对农民阶级的压迫剥削制度,是封建君主专制制度的主体,而对国内各民族的压迫,也是君主专制制度的重要组成部分。农民阶级,其中包括少数民族的被统治阶级的反抗斗争和农民战争,是中国古代历史发展的真正动力。地主阶级为了其整体利益,为了巩固地统治农民和国内各民族,它们有必要建立强大的统一王朝。但统一中包含着分裂的因素,当地主阶级某一政治集团或地区集团强大到足以向中央闹独立,或少数民族统治者中某一集团强大到足以与中央对立或对抗,它们之间往往为争夺全国或一个地区的统治权,展开你死我活的斗争。这种各民族之间统治者争夺全国或地区性统治的斗争,又往往和农民阶级的反抗斗争呈现错综交织的状况。总之,古代中国诸多王朝的交替和有些历史时期政权林立,归根结蒂,无不是中国古代历

[①]《马克思恩格斯全集》第二十三卷,第92页。

史发展规律的反映。从统一到分裂,再到更高度的统一,是中国历史发展的总趋势,统一是中国历史发展的主流。二千多年间出现的诸多王朝、汗国、王国,都是中国古代统一多民族国家发展过程长链中不可缺少的一环,其结局,是清朝完成了以秦汉为发端的古代中国统一多民族国家的历史发展过程。当资本主义列强侵入中国以前,中国完全是一个有巩固的中央政府,有广大疆域、明确国界和众多民族统一的主权国家。我们怎能把这个统一国家发展长链中任何一环拆去而使之失去其连贯性呢?毫无疑问,不管从秦汉至清朝二千多年间出现在中国大地上的王朝、王国、汗国的统治者属于哪个民族,也不管它们之间当时是何种形式的政治关系,都是中国古代统一多民族国家形成、发展、巩固过程中的一种历史现象,都对古代中国历史作过自己的贡献,因而它们之间的统一与分裂,都是国内性质的问题,即统一多民族中国历史发展过程中的民族问题。

让我们再就几个主要方面,作一些具体分析,或许有助于将上述基本观点表述得更清楚。

首先,广大的中国疆域,不仅是中国各民族及其祖先共同开发的,也是中国各民族经过许多局部的兼并统一才最终形成的。

从地理环境方面看,以农立国的古代中国,大致可分为秦岭淮河以南水田农业区,秦岭淮河以北旱地农业区和广大的草原游牧区三大区域。秦始皇统一南北两大农业区以前,经历春秋战国数百年兼并,至战国时,七雄各自统一了相当大地区。最后秦楚决战时,虽然双方在南北都有交错区域,但大体而论,秦已统一北方旱地农业区,楚已统一南方水田农业区,而且都包括了许多不同族称的古族。与此同时,北部草原游牧区也已开始了各部的兼并统一。秦汉之际,匈奴冒顿自立为单于,东并东胡,西走月氏,北役丁零,并扩张到西域。于是东起今大兴安岭山脉,西至今天山南北,北至今贝加尔湖,南至秦岭的长城"诸引弓之民并为一家，北州以定。"① 在中国历史上第一次出现北部游牧区与南北农业区由两个统一政权统治的局面。汉文帝写信给匈奴单于说："长城以北诸引弓之国受令于单于，长城以南冠带之室朕亦制之。"②

然而农牧区的经济是需要互相补充的，相互存在着深刻的依赖关系，因为游牧区生产更加单一，对农业区的依赖较之农区对牧区的依赖程度更大。这种经济区域的自然分野与内在联系，决定了游牧区与农业区两大政权不可能长期并立。匈奴拥有强大的军事优势，常成为汉朝的严重威胁，然而"匈奴人众不能当汉之一郡。"③ 经过百余年和战交替，匈奴终于被汉朝及匈奴统治下的乌桓、丁零、乌孙所挫败。呼韩邪单于降汉，标志着匈奴已成为汉的藩属。同时，汉朝在与匈奴长期斗争中，西通西域，争取了西域"城廓诸国"和乌孙归汉，设立"西域都护"；又争取了乌桓归汉，设立"护乌桓校尉"；进而争取诸羌，湟中成为郡县之区；又开发"西南夷"，开设犍为、越巂、益州、牂牁、诸郡；南灭南越，东灭闽越，恢复秦朝郡县而加以省益。于是秦开始形成的中国统一，至汉朝得到了发展和巩固，奠定了统一多民族中国疆域的基础。

由此可见，秦楚各自统一中国南北农业区，为秦始皇大一统提供了前提。同样，匈奴对中国北部草原游牧区的统一，也为中国大统一准备了前提。匈奴降汉以后，终于使东西万余里，南北数千里，拥有众多部落和多种族称的古族分布的草原游牧地区，成为中国大一统的组成部分。正如秦楚各自统一南北农业区其功不可没一样，匈奴统一草原游牧区的历史功勋，也应该加以肯

---

① 《汉书·匈奴传上》卷九十四上。
② 《汉书·匈奴传上》卷九十四上。
③ 《汉书·匈奴传上》卷九十四上。

定。匈奴与秦汉的战争，实质上与秦楚之战一样，是中国古代统一多民族国家形成发展过程中的兼并统一战争。与匈奴统一北部游牧区的历史功勋相仿佛，松赞干布统一吐蕃，不仅为藏族各部统一奠定了基础，而且也为西藏高原成为统一中国一部分奠定了历史基础。他们都对中国形成为统一的多民族中国作出了自己的贡献，尽管他们主观上完全不能意识到这种结果。

自秦汉形成大一统局面之后，中国古代史上出现了一种规律性反复，即中原王朝衰败乃至分裂，边疆也必然出现众王诸汗，然后再由一个个局部统一走向更高度的统一。王朝衰则边疆乱，王朝盛则边疆宁，成为中国古代统一与分裂演进的公式。只有秦汉以后作为一个多民族国家内的统一与分裂的螺旋式发展，中国才能越来越巩固和达到前所未有的统一。

中国古代的史籍，以记述政治事件为主，与帝王统治术无涉而有功于历史发展的经济文化史和民族史，在古代史籍中更没有地位。比如农民是中国古代社会财富的主要创造者和阶级斗争的主力军。农民在生产与其他领域的历史贡献，均被史家所摒弃，只是农民起来暴动，威胁帝王宝座，才大书"盗"、"贼"、"寇"、"乱"与"剿"、"抚"方略等等。所以农民总是被古代史家书写成社会的破坏者与消极的力量。少数民族也是如此。在中国古代，少数民族的贡献是多方面的，各民族之间和平交往，经济上互相补充，文化上互相学习，血统上互相融合，疆土上共同开发等等，都被史家所摒弃，一旦战争爆发，即大书"寇"、"掠"、"绥"、"伐"，因而古籍中，充满着民族之间的杀掠，少数民族被描述为"夷狄"、蛮荒之区的野蛮而消极的力量。解放以后，在马克思列宁主义毛泽东思想指导下，对农民战争的评价彻底翻了案，而大汉族主义的正统观，虽已有很大改变，但没有得到彻底的纠正。现在仍有一些著作，每分析中国古代的民族问题时，往往强调了矛盾对立的一面，忽略了深刻的内在的统一的一面;强调了游牧民族掠夺农业区破坏农业生产的一面,忽略了上述两种区域各民族相互依赖和支援的一面;强调了少数民族王朝、汗国、王国为患扰掠和民族压迫的一面,忽视了它们或曾统一中国一区或曾统一全国因而对古代中国统一多民族国家形成、发展、巩固作出积极贡献的一面。事实上,中国各民族在共同生活与发展的漫长历史中,形成了交错杂处的分布特点,在生产、文化以至血统上都互相吸收,你中有我,我中有你。虽然专制制度下的民族压迫造成了严重的民族隔阂,但实际生活中彼此不能分离。这是中国古代能够形成和巩固地发展为统一的封建大国的客观条件,而封建大国又为古代中华文明和各民族的发展提供了广阔的天地。

其次,建立北魏、辽、金、元、清几个王朝以及曾在边疆建立诸如渤海、南诏、大理、黑韩、西夏、西辽、东夏等王、汗政权的少数民族,在建立王朝与雄据一方称王建号以前,都早已是中国古代的少数民族。比如北魏是在晋所封"代公"的基础上发达起来的。五代后唐、后晋、后汉是由沙陀人建立的三个小朝廷,其统治者称帝以前均为节度使中的强藩,史家常忽视其为少数民族而仅视为藩镇割据的继续。契丹出现在历史舞台上,即是北魏藩部,唐在契丹地区设松漠都督府,《辽史·百官志三》指出:"契丹国自唐太宗置都督、刺史,武后加以王封,玄宗置经略使,始有唐官爵矣。其后习闻河北藩镇受唐官名,于是太师、太保、司徒、司空施于部族。"辽太祖、太宗建立王朝,统有游牧与农业两类许多民族,建立南北面官制,是中国古代统一多民族国家制度的一个重要发展。女真的先民与中原关系已为人所熟悉,阿骨打的父祖累世为辽生女真部节度使,得以兼并各部,进而建立金朝。成吉思汗早年也因助金丞相完颜襄讨伐塔塔儿部反叛而受金朝官号成为金朝部族军官。努尔哈赤的祖先,世为明建州左卫地方官员,他本人早年也受明朝官号为龙虎将军。这些少数民族成为统治民族以后，都按照传统的中国政治制度与文化建立封建王朝，尽管不可避免地有封建制度以及统治者民族偏见所带来种种局限，但都对中国古代历史的发展作过很大的贡献。仅就中国疆域的巩固和统一方面而论，北魏统一北部中国，为隋统一全国的前奏。北朝制度对隋唐制度的影响，史家早有定论；辽金对于巩固中国东北与北部疆域的贡献，也引起史家注目。而它们把农业区、游牧区两类民族置于统一中央王朝直接管辖之下的南北面官"因俗而治"的制度，实际被元与清续承而清集其大成，得以完成了中国古代统一多民族国家中整齐划一的地方行政制度，把全国所有地方都置于中央直接的行政管辖之下，这是中国古代统一多民族国家发展过程完成的主要标志！辽金元至清朝在这一方面的贡献，至今没有较为系统和明确的论著加以阐述。事实上自元统一全国之后，中国古代再没有出现过长期的大分裂、改朝换代之际的逐鹿纷争，仅是两个统一朝代交替的暂时现象。所以，我们断言，秦汉是中国古代统一多民族国家开始形成的阶段，中经魏晋南北朝隋唐辽宋金螺旋式发展，至元明清进入完成阶段，而清朝乾隆时已完成整个发展过程。至于边疆诸汗国、王国的历史地位，它们在统一多民族中国古代历史发展中的贡献，限于篇幅，恕我从略。

总而言之，中国的疆域是中国各民族共同开拓和巩固的，统一多民族的中国是中国各民族共同建立的，近现代如此，古代也是如此。在整个发展过程中，汉族始终起着主导作用，少数民族也作了很大的贡献。

第三，反映在观念形态上，"中国"这个词，在西周初指"京师"，扩大指"王璞"或中原，春秋战国指诸夏各诸侯国，秦始皇统一以后，即指王朝郡县地区，而与边疆民族地区相对称。汉扬雄《方言》谓："裔，彝狄之总名"，晋郭璞注："边地为裔，亦四裔通以为号也。"① 到了清朝，段玉载注解《说文》"夏，中国之人也"一条时说："以别于北方狄，东北貉，南方蛮闽，西方羌，西南焦侥，东方夷也。"② 这是依许慎古义作注。王绍兰认为其未能反映内含的发展，在他所撰《说文段注订补》中："案，京师为首，诸侯为手，四裔为足，所以为中国之人也。"汉晋间扬雄、许慎、郭璞解释"夏"、"中国"与"裔"认为是中原与边疆民族地区相对而言，清代学者认为中原与边疆各民族已融为一体。这是中国古代统一多民族国家发展过程，在人们观念上的反映与规范化。所以，少数民族虽被歧视为"野蛮人"以至被诬为"禽兽"，但少数民族建立的王朝历史，历来都包括在"正史"之中，宋代"十七史、明代"廿一史"以及后来"二十四史"、"二十五史"等，都包括了少数民族建立的王朝史。另一方面，在古代，国外一些国家、地区与民族，除了以秦、汉、唐等代表中国，也常以拓跋氏、契丹等代表中国，甚至一直反映在当代一些民族与国家的地理概念之中。

中国古代的史籍浩如烟海，其中包括少数民族文字的文献。站在汉族某王朝立场上看与之敌对的少数民族建立的王朝、王国与汗国，或站在这些王朝、王国、汗国立场上看与之对立的汉族王朝，此疆彼界和互称敌国，这丝毫不足为奇。马克思主义者只能从统一多民族中国的立场出发，以同一尺度去评价诸王朝、汗国、王国的历史及其功过是非，否则"不免要发生时代错误、地理错误和道德规范的错误"。③ 李一泯同志这个深刻的马克思主义论断，是值得我们深思的。

---

① 《方言笺疏》卷十二。
② 《说文解字段注》，四川成都古斋书屋，1982年版上册，第246页。
③ 《读〈辽史〉——兼论〈四郎探母〉》，见《文艺研究》1981年第四期。

二

在中国古代，本无"民族"一词，到19世纪末20世纪初，才从日文中转译过来。自孙中山先生倡"三民主义"，"民族革命"成为"中国同盟会"建立以后中国民主革命的一面旗帜，于是"民族"这个词被使用得非常广泛，"民族问题"这个术语，也随之出现。但无论在翻译国外著作，或各种政治派别与学术流派在阐明其纲领与观点时，使用这两个词语在内涵上都有很大差异。即使同是以马克思主义为指导的论著，对它们的理解与使用，也并不完全一致，有些重大理论问题，仍在探讨中。本文说要划清中国历史上不同时代不同性质民族问题的界线，也是根据笔者的心得和目睹一些有必要加以讨论的问题提出来的。

在马克思主义民族理论诞生以及这种科学理论系统地传入中国以前，一般的看法是把"民族"看作有共同血统的人们集团，因此，"民族"与"种族"常常混用。我国以前也常常有用"种族"一词指实际上的民族。现在这两个词的区别，已为学术界普遍接受。"民族"是指历史上形成的人们共同体，属于历史范畴，"种族"也称人种，是以人类外表体质特征的不同而划分的人类学集团，属于生物学范畴。在各种场合下都能区别这两个概念，是科学上不小的进步。另一方面，把"民族"、"氏族"、"部落"内涵的异同加以区分，也已引起广泛重视。它们都是历史上形成的人们共同体。但氏族，部落是指原始社会中以血缘联系为基础的人们共同体，是血亲集团。而民族是人类进入阶级社会后以地缘联系为基础的人们共同体。事实上，世界上的各民族，包括某些尚有原始社会形态明显遗存的民族，都不可能由单一的血缘发展而成；在中国这样有长久历史的统一多民族国家，情况更是如此。我们通常是把处在各种不同社会发展阶段的人们共同体，其中包括历史上不同时期出现的人们共同体，一律称为民族。如果就氏族、部落、民族均为历史上形成的人们共同体这点而论，这样的用法是合理的；就现实生活中各民族（不论其社会发展程度如何）一律平等的政策而论，这样的用法也很正确。本文正是从这种角度出发来使用"民族"这个概念的。当然在社会发展史和民族形成等科学领域，把氏族、部落与民族加以区分仍然十分必要；或进一步按斯大林晚年著作《马克思主义和语言学问题》一书中严格地把资本主义制度以前在奴隶制度与封建制度下形成的人们共同体称为部族，现代资产阶级民族才称为民族，也并非多余，特别是翻译有关著述时为忠实于原意，更是完全必要的。

从世界历史进程看，"民族问题"作为一个社会政治问题提到日程上来，与资本主义制度的萌芽、发展到形成确立的历史过程联系，到帝国主义阶段，便发展成为世界范围的民族殖民地问题。但在古代罗马帝国，只有"公民权"才是第一要素，民族的观念极为薄弱。中世纪欧洲，形成许多小王国、公国，各自封闭割据，只是在资本主义制度的形成发展过程中，才打破这种隔绝状态，完成了西欧一些主要民族的统一，建立了单一民族国家。资产阶级提出"民族平等"、"民族市场"等口号并确定了民族国家主权不容侵犯的国际法准则。但它们以卑污与无耻的手段，用血与火去掠夺殖民地，尽量破坏广大殖民地半殖民地各民族的独立。到19世纪末，资本主义发展到帝国主义阶段，已把世界瓜分完毕，世界上清楚地划分为帝国主义压迫民族与殖民地半殖民地被压迫民族两大类。马克思、恩格斯、列宁、斯大林先后以上述过程为研究对象而作了理论概括。列宁和斯大林，曾经把民族问题划分为三大类型和三个时期。按照斯大林1921年的划分，是以资本主义上升时期在西欧形成的民族与民族国家，作为民族运动的第一个时期。第二个时期是资本主义发展到帝国主义的时期,此时期的民族问题,是世界民族殖民地问题,是无产阶级革命总问题的一部分。第三个时期,就是苏维埃时期。①

斯大林在分析东西欧的区别时指出,当西欧资本主义在战胜封建主义过程中形成为民族国家的时候,东欧却形成了多民族国家。"在这些国家中资本主义的发展还没有开始,也许刚刚开始。"②他还指出,前两个时期有一个共同的特征,那就是有些民族受到压迫和奴役,因而民族斗争仍然存在,民族问题没有解决,然而两个时期是有差别的。在第一个时期,民族问题并没有越出个别多民族国家的范围,只是涉及不多几个民族,主要是欧洲一些民族;而第二个时期,民族问题就由国内问题变成国际问题,变成帝国主义国家彼此间为了控制没有充分权利的民族、为了使欧洲境外的部族和部落隶属于自己而进行战争的问题了。

"这样,过去仅仅对那些文明国家有意义的民族问题,在这个时期就失去了它的孤立性,而同整个殖民地问题融合起来了。"③

斯大林未能直接论证中国古代多民族国家的民族问题。不过我们以其分析问题的方法判断,中国古代多民族国家形成过程中的民族压迫、民族矛盾、民族战争等等,没有越出一个国家内历史上的民族问题的范围,也不可能越出中国历史范畴而成为世界性质的问题。只有在中国沦为半殖民地、局部地区沦为殖民地的近代,中国的民族问题,即中华民族的解放问题,才成为世界民族殖民地问题的一部分,而且是无产阶级革命导师极为关注的一部分。这个界限不管人们主观上是否认清而自觉加以区别,它客

---

① 参看《列宁选集》第二卷,第 716—729 页;《斯大林全集》第二卷,第 289—358 页;《斯大林全集》第五卷,第 27—31 页。
② 《斯大林全集》第五卷,第 27 页。
③ 《斯大林全集》第五卷,第 29 页。

观上是存在着的

早在西方资本主义列强侵入中国之后不久,无产阶级的革命导师马克思和恩格斯在论述中国革命问题时就已把中华民族与侵略者的矛盾放在首位,并且和中国国内民族矛盾加以严格区别,从而划清了二者的界限。他们针对当时欧洲列强,尤其是英法俄三国的侵华罪行和中国人民的反侵略战争,写了一系列著名论文,称中国为"中华帝国"、"世界上最古老的帝国",而称满族为"当今中国统治民族"。恩格斯抱着满腔同情,肯定中国人民反抗侵略"这是保卫社稷和家园的战争,这是保存中华民族的人民战争",[①] 他还预言:"中国的南方人在反对外国人的斗争所表现的那种狂热态度本身,显然表明他们已觉悟到古老的中国遇到极大的危险;过不了多少年,我们就会看到世界上最古老的帝国作垂死的挣扎,同时我们也会看到整个亚州新纪元的曙光。"[②] 马克思明确指出,当时的中国是"欧洲的直接对立面",中国人民的革命斗争,必将对欧洲的阶级斗争产生极深刻的影响,而"中国的连绵不断的起义已延续了十年之久,现在已经汇合成一个强大的革命,不管引起这些起义的社会原因是什么,也不管这些原因是通过宗教的、王朝的还是民族的形式表现出来的,推动了这次大爆炸的毫无疑问是英国的大炮。"[③] 马、恩以历史唯物主义的无比洞察力和预见性提出了这些论断。只是限于时代与阶级的局限,在中国共产党把马克思列宁主义与中国革命实际相结合以前,历次革命群众运动都未能把这种客观存在的区别明确地反映到纲领中去,没有提出科学的民族问题纲领与政策。

然而社会客观存在的法则,是必然地会反映到实际斗争中去

[①] 《马克思恩格斯选集》第二卷,第20页。
[②] 《马克思恩格斯选集》第二卷,第21—22页。
[③] 《马克思恩格斯选集》第二卷,第1—2页。

的。中国各族人民在近代史上所遭受的凌辱和苦难，都不是语言所能形容的。尽管由于两千年专制制度下民族压迫在各族人民之间造成了很深的隔阂，但在帝国主义侵略面前，中国各族人民仍然是自发地表现为一个整体，同仇敌忾。这就是中国共产党对外高举反帝爱国旗帜、对内高举民族平等旗帜，并成为中华民族团结的核心的历史根源与社会根源。

我们并不是说在中国共产党以前，资产阶级革命民主派完全没有提出过民族革命的纲领。事实上，自从中国在甲午海战中失败以及在此前后帝国主义掀起瓜分中国的狂潮中，除了帝国主义走狗以外的中国各族各阶层，都已深深感到必须"救亡"。而"戊戌变法"被扼杀，义和团群众爱国运动遭残酷镇压，清廷作为帝国主义代理人的反动面目已彻底暴露出来时，陈天华在《猛回头》中向国人高呼："列位，你道现在的朝廷仍是满洲的吗？多久是洋人的了！"要求推翻清廷统治，20世纪初年已成为中国人民大觉醒的标志。不过各种政治派别所抱"反满"宗旨非常复杂。即使伟大的革命先驱孙中山先生，早年也深受"反清复明"等民族思想影响。在"兴中会"成立前，19世纪末，他曾提出："驱逐鞑虏，恢复中华"这个元末农民起义曾提出过的口号。但清末的社会矛盾已发生了本质的变化。当时的"中国"，已不再是与边疆相对称的中原内地的概念，而是与外国侵略者相对立的国际法意义上的主体，中华民族与帝国主义的矛盾，已成为社会诸多矛盾中的主要矛盾，所以，中国近代的民族革命必须以推翻帝国主义在中国的统治争取中华民族的独立解放，才能反映社会矛盾的内在要求。清廷已是洋人走狗，又是两千年专制帝制形将就木的朽躯，所以，推翻清廷，必须与推翻专制帝制实现民主共和为宗旨，才能反映中国民主革命的内在要求。孙中山先生不愧为伟大的革命民主主义者。在"中国同盟会"成立时，关于"反满"的问题已发生了突变，比如会的名称，有人主张用"对满同盟会",孙先生反对,而主张用"中国革命同盟会",经讨论确定为"中国同盟会",其纲领为"驱逐鞑虏,恢复中华,建立民国,平均地权",这就是孙先生所创立的旧"三民主义"。在同盟会成立以后,孙先生为了向同志向国人解释其"三民主义",阐明其革命宗旨,也为了答复保皇党的辩难,曾在各种场合下进行解说。他说:"革命宗旨,不专在排满,当与废除专制,创造共和并行不悖。"[1] 又说:"惟是兄弟曾听见人说,民族革命是要尽灭满洲民族,这话大错。……我们并不是恨满洲人,是恨害汉人的满洲人。假如我们实行革命的时候,那满洲人不来阻害我们,决无寻仇之理。"[2] 并进一步指出:"照现在这样的政治论起来,就算汉人为君主,也不能不革命。"[3] 陈天华在其《绝命书》中也指出,为了使中国免于灭亡,必须推翻清朝,但"满洲民族,许为同等之国民,以现世之文明,断无有仇杀之事,故鄙人之排满也,非好倡复杂论者所云,仍为政治问题也。"[4] 辛亥革命之后1912年1月1日孙先生就任临时大总统,他接受"五族共和"的主张,宣告:"国家之本,在于人民。合汉、满、蒙、回、藏诸地为一国,如合汉、满、蒙、回藏诸族为一人,是曰民族之统一。"[5] 同一年他还在少数民族人士面前满怀希望地发表演说:"今者五族一家,立于平等地位,种族不平等之问题解决,政治不平等之问题亦同时解决,永无更起纷争之事。"[6] 对于孙先生反对专制帝制的革命精神,列宁给予很高评价,称赞"孙中山纲领的每一行都渗透了战斗的、真诚的民主主义。它充分认识到

---

[1] 冯自由:《中华民国开国前革命史》,中卷,第2页。
[2] 《孙中山选集》,第81页。
[3] 《孙中山选集》,第82页。
[4] 近代史资料丛刊《辛亥革命》(二),第737页。
[5] 《孙中山选集》,第90页。
[6] 胡汉民编:《总理全集》第二卷,第83页。

'种族'革命的不足。"①

然而孙先生并没有停留在旧"三民主义"的水平上。他总结辛亥革命以前的斗争,"做成了两件很大的事:一件是把满清两百多年的政府完全推翻;一件是把中国数千年的专制团体根本改变。"②但辛亥革命的果实被军阀所篡夺,他们各以帝国主义为后台而混战不息。孙先生在斗争实践中认识到必须"以俄为师",向马克思列宁主义学习,实行"联俄、联共、扶助农工"三大政策。他在1924年1月提交大会讨论的《中国国民党第一次全国代表大会宣言》中分析当时中国现状,并对"三民主义"重新作了"真释"。他明确指出:当时"所谓民国政府,已为军阀所控制……中国内乱,实有造于列强,列强在中国利益相冲突,乃假手军阀,杀吾民以求逞。"所以辛亥革命以后十余年,中国情势江河日下,帝国主义及其走狗"令中国深入半殖民地之泥涂地狱"。基于对中国社会矛盾如此深刻的认识,孙先生以非常明确的语言,概括"国民党之民族主义,有两方面之意义:一则中国民族自求解放;二则中国境内各民族一律平等。"并进一步解释说:"盖民族主义对于任何阶级,其意义皆不外免除帝国主义之侵略。……故民族解放之斗争,对于多数之民众,其目标皆不外反帝国主义而已。"对国内民族问题,他主张:"承认中国以内各民族之自决,于反对帝国主义及其军阀之革命获得胜利以后,当组织由统一的(各民族自由联合的)中华民国。"③

1906年12月孙先生在解释其"三民主义"时说:"我们推倒满洲政府,从驱除满人那一面说,是民族革命,从颠覆君主政体

---

① 《列宁选集》第二卷,第424页。
② 《孙中山选集》,第582页。
③ 《孙中山选集》,第586—591页。

那一面说,是政治革命,而并不是把来分作两次去做。"① 20 世纪初,这无疑是中国革命民主主义者认识上的一个飞跃。它和一切"排满复仇"论者划清了界线,在孙先生本人的思想发展史上是个重要的突破。

三

中国共产党从诞生之日起,即高举反帝爱国的旗帜,高举民族革命的旗帜,从而抓住了中国近代社会的主要矛盾。在国内民族问题方面,1922年7月召开的第二次全国代表大会发表的宣言,曾提出过"民族自决"和"民族自治"。这两个口号并提,仍未能明确划清中华民族反帝斗争和国内各民族反对封建的民族压迫制度两者不同性质的界限,因而未能准确地掌握列宁民族自决权理论的实质。在党的幼年时期,这种教条主义现象,是完全可以理解的。

列宁在谈到无产阶级确定民族问题的纲领的时候,强调必须把帝国主义压迫民族和殖民地半殖民地被压迫民族明确加以区别。列宁所倡导的民族自决权,是指殖民地半殖民地被压迫民族有权脱离帝国主义的统治,建立自己的独立国家。所以,在20世纪初,西欧大多数国家和美国,民族问题早已解决,当时如果"到西欧社会党人纲领里去寻找民族自决权,就是不懂得马克思主义的起码原则。"② 而俄国是一个军事封建帝国主义国家,一方面它的资产阶级民主革命到20世纪初才特别发展起来,同时它的广大边疆地区是帝国主义俄国从别国瓜分掠夺的殖民地,边

---

① 《孙中山选集》,第82页。
② 《列宁选集》第二卷,第517页。

区各被压迫民族不仅人口总和比俄罗斯人为多,即以资本主义发达程度与一般文化程度,也往往高于俄国中心地区。特别是,其与亚洲邻国相接的边区,正受到亚洲各国民族解放运动兴起的影响。所以,列宁断言,如果俄国无产阶级政党不坚持民族自决权,不承认被帝俄统治的各被压迫民族有脱离帝俄的自由,就不能完成俄国的民主革命,更谈不上社会主义革命的胜利。因为不这样,就无法"使压迫民族的工人和被压迫民族的工人的阶级斗争融合起来。"①

中国与帝俄恰恰相反,是被帝国主义列强侵略瓜分的对象。列宁认为,对中国、波斯、土耳其等半殖民地国家和一切殖民地,帝国主义国家的无产阶级政党,应该无代价地、无条件地支持他们脱离帝国主义的统治,承认其民族自决权,支持这些国家的资产阶级民主革命,"而有机会的时候,也帮助他们的革命战争——反对压迫他们的帝国主义列强。"②

由此可见,按照列宁的民族自决权原则,对中国革命而言,只能是指中华民族通过民族革命争取独立解放。如果我们系统地学习马、恩、列关于中国问题的论述,我们肯定只能作如此理解。

中国各民族的长远和根本利益的一致性,中国各民族关系的整体不可分割性,植根于非常深厚的历史土壤之中。但在帝国主义侵略中国以前,因为没有直接的对立面,这种一致性与整体性未能充分显露出来,它是在各民族共同反对帝国主义的斗争中才逐渐被认清的。中华民族这个统一体,是在帝国主义的侵略面前才充分显示其存在的!如果违背这种历史的内在联系,按民族分布来割裂中国,这正符合帝国主义侵略与瓜分政策的需要。所谓

---

① 《列宁选集》第二卷,第724页。
② 《列宁选集》第二卷,第724页。

"满蒙非中国"论、长城边疆论"等等谬论,正是帝国主义这种政策的产物。而帝国主义在中国策划分裂阴谋,也往往打起"民族"和"民族独立"的旗号。所以,在中国革命进程中,中国共产党很快扬弃了在国内民族问题方面的"自决"口号,而提出了"民族区域自治"的口号,并逐步发展成为解决国内民族问题的基本政策。

在第二次国内革命战争时期,当时的中华苏维埃政府,已有在少数民族地区实行区域自治思想的萌芽。红军长征途中经过民族地区,也有过某种实践。1936年日本帝国主义在我国内蒙古玩弄"独立自治"的分裂阴谋,中共中央即发出了《关于内蒙古工作的指示信》,明确指出:"……在目前阶段上,中国一切民族在日本帝国主义侵略面前都发生亡国的危险,一切民族应当在平等自愿的原则上最亲密地团结起来,反对共同的敌人,应当彼此帮助,以加强抵抗侵略者的力量。中国各民族间仇视与离散,将被日本帝国主义利用来奴役这些民族。"

进入抗日战争阶段,民族区域自治的概念和政策已经提出来了。1938年12月,毛主席在《论新阶段》的报告中谈到国内民族政策时指出:"允许蒙、回、藏、苗、瑶、彝、番各民族与汉族有平等权利,在共同对日原则之下,有自己管理自己事务之权,同时与汉族联合建立统一的国家。"这项在统一国家内少数民族实行区域自治的民族政策,在陕甘宁边区已有了若干实施。在党的第七次代表大会上,毛主席在报告中进一步批判了国民党继承封建专制制度下的民族压迫政策和对少数民族实行残酷镇压的反动行径,重申:"要求改善国内少数民族的待遇,允许各少数民族有民族自治的权利。"[①] 解放战争时期,在1949年发表的《中国人民解放军宣言》中也宣告了"承认中国境内各少数民族

---

① 《毛泽东选集》(横排本),第1013页。

有平等自治的权利。"① 以后在建国前夕中国人民政治协商会议通过的《共同纲领》中规定"各少数民族聚居的地区，应实行民族的区域自治。"于是，党的民族区域自治政策得到确立。实践证明这是解决我国国内民族问题唯一正确的政策。这项政策，在解放后通过实践，日趋充实和完善，受到了中国各族人民的拥护，并在历次宪法中得到肯定。在五届人大通过的新《宪法》序言中写道："中华人民共和国是全国各族人民共同缔造的统一多民族国家"，用宪法的形式肯定了我国各族人民对缔造祖国所作的历史贡献。《宪法》并对区域自治的性质和少数民族的合法权利与利益，作了明确的规定。这是党的民族区域自治理论、政策及其成就的历史性总结。

党的上述政策所以得到全国各族人民的拥护，因为它是建立在对中国近代社会矛盾及其历史根源的马克思列宁主义科学分析的基础之上。毛主席指出：中国的民族民主革命主要敌人是帝国主义和中国封建主义，因而革命的任务"就是对外推翻帝国主义压迫的民族革命和对内推翻封建地主压迫的民主革命，而最主要的任务是推翻帝国主义的民族革命。"② 同时指出"民族革命和民主革命这样两个基本任务，是互相区别，又是互相统一的。"③ 基于这种科学分析，毛主席指出：新民主主义革命的民族问题的基本纲领是坚决反对帝国主义，"对外求中华民族的彻底解放，对内求国内各民族之间的平等。"④ 从而完全指明了中华民族的解放与国内各民族求平等的道路。与党的初期的口号相比，基本精神相一致，而国内民族问题扬弃了"民族自决"的口号，指出国

---

① 《毛泽东选集》（横排本），第1182页。
② 《毛泽东选集》（横排本），第600页。
③ 《毛泽东选集》（横排本），第600页。
④ 《毛泽东选集》（横排本），第710页。

内各民族的平等，是民主革命的一部分，通过推翻封建民族压迫制度，实现在统一中国内民族自治。这些都表明，马克思列宁主义中国化了。于是中华民族的统一性与整体性，中华民族长远与根本利益的一致性，就完全由自在之物变成为自觉之物！正是依靠这种空前的民族觉悟和正确政策，依靠中国共产党身体力行的先锋模范作用，中国共产党才成为中华民族团结的核心，领导全国各民族各阶级、阶层人民大众夺取了民族民主革命的伟大胜利，建立了伟大的中华人民共和国。

中华人民共和国的建立，标志着中国近代的结束和社会主义新时代的开端。建国以后，党的民族政策和民族工作所取得的历史性胜利是举世瞩目的。通过各级区域自治政权的建立和民主革命的完成，各兄弟民族地区，都已分别从资本主义以前各种形态的社会飞跃到社会主义社会；在社会主义革命和社会主义建设中，各兄弟民族之间形成了社会主义的民族关系。党的十一届三中全会以来，克服了林彪、江青反革命集团的恶劣影响，恢复了党的民族政策，发展了社会主义民族关系。以上说明，中国社会主义革命与建设中的民族问题，与中国古代、中国近代民族问题的性质迥然不同，它们之间的界限是非常明确的。

中国古代、近代和现代都存在着民族问题，它们之间不同性质的界限是客观存在的。我们只有用马克思列宁主义毛泽东思想为指导，去研究它们之间的区别从而划清其界限，才能自觉地理解和执行党的政策；才能自觉地和历史上民族压迫所造成的大民族主义思想和狭隘民族思想划清界限，发展民族团结；才能把当前可能在某个时期某种范围内出现的破坏党的民族政策和社会主义制度的民族纠纷与歧视等现象，同历史上的民族压迫制度加以区别。

在中国历史的研究中，只有划清了不同时代不同性质民族问题的界限，我们才不至于用观察分析近现代国际关系的准则去观察分析中国古代多民族统一国家形成过程中的民族矛盾与民族斗争；才不至于混淆中国古代多民族统一国家形成过程中的民族关系问题和近代反帝斗争中中华民族反帝国主义关系问题的界限；在关于爱国主义的宣传中，才能明确地把近现代中华民族反帝、反霸权主义斗争中所发扬的爱国主义所涌现的民族英雄，和古代国内民族斗争中出现的忠君爱国思想与民族英雄加以区别，从而大力地自觉地宣传近现代的爱国主义英雄业绩。

古代的民族关系是不平等的，但我们要以平等的原则去研究中国古代各民族对祖国历史的贡献。古代各民族劳动人民之间因为受民族压迫制度所造成的隔阂的影响，各民族间劳动人民的团结不可能成为他们的自觉意识，但长期在多民族中国的共同发展、共同生活、互相交往中，文化上互相吸收以至血统上互相融合，他们之间实际上已形成不可分割、互相依赖的关系。深入发掘这些内在的联系，对于消除历史上遗留的民族隔阂有重要意义。当然，古代各民族这种在一个国家实际形成的互相不可分割的关系与当前的社会主义民族关系也有本质的不同。我们希望尽快产生一部能真正反映中国各民族共同缔造祖国历史的科学的中国通史。但如果不严格划清不同时代不同性质民族问题的界限，这样的中国通史就无从产生。我们相信，如果不反映中国少数民族对祖国历史的贡献，就不能产生完整的科学的中国通史；同样，如果不把中国少数民族史，当作中国历史有机部分去研究，也不可能认清中国少数民族在中国历史发展中所作贡献的性质和范围，因而就不可能形成中国少数民族史的科学体系。离开中国史的范畴去研究中国少数民族史，必将陷于歧误，这就是本文最主要的结论。

（原载《云南民族学院学报》1983年第1期）

论中国历史上的疆域与民族

当今的中国,是由五十多个兄弟民族组成的统一多民族的社会主义国家。一般地说,中国各民族,都有非常古远的发展历史。在古代史上,除汉族建立的封建王朝之外,有些少数民族也曾在若干地区建立过政权,有些还建立过统治北部中国或统一全国的封建王朝。如此漫长而复杂的中国古代历史,如何确定中国的历史疆域?中国五十多个民族是否在历史上就属于中国的民族?这些是中国古代史研究必须给予解答的问题。

1840年以前的中国疆域是中国确定无疑的历史疆域

1840年西方资本主义列强侵入中国以前的中国疆域,是中国确定无疑的历史疆域;凡是在这个疆域范围以内的各民族,都是中国的民族,他们的历史都是中国历史的组成部分。凡是不在1840年以前中国疆界以内的邻国土地,不管在历史上与中国某一个王朝的关系采取何种政治形式,都是邻国的历史疆域,这些地区的历史,也应当是邻国历史的一部分。

我们之所以这样来确定中国的历史疆域,不是任意选择一个最有利的历史时期,而是依据马克思列宁主义关于民族殖民地问题的理论,和国际通行的法理来确定的。

首先,中国自1840年到新中国诞生以前,是一个受资本帝国主义侵略的半殖民地国家。按照马克思列宁主义关于殖民地民族解放运动的理论与世界殖民地民族解放运动的通例,都是以资本帝国主义破坏其独立以前的疆域确定其历史疆域的,中国自然也应该如此。

众所周知,资本一旦来到人间,资产阶级首先争取形成统一的本国民族市场与民族国家。它们首先确立了国家主权与疆域神圣不可侵犯的原则。尽管如此,资本主义列强不择手段地对别国进行肆无忌惮的侵略,用血与火在别国领土上建立野蛮的殖民统治。资本发展到帝国主义阶段,各帝国主义国家,已尽其所能把世界瓜分完毕,使亚非拉许多国家沦为殖民地半殖民地附属国。

马克思列宁主义者对于资本帝国主义列强破坏别国民族独立、侵略瓜分殖民地各国领土的罪行,是坚决反对的;马克思、恩格斯、列宁都曾对上述罪行给予明确的、义正辞严的揭发与批判。对于殖民地、半殖民地各国人民反抗资本帝国主义的侵略,争取民族独立与恢复其固有疆土的斗争,他们也一贯地给予深切的关注与热烈支持。正如列宁所指出,"被压迫者(例如殖民地人民)为反对帝国主义列强即压迫国家而进行的战争,才是真正的民族战争。"①

由于帝国主义统治遗留下来的恶果,殖民地半殖民地国家独立之后,与邻国有时也有边界与疆域纠纷,对这类问题,马克思列宁主义者总是主张在平等协商的基础上,既考虑历史背景又考虑现实情况,互谅互让和平解决。至于古代和中世纪历史上某个民族曾在某个地区立国或行使管辖,后来发生了很大变迁,甚至完全丧失了国土,现在再要求在原有土地上复国,或以古代、中世纪某个时期在某个地区行使管辖为理由向别国提出领土要求,是国际通例所不容的。或者,某个地区历来有几个不同的国家,而帝国主义殖民统治时期曾经是同一个帝国主义的殖民地,独立

---

① 《列宁全集》第23卷第25页。

后其中某个国家实行地区霸权主义,企图扼杀邻国的独立或任意侵夺邻国的领土,这也是完全违反国际关系准则的侵略行为,必然要受到世界各国公正舆论的严厉谴责。犹太复国主义者对阿拉伯国家的侵略与越南对柬埔寨的侵略,受到了世界各国人民的强烈反对与世界公正舆论的谴责,就是明证。

由此可见,殖民地半殖民地国家,以帝国主义破坏其独立以前的疆域确定其历史疆域,是国际普遍承认与支持的原则。

第二,资本帝国主义侵入中国以前,中国是一个有明确疆域与边界的统一国家,中国的主权与疆域的完整性,历来受到马克思列宁主义创始人的深切关注与支持。

1840年以前中国的疆域包括直隶、江苏、安徽、山西、山东、河南、陕西、甘肃、浙江、江西、湖北、湖南、四川、福建、广东、广西、云南、贵州十八省,盛京、吉林、黑龙江、伊犁、乌里雅苏台五将军辖区与西藏、西宁两办事大臣辖区,疆域是稳定的,边界也是明确的。中英鸦片战争爆发后,在中国受到资本帝国主义侵略的时候,马克思、恩格斯、列宁都对列强侵略中国的罪行进行愤怒的抨击,他们都把中华民族与中国疆域,看成不可分割的整体。

19世纪50年代,沙皇不顾中俄《尼布楚条约》确定的边界,非法在中国黑龙江流域建立据点,至第二次鸦片战争前夕,已非法侵占了黑龙江下游和其他一些黑龙江流域的地方。马克思在1857年3月著文谴责沙俄:"占领了当今中国统治民族的故乡——黑龙江两岸的地方。"① 1858年沙俄又利用第二次鸦片战争中国所面临的危机强迫中国黑龙江地方当局订立《瑷珲条约》,吞并了中国黑龙江以北60万平方公里的土地。此后不久,恩格斯在揭露列强侵略中国罪行时指出:"正当英国人在广州同中国

---

① 《马克思恩格斯选集》第2卷第11页。

的下级官吏争执不下,……俄国人已占有了黑龙江以北的领土和该河南岸满洲的大部分土地,……当英国终于决定打到北京,当法国希望为自己捞到一点东西而追随英国的时候,俄国——尽管它正好在这个时候从中国夺取了一块大小等于法德两国面积的领土和一条多瑙河一样长的河流——竟能挺身出来充当衰弱中国的秉公无私的保护人,而在缔结条约时俨然以调停者自居。"①

请看,马克思主义的创始人对西方列强狼狈为奸侵略中国、破坏中国领土完整的罪行表示了多么强烈的愤慨,对中国的主权与领土的完整寄予了何等深切的关注。

列宁和马、恩一样关心中国,他无论在十月革命以前还是以后,都以满腔热忱赞扬中国人民保卫祖国反对帝国主义侵略的革命斗争,他多次谴责了帝国主义,其中尤其是沙俄对中国主权与领土的侵略,反对帝国主义对中国的瓜分。1912年列宁在《关于杜马中的工人代表和他们的宣言问题》一文中写道:"第四届国家杜马社会民主党团特别反对俄国政府的对外政策。它痛斥我们国家在博斯普鲁斯海峡、土耳其属阿尔明尼亚、波斯、中国强占别人的土地来扩张领土的企图,痛斥强占蒙古这种破坏我国同伟大的兄弟之邦中华民国的友好关系的行为。"② 可见,列宁即使在当时俄国的议会斗争中也竭尽全力谴责沙俄帝国主义分割中国领土的侵略行径。在十月革命胜利之后,列宁领导下的苏维埃政府曾经多次发表对华宣言,深刻地揭露和谴责了沙俄对中国的侵略,在1920年9月27日的对华宣言中明确宣布:"以前历届俄国政府同中国签订的一切条约全部无效,放弃以前所夺取的一切中国领土和中国境内一切俄国租界,并将沙皇政府和俄国资产阶级残暴地从中国夺取的一切都无偿地永久归还中国。"只是由

---

① 《马克思恩格斯选集》第2卷第37页。
② 《列宁全集》第18卷第415—416页。

于当时中国连绵不断的军阀混战和列宁的不幸逝世，这项马克思列宁主义的政策未能实现。不过这项政策再次表明了列宁对保持资本帝国主义侵入中国以前那种中国疆域的完整是抱非常坚决的肯定态度的。

以上引述马克思列宁主义创始人对中国主权与领土完整的关注和他们对中华民族解放的支持，证明其关于民族殖民地问题的理论完全适用于中国，也是我们分析与确定中国历史疆域的具体指导思想。

第三，正当西方各国形成统一的民族国家的时候，他们便称中国为"中国"或"中华帝国"。当西方殖民主义侵入中国的开始阶段，中国各族人民就以坚决的行动反抗它们的侵略，维护了国家的主权与疆域的完整。

中国一词，在中国古代文献中含义不止一端，拙作《怎样阐明中国自古是多民族国家》[①] 一文中已作过解释，此处不赘。不过，古代文献中它用得最多的是中原与边裔相对称，是关于内地与边疆的地理概念。但自晚明至清初，当时正是西方各国形成统一的民族国家的时期，有一批耶稣会士从西方来到中国与明清朝廷和士大夫接触，中国文献往往自称中国，称西方各国为泰西、西国或称具体国名。中外自此概念越来越分明。西方耶稣会士来到中国以后，也对中国的历史、地理、民族、文化等各方面进行了初步研究，撰述了不少作品向西方报道。他们称中国为"中国"或"中华帝国"（简称也就是中国）。比如晚明时著名耶稣会士利玛窦于万历二十八年十二月二十四日（1601年1月28日）给明神宗上疏，自称"大西洋陪臣"，来到中国以后，"颇知中国古先圣之学"，又发现西方历算"并与中国古法吻合"。[②] 他在

---

① 见《历史教学》1979年2月号，《新华月报》（文摘版）1979年4月号。
② 《增订徐文定公集》卷首下附王应麟《利子奏疏》。

《几何原本》汉译本序言中说:"稽中国算量历律之学,古书咸在,独言几何者绝少。"① 万历三十八年(1610年)利玛窦在北京逝世,王应麟所撰《利子碑记》称:"万历庚辰(万历八年,1580年)有泰西儒士利玛窦,号西泰,友辈数人,航海九万里,观光中国。"又说利氏所传数学天文等"翼我中华,岂云小补"。②徐光启与利氏往来尤其密切,他的著作中关于中西的概念更加鲜明,其《简平仪说序》论及天文历算之学,说:"郭守敬推为精妙,然于革之义庶几焉。而能言其所为故者,则断自西泰子之入中国始"。③ 与徐同时人李之藻也说:"西贤入中国三十余年,于吾中国人利名婚宦事,一尘不染。"④《几何原本》一书至晚清时由中国人李善兰与西洋人伟烈亚力继徐光启、利玛窦之后将全本十五卷译出,咸丰七年(1857)李善兰《续译几何原本序》说,徐、利所译仅为欧几里得《几何原本》前六卷,而"自明万历迄今,中国天算家愿见全书久矣。"伟烈亚力《序》也说:"余来中国,见有《几何》六卷,未为全书,于是选善本全部译出。而当时中国人反对西洋教会的呼声越来越高,所以伟烈亚力说:"所重有感者,我西人之来中国,有疑其借历算为名,阴以行其耶稣教者。"⑤ 至于晚清何秋涛、洪钧、曹廷杰等人关于中外关系与中国边疆的著作,涉及到中国与俄国以及其他各国的地方,更加明确地从中国与中国以外各国的主权与疆界上严格区分出来,在他们的著作中都是称自己的祖国为中国,尽管当时朝廷自有国号,但与外国相对的主权与疆域实体是中国。

由此可见,从晚明到晚清,中国这个国家的朝廷发生了从明

---

① 《增订徐文定公集》卷首下附王应麟《利子奏疏》。
② 此序写于万历三十五年(1607 午)。
③ 《增订徐文定公集》卷1。
④ 同上书卷6,李之藻文稿附《刻圣水纪言序》。
⑤ 李氏、伟烈氏序并见《几何原本》十五卷本。

朝到清朝的变迁，可是无论中外对这个国家是中国的概念都是非常清楚的。西方关于中国的著作，最早大概是葡萄牙人门多萨的《中华帝国史》（1585年），以后许多著名的耶稣会士学者都有过各种报道和撰述，1753年法国人杜赫德出版《中华帝国及中国所属鞑靼地区的地理、历史、编年纪、政治和博物》（简称《中华帝国全志》）以及以后俄国神父比丘林（雅甫金神父）的《中华帝国通志》都对中国的疆域及中国境内各民族作了轮廓的叙述。这表明西方各国的早期历史文献对中国这个有许多民族的统一而广大的国家已经有了大致的了解。

差不多与西方耶稣会士东来同时，西方殖民主义者也闯进了中国的边疆。他们所到之处，都遭到了中国各民族的坚决反抗，郑成功收复台湾，清初驱逐沙俄殖民匪徒的雅克萨战争，就是最好的例证。当时的中国人民与中国政府表现了对外国入侵者的愤恨，或者将入侵者完全驱逐，或者在驱逐入侵者之后订立条约、划分国界。1689年（康熙二十八年）订立的中俄《尼布楚条约》就是中国与外国确定边界的第一个条约。这个条约订约的中国政府是清朝，但使用的国名是中国。比如中国首席代表索额图的全衔是"中国大圣皇帝钦差分界大臣议政大臣领侍卫内大臣"，就是说他是中国皇帝的钦差，行使中国的主权。《尼布楚条约》的满文本与拉丁文本，都是中国钦差提供的合法文本，经中俄双方验证是完全一致的。其中关于划界的内容如下：

一、将由北流入黑龙江之绰尔纳，即乌鲁木河附近之格尔必齐河为界，沿此河源之石大兴安岭至海：凡岭阳流入黑龙江之河溪尽属中国；其岭阴河溪悉属俄罗斯。惟乌第河以南，兴安岭以北中间所有地方河溪暂行存放。俟各归国察明后，或遣使，或行文，再行定议。

二、将流入黑龙江之额尔古纳为界：南岸属中国，北岸属俄。其南岸墨里勒克河口现有俄罗斯庐舍，着徙于北岸。

而关于两国订约后对订约前的逃亡者免予索还的条文规定；

三、除以前一切旧事不议外，中国现有之俄罗斯人及俄罗斯国现有中国之人免其互相索还，着即留存。①

以上条文显然说明了清政府以中国当国家名称，条约中免予追回的中国人，也是黑龙江地区的中国少数民族居民，其中有名字可考者是根特木尔，最初清政府坚决要引渡回国，订约后也不再索还。又可见清政府明确无误地肯定当地少数民族居民是中国的居民。该约俄文本与满文、拉丁文本有些字句略有差异，但无伤基本内容完全一致。比如条约规定外兴安岭以南入黑龙江所有河溪都属中国，俄文本作"均属大清国"，使用中国朝廷国号，但俄文本索额图的职衔仍是"中国大圣皇帝钦差分界大臣"，是代表中国皇帝行使中国主权，而俄文本第四条与满文本一样使用中国名称。该条是："两国订立本约以前逃往中国之俄罗斯人及逃往俄罗斯国之中国人，双方不再索还。"同样肯定黑龙江当地少数民族是中国人。可见《尼布楚条约》俄文本中中国的国家名称也只能解释为中国。

由于1840年以后中国与外国接触越来越多，而且日益加深了殖民地半殖民地的程度，中华民族的矛盾与帝国主义的矛盾成为中国近代社会的主要矛盾，因而国号与主权疆域实体完全一致成为完全必要，中国的旧民主主义革命与新民主主义革命都已取消以往封建朝廷那样一家一姓的朝代国号。孙中山先生领导的辛亥革命创建五族共和的中华民国；中国共产党领导中国人民推翻三座大山，创建了中华人民共和国。两次革命以后缔造的国家都冠上中国的名称，是近代中国历史发展的必然性所使，不是偶然性的历史现象。中华人民共和国的疆域，是中国历史疆域的延续与继承，由于帝国主义侵略与某些特殊的历史条件造成的结果，

---

① 此约满文汉译本见西清《黑龙江外纪》卷1。

中国的历史疆域有一部分已被分割出去；台湾已回到中国的怀抱，也还有待统一。对历史上遗留下来的中国与邻国的边界问题，我国政府有一项正确的一贯的政策，受到了中国各族人民的坚决拥护，也与大多数邻国妥善地解决了边界问题，证明了我国政府对解决历史遗留下来的边界问题的政策是和平睦邻的政策。我们确定1840年以前的中国疆域是中国的历史疆域，与我国政府解决边界与历史遗留涉及疆域等问题的政策的精神是一致的。

中国历史疆域内各民族都是中国人，它们的历史都是中国历史的一部分

1840年以前的中国疆域是中国的历史疆域，这个疆域范围内的民族自然都是中国的民族，它们的历史也都是中国历史的组成部分。

或者会问，这样说岂不是一种主观的上推法？岂不是不顾中国统一多民族国家有一个发展过程，而是按照这个过程的结果往上推，把一些本来不属于中国的民族说成中国的民族；把一些历史上互相对立的国家，说成同一个国家。与此问题相联系，有一种观点认为，只有汉族建立的王朝才能代表历史上的中国，凡是不属汉族王朝管辖的民族都不是中国的民族。

提出上述问题和持有上述观点虽然不奇怪，却并不符合中国历史发展的实际。

在马克思主义者看来，中国各民族在历史上是不平等的，因而也就会有民族压迫与民族矛盾。但我们今天研究古代中国史，是应该以平等的原则，去揭示中国各族人民的祖先对缔造中国历史、开辟中国疆域所作的贡献。如果我们不带民族偏见，而是从中国历史发展的事实出发，就必然会得出结论：中国的历史是中

国各族人民共同缔造的悠久历史；中国的疆域；是中国各民族共同开拓的广大疆域，中国各族人民的祖先，都是中国历史的创造者，中国疆土开拓者，他们理应是中国历史的主人翁。这是中国历史固有的逻辑，不是任何人主观上推所能强加，也不是任何人主观否定所能推翻。

自然，中国统一多民族国家有一个很长的发展过程。大体言之，中国传统疆域是由中国南部水田农业区、中国北部旱地农业区与中国北部草原游牧区组成的，后二者都包括东北与西北。从远古以来，就有华夏与蛮夷戎狄在这个与欧洲面积约略相等的广大范围内劳动、生息、繁殖，它们是当今中国各民族的远古祖先。文献所称夏商周三代有"万国"、"三千余国"、"千八百国"，盖言其多，除"同姓之国"，还包括蛮夷戎狄的部落或部落联盟。这说明中国上古在开始形成国家的时候，就是多民族国家。春秋战国之际，中国开始由等级分封制走向统一的中央集权制，中国南部农业区是由楚国统一的，北部农业区是由秦统一的，与楚秦统一南北差不多同时，北部草原区也形成了东胡与匈奴两个游牧的军事国家。"其后秦遂以兵灭六国，并中国"①，是中国形成中央集权统一多民族国家的开端；秦汉之际匈奴也在北部游牧区建立了多民族统一的单于国。汉继秦后，百年间，匈奴被汉朝与匈奴统治下的各民族打败走向灭亡，于是匈奴单于国内各民族成为汉朝的藩属。从此中国由广大的农业区与广大的游牧区大一统的局面开始形成。匈奴在游牧区形成的统一，与战国时秦、楚一样都起过统一中国一部的作用；至于匈奴与汉朝的战争，也和秦楚兼并统一战争一样，是中国统一过程中的兼并统一战争。如果说秦是统一多民族中国形成的开端，汉就是这个广大的统一国家的巩固和发展。至隋唐之际，西藏高原形成吐蕃王国，并且与早已

---

① 《史纪·天官书》。

是中华民族一员的广大羌人各部形成统一的藏族。广大藏区与内地有着极深远的历史联系，即吐蕃王朝形成以后，也与唐朝有密切的政治、经济、文化往来，形成"虽曰两国，有同一家"① 的关系，为元代西藏成为统一中国一个行政区域打下了坚实的基础。自秦汉以后虽屡经统一与分裂，但汉唐的疆域范围，总是中国大体不变的传统疆域。

在世界古代与中世纪史上，像秦汉这样强大的帝国并不少见，但是由于它们仅仅是军事征服的结果而且靠着军事统治才能维持，缺少政治的、经济的、文化的和地理的共同历史联系，所以像旋风一样兴起，又像流星般消失，没有一个在灭亡以后再恢复原来的统一。只有被西方称为"中华帝国"的古代中国，自秦汉以来虽几度分裂，期间有的少数民族在某些地区建立国家，有的少数民族建立王朝形成中国南北朝对峙，但这种情况不论是汉族还是少数民族，都认为不是中国的正常状态，每次分裂之后，随之而来都是更高度的统一与中央集权。直到最后一个封建王朝清朝，它对全国的直接统治范围空前扩大了，但并没有超出汉唐以来传统的内地与边疆。康熙皇帝在祭祖时作诗歌颂清朝的国祚与疆域，说："卜世周垂历，开基汉启疆。"② 表示清朝所统一的是汉朝奠定的中国传统疆域。历史的客观表明：从秦汉到明清中国经历了统一多民族国家的统一到分裂再到更高的统一这样一个螺旋式发展过程。历史学家应该深刻地研究这个漫长而曲折发展过程的规律性，深刻地研究中国多民族的中央集权制国家是怎样形成、巩固和发展，并且在千百年当中始终居于世界历史的前列。只有这样才能对中

---

① 白居易：《代忠亮答吐蕃东道节度使论结都离等书》，见《白氏长庆集》卷40。

② 《康熙御制文》一集卷36。

国历史作出科学的解释。如果不是这样的研究，只是冥思苦想在几千年间哪个民族是中国的民族，哪个民族不是中国的民族，可以肯定，是不会得出符合实际的科学结论来的。因为事实告诉我们，中国各民族的历史不能分割，我们能把哪一个民族排斥在中国历史之外呢？

我们肯定中国历史疆域上各民族都是中国古代的民族，是符合中国古代历史学传统的。中国古代史家，虽然受儒家"正统"思想支配，把少数民族视为野蛮人，甚至因为少数民族不行儒家标榜的"礼乐仁义"便诬蔑他们为"禽兽"，但仍把少数民族包括在历代"正史"当中。的确，历史上诸王朝长期争论过"正统"属谁。宋代理学昌盛，但欧阳修[①]、司马光[②]、朱熹[③] 衡量"正统"的标准都没有强调是否汉族或少数民族，而强调是否统一和是否实行儒家"道统"。当时辽金与宋朝对立，司马光以保守著称，朱熹是理学宗师，他们不着重排斥少数民族而只着重强调统一，这是值得注意的。元代为修宋辽金三史，"正统"属谁争论几十年，最后是以辽、宋、金各修一史都居"正统"的方式解决。明代王洙《宋史质》、柯维骐《宋史新编》、王维俭《宋史记》，作者都以一生主要精力去重修宋史，却并没有增加新材料，都着重在立意削去辽、金的"正统"，把两朝历史作宋史附录。王洙荒谬到削去元朝纪年，直从明太祖朱元璋所追封的先世继承宋末投海的帝丙为"正统"。然而这些人的著作，终不能代替宋辽金三史而取得"正史"的地位，甚至并没有流传。古代"正统"、"义例"的争辩有歧视少数民族的倾向，但并不把少数民族建立的王朝排斥在中国史之外。宋代所说"十七史"，清代所说

[①] 欧阳修：《正统论》上中下及附论，见《居士集》卷16。
[②] 《资治通鉴》卷69《臣光曰》。
[③] 《通鉴纲目》凡例。

"二十四史",都把少数民族建立的几个王朝包括在其中。我们现在要剔除民族歧视和大汉族主义思想,把各民族放在平等地位上去客观地阐明它们在中国历史中的地位与作用,当然不能比古人走得更远。

历史上中国少数民族建立的王朝、王国、汗国,通常并不自外于中国。自秦汉以来形成的中原内地与边疆的地域观念,如汉扬雄《方言》说:"裔,彝狄之总名",晋郭璞注:"边地为裔,亦四裔通以为号也。"① 一直延续到西方列强入侵以前大体维持,即以中原内地为中国主干,"四裔"为中国边疆相对称。无论是汉族还是少数民族建立的王朝都自居中国代表,或互称朝代名,或互称南北朝。至于少数民族在边疆建立的王国、汗国,一般都是趁中原分裂的时期,利用中原王朝敕封的爵位与官号扩充实力,才得在一个地区立国建号,而且立国之后,即使强如西夏也还要与辽、宋保持藩臣名义,并且这些王国与汗国的结局都是归于全中国统一。在以千年计的漫长封建时代,又是拥有如此众多民族的广大中国疆域内,有时统一,有时分裂,各民族统治阶级为争夺一个地区或全国政权而建号称王,互争雄长,应该看作是符合规律的现象。即使有些汗国或王国与当时中原王朝没有定型的政治依附关系,它们也自认是中国的一部分,这就更加说明中国的观念植根是何等深厚。比如黑韩汗国存在时,辽、宋都未能管辖到它。然而现在遗留下来的史料与历史文书,却"不仅表明黑韩诸汗当时在自认为是'中国之君'","而且远在巴格达的哈里发在颁赐封号时,也认为黑韩汗为'东方与中国之君'"。可见当时黑韩汗虽皈依了伊斯兰教,但作为中国人是不变的②。黑韩

---

① 《方言笺疏》卷12。
② 张广达:《关于马合木·喀什噶里的〈突厥语词汇〉与见于此书的圆形地图》,见《中央民族学院学报》1978年第2期。

汗国学者马合木·喀什噶里编纂的《突厥语辞汇》,在"桃花石"条的释文中把中国分为三部:上秦为中国东部,即宋朝;中秦为契丹;下秦为中国西部,即黑韩汗国统治下的喀什噶尔。尤其值得注意的是:"参照其他穆斯林文献,我们还可以看到,马合木·喀什噶里关于整个中国的概念实际上也反映了当时中亚地区人们的普遍认识。"[1]

此外我们还要看到,古代世界上其他一些与中国交往的国家,除了以"秦"代表中国,也以"拓跋氏"、"契丹"等少数民族代表中国,并且一直影响到今天一些国家与民族对中国的地理观念与称谓。

综上所说,无论从中国古代史学传统、中国少数民族的国家与地域观念,还是从当时外国人的地理观念,都说明历史上的中国应当包括少数民族。它们在边疆或内地建国立朝,与现代民族国家有着本质不同。即使它们在历史上是互相对立的,也是中国这个多民族国家在历史上的统一与分裂,都是中国历史不可分割的组成部分。

我们说中国历史疆域内的各民族都是中国的民族,也受到了中国近现代革命的检验。在上一节已叙述,当西方殖民主义侵入中国的最初阶段,就受到了中国各民族的坚决反抗。到帝国主义一步步使中国沦为殖民地半殖民地的时候,中国各民族更以不可分割的统一多民族国家的主人翁的态度与帝国主义进行了艰苦卓绝的斗争。尽管帝国主义花费了无数人力物力,策划了无穷无尽的分裂阴谋,中国各族人民还是在最困难的历史条件下基本上保持了自己祖国的完整统一。孙中山先生领导的资产阶级民主革命,缔造的是"五族共和"的中华民国。但孙

---

[1] 张广达:《关于马合木·喀什噶里的〈突厥语词汇〉与见于此书的圆形地图》,见《中央民族学院学报》1978年第2期。

先生逝世之后，国民党政府继承历史上封建王朝的民族压迫政策，甚至不承认少数民族的存在。只有中国共产党，以马克思列宁主义、毛泽东思想为指导，正确地分析了中国各民族的历史特点与中国近代社会矛盾，指明了中国各民族在平等原则基础上联合起来，对外反抗帝国主义侵略，争取中华民族彻底解放与祖国统一；对内反抗民族压迫，争取实现各民族的平等团结和共同发展的解放道路。在中国共产党领导下，中国各民族人民紧密地团结起来，并且各民族都涌现了大批爱国志士和无产阶级革命战士。如此团结奋斗几十年，终于推翻了三座大山，建立了各民族的社会主义祖国——中华人民共和国。在整部近现代中国革命史上都充满了中国各民族高度的爱国主义精神。列宁说："爱国主义就是千百年来巩固起来的对自己的祖国的一种最深厚的感情。"[①] 试想如果中国各民族不是有着数千年共同发展的历史，在国内各民族存在压迫、歧视与隔阂的条件下，怎么能在帝国主义如此残酷而狡猾并且长达一个世纪的侵略、挑拨面前表现出同仇敌忾，从而粉碎了帝国主义瓜分中国的迷梦呢？又如何做到各民族在中国共产党领导下同心同德保卫祖国与建设祖国呢？

目前，我们对少数民族的历史研究得还很不够，因而对各民族在中国历史上的地位与贡献还没有得到应有的阐述与表现。那么，让我们各民族的史学工作者，在马列主义、毛泽东思想指导下共同努力，在进一步研究中国各民族的历史的基础上，写出一部较为完整的能体现中国各民族共同缔造的中国历史来吧！

(原载《中央民族学院学报》1981年第4期)

---

① 列宁：《皮柳利姆·索罗金的宝贵自供》，见《列宁全集》第28卷第168—169页。

中国·华夷·蕃汉·中华·中华民族

——一个内在联系发展被认识的过程

近百年来，对"中国"、"中华"、"汉人"等称谓，梁启超、章太炎以及许多名家都曾进行铨释；自50年代以来，海峡两岸学人又屡次分别进行探讨，可惜彼岸同好的大作，仅能偶从征引得窥其一斑。近几年，顾颉刚、于省吾等老一辈专家，仍亲自撰文，其他学者也先后发表专论，共同进行讨论。学术上此种情形，是由于中国由许多民族形成统一的国家，经历了数以千年计的漫长历史，上述称谓的含义随着统一多民族中国的发展而发展变化。然而，往往新的名称与新的含义已经出现，旧称仍习惯沿用，造成同一称谓所含内容诸多牴牾；而对中国各民族内在联系的发展，研究者各自认识也不尽相同。因此，反映在各民族互相称谓方面的演化，需要反复讨论，才能得到符合历史实际阐明。

笔者自60年代以来，在不同的论文与小册子中，也对上述诸称的起源与演变进行过一些论释，其中间有创获，亦集众家之长以启己说。鉴于分散多处，今辑为一篇，庶使鄙见在系统化过程中得到进一步阐发并希望有助于参考。

一

据于省吾教授考订："商代甲骨文没有或、国二字。至周初，金文才出现"或"字,与"国"相能,是指城邑①。"中国"的名称出现于西周初期,笔者于1978年已著文指出。本文对"中国"一词为何在西周初年出现,以及它最初的含义,需要作一些补充说明。

新中国考古发现证明,中华民族起源于中国大地;中华文化就其起源而言,并非来自今日中国域外任何一方,也不是从黄河中下游单源扩散至四方,而是呈多元区域性不平衡发展,又互相渗透;中华文明首先在黄河中游发达,是以黄河中下游两大区域新石器文化汇聚为核心,同时吸收了四方多元优秀文化交融的结果。夏、商、周三族来源不同,但都在黄河中下游东西两大氏族部落集团经过长期交往、斗争而至于融合的基础上建立的王朝。

1934年,著名的古史专家傅斯年教授撰《夷夏东西说》,指出:"现代以考察古地理为研究古史的这一道路,似足以证明三代及近于三代之前期,大体上有东西不同的两个体系。这两个体系,因对峙而生争斗,因争斗而起混合,因混合而文化进展。夷与商属于东系,夏与周属于西系。"②

夏的来源,《史记·六国年表》说:"禹兴于西羌。"《集解》引《帝王世纪》:"皇甫谧曰,孟子称大禹生石纽,西夷人也。"孟子征引的这一远古传说,为古今学者多所宗信。而目前讨论夏的起源与夏文化,异说纷纭,较为通行的一说,认为夏兴于以嵩山为中心的颍水上游及伊洛平原,发展于晋南汾水、涑水平原;或者认为相反,夏起源于晋南,兴盛于伊洛。两说不论孰是,夏朝及夏文化以伊洛及汾涑平原为中心,盖可肯定,年代相当于公元前21世纪到前17世纪。按夏的区域与商、周两族兴起的地区而言,夏居于两者中间;孟子所称"西夷",大概是商人的观念

---

① 《释中国》,载1981年中华书局70周年纪《中华学术论集》,引文见第5页。
② 此文初载《庆祝蔡元培先生六十五岁论文集》,1935年,引文见第1093页。

流传至战国。

商的来源，据《诗经·商颂·玄鸟》："天命玄鸟，降而生商。"《商颂·长发》："有娀方将，帝立子生商。"这种以鸟为图腾的颂诗，已为甲骨文献所证实①。说明商原是属于东夷部落集团中的一支。商族起源的地区，一般认为在鲁西豫东北，在其发展中活动到今河北易县一带。上引傅先生论文及其所撰《东北史纲》主商起源于河北东北部之说。此说由于红山文化一系列重要发现可得到进一步证明，干志耿、李殿福与笔者合撰《商先起源于幽燕说》及《商先起源于幽燕说再考察》②加以引伸，论证商起源于幽燕地区，至上甲微以后，南下发展于河济泰山之间，即今冀、鲁、豫交壤地区及泰山以西一带。在南下与建立商朝以前，也许对夏朝有过某种封贡关系，但商人往往以"西邑夏"称夏朝，是东西相对峙的两大势力。商灭夏，两族文化上进一步融合，使商代文化有了更高的发展。

周人自认为是从晋南西迁的一支夏人，兴起于戎狄之间。《国语·周语上》载："昔我先王世后稷，以服事虞、夏。及夏之衰也，弃稷弗务，我先王不窋用失其官，而自窜于戎狄之间。"但按照《诗经·大雅》中《绵》、《大明》、《思齐》、《皇矣》、《文王有声》、《生民》及《周颂》中《天作》等篇记述，周族始祖母叫姜嫄。"姜"、"羌"相通转已成定说，周人的祖先大概是从羌人中分化出来的一支。其第一位父系祖先名弃，称为后稷，活动于泾渭上游。他的后世在与戎狄斗争中经过多次迁徙，才定居于渭水中下游岐山周原一带③，商末成为商朝诸侯，文王甚至称为"西伯"，是西

---

① 胡厚宣：《甲骨文商族鸟图腾的遗迹》，载《历史论丛》第一辑，中华书局1964年版；《甲骨文所见简族鸟图腾的新证据》，载《文物》1977年第2期。

② 前者载《历史研究》1984年第3期，后者载《民族研究》1987年第1期。近年来金景芳、张博泉两教授主商起源于北方说，不及多叙。

③ 谭介甫：《先周族与周族的迁徙及其社会发展》，载《文史》第六辑。

方诸侯之长,作丰邑,奠定了灭商的基础。到武王时,联合西土庸、蜀、羌、髳、微、卢、彭、濮等族及其他众诸侯一举灭商,建立西周。于是黄河中游及下游两大系统一于周。

现在有的学者主张夏、商、周三族是三个不同的民族。然而,三族祖先来源不同,最先发祥的地区各异,但三代文化、制度,差异性小而共同性大,至西周便统称"中国",同为"夏"人,标志着华夏民族的雏形已经形成。说华夏有夏、商、周三支主要来源,是科学的;但这三支来源,不是三个不同的民族。其理由:

第一,夏兴起与发展的豫西、晋南,周兴起的渭水流域关中一带,是由仰韶文化东西两大类型发展为河南、陕西龙山文化的区域;先商活动的河济泰山一带,更是典型龙山文化发达的地区。由此可见,夏商周兴起与发展的地区,都是在龙山文化得到发达的地区,其文化都是在龙山文化统一黄河中下游的基础上发展起来的,而夏商周先世在这里活动时,这里的早期青铜文化共同性已大于地区差异性,以至目前很难区分夏文化和先商、早商文化。

第二,按照前所征引远古传说,夏商周三族始祖与祖先崇拜各异,却都是在黄帝建立的大部落联盟中发展起来的,他们已初步把不同来源的祖先汇聚成以黄帝为始祖的大系统。《国语·鲁语上》记载鲁国名人展禽(柳下惠)关于祀典的一段名言,归结说:"有虞氏禘黄帝而祖颛顼,郊尧而宗舜;夏后氏黄帝而祖,颛顼、郊鲧而宗禹;商人禘喾而祖契,郊冥而宗汤;周人禘喾而祖稷,郊文王而宗武王。"《礼记·祭法》有与此基本相同的记载。禘、郊、祖飞宗都是祭典的名称。据《国语·晋语四》记载,炎帝姜姓,黄帝姬姓,同出于少典氏。现代学者颇以为炎黄起源于泾渭,可能与周人有更密切的渊源关系:与商族显然并非同一采源。但商人已承认自己是黄帝后裔,当是他们的祖先已并入以黄帝为缔造者的大部落联盟的一种反映。可见,在西周初华夏雏型形成时,夏、商、周三支主要来源并非都是炎黄部落集团的后裔;之所以不同来源的各支系均奉黄帝为共同祖先,无非是将大部落联盟的缔造者奉为共同象征,表明三支不同来源的人们已具有共同的民族意识。直到今日,中华民族,特别是海外华侨与华裔,都以自已是炎黄子孙而自豪,也是把炎黄作中华民族始兴与统一的象征,来作为联系中华民族共同民族感情的纽带,并不抹杀中华民族有不同祖先来源的事实。

第三,夏语盖即周人所尊"雅"言,但迄今没有发现可以确认的夏代文字。商周甲骨文字则属同一个体系,其语言差别也应是大同而小异。

第四,《礼记·乐记》称:"武王克殷反商,未及下车而封黄帝之后于蓟,帝尧之后于祝,帝舜之后于陈",下车以后封夏、商之后。这种区分,无非是战国、秦汉时人在追述远古传说时,强调周封黄帝、尧、舜后裔的迫切性与尊崇。历史事实却说明,西周分封的基本格局,至少经历了武、成、昭、康四王才形成。按《史记·陈杞世家》记载:"周武王克殷纣,乃复求舜后,得妫满,封之于陈,以奉帝舜祀";"求禹之后,得东楼公,封之于杞,以奉夏后祀。"此外,周武王还封纣子武庚以奉商祀。周公东征,灭武庚,复封微子于宋以奉商祀①。如此,西周所封诸侯,大多为周宗姬姓诸侯,一部分为申、吕、齐、许等姜姓舅氏诸侯,还有一小部分为黄帝、尧、舜、夏、商之后。其封域以镐京(今陕西西安县北丰镐村附近)、雒邑(今河南洛阳市东北)为中心,西至陇山以东,泾渭上游,北至蓟,东至齐鲁,南至江汉,同称"夏",且以洛阳以东,以前商朝中心地区称为"东夏"②。这里,"夏"既是地域名,也具有族称的含义。

---

① 《史记·宋微子世家》。
② 《尚书·微子之命》:成王命微子:"庸建尔于上公,尹兹东夏。"

第五，孔子指出："殷因于夏礼，所损益可知也，周因于殷礼，所损益可知也。"① 三代基本制度大同而有所损益因革，已为近世考古与古史研究成果所证实。

由上述五项，可证夏、商、周不是三个民族，而是在形成中的华夏雏型的三支主要来源；他们的起源与远祖分属东西两大部落集团，但夏、商、周都已是从东西两大氏族部落集团中异化出来而又同化为同一族类的各个主要组成部分。在西周，这三个部分已形成为同一个民族共同体的雏型，并且以"夏"为族称。就地区而言，夏发达最早，又居商、周中间，宜其被周人称为"中国"。《说文》称："夏，中国之人也。"这是颇得"中国"名称起源阶段族称含义真谛的。

商代虽然没有出现"中国"的名称，却已形成了以"中商"、"大邑商"居于中，称"土中"或"中土"，四方诸侯称东、南、西、北"土"的制度与地理划分；对周围各族称之为"方"。见于文献的商代各族如羌、鬼方、昆夷、狄、荤粥、东夷等等，其中东夷、羌各有所指，或亦含有泛称的意思。但在商代西方可以称夷，东方也可称戎，方位并不固定。至于见于甲骨的族称以百计，其中对羌方、人（夷）方长期进行征伐与掠夺，俘获奴隶，甚至用为人牲，记录触目惊心。《诗经·商颂·殷武》："挞彼殷武，奋伐荆楚，……维女（汝）荆楚，居国南乡。昔有成汤，自彼氐羌，莫敢不来享，莫敢不来王，曰商是常。"对"来享"、"来王"的各族，商或用为官员，或封为诸侯。周就是商曾视为西夷并加以征伐的对象，鬼方也对商朝叛服不常。但商朝晚年，周侯、鬼侯并列三公之一。

文献记载西周武王、成王时出现了"中国"一词，确证则见于1963年在陕西宝鸡贾村出土的何尊。此尊上的铭文称："唯王

---

① 《论语·为政》。

初迁宅于成周,复禀武王礼,福自天。在四月丙戌,王诰宗小子京室曰:'……惟武王既克大邑商,则廷告于天曰,余其宅兹中国,自之辟民……'"①。《尚书·梓材》也有成王追述"皇天既付中国民越厥疆土于先王"的记载,即指皇天将"中国"的土地与人民付与周武王治理。这便可与上述铭文互相印证,"中国"显然是指以洛阳为中心的地区。此即夏代的中心区域。《汉书·地理志》谓:"昔周公营雒邑,以为在于土中,诸侯蕃屏四方,故立京师。"此处"土中"与今汉语成倒装,意思是"中土"。《诗经·大雅·民劳》:"惠此中国,以绥四方。"又说:"惠此京师,以绥四国。"以"中国"与"京师"对"四方"与"四国"。郑玄《笺》:"中国,京师也。"在这里,"国"与"邑"、"都",是同义词,均指城而言,"中国"即天子所居之城,称为"京师",以与四方诸侯对举,因此,与"中商"对"四土"的含义相通。

《诗经·大雅·荡》:"文王曰咨,咨女殷商,女炰烋于中国,敛怨以为德。"又说:"内奰于中国,覃及鬼方。"毛苌《传》:"奰,怒也。""鬼方,远方也。"郑《笺》:"此言时人忧于恶,虽有不醉犹怒也。"这是西周末诗人引述周文王以殷商嗜酒失德,使"中国"怨怒,以至远方各族也怨怒的告诫,来警刺周厉王。《大雅·柔柔》:"天降丧乱,灭我立王。降此蟊贼,稼穑卒痒。哀恫中国,具赘卒荒。"郑《笺》:"恫,痛也。哀痛中国之人也。"这些诗句,又是以商周之封域为"中国"以与"远方"对举了,因而又与商代以"中商"与"四方"各族对举的含义相同。西周时,与周围各族的交往较商代已有所扩大,如淮夷、徐夷、肃慎、荆蛮、犬戎、狝狁等等,上举诗句以"鬼方"代指各族。不过,西周时"夏"、"中国"与远方各族,限域并不很严,比如周

---

① 参见上引于省吾:《释中国》。

人时而尊商为"大邑商",时而又称之为"戎殷"①。

综上,在西周初期出现的"中国",有如下几种含义:(一)天子所居之城,即京师,以与四方诸侯相对举。此义源于商代以"中商"、"中土"对东,南,西,北"土"的制度与地理划分。②(二)周灭商以前,以丰镐为中心的周人区域为"区夏",即"夏区";克殷以后,以洛阳居"天下之中",称"中国"或"土中"(即中土),是指夏代中心地区,又以商代的中心地区为"东夏"。于是"中国"包括丰镐、雒邑为中心的黄河中下游,即后世称为"中原"的地区。以此地域与远方各族对称,则与商代以"大邑商"与各"方"相对而称的含义相通。(三)指夏、商,周三族融为一体的民族,以夏为族称,也包括夏人的文化。至于周的疆域观念,则不限封域以内,还包括"王会"各族地区。《左传·昭公九年》载周景王使詹桓伯对晋国说的一段话有代表性,他说:"及武王克商,蒲姑、商、奄,吾东土也,巴、濮、楚、邓,吾南土也,肃慎、燕毫,吾北土也。"可见,周朝疆域观念,包括南北各族在内。

二

西周晚期,各族内徙,尤其是北方与西北各族,纷纷迁入黄河中下游,以至两周之际与春秋时期,在中原造成了各族交侵错处的局面。而周室东迁,天子地位一落千丈,"礼崩乐坏"。齐

---

① 《尚书·康诰》:"殪戎殷",伪古文《尚书·武成》作"一戎衣","衣"与"殷"通,亦与"夷"相通假,是周人贱称商为"戎夷"。

② 参见顾颉刚、王树民:《"夏"和"中国"——祖国古代的称号》,载《中国历史地理论丛》第一辑,陕西人民出版社1981年版。

桓、管仲首倡"尊王攘夷"以成霸业。其后晋、楚相继，维持争霸政治。及至末叶，吴、越兴起，先后争霸。战国七雄兼并，中国已出现统一的趋势。然而上述参与争霸和互相兼并的诸侯，有些在春秋时还是"夷狄"，到战国同称为诸夏，不仅说明华夏已经稳定地形成为民族，而且也造就了华夷统一的历史条件。从中华民族发展史的角度来概括，春秋战国是中华民族的孕育时期。当时一方面是"中国"与"夷狄"的尊卑贵贱观念强烈，"夏夷之防"限域较严；另方面，又是在斗争与交往中发展共同性，文化与血统方面都相互渗透，逐渐形成华夷一统，"五方"配合，共为"天下"的整体观念，"中国"的含义与范围都有了明显的发展。

首先，在《春秋》、《左传》、《国语》等书中，春秋时期齐、鲁、晋、郑、陈、蔡等中原诸侯称为"中国"、"诸夏"、"诸华"或"华夏"，秦、楚等仍是"夷狄"。至战国，七雄并称"诸夏"，同列"中国"。

秦国公族源出东夷，其远祖西迁陇山地区，在戎狄中成长。周平王东迁，以镐京地区封秦为诸侯。春秋时期，晋遏其向中原发展之势，秦往西征伐诸戎，"遂霸西戎"。虽然其势足与晋、楚抗衡，却终春秋之世，"不与中国诸侯之会盟，夷翟（狄）遇之"①。楚，于西周初受封于荆蛮地区，西周晚期兴起，熊渠宣称，"我蛮夷也，不与中国之号谥"，率先自称王；号至楚武王仍公开宣称"我蛮夷也"②，中原诸侯更以荆蛮相称。《春秋公羊传》记鲁僖公四年（前656）齐桓公与楚屈完盟于召陵以服楚，评论说："夷狄也亟病中国，南夷与北狄交，中国不绝若线。桓公救中国而攘夷狄，卒帖荆楚。以此为王者之事也。"所谓"亟

---

① 《史记·秦本纪》。
② 《史记·楚世家》。

病中国"的"南夷"指楚已灭邓、榖,复伐蔡、郑,"北狄"则指灭邢、卫,至于温的狄人。齐桓公北伐狄,存邢、卫,南伐楚,救蔡、郑,所谓"救中国"即指此而言。《公羊传》说齐桓公之功同"王者",孔子也极称管仲为"仁",感叹:"微管仲,吾其被发左衽矣!"①

不仅秦楚在春秋时被称为夷狄,甚至作为周同姓诸侯,召公之后的燕侯,也因其处戎狄间,与戎狄相差不远而自卑。齐思和教授在评论战国七雄时指出:"秦、楚、燕三国,皆边疆民族,春秋时之夷狄。"② 更不用说吴、越,春秋末叶北上争霸,中原仍称之为夷狄,即使与中原诸侯联盟共败强楚,也不过是"夷狄也而忧中国③。司马迁评论说:"秦、楚、吴、越,夷狄也,为强伯(霸)"④。到了战国,秦、楚、燕与三晋及齐国并列,"其后,秦遂以兵灭六王,并中国,外攘四夷"⑤。郡县范围自陇山以西东至于海,东北至辽东,南至珠江流域及巴、蜀、黔中,"中国"的范围扩大了,而"四夷"指郡县以外的边疆民族地区了。

其次,"中国"与"诸夏"、"华夏"同义,以与"四夷"、"夷狄"相对而称。然而春秋强调"夏夷之防",至战国已形成"中国"与"四夷"五方之民共为"天下",同居"四海"的整体观念。

各族内迁,诸夏感到威胁,认同而攘夷的思想得到强烈发展。《左传》记鲁闵公元年(前661)"狄人伐邢",管仲对齐桓公说:"戎狄豺狼,不可厌也,诸夏亲暱,不可弃也。"又记鲁僖公十五年(前645):"楚人伐徐。徐即事诸夏故也。"于是齐桓

---

① 《论语·宪问》。
② 《战国制度考》,引文见《中国史探研》,中华书局1981年版,第115页。
③ 《春秋公羊传·定公四年》。
④⑤并见《史记·天官书·太史公曰》。

公与诸夏"盟于牡丘,寻葵丘之盟,且救徐也。"徐当时仍是东夷之大国,因"即事诸夏",楚伐之而诸夏救之。须句是风姓之国,孔子称之为"远人",也述是东夷中的一个小国,但"服事诸夏"。《左传》记鲁僖公二十一年(前639)邾国灭须句,成风对鲁僖公说:"蛮夷猾夏,周祸也。"要求鲁僖公收容来奔的须句国君而存其祀。可见,不仅诸夏认同,与诸夏利益休戚与共的"夷狄",也被诸夏特殊对待。

在这种历史条件下,明显地形成了夏夷限域和尊卑地位的民族观念。在当时,固然是民族矛盾的产物,于后世,却成为封建统治者推行民族压迫制度的理论根据。

《左传》记述鲁定公十年(前550),齐与鲁和,两君会于夹谷。齐谋以东夷莱人劫鲁侯,孔子相鲁,责备齐侯说:"两君合好,而以裔夷之俘以兵乱之……裔不谋夏,夷不乱华。"使齐侯自认失"礼"。孔颖达《疏》称:"中国有礼义之大,故称夏;有服章之美,故谓之华。"这是贱视他族为不知"礼义"的"野人",华夷贵贱尊卑的思想非常明显。

《左传》记鲁襄公四年(前569)晋国魏绛请和戎,"晋侯曰:'戎狄无亲而贪,不如伐之。'魏绛曰:'诸侯亲服,陈新来和……劳师于戎,而楚伐陈必弗能救,是弃陈也,诸华必叛。戎,禽兽也。获戎失华,无乃不可乎!'"至鲁襄公十一年(前562)魏绛和戎之策使晋重振霸业,晋侯要赏女乐给魏绛,说:"'子教寡人和诸戎狄以正诸华,八年之中,九合诸侯,如乐之和,无所不谐,请与子乐。'辞曰:'夫和戎狄,国之福也。……臣愿君安其乐而思其终也。'"应该说,魏绛在春秋时是有远见的,但仍不免诬戎狄为"禽兽",可见一般人歧视之深。

对于处理夏夷关系,《诗经·鲁颂·閟宫》提出:"戎狄是膺,荆舒是惩,则莫我敢承。"按郑《笺》,此诗是通过歌颂鲁僖公与齐桓公等北伐狄、南征楚及群舒,说明"诸夏亲暱"则"天下无敢御也"。《左传》记鲁僖公二十五年（前635）周襄王责晋文公"请隧"，即企图用"天子之礼"，是僭越非"礼"，但又不得已而赏给晋文公周郊甸阳樊这个地方，结果"阳樊不服，围之，苍葛呼曰：'德以柔中国，刑以威四夷，宜吾不敢服也……'"晋文公只好出其民而取其土。

上述夏夷限域，到了战国即因各民族大融合的趋势已成而淡化，七雄也早已用兼并的实际代替了"尊王"的口号，"夏夷之防"的观念已不再被强调了。正如顾颉刚、王树民两位先生所指出："'诸夏'、'华夏'等名号多用于春秋时期。到战国时，由于民族融合，原先'诸夏'和'夷狄'的对立逐渐消失，因而'诸夏'、'华夏'等名号就很少再用。偶而也作为地理名词用一下"①。此时，华夷一统的观念在酝酿形成中。

在战国以前，夷、蛮、戎、狄并没有严格配成东、南、西、北四个方位，南方可以称夷，北方也可称蛮，羌似稳定居于西方，戎却可以称于东方。春秋时已明确出现"四夷"的名称，大概是泛指四方之夷。在战国，随着统一条件的成熟，从意识形态到地理划分，都已打破诸侯国此疆彼界，形成包括少数民族在内的大一统观念。《禹贡》打破各诸侯界限，统一划分为"九州"，又根据各地民族远近及社会特点分为"五服"，从而创立了根据各地土壤高下与物产不同来确定赋税等级，根据民族特点来确定管辖政策，使"声教讫于四海"这样一种地理学说与政治理想②。《周礼》虽根据商、周以来官名及其职掌的历史资料立说，然而成为后世中国封建王朝所推崇的统一的政治理论，却完成于战国。其《职方氏》条说："职方氏掌天下之图，以掌天下之地，

---

① 见《中国历史地理论丛》第一辑，第13页。
② 《禹贡》是成书于战国的地理学著作，托名夏禹，实是战国时人对全国统一和地理划分的一种反映。这种判断，在学术界已成定说。

辨其邦国、都、鄙、四夷、八蛮、七闽、九貉、五戎、六狄之人民。"也是包括边疆民族在内的统一的政治学说。所谓四、八、七、九、五、六，均言其多数，不是夷有四种、蛮分八部之类。《礼记·王制》谓："中国夷狄，五方之民，皆有性也，不可推移。东方曰夷，被发文身，有不火食者矣；南方曰蛮，雕题交趾，有不火食者矣；西方曰戎，被发衣皮，有不粒食者矣；北方曰狄，衣羽毛穴居，有不粒食者矣。中国、夷、蛮、戎、狄，皆有安居、和味、宜服、利用、备器。五方之民，语言不通，嗜欲不同……"于是"五方"整齐，称为"天下"与"四海"的统一格局形成了。《尔雅》成书年代尚难确定，断为战国至西汉初经过较长时期众人撰辑而成的中国第一部辞书，大致不误。《尔雅·释地》对"四海"的解释说："九夷、八狄、七戎、六蛮谓之四海"。这里的九、八、七、六同样是言其多，并非夷蛮有多少部的具体数据。当然，战国时还有邹衍的"大四海"说，认为中国称"神州赤县"，仅是"大四海"与"大九州"的1/81。但中国古代传统的地理观念是以"中国"和夷蛮戎狄"五方之氏"共为"天下"，同居"四海"，是中国天子所能驾御的华夷统一的地理范围。这种"五方之民"统一与配合的模式是从春秋开始萌芽到战国才发展完成的[①]。

第三，"中国"又是文化的概念。《春秋》明"华夷之辨"，族类与文化并重，而把文化标准放在首位。

春秋时期，族类区分的基本要素，是语言、习俗和礼仪，经济方面的差异当然也是区分族类的重要条件。《左传》所叙鲁襄公十四年（559）戎子驹支在晋国进行辩难的一段话说："我诸戎

[①] 清人崔述辨《戎狄与蛮夷之不同》，收入《崔东壁遗书》，上海古籍出版社1983年版；当代学者童书业撰《夷蛮戎狄与东南西北》，辨五方格局的形成，其说甚详，收入《中国古代地理考证论文集》，中华书局1962年版。

饮食衣服不与华同，贽币不通，语言不达"。包括了衣食习俗、语言、经济等方面的区别。前已举述的魏绛，他在列举"和戎五利"时说："戎狄荐居，贵货贱土，土可贾焉"。服虔解释说："荐，草也。言狄人逐水草而居徙无常。"也是提到了经济生活与观念的区别。

　　族类的区别在《春秋》明"华夷之辨"方面是被重视的，然而其言论、行动是否合于"礼"，即文化礼仪方面的标准，仍是高于族类区别的首要标准，"华"、"夷"可以在不同场合下互相易位而称。罗泌在《路史·国名纪》中总括说；"《春秋》用夏变（于）夷者夷之，夷而进于中国则中国之。"

　　秦、楚与晋、郑、齐、鲁等诸侯交涉，没有语言障碍，文字虽有地方差异，也是同一种文字的地方变体，经济虽有南北不同，却都是以农业为主，其族类与中原诸侯其实大同而小异。因为他们违背了"尊王"与"诸夏亲暱"的原则，所以被斥为"蛮夷"。另一方面，同是楚国，楚武王（前740—前690）不讳自称"蛮夷"，至楚庄王（前612—前591）已称霸中原。他曾问鼎于国室，视为"非礼"；而鲁宣公十二年（前597）晋楚之战，楚大败晋国，孔子在《春秋》中却以楚为"礼"而贬晋。董仲舒在《春秋繁露·竹林篇》中评论说："《春秋》之常辞也，不与彝狄而与中国为礼，至邲之战，偏然反之，何也？《春秋》无通辞，从变而移。今晋变而为彝狄，楚变而为君子，故移其言而从事。"

　　杞，夏后，族类应是正宗夏人。然而鲁僖公二十三年（前637）杞成公死，《春秋》书曰："杞子卒。"杜预《注》："杞入春秋称侯，庄公二十七年绌称伯，至此用夷礼贬称子。"《左传》称，"书曰子，杞，夷也。"杜《注》："成公始行夷礼，以终其身，故于卒贬之。"鲁僖公二十七年（前625）杞桓公朝于鲁，《春秋》书曰"杞子来朝"，《左传》评论说："用夷礼，故曰子。"杜《注》；"杞，先代之后而迫于东夷，风俗杂坏，语言衣服有时而夷。"杞国这种变俗,受到鲁国的讨伐,《左传》记载就在杞桓公朝鲁当年"秋,入杞,责无礼也。"到了鲁文公十二年(前615),同是杞桓公来朝鲁,《春秋》书曰:"杞伯来朝。"《注》:"复称伯,舍夷礼。"虽已舍夷礼,仍不称其侯爵而"绌称伯"。

邾,曹姓国,据记载是周武王弟振铎之后,前已征引鲁僖公二十一年邾灭须句,成风说是"蛮夷猾夏,周祸也。"须句是"服事诸夏"的东夷小国,邾出于周之宗室之后,应属于"夏",但在这里夏夷的位置完全颠倒过来了。杜预在注解此事时说:"此邾灭须句而曰蛮夷,昭公二十三年叔孙豹曰邾又夷也,然则邾虽曹姓之国,迫近诸戎,杂用夷礼,故极言之猾夏——乱诸夏。"

其他类似事例不一一列举了。《春秋公羊传》记述鲁昭公二十三年(前519)七月"戊辰,吴败顿、胡、沈、蔡、陈、许之师于鸡父",并评论为何这样记载?"不与夷狄之主中国也。然则曷为不使中国主之?中国亦新夷狄也。"吴虽是周之同姓,吴太伯的后裔,因其称王,且如越人断发文身,所以称为"夷狄";蔡、陈、许等国虽是"中国",也因其所行"非礼",故称之为"新夷狄"。可见,"礼"是区别华夷的最高准则。"中国"在这里,又是一种文化的名称。

那么,"内诸夏而外夷狄"作何解释?《春秋公羊传》阐明,这是孔子"笔削"关于详略与亲疏的原则。即详周天子与鲁而略诸夏,详诸夏而略夷狄,亲尊周天子与鲁,次及诸夏而贬疏夷狄。其要旨:"《春秋》内其国而外诸夏,内诸夏而外夷狄。王者欲一乎天下,曷为以内外之辞言之?言自近者始也。"①

在诸子百家中,儒家的夏夷限域最明显。但儒家又有主张兼容和主张各民族亲近的一面。孔子一方面说:"夷狄之有君,不如

---

① 《春秋公羊传·鲁成公十五年》。

诸夏之亡（无）也。"① 另一方面又表示"欲居九夷"②，主张"远人不服，则修文德以来之，既来之，则安之"③。他从事教学，"有教无类"，其弟子也包括了出身于夷狄的子弟，是不分族类的。孔门高足子夏说："与人恭而有礼，四海之内皆兄弟也。"④

还有一点是值得重视的，即经历春秋战国五个多世纪的斗争、融合，华夏形成了稳定的民族共同体，中原出现了统一的大趋势。在边疆，各民族也发展较快，北方游牧民族在战国末年已出现东胡、匈奴、月氏兼并一方，而又互相角逐的局面，西南夷以百数，以滇与夜郎号为强大；百越分散，与诸夏在文化上逐渐接近。中华民族在古代第一次的大融合，不仅为诸夏统一创造了历史的前提，也为秦汉开始形成统一的多民族国家，奠定了坚实的基础。

三

从秦始皇统一中国到清代，是中国形成为统一的多民族国家的古代发展过程。其间，可分为三个主要阶段：秦汉魏晋南北朝为统一多民族中国形成过程的发端阶段及中华民族史上第二次民族大迁徙大融合；隋唐辽宋金西夏为发展阶段及中华民族史上第三次大迁徙大融合；元明清为确立阶段，也是当代中国各民族均已形成的阶段。在这个长达2100余年的历史进程中，"中国"和反映各民族总体关系的称谓，都随着统一的多民族国家的形成与

---

① 《论语·八佾》。
② 《论语·子罕》。
③ 《论语·季氏》。
④ 《论语·颜渊》。

发展而发生了深刻的变化。在我们论释这些变化之前，有必要对一些带根本性的认识问题，作如下简短的说明。

世界上没有任何一个国家像中国这样古老而又从未割断其文化传统，也没有一个国家像中国那样在统一帝国分裂以后经过一段南北王朝对峙与诸王、诸汗分庭抗礼以后重新走向更高度的统一。如此反复两三次，终于确立为不可分割的统一多民族国家。这种独特的历史，要从中国有众多民族内在联系不断发展当中才能得到科学的解释。我曾在《我国少数民族对祖国历史的贡献》[①]和其他一些论文中，进行过给予解释的尝试。

第一，中华民族所处的地理环境，自然使中国的民族与经济区域分为南北三个发展带和东西两大部。即秦岭—淮河以南是水田农耕民族和水田农业发展带，此线以北到秦长城以内（包括辽东、辽西）为旱地农耕民族与旱地农业发展带；秦长城以外为游牧民族与狩猎民族发展带。这三带天然划分又天然互相依赖互相补充。因此，世界上没有任何一个国家和地区，曾开凿过中国南北大运河那样的运河，也不曾像中国那样在古代发展农牧及农业各个区域之间的商品交换。这种互相依赖互相补充的内在联系，应是中国众多民族越来越巩固地发展为统一国家的重要根源之一。中国的大统一，实际上就是这南北三带民族民族关系发展的伟大结果。从东西方向看，以天水为中心，北至大兴安岭北端以西，南至云南腾冲，把中国划分为东西两大部，东部湿润而适合于农耕，其东南自古是中国经济发达、人口集中的区域。从有记录可查的历史时期以来，西部干旱高寒的游牧和小块农业区，面积虽然超过全国总面积的一半，人口却从未超过全国总数的10%。但其西北地处东亚、南亚、西亚三个最古老的文明发达区域的交接地带，一直占中西交通的重要地位，尤其在唐以前，可

---

① 书目文献出版社 1983 年出版。

以说是中西交通的主要枢纽。因而，中国西部并不因为其人口稀少而在中国文化史上无足轻重，恰恰相反，这里蕴藏着中国各民族和中西文化汇聚交融而形成的珍贵宝藏，在中华民族多姿多采的文化史上，占据特殊重要的地位。

第二，中国的统一，是由许多局部的统一创造了前提，才得以完成的。和秦、楚等战国七雄各自统一一方为中国的统一准备了条件一样，匈奴第一次统一中国北部游牧区，吐蕃王朝第一次统一西藏高原，也都是中国的大统一不可缺少的历史前提。在中国的分裂时期，边疆由当地民族建立的王朝、汗国，均为各自区域的统一、发展作过重要的贡献。正是所有上述各王朝、汗国的疆域发展才形成了中国的辽阔疆域；是各民族的历史总汇起来，才缔造了中华民族独特而又光芒四射的历史。在历史上，上述王朝、汗国可能是藩属、敌国或与国，但从发展的结局看，他们都是中国历史链条中不可缺少的一环。当代中国的历史与疆域，是所有中国历史上各民族建立的王朝、边疆王朝、汗国的继承与发展。因而，不仅是中国各民族及其祖先共同开发了中国的疆域，也是他们共同缔造了中国的疆域和历史，他们自然都应该是中国历史的创造者和中国历史的主人翁。

第三，中华民族的经济与文化，在古代始终是呈现多元区域不平衡发展，而又反复汇聚于中原，形成一个一个的发展高峰；同时，又以高度发达的中原经济、文化，向边疆地区辐射与扩散，促进边疆既同步又不平衡的发展。众多民族各有其发展历史，又互相影响、越来越紧密地结成统一的国家，在世界上创造了中华民族多元一体的伟大奇观。

第四，要明确划分中国不同历史时代不同性质民族问题的界限。这是正确阐明中国民族关系发展规律的基本关键所在。即自秦汉至清代，中国历史上的民族矛盾、民族战争、民族压迫与民族间的仇视、隔阂，是统一多民族的中国发展形成过程中的民族问题，没有超出中国历史的范围，从中国历史发展的总结局观察，是属于国内矛盾的性质。1840年列强侵略中国以后的百余年，中国的民族问题，主要方面是中华民族反抗外国的侵略与瓜分，以保证祖国的统一与领土完整，以求得中华民族的解放与独立。这是中华民族的民族革命，是世界殖民地民族问题中一个重要的组成部分。另一方面，是反对国内的民族压迫制度，以求得国内各民族的平等。这是中华民族民主革命总任务中一个重要的组成部分，是国内民族问题。新中国建立以后，在中华民族已实现民族独立与解放，国内民族压迫制度已废除，各民族平等、团结已经实现的历史条件下，主要是各民族互相支援，共同发展，以求实现现代化发展的问题。三个时代不同性质的民族问题，互相有一定联系，但明确加以区分，才能对中国民族关系的发展，得到科学的认识。

上述几点不成熟的看法，是我在近年来研究与阐述中国民族关系史的尝试中一些肤浅的体验和概括。我也是应用这些基本观点，在研究"中国"及反映中国民族关系总体的称谓变化等方面，既注意到传统观念的不断沿用，更注意到新称谓与旧称谓所获得新含义的出现。用固定的观点去理解在发展变化的新称谓、新含义，很难理解中华民族内在联系发展的深刻内涵。

在上两节已叙述，"中国"名称最初的基本含义之一是指京师。直到清朝，此义一直在沿用。即使春秋、战国，各诸侯国同样以其国都称"中国"。

《国语·吴语》记载，越国在分析吴王夫差必败时说："吴之边鄙远者，罢而未至，吴王将耻不战，必不须至之会也，而以中国之师与我战。"韦昭《注》："中国，国都。"大意是说，吴国边鄙远者已疲劳不堪不能赶来，吴王将耻于不与越作战，必定不待各地会齐，而以国都中的兵力与越国战。《孟子·公孙丑下》记齐宣王说："我欲中国而授孟子室，养弟子以万钟。"这是准备在齐国国都城中给孟子提供教学场所与供养。可见,春秋战国的诸侯同样以其王所居城为"中国",以与边鄙相对称。秦汉等统一王朝,以"中国"指京师而与郡国对称"中外"自不待举例说明;东晋十六国时期,北方少数民族首领称王称帝,仍以据有"两京"(长安、洛阳)自居"中国皇帝",而斥东晋为"吴人"与"司马家儿";北魏同样以建都于"中土"(洛阳),指南朝为"南伪"与"岛夷"。这些都是沿用以"京师"为"中国"的含义。直到清朝,在某些场合下使用"中外",也是指朝廷、中央与地方、边疆相对而称。比如康熙六十年(1721)御制碑文中说:"爰纪斯文,立石西藏,俾中外知达赖喇嘛等三朝恭顺之诚,诸部落累世崇奉法教之意。"① 宣统二年(1910)四月二十八日,邢桐等复川督赵尔巽书中说:"藏本中朝土地,藏番皆吾赤子。"②在这里,"中朝"、"中国"、"中外"都是以朝廷为"中",地方与边疆为"外"相对举。即使在晚清,"中外"往往明确指中国与外国的情况下,从皇帝"上谕",到大臣奏疏,仍沿传统使用"宣示中外"、"中外臣工"的称谓,是指中央、朝廷与地方、边疆。稍有不察,就可能误解成指中国与外国。

作为地理名称,在统一时期,"中国"包括所有由朝廷直接管辖的地方,对周边各民族地区总称"裔"或"四夷";分裂时期,则仍沿袭"两京"所在的中原地区称"中国"的传统,建都于黄河中下游的王朝辖区,得称为"中国"。

秦皇统一,军锋所及一律为郡县。两汉时"凡县主蛮夷曰道"。"汉承秦制",有些"道"秦已有之,大概民族地区的县称

---

① 《西藏地方是中国不可分割的一部分》(史料选辑),第188页,西藏人民出版社1986年版。
② 《西藏地方是中国不可分割的一部分》(史料选辑),第308页,西藏人民出版社1986年版。

"道"这种制度,也不是汉朝的新创。但汉朝确对统一多民族国家的制度有重大发展,汉朝对南北民族地区,各因其宜,制订了不同的管辖政策与制度,对后世的影响极深。汉武帝在全国划分十三州刺史部,对"内属"各族设属国都尉"主蛮夷降者",到东汉因民族杂居的发展,属国都尉除原有职掌以外,又"比郡治民"①。凡上述郡县及诸侯王辖区都称为"中国",边疆民族地区称为"裔"。扬雄《方言》说:"裔,彝狄之总名。"郭璞《注》:"边地为裔,亦四夷通以为号也。"② 是以郡国范围为主干,民族地区为边疆的统一地理概念。在这里,"中国"与后世所称"内地"相通。然而,在汉代也产生了包括边疆民族地区均称为"中国"的观念,如王充《论衡·宣汉篇》说,汉代不仅郡国统一,且胡、越臣服,"古之戎狄,今为中国"。在国家制度方面,《礼记·曲礼》说:"君天下为天子"。郑玄《注》:"天下,谓外及四海也。今汉于蛮夷称天子,于王侯称皇帝。"反映了统一的多民族国家处在发端时期已确定了内地与边疆统一的国家元首称号,其内涵既有区别又相统一。先秦已产生以"区夏"、"禹域"、"《禹贡》九州"概称中国的地理名称,汉以后又以"十三州"作为全中国的代称,分裂时期往往以恢复"十三州"作为统一的目标。直到清朝,康熙皇帝在沈阳祭祖时承认清朝"开基汉启疆"③,是说清朝的疆域继承了汉唐以来中国的传统疆域。另一方面,清朝至乾隆末年,已完全将中国所有地方都置于朝廷直接派员的管辖之下,虽各地管辖制度具有不同特点,但都由朝廷派员进行管辖,标志中国统一的多民族国家完全确立,并已完成古代的发展过程。所以在列强侵入中国以前,"中国"作为地理概

---

① 《后汉书·百官志五》。
② 《方言笺疏》卷十二。
③ 《康熙御制文》一集,第三十六。

念,已包括全中国所有民族地区,这是中国含义一个极明确而深刻的发展。

在分裂时期,作为地理概念,以黄河中下游称"中国"。譬如,刘备虽尊称汉家皇叔,而曹魏负"篡汉"罪名,然而魏称"中国",蜀、吴均为边鄙、偏霸。五代十国,其实都是强藩割据的产物,且后唐、后晋、后汉帝室都是沙陀人。然而五代在黄河中下游称帝立都,俱称"中国",其余十国,均割据一方。此种观念,无论在当时或后世评论,都无需举例,历史文献中比比皆是。

"中国"当然也是国家的名称。晚明以前,历代中原王朝或南北对峙的王朝,都各有其朝代国号,而又都以"中国"为其通称。边疆民族地区由当地民族建立的边疆王朝,也往往在其国号、王号上冠上"中国"的名称。比如喀喇汗王朝(或译作黑韩王朝)与同时存在的辽、宋虽有一定的政治、经济关系,却未见明确具有臣属宗藩关系的记录。然而现在遗留下来的史料与历史文书,却"不仅表明黑韩诸汗当时在自认为是'中国之君'","而且远在巴格达的哈里发在颁赐封号时,也认为黑韩汗是'东方与中国之君'"。可见当时喀喇汗王朝虽在宗教方面皈依了伊斯兰,但他们作为中国一部分不变。① 该汗国学者马合木·喀什噶里编纂了《突厥语词汇》,他在"桃花石"条释义中,把中国分为三大部分:上秦为中国东部,即宋朝,中秦为契丹,下秦为中国西部,即喀喇汗王朝统治下的喀什噶尔。尤其值得注意的是:"参照其他穆斯林文献,我们还可以看到,马合木·喀什噶里关于整个中国的概念,实际上也反映了当时中亚地区人们的普遍认识。"② 金末元初的女真人蒲鲜万奴,是在东北牡丹江和绥芬河

---

① 张广达:《关于马哈木·喀什噶里的〈突厥语词汇〉与见于此书的圆形地图》,见《中央民族学院学报》,1978年第2期第42页。
② 同前引张广达文,第41页。

地区立国,最初国号"大真",是以"大女真"为国名,以后更名"东夏",即明确表明是"中国东部之王"。

外国人对中国的称呼,与中西交通的历史相联系,大致分为南北两大系统。唐以前主要是陆上交通,因此外部世界对中国的称呼都与北方和西北陆上交通相关。在中古梵文中有 Cina 一词,古佛经有支那、至那、脂那等汉译。现在波斯、阿拉伯、英、法、德、意等多种文字对中国的称呼,多自梵文 Cina 衍发出来。一般认为此称起源于 Cin,即"秦",不只是指秦王朝,还指称霸西戎以及雄视山东六国的诸侯国秦。差不多和 Cina 一样古老,在古希腊、罗马著作中还有 Serice 一称,意思是"丝国",称中国人为 Seres,汉译为"赛里斯"。有的学者解释,秦是对中国内地而言,赛里斯是指中国的新疆地区,还有的明确指出赛里斯是疏勒韵译名[1]。中世纪东罗马史家把中国称作 Taugas,此称起源,各家考订说法不一,最早的汉译见《长春真人西游记》,译作"桃花石",是指中国内地和汉人。一般认为此称起源于古突厥人称北魏王朝为拓跋氏,以后衍为对中国王朝、内地与汉人的称呼[2]。蒙古与西北一些民族,又因契丹(辽)统治中国北部,进而将内地与汉人称为"契丹",传至中亚与欧洲,有些国家即以"契丹"称呼中国,至今俄语将中国称为 Китай,盖源于此。唐代文明昌盛,超迈前古,对周围各国以至阿拉伯都发生过重大的影响,而此时南方海上交通渐已取代陆上交通而居于优势地位,因之国外又称中国为"唐",称中国人为"唐人"。此种情由见于宋人记载,并且流传至今。

---

[1] 参见张星烺《支那名号考》,载《中西交通史料汇编》第一册,中华书局 1977 年重版;钱伯泉:《seres 考》,载《西域史论丛》第一辑,新疆人民出版社 1985 年版;以及其他有关译文与论文。

[2] 参见《冯家昇论著辑粹》,中华书局 1978 年版,第 377—384 页;方壮猷译白鸟库吉撰《东胡民族考》上编,商务书局 1934 年版,第 130—123 页。

元、明以来，继承唐宋，海上交通日益发达。元、明、清各朝，与邻国及东南亚、阿拉伯交往，自称中国。晚明，清初之时西方各国正在形成为统一的资产阶级民族国家的过程中，有一批耶稣会士从西方来到中国，与中国士大夫以至皇帝有所接触，中国文献往往自称中国，称西方各国为"泰西"、"西国"，或称其具体国名。自此，以国家区分"中、外"的观念逐渐萌发并日益明确起来。西方耶稣会士来到中国以后，也对中国的历史、地理、民族、文化等各方面进行了初步研究，撰述了一些作品向西方报道。他们称中国为"中华帝国"。比如著名的利玛窦（MathewRicci）于万历二十八年十二月二十日（1601年1月23日）给明神宗上疏，自称"大西洋陪臣"，来到中国以后，"颇知中国先圣之学"，又发现西方历算"并与中国古法吻合"①。《利玛窦中国札记》中说："今天我们通常称呼这个国家为中国（Ciumquo）或中华（Ciumhoa）"②。他经过考证，认定西方古时所称为"丝国"的正是他已到达的中国；而马可波罗以来，欧洲人所称东方大国契丹，也只是中国的别名。他不仅从一些住在北京的穆斯林商人口中得知契丹与中国是同一个国家，还从他的耶稣会兄弟鄂本笃（BentodeGoës）所率领到达北京的商队那里验证："契丹与中国被证明是同一个国家"③。当时中国士大夫仍死守中国即"四海"与"天下"的传统观念，利玛窦绘制了《世界地图》，使明朝的士大夫得知中国只是世界的一部分。《明史·外国传七》记载："意大利亚，居大西洋中，自古不通中国。万历时，其国人利玛窦至京师，为《万国全图》，言天下有五大洲，第一曰亚细亚洲，中凡百余国，而中国居其一。"

---

① 《增订徐文定公集》卷首下附《利子奏疏》。
② 何高济、李申译：《利玛窦中国札记》，中华书局1983年版，第6页。
③ 何高济、李申译：《利玛窦中国札记》，中华书局1983年版，第549—558页。

差不多与耶稣会士东来同时，西方殖民主义者也闯进了中国的边疆。他们所到之处，都遭到了中国各族人民的抵抗，郑成功收复台湾，清初叶驱逐沙俄殖民者的雅克萨战争，就是很好的例证。在这些自卫反击战争中，显示了中国是一个拥有明确疆域的主权国家。康熙二十八年（1689）订立的中俄《尼布楚条约》，是中国与外国确定边界的第一个具有国际法律水准的条约。这个条约订约的中国政府是清廷，但使用的国名称中国。中方首席代表索额图的全衔是"中国大圣皇帝钦差分界大臣、议政大臣、领侍卫内大臣"，表明索额图是中国皇帝的钦差，行使的是中国的主权。《尼布楚条约》的满文本与拉丁文本，都是中国钦差提供的合法文本，经中、俄双方验证是完全一致的。其关于划界的内容如下：

"一　将由北流入黑龙江之绰尔纳，即乌鲁木河附近之格尔必齐河为界，沿此河源之石大兴安岭至海：凡岭阳流入黑龙江之河溪尽属中国；其岭阴河溪悉属俄罗斯。"（按，以下关于马第河两属略）

"一　将流入黑龙江之额尔古纳河为界：南岸属中国，北岸属俄。其南岸墨里勒克河口现有俄罗斯庐舍，着徙于北岸。"

关于两国订约后对订约以前的逃亡者免予索还的条文规定：

"一　除以前一切旧事不议外，中国现有之俄罗斯人及俄罗斯国现有中国之人免其互相索还，着即存留。"①

以上条文显然说明了清廷以中国为国名，表明清廷是主权中国的朝廷，而条约中规定免予索还的中国人，大概都是黑龙江当地的少数民族居民，其中有名可考的是索伦人根特木尔。最初清廷坚决要求引渡他回国，订约谈判中放弃了这个要求。该约的俄文本与满文本有些字句略有差别，但无伤基本内容完全一致。比

---

① 此约满文本汉译见西清《黑龙江外纪》卷一。

如条约规定应属中国的领土,俄文本作"均属大清国",使用中国朝廷的国号,但俄文本索额图的职衔仍是"中国大圣皇帝钦差分界大臣",而俄文本第四条与满文本一样使用中国的名称,该条是:"两国订立本约以前逃往中国之俄罗斯人及逃往俄罗斯国之中国人,双方不再索还。"同样肯定黑龙江沿岸各民族人民是中国人。可见俄文本《尼布楚条约》中国的国家名称也只能解释为中国。

晚清中国逐渐沦为半殖民地,帝国主义与清廷订立了一系列不平等条约,中国的名称也是使用作为主权国家的名称——中国,这些不平等条约所侵略的主权属于中国。

综上所述,中国作为国家名称,在西方国家未来以前,是历代中国王朝的通称,各朝人另有表明其一家一姓"社稷"、"天下"的朝代国号;西方国家侵入中国以后,中国的主权受到了侵略,无论是在平等地位上或不平等地位上与西方打交道的主权国家名称,"中国"都已是主权中国的名称。这是中国作为国家名称的含义方面一个重要的发展。

作为民族与文化名称的含义,魏晋以前,"中国人"与"夏人"等称同义,东晋十六国至南北朝,又派生出"中华"与"汉人"作为民族名称的新称谓,而中国成为各民族共有的名称。原来"中国"与"四夷"对称,此时又派生出"蕃汉"的新对称。这些称谓的起源与发展,我们将在下节作专题讨论。

四

关于"汉人"作为族称的起源与演变,陈述、贾敬颜两教授曾搜辑资料，发覆识微，并同时将研究成果公之于世①。笔者在前几年也曾专事勾稽，其中两先生已阐述者，于此不赘，对"汉人"族称的渊源与出现此称的原因，略陈管见，稍加补充。

两汉时期，匈奴与西域各族，往往称汉朝百姓为"秦人"，汉朝人自称"中国人"，诸侯王沿先秦之旧称"诸夏"或"华夏"与"中国诸侯"。当时边疆各民族又往往称郡县之民为"汉人"，是指汉朝人。然而"胡汉"、"越汉"、"夷汉"并称，即已初具族称含义。及至汉家天下星移斗换，曹氏、司马氏相继建立魏晋，郡县之民虽自称为"中国人"、"晋人"，边疆各民族往往沿称之为"汉人"。朝代已废，"汉人"的族称含义较前有了进一步发展。据现有资料，"汉人"确定无疑是民族名称，大概是在北魏孝文帝改革的时候。《南齐书·王融传》载王融在南齐世祖武皇帝时上疏称："虏前后奉使，不专汉人，必介匈奴，备诸觇获。"《南齐书·魏虏传》说北魏"诸曹府有仓库，悉置此官，皆通虏汉语，以为传译"。王融出身高门，是有名的文学家，南齐武帝末年，意欲北伐，王融上书当在此时，正是魏孝文帝推行汉化改革，迁都洛阳之际。与王融基本同时的北魏地理学家郦道元，在其《水经·河水注》中注释河水"又南过土军县西"一句时说："吐京郡故城，即土军县之故城也。胡汉译言，音为讹变矣。"此类以"汉人"与"匈奴"对称，以"汉语"与"胡语"、"虏语"并举，当然是民族称谓了。可见在南北朝中期，汉人、汉语等称谓，已被人们所习用，连王融这样出身望族的达官贵人兼文学家，也不避"汉人"的族称。

为什么会从"中国人"这个称谓中派生出"汉人"的族称来呢？我认为这是边疆民族要求共有"中国"称号的结果。

---

① 陈述：《汉儿、汉子说》，载《社会科学战线》1986年第1期；贾敬颜：《汉人》考》，见本集。

自两汉以来,郡县之内,已有不少地方民族杂处,边疆地区也往往"夷汉相错而居"。内徙各族,在经济、文化等方面,都与当地汉人差别日益缩小,而少数领袖人物更游步于士大夫、王公贵人之间,著名于当时。如匈奴刘渊,"幼而好学,不舍昼夜。师事上党崔游,习《毛诗》、《京氏易》、《马氏尚书》,尤好《春秋左氏传》,孙、吴《兵法》,略皆诵之,《史》、《汉》、《诸子》,无不综览。尝谓同门生朱纪、范隆曰:'吾每观书传,尝鄙随、陆之无武,绛、灌之无文。'"他在魏晋之际,号为"文学武事,并皆工绝"的全材。司马炎称帝以后召见刘渊,感叹:"虽由余、日䃅无以加也!"于是有心委他领军平吴,只因孔恂等以"非我族类,其心必异"为理由,阻止了晋武帝委以重任。刘宣也师事当时享大名的学者孙炎,"炎每叹曰:'宣若遇汉武,当逾于日䃅也!'"① 其他刘聪、刘曜,颇多类似。氐、羌、鲜卑、羯等各族,有些虽不如匈奴人物之盛,大体也与当地汉人水平接近。即便在边疆,也产生了一些为各民族共同拥戴的首领,如"孟获者,为夷汉所并服"②。

晋朝短暂统一,最高统治集团荒淫无度,穷奢极欲;而世风糜烂腐朽,终至演成八王之乱。西北匈奴、氐、羌与汉人联合起义反晋,发展到共推氐帅齐万年称帝。起义虽被晋朝镇压下去了,到晋惠帝永安元年(304)刘渊趁"司马氏骨肉相残,四海鼎沸"之机称王,建国号曰汉;氐人李雄也称王于成都,建立成(汉)。不到几年,西晋土崩瓦解,北方各族蜂起,走上逐鹿中原的历史舞台。其中,石勒、苻坚都曾统一北部中国,并据有"两

---

① 均见《晋书·载记》本传及《十六国春秋辑补·前赵录》。由余,春秋时西戎人,佐秦穆公霸西戎;日䃅,即汉武帝时深得信任的大臣金日䃅,与霍光等同是武帝托孤大臣。

② 《三国志·蜀志·诸葛亮传》裴《注》引《汉晋春秋》。

京",称为"中国皇帝",继之为帝于两京者,当然也都以"中国皇帝"自居。有的虽偏据一方,也往往以统一全国为己任。延至北魏,拓跋珪称帝不久,天兴三年(400)即下诏称:"《春秋》之大义,大一统之美,吴,楚僭号,久加诛绝。"① 是指东晋为非法而提出了统一全中国的目标。

匈奴、鲜卑、羯、氐、羌等民族,既久居郡县与汉人杂处,成为统治民族以后,统治者称为"中国皇帝",当然必须共享"中国"的称号,他们在制度与文化等方面,均力求继承固有传统。另一方面,就民族称谓而论,按旧有习惯,他们不得居于"中国人"行列。此种矛盾状况,使五胡的统治者大伤脑筋。他们起初称统治民族为"国人",编户齐民为"赵人"(石勒),经过不断演化,终于逐渐明确,把原来称为"中国人"的人们称为"汉人",他们的语言称为"汉语"。于是,"中国"的称号为各民族所共有;与之相适应,各少数民族逐渐地也总称为"蕃",反映各民族总体关系的新称谓——"蕃汉",也就应时而生了。

不难看出,这些新的民族称谓,是自汉代以来民族关系演进的结果,也是中国由许多民族形成为统一国家的制度有了进一步发展的产物。十六国时期,那些从少数民族中走上了"中国皇帝"宝座的人物,不仅继承传统称皇帝与天子,还实行农耕与游牧民族"胡汉分治"同时又统由皇帝辖治的制度。最初,皇帝除了又称天子,还兼领大单于称号,后来大单于称号一般由太子兼领。这种制度,把胡汉两个系统的国家元首称号集中到了同一个王朝。隋唐在中央集权制度的发展方面,承上启下,到唐太宗,受北方与西北各民族拥戴,立为天可汗。于是太宗以下唐代各帝,不仅是皇帝与天子,又是游牧民族众汗之汗的天可汗。从而农牧两个系统的国家元首称号集中于一身,反映出统一多民族国

———————
① 《魏书·太祖纪》。

家制度的发展。

对边疆民族地区,唐朝除设立都护府、都督府于边镇以行使朝廷的控制之外,还在各民族中"即其部落,列置州县,其大者为都督府,以其首领为都督、刺史,皆得世袭。虽贡赋版籍多不上户部,然声教所暨,皆边州都督,都护所领,著于令式"。就是说,在民族地区也和内地一样设置府、州、县的地方行政建置名称,所不同的是民族地区的府、州、县由各民族首领世袭,不变旧俗,因俗而治,称为"羁縻府州"。唐代在全国各民族地区共设这类"府州八百五十六"①,它们虽与内地州县的法律系统与管辖办法都不同,其作为唐朝疆域则相同。

在文化方面,隋唐实际上是进一步发展和消化了魏晋南北朝以来的民族大融合,并且不断汇聚吸收各民族新的优秀文化,从而创造了独特的东方文明,使中华文明推进到一个繁荣昌盛的新高峰。但隋唐都在礼乐制度方面标榜"复汉魏之旧","正礼乐"、"易服色",自居"中国",对郡县之民称"华"、曰"夏"。由于是统一的多民族国家,朝廷有共事的"蕃汉官",军队有兼领的"蕃汉"兵将,地方有交错分布的"蕃汉"民众。朝廷内外均不能废蕃汉并举的称呼。边疆各民族则普遍称内地为"汉地",也不讳自称为"蕃"。即使是与唐朝平起平坐的吐蕃王朝,也与其他民族一样使用这些称呼。所以,"蕃汉"对举,在唐朝已普遍使用,既见于诏谕,也见于奏对表章,还见于盟誓、碑铭。今择其尤为说明问题者,例举如下。

《新唐书·郭虔瓘传》记述开元年间,安西副都护郭虔瓘与安抚招慰十姓可汗使阿史那献由于对是否募兵扩军问题意见相左,"交诉于朝。玄宗遣左中郎将王惠贲诏书谕解曰:'朕闻师克在和不在众。……自开西镇,列诸军,军有常额,卿等所统,蕃汉杂

---

① 均见《新唐书·地理志七下》。

之,在乎善用,何必力募!'"

《册府元龟·外臣部·盟誓》条载开元六年(718)十一月吐蕃赞普弃隶缩赞请与唐修好的文书,回顾以往"汉宰相等官入誓者:仆射豆卢钦望、魏元忠,中书令李峤,侍中纪处讷、肖至忠……等十一人。吐蕃宰相等,亦同盟誓讫,遂迎(金城)公主入蕃,彼此安稳。"并要求"当令重立盟誓,舅甥各亲署盟书,宰相依旧作誓,彼此相信,亦长安稳"。还说,为了重新盟誓,"此处使人论乞力徐、尚奔时、宋俄等,前后七回入汉"。

《册府元龟·奉使部·称旨》条,记载开元二十一年(733)正月,玄宗遣李暠为使,"制曰:'……工部尚书李暠;体含柔嘉,诚致明允,为公族之领袖,是朝廷之羽仪。金城公主既在蕃中,汉庭公卿,非无专对,有怀于远,夫岂能忘,宜持节充入吐蕃使……'及还,金城公主上言,请以今年九月一日树碑于赤岭,定蕃汉界。"①

《旧唐书·吐蕃传下》记载建中四年(783)唐使张镒与尚结赞会盟于清水,"初约:汉以牛,蕃以马。镒耻与之盟,将杀其礼,乃谓结赞曰:'汉非牛不田,蕃非马不行,今请以羊、豕、犬三物代之。'结赞许诺。"于是结盟并划定"蕃汉界"。

著名的《甥舅会盟碑》记载:"舅甥二主,商议社稷如一,结立大和盟约,永无沦替。"其内容除重申"蕃汉两国"分界,还规定了使臣驿传供应及人民安居乐业等事项,"使蕃于蕃中受安,汉亦汉国受乐"②。

唐与吐蕃往来关系中所称"蕃"固然也是国名,上引各条,

---

① 《西藏地方是中国不可分割的一部分》(史料选辑)第16页,于此条史料下附注《吐蕃文献选集》录入:"岁在鸡年(癸酉,733),赞普驻于那准宫,汉使李尚书(暠)及蛮使逻阁等来吐蕃朝贡。"

② 参见《西藏地方是中国不可分割的一部分》(史料选辑)第21—22页。

与"汉"对称,与其他民族地区用法相同,也是作为民族通称使用。

唐代云南的边疆王朝南诏,在大历元年(776)立《德化碑》,向唐朝陈述其在天宝时先受云南郡太守张虔陀辱逼,后为节度使鲜于仲通所不容而不得已背唐的苦衷。据道光《云南通志》著录,此碑列数了张虔陀的罪状,其第一项称"吐蕃是汉积仇,(虔陀)遂与阴谋,拟共灭我"。又叙"仲通大军已至曲静(靖),(南诏)又差首领杨子芬与云南录事参军姜如芝赍状披雪!'往因张卿诳构,遂令蕃汉生猜……'仲通殊不招承,径至江口,……于是具牲宰,设坛埠,叩首流血曰:'我自古及今,为汉不侵不叛之臣。今节度背好贪功,欲致无上无君之讨,敢昭告于皇天后土。'"

北方契丹等族称唐为汉,称内地人民为汉人,史文屡见不鲜,毋烦例举。唐朝宰相、将领中少数民族人物之盛,尤其是蕃兵、蕃将的比重,贾敬颜先生《"汉人"考》已作论证,今从略。

五代继唐,依旧有"蕃汉官"、"蕃汉兵"。宋朝对"蕃兵"、"蕃官"的组织、叙用、提升、降黜,都有一定的法规。至于辽金有"蕃汉"官、兵之称,兼备"蕃汉"礼仪,已为众所周知,不胜枚举。西夏不仅有"蕃汉"官兵、"蕃汉礼",还有"蕃汉文"、"蕃汉学"。宋朝名臣范仲淹在答复西夏元昊来书中说:"有生之民,皆吾赤子,何番汉之限哉!"[①] 表示宋朝视蕃汉如一的态度。西夏文与汉文对照的辞典《番汉合时掌中珠》其原《序》说:"今时人者,蕃汉语言,可以俱备。不学蕃言,则岂和蕃人之众;不会汉语,则岂入汉人之数!蕃有智者,汉人不敬;汉有贤士,蕃人不崇。若此者,由语言之不通故也。"元朝大一统,有汉人之称,"中国"无论作地域名、国名,都包括中国边疆在

[①] 《范文正公集·答元昊》。

内。至明代，再次强调"华夷之辨"，边疆仍称内地为"汉"，称内地人民为汉人。明朝臣工在讨论民族问题时，也使用"汉人"的称呼；"蕃汉"对称，并未废弃。

《明经世文编》收入徐阶《会议北虏求贡》的奏折，说俺答汗求贡，但"信使不入，表文不具，且其文书，系是汉字，真伪亦未可知。……若果悔罪求贡，即宜领兵出境，另具番字表文"①。又载胡宗宪《题为黜虏近边甘言求贡事》的奏疏说，嘉靖二十九年（1550）十一月三十日沿边瞭望哨所听见一鞑靼人"汉语叫说：'我是俺答差来通事，下此文书，与你大那颜，要求进贡。'"② 在西南，也有类似用法，如杨一清《条处云南土夷疏》说，云南应借重土司，"汉兵不过壮声势以固根本焉耳"③。

至于清代，满汉、蒙汉、回汉等对称，毋庸赘举。此时，统一多民族中国的古代发展过程已经完成，"中国"无论作为地域名称、国家名称都包括中国的边疆民族地区在内，所以"中国人"也包括所有中国各民族。清人段玉裁撰《说文解字注》，他在注解"夏，中国之人也"一句时说："以别于北方狄、东方貉、南方蛮闽、西方羌、西南焦侥、东方夷也。"这是依据先秦以来古义，以"中国"与"四夷"对称作注。另一位清代学者王绍兰指出，上述段《注》未能反映中国含义的发展。在他所撰《说文段注订补》中对此条加以纠正说："案，京师为首，诸侯为手，四裔为足，所以为中国之人也。"阐明"中国人"应是各民族一体，包括中国各民族在内。这是中国多民族国家得到了确立在人们观念上的反映与词义的规范化。至此，"汉人"是与少数民族相区别而称；"华人"、"中国人"，都已成为中国人与外国人相区

---

① 《明经世文编》2562页。
② 《明经世文编》，第2808页。
③ 《明经世文编》，第1140页。

别的称呼。

传统的影响还是很深的。当西方的外国人来到中国,"天朝威仪"的观念,仍使中国的皇帝与臣工视外国人为"夷狄",而外国人也不能接受把他们视同中国边疆民族的称呼,于是又有了"夷"、"洋"之辨。最早提出这个区别的是英国人礼士(Hugh Hamlttion Lindasy)。他是东印度公司职员,通汉文,为了便于在中国活动,取了类似中国人的名字,叫夏米胡,于19世纪20—30年代来往于中国的澳门与广东一带。1832年春他从广州出发,6月到达吴淞口,要求递禀上宪,准其贸易。苏松太道吴其泰批复:"查该夷船向无在上海贸易之例,未便违例据情上报",将夏米胡原禀退回。夏米胡认为称"夷"是对英国的凌辱,上书抗议,说:"大英终不是夷国,乃系外国。"在以后的中外关系发展中,逐渐形成称外国人为"洋人",与对中国边疆民族泛称"夷"相区别[①]。当然,称"洋"称"夷"都是民族自大与封建大民族主义的表现,这是应该摒弃的。而"夷"、"洋"明确区分中国与外国,则是近代中国与外国国际关系发展而明确的中外区别,说明中华虽有许多民族,对外国而言,则同是中国。

五

"中华"一词,据王树民先生研究,起源于魏晋。最初用于天文方面,是从"中国"与"华夏"两个名称各取一字复合而成[②]。古人宗信"天人相与",天文分野,取与地理区域相配合,魏晋之际在天文星野已有"中华"的名称,大概当时于地理与人

---

① 参见陈旭麓《辨"夷"、"洋"》,载1982年12月15日《光明日报》史学版。
② 参见《中华名号溯源》,载《中国历史地理论丛》第二辑。

文，早已有此观念。

鄙意以为，东汉以来，经术学问，演成私家世业。及至魏晋，世家大姓掌握传统文化学术，又进而垄断"九品中正"，品评人物，官居上品，位清势隆，自诩"衣冠华族"，不仅傲视于"四夷"，也傲视于寒门"浊流"。魏晋朝廷固然对这些高门望姓尊礼备至，即使少数民族出身的皇帝，也往往给予高位殊礼，如石勒那样受过"两胡一枷"卖为奴隶之苦的人，称王以后"重其法禁，不得侮易衣冠华族"①，其余可想而知。"中华"一词，最初也许与这些"衣冠华族"相关，逐渐地扩及于指传统文化和具有这种文化的人民。

作为地域名称，"中华"与"中国"相同。

《晋书·刘乔传》记载，当晋惠帝永兴二年（305）东海王越命刘弘会同刘乔去进攻范阳王和刘舆、刘琨兄弟。刘弘曾修书给刘乔劝其"解怨释兵，同奖王室"，未被采纳，乃上表给惠帝。表文中有"今边陲无备豫之储，中华有抒轴之困"一句，以"中华"对"边陲"，是指内地郡县而言。

《晋书·陈頵传》，载頵于东晋初上书王导，说："中华所以倾弊，四海所以土崩者，正所以取材失所。"《晋书·桓温传》载温上疏称："自强胡凌暴，中华荡覆，狼狈失据，权幸扬越。"这些都是以"中华"指郡县地区与中原。

至南北朝，裴松之在《三国志·蜀志·诸葛亮传》后评论说："若使（亮）游步中华，骋其龙文"，必不出曹操诸谋士之下。此处，"中华"显然是指中原地区。

所以，"中华"作为地理名称，大抵也是指郡县地区，以与边陲相对。统一时指全国，分裂时指中原。不过，在古代，中华主要还是作为文化与民族称谓。

---

① 《晋书·载记》本传及《十六国春秋辑补·后赵录》。

《资治通鉴》卷一百载,晋穆帝升平二年(358)冬,晋将荀羡攻前燕泰山太守贾坚。坚以兵少死守,城破被俘而以死报燕。"羡谓坚曰:'君父、祖世为晋臣,奈何背本不降?'坚曰:'晋自弃中华,非吾叛也。民既无主,强则托命,既已事人,安可改节?'"

贾坚责"晋自弃中华",既有地理含义,更多的是指中原的"衣冠"。

《资治通鉴》卷一百四载,晋孝武帝太元二年(382)苻坚执意攻晋,独宗室重臣苻融苦谏不止,最后苻融说:"国家本戎狄,正朔会不与人;江东虽微弱仅存,然中华正统,天意必不绝之!"这里自然是民族称谓了。

《资治通鉴》卷一百一十五载晋安帝义熙五年(409)南燕主慕容超当东晋刘裕统军北伐,既不敢战,又不肯走。南燕桂林王慕容镇"谓韩㖿曰:'……今年国灭,吾必死之。卿中华之士,复为文身矣。"认定中原汉人才是"中华",东晋反而被称之为吴越"断发文身"之族,所以是指传统文化而言。

《宋书·张畅传》载,当北魏太武帝已围刘宋彭城,张畅受命至魏营,魏尚书李孝伯传太武帝对彭城守将刘宋宗室诸王刘义恭等的话称"诏",张畅反驳说:"君之此称,尚不可闻于中华,况在诸王之贵!"又是以"中华"称南朝"衣冠",也是指传统文化与具有这种文化的人民。

《资治通鉴》卷一百二十四载,刘宋文帝元嘉二十三年(446)秋任命杜坦为青州刺史。追述在此以前,宋文帝曾对杜坦感叹如今没有金日䃅这样的人,"坦曰:'日䃅假生今世,养马不暇,岂办见知!'上变色曰:'卿何量朝廷之薄也!'坦曰:'请以臣言之:臣本中华高族,晋氏丧乱,播迁凉土,世业相承,不殒其旧;直以南渡不早,便以荒伧赐隔。日䃅,胡人,身在牧圉,乃超登内侍,齿列名贤,圣朝虽复拔才,臣恐未必能也'。"杜坦为西晋名将兼名学者杜预之后,所以自居"中华高族",与胡人金日䃅比较,应是族称与文化称谓。

另一方面,北魏强调鲜卑是"黄帝少子昌意之后",又居中土,发扬传统文化,以中华正统自居。北魏太武帝拓跋焘《灭佛诏》,倡言佛是"胡神",佛法非九州固有,所以要宣布为非法,加以禁绝。至孝文帝推行汉化,更显示其居于中华正统的文化特点。《魏书·韩显宗传》载韩显宗上书给孝文帝,称:"自南伪相承,窃有淮北,欲擅中华正统。"是以北魏为传统文化的继承者,且在法统上,以其立都洛阳,居于"土中"(中土),也是"中华",反斥南朝为"南伪"!

值得注意的是,南朝对于北魏文化上的发展颇为首肯。萧梁名将陈庆之,于北魏末年曾护送降梁的魏北海王颢回北魏称帝,一度攻入洛阳。《洛阳伽蓝记》卷二记陈庆之在失败以后仍回梁朝,颇景羡北方文物之盛,说:"北海寻伏诛,其庆之还奔萧衍,衍用其为司州刺史。钦重北人,特异于常。朱异怪复问之,曰:'自晋宋以来,号洛阳为荒土,此中谓长江以北尽是夷狄。昨至洛阳,始知衣冠士族并在中原,礼仪之盛,人物殷阜,目所不识,口不能传。所谓帝京翼翼,四方之则,如登泰山者卑培塿,涉江海者小湘沅,北人安可不重!'庆之因此羽仪服式悉如魏法,江表士庶竞相模楷,褒衣博带,被及稜陵。"

《资治通鉴》卷一百九十八载,贞观二十一年(647)五月,唐太宗在总结其成功要领"五事"之一:"自古皆贵中华,贱夷狄,朕独爱之如一,故其种落皆依朕如父母。"确如此言,唐太宗较开明的民族政策,是使唐代中国得以繁荣昌盛的基本原因之一。

杜佑《通典·边防典序》说:"缅惟古之中华,多类今之夷狄,有居处巢穴焉。"

综上,"中华"用于人事、文化、民族,最初大概因"衣冠华族"而发生,扩而大之,指"礼乐冠带"这种中原传统文化和具备传统文化的人。如北魏鲜卑,不仅自居"中华",甚至被南朝士庶所景慕。北朝末年所称"中华朝士",包括一些鲜卑,乃至来自乌桓、匈奴等族的人物。他们都是久居中土且掌握传统文化或专门学术的士大夫。若专作民族名称,则指"汉人"。

"中华"用之于法律,最早应是《唐律疏议》。其卷三《名例》有一条规定:"其妇女流者,亦留住"。长孙无忌等《疏议》:"妇人之法,例不独流。故犯流不配,留住、决杖、居作。造畜蛊毒,所在不容,摈之荒服,绝其根本,故虽妇人,亦须投窜。纵令嫁向中华,事发还从配遣,并依流配之法,三流俱役一年,纵使遇恩,不合原免。"就是说:妇女若犯罪当流者,一般不发配,留在原处决杖作苦役。但"造畜蛊毒",即以妖术害人的,必须发配,即使嫁到中原内地,也必须投窜边荒。假如遇到开恩大赦,也不在赦免之例。《名例》还有一条规定:"诸化外人,同类自相犯者,各依本俗法,异类相犯者,以法律论。"这就是说,不在州县管辖之内的"诸蕃",本族人相犯,即依他们固有习惯法处理,若不同民族或蕃国之间相犯,就按《唐律》处理。其卷八《禁卫》,《疏议》对边禁解释说:"缘边关塞,以隔华夷",不许随便出入。"又准别格:'诸蕃所娶得汉妇为妻妾,并不得将还蕃内。"这里"华"与"汉"同义,是指汉人。《唐律》及其《疏议》,在唐代均享有同等法律地位,而"中华"既指州郡管辖地区,也指中原文化和汉人。这是在统一的多民族国家中,不同民族,按不同法律治理。南宋此山贯冶子作《唐律释文》与《宋刑统》相辅,他在解释《唐律疏议》卷三《名例》关于"中华"的含义时说:"中华者,中国也。亲被王教,自属中国,衣冠威仪,习俗孝悌,居身礼义,故谓中华。非同夷狄之俗,被发左衽,雕体文身之俗也。"也是指郡县之民及中原文化与汉人。

唐代这种不同民族按不同法律治理的精神,在辽代即形成二元法律体制,即以契丹固有的习惯法治理以契丹为代表的游牧民族,以《唐律》治理以汉人为代表的农业民族①。到辽代中后期又多仿宋代制度和法律,而且契丹人等游牧民族也渐取与汉人相同法律治理。洪皓《松漠纪闻》记述辽道宗听人讲《论语》的故事,说:"大辽道宗朝,有汉人讲《论语》,至'北辰居(其)所而众星拱之',道宗曰:'吾闻北极之下为中国,此岂其地邪?至'夷狄之有君',疾读不敢讲,则又曰:'上世獯鬻、猃狁,荡无礼法,故谓之夷。吾修文物彬彬,不异中华,何嫌之有!'卒令讲之!"② 是辽道宗也认为辽朝已具备传统的中原文化,与前古北方游牧民族不同,无愧于居"中国"与"中华"称号了。辽代的二元法律制度而又以中原传统"礼乐"文化为正统,耶律楚材在《怀古一百韵寄张敏之》诗中歌颂:"辽家遵汉制,孔教祖宣尼。"③ 这种农牧两大系统文化与制度相交融结合,在中国统一多民族国家多元一体的发展中,上承唐朝,下启金元和清朝,影响深远,然而过去史界对于辽代制度的研究多被忽视。

"中华"用于政治行动,在古代大概功效最明显的要推明太祖朱元璋。他在吴元年(1367)十月命徐达等北伐后发布告谕中原人民的檄文中,提出了"驱逐胡虏,恢复中华"的口号,并且说:"归我者永安于中华,背我者自窜于塞外。"④ 以"中华"对"胡虏"自然是族称,又以之对"塞外",并且说:"归我者永安于中华,背我者自窜于塞外",则是指中原地区。洪武元年(1368)二月,又"诏复衣冠如唐制"⑤,当然是属于文化与礼俗了。但一般著作仅征引檄文中上述内容,而忽视了朱元璋还说

---

① 《辽史·刑法志上》。
② 《长白丛书》本,22页。
③ 《湛然居士集》卷十二。
④ 《明太祖实录》卷二六,吴元年十月丙子条。
⑤ 《明太祖实录》卷三〇,洪武二年二月壬子条。

到:"自宋祚倾移,元以北狄入主中国,四海内外,罔不臣服,此岂人力,实乃天授。"承认元统治中国是符合"天命",因而也就承认其为合法了。此外,他还特别强调蒙古、色目虽然不是"华夏族类",但"能知礼义愿为臣民者,与中夏之人抚养无异"。当徐达攻克汴梁以后,朱元璋也随即到达,在他南归时,徐达等到陈桥送行,明太祖诚谕诸将说:"昔元起沙漠,其祖宗有德,天命入主中国,将及百年。今子孙怠荒,罔恤民艰,天厌弃之;君则有罪,民复何辜?"因而命诸将所到之处:"必使市不易肆,民安其居,凡元之宗戚,皆善待之。"① 甚至在元大都已平,顺帝北走之后,明太祖仍在宣布各项事宜的诏书中,头一条即指出:"元主父子,远遁沙漠……果能审识天命,衔璧来降,待以殊礼,作宾吾家。"对"朔方百姓及蒙古、色目诸人,向因兵事连年供给,久困弊政,自归附之后,各安其生理,趁时耕作,所有牛羊孳畜从便牧养,有司常加存恤"②。这些都说明朱元璋推翻元朝,在他看来和以往朝代革替一样,都是"天命"归弃的表现。他用"驱逐胡虏,恢复中华"动员了当时苦于元朝压迫的各民族,尤其是"汉人"和"南人",但并没有渲染民族仇恨。相反,对蒙古、色目以至元朝宗戚、顺帝父子都采取宽容政策。这一方面说明了明太祖的政治远见,也是中国已经有了多民族共处的悠久历史传统所致。

"中华"再次成为政治口号,当以清末孙中山先生为代表。他在同盟会纲领的"民族主义"中,借用了"驱除鞑虏,恢复中华"的口号。但是,20世纪的中国,主要矛盾是中华民族与帝国主义的矛盾,当时国内的主要任务乃是推翻帝制,缔造共和。孙先生在革命实践中认识到,必须把中国各民族结成一体,为推

---

① 《明太祖实录》卷三二,洪武元年七月辛卯条。
② 《明太祖实录》卷三五,洪武元年九月戊寅条。

翻专制帝制，创立中华共和国而奋斗。在建立同盟会时，有人主张用"对满同盟会"的名称，孙先生认为："不必也。满洲腐败，我辈所以革命，即令满人同情于我，亦可许其入党。"① 他又指出："革命宗旨，不专在排满，当与废除专制，创造共和并行不悖"②。孙先生这些主张，与单纯以反满排满为目标，标榜"种族革命"的政治派别划清了界限，因而得到了各族人民的支持。甚至列宁也在《中国的民主主义和民粹主义》一文中盛赞："孙中山纲领的每一行都渗透了战斗的，真诚的民主主义，它充分认识到'种族'革命的不足。"③

"民族"一词，在古代汉语里没有构成，而用"人"、"种人"、"族类"、"部落"、"种落"等词表示。用"民族"来表示稳定的民族共同体，则是上世纪与本世纪之交，从日文中引进。当时用法极混杂，在很多场合下与体质特征不同的"种族"一词混用。直到目前，各家在使用这个词的时候，含义也不尽相同，一般则是指从古到今所有处在各种不同社会发展水平上拥有较稳定族称的民族共同体④。在民族一词引进后，不久就复合出"中华民族"一词，最初一般是指中国的主体民族，即汉族。

辛亥革命前后，著名革命家兼学者章太炎在《中华民国解》中解释说："中国云者，以中外分地域之远近也；中华云者，以华夷别文化之高下也。"⑤ 这种解释仍未脱离古代传统观念的窠臼。到了1922年，梁启超撰《历史上中国民族之研究》，他一方面指出"中华民族"通常是指汉族，同时又指出，"中华民族"包括中国各民族认同的一体特征。他说："凡遇一他族而立刻有

---

① 田桐：《同盟会成立记》，载《太平杂志》第一卷第一期。
② 冯自由：《中华民国前革命史》中卷第2页。
③ 《列宁选集》4卷本，第2卷第424页。
④ 参见《中国大百科全书·民族卷》"民族"条释文。
⑤ 《章太炎文录初编·别录》卷一。

'我中国人'之一观念浮于其脑际者,此人即中华民族一员也。"并具体指出:"故凡满洲人今皆中华民族之一员"①。

客观上,中国在古代已有了长达 2000 余年形成统一多民族国家的历史,其内在联系不断得到发展,一体性不断得到加强。只是由于当时没有一个真正足以威胁各民族共同利益的外部世界的力量,中华各民族尚不能自觉认识这种内在联系与一体性。当帝国主义阴谋瓜分中国的边疆时,中华民族利益的整体不可分割性,就在帝国主义侵略这种外部世界威胁面前逐渐被中华民族自觉地认清了。

当然,这种内在联系被自觉认识的程度,是随中国近代民族民主革命而渐渐深刻明确的。在清朝晚年,当英帝国主义企图蚕食中国西南边疆时,云南各族人民掀起了保界运动,以明清两代在那里行使管辖的实证与英帝入侵者抗争,保卫了祖国的西南边疆。当法帝国主义武装侵入与越南接邻的中国境内时,当地苗族爱国者项从周率领苗族及当地各族人民奋起反击,前后坚持 30 余年,终于挫败法帝侵略者侵蚀我国边疆的阴谋。西藏 1904 年对英帝入侵者的抗战,也充分体现了藏族人民为维护中华民族主权,同仇敌忾,不怕牺牲的爱国主义精神。其他毋烦一一例举。应该特别提到的是,在辛亥革命以后,帝俄策动当时外蒙古哲布尊丹巴等宣布"独立"。1912 年 10 月和 1913 年 10 月,哲里木盟 10 旗王公在长春两次举行东蒙古王公会议,讨论赞助五族共和,拥护民国,反对外蒙古"独立"②。1913 年初,在归绥(今呼和浩特)又召开了西蒙古王公会议。内蒙古西部 22 部 34 旗王公一致决议"联合东蒙反对库伦"并通电声明:"数百年来,汉蒙久

---

① 《饮水室专集》之四十一及 1923 年商务版《梁任公近著第一辑》。
② 《东方杂志》第九卷第六号,1912 年 12 月。

成一家"，"我蒙同系中华民族，自宜一体出力，维持民国"①。据我之寡闻，这是第一次在政治文告中，由少数民族代表人物共同决议宣告中国少数民族同属中华民族一部分！

随着中国各民族在反帝反封建斗争中日益自觉地结成整体，中华民族实际上包括中国各民族的内在联系，越来越被揭示出来。孙中山先生在辛亥革命以后，创建中华民国，实行"五族共和"，再不用以往中国封建王朝一家一姓"天下社稷"的朝代国号，表明中国的主权属于中国各民族。他在1912年元旦就任大总统，发布《中华民国临时大总统宣言书》曾明确指出："国家之本，在于人民。合汉、满、蒙、回、藏诸地为一国，合汉、满、蒙、回、藏诸族为一人——是曰民族之统一。"② 1924年1月23日，孙先生在提交国民党第一次代表大会讨论的《中国国民党第一次全国代表大会宣言》中，重新解释"民族主义"："有两方面之意义：一则是中国民族自求解放，二则是境内各民族一律平等。"在这个文件中还提出了"少数民族"的概念③。在此后的革命实践中，中国共产党将马克思列宁主义与中国革命实践相结合，找到了正确解决中国民族问题的道路，阐明了中国近代社会的主要矛盾是帝国主义与中华民族的矛盾，必须最广泛地团结各族人民，反抗帝国主义侵略，"对外求中华民族的彻底解放，对内求中国各民族之间的平等"④。这样就把中华各民族的根本利益的一致性和不可分割性，完全揭示出来了，并且把中华民族的大联合的必要性升华到了理论和革命纲领的高度。因而，中国共产党成为中华民族大联合的领导与核心力量，使中华民族在自

---

① 西盟王公会议招待所编：《西盟会议始末记》，第41—45页。
② 《孙中山选集》，人民出版社1981年10月版，第90页。
③ 《孙中山选集》，人民出版社1981年10月版，第591页。
④ 毛泽东：《目前抗日统一战线中的策略问题》，收入《毛泽东选集》第二卷。

觉联合的基础上，共同打败了帝国主义，实现了中华民族的独立解放，并缔造了中华民族的伟大社会主义国家——中华人民共和国。新中国建立以后，彻底废除了历史遗留下来的民族压迫制度，并且实行民族区域自治，完美地体现了中华民族的多元一体格局，使新中国成为56个民族平等、团结、互助友爱、互相支援、共同发展的民族大家庭。

总括以上所述，中华民族的全部含义可以作如下归纳，即：中华民族，是中国古今各民族的总称；是由众多民族在形成为统一国家的长期历史发展中逐渐形成的民族集合体。众多民族各有其发展的历史与文化，是中华民族的多元性，有着长期在统一国家中共处并发展其统一不可分割的联系，最终自觉地联合成不可分割的整体，是中华民族的一体性。所以，中华民族的多元性与一体性的辩证统一，已有2000年的发展过程，只是在近代反帝、反封建斗争中，这种极深刻的内在联系才被认识，从而上升为中华民族的自觉意识和民族觉悟。像爱护自己的生命那样爱护祖国的统一与中华民族的大团结，已成为中国各族人民爱国主义的集中表现。这种伟大的爱国主义精神，过去曾鼓舞中华民族打败帝国主义侵略，在最困难的历史条件下，捍卫了祖国的统一与领土完整，今后同样会鼓舞中华民族，在为实现社会主义现代化的奋斗中，重振中华民族雄风并实现各民族的共同发展！

（原载费孝通等著《中华民族多元一体格局》，中央民族学院出版社，1989年）

论华夏民族雏形的形成

论者常以为华夏民族在夏代已经形成,窃以为夏代确已形成华夏民族后世发展的核心,但华夏的三支主要来源夏人、商人、周人当时尚未融为一体,他们到西周时虽已融合,也仅形成民族的雏形,到春秋战国才形成稳定的民族共同体。秦的统一,是在华夏大认同的基础上实现的,因而战国七雄的兼并,也就是华夏民族的统一。今谨就夏商周三族的起源、形成与融合为一体的过程,作进一步的叙述,庶可推进关于华夏/汉民族起源与发展的研究。

夏、商、周三族是在黄河中下游两大新石器文化区系文化上的统一及炎黄两昊诸部落集团的融合的基础上形成的,他们起源与兴起的地区不同,祖先传说各异,而文化特征大体相同。

一、夏人的起源与兴起

夏,姒姓,禹为得姓宗神。禹父为鲧,先秦各种记载相同,鲧的世次与来源,则有不同的记载。《世本》、《大戴礼记》等,或记述鲧是颛顼的五世孙[1] 或为颛顼之子[2]。《史记》说:"夏禹,名曰文命,禹之父曰鲧,鲧之父曰颛顼,颛顼之父曰昌意,昌意之父曰黄帝。禹者,黄帝之玄孙而帝颛顼之孙也"。然而,《山海

---

[1] 《汉书·律历志》附刘歆《世经》。
[2] 《大戴礼·帝系》《五帝德》《帝王世纪》。

经·海内经》又说"黄帝生骆明，骆明生白马，白马是为鲧"。

鲧居崇山，称为崇伯鲧，分布在以河南嵩山为中心的地区，夏人的祭典为"禘黄帝而祖颛顼，郊鲧而宗禹"①，而"夏之兴也，融降于崇山"②，祝融也是夏的保护神。这些记载看来似乎很矛盾，实际上鲧是从炎帝集团共工一支中分化出来，又融合了少昊、黄帝集团若干氏族部落所形成的一个奉颛顼为祖神的部落或部落联盟。分布在以崇山为中心的崇伯鲧，相传在治水失败以后，被上帝殛死于羽渊，化为黄熊或黄龙。他的后继者，迁到了汾水下游以夏为地名的地方，因治水有大功，皇天赐以姒姓，国号也改称为夏了。③

龙山文化晋南陶寺类型，证明在公元前 2500 年以后，当地的文化面貌已达到王朝前古国文明的发展水平④，而夏以前的古国唐、虞及夏墟见于记载者，如唐（今翼城）、平阳（今临汾西）安邑（今夏县境）、晋阳（今虞乡附近）、鄂（今乡宁境），都在汾水下游由汾、涑、浍诸水所构成的晋南平原，夏人在这个区域兴起，建立了中国最早的王朝——夏朝，于是夏由地名而部名，夏朝建立以后，又是朝代国名了。

夏人初兴与建国在晋南，后来由于与东夷的斗争，又迁回到其祖居以嵩山为中心的地区和伊洛平原。《国语·周语上》说："昔伊洛竭而夏亡"，可见伊洛平原对夏代后期多么重要。夏代都城屡迁，除禹都主要在晋南。相传禹还在阳翟立过都，其地在今河南禹县境，太康居斟鄩，在今河南巩县境；帝杼居原，在今河南济源县境。这些地方距崇山都不远。

---

① 《国语·鲁语上》。
② 《国语·周语上》。
③ 《国语·周语上》。
④ 黄帝尧舜，史称五帝时代是由部落联盟向国家过渡的时代。

追朔夏人渊源，在文化方面，以仰韶文化为代表的黄河中游文化区和以大汶口文化为代表的海岱文化区这两大文化区系交汇融合所形成的河南、晋南龙山文化是夏文化的前驱；在部落集团方面，夏人是从黄河中下游炎帝集团中分化出来，又融合了黄帝、少昊集团许多氏族部落而发展到最早建立国家的一支。他们能率先打破部落与地域的局限而向国家与民族过渡，是东西两大区系文化与部落融合的结果。同时，夏人的兴起与构成，无论考古文化与远古传说，又都与长江中下游及下游文化与部落有渊源联系。[①]

二、商人的起源与兴起

关于商族的起源，目前学术界有多种观点[②]，于志耿、李殿福与笔者主要依据红山文化近年的重要发现，主商先起源于幽燕说[③]，今仍坚信己见，为篇幅计，不作太多重述。

商子姓，得姓始祖名契，契母简狄，属于有娀氏部落。从契母的名称及其部落名称推断，商的起源与北方戎狄有渊源联系。

殷墟甲骨文所记录商人最高的祖神是高祖夒，此即东方各部落最高的上帝俊，又是"五帝"系统中的帝喾与帝舜[④]。从"玄鸟生商"的感生神话观察，商人具有东方海岱部落集团，即东夷先民太昊少昊集团的文化特征；而商人以鸟为图腾的神话，在甲

---

① 参见陈剩勇《东南地区夏文化萌生与崛起——从中国新石器时代晚期主要文化圈的比较研究探寻夏文化》，载《东南文化》1991年1期。

② 参见宋新潮《近年来商族文化起源研究概述》，载《中国史研究动态》1990年5期。

③ 《商先起源于幽燕说》，载《历史研究》1985年5期。

④ 王国维：《殷卜辞中所见先公先王考》。

骨文字中已得到证实①。商人是起源于北方而受东方海岱文化熏陶逐渐成长的一支。商起源于幽燕，兴起于河济之间，其过程与迁徙已在《商先起源于幽燕说再考察》中叙述。本文不赘。

三、周人的起源与兴起

周，姬姓，奉后稷为始祖，姬姓出于黄帝集团，周人自称："我姬氏（姓）出自天鼋"②。相传后稷是舜禹时的农官，自后稷至文王传15世，③ 实际上自传说中唐虞到古公亶父立足于周原已经千余年，而古公以前周人公先的事迹只显示了各时期的特点，古公亶父以前世次，仅为各时期周先公的代表，并非真的父子相传。

（一）周人的起源与初兴

周始祖后稷之母出自姜姓有邰氏部落，号姜嫄，因为踏了上帝的大脚印，感而有孕，乃生后稷。当时的"姜"即"羌"，已成为定说。姜姓出自炎帝集团，与黄帝集团姬姓周人世为婚姻。这种原始的族外婚，不仅表现在由母系转向父系时，只知后稷的母名为姜原；延及周人开始在岐山地区兴起的古公亶父，也是娶的美女，后被追谥为太姜；周朝开国之君武王发以太公望女为妃，即邑姜；甚至周朝建立以后，姬姓诸侯，仍以申、吕、齐、许等姜姓诸侯通婚为常制。在一定程度上说，周朝是姬姜两姓族盟建立起来的王朝。

姜原有邰氏部落及后稷所居之邰，历来注释在陕西武功县

---

① 胡厚宣：《甲骨文商族鸟图腾的遗迹》，载《历史论丛》第一辑，中华书局1964年版。
② 《国语·周语下》。
③ 《国语·周语下》。

境，这里是关中平原西部，在古公亶父开发的周原境内。周人起源当别有所在。考古发现，陕西龙山文化（客省庄二期文化）主要分布在泾渭流域，先与周文化的分布重合，而且有承袭发展的关系。先周文化目前已知的分布：北界达甘肃省庆阳地区；南界止于秦岭山脉北侧；西界在陇山及其主峰六盘山东侧；东界的北端在子午岭西侧，南端以泾河下游及今西安市东郊的泾水和灞水一带为界。全区南北长约300多公里，东西宽约200公里。大致相当于今陕西省宝鸡地区和咸阳地区，以及甘肃省的庆阳地区和平凉地区东半部。这些先周文化若按年代早晚，第一期稍早于古公亶父时期，以泾水上游陕西武长县碾子坡先周文化为代表；第二期以碾子坡先周晚期墓葬及岐邑刘家村先周墓葬、长武县下孟村先周遗址为代表，年代大致相当于古公亶父、季历时期；第三期以丰邑先周文化遗存及这一地区周墓葬为代表，其年约略相当周文王、武王准备灭商时期。上述三期不同年代的先周文化，其中第一期遗存迄今仅在泾水上游地区发现，由此可以推断，古公亶父以前活动范围集中于泾水上游。[1] 这一地区是黄帝集团发源之区，而距此不远泾水以南，渭水上游以北今陕西陇县的吴山，又称岳山，据考定即姜姓四岳集团发源之区。[2]

后稷之后，周先公在不窋及鞠的时期，处戎狄之间，从其俗，到公刘时期，虽仍处戎狄之间，却大力发展农耕，并沿漆、沮二水南下，渡渭获取木材及其他物资积累了财富，四周各氏族贵族多来归附，"周道之兴自此始"。[3] 公刘奠下基础，到庆节时正式立都于豳，[4] 已具有王朝前古国的规模。豳的地理位置，一

---

[1] 参照胡谦盈《谈谈先周文化分布与传说中的部分》，收入《华夏文化》第二集，北京大学出版社1990年出版。
[2] 顾颉刚早在《九州之戎与戎禹》中已论证。收入《古史辨》第七册下。
[3] 《史记》中华书局标点本，第112页。
[4] 《史记》中华书局标点本，第112页。

说在今陕西彬县,一说在今陕西旬邑县,两地都在泾水上游南部,实包括今长武、彬县、旬邑一带。则公刘、庆节时期,是从泾水上游北部迁徙到泾水上游南部。

在亶原经营了大约三个多世纪,于是周先公进入了向周原而兴起立国阶段。

(二)周人的兴起与建国

大约在公元前12世纪,周先公古公亶父受到了游牧民族戎狄熏育的攻击,在亶原不得宁居安业,于是率私属渡漆、沮两水,来到渭水中游,止于岐下,开发周原地区,不仅亶举国随徙;其他部落也有不少随古公迁到周原,作了它的属民。于是古公大刀阔斧,革除戎狄习俗,发展农业,营筑城郭室屋,按地缘编定社会组织,设立"五官",实际上奠定了立国与翦商的根基①。周人在周原站住脚以后,国号为周,盖以族名为国名②。并且很快引起了商朝的注意,甲骨文出现了"伐周"等记录。

古公亶父死后由最小的儿子季历继承,他是周文王的父亲,在商王武乙三十四年朝商,成了商朝的方国,商朝以任姓女子嫁季历,这就是文王的母亲太任。

季历一方面附于商,同时积极展开对周围戎狄部落的兼并与征伐,经历商王武乙、文丁在位时。文丁死后,其子帝乙立,"殷益衰",而周文王昌继王季而立,成为商朝西伯,即西方诸侯之长,并且与九侯同为商朝的三公。③

文王在位50年末及灭商而死,子武王发即位后九年(一说十一年)大会诸侯于盟津(今河南孟县西南、孟津东北),相传

---

① 《诗经·鲁颂·閟宫》。
② 《帝王世纪》。
③ 《史记》中华书局标点本第106页《集解》。

诸侯八百来会；武王十一年（一说十三年）灭商，建立周朝。[①]

（三）国家制度的定型与夏商周三族的融合

由部落向国家过渡的过程，也就是民族形成的过程。夏启打破共主由各部落首领推举的制度，建立夏朝，标志着国家已经诞生。这一根本性变革，并非一帆风顺。儒墨两家所描述尧、舜、禹禅让，反映了从黄帝建立号令黄河中下游各部落与部落集团的大联盟，到公元前第三个千年纪的后半叶，即公元前2500—前2100年间，所实行的王朝前古国军事民主制度，更加向国家的形成跨出了一大步。当时各部落的大酋长虽然世袭并在大联盟中享有很大的议事权与决定权，而在战争中或重大公共事务（如治水）中涌现的英雄，他们一般也是世袭贵族，由于建立殊勋而扩大了自己的权力，积累了财富，往往被推举为共主。这就是被儒、墨两家理想化了的禅让制度。《荀子·正论篇》说世俗所谓的"擅（禅）让是虚言也，是浅者之传，陋者之说也"。《朝（韩）非子·说疑》也说"舜逼尧，禹逼舜，汤武放桀，武王伐纣，此四人者，人臣弑君也。而天下誉之"。荀、韩这种说法，与古本《竹书纪年》所叙切合。《纪年》叙述："舜囚尧于平阳，取之帝位"，又叙："舜囚尧，复偃塞丹朱，使不与父子相见也"。[②] 可见在禹之前，尧、舜虽维持着原始中公社制度民主推选的形式，而斗争是十分激烈的。禹因治水有大功，又战胜了来自南方的三苗，于是"禹会诸侯于涂山，执玉帛者万国"，[③] 名为受舜禅让，实际上不仅逼舜，而且为避舜子商均，回到祖居崇山地区阳城三年才确立自己的共主地位。

夏启建国，更经过激烈的斗争。

---

① 武王伐纣灭商年有18种说法。目前以公元前1057年一说为学界所重视。
② 《古本竹书纪年辑证》第63页、第65页。
③ 《左传·哀公七年》。

当禹治水和为共主时，东夷少昊集团仍在大部落联盟中拥有巨大的影响。相传禹治水及对三苗的战争，不仅得到了来自炎黄集团的四岳、伯夷、后稷等的支持，而且来自少昊集团的皋陶、益等也起了巨大的作用，皋陶和益都曾成为鲧禹的有力竞争对手。①

禹成为诸侯共主（"天子"）之后，先举皋陶，"且授政焉"。皋陶死后，又举益，"任之政"，禹死后，"以天下授益"。但禹在位时，大力培植其子启的党羽，禹虽表面上遵循传统禅让于益，实际上已造成了启杀益取而代之建立夏朝的基础。②

夏朝建立之后，黄河流域东西两大系部落贵族的斗争仍没有结束，以至仲康失国。于是来自东夷有穷部落的首领羿"因夏民以代夏政"，称为后羿。羿恃其善射，"不修民事而淫于原兽"，终于被来自东夷寒部的首领浞所杀，寒浞代益，杀夏后相，如此反复经过40年左右，才由仲康之孙少康，得到有虞、有仍等部的支持，收复夏后旧时民众和联合各诸侯及部落首领攻杀寒浞，"复禹之绩"，恢复夏后的诸侯共主地位。③ 史称"少康中兴"。

除了和东方各部落的斗争，启杀益自立，也受到了同姓有扈氏的反对，于是启与有扈氏"大战于甘"，《尚书·甘誓》即这一战争中夏后启的誓师辞④。结果有扈氏灭亡。《淮南子·齐俗训》评论说："昔有扈氏为义而亡，知义而不知宜也。"是说有扈氏首领为维护传统而亡，虽号为"知义"，却违背了历史潮流，实不"知宜"。

在三代兴替中，国家制度也越来越摆脱以前遗留的部落联盟的若干特点，逐步发展定型。

当夏商时，黄河与长江中下游还存在许多部落与方国，传说

---

① 《史记》中华书局标点本，第83页。
② 参见《韩非子·外储说右下》、《战国策·燕策》、《史记·燕召公世家》。
③ 《左传·哀公七年》。
④ 顾颉刚、刘起釪：《〈尚书·甘誓〉校释译论》，《中国史研究》1979年第1期。

夏禹时万国，至商汤时有三千，周武王伐纣八百诸侯会于盟津，当时有千数百国。这些数字显然夸大了，但三代有许多诸侯与部落则无可怀疑。仅见于赵诚编著的《甲骨文简明字典》的商后期方国就有118个，见于《左传》记载的也有200余诸侯及附庸国。实际上，当时存在的诸侯、部落当然多于记载的数字。《尔雅·释诂》"林、烝、杰、天、帝、皇、王、后、辟、公、侯，君也"。这些是起源于不同部落母权制与父权制时代酋长的称号，三代国君越来越比较固定以王为专称，但也称后、称帝或称后帝。王与诸侯间礼制等级的约束越来越严格，但诸侯称王、称后也见于文献记载和甲骨金文的卜辞与铭文。[①] 夏朝国君多称后。其国家机构，据《甘誓》有六卿，但夏朝设官多少，已难说清。《礼记·明堂位》说："有虞氏官五十，夏后氏官百，殷二百，周三百。"实际情况未必如此整齐，却表明了国家机构越来越严密，设官越来越复杂定型。打破部落界限按地缘组成社会的过程，在王朝前古国时期已经开始。"颛顼以来，以地为号"[②]，反映了这种变革。相传禹划定九州，反映了大禹在治水过程中可能已有了某种地域的划分和依据各地生产向共主纳贡的制度。

商朝的地理已划分为王畿和四土。王畿是商王直接管辖之区，甲骨文称为中商、大邑商。四土，即商朝的诸侯，是商人向四方移民和扩张的区域。四土以外是各"方"，是其他各族分布的地区，他们对商王朝叛服不常，其中有些已被商王朝征服；有些则与商朝发生多种交往联系，也受到商文化影响，然而经常与商朝处在和平交往与战争掠夺交替的状态。

商朝的设官分为王廷官员，周文献中称之为"内服"官，各

[①] 参见唐嘉弘《试论夏商周三代帝王的称号及其国家政体》，收入《先秦史新探》，河南大学出版社1988年出版。

[②] 《尚书·尧典》孔疏。

机构有具体官名，甲骨文统称之为"多君"、"多子"，由王室贵胄和有影响的诸侯组成①。"外服"官即四土诸侯，甲骨文称之为"多方"，为后世地方官的雏形。国政由商王、多君、多子及沟通上帝、鬼神的大巫与卜官议定。军队有王师和诸侯之师。诸侯来源大致是由王室裂土分封子弟及功臣，有些则是归顺或被征服而臣属的旧国与他族的首领，由商王赐爵成为商朝诸侯。国王称王，诸侯也有称王的记录，最常见的爵号为侯，伯则是诸侯之强宗方伯的称号；公为尊称；子、男也可称侯。商王对诸侯称"令"、"命"、"召"、"呼"，顺则封赏，叛则征伐，可任为内服官员，可征其军队，取其土田、奴隶。诸侯对商王的义务：军事上为王戍边、从征，经济上向王贡纳，其中包括奴隶、女子和战时军需。② 在文化方面，商的甲骨文也能行于诸侯，其中也包括一些原处于敌对状态的诸侯，如周原出土的甲骨文证明周不仅使用商的甲骨文字，还很可能要祭祀已故的商王。③

周人最高的主宰神圣是天，周王宣告自己是"天之元子"，天命其元子统治中国的土地和人民，认为"溥天之下，莫非王土；率土之滨，莫非王臣"④。王廷设官：西周初期由周、召二公分领两寮各机构，中后期设官越来越多，《周礼》六官，虽是战国时完成的著作，但金文资料证明，确实保存了西周，特别是西周中晚期官制的珍贵资料，可以说是以西周中后期官制为蓝本加以系统化和理论化的战国著作。⑤

---

① 参见李学勤《释多君多子》，收入胡厚宣主编《甲骨文与殷商史》，上海古籍出版社 1983 年出版。
② 参见杨升南《卜辞中所见对商王室的臣属关系》，收入《甲骨文与殷商史》。
③ 关于周原甲骨文中有祭祀商王记录，甲骨学界有不同的意见，一种意见认为是西周灭商前夕祭祀商王的遗存。
④ 《诗·小雅·北山》。
⑤ 参见张亚初、刘雨《西周金文官制研究》第三部分。

周在王畿和四土都实行宗法制等级分封，周天子为天下之大宗和诸侯之天王，征伐号令自天子出，已具有统一国家的初步规模。王畿内由天子直接统治，将土地分封给官员、子弟为采邑。四土诸侯基本的爵号为侯，而公、侯、伯、子、男等爵位也都已见于记录，诸侯地位有等级差别，但不会像儒家经典所说五等爵那么整齐。

王位继承是王朝国家制度的一个至关重要方面，夏以父死子继为主，间以兄终弟及；商早期以兄终弟及为主，至晚叶，自庚丁以下，武乙、文丁、帝乙、帝辛已稳定地实行嫡子继承，周无论天子、诸侯、卿大夫都以嫡长子继承为常制。诸侯受封由天子赐土授民，封疆及都城大小、军队数量、宗庙、仪仗、设官，衣冠以至葬式，都有等级礼制约束，卿大夫实行世卿世禄，官位世袭。对庶人和奴隶，则有残酷的刑法，相传三苗不遵中原的宗教，"制以五虐之刑曰法"[①]，"夏有乱政而作禹刑，商有乱政而作汤刑。周有乱政而作九刑"，[②] 其内容记载不详，刑网越来越密，以保障奴隶主贵族对庶人与奴隶的残酷剥削与统治则是肯定的。对奴隶主统治阶级相互关系的"礼"与对庶人、奴隶的"刑"，有"礼不下庶人，刑不上大夫"的原则，充分体现了奴隶制国家的本质。

夏、商、周三族到西周已经融合，主要表现在地域、祖神、民族名称的认同，三代制度继承，共性大于个性的差异，而且文字属同一系统。

尽管三族起源与兴起于不同地区，但都认同是大禹所开拓的"禹绩"。

《诗·商颂·长发》说："濬哲维商，长发其祥，洪水芒芒，禹敷下土方，外大国是疆，幅陨既长。"《商颂·玄鸟》说："古帝命

---

① 《尚书·吕刑》。
② 《左传·昭公元年》。

武汤，正域彼四方，方命厥后，奄有九有。"《商颂·殷武》："天命多辟，设都于禹之绩，岁事来辟。"可见商人是承认其祖先起源与统治区域，其中包括臣服商朝的"多辟"即四方诸侯部属于禹绩之内的。周人在建立周朝以前，已认定周所处的西土属于禹绩。《诗·大雅·文王有声》说文王作丰邑，"丰水东注，维禹之绩"。《大雅·韩奕》、《小雅·信南山》也歌颂梁山、南山都是"维禹甸之"。《逸周书·商誓》追叙"昔在后稷，惟上帝之盲，克播百谷，登禹之绩"。同时，在周人心目中，"禹绩"就是"夏区"。周人在建立周朝之后，更肯定天下都是禹绩和夏区了。《尚书·立政》记述周公告诫文王子孙"其克诘尔戎兵，以陟禹之迹，方行海表，罔不臣服"。

按照三代的封疆，禹绩和夏区是不断扩大的，夏代大体以今晋南、豫西、豫中为中心，商代疆域较夏扩大，而多方与文化影响区域已涉黄河与长江两大河的中游与下游地区；西周以两京为中心，诸侯封疆北至燕山地区，南至江汉地区，东至泰山周围，文化影响则超过这些地区。其中两京及诸侯封域同称为夏，并以原商朝统治中心地区称为东夏。①

诸夏，又称为中国，以与夷狄相对称，于是夏，成了夏、商、周三族融合以后的共同族称。不过西周似不见夏又称华的记录，华、夏单称或华夏连称，大概始于春秋。② 西周时华夷之辨限域也不甚严，诸夏而化为夷狄者有之，诸夏而称戎者亦有之，殷被称之为"戎殷"即是显例。③

前已叙述，夏、商、周的祖先来源并不相同，可是到西周已认同都是黄帝子孙。《国语·鲁语》上记述："有虞氏黄帝而祖颛

---

① 《尚书·微子之命》。
② 《尚书·武成》。
③ 《尚书·康诰》。

项,郊尧而宗舜;夏后氏黄帝而祖颛顼,郊鲧而宗禹;商人禘喾而祖契,郊冥而宗汤;周人禘喾而祖稷,郊文王而宗武王。"喾本是东方之天神,商族的祖神,而纳入黄帝系统,成了黄帝的曾孙。商族的始祖契只知其母为有娀氏,是上帝以玄鸟为使才有孕的,周族的始祖只知其母为姜嫄,是踏了上帝的脚印才有孕的,原始的感生神话大不相同,可是传世至今的远古传说说,"帝喾卜其四妃之子皆有天下,元妃有邰氏之女,曰姜嫄,生后稷,次妃有娀氏之女,曰简狄,生契,次妃陈锋氏之女,曰庆都,生帝尧;次妃訾陬氏之女,曰常仪,生帝挚"①。这个传说显然出于周族为争取商遗民而作的认同,打上了尊周的深刻烙印。

在周初的分封中,除了以姬姓诸侯为基干,舅姓姜、任诸侯为辅翼,还封了黄、炎、尧、舜、禹诸先王之后,这些便构成了西周的诸夏。他们既共"禹绩",又同称"夏"与"中国"。其制度与文化的大同小异,孔子早有定评。至于文字,夏代是否有成形文字,目前难说,殷墟甲骨文字,已有造字"六书"齐备的成熟文字体系,而周原甲骨文字表明,周人在建立西周以前已采用商族的文字体系,而且成为后世汉文的根基。本来这些已足以说明西周已形成夏民族,但考察到西周夏夷限域不甚严格;天子虽为天下之大宗,已具备统一国家君王的规模,而诸侯在其封疆内仍自为大宗;文化习俗还具有相当的差异,西周分封时尚有夏政、商政、戎索等不同,孔子观夏礼而谓谓杞不足征,观殷礼而谓宋不足征,考古发现周与商遗民葬式及生活习俗,仍各有特点。所以,西周由夏商周三族融合形成的民族共同体,仍是夏民族的雏形,到春秋战国,便形成了稳定的华夏民族,是汉族的前身。

(原载《社会科学战线》1993年第3期》

---

① 《世本·帝系》、《大戴礼·帝系姓》。

论诸夏的大认同

民族，是历史的产物，既是稳定的共同体，又是发展的，有量变，有质变，在华夏/汉民族形成发展中，表现得非常典型。拙作《论华夏/汉民族的形成》曾说到，"在战国已实现华夏大认同，华夏已形成了稳定的民族共同体"[1]。有的专家勉励说，诸夏大认同是华夏民族形成的重要标志，为了使此说为广大读者所接受，必须对战国时期诸夏大认同作进一步论证。这种启发，鼓励我再作此文，以申鄙见。

其实这个大认同的过程，还得追溯到春秋时期。

对《春秋》所记242年历史，战国晚叶《公羊传》以"大一统"为宗旨总结为"所见世"、"所闻世"、"所传闻世"的"三世说"。东汉末何休解释"三世"是指："所见世者谓昭、定、哀"（前541—前481），"所闻世者谓文、宣、成、襄"（前626—前542），"所传闻世者谓隐、桓、庄、闵、僖"（前722—前627）各不同时期[2]。按照公羊派的历史观，认为所传闻世是"据乱世"，"内其国而外诸夏"；所闻世是"升平世"，"内诸夏而外夷狄"；所见世为"太平世"、"夷狄进至于爵，天下远近大小若一"[3]，已实现"王者无外"，天下大一统的太平盛世。实际上孔子没有见到大一统，《公羊传》成书的时期也未统一，不过统一

---

[1] 《烟台大学学报》1991年2期。
[2] 隐、桓、庄、闵、僖、文、宣、成、襄、昭、定、哀为《春秋》所纪鲁国诸公的谥号。
[3] 《春秋公羊传·隐公元年》及何休注。

的趋势已经明朗，原有的夷夏界限已经消失，当时人们认为统一了就太平了的政治理想即将实现。公羊派是从"大一统"出发看到了并且肯定当时的民族大融合、诸夏大认同的事实。所指"夷狄进至于爵"与中原诸侯并列，主要是指秦、楚。

一、秦人由戎狄而认同于华夏

秦，嬴姓。其始祖母名女修。"女修织，玄鸟陨卵，女修吞之，生大业"。① 其始祖感生神话，具有东方以鸟为图腾的各部落的特点。大业娶少典部落的女子名女华，生子名大费，因佐禹平水土，舜妻以姚姓之玉女，并佐舜调驯鸟兽，称为伯翳。伯翳即伯益，在舜禹为黄河中下游东西两大系部落大联盟首领时，享有很高的权威，是出自东方少昊集团的重要首领。直到秦襄公在春秋初正式立为诸侯时，"居西垂，自以为主少昊之神，作西畤"，② 仍奉少昊为天神，把东方祖先起源时代的天神迁到了西方。

大费（伯翳）的后裔分为两支：一支叫大廉，称为鸟俗氏，另一支叫若木，以祖名为氏，称为费氏，"子孙或在中国，或在夷狄"。③ 大廉的玄孙孟戏、中衍"鸟身人言"，为商王帝戊驾车，太戊许以婚姻，"自太戊以下，中衍之后遂世有功，以佐殷国，故嬴姓多显，为诸侯"④。中衍的玄孙中潏，"在西戎，保西垂"，⑤ 大概在商的西境，即今山西陕西接壤地区，与羌戎杂处，

---

① 《史记》，中华书局标点本第173页，以下凡引《史》、《汉》所注页码均为中华书局标点本。
② 《史记》1358页。
③④《史记》第173页。
⑤ 《史记》第173页。

为商"保西垂"。①

周灭商,中滴子孙颇多忠于殷纣而被杀。有些归顺周朝被西迁到了陇山以西,与西戎杂处②。周穆王时有名叫造父的为穆王驾车有功,封于赵城,为赵氏。秦、赵同祖,在秦人有秦的封邑以前,同为赵氏。

秦受封的始祖名非子,"居犬丘",③ 以善养马被周孝王召去在"汧渭之间"(陕西扶凤、眉县一带)为周养马而"马大蕃息"。于是周孝王封非子"邑于秦"④ 为附庸,"使复续嬴氏(姓)祀,号曰秦嬴"。⑤ 同时让非子同父异母兄弟成继承其父大骆的酋长地位,"以和西戎"。⑥成这一支在周厉王时被犬戎灭掉,周宣王即位,命秦仲诛西戎,反被西戎所杀。宣王召秦仲的五个儿子,"与兵七千人,使伐西戎,破之"。于是收复了秦邑和西犬丘,被宣王立为西垂大夫,并移居西犬丘。

周幽王五年(前777),秦襄公继位,以女弟缪嬴为西戎丰王妻,以结好西戎,同时和西戎中与秦为敌者斗争。幽王被西戎犬戎部所杀,"襄公以兵送周平王,平王封襄公为诸侯,赐之岐以西之地。曰'戎无道,侵夺我岐丰之地,秦能攻逐戎,即有其地'。与誓,封之爵。"⑦ 尽管如此,中原诸侯仍因秦人起源于东

---

① 在商朝,其西边境外各方泛称羌。西周称之为西戎。商西边至晋南、关中。

② 据《秦本纪》,周孝王原拟让非子继大骆,结果姜姓申侯反对,申侯说,秦的远祖就与他的远祖有过婚姻关系,而大骆之妻是申侯的女儿,已生嫡子成。因为"申骆重婚,西戎皆服",周西境才得以安宁。可见秦的祖先与从羌人中分化出来的姜姓申侯,在陇山地区西戎中有很大的影响。

③ 此为西大丘,在今甘肃天水市境内。参见林剑鸣《秦史稿》,上海人民出版社,1981年版第34页注⑩。

④ 《秦本纪》《正义》引《括地志》:"秦州清水县本名秦,嬴姓邑……"在今甘肃天水市清水县境。

⑤⑥《史记》第177页。

⑦ 《史记》第179页。

方以鸟为图腾的部落集团,西迁后又多杂戎俗,而秦穆公伐晋新丧,远袭郑国,更被认为非礼。在整个春秋时期都视秦为戎狄。①

周平王东迁以后,秦襄公与戎斗争了四年而死,未能收复岐周,直到秦文公十六年(前750)伐戎,"戎败走,于是文公遂收周余民有之,地至岐",将中心稳定地迁居"汧渭之会"(陕西眉县附近)。岐山周原地区有发展农业的优良自然条件,周人又有丰富的农业经验,此后秦人与周人共处才完全脱离游牧转向定居农业,并在周文化影响下向华夏化发展。到秦宪公(前715—前704)②时迁都平阳(陕西宝鸡县东平阳村),东向灭汤社(杜),汤杜亳王逃奔西戎。汤杜大概是商朝灭亡以后被迁到丰镐地区的一支商遗民,西周灭亡后又打起汤的旗号,③但此时他们已经戎化,亳被称为戎人。至秦武公(前697—前678)灭戎人彭戏氏和小虢,于是东至华山。秦德公(前677—前676)迁都于雍(陕西凤翔),自此后数百年秦稳定地以雍为都。秦穆公最初准备继续向东往中原发展,三十三年(前627)远袭郑国,结果被晋国联合姜戎邀击,败于崤山。于是西向,在穆公三十七年(前623)打败西戎,"益十二国,开地千里,

---

① 《春秋公羊传·昭公五年》:"秦者,夷也,匿嫡之名。"何休注:"令于四境择勇者立之",是说秦不遵宗法制度,不立嫡长,而择勇者继立。《春秋谷梁传·僖公三十三年》:"狄,秦也,……乱人子女之教,无男女之别",并指出在这一年秦穆公因晋文公新丧远袭郑国,结果大败,中原从此完全把秦看作戎狄。《史记》第2234页:"商君曰:'始秦戎翟之教,父子无别,同室而居,今我更制其教,而为男女之别,大筑冀阙,营如鲁卫矣……'"。

② 秦宪公,《秦本纪》误为宁公,以金文材料证明《秦始皇本纪》所记宪公为不误。详见《秦史稿》第52页注②。

③ "荡社"即"汤社(杜)",其王称亳,其地称杜亳,还有"汤台"、"汤陵"等名称。为商遗民之西迁而又戎化者,参见《商先起源于幽燕说》及《秦史稿》第40—41页。

遂霸西戎"。① 秦地已达今甘肃东部与中部。至此，秦在崤山以西发展的格局已定型。以后数百年中又向西灭西戎义渠等国，向南越秦岭灭蜀、巴，开五尺道准备往滇中发展，向东南与楚争汉中及黔中，成为最雄强的诸侯。

民族融合的过程，在秦国进展迅速。秦人的来源大致有如下几大部分：占统治地位的秦公族，起源于海岱，西迁而戎化，进至关中而华化。秦穆公时，即已经以"诗书礼乐"自居，穆公以后又经过两个世纪，"秦灵公作吴阳上畤，祭黄帝；作下畤，祭炎帝"。② 此外秦还为密畤于渭南祭青帝，少昊又称白帝。秦这种多元的天帝祭祀反映了秦人宗教思想的多源特点，而祭黄帝、炎帝是秦人华化的重要标志之一。秦人的第二大来源是"周余民"。其数量当不少于占统治地位的公族，是秦人中文化最高的一部分，秦人的融合，在文化上以"周余民"为核心，其中可能包括一部分被西迁的商遗民，而商遗民中也有西迁后已戎化的汤杜一支。在秦人中，被征服的西戎，也占相当数量。秦国在征服的西戎地区设郡县，沿边修长城，表明长城以内原有的西戎已经农业化。由于秦国大力发展农业，对山东的先进文化、经济及各种人才都采取大力吸收的政策，对原有的奴隶制度进行了较之其他各国都彻底的改革，所以秦人来源虽然包括原属不同民族的几大部分，但到战国中晚叶，已经融为一体，成为秦陇地区的华夏，是华夏民族稳定发展的一个重要组成部分。其灭巴、蜀，一说在惠文王初元九年（前329），一说在后元九年（前316），大约前316年得实。巴蜀在被秦灭亡以后，主流部分随秦华化，成为川中华夏的主要来源，也有一部分继续发展为少数民族，比如土家族的主要来源之一是巴

---

① 《史记》第174页，1364页。
② 《史记》第1364页。

人。

二、楚人由蛮夷而认同于华夏

楚，芈姓。得姓始祖季连，出于祝融集团。这是一个黄河流域与长江流域各部落融合形成的新的部落集团，而炎、黄在其中占优势。《国语·郑语》讲到祝融八姓的苗裔，说他们"或在王室，或在夷狄，莫之数也"。季连的父名陆终，娶了鬼方氏的女子名女嬇氏，"产六子，……其六曰季连，是为芈姓"。① 鬼方为羌人中的强族。② 芈姓的母系出于鬼方嬇（隗）姓，③ 父系为祝融集团陆终④，"季连生附沮，附沮生穴熊，其后中微，或在中国，或在夷狄，弗能纪其世"。⑤ 因为祝融集团本身是一个由多重来源融合而成的集团，其苗裔又分化非常明显，所以历来对楚人起源于何方众说纷纭，⑥ 于此不拟详考。

楚人的直系祖先是周文王时的鬻熊。《世本·居篇》说"楚鬻

---

① 《大戴礼记·帝系》。
② 鬼方一般认为属北狄，实误，说详本书关于西戎的论证。
③ 《史记》第1690页《索隐》引《世本》："陆终娶鬼方氏妹，曰女嬇"。先秦女子称姓即"嬇""隗"，为羌戎中姓。参见王国维《观堂集林·鬼方昆夷猃狁考》关于女嬇的考证。其说将鬼方归入北狄，误。
④ 郭沫若《金文丛考·金文中所无考》说："陆、祝，古同幽部，终、融古同冬部，疑陆终即祝融"。
⑤ 《史记》第1690页、1691—1692页、1705页。
⑥ 有中原说、东夷说、南蛮说、西戎说。各家立说的代表及其评议，参见王光镐《楚文化源流新证》第一章，武汉大学出版社，1988年。

熊居丹阳",是在丹江下游"丹淅之会"处,即河南淅川县境。①他投顺于周文王,为文王火师,"周封为楚子"。他在楚人心目中的地位与祝融同列。②楚国的国君大都冠熊氏。至周成王时,鬻熊的曾孙熊绎受封"于楚蛮,封以子男之田,姓芈氏,居丹阳。"③按当时礼制,子男五十里。熊绎受封似较鬻熊地位有所提高,但《国语·晋语八》追述:"昔成王盟诸侯于岐阳,楚为荆蛮,……与鲜牟守燎,故不与盟"。还是火师一类职事,未能与诸侯同列。楚灵王对熊绎受封的地位仍耿耿于怀,他认为他的先王熊绎与齐、卫、晋、鲁四国受封之君同样在周康王时供职于王室,而四国受封时"皆有分,我独无有。今吾使人于周,求鼎以分,王其与我乎?"④《史记》说楚灵王所指是"齐、晋、鲁、卫其封皆有宝器,我独无"⑤,实际上楚国在熊绎时"辟在荆山,筚路蓝缕,以处草莽。跋涉山林,以事天子,唯是桃弧棘矢,以共御王事。"⑥ 召陵之盟,管仲责楚"尔贡,茅不入",⑦ 包楚也承认这是他的过错。熊绎受封大体还属"蛮夷荒服"之列,周封之于楚蛮,楚"王事天子"而已。

自熊绎受封(约公元前11—前10世纪之交)至楚国灭亡(前223)共7个多世纪,是以楚公族为核心,楚人由蛮夷而融合

---

① 楚始兴丹阳地理位置,由于《汉书·地理志》、《水经注》等因楚都屡迁及其支属往往以所都从其祖居地名而将丹阳注释在多处,因而以往对鬻熊时期的丹阳所在也众说纷纭,经历史地理学界及楚史学界反复讨论,最初的丹阳在淅川境盖可定论。
② 《左传·僖公二十六年》楚成王伐同姓国,原因是"子不祀祝融与鬻熊"。
③ 《史记》第1690页、1691—1692页、1705页。
④ 《左传·昭公十二年》。
⑤ 《左传·昭公十二年》。
⑥ 《左传·昭公十二年》。
⑦ 苞草是一种供"缩酒"用的茅草,祭祀时将酒泼于其上,供神歆享,据调查鄂西至今保留此俗。参见《楚文化史》第19页。

于华夏的历史过程。大体经历如下阶段：

熊绎至蚡冒历15君约300年，"辟在荆山，筚路蓝缕，以处草莽"、"筚路蓝缕，以启山林"。①仍居丹阳，未营都邑，其活动中心大概已南进到荆、睢二山间。其间熊绎五传至熊渠，"甚得江汉间民和"，趁周室已衰微，南向"江上楚蛮"地区，伐庸（湖北竹山一带）；又伐杨粤，征服江汉平原中部，杨水以东以南的越人，一直到鄂（湖北鄂州市境）。熊渠宣言，"我蛮夷也，不与中国之号谥"，②立其三子，长子康为句亶王（湖北江陵境），中子红为鄂王，少子执疵为越章王（大约为湖北秭归），③其势力已发展到古三苗的中心地带。

自楚武王至穆王（前740—前614）一个半世纪为楚初兴而自立于诸侯之林的时期。楚武王熊通杀侄自立，"启濮"向濮人地区扩张。同时伐随，于其三十五年（前706）说"我蛮夷也，……我有敝甲，欲以观中国之政，请王室增吾号"。④至其三十七年（前704），因周王不肯增其爵号，自立为武王。自此经文、成、穆四王伐蔡、灭邓等，势力达于周之南境，而"汉阳诸姬"都被楚消灭，而周南境最大的随国，实亦楚之属国。期间武王已营郢，文王元年（前689年）迁于郢（湖北宜城境），⑤成王十三年（前659）始与中原诸侯会盟，称楚，成王十六年与齐桓公等有召陵之盟，虽仍被中原当作蛮夷，实际上已列于诸侯之林，为

---

① 《左传·宣公十二年》，筚路是一种简陋的柴车。楚君当时还乘这种车。
② 《史记》1692页，1695页。
③ 关于杨粤及越章王的地理，取张正明说，见所著《楚文化史》，上海人民出版社1987年版第24—25页。
④ 《史记》1692页，1695页
⑤ 郢，通常自文王至白起拔郢，均注明为江陵纪南城，实武王营郢、文王迁于郢均在宜城境而纪南城为楚王常居，非宗庙所在，参见张正明《楚文化史》及王光镐《楚文化新证》相关章节。

诸夏所重视。

自庄王至平王（前613—前516）近一个世纪，为晋楚争霸的时期。楚庄王（前613—前591）号为五霸之一。这一时期，是楚由蛮夷转而为华夏的关键时期。

楚昭王（前515—前489）以后，楚国东受逼于吴；至战国中晚叶，西受逼于秦。然而春秋晚叶，楚为地方最大的诸侯。战国时期，更南向广地至湘中、黔中，楚将庄蹻入滇、王滇；东灭越，并有吴、越旧地；北向广地至泗上进而灭鲁，至于泰山地区；中原已达今河南南部，成为"南卷沅、湘，北绕颍、泗，西包巴、蜀，东裹郯、邳"①、"地方五千里，持戟百万"②的大国，几乎统一了整个中国南部。

春秋中晚叶，楚已经是"夷狄进至于爵"，被诸夏所屈服，战国的两个多世纪，楚境民族融合进展非常迅速。居统治地位的楚公族，起源于祝融集团，与夏、周有较深的渊源联系，西周初封于楚蛮，一方面屡次争取周天子提高其地位，并以周封使"蛮夷率服"，同时又以蛮夷的力量与习俗，与周及中原诸夏抗衡，被中原视为蛮夷。楚公族这种在民族结构上的双重性，非夏非夷，亦夏亦夷，直到春秋末才正式与华夏认同。③而被楚所灭的诸侯国家与部落，大约有六七十之多④，其中"汉阳诸姬"、蒋、蔡、陈等为西周所封诸夏；彭、庸、濮、微、卢等参加过周武伐纣之役，春秋时仍为蛮夷之国；江、英、六、舒等为东夷、淮夷；还与晋灭陆浑之戎，又灭越。楚所吞灭者几乎包括春秋时所称南蛮与东夷的大部分、戎狄中的一部分和大量诸夏旧国，他们

---

① 《淮南子·兵略训》。
② 《战国策·中山策》。
③ 参见张正明《先秦的民族结构、民族关系和民族思想》，《民族研究》1983年3期。
④ 参见何光岳《楚灭国考》，上海人民出版社，1990年出版。

在楚人这个大熔炉中,到战国时已融合,实为当时中国南方的华夏。虽其文化、经济都与北方华夏有明显的地区差别,称为"南楚北夏",实际上只是同一民族的地区差异。此外,楚国境内仍有许多少数民族,被泛称为南蛮。

三、华夏民族大认同

秦、楚由戎蛮转而为华夏,战国时与齐、魏、赵、韩、燕并称七雄。它们各自都统一了一个大地区,境内原先都有多种民族,到战国末年,燕、赵与秦一样已修北边长城,以防匈奴、东胡和羌人等游牧民族掠夺郡县之民,而三国北边长城以内,都已是从事农业的华夏居民分布之区。七雄之间,或南北合纵(楚、齐、燕及三晋)以拒秦,或秦分别与楚、齐联横以削山东其他国家,如此纵横交合,争战不息,都是企图在地区性统一的基础上实现中国的大统一。这是华夏已稳定地形成为同一个民族的基础上的兼并统一。七雄战争规模越来越大,而民族大认同的统一意识也越来越明确。到战国时期,儒家正宗的代表人物孟子,尽管他反对兼并战争,当梁(魏)襄王问他"天下恶乎定"时,他干脆地回答"定于一"①,认为统一了就会安定了。儒家的另一代表荀子及其学生韩非等法家学派,更积极主张中央集权制君主专制,全国统一,"一断于法",完全用法家学说来统一和管理国家。齐国邹衍是战国晚叶阴阳家的代表人物,他学究天人,雄于口辩,鼓吹五行相次用事,五德转运,五行相胜,五德终始。他的这种学说被秦始皇采用,推自周为"火德",故秦以"水德"相胜。邹衍不经之说,却对后世中国统一王朝"正统"转移有很

---

① 《孟子·梁惠王上》。

大的影响。

　　大一统为各家政治学说的共同归结,"同归而殊途"。在制度方面,战国晚叶也以西周制度为蓝本,托名周公完成了《周礼》六官系统的创造,树立起在中央政府管辖下各种政务部门各司其职的理想化制度及其理论;同时托名大禹与周公创立了由中央政府统一划分九州的地理学说。这些著作成书时还是七雄兼并、争战不息,但中央集权的制度在各国实践,理论也日益完整。对中国自秦朝以后的历代封建王朝"立官定制"都有很大影响。

　　在大认同的历史条件下,各国的学者为实现其学说价值与政治抱负,完全打破了当时不同诸侯的国界。他们所投靠的国家,无论与其宗国是与国还是敌国,只要能施展所学达到强国与统一的目的,都为之效力。变法于魏、楚而使之强大的吴起原是卫国人;变法于秦的商鞅,出身于卫国公族学成于魏。如此等等,举不胜举。而吸收别国人才以致强大,以秦国最为典型。以秦历届丞相为例,樗里疾为秦惠文王弟,武王之叔,而甘茂是楚国下蔡人。以下至秦亡,先后为丞相有名可考者18人,其宗国明确者全都不是秦人。

　　构成统一的历史来源与统一的谱系,也是华夏大认同的一个重要方面。当时各国都认为华夏诸国为黄帝、炎帝的子孙,将原属不同部落的天神与祖神加以合并,归纳成同出黄帝的统一谱系。当时构成这种同一来源的谱系不止一家,各家学说以黄帝为始祖及尊周、继周为"正统"是共同的,但各家均以本地区为中心进行归纳,故谱系世次矛盾百出。其中影响最大的是《世本·帝系》及《大戴礼记》中的《帝系》与《五帝德》。司马迁据以作《五帝本纪》、《夏本纪》、《殷本纪》、《周本纪》、《秦本纪》、《齐世家》、《楚世家》等。

　　同一来源谱系的构成,既促进了华夏民族大认同,又是华夏民族大认同的产物,它表明一些原来被认为"非我族类,其心必异"[1]的蛮夷现在都已被认同为黄帝裔胄。至于姜姓齐、吕等国，早已是姬周舅姓之国，虽属炎帝之后，而炎帝已被奉为黄帝的兄弟。所以尽管华夏民族是由许多炎黄以外的来源与炎黄融合而成的复合型民族，仍通常被称为炎黄子孙。

（原载陈连开《中华民族研究初探》，知识出版社1994年）

---

[1] 《左传·成公四年》记载，鲁成公欲依附于楚而叛晋，季文子说："不可，晋虽无道，未可叛也。……史佚之志有之，非我族类，其心必异。楚虽大，非吾族也，其肯字我乎！"结果鲁成公打消了叛晋附楚的想法。此为春秋中晚叶的事。

20世纪汉民族研究概述

汉民族是中国的主体民族，除汉族外，中国还有为数众多的少数民族。一个世纪以来，中国的学术界对汉族的起源、形成、发展以及社会生活、社会文化的各个领域，以及汉族与各少数民族之间的关系等，均在不同的学科领域内作了考察和研究，而且在中华民族每一个重要的历史转折时期，都形成了不同程度的高潮，具有鲜明的历史特点。下面，我将分为几个时期进行概述：

一、辛亥革命前后，1900—1919年

辛亥革命以前的10年和此后的近10年间，既是汉民族研究的发轫时期，也是中国学术界引进欧洲的学科理论与方法对中国自己的民族进行研究的初始时期。当时的研究以辛亥革命为界，可分为前后两个阶段。

据专家考证，将西文Nation一词译做民族，是在19世纪80年代初。但较为明确地使用民族、民族主义、民族帝国主义并出现了汉族、皇汉民族等术语和名称，则是在20世纪最初的几年。

出现这种政治思想、学术思想从欧洲引进并推动中国政治思想、学术思想大变革的直接历史背景，是1894—1895年中日甲午海战清朝惨败以及《马关条约》的丧权辱国，已证明当时的洋务运动不可能挽救中国；1898年戊戌变法遭到镇压更进一步证明了以满族贵族占统治地位的清政府不可能实行"明治维新"式的改革。当时帝国主义列强掀起的瓜分中国的狂潮，迫使中华民

族上上下下深切感到亡国灭种的民族危险，有志之士纷纷向西方寻找救国救民的思想、方法和道路，这其中包括了欧洲有影响的政治学说、社会学说、经济学说和一些即使在欧洲也是成立不久的新兴学科。

1901年，梁启超主编的《清议报》第94期、第95期上连载《国家思想变迁论》。该文介绍了欧洲近代由"民族主义时代"到"民族帝国主义"时代的演变，称"专就欧洲论之，则民族主义全盛于19世纪，而其萌达也在18世纪之下半；民族帝国主义全盛于20世纪，而其萌达也在19世纪之下半"。1902年，梁启超在其《新民说》中进一步论证了19世纪末叶欧洲列强瓜分世界并形成了帝国主义统治下的殖民地体系，特别是中国面临被瓜分的危险。梁氏论述说，古代的大帝国仅仅依靠武力征服，其武力瓦解帝国也随之瓦解，且往往被被征服民族所同化；而民族帝国主义是依靠其雄厚的经济实力与民族主义的对外扩张实行殖民统治。他得出结论说："故今日欲抵挡列强之民族帝国主义，以挽浩劫而拯生灵，惟有我行我民族主义之一策。"梁氏认为中国实行民族主义，只有推行君主立宪才能实现，他们把希望寄托于满洲贵族开放政权上，真正实行"满汉一体"。例如1902年，叶恩《上振贝子书》说："且夫今日列强立国，无不以民族帝国主义为方针，故其国民合，视国家为一体，兢兢焉与万国争强。今满汉也，皆黄种也，同一民族也。同一民族则宜为一体，不宜歧视。"

与立宪派相同的是，革命派也倡导在中国实行民族主义，以抵抗列强的民族帝国主义统治。但是，他们的政治主张却与立宪派根本不同，他们坚决要求推翻清朝，其民族主义的突出特点是"排满"。1903年邹容在《革命军》中说："侵占我皇汉民族之一切权利者，吾同胞当不惜生命，共逐之。"在这里，邹容对中国民族结构作了初步的分类和研究，他认为黄种人可分为"中国人种"和"西伯利亚人种"两大类，其中前者包括汉族、藏族、交趾支那（百越）三大族系；后者包括蒙古、通古斯、土耳其（突厥）三大族系。"汉族者，东洋史上最特色之人种……自古司东亚文化之木铎者，实惟我皇汉民族焉。"

孙中山先生倡导的民族主义，将推翻清廷与推翻两千年专制帝制创立共和这二者相结合。1905年孙中山联合各革命团体建立同盟会，以"驱除鞑虏，恢复中华，创立民国，平均地权"为纲领，与单纯以"排满"为目标的"种族革命"论者相区别开来。1906年12月2日的《在东京〈民报〉创刊庆祝大会上的演说》一文中，孙中山解释，"民族主义，并非是遇着不同族的人便要排斥他，是不许那不同族的人来夺我民族的政权……到了今日，我们汉人民族革命的风潮，一日千丈……惟是兄弟曾听见人说，民族革命要尽灭满洲民族，这话大错。"

在宣传自己政治主张的同时，无论革命派还是立宪派，都进行了相应的学术研究，为自身的政治主张张目。初步考察，当时两派的刊物上发表的文章如《论汉种》、《中国民族论》、《论中国种族》等1902—1910年之间共计9篇，多为革命派"恢复汉族主权"的论述。虽然这些文章一般都认识到了中国存在着若干民族，但汉族与中国同一却是当时普遍的意向。立宪派政治上主张君主立宪，对光绪皇帝寄以厚望，他们认为满族已经与汉族融合为一体。1902年梁启超发表《新史学》，可谓中国史学乃至整个中国人文社会科学领域内发聋振聩的名篇佳作，其中的"历史上人种之关系"一节，他说，"历史者何？叙人种之发达与竞争而已"。这里所谓的"人种"包括了"种族"和"民族"在内。1903年，梁氏著文介绍《政治学大家伯伦知理之学说》，对德国国际法和政治学家J·K·布伦奇利的学说作了评介，其中的"论国民与民族之差别及其关系"一节，较详细地介绍了布伦奇利关于认识民族的8种特质，使得民族识别这个问题有了较为具体的标准。梁先生还指出了民族与国民之间的区别：一国可以有多种民族，同一民族也可分布在不同国家，对当时倡导民族主义与排满相联系提出质疑。他认为重要的是排"恶政府"而不是笼统地"排满"。尤为重要的是梁先生根据民族区分诸要素，断言："则吾中国言民族主义者，当于小民族主义之外，更提倡大民族主义。小民族主义者何？汉族对于国内他族是也。大民族主义者何？合国内本部属部之诸民族以对于国外之诸族是也。"如果中国能够在世界列强侵夺中不亡而立国，"势不得不取帝国政略，合汉、合满、合蒙、合回、合苗、合藏组成一大民族……果有此事，则大民族必以汉人为中心点，其组织者必成于汉人之手，又事势之不可争夺者也。"至1906年，梁氏进而发表《历史上中国民族之观察》，指出"世界耽耽六七强，方俎置我中国汲汲谋剖食日不给"，而我国尚有省界及民族之间的纷争，因而作此篇"其将唤起我民族之感情"。他以突出的笔墨强调："今之中华民族，即普通俗称所谓汉族者，自初本为一民族乎，抑由多民族混合而成乎？"经过分析，他断言："现今之中华民族自始本非一族，实由多数民族混合而成。"他详尽地分析了汉族的来源，"除炎黄一派华族以外，凡得八族"，即苗蛮、蜀、巴氐、徐淮、吴越、闽、百粤、百濮。这些族系除一部分苗裔现在还属于中国的少数民族外，其他大多数已经融化到汉人之中，或者成为汉族的来源之一。另外，对于汉族的起源是"外来"亦或"本土"的问题，梁氏受当时流行观点的影响暂持"西来说"，但又声明"此事至今未有定论"。稍后几年，他就放弃了"西来说"而持"本土起源论"观点。

辛亥革命推翻了中国延续2000多年的专制帝制，创立了共和政体的中华民国。历史已证明立宪派政治纲领不适合中国实际，孙中山先生为代表的革命民主派推翻帝制建立共和成为革命的主潮，其影响远逾华土内外。辛亥革命以后，梁启超实际上接受了共和政体，同时孙中山也采纳了汉、满、蒙、回、藏"五族共和"的立国原则。辛亥革命以前关于汉族对满族的立场及中国民族结构的争辩至此客观上已统一了。

1911年以后至1919年五·四运动,关于汉民族的学术研究较辛亥革命前更趋活跃。1913年,王桐龄专论《历史上汉民族之特性》发表于《庸言》第23期、第24期,其他以中华民族为题的研究论文也有近10篇。国学大师章太炎对中华名号及中华"种姓"起源和发展所作的考证与研究,在这个时期已经开始。其他论文比较集中在以古文献为依据追踪中华民族的起源上,"本土论"逐渐占据上风,并对"外来说"展开了批评。

总之,辛亥革命之前的研究,是政治辩论大于学术探讨;辛亥革命以后学术研究得以擢升,这个研究集中于中华民族——当时指汉族的起源。出于古人类学及旧、新石器考古学尚未起步,因而对"外来说"的批驳带有很深的民族感情色彩,学理上也呈初始时期的特点。

二、抗日战争以前、抗战期间、
抗战以后,1920—1949年

1919年的"五·四"运动是中华民族伟大的爱国运动,也是自汉武帝"罢黜百家,独尊儒术"以来2000年间中华民族空前伟大的思想解放运动。"五·四"以后,中国的政治、社会文化等领域都发生了剧烈的变化,其中包括抗日战争以前中国学术领域影响至深的变化。抗日战争期间及抗战后的研究与抗战前有所不同,但总体上可以说是抗战前研究的继续。这个时期(1920—1949)呈现出以下特点:

(一)名家辈出,多学科参与。当时已属老一辈专家的章太炎、梁启超、蔡元培都亲自参与汉民族研究,而李大钊介绍历史唯物主义，倡导用唯物史观研究历史。这些大家的启迪与提倡对中国民族研究的发展起了巨大的推动作用。当时尚属年轻一辈的学术名流如王桐龄、李济、顾颉刚、吕思勉、林惠祥、芮逸夫、罗香林、卫聚贤、徐炳昶、范文澜、翦伯赞、费孝通等，他们以不同学科的理论和方法对汉民族进行了多层面多视角的调查、研究和讨论，这些论著至今仍然具有可贵的参考价值。费孝通先生现在已是耄耋之年，仍孜孜著述，并指导我们以"中华民族多元一体"理论对中华民族整体和汉族进行探研。

（二）这一时期的民族研究，中央研究院民族学研究所及从事边政和边疆民族研究的学者对中国的少数民族研究有所开展，其他从事中国民族史、中华民族史研究的学者，在抗战前的研究一般是以汉族及汉族吸收其他少数民族不断发展壮大的历史过程为重点。汉族与少数民族之间的关系，尚偏重在研究"边患"，尤其是历代王朝与游牧民族之间的争战。对汉族本身的研究，多集中于其起源、名号、发展、壮大、文化等方面。抗战全面爆发前已有一些研究少数民族的学者呼吁必须将中国少数民族包容于中华民族当中，将中华民族与中华民族的主体——汉族两个称谓的含义加以区别，要团结发动各少数民族积极参加中华民族的全面抗战。抗战全面展开后，学术界对中华民族的民族结构更展开了一场规模不算大却非常深刻的辩论。

（三）这一时期研讨的活跃，不仅表现在180多篇有关汉族和中华民族研究的论文上，还形成了以这些内容为主题的著作40余种。其中除杨树达《汉族婚丧礼俗考》专门讨论汉族的习俗以及部分著作涉及历史上汉人的迁徙与分布外，大多都集中在中国人的起源、汉族在历史发展过程中对少数民族的融合、同化等问题上。比如中国民族史领域，依本人之见，以王桐龄、吕思勉、林惠祥三家影响为最著。王桐龄的《中国民族史》（1928年初版，1934年再版），以汉族起源与发展为主线，将中国民族的历史分为8个时期。第一期"汉族胚胎时代"讨论的主要是"汉族内部之融合",此后汉族经历过4次"蜕化时代"、3次"修养时代"。所谓"蜕化时代"是指不同时期各个少数民族化入汉民族之内并使汉族进一步发展壮大的时期;所谓"修养时代"是指中国北方游牧民族为统治民族的各王朝时期。王氏肯定"汉族常能吸收外来血统,销纳于吾族团体之中,使之融合无间……造成庞大中国者,曰唯善蜕化之故"。吕思逸的《中国民族史》(1934年出版)、《中国民族演进史》(1935年出版)主要线索也是叙述并论证汉族起源和发展壮大的过程,之所以不断发展壮大,同样是它吸收同化了众多的少数民族。林惠祥是一位著名的民族学家、考古学家,他的《中国民族史》于1936年出版,对中国各民族的族系划分及各个族系之间的相互吸收作了较为系统的论证与叙述。该书称得上是50年代以前出版的有关中国民族史著作中体例最完整、结构最全面的专著。林先生也以华夏——汉民族的起源、同化吸收其他民族发展壮大为分期的依据。他说:"民族史上之分期实以可以各族之每一次接触混合而至同化为一期。中国之民族既以华夏为主干,其同化皆系消融于华夏系,故每一期之终亦即华夏系之扩大。准此之论,中国民族史之分期可分为:(1)秦以前;(2)汉至南北朝亡;(3)隋至元亡;(4)明至民国。"上文提及的40余种著作,理应一一拜读才可下断,不知上面评论是否有所偏颇。

(四)理论与方法均形成了不同的风格,有些已发展为旗帜鲜明的学派。1922年梁启超发表《中国历史研究法》,认为中国历史的主要内容是:"第一,说明中国民族成立发展之迹,而推求其所以保存盛大之故,且观察其有无衰败之征。第二,说明历史上曾活动于中国境内者几何族,我族与他族调和冲突之迹如何?其所产生之结果如何?第三,说明中国民族所产文化以何为本,其与世界其他部分文化相互之影响如何?第四,说明中国民族在人类全体上之位置及其特性,与其将来对人类应负之责任。遵斯轨也,庶可语于史矣。"同一年发表的《五千年史势鸟瞰》,其中《中国历史上民族之研究》又单独行世,在民族、种族、国民等术语和用语上面作了专门的阐释和区分;又以汉族为主干以及汉族同化吸收其他民族为中心,对中国民族史作了概述。梁先生这些研究对以后的中国民族史研究产生的影响十分深远。以顾颉刚为代表的"古史辨派",其疑古主旨已为中国考古学、古人类学及历史学研究成果所破,但"层累地造成的中国古史"这一思路和方法对研究汉族起源的多元融合与进化发展仍具有很大的借鉴和参考价值。其他如民族学(文化人类学)、社会学等多种学科理论、方法的引进及实地调查研究,在中国学术研究领域中开辟了生动活泼的新局面,其研究对象也是以汉族社区为主。至于在中国各断代史或专门史研究领域所获得对汉族研究具有重要参考价值的成果,其涉及面颇宽,恕不能一一叙述了。

(五)在中国共产党领导的以延安为中心的抗日根据地,马克思主义唯物史观与民族观在中国历史和民族研究方面占主导地位,其理论、方法与研究成果,对50年代以后中国大陆民族研究的发展,影响尤为深远。

1939年,抗日战争进入相持阶段,历史学家顾颉刚等力倡"中华民族是一个"的观点,强调大敌当前,中国不可分为本部或属部,汉族与边疆少数民族是一整体,中华民族团结起来共同对敌,从现实和历史结合的角度论证了中华民族不可分割性。对于顾氏的这种提法,一些学者尤其是民族学学者如费孝通等,同意中华民族是一个整体的观点,但从民族学研究学理的角度观察,也应该承认中国是由众多的民族构成的,少数民族客观存在的这一事实应得到尊重。这场争论的范围不算大,但涉及中华民族"一"与"多"以及如何认识这个问题,因而具有十分重大的意义,特别在实践中如何处理,则是关系到祖国统一、抗日前途和民族团结的大问题。

上述若干历史学家和民族学家对此问题所进行的争辩,延安的研究者未必全都注意得到,但在政治实际和学术研究中如何认识及处理中华民族这个以汉族为主体,同时包括有众多的少数民族的局面;如何认识和处理中国民族问题中对外求中华民族独立解放对内求中国各民族平等的关系,是贯穿着中国近代以来社会矛盾的一条主线,任何政党或研究中国人文社会科学的学派,都不可能回避这个客观的存在。

中国共产党成立的初期,对中国民族问题的实质尚缺乏全面的认识,只有照搬苏联"民族问题"的口号和政策。此后,红军长征经过许多少数民族地区,对少数民族的实际状况有了切实的了解,积累了不少与少数民族平等、团结、联合、共同对敌的实践经验,1935年中国共产党提出了建立抗日民族统一战线的主张。1938年6月14日,中共中央党校校长董必武所作《共产主义与三民主义》的报告,阐明了中国共产党在当时的路线、政策和革命目标,这些均与1924年孙中山《中国国民党第一次全国代表大会宣言》中重新阐释的"三民主义"相互吻合。"关于民族主义,宣言上说:'国民党之民族主义有两方面之意义:一则中国民族之同求解放;一则中国境内各民族一律平等。'"董必武引述孙中山反复强调的"民族解放之斗争,对于多数之民众,其目标皆不外反帝国主义而已",而国内各民族在反帝与对军阀革命成功之后,"当组织自由统一的(各民族自由联合)的中华民国"。这个报告对国民党推行的大汉族主义政策进行了批评。1938年,毛泽东主席在中共中央六届六中全会上作了《论新阶段》的报告,指出:"我们的抗日民族统一战线不但是国内各个党派各个阶级的,而且是国内各个民族的。"关于民族政策,"当前的第十三个任务,就在于团结各民族为一体,共同对付日寇。为此目的,必须注意下述各点:第一,允许蒙、回、藏、苗、瑶、夷、蕃各民族与汉族有平等的权利，在共同对日原则之下，有自己管理自己事务之权，同时与汉族联合建立统一的国家。"此外，对杂居区民族事务以及尊重少数民族语言文字、风俗文化和反对大汉族主义等问题，毛泽东都作了创造性的阐释和规定。在《目前抗日统一战线中的策略问题》的报告里，毛泽东再次强调："实行民族主义，坚决反对日本帝国主义，对外求中华民族的彻底解放，对内求国内各民族间的平等。"由此可见，在政治路线和纲领政策方面，中国共产党对中国的民族问题的认识及解决民族问题的办法已经成熟。当时的延安汇聚了一批学有根底的专家学者，他们运用唯物史观和马克思主义民族观研究中国的历史，包括民族史和近现代史。范文澜是他们中的杰出代表。在他的主持下，他们开始编纂中国通史和中国近代史，也有编纂中国民族史的计划。1939年，毛泽东与范文澜等合作撰写《中国革命和中国共产党》一书，第一章中列有"中华民族"一节，阐述了中国四亿五千万人口中"十分之九以上为汉人。此外，还有蒙人、回人、藏人、维吾尔人、苗人、彝人、僮人、仲家人、朝鲜人等，共有数十种少数民族，虽然文化发展的程度不同，但是都已有长久的历史。中国是一个由多数民族结合而成的拥有广大人口的国家。"本书将汉族、少数民族、多数民族相互结合形成统一的中国，从理论和概念上划分清楚了。如此旗帜鲜明地阐释这个问题，在中国国内恐怕还是第一次。

1938年毛泽东发表《论新阶段》以后，中国共产党在处理西北民族关系的实践中，逐渐明确地制定了民族区域自治的方针政策，并且于1947年正式建立内蒙古自治政府，积累了不少民族区域自治的实践经验。上述这些有关民族理论和民族区域自治的实践，为中华人民共和国建立以后在全国范围内推行民族区域自治奠定了深厚的基础。

在民族史研究方面，1948年出版的吕振羽所著《中国民族简史》是一部运用历史唯物主义和马克思主义民族观研究中国各民族历史的著作。这部著作第一次以平等的尺度对汉族和少数民族的起源与发展作了论证和叙述,对此后中国民族史学的进一步发展具有重要的意义。

三、中华人民共和国初期,1950—1964年

中华人民共和国建立以后至1964年,大陆上的民族研究称得上是十分活跃并获得可贵发展的时期。然而针对汉族的研究,仅仅在1954—1956年间开展过汉族形成问题的讨论,颇有昙花一现的感觉。

汉民族形成问题的讨论,是由当时在华工作的苏联专家格·叶菲莫夫教授的一次讲演引发出来的。1953年下半年,叶菲莫夫作了题为《论中国民族的形成》的讲演,论证汉民族形成于封建制度消灭与资本主义形成发展的过程,他将封建时期的汉民族称为部族。言外之意,资本主义在中国没有得到充分的发展,封建制度也没有被消灭,在中华人民共和国建立以前,汉族尚没有完全形成为民族,或者说仍处在部族阶段。1954年,范文澜撰著《试论中国自秦汉时期成为统一国家的原因》一文发表于《历史研究》当年第3期,范文论证秦汉时期汉族已初步具备了民族的四个特征:"书同文"是共同语言;"行同伦"表现出共同文化上的共同心理素质;"车同轨"可以理解为共同经济生活、经济联系的特征;而长城以内的广阔疆域,可以理解为汉族的共同地域。他断言:"汉族自秦汉以下,既不是国家分裂时期的部族,也不是资本主义时代的资产阶级民族,而是在独特的社会条件下形成的独特民族。"此文发表后,在学术界引起了很大的反响,有的著文表示赞同,也有的提出异议。参加这一讨论的论

文，大都已编入《汉民族形成问题讨论集》，此书 1957 年 5 月由三联书店出版。其讨论的内容大致可分为如下 3 种观点：

（1）汉民族在秦汉时期已经形成，在其后的历史时期不断得到发展。由于资本主义在近代中国仍未占据统治地位，因而汉族到近代不属于资本主义民族，但也不能据此称为部族。

（2）民族是资本主义上升时期的产物，汉族形成为民族，应在 1840 年以后中国产生资本主义的时期。

（3）汉民族的形成应与中国资本主义萌芽的历史相互吻合。有学者认为资本主义萌芽出现在明末清初，更有的认为唐宋时期已出现这种萌芽，因而上述资本主义萌芽产生的时期也就是汉民族形成的历史时期。

1957 年以后，汉民族研究戛然而止，这是由于当时民族研究的重心放在对少数民族的族别研究上面，全面铺开对少数民族的社会历史调查，并在此基础上开始编纂中国民族问题五种丛书，于是出现了中国的民族研究几乎等同于少数民族族别研究的情形。另一方面，由于汉族是中国的主体民族，中国历史研究的各个领域虽然并不侧重于对汉族的研究，但在汉族起源、发展、迁徙、分布、经济、文化以及与其他民族关系等各方面，也都获得了许多有价值的成果。专门性的著作，有徐旭生（炳昶）的《中国古史的传说时代》。徐先生是一位著名的古史专家和考古学家。他的这部著作最早于 1943 年出版。由于他对古代传说持严谨的学术态度，并且多方征集其他史料加以考证，此书出版后，在学术界引起了较大的影响。50 年代，他又对全书进行修订再版。在对上古传说和文献作了严密的考察之后，"才看出我国古代的部族分野，大致可分为华夏、东夷、苗蛮三集团——仔细分析也未尝不可分为六部分……虽然如此，这三个亚集团是由原来三个集团中细分，不能同它们平列"。这三个集团相遇之后，开始互相争斗，旋即又和平共处，最终完全同化，形成了汉民族。

他说:"把我国较古传说总括来看,华夏、夷、蛮三族实为秦汉间所称中国人的三个主要来源。"此书的突出之处即是具体地阐述了汉民族起源具有多元且相互融合的特点。他撰写本书之时,中国新石器时期考古工作虽已开始,但尚未丰厚,所以他主要依靠文献资料进行论证。徐先生明确地认识到考古学材料的科学价值,1960年他撰写的《略谈研究夏文化的问题》(《新建设》1960年第3期),指出夏文化一是指夏代文化,二是指夏族文化。他根据文献和考古资料,提出探索夏文化分布的地域范围。又亲自率队赴"夏墟"实地踏查,写成《1959年夏豫西调查"夏墟"的初步报告》(《考古》1959年1月)。此后人们对夏文化进行考古发掘和研究即是建立在这个基础之上的。

另一本专著是姚薇元的《北朝胡姓考》(中华书局1957年版)。姚氏早年师从陈寅恪先生治魏晋南北朝史,以《宋书索虏传南齐书魏虏传北人姓名考》在史学界崭露头角。50年代以前,他已着手对汉魏至隋唐时期的胡姓进行考辨,1957年著成本书。本书以史传、姓氏书的记载为基础,参以碑刻、方志、文集、稗官野史等,考证《魏书·官氏志》所载胡姓,以此构成内篇;又将汉以来质子、降胡及隋唐蕃将、胡商未见于《官氏志》诸胡姓为外篇,共得193姓。这些姓氏,有些是汉族固有的,汉魏至隋唐又有胡人改汉姓采用之;但许多为胡姓汉化所带来汉族姓氏中新增的姓氏。由此可见,隋唐以来的汉人有不少姓氏是汉魏至隋唐时期内迁胡姓少数民族的苗裔。因而不仅对研究中国少数民族在历史上的活动、作用和贡献有重要的参考价值,也为具体了解汉民族在魏晋隋唐时期吸收了哪些胡姓提供了详细的考证和研究成果。本书虽以《胡姓考》为题,却不啻为汉民族研究的重要著作。

由于汉民族形成的问题的讨论和此后对少数民族社会历史调查研究的实践,学术界进而提出并开展了关于"民族"一词的译写和民族形成的讨论。这对我国民族研究包括汉民族研究，都产生了深远的影响。这个讨论可说是旷日持久，至今仍在继续。鄙意以为，世界上的民族千差万别，关键是要把"民族"和"资本主义民族"这一对属于一般和特殊的概念加以区别，而不是对立起来。不能将欧洲自16世纪至20世纪初叶民族形成与民族问题所概括的"现代民族"或"资本主义民族"的特征硬套到世界各民族身上，去衡量他们是否已形成为民族。人类历史自部落联盟进至国家，人们共同体以血缘联系为主被以地域联系为主所代替的时期即已经开始，主要依据文化、语言等因素代替以往依据血缘关系的族体认同，也就是说已开始形成民族。民族的认同与区分是人类社会最普遍的现象，世界上的各民族表现出多层面、多样性的特征，这些特征虽然比较稳定，但随着历史的发展而不断变化，因而要把涵盖民族最一般特征的概念和涵盖特定地区与特定时期的民族概念加以区别。还要看到，汉民族自古是世界上人口最多的民族，现在仍占世界人口的五分之一，自起源、形成以来，数千年间文化传承不断，语言文字连绵不绝。什么样的群体才能称为民族？对此所作的理论概括，如果脱离了汉民族的历史与实际，不能表述汉族的历史发展过程和民族特征，毫无疑问是以偏概全。关于这个问题，因其属于民族理论学科范畴之内，在此恕不引申赘述了。

四、改革开放时期，1978年—目前

从1978年进入改革开放时期至今20年，这是中国大陆民族研究蓬勃发展的20年。

以往对中国历史与文化各个领域的研究，称得上是硕果累累。但是汉民族未能同其他民族一样成为专门的研究对象。尽

管客观上以汉族为对象的研究内容十分丰富,意义也很重大,然而一直被以中国为对象的研究所掩盖,使这一本应受到广泛重视的研究领域,长期处于冷落不彰的境地。

两方面的因素使汉民族研究在1978年以后蓬勃发展起来。

一是民族平等的原则已为中国各个民族和学术界广泛认同,以往汉族与中国,汉族与中华民族等同的观念被摒弃。中国的历史与文化是中国各民族共同创造,汉族是其中的主体,而其他民族也有悠久的历史和丰富的文化,这些都是构成中国历史发展的不可缺少的组成部分。历史上的民族关系固然并不平等,但是今天的中国学者应该以民族平等的原则去客观地考察和反映各民族的历史、文化及其对中国整个历史和文化发展所做出的贡献。这些认识,已为当代中国学术界广泛接受。

二是对中国少数民族所作的调查研究,已经积累了大量的资料及研究成果,客观上也为在研究中国历史、中国文化各个领域的学者力求反映少数民族的内容提供了一定的条件。从事民族研究的同仁,在比较过去对少数民族研究的成果、发扬其优点的同时,也看到了把民族研究对象限于少数民族而缺少对汉族的研究,确实是需要克服的一种片面性。尤其是限于对少数民族一个民族一个民族的族别研究,不易看清少数民族在整个中华民族中的地位以及少数民族与汉族关系的发展,各少数民族之间的关系也不易得到阐明。于是在1978年进入改革开放以后,形成了对汉民族的研究以及对民族关系和中华民族整体研究的新局面。

粉碎"四人帮"以后,一些学者就已开始用严肃的治学态度对"四人帮"歪曲中国民族关系和民族历史的谬论进行批判。同时有关"民族"的定义及民族形成问题的讨论,带动了汉民族产生、形成问题的回复,并使之重新活跃起来,汉民族研究所涉及的其他课题也逐渐得以开展。据不完全统计,自1978年至1988年的10年之间,大陆史学界发表了以汉族研究为题的学术论文

50余篇，其他以汉族研究为内容但不以此为题者尚不计在内。在这种背景下，得到费孝通、林耀华、牙含章、陈永龄等著名学者的支持，中国社科院民族研究所、云南大学历史系、广西民族研究所、四川民族研究所于 1987 年 6 月在广西南宁召开了"全国首次汉民族研究学术讨论会"，由此揭开了汉民族研究进入新阶段的序幕。

南宁学术讨论会以后至今又经历了 10 年，汉民族研究的蓬勃发展，是汉民族研究在新阶段的突出特点。支持和推动这项研究的学术机构日益增多，全国性或国际性的汉民族研究学术讨论会，继南宁会议之后，又分别在广东汕头、云南昆明、湖南长沙开过第二、第三和第四届，本届学术讨论即是第五届。前几届学术讨论会的成功举行，证明成立全国性汉民族研究会的条件已经成熟，1995 年建立了汉民族研究会，联系并团结中国从事汉民族的各界同仁，其中包括港、台同仁，使这项研究工作得到进一步的开展。同时，包括本届讨论会在内的历届研讨会，还吸收了日本、韩国、马来西亚、新加坡、俄罗斯、波兰、瑞典、美国等国家专家学者的积极参与，表明在中国起步较晚的汉民族研究，已受到国际学术界的关注和支持。

以下谨就 1978 年至今 20 年间汉民族研究的成果择其大端简要介绍。

（一）这 20 年间发表的学术论文，不论数量还是质量，其提高均引人瞩目，专门著作也不断涌现。

论文涉及面宽，较为分散，不可能一一介绍。以汉族为题的专著，徐杰舜先生的《汉民族发展史》（四川民族出版社 1992 年出版）可谓捷足先登。何光岳先生的《中华民族源流史丛书》已出版了《炎黄源流史》、《夏源流史》、《商源流史》、《周源流史》、《秦源流史》、《南蛮源流史》、《百越源流史》、《东夷源流史》、《楚源流史》及《汉源流史》多种。这些著作对汉民族研究的参考价值是不言而喻的,其中对炎黄、夏、商、周、秦、楚、汉源流的考察,还可视为汉民族研究拥有数百万言的专著。何先生以用功甚勤、著述丰厚受到学术界的重视。

对中国文化进行研究,近20年在中国大陆曾掀起热潮,汉文化成为广受重视的热门课题。在"文化热"的众多著作中,以汉文化为专题的著作有陈玉龙、杨通方、夏应元、范魏周合著的《汉文化论纲》(北京大学出版社1993年版)。该书对汉文化的形成发展以及中朝、中日、中越历史上的文化交流与"汉文化圈"的历史作了提纲挈领式的叙述。

不以汉族研究为题而冠以中国、中华或某些断代的标题,实际上对汉族的历史与文化作了深入研究并受到读者广泛欢迎的著作,要大大多于以汉族为题的专著。其中阴法鲁、许树安先生主编的《中国古代文化史》,第一章对中华文化起源与中华民族的形成作了整体性的叙述,第二章对历史上一些少数民族的形成及其对中华文化的贡献作了扼要的论述,其余8章都是对汉文化各个层面历史的发展和特点进行研讨。此书于1989年由北京大学出版社出版后,在学术界产生了较大的反响,前后8次重印。其他各位名家有关中国文化史、中华文化史或区域文化史、断代文化史等,对汉文化所作的深入研究,恕不在此赘述。历史上的民族迁徙与汉民族分布的演变,是民族研究的重要课题之一。目前已出版的数种中国人口史或移民史,其中葛剑雄、曹树基、吴松弟三位先生合著的《简明中国移民史》(福建人民出版社1993年版),对中国历史上汉族和各个少数民族的分布、迁徙、流移等均作了纲举目张的叙述。该书对汉民族的分布、区域文化、各支方言以及吸收涵化其他民族发展壮大的客观条件等等方面的进一步研讨,都极富有参考价值。葛教授等人撰著的6卷本《中国移民史》在前书的基础上对中国历史上的移民所作的研究将更加全面和完整,惜本人案头尚未存此书,这里就不作介绍了。

值得注意的是，上面已介绍的4次全国或国际汉民族研究学术讨论会，每一次会议都有中心议题，以此为主，涉及汉民族的诸多层面和角度。除昆明会外，其他三届会后编辑出版的研讨会论文集，不仅表明20余年来汉民族研究发展的基本轨迹，而且也大体上反映了汉民族研究的总体状况和水准。把已出版的3本汉民族研究学术研讨会论文集断为集体撰著的汉民族研究专著，想必可以得到学术界的认可。

（二）关于汉民族起源研究的新进展。

从上世纪末叶起，中国研究汉民族起源问题的学者即着手批判欧洲人鼓吹的中国人"西来说"；本世纪30年代，尹达等人从分析当时已知的新石器文化入手，批判瑞典地质学和考古学家安特生为代表的"新西来说"。此后，这种批判一直都在进行。由于中国的古人类学和旧、新石器时代考古学在20—30年代尚处于起步阶段，直到50年代有些发掘虽很重要，但并不很丰富，因而那个时期对外来说的批判仍然主要是依靠文献的考证来进行的。最近30多年，中国古人类学和考古学的一系列重要发现及其取得的研究成果，为研究中华民族，包括其主体——汉民族的起源所具有的鲜明的本土特征，提供了坚实的科学基础。中国新石器时代和金石并用时代的考古，在近30余年间取得了令人振奋的成绩，重要的发现层出不穷，从而为研究中华民族的起源，包括汉民族起源的多元性与多元汇聚朝向一体发展的特点提供了可靠的科学依据。著名的考古学家苏秉琦先生在70—80年代提出了有关中国新石器时代文化区系类型的理论，这不仅对中国考古学的成熟与发展具有重大的指导意义，对研究中华民族起源与汉民族起源同样具有重大的指导意义。在研究中华民族和汉民族的早期文明特别是其起源方面，大力吸收古人类学、旧、新石器时代考古学资料和研究成果，使之与文献史料相互结合，由此而形成的中华民族与汉民族起源的本土说与多元说，是继承一个世纪以来关于汉民族起源研究成果的新发展。苏秉琦先生晚年撰写的几本著作或论文集在国内外考古学界和历史学界都引起了很大的反响；王锺翰先生主编的《中国民族史》（中国社会科学出版社1994年版）关于中华民族起源和华夏/汉民族形成的部分，对中华民族起源及汉民族起源的本土特点与多元特点也作了较为系统的叙述与论证。

汉族的前身，是先秦时期的华夏。这是同一个民族在不同时期的不同名称，其历史、文化前后一脉相承。先秦华夏的区域性统一，使一些原非华夏或自居蛮夷的诸侯在战国时已发展成为华夏的组成部分。对华夏区域性的形成和发展，历来都为研究者所重视，但将文献史料与考古学材料相互结合并形成较为完整体系论著的，在最近20余年里尤为突出。李学勤先生的《东周与秦代文明》（文物出版社1983年出版），将东周列国划分为7个文化圈，即中原文化圈、北方文化圈、齐鲁文化圈、楚文化圈、吴越文化圈、巴蜀文化圈、秦文化圈。其他专以一个区域的历史文化进行研究而蔚然成为新兴显学的，当以楚史与楚文化研究最为突出，张正明先生等倡导组织的《楚学文库》，目前已出版了数种。其他对秦、三晋、齐鲁、巴蜀、吴越等区域历史文化研究的成果也都蔚为大观。这一系列的研究成果，虽大多并非以汉民族为题，但所涉及的内容均与汉民族的历史与文化，尤其是汉民族的起源与发展具有十分密切的关联，不妨也可视为华夏/汉民族多元起源、多区域不平衡发展和由多元向统一发展的重要研究成果。

关于汉民族的起源，还需要重视对炎、黄、伏羲、大禹等先祖的研究以及对夏、商、周三族起源、形成与融合的研究。近20年在这些方面所获得的研究成果和出版的专著，大都具有文献史料与考古学材料相互结合的特点，有些则突出地运用考古学材料，有的还到相关地区做民俗与民间传说的调查研究。这方面的论著在拜读之后，常能令人耳目一新。限于篇幅，恕不一一介绍。

总之，徐旭生的《中国古史的传说时代》一书大概算是自梁启超提出汉族起源的多元混合观点以来一个阶段性的研究成果。现在由于古人类学、旧、新石器时代考古学的迅速发展以及先秦考古学的进步，为学者们吸收运用这些新发现、新成果并结合文献史料、民俗调查等对汉民族起源与多区域不平衡发展以及由多元向统一的发展进行系统的研究提供了便利的条件，其研究成果的水准也达到了前所未有的高度。"文章天生成，妙手巧得之"，对最近20年关于中华民族与汉民族起源的研究进行再总结，形成煌煌巨著的条件已经具备，希望在不久的将来会有学者创制这样的巨著，使中华民族与汉民族的研究达到更高的水平，迎接新世纪的到来。

(三) 关于汉民族何时形成以及民族史分期的研究，还有待继续深入发展。

徐杰舜先生的《汉民族发展史》叙述汉民族的历史发展过程，分为起源（夏以前）、形成（夏至秦汉）、发展（魏晋南北朝至近代）三编。著文讨论华夏/汉民族形成并也涉及历史分期的，则有谢维扬、王雷、李一氓、朱绍侯、邹君孟、张正明、沈长云、田继周、龚维英、贾敬颜、徐亦亭、唐嘉弘、周伟洲、傅涌聚等先生以及我本人，都曾先后发表过相关的文章。各家所论，有理有据。可能由于对民族历史分期和民族形成的标准理解有所不同，因而对华夏何时形成为民族以及华夏/汉民族的分期，诸家之说尚有较大的差别。但目前各家着重阐述自己的见解，尚未展开较为深入的讨论。我们相信，随着汉民族研究的深入发展，对这个问题的研究和讨论将会进一步受到研究者的重视，并且会有为大家所认同的成果出现。

(四) 民族关系的研究，在最近的20年已获得长足的发展，涉及的层面也较为宽深。

这一领域的研究成为系统的是中国社科院民族研究所由翁独健先生主编的《中国民族关系史纲》（中国社会科学出版社1992年出版），此书出版后在学术界影响较大。随后他们又推出了以各个断代为主的民族关系史系列著作。以地区民族关系史或断代民族关系史为题的专著和论文，其数量之多，质量之好，充分地展现了中国民族史研究近20年来所呈现的繁荣景象，其中汉民族与各少数民族之间的关系发展史，占有突出的位置。

（五）海峡两岸中国人及海外华人在汉民族研究领域的联手合作已经有良好的开端，相信今后会有更大的发展。

（六）对汉民族一些特点较突出的民系进行专题调查研究的工作，1949年以前已有所开展。近年来，对客家人、平话人及广东、福建沿海的水上居民（疍民）等民系的调查研究又渐趋活跃和深入。对海外华人与华侨的调查研究，也逐渐受到了重视。此外，在民族地区，尤其是西南民族地区，有一些元明以来久已移居与当地各民族杂处的汉人，受到当地民族语言、文化、习俗等方面的浸染与涵化，而形成了某些新的特征，实际上仍被认定为汉人中一些特点较为突出的民系。对这些人们群体的调查研究和民族识别的研究，近年来也取得了一些受重视的成果。所有上述各项调查与研究，不仅对汉民族研究具有重要的科学价值，对民族与民族发展不同层次的发展和变迁的理论研究，也具有重要的科学价值。同时还要注意，这些田野调查与社区研究，也在很大程度上弥补了目前汉民族研究田野调查不足的缺陷。因而，今后还会有更大的发展。

（七）汉民族研究在其他许多方面也同样获得了广泛发展，例如汉语言文字和汉文学史研究，可谓名家辈出，海内外众多学者参与。

附记：虽然平素有意收集关于汉民族研究的进展情况，并试图加以概括，但一直未能正式开始此项世纪性回顾的工作。为了完成本届年会筹备者给我的任务，权以20余天将平素积累的些许资料匆匆概括成文。李鸿宾先生替我作了较详细的论著目录索引，潘守永先生替我收集了海外与港台学者的研究资料，对他们的工作，谨表示感谢。

（原载《西南民族学院学报》1998年第6期）

中国民族史学的基本形势与发展前景的蠡测

最近几年，由于改革与开放对史学的功能提出了新的更高的要求，再加上商品经济的冲击，史学界内外，都对中国史学面临的形势与问题从宏观上进行着再估量。大家希望史学有一个较显著的突破，以适应改革与开放的需要；也希望中国史学本身朝现代科学的方向有更高水平的推进，从而能为中国各族人民提供更多有价值的知识，以利增进人们的智慧和胆识；同时也要求中国史学对现代世界文化的发展作出应有的贡献。

在这种再估量与思考中，有的同志惊呼，史学已面临能否继续发展的危机。或者说已步入死胡同；另一些同志则认为，所谓史学危机，只不过是一些人的幻象！

我以为，把目前史学发展的困难，说成"危机"是未能看清事物发展的本质；但完全否认史学发展所面临的困难，也不利于正确估量史学发展所面临的形势。现就中国史学的重要部门之一——中国民族史的基本情况来说明这一问题。

一、中国民族史学的成就与潜力

有困难和危机感会促使我们不为已有的成就所陶醉，不故步自封。相反，以前所未有的紧迫感去寻找新知识、新方法、新领域，去追求更高层次的科学值价与理论水平。

不正视目前的困难，有可能使我们缺乏应变能力，坐失有可能获得新发展的时机。人们都已知道，高等院校民族史、民族学等专业已面临招生难、分配更难的局面；学生不安心接受专业训练，有的研究生思量转学退学去从事其他专业和工作；我们计划进行一些较深入的调查与研究，也常感经费不足或完全无着落，辛苦多年，潜心钻研，但成果不易出版，即使出版了，卖书也成问题等等，这些都是客观的存在。现在，出历史著作差不多都要赔钱，有的大中型出版社，考虑其自身的经济承受能力，已将历史编辑室并入其他编辑室而放在可有可无的位置。在史学最为源远流长的国度，出现如此困境，当不是正常的现象，但也不可能长期如此下去。所以不正视目前的困难是不行的，而把它夸张到认为史学，其中包括中国民族史学已没有发展余地，不能为改革开放发挥其应有的功能，也不符合客观实际。我们相信，中国民族史学拥有继续发展的巨大潜力，在改革与开放的推动下，必将克服其现有的困难，得到新的发展。

大家都不否认，新中国建立后，中国民族史学已获得空前发展，成就是多方面的，已引起国内外广泛注目。这些成就，足以使中国民族学立足于学术之林，并为继续发展奠定了坚实的基础。自本世纪初梁启超提出以新史学代替旧史学的主张，拥有千年计的中国旧史学受到了严峻的挑战。差不多与此同时，"中国民族史"的名称就已应运而生。梁任公本人还撰写过《历史上中国民族之观察》一文。随后，王桐龄、吕思勉、林惠祥等教授相继以《中国民族史》为题出版专著，在本世纪30—40年代，无疑是中国史学的新事物。他们的著作，留下了中国民族史学早期形态的珍贵遗产，至今仍不失其参考价值。然而从旧中国史学的总体内容看，对中国民族史的研究是零散的，只有少数学者对民族史进行了研究，难免带有大汉族主义正统史观的局限性。

新中国建立以后，废除了历史上的民族压迫制度，各兄弟民族政治权利一律平等，实现了中华民族空前的大联合与兄弟般的民族大团结。在史学研究中，对各兄弟民族历史与现状的研究，已由个别的、零散的研究发展为有组织的、全面的以马克思主义唯物史观与民族观为指导的科学研究；由猎奇式的或个别领域的畸形研究，转变为对各民族起源、形成、发展及其在历史发展中所作贡献的系统研究；由偏重各民族首领人物及其家系的研究转变为对各民族社会历史与文化发展的研究。这样，新中国的民族史学，已从根本上区别于历代封建王朝时期的"四裔传"和旧中国的"边政"研究，更从根本出发点和科学体系上区别于受帝国主义侵略政策支配的关于中国边疆与中国民族史的种种谬论，以崭新的面貌走上了中国史学的舞台，并以多方的成就证明其作为中国史学一个重要组成部门的存在与发展。现在55个少数民族的简史已基本出齐，其他民族专史、中国古代民族史、地区民族史、民族文化与宗教史、民族关系史、民族地区历史地理以及由少数民族建立的中原王朝和边疆王朝史等方面，都已出版了一些学术水平较高的著作。至于民族史方面的论文，据不完全统计，仅1987年发表于国内报刊的已达629篇之多，这是在旧中国根本不可能有的，即使在1987年以前的新中国也还不会有的数量。这难道还不能证明中国民族史学存在着巨大的发展潜力吗？我们必须在已有成就的基础上，使现有的发展势头得到更坚实、更稳步的推进，使中国民族史这个学科成为各族人民重要的知识源泉，成为提高民族自信心与进取精神的重要思想武器，从而使其蕴藏着的潜力与社会功能充分地释放出来，在改革与开放中得到更高水平的发展。

二、中国民族史学的特点

新中国的民族史学已成为引人注目的重要学科，它的显著特点正是我们在今后要加以发展和提高的。

首先，中国民族史学实现了历史观与民族观的根本转变，从而为中国史学的健康发展开辟了广阔的前景。

早在建国初期，范文澜、郭沫若、翦伯赞、吕振羽、翁独健、白寿彝等老一辈史学家，及时提出了要以马克思唯物史观和民族观为指导，正确阐明：中国的历史是中国各民族共同创造的。新中国的史学要以平等的原则，克服大民族主义正统观和狭隘民族主义思想，正确阐述各民族的形成与发展以及他们对祖国历史的贡献。老一辈史学家倡导和身体力行的这种科学态度与历史观，是新中国民族史学所以获得巨大成就的重要原因之一。尽管我们在学习和运用马克思主义的过程中出现过某些偏差，但以马克思主义基本原理为理论基础，树立正确的历史观与民族观仍是中国民族史学的基本优势，我们在纠正理论上某些偏误时，不能把这一优势加以否定，相反要在更高水平上加以发扬。

历史观与民族观的转化，总是要通过反复讨论才能求得比较一致的看法。中国民族史学对中国古代史上的民族关系若干理论问题，进行了认真的讨论。50—60年代，尽管当时存在有"左"的干扰，但讨论仍相当活跃。"四人帮"横行时期，肆意践踏党的民族政策、摧残民族工作、破坏民族团结，使民族史与民族关系的研究无法进行讨论。自粉碎"四人帮"以后，学术讨论的环境比建国以后任何时期都好，因而中国民族史学的发展达到了一个新的高峰，对中国古代史上一些民族关系问题的讨论也空前活跃。尽管对许多基本理论问题还存在分歧，但通过相互切磋，各方已有了共同的基础，即不管持何种见解，都承认凡属当代中国境内古今各民族的历史，均应包括在中国历史的范围之内；承认中国的历史不等于中原王朝史、更不等于汉人建立的王朝史，而是中国各民族共同创造的历史。因此，目前各种通史、断代史，对边疆各民族历史的内容都极为关注，史学家们在自己的著作中对民族史的内容都尽量予以反映。即令各种专门史，如军事史、哲学史、文学史、科技史、经济史、美术史、舞蹈史、商业史等等，著作家们亦纷纷对各民族的成就和贡献发生了浓厚的研究兴趣，并且在自己的著作中尽力表现出来。这种新气象无疑是新中国史学带根本性质的变化之一，也证明中国民族史在整个中国史学中占有不可忽视的地位，拥有继续发展的巨大潜力。

其次，中国民族史学在充分强调系统地占有和积累文献史料的同时，还十分重视全面的或专题的社会历史调查。两者相结合，从而开辟了研究的新途径，积累了极其丰富的调查资料，其中具有的大量科学价值较高的第一手材料，于当代和后世都是极其珍贵的财富。大家知道，50—60年代，在全国范围最广泛的少数民族社会历史调查，尽管带有某些局限性与主观性，但还是抢救、搜集了许多社会历史资料，以后又经过最近10年的核订和补充调查，这些资料作为国家民委主持编纂的《民族问题五种丛书》中的一种，也已基本上出齐，在国内外都引起了学术界很大的研究兴趣，并且已出现了一些有影响的研究成果。对过去社会历史调查中一些主观、片面和模式化的缺陷今后要予以克服，但注重社会调查与文献结合的研究方法是中国民族史学中一个鲜明的特点，应该得到发扬。

再次，史料范围的扩大，也是中国民族史学的一个重要特点。

浩如烟海的关于中国各民族历史的汉文文献，是我们取之不尽的史料宝库，不论研究中国哪个民族的历史，忽视了汉文文献或否定汉文文献的史料价值，都无从掌握历史事实的总和及其内在的联系。在汉文文献的古籍整理、地区史料丛刊、民族专史及专题史料的搜集整理、档案的发掘与编纂等许多方面，都已取得令人瞩目的成绩。这些汉文史籍的出版，给中国民族史研究做了很重要的基础工作。最近10年来有关少数民族文字的文献，其中包括已经成为死文字的文献研究和整理，乃至对少数民族口碑相传的史料的发掘和整理，也已经开展了有计划有组织的研究、汉译和出版。起步虽晚，成绩斐然。一些由少数民族出身的学者和通晓民族语言文字的学者，对满、藏、彝、蒙古、维吾尔、傣等民族的古代文献、档案以及敦煌文书、吐鲁番文书和其他各地出土的或保存在地面的文物开展了有系统的研究工作，还对一些重要的著作与档案进行了汉译、注释与编纂。这一批少数民族文字史书的出版，为开展中国民族史的研究打开了新的史料宝库，其中有些方面确实令人耳目一新，视野顿开，受到了整个史学界尤其是民族史学界极大的欢迎。但不无遗憾的是对少数民族文字文献的研究工作，国外在许多课题上走在我们的前面。

考古学材料在民族研究中的运用，也是中国民族史史料范围扩大的一个极重要的方面。其中显例极多，无需赘述。

在朝鲜、日本、越南等邻国的古代文献中，也有可观的关于中国边疆史与民族史的记载，过去几十年早已引起国内外史学界的重视，近年来也在这方面进行了较有系统的搜集整理，并出版了若干史料书籍。此外，伊朗志费尼著《世界征服者史》、拉拖特主编的《史集》，近年都有汉译本出版。对研究我国蒙古史、北方及西北民族史与元朝史等，都具有重要的史料价值。

以上所述各方面史料范围的扩大与新中国建立以前各家民族史基本上依据汉文史料进行研究的情况，形成了鲜明的对照。这种史料视野的全方位扩展，已经丰富了中国民族史的研究内容；随着上述各项史料尤其是少数民族文字史料发掘整理工作的迅速发展，必将更加丰富中国民族史学的研究内容，并促进其科学水平的不断提高。

还值得注意的是，中国民族史的研究工作除了比较注重与整个中国史的有机联系之外，还注意与民族学、考古学、语言学、社会学、民俗学等多学科的联系，吸取相关学科的成果以发展民族史研究，这也是中国民族史学的特点之一；与其他史学部门相比较，中国民族史学虽然已经发展起来，但确实又太年轻了。现在的问题是，要迎接改革开放的新形势，找出自身的缺陷，把已有的成就当基础，开创出更新的局面。

三、中国民族史学要进一步适应新的形势，争取新的发展

中国史学源远流长，19—20世纪之际，以梁启超为代表的一批受到西方人文科学启发的学者，提出了以"新史学"代替两千年"旧史学"的任务，开创了一代新的学风。随着马克思主义在中国的传播与发展，以李大钊为代表的一批马克思主义者又提出了以马克思主义唯物史观为指导研究中国历史的任务，此后产生了范文澜、郭沫若、翦伯赞等一批老一辈马克思主义史学家，奠定了中国马克思主义史学的基础。新中国成立废除了历史上的民族压迫制度，实现了民族团结，在它的巨大推动下，中国民族史学有了空前的发展，向比较全面、比较科学的方向大大地推进了一步，在增进各民族互相了解，加强民族团结与巩固祖国统一的事业中发挥了积极作用。今天我们回顾与思考过去对待学习与运用马克思主义方面，确实存在一些比较明显的不足，或者说在基本的指导思想方面，我们需要开放与革新。

从原则上讲，我们都知道，必须将马克思主义基本原理与经典作家主要是对西方社会历史与文化所作的具体分析及其具体结论明确地区别开来。马克思主义的立场、观点、方法好比是一把解剖刀。我们学习经典著作，是要从中学会如何运用这把解剖刀，至于经典作家解剖"猴体"也好，解剖"人体"也好，他们对具体问题的分析和结论，对我们有启发与借鉴作用，但把它当

"放之四海而皆准"的真理来套用中国各民族的历史,则难免歪曲了马克思主义,也使对中国民族史的研究变得削足适履,脱离历史的客观实际。比如,我们有相当一段长时间死守斯大林的什么是民族的四个特征的定义以及民族是资本主义上升时期的产物的结论,认为中国在1840年以前没有形成民族,汉族如此,其他兄弟民族就更如此。到底是不是已形成民族,虽然讨论了几十年,互相的看法已比较接近,但到底是什么民族,民族过程是如何发生发展,还不能说已经有了一致的看法。这当然会影响民族史的研究。作为科学的课题,需要继续讨论与研究,死守某一并非概括所有民族形成过程与特征的结论则必须加以否定。又比如,马克思主义关于社会生产力与生产关系、社会经济基础与上层建筑相统一的唯物史观,是我们要继续遵循与学习的基本原理。但我们依据经典作家对欧洲古代和中世纪的剖析方法和结论,套在中国各民族的社会发展过程和社会性质的分析上,就难免失误,事实上,中国各民族的历史与文化,是以多元区域性不平衡发展而又反复汇聚与相互影响的形式运动发展的。整个中国的历史与文化,也与欧洲有很大的不同,学习经典作家分析欧洲社会发展的方法,拿他们对欧洲社会发展的分析与所作判断为借鉴,来分析我国各民族的社会发展过程,是完全必要的,但把欧洲奴隶制、封建制等社会形态作模式来衡量中国各民族就不能得出符合实际的科学论断。还有一个众所周知而又被忽视的事实,不能由此就说一个民族、一个国家、一个社会就只有单一的所有制形态。强制性实行单一生产资料所有制的社会历史虽然有过,但无一能够使之成功。因此只有在社会生产关系的总和中找出占统治地位,可以支配其他生产资料所有制存在和发展范围的生产资料所有制,才有可能对一个民族在特定历史时期的社会性质作出判断。各个民族各个历史时期哪种生产资料所有制占支配地位,从而决定其生产关系总和的性质、社会制度的性质是不同的。即令同是奴隶社会、封建社会、资本主义社会乃至社会主义社会,不同国家的不同民族往往具有不同特点和多种模式。最近半个多世纪以来,中国史学关于中国社会历史分期问题的讨论以及最近三十多年来,中国民族史学对许多民族社会历史分期问题的讨论,总是得不出结论,大概与生搬硬套马克思主义经典著作的结论不无关系。还有一个事实,社会发展是有规律的,但是否都经五种社会形态的递变,那就很不一定。何况在统一多民族中国,各民族文化经济互相影响,不可能有完全独自的发展过程。以马克思主义基本原理为指导去深入掌握各民族社会历史不同时期的特性,才是我们的任务。过去中国民族史学界在这一方面已有许多成功的论著,但也不能不看到所存在削足适履的缺陷。

马克思、恩格斯本人从来不拒绝从人类以往知识的积累中吸取营养,也不拒绝从他们所处时代杰出的科学成就中、各种资产阶级思想流派中批判地吸收营养来发展自己的科学体系。比如,当马克思在撰写《共产党宣言》时,还不很清楚原始社会的存在、特点,更谈不上了解其发展历程。只是在读了摩尔根的《古代社会》及其他一些民族学家关于某些仍保留原始社会形态的民族学报导,还有一些关于土地制度与婚姻制度发展史的专著,才对原始社会有了深刻的科学理解。恩格斯遵循马克思的遗志,在《家庭、私有制和国家的起源》中揭示了原始社会发展诸阶段的特点及其发展规律[①]。因此,我们不仅要比较全面评价与对待传统的史学、旧中国史学,从中吸取有益的成分,继承其中一些有价值的研究成果,乃至一些有益的研究方法;也要比较客观而全面地评价和吸收国外一些有价值的研究成果,参考其中一些有价值的研究方法。事实上,中国民族史的许多领域,如藏学、蒙古

---

① 参见《共产党宣言·资产者与无产者》注②及《家庭、私有制和国家的起源》1884、1891年《序言》。

学、满学，南方如彝、苗、瑶、傣等民族的研究等都是国际性的学问，打破自我封闭自我禁锢局面，开展国际学术交流在最近几年已有了比较活跃的发展，但还不是完全畅通和顺利的开展，希望在多方面的鉴别与吸收和批判中，提高我们的批判与吸收的能力，多渠道地吸收营养以发展我们的马克思主义中国民族史学。还有一点是值得我们借鉴的，西方资产阶级可以在学术竞争中不断产生新的学术流派，为何中国民族史学不能在马克思主义基本原理指导下产生不同的流派？百家争鸣、生动活泼的学术竞争，只会使中国民族史研究更好地发挥其潜力，从而成为非常有生命力的学术阵地。

多学科的相互渗透和边缘学科的不断涌现是现代科学发展的显著特点。从中国民族史学本身的性质看，就可以说是中国史学在发展中产生的边缘学科。我认为，在这一方面我们过去既有显著的成绩，也有明显的缺陷。

中国各民族是在长期互相影响中形成发展的。离开中国民族史，中国史不能成为完整的科学的中国史；另一方面，脱离中国整个历史的互相联系，对任何一个中国民族史的研究，也不会成为科学而客观的族别史。到目前为止，中国民族史研究的主体内容是族别史，确实取得了受到广泛关注的成绩，丰富了中国史学的内容。今后族别史的研究还会继续发展，但研究族别史如果不是更自觉地把它放在整个中国史的多层次联系中，不放在各民族互相联系中去研究，是很难进一步提高其科学水平的。

55个少数民族和某些已消亡的古代民族史的研究都有了发展，对中国汉民族历史的研究却只是近几年才引起重视的。综合性的民族通史在少数民族史已取得成果的基础上，应该适时产生出来。据了解现在已有几家在着手进行这一研究与编纂工作，即使同时或先后出版几部这样的专著，也不能算多。旧中国20—

40年代出版过十余种综合性的《中国民族史》①，其中有些实际上是汉族史。建国以后大陆上还没有正式出版一部这样的综合性著作，这不能不说是一个大缺陷。

地区民族史已有很大发展，特别是东北、北方、西北的民族史，出版了多种专著，西南民族史近年来也有专著出版，这是方兴未艾的发展趋势。及时总结和综述各地区民族史研究的特点和问题，协调和组织各种研究力量，使之在更高理论水平上得到推进的时机，也许已经到来。由中国社会科学院组织编纂、青海人民出版社出版的《民族史研究入门丛书》，计划有各地区民族史的综述，但这一丛书目前已面临继续出版的困难，希望这些困难能得到克服，在提高质量的前提下继续出版下去。

民族关系史、民族地区历史地理、民族考古学、古代民族史、断代民族史等方面也逐渐形成分支学科的形态，相信会在以往基础上继续发展。

史学理论、历史哲学、民族文化与原始宗教的研究相对显得还需要大力促进，使之破土而出或扶持已出土的幼芽健康成长。

民族地区现代化所提出的课题，应放在优先考虑的地位。近现代民族史研究与当前现实的联系更为直接，也应提到日程上来，克服目前比较薄弱的缺陷而有一个较大的发展。

民族地区地方史、地方志的编纂和乡土教材的编纂，也应该受到中国民族史学界的关注与支持，这些课题的研究与撰述，过去似乎是被民族史学界过分忽视了。

中国民族史学有联系民族工作和解决民族地区实际问题与发展前景的良好传统。今后我们应更加明确地从中国，其中尤其是民族地区的改革开放中发现研究课题，从学科自身全面发展的需

---

① 《八十年来史学书目》，中国社会科学院历史研究所编，中国社会科学出版社1984年版，第331—332页。

要中去发现课题。总之是使我们的研究工作和改革开放的实践和学科发展的实践紧密联系起来,既注意目前的短期效能,也注意基础理论的建设,着眼于提高学科水平和民族素质的提高。我们深信,中国民族史学不仅会摆脱面临的困境,而且会在党和政府与各民族的关怀下,有个更大发展的良好前景。

(原载《云南民族学院学报》1990年第1期)

怎样阐明中国自古是多民族国家

我国自秦汉以来即逐渐成为统一的、多民族的国家。在统一时期，虽然有的民族地区为当时的中央政府管辖所不及，有的民族还在局部地区内建立过地方割据政权，在一个时期内，甚至出现过少数民族建立的王朝与汉族王朝对峙的局面，但是，和民族统一的局面（不论在这种统一局面中居主导地位的是汉族或少数民族）相比较，是短暂的。

历史上在中国传统疆域范围内而又有时为中央政府管辖不及的少数民族当时是不是中国人？少数民族在全国范围或某一地区建立的政权是不是当时中国的中央政权或地区性政权？对这些问题的回答，无疑问应当是肯定的。我国历史上出现的上述情况，恰好说明中华民族是一个不可分割的整体，我国的历史，是由我国各族人民在斗争中共同创造的。

一

首先，我们必须正确理解"中国"这一名称的含义。

在我国古代文献中，"国"的含义极为广泛。有时泛指某一城市；有时专指都城；有时指某个方位或区域。最普通的用法，则指的是王朝或诸侯领地。总之，"国"的含义与现代国际关系中主权国家的含义是根本不同的。至于"中国"一词，也有特定的用法。在殷周时代，有时仅指王京与王畿，但殷周统治的范围内还有许多华夏诸侯和"蛮夷戎狄"。如《诗经·商颂·殷武》就有"昔有成汤，自彼氐羌，莫敢不来享，莫敢不来王，曰商是常"的记载。到西周时期，华夏诸侯范围扩大了，华夏以外各氏族、部落与华夏的交往也更密切，殷周王庭，设有管理华夏以外各族朝贡的部门；诸侯国也不断扩大与其他各族的交往。以东北为例，周封召公于燕，现代考古学证明，燕国早期势力范围即已到达今辽宁境内；到战国时，燕还在辽河流域设立辽东、辽西两郡。东北的肃慎，早在西周初即参加王庭朝会并贡献"楛矢石砮"，说明与西周发生政治隶附关系的华夏以外各族，在东北已达到今松花江流域以北。总之，当时"中国"仅指殷周统治中心地区而言，但其疆域范围则广泛得多。

到春秋时代，"中国"一般泛指华夏诸侯，即所谓诸夏。但各族与诸夏杂居，彼此间的经济文化交流较之西周更为密切广泛了。

说到这里，有必要把儒家"内诸夏而外夷狄"的本义解释一下。有一些人望文生义，以为是把"夷狄"当"外国人"，这是误解。《春秋公羊传》学派阐明孔子"笔削"的原则有两条：一是记载详略的原则，即对周天子和鲁记载详而诸夏较为疏略，夷狄则更加简略；一是亲疏贬褒的原则，即亲尊周天子与鲁公而次及诸夏，亲尊诸夏而贬疏夷狄，并非把"夷狄"当外国人。《公羊传》说："《春秋》内其国而外诸夏，内诸夏而外夷狄。王者欲一乎天下，曷为以内外之辞言之？言自近者始也。"① 据经文，这里的国指鲁国，诸夏指晋、齐、宋、卫等国，而夷狄指的是吴国，都是指的中国。所谓内外，只有亲疏远近的意义，不是指中国和外国。传文说："王者欲一乎天下"，可见，《春秋》大一统是包括夷狄在内的。

在战国时代，随着统一条件的成熟，这时从思想意识形态到

---

① 《春秋公羊传》成公十五年十一月。

地理概念都已打破诸侯疆界,形成包括少数民族在内的全国大一统观念。当时秦不再被卑视为"西戎霸主";楚不再被鄙弃为蛮夷之邦,赵武灵王更带头"胡服骑射"。七国各自统一一方,打下了全国统一的基础,秦始皇才得以一举统一全国。在这统一过程中,当时的少数民族也作出了可贵的贡献。所以,秦统一以后,中国即已成为全国各族人民共同的祖国。此后二千余年间,在我国辽阔的土地上建立过许多王朝,虽然国号都不带"中国"二字,但不管统治者是哪个民族,都认定自己是中国合法的统治者。对于三国鼎立、南北对峙、许多政权割据混战,中国各族人民都认为这不是正常状态,统一才是共同愿望。因而统一是中国历史发展的主流与总趋势。另一方面,不管封建王朝如何更迭,也不管是哪一个民族建立的王朝,中国始终作为多民族国家存在于世界,并且始终是世界最大国家之一。直到最后一个封建王朝面临资本主义列强侵略的时候,中国的疆域是明确的,它是对中国传统疆域的直接继承。清圣祖玄烨在一首诗中说,"卜世周垂历,开基汉启疆",[①] 就是说他的祖宗继承了汉朝早已开拓的中国传统疆域。

也正因为中国是全国各族人民共同的祖国,所以,凡外国入侵,中国各族人民都能合力奋起抗击。在古代史上明代抗倭战争、郑成功收复台湾的战争以及清初抗击沙俄殖民者侵入黑龙江流域的战争,都是极为深刻的例证。近代资本主义侵略我国,中国各族人民更表现了团结战斗,一致反抗外国侵略的英勇顽强的斗争精神。尽管帝国主义在我国少数民族地区策划过无数次分裂阴谋,结果都以可耻失败告终,我国各族人民在极为困难的条件下,还是英勇地保卫了祖国的边疆,保持了祖国的完整与统一。这一切都雄辩地说明,中国疆域和中华民族,是一个不可分割的

---

① 《康熙御制文》一集,卷36。

整体。

孙中山先生领导的辛亥革命建号中华民国,宗旨是实行五族共和;中国共产党领导的新民主主义革命胜利的结果,建立了我们伟大的社会主义祖国:中华人民共和国。伟大领袖毛主席指出:"今天的中国是历史的中国的一个发展。"① 历史的中国是一个逐渐形成发展巩固的统一多民族国家。自从有了中国共产党这样一个坚强的领导核心,中华民族才真正团结一致推翻了"三座大山",实现了祖国空前的统一和国内各民族坚如磐石般的团结。

这样一个自古至今始终没有被割断的历史发展过程,是我们在历史研究与历史教学中必须认真加以阐明的。

二

其次,我国历史上由少数民族建立的王朝和地区性政权,都是当时中国的中央政权或地区割据政权,南北对峙时期则是并列的封建王朝。

我国上古时代,华夏形成过程中,本来就包括了许多不同的氏族、部落。比如商是"东夷"建立的;周与羌人的关系特别密切。华夏形成后,也有不少其他部落、部族以及它们建立的政权不断华夏化。其中突出的如楚、秦。最近在河北平山县出土的战国中山国墓葬也是一个非常生动的例子。中山是白狄建立的,其先为游牧部落,可是现在展现在我们面前的中山国出土文物,是发展程度很高的华夏文化。

古时候,从地域上讲,"四裔"是与中原相对称的概念。汉代扬雄《方言》说:"裔,彝狄之总名。"晋代郭璞注:"边地为

---

① 《中国共产党在民族战争中的地位》。《毛泽东选集》横排合订本,第499页。

裔，亦四彝通以为号也。"① 即以中原为中国主干，"四裔"为中国边疆。在边疆各族中，秦汉之际北部草原上兴起一个强大的匈奴政权；以后又不断出现过"五胡十六国"、北魏、北齐、北周；唐代东北有渤海，云南有南诏，西藏有吐蕃；五代中后唐、后晋、后汉都是沙陀人建立的；其他如辽、金、西夏、大理、元、清等等，都是由当时中国少数民族建立的封建王朝或地区性政权。它们的历史都是中国古代史的一部分。这是因为所有上述建立过王朝或地区性政权的民族，在建号以前一般都已经是统一多民族中国的一员。

以辽朝为例，契丹的名称最早出现于北魏，当时分为八部在潢水流域游牧，八部分别向北魏朝贡，"皆得交市于和龙（北魏营州，今辽宁省朝阳市）、密云之间。"② 至唐太宗时在契丹地区设立松漠都督府，其八部分为九州，加上早先称臣的玄州共分十州，"以窟哥为使持节十州诸军事、松漠都督，封无极男，赐姓李"。其他各州也以契丹首领为刺史"俱隶松漠府"③。唐玄宗时平定"安史之乱"的名将李光弼的父亲李楷洛，就是"契丹酋长"④。到唐末，耶律阿保机利用五代纷扰的时机自称皇帝，得以统一北部草原，往东北消灭勃海国，并把辖区一直推向黑龙江流域。其子德光又利用石敬瑭的野心据有华北平原北部，改国号为辽。北宋消灭南汉、北汉以后，与辽成为中国境内南北对峙的两个封建王朝。当时辽与宋就互称南朝、北朝。

其他少数民族建立的王朝与辽相类，无需一一赘述了。至于渤海、南诏、西夏、大理等，都是在秦汉以来历代王朝疆域内的

---

① 《方言笺疏》卷十二。
② 《魏书·契丹传》。中华书局标点本（以下简称标点本），第2223页。
③ 《新唐书·北狄传附契丹传》。标点本，第6168页。
④ 《新唐书·李光弼传》。标点本，第4583页。

中国少数民族所建立的地区性政权,大多是利用中央政府敕封的爵位与官号扩充实力,割据一方,即令在割据时期,虽有时和中央政府发生战争,一般仍接受敕封,保持一定的政治隶属关系,并且最终归于全国统一。

还要看到,所有建立地方割据政权的各族统治者,都以统一全国为己任。例如,在东晋十六国时期,后赵石勒,是曾沦为奴隶的羯族小酋长,建立后赵之后,一度几乎统一中国北部,自称"中国皇帝",反过来倒把东晋"司马家儿"称为"南蛮"。他"尝使人读《汉书》,闻郦食其劝立六国后,大惊曰:'此法当失,何得遂成天下!'至留侯谏,乃曰:'赖有此耳。'"① 他的所谓"遂成天下",就是意味着统一全国。东晋十六国时期是一个分裂局面,但是全国各族人民是厌恶分裂、盼望统一的。反映在当时的学术著作中,如北魏郦道元撰述《水经注》,并不限于北魏境内而是注记全国各水系,阚骃是沮渠蒙逊手下的一个小官,北凉偏处西北一隅,但他著《十三州志》记载着汉代十三州地理及以后的沿革变迁。这些地理著作反映中国各族人民即使在经过数百年分裂时期仍坚决认为中国是一个统一的整体。所以隋唐形成前古未有的统一,反映了全国各族人民的愿望。

可贵的是,虽然中央王朝管辖不到,少数民族建立的地区性政权,也自认是中国的政权。比如兴起于10世纪下半期至13世纪初为西辽所灭的黑韩王朝,其统治范围包括我国新疆和中亚一些地区,当时宋、辽都未曾管辖这个汗国。然而现在遗留下来的史料与历史文书,却"不仅表明黑韩诸汗当时在自认为是'中国之君'","而且远在巴格达的哈里发在颁赐封号时,也认为黑韩汗为'东方与中国之君'"。可见当时黑韩汗国虽皈依了伊斯兰

---

① 《晋书·载记第五》。标点本,第2741页。

教，但他们作为中国人是不变的①。黑韩汗国学者、我国新疆人马合木·喀什噶里编纂了《突厥语辞汇》，他在"桃花石"条释义中把中国分为三部：上秦为中国东部，即宋朝；中秦为契丹；下秦为中国西部，即黑韩汗国统治下的喀什噶尔。尤其值得注意的是："参照其他穆斯林文献，我们还可以看到，马合木·喀什噶里关于整个中国的概念实际上也反映了当时中亚地区人们的普遍认识。"②这是中国早已成为中国各族人民共同祖国的有力证明。

少数民族建立的王朝不仅没有割断中国封建社会经济、政治、文化的发展，而且作了可贵的贡献。比如边疆民族的进一步封建化；边疆地区进一步直接归中央王朝行政管辖；促进国内各民族杂居、交往和民族融合等方面，贡献是显而易见的。在中国古代史上由中央直接管辖的版图最大的王朝，恰恰是元朝与清朝。即使在少数民族建立的中央政权统治时期，中国的传统文化并未被排斥，因为汉族先进的生产方式和精神文明在当时都起主导作用，并促进了边疆地区的封建化。另一方面还要看到少数民族建立的王朝也有它的特殊贡献，比如在唐初起过积极作用的"均田制"与"府兵制"，就肇始于北魏和西魏；元朝固定下来的"行省"制度，至今还沿用。其他如衣、食、住、行和中外文化交流等方面的贡献，在此不加赘述了。

过去不少史书把少数民族建立的王朝和地区政权描写成中国历史上的破坏因素，主要是大汉族主义偏见造成的。当然，民族压迫是不可否认的事实，当时汉族和各族人民反抗野蛮的掠夺与压迫的斗争无疑是正义的，但民族压迫不是某个民族的特有现

---

① 张广达：《关于马合木·喀什噶里的〈突厥语词汇〉与见于此书的圆形地图》。《中央民族学院学报》1978年第2期，第42页。

② 张广达：《关于马合木·喀什噶里的〈突厥语词汇〉与见于此书的圆形地图》。《中央民族学院学报》1978年第2期，第41页。

象，这是剥削制度的产物，实质上是阶级压迫，汉族王朝也不例外。对所有这些民族歧视与民族压迫制度，我们都应加以批判，以肃清由此而遗留下来的民族隔阂与偏见。

应该指出，中国史从来都不把少数民族建立的王朝当作中国历史以外的一部分。无论是史学评论家的著作，还是以后形成的"二十四史"，都不曾排斥少数民族建立的王朝。虽然古代史学家站在封建"正统"观立场上，把一些割据政权称为"僭伪"，但并不把这些政权排斥在中国历史之外。值得一提的是，《旧五代史》误把契丹、党项等立为《外国传》，欧阳修《新五代史》纠正前误作《四夷附录》；至于《宋史》把西夏写入《外国传》，这是站在宋王朝立场上，把与之对立的政权视为"外国"。我们今天研究历史，坚定地认为中国历史，是中国各族人民共同缔造的历史，承认各族人民是历史的主人翁，当然要把中国各民族的历史当作一个整体，而不是站在某个王朝"家天下"的立场上看问题，是应该一视同仁地把少数民族建立的王朝和政权都放在统一多民族中国历史发展过程中一个部分来研究，并且用历史唯物主义的观点，正确评价其功过的。

最后还要看到，中世纪时，我国的一些兄弟民族，以至外国的一些民族把中国称为"桃花石"，盖即指北魏代表中国。至今还有些国家和民族，称中国为契丹，即以辽朝代表中国，可见中国历史上少数民族建立的都是中国的王朝，不仅为中国史学传统所承认，也为当时世界所公认，并且一直影响到今天某些国外民族的地理概念。

三

正确阐述中国自古是多民族国家，还必须把中国古代国内民族之间的矛盾与战争同近现代反对帝国主义的斗争明确地区别开来。"侵略"一词为中国古代所无,是近现代资产阶级民族国家兴起与民族殖民地问题产生以后才出现的一个概念,在叙述我国国内民族战争时不应使用这一概念。

马克思提到中国,称为"中国",或称"古老的中国"、"世界上最古老的帝国";对清朝称为中国"现存政权"或"中华帝国",对满族则称为"当今中国统治民族"。可见马克思也是把满族建立的清朝当作"世界上最古老的帝国"历史的直接延续,而满族是中国各民族中的一员,所不同的仅仅是处于统治地位。我国历史上由少数民族建立的北魏、辽、金、元等王朝,与清朝是一样的。

在分析资本帝国主义侵略中国与中国革命运动时,马克思、列宁都是把中华民族当作一个整体,而且肯定中华民族与资本帝国主义的矛盾是中国近代社会的主要矛盾。

马克思是把中国国内民族矛盾与中华民族和西方列强的矛盾严格加以区分的。他愤怒地谴责列强对中国的侵略,认为这些侵略是引起太平天国革命的根本原因。他盛赞太平天国运动是"一个强大的革命",指出:"不管引起这些起义的社会原因是什么,也不管这些原因是通过宗教的、王朝的还是民族的形式表现出来,推动了这次大爆炸的毫无疑问是英国的大炮。"[①] 同时,马克思也批评了太平天国只提出"反满"的口号,"除了改朝换代以外,他们没有给自己提出任何任务"[②]。自然首先是指的未能提出解决引起革命的根本矛盾的任务,即反对西方列强侵略的明

---

① 马克思:《中国革命和欧洲革命》。《马克思恩格斯选集》四卷本,人民出版社1972年版,第2卷,第1—2页。
② 马克思:《中国记事》。《马克思恩格斯全集》人民出版社1963年版,第15卷,第545页。

确口号。

列宁在辛亥革命爆发不久,以极大的热忱称赞:"孙中山纲领的每一行都渗透了战斗的、真诚的民主主义。它充分认识到'种族'革命的不足。"① 在列宁看来中华民族的解放首先必须反对帝国主义的殖民统治和推翻专制制度解决土地问题,而反对清朝应首先是把它当作推翻帝国主义在中国进行殖民统治的支柱来对待,必须是当作推翻帝国主义统治与实行民主共和的斗争目标。孙中山先生在辛亥革命的准备和进行过程中,逐渐抛弃单纯反满的"种族革命"而提出了推翻专制、实行"五族共和"以及"平均地权"等纲领,所以列宁才如此热忱地称许孙中山先生"充分认识了'种族'革命的不足"。可见,列宁和马克思一样是把中华民族与帝国主义的矛盾同中国国内民族矛盾严格加以区别的。

伟大领袖毛主席,运用马克思列宁主义的立场、观点、方法,对中国的历史进行了系统而深入的剖析,他指出:"我们中国是世界上最大国家之一。……从很早的古代起,我们中华民族的祖先就劳动、生息、繁殖在这块广大的土地之上。"除汉族外,我国还有"数十种少数民族,虽然文化发展的程度不同,但是都已有长久的历史。中国是一个由多数民族结合而成的拥有广大人口的国家"②。

关于中华民族的整体性,毛主席指出:"中华民族的各族人民都反对外来民族的压迫,都要用反抗的手段解除这种压迫。"③辛亥革命"中国人所以要革清朝的命,是因为清朝是帝国主义的

---

① 列宁:《中国的民主主义和民粹主义》。《列宁选集》四卷本,人民出版社1972年第二版,第2卷,第424页。
② 《中国革命和中国共产党》。《毛泽东选集》横排合订本,第584—585页。
③ 《中国革命和中国共产党》。《毛泽东选集》横排合订本,第586页。

走狗"①。

毛主席对少数民族对祖国历史的贡献,是予以充分肯定的。指出:"少数民族在政治上、经济上、国防上,都对整个国家、整个中华民族有很大的帮助。"②又说:"各个少数民族对中国的历史都作过贡献。汉族人口多,也是长时期内许多民族混血形成的。"③

总而言之,马克思主义、列宁主义、毛泽东思想的创始人,对中国历史、中国疆域、中华民族整体性的论述是一脉相承的,是从中国历史固有的特点中引述出来的科学结论,是颠扑不破的真理。毫无疑问,这些科学论证,为研究我国各民族共同创造的伟大祖国的历史树立了光辉榜样,也提供了具体的指导思想。

(原载《历史教学》1979年第2期)

---

① 《唯心历史观的破产》。《毛泽东选集》横排合订本,第1402页。
② 《在中国共产党全国代表会议上的讲话》。《毛泽东选集》第五卷横排本,第154页。
③ 《论十大关系》。同上,第278页。

关于中国民族关系史的几个问题

涉及中国各民族间关系，特别是中原王朝与边疆各民族的关系问题的研究，是中国历史学一个渊源已久的课题。当前，中国民族关系史的研究以它崭新的面目出现在史学之林，在一些高等院校已开设中国民族关系史的若干专题课程，有的还以此为专业招收了研究生。这就需要回答：中国民族关系史的学科性质、研究对象、任务与效益，以及建设中国民族关系史专业的条件等方面与别的专业有何区别和联系？它应否和能否建设成为一个新的专业？

一、关于中国民族关系史的性质与对象

中国民族关系史，不是独立的学科，是中国史与中国民族史在建国以来得到新发展所派生出来的一个分支，或者说所分化出来的一个新的专业。

中国史学，源远流长。从总体上说，建国以前中国史是以中原王朝为主体的政治史，其中虽有涉及四裔史，也都是与中原王朝的政治相关。建国以来，史学界以马克思主义的立场、观点为指导，无论是中国通史还是各断代史的研究与教学，都力求以民族平等的原则，尽可能反映各少数民族的史绩及各民族对中国历史所作的贡献。中国的历史，是中国各民族共同创造的；不包括中国少数民族的史绩与历史贡献，中国的历史是不完整的，因而也不完全是科学的，这些基本观点，已成为中国史学界一致的认

识。尽管在一些具体的历史问题与理论问题上还存在分歧意见，但上述基本认识的一致，不能不说是中国史在解放后一个重要的发展。基于此，不仅在范文澜、郭沫若、翦伯赞等马克思主义史学家主编的中国通史著作中，而且在其他一些断代史、专门史及中国通史的著作中，各少数民族的历史都尽可能有所反映。河南师大、华中师大、东北师大等十所师范院校历史系合编的中国通史教材，为了较为全面与正确反映各民族历史，于1984年冬在华南师大召开全国性的民族关系史讨论会，而一些断代史以及专门史的学术讨论会，也多次安排涉及民族关系问题的学术讨论。这些情况都说明，中国史的发展向中国民族关系史提出了学科任务并创造了派生新专业的条件。

中国民族史自梁启超以来，即开始以一种新史学的学科萌芽出现在学术舞台上。梁任公在《历史上中国民族之观察》中指出："今之中华民族，即普通俗称所谓汉族者"，"自始本非一族，实由多数民族混合而成"。除了以"中华民族"称汉族之外，他还用"中国民族"的概念来包举历史上中国各民族。以后王桐龄、吕思勉、林惠祥等教授，相继以《中国民族史》为题出版专门著作。这些前辈的论著，与当前中国民族史的史观与发展水平相比较，自然有明显的时代差别，毕竟是中国民族史学科领域的早期著作，今日仍不失其借鉴作用。

建国前虽已有少数进步史学家对中国若干少数民族或地区民族史进行了较深入的研究，但从总体上看，中国民族史建立在马克思主义理论基础上的大发展是建国后的事。建国后中国民族史完全脱离了旧史学中边裔、边政、边患的窠臼。以族体的起源、形成、发展以及该民族与其他民族互相关系等为研究对象，总之不是以王朝的边疆民族问题为研究主体，而是以民族形成发展为研究主体。在中国，自古是多民族国家，并逐渐形成为统一的多民族国家；民族间关系的发展，其中特别是涉及全国范围、地区范围内多民族间的关系，需要有一个分支进行深入的、综合的专门研究。因此中国民族史的发展，也向中国民族关系史提出了学科任务并创造了派生新专业的条件。

由此可见，中国民族关系史的研究对象，必然地与中国史及中国民族史既有联系又相区别。如果没有联系，它就不是由上述两学科派生的分支；如果没有区别，它也就没有自己的研究对象，就没有必要成为一个新专业。

通常所说的中国史研究，是指中国通史与各断代史研究，均注重以涉及全局的制度、史事、人物、文化以及总的发展规律的探讨。旧史学中"边事"、"边政"、"边裔"，着眼于王朝如何统治边疆以及各民族统治阶级的政治关系，其中特别是战争，即"边患"与"边功"。这种史观，不是把中国各民族当作中国历史的创造性因素，而是当作一种消极的力量加以研究，是为封建统治阶级对边疆统治而服务的。现在中国史注重民族史的内容，但对中国各个历史时期有哪些民族，这些民族自身怎样形成发展；他们之间以什么形式与内容构成与发展互相关系；对中国统一多民族国家的形成与发展，各民族起了什么作用以及通过什么形式与内容起作用；民族分布与迁徙，各民族交错杂处分布特点的形成与发展；各个时期民族问题的内容、特点、解决民族问题的民族观、政策及推行的得失、后果；各民族间经济、文化等方面的发展与影响；民族间的同化、融合等等，在中国通史与断代史中不可能得到比较深入的、综合的、前后贯通的研究与反映。这些便是中国民族关系史要研究的对象。它既是中国史的一个组成部分，又区别于一般的中国通史与各断代史研究。

通常所说的民族史，包括中国民族史与地区民族史是必然要涉及民族间互相关系的，即使是族别史，也必须研究民族间关系对该民族的影响，因此中国民族史与中国民族关系史的研究对象的联系更为密切。但民族史，正如上述，是以族体的起源形成与发展以及它在地区史、中国史中的地位与影响为主要研究对象；各民族互相关系的发展，包括全国范围的、地区范围的、断代的、贯通古今的发展过程与规律性的探讨，不是族别史所能解决，也不是族别史的研究对象，这些就需要民族关系史来研究。

二、关于中国民族关系史的任务与效益

社会的需要与学科发展的需要以及满足这种需要的功能，决定着专业与学科的命运。生造"学科"与专业"，注定会自生自灭，而适应社会与学科发展所产生出来的新学科与专业，尽管开始时并不成熟，但终究会在学术之林标新建帜。

马克思告诉我们："对人类生活形式的思索，从而对它的科学分析，总是采取同实际发展相反的道路。这种思索是从事后开始的，就是说，是从发展过程的完成的结果开始的。"①

中国历史发展的几个非常重要的特有现象和结果，是值得进行深入探讨的，从中总结出规律性认识，不仅是中国史成为科学的需要，也是对人类历史发展进行科学探讨的重要组成部分。

世界上，曾出现过许多大帝国，大都随着军事统治衰落而崩溃，并且再也没有恢复往日的统一。唯有中国，在夏商周就是有许多族称包括在其中的国家；春秋、战国，华夏形成稳定的族体，与周边各族形成"华夷"对称但包括"四夷"在内天下统一的政治学说与地理学说，并酝酿成华夷统一的历史趋势；秦始皇统一中国，实际上是华夷统一的帝国。自秦汉至元明清进入统一多民族中国的古代发展过程的完成阶段，清朝在乾隆年间已经把全国都置于中央直接管辖之下，标志着统一多民族中国的确立与

---

① 《马克思恩格斯全集》23卷92页。

其发展过程的完成。在这个发展过程中，有过民族间的战争与民族压迫，但各民族长期在统一国家中共处，在政治、经济、文化以至血统上互相渗透与影响，在这个过程中，汉族（包括其前身华夏）起了主体民族的作用，其他各民族也都作出了自己的贡献。西方人来到中国这个统一的多民族封建专制国家，便称之为"中华帝国"，而马克思、恩格斯称之为"世界上最古老的帝国"。原因就是这个帝国的数千年历史，虽有过分裂，但在每一次分裂之后，都达于更高度的统一。在清代已确立的统一多民族国家表明，中国与其他出现在世界古代与中世纪的大帝国单纯依靠军事征服与军事统治维系其短暂统一不同，是建立在特定的地理条件与深远的历史与文化传统之中，因而越来越巩固地发展为统一的多民族国家。

公元1840年至1949年，帝国主义列强侵略中国，企图瓜分中国，首先是企图把中国的民族地区分裂出去。他们策划了许多阴谋，制造了形形色色的"理论"与篡改历史。百年间，尽管中国的政治腐败、政府软弱无能、经济文化落后，而且民族间存在着民族压迫制度所造成的隔阂，但各民族人民还是奋起共同反抗外国的侵略，保卫了祖国的统一与领土基本完整。自1921年中国共产党诞生，逐渐以其正确的路线与政策及先锋作用，成为中华民族团结的核心，逐步使中华民族团结一体，推翻了三座大山，缔造了新中国，并且已经走上了社会主义四个现代化的道路。在古代已经确立的统一多民族中国，近百年又经受着极为严峻的考验。统一多民族中国形成的发端，中经南北朝、辽宋金两度由大分裂发展为南北两王朝对峙，最终又走向统一，从而证明祖国的统一，中华民族的大团结，是中国各族人民根本的愿望与根本利益所在，也是社会主义四个现代化事业能否实现的根本保证之一。

那么，中国的古代、近代与当代民族关系发展的过程及其特点，三个不同历史时代民族问题、民族关系的本质区别与历史联系何在？民族关系对统一多民族中国的形成与确立，起了什么作用？为什么唯有中国始终是多民族国家并终于确立为统一的多民族国家？这些问题分别在中国通史、各断代史、中国民族史与民族关系史中作了一些探讨，有些问题已取得初步成果。但从完整的科学体系与深刻的研究来要求，已进行的工作仅仅可以视为开端。中国民族关系史对上述这些问题的进一步阐明，负有长期的艰苦的科学使命。

传统的说法认为世界有四大文明古国。英国格林·丹尼尔教授（Glyn Daniel）于1968年出版的《最初的文明：关于文明的起源与考古研究》一书中认为"全世界最古老的独立发展的是六大文明：埃及、两河流域、印度、中国、墨西哥（包括奥尔密克文化和玛雅文化）和秘鲁"。[①] 值得注意的是，上述六大最古老的文明中心，大多在其几千年历史发展过程中割断了其最古老的文化传统，唯有中国，从文明开端到现在，文化传统从未被割断。几千年中，中国南、北、东、西各民族的文化不断汇集中原，使中华古代文明不断更新发展，其中也包括吸收消化从南亚、中亚、西亚以至欧洲输入的文化，但中华文明的传统从未被割断。各民族的优秀文化汇成中华文明的主流，同时各民族又吸收中原文化并发扬本民族文化的特点，显示出中国多民族多元文化发展的丰富色彩。现在，中华民族面临现代化，如何保持和发扬中华文明的传统，又实现中华文明的现代化；如何发展中华现代文明又使中华各民族在现代化过程中发展更为丰富的多元文化，这是学术界已引起广泛关心的问题。中国古代文化的主流与多元文化的汇聚现象，已在一些学者中引起深厚的研究兴趣，有些方面已取得令人高兴的成果。这种研究，无疑会为中国民族关系史提供

---

① 参见夏鼐：《中国文明的起源》，文物出版社1985年版81页。

有益的学术营养，也是中国民族关系史必须注意的重要课题。

中国古代民族压迫制度，是专制君主制度的重要组成部分。在这种制度下共同生活在统一的大帝国，一方面各民族交错杂处，互相接近，互相渗透，以至互相同化，促进了各民族政治、经济、文化的发展，另一方面，民族间在政治上经济上存在压迫与剥削，民族间积成深刻的隔阂和歧视。这种矛盾发展也是很值得深入研究的。到目前为止，学术界许多人在艰苦搜索其内在的奥秘，但迄未见到探龙穴而得真珠的科学成果，相信经过中国史、中国民族史、中国民族关系史等多专业共同努力，终会有令人耳目一新的成果问世。另一方面，如果说中国古代民族关系还作了若干较深入的研究，中国近代反帝反封建革命斗争中各民族在存在着歧视隔阂与民族压迫的历史条件下又如何逐步结成一体，共同缔造了新中国的民族关系发展过程，还缺乏比较深入和系统的研究，在民族史与民族关系史的研究中，中国近代部分缺乏研究，显示出这是学科发展中应尽快加以充实的薄弱环节。中华民族，这个世界上最大的民族集合体，虽然经历古代漫长的发展过程，而由自在之物变为自觉之物，中华各民族自觉其根本与长远利益的整体不可分割性，则是通过近百年反帝斗争，其中尤其是新民主主义时期的革命斗争才达到的民族觉悟。至于当代社会主义民族关系的形成与发展，其研究成果则显得更加薄弱，这些都是民族关系史应力求追赶实际需要的研究任务。

综上所述，中国民族关系史的中心课题与任务，是通过各民族政治、经济、文化等多方面关系的探讨，阐明中国如此众多的民族、如此广阔的疆域、经历如此漫长年代，怎样结合并形成和发展为统一的多民族国家。在统一国家中，各民族社会发展极不平衡，文化多元发展，如何能在数千年中越来越发展其共同的利益，形成不可分割的民族集合体，并迈向社会主义现代化的美好未来。如果中国民族关系史，确实不负自己的使命，出现一批比较成熟的成果,那么,它将为消除历史上遗留下来的民族偏见与隔阂,为提高加强民族团结的自觉性与建设现代化的自信心提供一个重要方面的科学历史知识,同时对中国史、中国民族史学科体系的发展,也将作出积极的贡献。另一方面,对占人类差不多四分之一人口的民族大家庭各民族关系发展史的科学叙述与总结,也无疑对世界上其他许许多多民族国家有参考价值,并构成对世界历史科学发展的一个有价值的组成部分。

三、中国民族关系史研究的现况与展望

建国后,直至1981年在北京召开中国民族关系史学术座谈会以前,发表了涉及中国历史上民族关系问题的论文324篇;此次会议以后,1984年在广州又召开全国性民族关系史学术讨论会,其他涉及民族关系史的学术讨论会更多,先后提供与发表的论文,总数超过了建国以后至1981年所发表的数量。1982年由国家民族事务委员会政策研究室选编的《中国民族关系史论文集》反映了解放以后到1981年中国民族关系史研究的主要成果(民族出版社1982年版)。1984年社会科学出版社又出版了翁独健教授主编的《中国民族关系史研究》,反映了1981年民族关系史学术座谈会的成果;而广州会议的论文集,目前正在福建人民出版社出版中。建国后至1981年以前,以至延伸到现在,虽也出版了关于北朝胡姓汉化、汉与西域关系、汉与匈奴的战争等几部专门著作,总体上说,是对中国民族关系发展的特点与趋势,中国的历史疆域与民族,民族间政治、经济、文化联系,中国历史上民族关系的主流与支流,少数民族对祖国的贡献,民族间的和亲,民族战争与民族英雄,民族同化与民族融合等方面的理论问题和某些具体问题进行讨论与研究。这些讨论,对许多重大理

论问题逐步统一了认识，或明确了分歧所在，是中国民族关系史作为一个新专业出现必需的酝酿过程。

现在的发展趋势，是进行贯通古今的、断代的、地区的、民族间的关系史的综合性或说体系较完整的研究，比较空泛的理论研究将逐步消失。这种发展趋势的条件已经成熟，如果不及时适应其需要而把中国民族关系史的研究与教学推进一步，将会落后于形势的发展。

第一，通过建国以来三十多年的讨论，不仅在认识上有很大提高，也造就了一批对中国民族关系史研究有一定基础的教学与研究人员，他们或者在从事《中国民族关系史纲要》（翁独健教授主编，中国社会科学院民族研究所《中国民族关系史纲要》写作组编撰）、《北方民族关系史》（内蒙古社会科学院历史所等单位组织人员编撰）、《西北民族关系史》（由西北大学西北史地研究室等单位组织人员编撰）、《东北民族关系史》（由吉林社会科学院历史所等单位组织人员编撰）等等专著的编撰；或者在高等学校开设课程，如国家民委政策研究室刘先照同志在北京师范大学历史系等处讲授《中国民族关系史专题讲座》，以及中央民族学院历史系、中南民族学院历史系、民族研究所等处都曾开设中国民族关系史的有关课程；有的招收了研究生，如张正明教授在湖北社会科学院招收了研究生讲授《中国民族关系史》，云南大学江应樑教授招收西南民族关系史研究生；中央民族学院与中南民族学院也都以民族关系史为专业招收研究生。北京大学张广达教授给研究生讲授唐代西域文化汇聚等方面专题课程并进行了深入研究，云南大学尤中教授讲授西南民族史并以此为专业招收研究生，西北大学招收西北民族史研究生，兰州大学、新疆大学、内蒙古大学许多民族史专业的研究生，都开设了民族关系史方面的专题课程，等等。有的还就民族间关系史开设课程，如中央民族学院民族学系王辅仁教授开设《蒙藏关系史》并形成专著等。

其他还有许多院校和研究机构的学者们或者在中国断代史、或者在地区史的教学与研究生培养中都注重民族史与民族关系史的课程建设，如南京大学历史系及其元史研究室，武汉大学历史系及其魏晋南北朝隋唐史研究室等等，都是这方面的显著例证。

第二，多学科综合研究，是当代科学发展的趋势，像中国民族关系史这种涉及多边学科的新专业尤其是如此。考古学的发展，各民族文字，其中包括一些已成死文字的文献的发掘与翻译训释，为中国民族关系史提供了丰富的资料，而且这方面的工作正在迅速推进；汉文典籍当然是最基本的文献资料来源，也进行了若干专题性资料的发掘与整理。而中国通史、各断代史、中国民族史（族别的、地区的）及其他专门史（如经济史、文化史、艺术史等）的成果，也会越来越为中国民族关系史的研究提供更多的科学上的营养。国外关于中国民族史及有关专业史的研究，也引起了国内的注意，其中当然有不少值得借鉴的成果，有些则为我们提出了必须予以科学回答的问题。博采多学科的成果进行综合研究，是中国民族关系史发展的重要条件。

最重要的当然是马克思主义民族观与党的民族政策的实施，各民族平等团结代替了历史上的民族压迫与对立，从而有了研究中国民族关系史的正确指导思想与政治前提。

我们相信，中国民族关系史教学与研究的队伍会不断壮大，随着队伍的壮大，中国民族关系史的研究，将会在贯通古今、各断代、地区的、民族间的各个领域中以及政治、经济、文化、相关人物研究等专门史中，得到全面开展，基础性的资料积累与理论建设，也将会同样受到重视。汇集一大批经过深刻研究的成果，那么各民族的历史就会像它们客观发展的实际那样，是内在地紧密地联系着。是中国各民族历史创造出来的合力，推动了中国统一的发展和文明的进步，这个数千年客观地演进着的历史实际，迄今未能得到体系完整的阐明；中国史、中国民族史还未能完全摆脱把各民族的历史分别堆聚在一起而看不出它们之必然联系的状况,因而看不出各民族历史凝聚成推动中国历史发展的合力所在。完全把这种极深刻的奥秘与客观规律揭示出来,还需要多学科共同努力,而中国民族关系史的发展,在完成这一科学使命的过程中,一定会作出积极的贡献。

(原载《中央民族学院学报》1987年第1期)

夏商时期的氐羌

中国西部地带的羌，古为泛称。商代的羌实指商以西西部所有各部；周出于商人眼中的羌，且与羌姓世为婚姻，讳言羌，故称西部与之为敌者为戎，周金文及古文献可以证明这个判断；秦以后又恢复氐羌的称号，所指与商代大有区别；今之羌族，与古羌人有很深渊源联系，但不能划等号，将古羌人作为族群则可，作为一个民族则不可，此为中国民族史所不可不加以辨别的，这里试作叙述如下。

一、氐羌的起源

氐羌与炎帝、黄帝有密切的渊源联系。《国语·晋语》记述，炎、黄二帝为兄弟，是少典氏（父）与有蟜氏（母）所生，黄帝得姓姬，炎帝得姓羌。《左传》哀公九年说："炎帝火师，姜姓其后也。"在甲骨文字中，羌从羊从人，姜从羊从女，两字相通，表示族类与地望用羌，表示女性与姓用姜。民国初年以来，章太炎在《检论·序种姓》[①] 中已指出："羌者，姜也"；后来傅斯年在《姜原》[②] 中进一步论证："地望从人为羌字，女子从女为姜字"；顾颉刚在《九州之戎与戎禹》[③] 中更指明："姜之与羌，其

---

① 见《章太炎全集》第3册，上海人民出版社，1984年版。
② 见《国立中央研究院历史语言研究所集刊》第2本。
③ 见《古史辩》第7册。

字出于同源,盖彼族以羊为图腾,故在姓为姜,在种为羌。"

姜姓各部落,奉伯夷、四岳为祖神。《国语·周语》说"(上帝)祚四岳国,命以侯伯,赐姓曰姜",其后有申、吕、齐、许等国;《郑语》又说:"姜,伯夷之后也。"四岳又称太岳,《左传》隐公十一年说:"夫许,大岳之胤也";庄公二十二年又说:"姜,太岳之后也。"四岳,在《山海经》中写作西岳,形近致误。杨宽在《中国上古史导论》[①]中断言:"伯夷之称四岳与太岳者,盖又因伯夷本为西羌及姜姓民族之岳神耳。"

姜姓在西周为舅族之显姓,有申、吕、齐、许等诸侯,其中尤以齐与申为周所倚重。姜姓诸侯为华夏的重要来源之一。但直到春秋,仍有姜姓之戎,姜戎的酋长驹支明确说:"我诸戎四岳之裔胄也。"[②] 即使姬姓,也有骊戎和犬戎,他们与晋通婚,受到了"同姓为婚"的指责。

氐羌与姜姓的关系,《山海经·海内经》说:"伯夷父生西(四)岳,西(四)岳生先龙,先龙是始生氐羌,氐羌乞姓。"与姜姓同奉伯夷、四岳为祖神而异姓,表明了四岳苗裔的分化。

《山海经·大荒西经》又记述:"有互(氐)人之国,炎帝之孙,名曰灵恝,灵恝生互(氐)人。"氐人与羌人一样,是炎帝的苗裔。

此外,远古神话还有关于共工与鲧是羌人的天神与祖神的内容,而大禹出自九州之戎或西羌。据考证,[③] 炎、黄二帝部落集团,起源于陇山东西,渭水上游,其往东发展的为华夏的主要来源之一,往西发展的即氐羌族系。共工与鲧禹,源出陇山地区,

---

① 见《古史辨》第 7 册。
② 《左传·襄公十四年》。
③ 参见拙作《中国远古各部落集团》,收入《民族史研究论集》第 3 集,中央民族学院出版社,1993 年版。

而兴于黄河中游。① 到商代，他们的苗裔多已与商人融合，有些则在商人眼中仍是羌人。

上述远古神话关于氐羌与炎黄的渊源联系，在考古学上得到了印证。中国的新石器时代考古学证明，陇山东西、黄河上游的仰韶文化与黄河中下游的仰韶文化有共同的渊源。早于仰韶文化，距今七八千年的，有陕甘接壤地带陇山两侧的老官台文化及秦安大地湾一期文化；有河南及河北南部的磁山·裴李岗文化。大致上，今河南境内及河北南部的仰韶文化是从磁山·裴李岗文化发展而来；晋南、陕西乃至甘青地区的仰韶文化是由老官台文化及秦安大地湾一期文化发展而来。陇山以西，甘青及今宁夏南部、四川西北部，继仰韶文化发展的为马家窑文化，年代约当公元前3300—前2050年，基本上与黄河中游及古黄河下游的河南、晋南、陕西、冀南地区的龙山文化平行发展。这时中原地区已进入炎黄与两昊两大系统各部落集团的斗争与融合，形成以黄帝、尧、舜、禹为代表的王朝前古国共主"禅让"的时代。

在黄河中上游，继马家窑文化发展的是齐家文化，这是早期青铜文化，与马家窑文化的分布范围基本上重合。齐家文化的来源，可能不单纯来源于马家窑文化，也受了陇山以东乃至关中文化的影响，年代上限相当公元前2000年，已进入夏代编年范围。

马家窑文化与齐家文化，都比较集中分布在黄河中上游一些适于农耕发展的河谷地带，从出土的生产工具和当时人的生活遗留看，都是比较原始的农耕文化，同时养畜业和渔猎经济也占较大的比重，阶级分化已经出现。

继齐家文化发展的黄河上游青铜文化，陇山以西至甘南洮河流域有寺洼文化，仍是以农业为主；黄河上游及湟水流域分布的

---

① 参见顾颉刚《九州之戎与戎禹》及《从古籍中探索我国西部民族——羌族》，载《社会科学战线》1980年第1期。

卡约文化,则已发展为以游牧为主的文化。这两种文化的年代,都已是中原的夏商和商周之际。

按照传统的观点,羌人似乎从起源时代起就是游牧族群。同时传统的看法认为原始社会各部落的经济发展,都是由采集、狩猎、游牧,再发展为农业。考古学证明这种传统的看法是不科学的。我国所有的新石器时代文化,除北部草原以细石器为主要特征的诸文化可能是以狩猎或渔猎为主,其余各种新石器文化,包括陇山以西,黄河上游的新石器文化和早期青铜文化,都是以农业为主的文化。只是在青铜文化有所发展,生产力水平进一步提高,当地各部落才突破自然的限制,来到广大草原上发展了畜牧业,成为游牧民族。① 氐羌在起源时代,是原始的农业各部落,到青铜时代才发展为游牧的各部落,他们成为游牧民族是在中原已建立夏、商王朝的时期。《说文》称:"羌,西戎牧羊人也。从人从羊,羊亦声";《风俗通义》也说:"羌,本西戎卑贱者也,主牧羊。故'羌'从羊从人,因以为号。"② 许慎、应劭所作的这种诠释,都是指夏商以来中国西部的羌人;若说氐羌起源时代,则都是以原始农业为主,兼事渔猎的各部落与族群。

二、夏商时期的氐羌

公元前 21 世纪至 11 世纪,即夏商时期,包括在氐羌范畴中的各部,大致可分为今陕西子午岭以西和以东两大部类。

---

① 参见俞伟超《古代"西戎"和"羌"、"胡"考古文化归属问题探讨》、《关于"卡约文化"和"汪唐文化"的新认识》,收入《先秦两汉考古学论集》,文物出版社,1988年版。

② 《太平御览》卷794引。

子午岭以西，其中尤其是陇山以西黄河及其支流湟水、大通河、洮河流域已进入青铜时代，但未出现较为统一的政权，历史文献对这些地区各部落的活动，缺乏明确的记载。考古文化则证明，在黄河上游及湟水、大通河流域，继齐家文化发展的有卡约文化和唐汪文化，年代大致相当于夏商至西周，经济由原始农耕向游牧转化。黄河中上游及洮河流域乃至岷江上游今川西北地区，继齐家文化发展的有寺洼文化和安国文化。这两种文化与卡约、唐汪文化年代相当，并与之有共同渊源和许多共同特点，但主要的不同是寺洼、安国两种文化仍是以农耕为主要文化，畜牧业占明显比重。对于上述黄河中上游及上游两大类型的青铜文化，考古学界与民族史学界都判断属于氐羌族群的文化遗存。他们在政治上与夏、商王朝有何种联系无明确的记载，在经济、文化方面与中原地区的相互影响，则已在考古文化中有所反映[①]。

子午岭以东、渭水流域及陕北、山西、河南西部，在夏代或为夏朝中心地区，或为夏朝西部诸方，除夏启曾对有扈氏进行征伐涉及今关中地区，罕见夏王朝与西方及西北方各族矛盾冲突的记载。

《诗·商颂·殷武》说："昔有成汤，自彼氐羌，莫敢不来享，莫敢不来王，曰商是常。"可能在商灭夏之后，西方与西北各部落方国随之臣服，但商代中晚叶，武丁以来的甲骨卜辞却反映出商代主要边患与征伐方向都比较集中在西方和西北方，主要方国有土方、舌方、羌方、鬼方与周方等。

在这些方国中，土方与舌方为西方劲敌，卜辞记录往往是商王亲征，对土方，武丁也曾统兵征伐。卜辞中"登人"是征伐征

[①] 参见俞伟越《古代"西戎"和"羌"、"胡"考古文化归属问题探讨》、《关于"卡约文化"和"汪唐文化"的新认识》，收入《先秦两汉考古学论集》文物出版社，1988年版。

集军队的意思，征土方、𢀛方一次征集达3000人，甚至5000人，征伐和入侵的次数也非常频繁[1]。

早在1930年郭沫若先生已提出"所谓土方即是夏民族"，[2]其分布断定在今山西北部至内蒙古包头一带；1989年甲骨学家胡厚宣撰《甲骨文土方、夏民族考》，详征甲骨卜辞与文献记载，断定土方在今山西南部、河南西部，即夏遗民之未服商朝的方国。武丁时屡次进行征伐，然后在山西南部河汾之间今山西省翼城县一带筑大邑镇抚，此即夏人中心区域，文献称为大夏之地，"所以殷武丁以后土方反叛入侵及殷王征伐土方之卜辞大为减少了。"[3] 按卜辞记录推断，土方在商之西与西北，𢀛方更在土方之西，则𢀛方可能是分布在今陕北与晋北一带的游牧民族。

羌方在卜辞中，专称是指称为羌的方国，泛称则包括西方与西北各部落和方国。陈梦家先生《殷虚卜辞综述·方国地理》所举武丁时一次征伐羌方的卜辞，征集妇好之族3000人，"旅万人，共万三千人"。[4] 此外，还有北羌、多马羌等专称。《综述》共举关于北羌、马羌的卜辞五条，只有一条是记录对北羌的征伐，其余四条都记录着北羌与马羌对商朝的臣服。陈先生推断，马羌可能是马方之羌，也可能是马方与羌方[5]。北羌与马羌既是臣属于商的羌人方国，总不出商的西边和西北边境的附近。[6]

从事甲骨学研究的专家，曾对武丁以来的边患与商朝的征伐作过统计性研究，不仅发现卜辞表明当时的主要威胁来自西起汧

---

[1] 见郭宝钧《中国青铜时代》，三联出版社，1963年版。
[2] 《郭沫若全集》历史编1，人民出版社1982年版第309页。
[3] 胡厚宣：《甲骨文土方为夏民族考》，载《殷墟博物苑刊》（北京）1989年创刊号。
[4] 陈梦家：《殷墟卜辞综述》，中华书局1988年版第276页。
[5] 陈梦家：《殷墟卜辞综述》，中华书局1988年版第277页。
[6] 顾颉刚：《从古籍中探索我国西部民族——羌族》。

陇,从西方和北方环绕商朝的地带,而且有时西方或西北各部落、方国"联合行动或结成联盟时,舌方常常居于主导地位。在有关战争的卜辞中,涉及舌方的不论数量还是事类上看都居首位"。① 卜辞中对舌方战争的记录达二三百条,土方也七八十条,对下危、巴方等战争内容也三五十条不等,"而对羌方、马羌、羌龙战争卜辞的总合不超过三四十条"。② 但卜辞中商朝捕获羌人("隻羌")或用羌人作人牲、做奴隶,都是统称为"羌",却不具体记载是舌方人、土方人、下危人,还是巴人。"这就启示我们,商代用人牲的羌的涵义并非仅限于羌方的臣民,而是对西北游牧民族的统称;'隻羌'卜辞不是卜对羌方的战争,而反映了对西北各方国边民有组织的劫掠行动"。③

商朝不断向被他视作羌人的各部落、方国进行征伐,有时并非因为被征伐的部落、方国有侵入与掠夺行为,而是专为捕掠人口,即"隻羌",除此以外,商朝还强迫已被征服的部落、方国进贡人、畜等,充分表现了奴隶占有制的商王朝民族压迫的特点。他们将这些主要是俘获也有一定数量进贡的羌人,用于祭祀祖宗、上帝、河岳或祈年、祛灾等重要祀典,从两三人至上百人不等,其中武丁卜辞有:"戊子卜,殸,贞宙今夕用三百羌于丁。用。"(契,245)。"丁是武丁至祖庚、祖甲之世祭祀最隆重的祖先之一,多认为是指祖丁。辞末缀验辞'用',表明占卜后三百羌人一次被杀祭了。这是甲骨文中能确知的一次实际杀祭的最高

---

① 罗琨:《"高宗伐鬼方"史绩考辨》,见《甲骨文与殷商史》,上海古籍出版社1983年版第105页。

② 罗琨:《商代人祭及相关问题》,见《甲骨探史录》,生活、读书、新知三联书店1982年版第141页。

③ 罗琨:《商代人祭及相关问题》,见《甲骨探史录》,生活、读书、新知三联书店1982年版第141页。

数字"。① 在用作人牲的羌人中，不仅有一般的羌人，还有用"二羌白〔伯〕"的记录，而对夷、奚人很少见用作人牲的记录，"以国族名相称的人牲除羌以外，出现在卜辞中次数一般较少，有的仅一二条"。② 除了作人牲，羌人奴隶多用于作畜牧生产，偶也有用于农耕生产，这些生产奴隶奚人及其他各族较多，而羌人则主要用于作人牲。陈梦家认为这主要是因为"羌可能与夏后氏为同族之羌姓之族是有关的"。③ 其他如郭沫若、顾颉刚、董作宾、胡厚宣等老一辈甲骨学与古史专家及上引罗琨的论文，都有类似的看法。

在被商王朝当作羌人或氐羌的方国中，也有和商朝关系比较好，甚至在商朝做官，参与商王对羌人的征伐，或者先与商处于敌对关系，后又成为商朝诸侯的。前者如鬼方，卜辞记录表明不仅罕见商王对鬼方的战争，而且"鬼族的代表人物自武丁时起就参与王朝的祭祀、征伐、掠夺羌人等活动，常与当时统治集团中的一些重要成员相提并论，连是否'得疾'都受到商王的关心"。④《史记·殷本纪》记述纣王曾"以西伯昌九侯、鄂侯为三公"。九侯即鬼侯⑤。在卜辞中也有占卜是否让鬼族人参加祭祀作杀牲者，"验辞记占卜结果令鬼与周一同担任这个职务"。⑥ 纣王时"三公"是何种性质的官，难断，卜辞中有令鬼与周同参加

---

① 罗琨：《商代人祭及相关问题》，见《甲骨探史录》，生活、读书、新知三联书店1982年版第141页。
② 罗琨：《商代人祭及相关问题》，见《甲骨探史录》，生活、读书、新知三联书店1982年版第141页。
③ 陈梦家：《殷墟卜辞综述》，中华书局1988年版第276、277页。
④ 罗琨：《"高宗伐鬼方"史绩考辨》，见《甲骨文与殷商史》，上海古籍出版社1983年版第105页。
⑤ 《史记》卷3第107页注〔二〕。
⑥ 罗琨：《"高宗伐鬼方"史绩考辨》，见《甲骨文与殷商史》，上海古籍出版社1983年版第105页。

商王祭祀活动作杀牲人的记载，证明商末鬼方与周的首领确曾在商王朝廷用事。

总括子午岭以东被商王朝统称为羌的部落与方国，大致有三种情形：一种是游牧的羌人部落，但受商的文化影响较多，在今山西北部、陕北至河套一带发现商代这种游牧人的文化遗存颇丰富，吾方是这种人的代表。他们是商朝在西方的劲敌，是商朝主要的征伐对象。一种是夏遗民之未臣服于商朝者，如土方，经过征服，可能大多与商融合，也可能有一部分往北成为匈奴人的来源之一，对龙的崇拜等文化特征在匈奴人中流传。第三种即如周人、鬼方等，与商王朝关系较好，周人是华夏三支主要来源之一，鬼方与楚人关系密切，也和春秋时赤狄等隗姓狄人有着渊源联系。

又，春秋时所称北狄，分布在今陕北、陕甘宁与内蒙古交壤地区、山西及河北北部，有所谓赤狄、白狄者，实皆羌属，与后世以胡人及东胡族系称"北狄"，无论地区分布与起源、族属都有很大差别，这是应该注意的。

（原载《云南民族学院学报》1993年第4期）

商先起源于幽燕说的再考察

在《历史研究》1985年第5期发表的拙文《商先起源于幽燕说》中，曾指出商先即商族起源与初期发展阶段，并结合对红山文化的考察，论证了商先起源于幽燕地区。自上甲微至汤灭夏以前为先商，此阶段商族已南下，发展于河济之间，今专就文献作再考察，以申前说；凡在《历史研究》中已经论证之各点，本文不再赘述。

一

先秦文献对商先起源传说的记载，仅知如下三事："玄鸟生商"；契为男性始祖，其母有娀；契居蕃，昭明居砥石。至于蕃，随商族的迁徙，从黄河下游至关中有多处，何处为原生之地？古人是多宗信"杜亳（蕃）"说的。

太史公《殷本纪》谓："自契至汤，八迁。汤始居亳，从先王居。"西汉末叶，东莱张霸造古文《尚书》百两篇，成帝时"以中书校之，非是"，[①] 知其为伪作，故《经》早已失传，而张霸每篇所作《序》则由《伪孔传》收录而流传至今。其中《帝告》、《厘沃》两篇《序》也说："自契至汤，八迁。汤始居亳，从先王居"，盖袭《史记》之文而托言出自孔子。自西汉以来，注《经》与立说各家，多相信汤所居亳，即契所居蕃（与亳同）。

---

① 《汉书·儒林传序》。

所谓"从先王居",即从契居亳。因而很少有人怀疑汤所居亳,不是商先起源之区。不管是主汤亳为杜亳说(今陕西西安市西南)、还是主南亳说(今河南商丘西南)、北亳说(今山东曹县)、西亳说(今河南偃师),除杜亳在今西安市境,其他诸亳总不出山东西部,河南东、北部。

自上世纪末殷墟甲骨文字出土,加之殷商青铜器不断被发现,即相继有学者提出商之先世,已活动至易水流域。主此说者如王国维、顾颉刚等,仍相信商先起源于山东西部,河南东、北部,仅其活动之区远涉易水流域。至傅斯年撰《东北史纲》,才明确推断"商之起源,当在今河北东北暨于济水入海处","商之先祖已据东北为大国矣"。①

商之先世,在其发展过程中,也就是在迁徙过程中,有过不同的活动地区,其中尤其是由于亳的地名迁徙所引起的对汤都亳与商起源之区的理解,出现了许多歧误。

比如,《史记·六国年表序》断言:"夫作事者必于东南,收功实者常于西北。故禹兴于西羌,汤起于亳",是相信汤都亳在西北的。《封禅书》谓秦始皇"于社(杜)亳有三社主之祠"。《集解》引韦昭说即"汤所都"。《索隐》引"徐广曰,京兆杜县有亳亭,则社字误,合作杜亳"。《索隐》不相信杜亳为"汤所都",征引"秦宁公与亳王战,亳王奔戎,遂灭汤社"事,说明是汤的后裔西迁,仍祀汤为先祖,立社,名地为亳。《汉书·地理志上》京兆杜陵县原注"故杜伯国,宣帝更名"。盖灭商之后,周封其宗于鄗京之畿。秦宁公所战亳王是此封国之后,还是另一支商后奉汤社者号亳王,未敢断定;而商后有迁封杜亳或西迁深受戎狄影响,与秦之远祖本是东夷,西迁与戎狄杂处,即被中原视为西戎相同。显然,今西安市西南有商族遗留的亳,是商后为

---

① 傅斯年:《东北史纲》第一卷,第24页。

祭祀其先王所命名。然而，太史公、褚少孙大概是相信杜亳即汤都的。《说文》高部也说"亳，京兆杜陵亭也"。以后各家虽有不同说法，而郦道元、顾祖禹等颇相信商起源于今陕西，这是以商后命名的亳当作商起源之区的例证。此说是相信商、周两族同起源于渭水流域。自甲骨卜辞被发现以后，特别是自王国维《殷卜辞中所见先公先王考》、《续考》及傅斯年《夷夏东西说》（载《蔡元培先生六十五岁纪念论文集》）等著名论文发表以后，相信商族起源于西北的人绝迹。

然而，汤"三征"以前所居亳与契所居蕃同地的问题至今仍为大多数学者所宗信。这是因为没有把商先起源阶段与先商发展阶段划分清楚，从而两阶段活动区域不同，就被忽视了。

先商阶段是应该从上甲微算起至大乙汤灭夏以前。这是被研究甲骨卜辞及古史各大家所肯定了的。

自甲骨卜辞发现以后，《殷本纪》所记商的先公及商王次序得到了双重证明，而考订甲骨卜辞与历史文献，还对《殷本纪》作了若干修正。此项工作始于罗振玉1914年撰《殷墟书契考释》，提出了17个商王名号。1917年王国维撰《殷卜辞中所见先公先王考》，确定了商先公先王世次，已指出"商之先人，王亥始以辰名。上甲以降，皆以日名。是商人数先公，当自上甲始。"以后作《续考》，又进一步指出，商先公次序自上甲始"次乙、次丙、次丁，而终于壬癸，与十日之次全同。疑商人以日为名号，乃成汤以后之事。其先世诸公生卒之日至汤有天下后定祀典名号时，已不可知，乃即用十日之次序以追名之"。王氏之后，郭沫若《卜辞通纂》、董作宾《甲骨文断代研究例》，又对商先公先王世系名号作了进一步整理，而吴其昌、容庚、于省吾、孙海波、杨树达、胡厚宣及吾师徐宗元等各家，也都作了补充。今综各家之说，据文献将汤以前世次谱列于后。唯甲骨卜辞字模制作困难，除必须以甲骨字形说明者外，一般即从略。

1. 夋　王国维在《殷卜辞中所见先公先王考》中首倡卜辞释为"夋"者，即《伪孔传》所说"契父帝喾"，"为商人所自出之帝，故商人禘之。"后又作《续考》以申其说。此说，多为各家所赞同。

2. 契　《诗经·商颂》称之为"玄王"。《国语·周语》、《荀子·成相篇》、《殷本纪》、《汉书·古今人表》并同《诗经》作"契"，唯《史记·三代世表》作"卨"，《殷本纪》《正义》引《括地志》与《世表》同。《世本·居篇》："契居蕃"，是商之男性姓祖居蕃，此为原生之蕃。

3. 昭明　《史》、《汉》均作"昭明"。《荀子·成相篇》："契玄王，生昭明，居于砥石迁于商。"《世本·居篇》亦谓："昭明居砥石。"砥石在今西辽河源地区，原生之蕃亦当离西辽河源不远。

4. 相土　《史》、《汉》均作相土，《诗经·商颂》："相土烈烈，海外有截。"《世本·居篇》："相土徙商丘。"《世本·作篇》："相土作乘马。"

5. 昌若

6. 粮圉　《世本》作"根圉"；《国语·鲁语》作"根国"，《通鉴外纪》同。

7. 冥　《史》、《汉》皆作"冥"，《礼记·祭法》："冥勤其官而水死。"《楚辞·天问》："该秉季德厥父是臧，胡终弊于有扈（易）牧夫牛羊？"是王亥之上辈为"季"，与《史》、《汉》异，而与卜辞季，相同。盖其名为季，以其"水死"，故称"冥"。

9. 王亥　卜辞中，此为与季及大乙同样重要之高祖。《世本》作"核"或"胲"，《殷本纪》与《三代世表》均作"振"，《古今人表》作"垓"。《山海经·大荒东经》谓"王亥两手操鸟"，卜辞作王亥颇多象以手操鸟之形，其象形与"玄鸟生商"的神话相合，也与《天问》"两手操鸟"的神话一致。①

10. 王恒　《史》、《汉》并缺王恒世次。《天问》："恒秉季德焉得夫朴牛"，"朴牛"即《山海经》所谓"仆作"，亦即服牛。《天问》中，"该"与"恒"都是季的儿子，卜辞王恒与王亥同以王称，绝非偶然。

11. 上甲微　《史》、《汉》均作"微"。《国语·鲁语》等作"上甲微"，与卜辞中先公畐（上甲）相合。此为商之近祖先公追谥之始。

12. 报乙、13. 报丙、14. 报丁　王国维在《殷卜辞中所见先公先王考》与《续考》中，据卜辞与殷商制度排列次序为匚、𠃊、𠃎，考定为报乙、报丙、报丁，而《史》、《汉》排列次序并作报丁、报乙、报丙，盖世次有颠倒。以王说为是。

15. 主壬、16. 主癸　即卜辞中之示壬、壬癸。

17. 大乙　卜辞作大乙，即汤；与夒、王亥并称高祖，《世本》、《荀子·成相》、《殷本纪》均作"天乙"，王国维、罗振玉等皆以为形近致误。

显然，综观史籍与甲骨卜辞的材料，明确划分为商先与先商两个发展阶段，在发展、迁徙中去考察其活动区域，是符合客观实际的。而以《史记》及张霸《书序》"从先王居"一语，即认为商先起源之区与先商发展之区相同，却是违背历史发展程序的。

二

我们看商族始祖传说，《商颂》尚保存古朴原始的面貌。后

---

① 参见胡厚宣：《甲骨文所见商族鸟图腾的新证据》，载《文物》1977年第2期。

世对这一传说的解释,内容越来越复杂,反映出后世人的观念,并不是商族图腾神话的原始内容。

有的研究者认为《诗经·商颂》是"殷商的颂歌"。[①] 传统的说法,根源于《国语·鲁语》:"昔正考父校商之名颂十二篇于周太师,以《那》为首。"《史记·宋世家》谓:"襄公之时,修行仁义,欲为盟主,其大夫正考父美之,故追道汤、契、高宗所兴,作《商颂》。"从其内容与风格看,盖为宋国保存的殷商颂歌,兼有宋所作追颂其先之作,是我们所能见到有关商族起源神话最原始的文献记录。《尚书》中今文《商书》一般认为虽有一些问题,尚不失为商代史料,然其中关于起源神话付诸阙如。

《商颂·玄鸟》:"天命玄鸟,降而生商,宅殷土芒芒。"《毛传》:"玄鸟,鳦也。春分玄鸟降。汤之先祖有娀氏女简狄配高辛帝,帝率与之祈于郊禖而生契。故本其为天所命,以玄鸟至而生焉。芒芒,大貌。"《郑笺》:"降,下也。天使鳦下而生商者,谓鳦遗卵,娀氏之女简狄吞之而生契,为尧司徒,有功,封商。"

《商颂·长发》:"有娀方将,帝立子生商。"《毛传》:"有娀,契母也;将,大也。契生商也。"《郑笺》:"帝,黑帝也。禹敷下土之时,有娀氏之国亦始广大,有女简狄,吞鳦卵而生契,尧封之于商。后汤王因以为天下号,故云帝立子生商。"

可见,原始的神话仅玄鸟降而生商,表明商族以玄鸟为图腾。玄鸟,两汉注家皆以为鳦或乞,即燕子,候鸟,春分至,演而为郊禖祭天求子的重要仪式。《诗》《正义》引许慎《五经异议》:"《诗》齐、鲁、韩,《春秋》公羊说,圣人皆无父,感天而生。"《说文》释姓字:"古之神圣人,母感天而生子。"《礼记·丧服小记》:"王者禘其祖之所自出,以其祖配之。"《郑注》:"禘大祭也。始祖感天而生,祭天则以祖配之。"《史记·三代世表》附

---

① 杨公骥等:《论商颂》,《文学遗产》第二辑,1956年出版。

褚少孙补引《诗传》说:"汤之先为契,无父而生。"《索隐》指出褚"所引出《诗纬》"。是两汉仍多相信,契无父,为"感天而生"。当时已不能理解图腾神话的真实内容,而以天命观来解释。

商族崇信上帝与祖宗,其天帝盖即喾(一作俊),此为东夷之"帝"。至春秋战国,华夏族体已由夏及羌夷苗黎等不同部落集团融合而成,因而需要创造共同的祖先,把原属不同地区不同部落集团之天神(帝)都人王化,并且纳入同一祖先来源系统,按人王面貌安排各帝次序与官号,这些都是原始社会本来所不具备的内容。因此到了战国,简狄已成为帝喾次妃,商与周同出帝喾。但各地区、各种学说所归纳系统与中心不同,因而春秋战国时记录下来的这些神话矛盾百出,反映了把不同来源的传说整齐化创造共同祖先过程中各地区、各家学说的矛盾。而神话的原始内容,如简狄感玄鸟而生契,姜嫄履大人迹而生后稷等,各家记述略同。把神话的原始内容所留下的史影和后世学说所留下的思想材料分开整理研究,才能理出头绪,从而判别两者反映的时代和客观的真实性。

《楚辞》可谓先秦神话的渊薮,其中关于商的始祖传说,内容已较《商颂》复杂。

《离骚》:"望瑶台之偃蹇兮,见有娀氏之佚女。……凤凰既受诒兮,恐高辛之先我。"

《天问》:"简狄在台喾何宜?玄鸟致贻女何喜?"(喜一作嘉)

《九章·思美人》:"高辛氏之灵晟兮,遭玄鸟而致诒。"(晟,一作威,一作盛)

《楚辞》难解,王逸注、朱熹集注等都以为是指契母简狄,吞玄鸟卵而生契。

《吕氏春秋》有关记载,与《楚辞》大体相类。《吕氏春秋·音初》:"有娀氏有二佚女,为之九成之台(高诱注:成,犹重),

饮食必以鼓（高注：鼓乐）。帝令燕往视之，鸣若谧谧（高注：孙云，安陆昭王碑文注引作隘隘）。二女受而争搏之，覆以玉筐。少先发而视之，燕遗二卵，北飞，遂不反（高注：帝，天也。令燕降卵于有娀氏女吞之生契）。二女作歌，一终曰'燕燕往飞'，实始作北音"。

至汉代，内容更加复杂，而简狄吞燕卵生契则同。

《史记·殷本纪》："殷契，母曰简狄，有娀氏之女，为帝喾次妃。三人行浴，见玄鸟堕其卵，简狄吞之，因孕生契。"《太平御览》卷83引《尚书中候》："玄鸟翔水，遗卵于流，娀简拾吞，生契封商。"又，卷529引刘向《五经要义》谓："契母简狄以玄鸟至之日祀于高禖而生契。"《史记·三代世表》褚少孙补引《诗传》：契"母与姊妹浴于玄丘水，有燕衔卵堕之，契母得，故含之，误吞之，即生契"。刘向《列女传》："契母简狄者，有娀氏之长女也。当尧之时，与其姊妹浴于玄丘之水。有玄鸟衔卵过而坠之，五色甚好，简狄得而含之，遂生契焉。"

与"玄鸟生商"的神话密切相关的是"高禖"祭天求嗣的仪式。

《吕氏春秋·仲春纪》："是月也，玄鸟至，以太牢祀于高禖"。高诱注："玄鸟燕也，春分而来，秋分而去，《传》曰，玄鸟氏司启也。《周礼》媒氏以仲春之月合男女于时也，奔则不禁。因祭其神于郊，谓之郊禖。郊因与高相近，故曰高禖"。《礼记·月令》所记与《吕氏春秋》同，郑玄注："玄鸟，燕也。……高辛氏之出，玄鸟遗卵，娀简吞之而生契，后王以为媒官嘉祥而立其祠焉。变媒为禖，神之也。"

玄鸟，汉晋间注家皆指明为燕。《说文》释"ε，玄鸟也。齐鲁谓之乙，取其鸣自呼。象形。"段玉裁注："燕乙双声。既得其声，而象其形，则为乙。燕，篆象其籲口布翅枝尾全体之形；乙，篆象其于飞之形，故二篆皆曰象形也。ε象翅开首竦，横看乃得之。本与甲乙字异，俗人恐与甲乙乱，加鸟旁为鳦，则赘矣。《说文》释"燕，玄鸟也。籋口，布翄，枝尾，象形。"徐锴谓"籋，音聂，小钳也。"戴桐曰："燕、乙皆因其声而命之。玄则以其色也。"今人张舜徽撰《说文解字约注》，认为："燕、乙一物，故同训玄鸟，以其背黑色也。燕象正面之形，乙象㔾飞之形[①]"。

燕象正面奋飞之形，徐灏以为"廿象口，北象翅，火象尾，口象腹，合观之作燕，乃奋飞之形"，解释得很清楚。然而段玉裁以为"乙象于飞之形"，张舜徽以为"乙象㔾飞之形"，或未为妥。燕之奋飞，仅能自下望见其正面，如徐灏所云，不能平视其侧面。"ε"，段以为象形，"横看乃得之"是对的，但不是"于飞之形"而是停住之形。因其鸣嗌嗌得声。《音初》以为因燕鸣嗌嗌始为，"北音"，玄为北方之色，契为"玄王"。原始反终，都证明"玄鸟生商"应起源于北方。证以扶余、高勾骊以至满洲各东北民族起源神话，其为东北民族共同特征，只是越往后世其始祖母或为王妃，或是王婢，或作仙女，显系经过后世加工了。

《楚辞》指玄鸟为凤凰，《尔雅·释鸟》："鹖，凤；其雌皇。"闻一多、郭沫若解《楚辞》都以为是凤凰。凤为瑞鸟，与龙同为中华之神瑞，其原型到底为何物，各家说法不一。殷墟卜辞即有以玄鸟为"帝使凤"的称呼，胡厚宣《甲骨文商族鸟图腾的遗迹》[②]有专节论证。胡先生征引郭老所论卜辞"于帝史凤、二犬"的一段话，说："《说文》，'凤，神鸟也。天老曰，凤之像也，麐前鹿后，蛇颈鱼尾，龙文龟背，燕颔鸡喙，五色备举，出于东方君子之国，翱翔四海之外，过昆仑，饮砥柱，灌羽弱水，莫（暮）宿风穴，见则天下大安宁。从鸟凡声。朋，古文凤，象

---

① 张舜徽：《说文解字约注》卷二十二，第40页，中州出版社1983年。
② 《历史论丛》第一辑，中国科学院历史研究所编。

形.'此言'于帝史凤'者,盖视凤为天帝之使,而祀之以二犬。《荀子·解蔽(惑)篇》引《诗》曰:'有凤有凰,乐帝之心'。(段玉裁〔胡正之当作王念孙〕云:'当作有凰有凤,与心为韵')。……今得此片,足知凤鸟传说自殷代以来矣。"① 正如胡先生所指出,郭老此论"是完全正确的。"

然而凤的概念盖较晚出,本来商族是因候鸟而为图腾,玄鸟至而春来,为万物生发的信号。契母为母系最后一个祖母的代表,或妣母的代表,契为父系最原始的祖先。人类稍有发展,总相信无父不至有子,故以为契母为帝所使玄鸟,所谓"帝立子生商"、"天命玄鸟,降而生商"皆指此而言。进而,玄鸟加以神化,即有凤的概念。乙,卜辞作ε,加上神化之尾则为禽(凤),且妣乙亦作妣禽。换言之,燕即玄鸟,凤为燕之神化,与龙成为中华之神瑞,进而成为帝后的象征,这都是后世的演进,与商族原始信仰无关。

龙,或以为原型是蛇,一般即信此说,或以原型为鳄;② 一种新的说法,认为"龙首形象的形成,最先可能同猪这一同人类日常生产和生活关系最密切、人们最熟悉的动物有关"。③ 这些说法,都有一定道理。闻一多指出:"就最早的意义说,龙与凤代表着我们古代民族中最基本的两个单元——夏民族与殷民族。因为在'鲧死……化为黄龙,是用出禹'和'天命玄鸟(即凤),降而生商'两个神话中,我们依稀看出,龙是原始夏人的图腾,凤是原始殷人的图腾。因之把龙凤当作我们民族发祥和文化肇端

---

① 郭沫若:《卜辞通纂·考释》第398片,《郭沫若全集·考古编2》第376—378页。
② 祁庆富:《养鳄与豢龙》,《博物》1981年第2期。
③ 孙守道、郭大顺:《论辽河流域的原始文明与龙的起源》,《文物》1984年第6期。

的象征，可说是最恰当没有了。"① 这是非常精当的论述。盖"龙为水物"，自古传说与巨川大海相关，飞而升天，潜而水居。《说文》："龙，鳞鱼之长，能幽能明，能细能巨，能长能短，春分而登天，秋分而潜渊"，其出没与玄鸟春分而至，秋分而去同期。《帝王世纪》是晋人皇甫谧把自战国秦汉以来将远古神话中天帝人王化，并把不同氏族部落集团的天帝始祖神话归入同一系统的集中之作，其中"五帝"无一不与龙、凤同时发生关系。是龙与凤，盖都起源于东方，即黄河中下游与沿渤海湾之地，实为中华文明发源之区。西周灭商，承殷商文化而宗周，故古之《经》、《传》反以西北为源，司马迁以为夏殷都兴起于西北，反映以周为中心的思想体系，是发源于周，又经过孔子等"吾从周"的圣贤整理而影响数千年的。

总之，商族先世神话，仅知有娀（简狄）为最古之妣，是母系社会之象征，其为商族先世之神，自不足为奇。有娀，古注家多以为国名而考证其地望，结果均未能得到解答。实有娀应即是商族之母系部落，"有娀方将"就是母系之有娀发展了转而为父系，始祖契为神话传下来的第一位男性祖先，简狄为契母，是母系留在商族传说中最后一位妣母，其名盖后世所加，因后世总认为必有娀氏之女配帝喾才能生契的。

三

在第一段已谱列的汤以前商族的世次，表明王亥以前为起源初兴阶段，上甲至示癸为先商发展阶段。王亥以前活动之区在"有易"以北辽河发源之区至黄河古河流下游地区，上甲以商为

---

① 《闻一多全集》第一卷《龙凤》，第 69 页，三联书店 1982 年重印本。

中心，在黄河下游河济之间发展。然而仍需考订的是，上甲微之后，应有自甲至癸十位被追谥之先公，而王亥以前亦未必真的父子相传，因殷之先王，多兄终弟及者，其发源阶段更不至如此严格父死子继。且古人已明言，远古世系所谓某生某，言其后而已，未必亲生。《山海经·大荒东经》郭璞注"帝俊生黑齿"句，说："诸言生者，多谓其苗裔，未必是亲所产。"司马贞解《五帝本纪》"少典之子"句，说："少典者诸侯国号，非人名也。若以少典是其父名，岂黄帝经五百余年而代炎帝为天子乎？何其年之长也。"故王亥以前每世未必父子，为每个阶段之宗神而已。

　　重要的是根据这些宗神之事迹，推断其活动之区。前人如王国维、顾颉刚诸大师，是相信商族起源于今山东西部、河南东北部的，但至王亥时活动范围已扩展至今河北。王国维说："盖商之先，自冥治河，王亥迁殷，已由商邱越大河而北，故游牧于有易高爽之地，服牛之利即发现于此。"① 顾颉刚指出："商国的都城，说是在河南东部商邱县，中部的偃师县，北部的淇县。光绪二十五年（西历 1899 年）淇县北面的安阳发现了商末的甲骨卜辞，在这上面，我们可以知道他们的国土是河南中部、北部和山东的西部。近来考古学家从出土的铜器上研究，知道他们已经游牧到直隶的保定了。"② 他又在《周易卦爻辞中的故事》中详细论述过"王亥丧牛羊于有易的故事"，从而推论商之先已达到易水流域。③ 不过，以上都是相信商之先到达易水流域，是自南或东南而北迁的。

　　傅斯年在评论顾"知道他们已游牧到直隶的保定了"一句时

---

① 王国维：《卜辞中所见先公先王考》。
② 《古史辩》第二册，重印本第 2 页。
③ 《古史辩》第三册上编，第 5 页。

指出:"此句似应于'他们'下加'至少'二字"①。前已述及,傅先生是首倡商之先起源于东北的。他是在全面考察了史前文化、甲骨及文献中所述传说得出这一结论的。如学者不为商发源于山东西部、河南东北部的传统观点所束缚,从商族的发展与迁徙中去考察其起源与早期发展之区,自然会赞同傅斯年所倡之说。

继契与昭明之后是相土,这是商先迁徙的重要阶段。

《荀子·成相篇》:"契玄王,生昭明,居于砥石迁于商",杨倞注:"言契初居砥石,至孙相土乃迁商也。"

《左传·襄公九年》记晋侯因宋大灾问于士弱"天道何故",士弱对:"陶唐氏之火正阏伯居商丘,祀大火而火纪时焉。相土因之,故商主火。"是相土所迁商,即商丘。王国维在论证汤以前八迁时认为,昭明迁商为三迁,相土迁泰山下及商丘为四迁五迁,其根据"定九年《传》(按:当是定四年)祝鮀论周封康叔曰:'取于相土之东都以会王之东蒐',则相土之时,曾有二都,康叔取其东都以会王之蒐,则当在东岳之下,盖如泰山防为郑有者,此为东都,则商邱乃其西都矣。疑昭明迁商丘后,相土又东徙泰山下,后复归商丘,是四迁五迁也。"② 此说未谛,丁山已驳难甚详。③ 关于商先起源于北方说的历史地理问题,学者们已诸多考证,④ 兹不复述。值得注意的是,王亥是卜辞中第一位有王号的高祖,且其祭祀往往与河相连,其子微败有易,曾得到河伯的帮助,其居或与河相涉。又《山海经·大荒东经》叙"有困

---

① 《古史辨》第二册,第11页。
② 王国维:《观堂集林》卷十二,《说自契至成汤八迁》。
③ 丁山:《商周史料考证》。
④ 金景芳:《商文化起源于我国东北说》,《中华文史论丛》第7辑(复刊号),张博泉:《关于殷人的起源地问题》,《史学集刊》复刊号,于志耿、李殿福、陈连开:《商先起源于幽燕说》,《历史研究》1985年第5期。

民国，勾姓而食。有人曰王亥，两手操鸟，方食其头。王亥托于有易、河伯，仆牛。有易杀王亥，取仆牛。河念有易，有易潜出，为国于兽，方食之，名曰摇民。帝舜生戏，戏生摇民。"郭璞注引"《竹书》曰：'殷王子亥宾于有易而淫焉，有易之君緜臣杀而放之。是故殷上甲微师于河伯以伐有易，灭之，遂杀其君緜臣也。"吴其昌《卜辞所见殷先公先王三续考》云："《大荒东经》曰'有困民国……勾姓而食，有人曰王亥，……名曰摇民'。而《海内经》云'有嬴民，鸟足，有封豕'。'困民'之'困'乃'因'字之误，'因民'、'摇民'、'嬴民'一声之转也。"以为"王亥"与"封豕"本是一回事。①这些都说明，"因"、"摇""嬴"与"殷"亦是一声之转；服牛（仆牛、朴牛）不是首先创畜牧业而且役牛为农业，定居乃有封（大）豕。盖商先至王亥，已定居黄河下游，而为国，在与诸部兼并中创其立国之基。"王"盖商有天下而追谥，如《礼记·中庸》所说："武王未受命，周公成文武之德，追大王、王季，上祀先公以天子之礼。"郑注。"追大王、王季者，以王迹起焉。先公组绀以上至后稷也。"王亥盖以其奠立在河北立国之基而"追王"，在商族由辽河、大凌河源地区发迹至王亥为其起源发展阶段的结束，以后即进入先商发展阶段，即在河北创立其王基的发展阶段，这就是王亥在商的远祖先公中地位特别崇高的缘故。

上甲微以下至示癸为先商阶段，其活动之区为黄河下游河济之间。此所以今山东西部，河南东部、东北部有众多商有天下之先的足迹，而其发源地区却为自周以来的人们所忽视，以至商先、先商种种神话中的活动场所与先商迁徙、活动的场所都在这一区域。然而先商自上甲微以来主要应在漳河流域，盘庚迁殷，大概是真正的"从先王居"。邹衡先生曾论证商起源于黄河以南，

---

① 吴其昌：《卜辞所见殷公先王三续考》，《燕京学报》第14期。

至王亥、上甲以来,以漳水中下游为中心。而汤亳在今郑州。邹先生等将出土商周文化作了全面比较,发现漳河型为先商(汤灭夏以前)的早期形态,其分布"从目前的考古材料来看,漳河型分布大体包括河北省的唐河以南、河南省的淇河以北、卫河以西、山西省的沿太行山西麓一线,南北长约五六百里,东西宽约二三百里的范围,其中心分布地区在河北省的滹沱河与漳河之间的沿太行山东麓一线,而以漳河中游(指清、浊漳二水合流以后)的邯郸、磁县地区的先商遗址为其代表"。同时,邹还分析了先商文化的卫辉型、郑州南关外型,年代顺序与分布地区都是自北而南。他说:"据目前的考古材料得知,先商文化的分布比较集中在太行山东麓一线,也就是战国时期黄河以西之地。"对于先商文化的来源,他说:"早商文化的二里冈型来源于先商文化的南关外型,而先商文化的南关外型主要来源于先商文化的漳河型。现在要进一步问:先商文化的漳河型又来自什么呢?"他指出:"关于先商文化漳河型的来源问题,根据现有考古资料尚不能得到比较圆满的解决。"他认为"先商文化漳河型来源于河北龙山文化"。就地区而言,除河北而外,"商先文化漳河型中的不少因素是从山西省来的"。因此,主张商先起源的易水不是"北易",即今易水流域,而是"南易",即漳河流域。[①] 他从考古学的材料论证了先商,在我们看来即王亥以下自上甲微至示癸活动的中心地区,但忽视了商先起源,发展到比较稳定在以漳河中下游为中心的河济之间立国,造成了汤灭夏的基础。"汤始居亳,从先王居"者,汤最初的居地在亳(可能是北亳,即今山东曹县),因为其始祖所居地为亳,从先王所居之名,后来汤仍有迁徙之举,此所以"始居亳"也。此句或被误解为从汤始居亳,以往并无居亳的事实,均未能得其真谛。又,此语盖为史迁之叙

[①] 邹衡:《夏商周考古学论文集》第118、139、159页。

述与解释,张霸取为《书序》,托言孔子所作,实张霸《百两篇》全是抄撮伪造,如信以为真,误汤始居之亳为商族起源之地,则失之远矣。

四

卜辞中表明的祭法,商先与先商也是有明显区别的。

卜辞表明,商之先公称高祖者,为夋(嚳)、王亥、大乙。

夋原实为商人之天帝,后来被人王化,成为契的生父。《礼记·祭法》谓"殷人禘嚳而郊冥,祖契而宗汤。"郑注:"此禘为祭昊天于圜丘也;祭上帝于南郊曰郊",是后世的礼仪,意思是殷人祭昊天用高祖嚳配,祭上帝于南郊用高祖冥(按:郑注已疑此冥为契之误,下文契当作冥)配。

王亥是商之先公中事迹最重要的高祖。大乙即成汤,为商朝创立者。而袞祭仅用于王亥以上的始祖母妣乙及"帝史凤"、帝嚳、相土与王亥。王亥以下为"报祭"或他用于近祖先公的祭法。

对于妣乙的祭法,傅斯年指出:"妣乙在商王之先祖先妣中,有下列诸特点:一、其他之妣皆有可寻得其丈夫,因有合祭之礼。并因虽其特祭时,亦冠其夫之称于上……仅妣乙是永不合祭者,仿佛彼未尝有丈夫也。二、其他自上甲至于多后之妣,祭法平常,独妣乙用袞,袞者,仅于夋、土、亥三世用之。……自上甲至于多后之祭,虽'帅契'之上甲,成唐之大乙,戡服鬼方之武丁,皆不与于袞祭。……则妣乙必为特尊之古妣,然后可与帝嚳、相土、王亥为一类。""则吾人自不免疑及妣乙岂不即是有娀氏之女欤"。"然则'妣乙'即是传说中之燕燕,即是商之始祖妣,即是有娀氏女,更无可疑也"。①

傅氏此论极精,乙即燕,象停住之侧形,上已论证,玄鸟即燕,汉魏以来注家多同,近人闻一多、郭沫若等认为是凤,我们上面也已论证,是玄鸟之神化。故卜辞中用袞祭者有"帝史凤"即帝所派遣的凤。郭老《卜辞通纂》对此已作详细解释,上文亦已征引。胡厚宣先生对此亦有极精当之论证,他说:"故宫博物院所藏甲骨卜辞中,也有一条说:袞帝史凤一牛(故宫博物院藏续补918),这是一片牛胛骨,为已故前院长马衡先生旧藏,于生前捐赠故宫博物院者。看字体,也是武丁时所卜。卜辞真卜袞祭于天帝之使凤,用一牛。"他解释说:"卜辞凤多借为风。……这两条卜辞既称凤为帝使,则凤者即当指凤鸟而言。逸诗说:'有凰有凰,乐帝之心'。是古代传说,凤凰实在帝左右。……正是因为凤凰在帝左右,所以人王感动了天帝,天帝才肯使凤凰下降。《商颂》说:'天命玄鸟,降而生商',玄鸟即是凤凰,凤凰本来在帝左右,因为天帝要立子,所以才命它下降人间而生商,也正是这个意思。"②

对以上傅、胡二氏之精论,无需多加解释,若需强调者,有娀,即商远祖母系氏族或部落之号,非另有"有娀氏"女下嫁商之远祖部落,商之始祖祭祀仍表明,他们相信"玄鸟"为"帝史凤",其始祖母为"妣乙",因玄鸟而得名,即是简狄。玄鸟即燕,神化为凤。

相土、王亥的事迹,一是离开其原始发祥地徙居渤海湾的黄河下游,或徙居黄河下游至有易一带河北与黄河下游以西之地。一是作乘马、服牛的传说,与王亥或封豕的传说,都表明其农业已由最原始阶段向役使畜力阶段发展,稳定定居才得有封豕,故

---

① 《东北史纲》第一卷,第22、23页。
② 《历史论丛》第一辑,第152页。

豕为原始人类第一批驯化之家畜,甚至加于高祖之号。前人多以为乘马服牛为畜牧业的标志,实与真义相反。

袞、尞,古燎字。儒家经传都释为袞天之祭。胡厚宣氏解释说:"《说文》:'袞,柴祭天也'。袞、祡两字转注。《尔雅·释天》:'祭天曰燔祡'。《礼记·祭法》:'燔祡于泰台,祭天也'。又《特郊牲》:'天子造四方,先祡'。郑玄注:'所到必先燔祡,有祀于上帝'。袞字甲骨文作※,正象以火烧柴之形。其义本为祭天,而商朝却用以祭祀王亥。"① 这个解释是非常清楚的了。故殷商卜辞中用袞祭之妣乙及"帝史凤"为母系始祖之与天相联系者,相土、王亥为其远祖先公中业绩最重要者。王亥以下,上甲微至示癸甚至大乙成唐(汤),都不与祭天的袞祭,是商之近世列祖列宗,非远祖先公,实与上帝相若者。

综以上所论,兹简单结论如下:

1. 殷商之先公,自王亥以上至契为父系商先阶段之远祖先公,未必真为父子,为一个阶段之代表,他们都具有宗神的性质。自上甲微至示癸为先商阶段近祖先公,他们是商在河水下游立国的先公,是商有天下以后追谥之列祖列宗。

2. "有娀"为商之远祖母氏族或部落之号,非另有"有娀氏"之女下嫁于商之高祖帝喾。将周远祖后稷、商远祖安排为帝喾大妃姜嫄、次妃简狄的儿子,是春秋战国以来的学说,非原始神话所固。有帝喾为东夷之天帝,商朝相信其为高祖,是把帝喾人王化了,按已进入阶级社会的商王的观念,其始祖契不能无父而生,故帝喾由天神而为人王。

3. 商先本发源于辽河、大凌河、滦河发源之区,燕山南北,燕之得名盖与"玄鸟生商"的神话相关,至相土已徙居平原,沿渤海湾及河水下游而居,王亥或已迁居殷,兼并至有易,为先商

---

① 《历史论丛》第一辑,第146页。

立国之基的奠定者。

故，只有把商先与先商明确划分，在发展迁徙中考察其活动之区，才能弄明白契所居蕃在今长城以北之东北地区，汤始居之亳在黄河下游，"从先王居"为史迁解释其得名之由，非汤亳即契蕃，亦即非先商发展之区与商先起源之区相同。商先起源于幽燕之地，文献证明是确切的。

（原载《民族研究》1987年第1期，与于志耿、李殿福合作）

鲜卑史研究的一座丰碑

在大兴安岭北段顶巅东侧嘎仙洞发现的鲜卑拓跋部祖庙石室,无疑是我国近年来最重要的考古发现之一。这一发现,不仅解答了史学上一个千古之谜;也不只是为鲜卑史研究提供了一个重要遗址;还为研究黑龙江流域历史地理确立了一个关键坐标。因此,它受到考古学界与史学界广泛的关注是理所当然的。

千古求索的重要史迹

鲜卑拓跋部因建立北魏王朝而在我国古代史上占有重要地位。根据北魏世代相传的谱系推算,拓跋部的祖先在公元前2000年左右已活动于大鲜卑山,并因此得名鲜卑,他们在那里曾"凿石为祖宗之庙"。[①] 太平真君四年(公元443年)乌洛侯来朝,"称其国西北有国家先帝旧墟,石室南北九十步,东西四十步,高七十尺。室有神灵,民多祈请。"[②] 于是太武帝拓跋焘即派中书侍郎李敞等前往"告祭天地,以皇祖先妣配"。[③] 李敞完成使命,"刊祝文于石室之壁而还"。[④] 此后,随着年代变迁与北魏灭亡,石室所在变得渺不可寻,然而它的重要性却没有被遗

---

① 《魏书·礼志一》。
② 《魏书·乌洛侯传》。
③ 《魏书·礼志一》。
④ 《魏书·乌洛侯传》。

忘。千百年来，研究北魏史、鲜卑史以及黑龙江流域历史地理的人们，上下求索，不断根据文献推论它的地理方位，希望有朝一日能使石室重新被发现。这些考证，一般是从乌洛侯地理入手。

清末，张穆、何秋涛等，都受《清文献通考·四裔考》的影响，把乌洛侯改成乌洛俟，与俄罗斯混为一谈。何秋涛论证乌洛侯当今贝加尔湖以东，尼布楚城（今苏境涅尔琴斯克）以南直到黑龙江以南地区，因而"魏之先祖石室……当在尼布楚城正西之地"。[①]丁谦指出："从前考据家硬改侯为俟，谓俄罗斯转音，真无知妄说"，他认为乌洛侯分布在今呼伦贝尔地区，因而"魏先帝石室在（贝加尔）湖南滨。"[②]日本学者白鸟库吉的论证进了一步，他推断"乌洛侯之国必在今嫩江流域。……拓跋氏祖先之石室，亦必在嫩江流域之中，而当在兴安岭之近傍。"[③]

解放后，马长寿教授沿白鸟之说，进一步断言："魏之祖先石室在（额尔古纳与嫩江）二河之间的大兴安岭山脉之内"，而大鲜卑山"当在今之大兴安岭的北段"。[④]宿白教授也指出鲜卑拓跋部的"原始游牧地区在黑龙江上游额尔古纳河和大兴安岭北段之间"。[⑤]可见，考古学与民族史学的发展，使石室地理方位的论断与真实越来越接近。

嘎仙洞鲜卑石室遗址的发现者米文平同志，经过仔细研究前人考证与历史文献，又调查了鄂伦春人关于嘎仙洞的传说，自1979年9月1日到1980年7月30日四访嘎仙洞，终于发现了李敞所刻拓跋焘祭天祝辞，从而宣告了嘎仙洞就是鲜卑石室遗址！

---

① 《朔方备乘·尼布楚城考》。
② 《魏书外国传地理考证·乌洛侯》。
③ 《东胡民族考》方氏译本上编127页。
④ 《乌桓与鲜卑》1952年版，239页。
⑤ 《东北、内蒙古地区的鲜卑遗迹》（鲜卑遗迹辑录之一），载《文物》1977年5期。

据米文平同志在《文物》1981年2期著文报道，以后笔者也曾有幸与米文平等十多位考古学及民族史学工作者到嘎仙洞进行实地考察。《魏书》所说祖庙石室，并非一座雄伟的石砌建筑，而是一座天然洞窟，其规模之宏大，与《魏书·乌洛侯传》记载相合，完全具备祖庙的神圣威严。

令人仔细揣度的是，洞窟前半部两壁，自底线到上线约两米高的壁面，有经过修琢的痕迹。此修琢面自洞口直到几十米深处。洞窟中央那一块被群众称为"石桌"的巨型石板，显然是人工放置，与东北其他地区的发现比较，可能与早期墓葬有关。这些经过人工处理的痕迹，使我们体味出，远古鲜卑人是在天然洞窟中"凿石为祖宗之庙"的。联想到他们的子孙在接受了佛教之后，往往在自然洞窟中修造佛教石窟，难道在文化传统上与其祖庙石室一点联系都没有吗？[①]

祝辞刻在"大厅"西壁上，距洞口15米。刊文处尤其平整，是李敞致祭时经过再修琢磨平刊刻于壁的。石刻风格经过鉴定，米文平已有释文，此处不赘。值得注意的是，对照《魏书·礼志》著录的祝辞，略有几处差异，证明魏收著录时已略加文饰，个别则是有意篡改。

石刻头行年款："惟太平真君四年癸未岁七月廿五日"。《魏志》叙事在太平真君四年，故祝辞删去年款，而石刻保留了致祭的日子，为研究其他相关史事提供了准确时间。第二行"天子臣焘使谒者仆射库六官"，《魏志》称"天子焘谨遣李敞等"；石刻称"天子臣焘"符合皇帝祭天礼制。天兴元年（398年）拓跋珪"即皇帝位，立坛昭告天地，祝曰：'皇帝臣珪敢用玄牡，昭告于皇天后土之灵。'"[②] 是北魏开国时已熟悉礼仪，拓跋焘自然也熟

---

① 参看罗𫗴子《北朝石窟艺术》一书序及有关北魏早期石窟特点的论述。
② 《魏书·礼志一》。

悉。二百八十年后，唐开元十三年（725年）十一月，唐玄宗到泰山行封禅，曾公布玉牒，"其辞曰：有唐嗣天子臣某……"以下祝文格式略与石刻拓跋焘祝辞相同。① 据说，这封玉牒1930年被马鸿逵在泰山挖出来，玉牒上所刻祝文称："天子臣隆基"，内容与文献记载一致。② 可见石刻祝辞作"天子臣焘"为是，《魏志》少一"臣"字，盖传抄遗漏所致。至于库六官是谒者仆射，官阶比李敞低，署名却在李敞前，大概因为他是鲜卑人。《魏志》删去库六官。此外，石刻于末句"福禄永延"下有"荐于皇皇帝天，皇皇后土，以皇祖先可寒配，皇妣先可敦配"。说明拓跋焘时虽已基本上采用中原礼仪，仍保留着鲜卑旧俗，《魏志》仅有"告祭天地，以皇祖先妣配"的叙述，全删可寒（可汗）、可敦等鲜卑名号。

还有一处，米文平已释，需再强调。石刻第八行："延及冲人，阐扬玄风，增构崇堂"，《魏志》改作："冲人纂业，德声弗彰"。魏太武帝时，在崔浩等支持下以崇道灭佛作为国家宗教政策，故祝辞原文把"阐扬玄风，增构崇堂"当作一项显政来颂扬；魏收修史在北齐文宣帝高洋时，高洋又把崇佛灭道当作改朝换代的一种手段，故魏收改作"冲人纂业，德声弗彰"。此处改动显然是适应当时政治的需要。

总之，石刻祝辞文不仅与史文相吻合，还补充与订正了史文，足以对千百年来史学上关于拓跋远祖石室是否存在以及它的地理位置何在的猜测与论证，作出确定无疑的回答。

---

① 《旧唐书·礼仪志三》。
② 张寄亚等：《马鸿逵在宁夏》，载《文史资料选辑》第二十七辑。

研究鲜卑历史的探源宝镜

鲜卑是东胡的一支,因鲜卑山而得名,与司马彪《续汉书》、袁宏《后汉记》、王沈《魏书》等记载是一致的;鲜卑人自己,无论是慕容还是拓跋,也是如此。隋唐承鲜卑诸王朝之后,史家关于鲜卑起源于鲜卑山是肯定的。因此,鲜卑属东胡系统,起源于鲜卑山,当无异议。

问题是,魏晋以来到南北朝,鲜卑部别很多,大别可分为东部鲜卑与西部鲜卑,他们是否同源?鲜卑山据东晋南北朝文献记载有好几处,究竟何处为正?而拓跋魏口碑相传的世系,竟可追溯到拓跋硅以前百世,使中外学者多怀疑是魏室为"夸耀其门阀之古,家系之悠,而故意造作者也。"[1]

产生上述疑问,在没有充足物证可以弄清鲜卑源流的情况下是自然的,也不无道理。现在地下遗存出土多了,但也不是对鲜卑源流可一举弄个水落石出;不过嘎仙洞遗址,为我们探测鲜卑提供了一面宝镜,我们在这个问题上较前人大进一步是完全可能的。

首先,在大兴安岭北段发现了鲜卑石室,为民族史、考古学界关于鲜卑拓跋部起源于大兴安岭北段提供了雄辩有力的物证。因而大鲜卑山的位置同样可以确定。

其次,石室遗址同样雄辩有力地证明了《魏书·序纪》所记录鲜卑人关于其远祖的口碑史料,是有真实的历史事实作基础的,因而是可信的。

从年代学角度看,北魏始祖力微在位年代准确。《序纪》叙

---

[1] 《东胡民族考》上编122页。

力微继位"岁在庚子"。而力微四十二年当曹魏"景元二年也"。景元二年（261年）上推四十二年是黄初元年（220年），恰是"岁在庚子"。说明力微继汗位之年可以当作《序纪》中可靠的绝对年代。①

力微以前，自元初胡三省注《通鉴》提出檀石槐时鲜卑西部大人中有个叫推演的，就是北魏先祖推寅，② 现在已进一步弄明白，西部大人推演，不是北魏追谥的宣帝推寅，而是追谥的献帝邻，史学上称为第二推寅。邻是力微的祖父，其生活年代当在力微以前七十年左右，当东汉桓灵在位时，正是檀石槐号令各部的时期。

献帝邻又是自大泽再往南迁（实是西迁）的酋长，此时正是东汉击溃北匈奴之后不久，"鲜卑因转徙据其地。匈奴余种留者尚有十余万落，皆自号鲜卑，鲜卑由此渐盛"。③《序纪》说："献帝命南移，山谷高深，九难八阻，于是欲止。有神兽，其形似马，其声类牛，先行导引，历年乃出。始居匈奴之故地。"他的出发点是呼伦贝尔草原，经蒙古高原，迁到阴山河套晋北一带。南迁后与匈奴余种融合，产生了"鲜卑父胡母"的鲜卑新支派，即拓跋鲜卑。《序纪》宣称力微的父亲诘汾与草原上的"天女"相配生下了力微，"故时人谚云：'诘汾皇帝无妇家，力微皇帝无舅家'"，大概反映了南迁后与匈奴融合的情形，只不过北魏皇室把这一过程神化了。

邻以上七世，是第一推寅，即北魏追谥的宣帝推寅。推寅率众自大鲜卑山出发，"南迁大泽，方千余里，厥土昏冥沮洳"。大

---

① 参看《二十二史考异》卷二八，及《十七史商榷》卷六六。
② 《通鉴》卷七七。胡氏以为即南迁大泽的推寅，年代与地理与史不合，当是第二推寅，在史学上已成定论。《序纪》说两次南迁："其策略多出宣、献帝，故人并号曰'推寅'，盖俗云'钻研'之义。"
③ 《后汉书·鲜卑传》。

鲜卑山如果不是指整个大兴安岭北段,也可以肯定是指嘎仙洞所在的大兴安岭北段顶巅东侧一带山地。他们从这里出发,南迁到呼伦贝尔大草原。所谓"大泽",指今呼伦湖而言。自呼盟陈巴尔旗完工和新巴尔虎札赉诺尔两处鲜卑古墓群被发现,考古学与民族史学界多推断是推寅南迁后的鲜卑早期墓群。第一推寅距邻七代,其生活的年代,当在桓灵以前一百五十年至二百年间,大体是西汉成帝在位时期。完工与札赉诺尔古墓群的绝对年代,尚有分歧,自第一推寅至第二推寅经历七世,约当西汉晚期到东汉晚期。尽管出土的文物说明年代较久,但都保持比较纯粹的早期鲜卑文化的特征。①

推寅的前五世为追谥的成帝毛,《序纪》称其"聪明武略,远近所推,统国三十六,大姓九十九。威振北方,莫不率服"。是大鲜卑山一带部落联盟首领。毛以前"积六七十世",都是"统幽都之北,广漠之野,畜牧迁徙,射猎为业,淳朴为俗,简易为化,不为文字,刻木纪契而已",经历过大约两千年的原始氏族部落时期。毛生活的时期,当汉初文景时,再上推六七十世,最早可推算到公元前两千年,相当传说中的舜禹时代。

以上《序纪》所纪世系,力微以下,北魏自有《国记》(邓渊撰)及《国书》(崔浩等撰)等为蓝本,年代准确,事迹具体。力微以上,为年代不准,大多无事迹可言的"人相传授"的世系。然而所叙约二千多年间各个阶段与迁徙方向、地点,都可与史相映,轮廓分明。过去从王鸣盛到白鸟库吉等中外学者多有疑议,是因为没有确实的遗物,可以印证这些鲜卑童年时期的发展

---

① 参看内蒙古文物工作队:《内蒙古陈巴尔虎旗完工古墓清理简报》,载《考古》1965年8期;郑隆:《内蒙古札赉诺尔古墓群调查记》,载《文物》1961年9期。又见《内蒙古文物资料选辑》一书。《东北、内蒙古地区的鲜卑遗迹》(鲜卑遗迹辑录之一),载《文物》1977年5期。

史。现在嘎仙洞鲜卑石室遗址,不仅证明了石室确实存在,而且为考察需要作了试挖,"发现有相当厚的文化堆积"。"在洞口处,也挖了一条一米宽、二十米长的排水沟。……在表土以下,到0.8米深处为黑色粘沙土,其中出土了很多手制夹砂灰褐陶片,还有骨镞、石镞等。从陶器的形制、加工工艺来看,与完工、札赉诺尔墓群出土的陶器,有着相似的文化特征,但更具原始性。在地表以下1.3米的黄色粘沙土中,还出土有打制石器,表明这里可能有更早的人类曾经居住过"。① 因此,毛以前积六七十世的传说得到了文化遗存的有力证明。我们有理由期望着将来进一步系统的挖掘,很可能有更惊人的发现。

嘎仙洞遗址中发现了打制石器是引人注意的,而此处出土陶器与完工、札赉诺尔出土的相似更具原始性,证明从大鲜卑山到大泽的鲜卑人,即邻南迁以前的鲜卑人,都是比较纯粹的鲜卑人。他们发源于大鲜卑山,而不是后来"远窜塞外"退保到大鲜卑山去的。我们习惯于称呼东汉到魏晋活动于辽东辽西至上谷一带的鲜卑为东部鲜卑,他们的祖先是在饶乐水以北的鲜卑山,我们称之为早期东部鲜卑。与这些早期东部鲜卑区别开来,可以称大鲜卑山一带的拓跋部远祖为北部鲜卑。

然而,汉魏两晋史家认为:"鲜卑,亦东胡之余也,别保鲜卑山,因号焉。其语言习俗与乌丸同",秦汉之际"鲜卑自为冒顿所破远窜辽东塞外,不与余国争衡,未有名通于汉。而自与乌丸相接"。② 如何看待这样的记载呢?

我们知道,"鲜卑"一词,或作"师比"、"私钳"、"犀比"、"胥纰"等异译形式,在先秦与西汉文献中累次出现。不过,当时仅指一种胡服的带或带钩。这些记载,说明那时鲜卑人虽未与

---

① 米文平:《鲜卑石室的发现与初步研究》,载《文物》1981年2期。
② 《三国魏志·乌桓鲜卑传》裴注引王沈《魏书》。

中原发生政治交往,但他们确实在鲜卑山存在。而且其文化影响大概是通过东胡、乌桓已间接达于中原。考古材料甚至把这种中原与鲜卑人的文化联系推到更遥远的年代。①

鲜卑作为一个古族出现在中国历史舞台上,是在两汉之际。不过,当时所知的鲜卑人,大体上都是指早期的东部鲜卑,这一部分鲜卑人西汉前期仍在他们发源的鲜卑山地区游牧射猎。汉武帝时"霍去病击破匈奴左地,因徙乌桓于上谷、渔阳、右北平、辽西、辽东五郡塞外"。②原分布在鲜卑山的早期东部鲜卑人接踵而迁移到乌桓故地饶乐水(今西拉木伦河)一带来。在未南迁以前,他们南"与乌桓接",东与扶余接③,当在今西辽河以北至霍林河一带,今哲里木盟地区。

张穆《蒙古游牧记》卷一说科尔沁右翼中旗"西三十里有鲜卑山,土人名蒙格"。其卷三又说:阿鲁科尔沁西北"百四十里有乌辽山,即乌丸山"。《辽史·地理志一》上京乌州条说:"本乌丸地,……有辽河、夜河、乌丸川、乌丸山",此即今阿鲁科尔沁旗与西乌珠穆沁旗交界处赤山。西拉木伦河一带在西汉前期仍是乌桓人活动的中心地带,张穆所记乌丸山正在西拉木伦河北侧,与他所记鲜卑山(在霍林河沿)南北相距约四百里。此两山都在大兴安岭南段,鲜卑山在南段中央,而乌桓山在南段尾部,地理位置与古代文献所记十分吻合。另一方面,西拉木伦河至霍林河之间分布的"舍根文化",据初步研究,是早期鲜卑文化遗存,④与我们根据文献判断早期东部鲜卑在未迁入乌桓故地以前应分布在大兴安岭南段西辽河与霍林河之间森林草原可以互相印

---

① 参看孙秀仁:《黑龙江历史考古述论》上,载《社会科学战线》1979年1期,及以上所引几篇考古报告。
② 《后汉书·乌桓传》。
③ 《后汉书·扶余传》谓扶余"西接鲜卑"。
④ 张柏忠:《哲里木盟发现的鲜卑遗存》,载《文物》1981年2期。

证。因此，早期东部鲜卑人起源的鲜卑山在大兴安岭南段中央，张穆所记"蒙格"山，正是在这个范围之内。这一部分鲜卑人先迁到西拉木伦河乌桓故地，东汉初乌桓得到光武帝批准再度内迁到辽南、辽西，及冀北、晋北一带，于是鲜卑也随之分布到了辽东等五郡塞外。他们南迁后逐渐与乌桓、匈奴以至汉人融合而形成东部鲜卑各部。服虔说："东胡，乌丸之先，后为鲜卑"① 是以种类相近的三部与中原发生政治交往的次序排列的。

那么，鲜卑既以其发源的地方命名鲜卑山，鲜卑一词是什么意思呢？

《史记·匈奴传》《索隐》"黄金胥纰"，注引"张晏云，鲜卑郭落带，瑞兽名也。东胡好服之。"据白鸟库吉考定，鲜卑之鲜"古音与犀均读 sai"，因而"鲜卑与胥纰、师比、私锐等皆当读 sai-pi 或 sa-pi"。他断言"满洲语谓瑞、祥、吉兆、灵异之天象异人曰 sabi，鲜卑当系 sabi 之对译。"此外，他还考定，"满洲语谓兽曰 gurugu，蒙古语谓兽曰 guru-ksu，郭落即此等语之音译也。"② 实际上蒙古语 sibelek 也具有吉祥、祥瑞等意思；达斡尔语 si 同样指美好、吉祥的事物。而满语 gurugu 泛指兽类，蒙古语、达斡尔语 guruksu 则专指较大的走兽。鲜卑语"郭落"当更近于蒙古、达斡尔语 guruksu 的含义。由此可见，"鲜卑山"是汉语与鲜卑语混合词，意为"祥瑞山"或"神山"。汉魏两晋史家，只说明鲜卑族因鲜卑山为号，没有说明鲜卑人发源的鲜卑山究竟在何处。以上我们的论证如果不误，可以肯定鲜卑人发源于大兴安岭，其北段鲜卑人自称大鲜卑山，为北部鲜卑人起源之区；其南段为鲜卑山，是早期东部鲜卑人活动的场所。这两部分早期鲜

---

① 《史记·匈奴传》《索隐》所引。
② 《东胡民族考》上编 25 页。按"鲜卑"一词的罗马字注音以"sibe"为正，白鸟原有注音仍旧。

卑人分别在大兴安岭南北段，同样自称鲜卑人，他们可能是两大氏族部落集团，然而语言相通、族属相同，出土文化遗存也证明大同而小异，可以说是同源。至于早期东部鲜卑人，与北部鲜卑人是否都发源于大鲜卑山，只是后来一部分南迁到大兴安岭南段，成为早期东部鲜卑，还有待考古学上更多实证才能确定。

目前所能见到对鲜卑山具体位置的记载是释道安《西域记》与崔鸿《十六国春秋》，但都不是鲜卑山原址。

《太平御览·地部一〇》鲜卑山条引述《十六国春秋》说："慕容廆，先代君辽左，号曰东胡，……秦汉之际为匈奴所败，分保鲜卑山，因复以为号也，棘城之东。塞外又有鲜卑山，在辽西之西北一百里，与此异山而同号。"另引《隋图经》："鲜卑山在柳城东南。"此即崔鸿所记"棘城之东"的鲜卑山。《通典·州郡八》营州柳城条自注："鲜卑山，在县东南二百里棘城之东。塞外亦有鲜卑山，在辽西之北一百里，未详孰是。"此外，顾祖禹《读史方舆纪要·直隶九》徒河青山条自注"或曰，鲜卑山即青山"。

可见，启杜佑起，已对以上两三处鲜卑山感到迷惑不解。

实际上棘城之东与辽西塞外百里，都在辽西范围之内，这几处鲜卑山都与慕容部在辽西的迁徙有关。

慕容部是东部鲜卑主干，两汉之际，早期东部鲜卑自发源的鲜卑山南迁饶乐水，慕容部大概移牧于今西拉木伦河上游，檀石槐时有中部大人名慕容，即其祖先。据《十六国春秋》记载，是慕容廆的"曾祖莫护跋于魏初率其诸部入居辽西。从司马宣王讨公孙渊，拜率义王，始建国于棘城之北"。司马懿灭公孙渊在景初二年（238年），慕容部居棘城当在此时。此后该部一度入居辽东，晋太康十年（289年）慕容廆又自辽东迁回徒河之青山。从《晋书载记·慕容廆传》载其迁徙过程看，可知棘城在徒河之北。

柳城在今辽宁省朝阳市区已成定论，棘城当在今义县附近，徒河当在今锦州市，也可随柳城位置的确定而大致可定。因此，《十六国春秋》、《隋图经》、《通典》所记两处鲜卑山都在辽西，是慕容部迁入以后，为不忘祖源而迁入的地名。至于徒河青山是否鲜卑山也就无须详考了。

另一处鲜卑山在河西与青海相接的祁连山脉，此山见于《水经·河水注》所引《释氏西域记》，即释道安所撰《西域记》。道安东晋十六国人，较崔鸿更早。

唐以前，人们都相信黄河发源于昆仑山，在盐泽之东伏流地下，然后在积石山复出为黄河。然而释氏《西域记》记载了古人另一种说法。《水经·河水注》叙"湟水又东与阁门河合，即浩亹河也。水出西塞外，东入塞，径敦煌酒泉张掖东南……又东流注于湟水，故《地理志》曰浩亹水东至允吾入湟水。……湟水又东流注入于金城河，即积石之黄河也。阚骃曰'河至金城县谓之金城河，随地为名也'。释氏《西域记》曰：'牢兰海东伏流，龙沙堆在屯皇，东南四百里阿步于鲜卑山东流至金城河为大河。'"

古盐泽，又名蒲昌海，因为在楼兰附近，又称楼兰海，即今罗布泊。释氏《西域记》认为河源自昆仑出，至牢（楼）兰海东伏流，到屯皇东南四百里阿步干鲜卑山复出地面东流至金城入大河，此即《水经注》所叙阁门河，今之大通河。

乾隆时赵一清解释《西域记》这一记载说："屯皇即敦煌，师古曰，敦音屯。《汉志》曰敦煌郡有白龙沙堆。"全祖望解释说："阿步干，鲜卑语也。慕容廆思其兄吐谷浑，因作《阿干之歌》，盖胡俗称其兄曰阿步干；阿干者，阿步干之省也。今兰州阿干谷、阿干河、阿干城、阿干堡，金人置阿干县，皆以《阿干之歌》得名。"由此可知，阿步干鲜卑山，即阿干鲜卑山，是吐谷浑部所名之鲜卑山。以释氏《西域记》所叙方位推断，是指今大通河源之祁连山。《汉书·武帝纪》天山条颜注说："即祁连山也，匈奴谓天为祁连；今鲜卑语尚然。"吐谷浑最盛时，都伏俟城（今青海湖西南十余里），北控祁连山。他们以祁连山，也就是"天山"为纪念祖先的神山，又与辽西慕容部的鲜卑山区别开来，号为阿干鲜卑山，真是顺理成章。此是东部鲜卑西迁之后，也把鲜卑山的名称带到了河西与青海相接处的祁连山。

由此可见，鲜卑人最初因鲜卑山名族，后来随着鲜卑各部的迁徙，而把祖先发源的山名带到了新的游牧区域。明乎此，就不至对从辽西到河西有几处鲜卑山，而又都不是鲜卑山原址感到迷惑不解了。

结　语

综上所述，我大胆得出以下几点结论：

1. 鲜卑人起源于大兴安岭，这是蒙古高原东部森林草原地带。茫茫林海中，既有早期鲜卑人赖以游牧射猎的衣食之源；也与大漠南北地形地理特点有很大区别，是使匈奴铁骑不能适应的天然屏障，史书所说"保鲜卑山"大概指此而言；更何况，大兴安岭自身又充满着神秘威严的自然力量。早期鲜卑人把大兴安岭，或者大兴安岭中某些部分命名为"祥瑞山"或"神山"是最恰当不过了。大兴安岭既是鲜卑人发源与早期活动的地区，也就是鲜卑山与大鲜卑山原址所在。

2. 东胡与乌桓在战国都已与中原发生关系。战国末年东胡已出现早期游牧军事国家。东胡，或可理解为东方的胡人，是中原人的称呼，其自称或者就是乌桓、鲜卑。不过乌桓在战国末似未达到建立国家的发展水平，鲜卑当时比乌桓还要原始。我认为东胡、乌桓、鲜卑都是属东胡系统，因其语言、文化、族属相近，而两汉时都以东胡称之。东胡因分布在滦河流域及西拉木伦河、老哈河上源地区，与中原农业文化相接，社会发展水平最高。他们理应另有自称，但对中原称之为东胡，也自居之不嫌，因为胡在当时并无轻侮的意思。所以匈奴人自称胡，而与中原一样称东胡人为东胡。乌桓人在战国时已与中原发生经济、文化联系，见于《史记·货殖列传》记载，他们当时在饶乐水或稍南一带繁衍生息。冒顿破东胡，他们所保乌桓山在大兴安岭南段尾部，也是借着森林草原的屏障。鲜卑在先秦与西汉虽存在于今大兴安岭南北段，但中间隔着东胡、乌桓，未与中原发生直接关系，尽管其文化影响早已达于中原，但作为一个古族，东汉以前仍不为中原所知，而东汉所知也主要是指早期东部鲜卑人。

3. 鲜卑人的南迁与西迁以及鲜卑人的兴盛是与匈奴的衰亡过程相连系的。东部鲜卑人是随乌桓内迁的路线南迁而后部分西迁。北部鲜卑人（拓跋）则是受东部鲜卑南迁与北匈奴西迁的推动向南向西迁徙，先迁至大泽（呼伦贝尔）地区，再迁到阴山河套晋北一带"匈奴故地"，而后再有一部分西迁河西。大体而言，鲜卑人是从大兴安岭出发，向南向西成扇形展开迁徙。他们迁徙之后，又把发源的神山的名称带到了新居处，所以从辽西到河西都有他们带去的鲜卑山地名。

4. 嘎仙洞鲜卑石室的文化遗存，与完工、札赉诺尔古墓文化遗存以及舍根文化都说明在大兴安岭地区游牧射猎的早期鲜卑人同源而且较为单纯，他们南迁和西迁以后，与匈奴、乌桓以及羌人、汉人融合，而形成许多部别，而这些后来发展出来的鲜卑各部，又大体上都与汉人融合，成为隋唐汉族的重要来源之一。唐代鲜卑作为一个古族消失了，但汉化的鲜卑贵族在隋唐统治集团中都起重要作用，在隋唐文化发展中也有一定地位。此外，北魏至隋唐的室韦人、契丹人以及后来的蒙古人，都与鲜卑有着很深的渊源。所有这些民族的形成、发展与鲜卑的关系，也是鲜卑史研究中探源追流的重要内容，是研究中华民族形成史的重要课题。

由于嘎仙洞鲜卑石室遗址的发现，确立了大鲜卑山的方位，也使《序纪》所叙拓跋先祖世系得到实证，我们才得以与相关文献及文化遗存印证考察，探赜索隐，得出了以上几点结论。至于嘎仙洞遗址为研究黑龙江流域历史地理所确立的关键座标，所涉考证过程较为复杂，我希望在本文仅存此说以表述嘎仙洞遗址重要意义的一个重要方面，而另作专文加以论证。

嘎仙洞鲜卑石室遗址已引起广泛的重视，我深信，随着它的重要性一步步得到阐明，特别是进一步作科学发掘，必将更加充实它在探溯鲜卑史源与研究中华民族形成史及中国疆域发展史方面的科学价值，国内外史学界都将肯定，它确实是鲜卑史研究的一座丰碑！

后记：本文在写作过程中，王锺翰、张锡彤两教授为我审阅草稿并提出修改意见。在我写成本文以后，《历史研究》1981年6期发表了佟柱臣教授的文章：《嘎仙洞拓跋焘祝文石刻考》。佟柱臣教授是考古学界前辈，拙文与佟先生大作论证过程与角度各不相同，而主要结论颇可相通，因而也使我对最近几个月的探索产生了一种信心。佟先生对拓跋鲜卑，乌桓、东部鲜卑的迁徙路线作了如下表述：1.拓跋鲜卑的迁徙路线是：大兴安岭北段西麓→呼伦贝尔草原→阴山→晋北。2.乌桓的迁徙路线是：西拉木伦河→沽源、翁牛特旗、昌图一线以北→河套东部、晋北、冀北、辽南。3.东部鲜卑迁徙路线是：科尔沁右中旗→西拉木伦河→赤峰至密云一带→内蒙古草原广大地区。这三条路线，第1条和第2条、第3条完全不同；第2条和第3条有一部分相同，有一部分不同。这个史实说明他们原来居住的地区不同，因而大鲜卑山和鲜卑山也自是不同的。佟先生的考证过程清楚，表述也很明白易懂，因而我借抄于拙作之后，作为拙作的借鉴。事后又蒙佟先生为我审阅未定稿，提出修订意见。对王、张、佟三位老师的指导在此谨致谢忱。

(原载《民族研究》1982年第6期)

鲜卑山考

鲜卑山，是鲜卑人因以为号的地方。目前所能见到关于鲜卑山方位的记载，最早的是释道安的《西域记》和崔鸿的《十六国春秋》，两书所记一在河西，一在辽西。根据先秦与西汉北方古族活动的情况，以及两汉在东北的地方行政建置看，辽西显然不是鲜卑发源的地方，河西则更加不是。自杜佑起，对鲜卑山究竟座落何处，已感到迷惑不解；后来各家虽有考证，也终未破的。

鲜卑族，在我国古代史上，是影响极为深远的古族之一。自西汉晚期起，它们开始从大兴安岭地区出发南迁与西迁，到东汉末分布在东起辽河、西到乌孙，广袤逾万里的地区，部别繁多。东晋十六国时，这个民族曾建立前燕、西燕、后燕、南燕、西秦、南凉、代等一系列割据王国；南北朝时期，更在中国北部建立过一系列王朝。在长达几个世纪中，鲜卑曾吸收融合匈奴、乌桓、氐羌和汉人形成许多部别，然后差不多又全都汉化，成为隋唐时期汉人的主要来源之一。作为一个古族，鲜卑在唐代已基本消失，然而汉化的鲜卑贵族在隋唐统治集团中，仍起着较为重要的作用。另一方面，北魏至隋唐时的室韦人、契丹人，以及后来的蒙古人，无不与鲜卑有着深远的渊源关系。因此，考订鲜卑山的原址与鲜卑山地名的迁徙，不仅对探讨鲜卑人及其文化的起源与发展有意义，也对研究中华民族形成史与中国疆域形成史有着重要的意义。

正因为如此，前人对此问题探源讨赜，做过许多考证，但由于没有确实无疑的文化遗存作物证，虽众说纷纭，大体仍属推论。现在，由于嘎仙洞鲜卑石室遗址的发现①，对鲜卑山的源与流，作个全面考察，从而作出较为正确的结论，已经有了可能。我对鲜卑史所知甚少，为其重要性所鼓舞，试作鲜卑山考。

文献关于鲜卑起源的记载

鲜卑，作为一个古族，在先秦西汉是存在的，但未与中原直接交往，不为当时人们所知。然而，鲜卑一词，在先秦与西汉文献中，却累见不鲜。

《楚辞·大招》有"小腰秀颈，若鲜卑只"的描写，东汉王逸注："鲜卑，衮带头也。言好女子之状，腰支细少，颈锐秀长，靖然而特异，若以鲜卑之带约而束之也。"《战国策·赵策二》记载赵武灵王胡服骑射，"遂赐周绍胡服衣冠，具带黄金师比"。汉文帝前六年（公元前174年）曾以"黄金胥纰"赠冒顿单于，《史记·匈奴传》黄金胥纰条《索隐》谓："《汉书》见作'犀毗'，此作'胥'者，犀声相近，或误。张晏云：'鲜卑郭落带，瑞兽名也，东胡好服之。……'"《汉书·匈奴传》颜师古注："犀毗，胡带之钩也。亦曰鲜比，亦曰师比，总一物也，语有轻重耳。"在这些文献中，"鲜卑"又作"犀毗"、"胥纰"、"师比"、"私鈚"（见《淮南子·主术训》高诱注）等异译形式，都是指一种胡革带和带钩，而不是族名。然而此带既由东汉人直称鲜卑带，当是鲜卑文化影响达于中原的表现，其中介大概是东胡。

东汉初年，鲜卑作为族称，正式出现在中国史册中。东汉魏晋史家认为鲜卑是东胡的一支，因鲜卑山得名。今所见自司马彪《续汉书》、袁宏《后汉记》、王沈《魏书》等记载，都是一致的。

---

① 米文平：《鲜卑石室的发现与初步研究》，载《文物》1981年2期。

《三国志·魏志·乌丸鲜卑东夷传》注引王沈《魏书》可作代表："乌丸者，东胡也。汉初，匈奴冒顿灭其国，余类保乌丸山，因以为号焉。""鲜卑亦东胡之余也，别保鲜卑山，因号焉。""鲜卑自为冒顿所破，远窜辽东塞外，不与余国争衡，未有名通于汉，而（由）自与乌丸相接。至光武时，南北单于更相攻伐，匈奴损耗，而鲜卑遂盛。"

不过，东汉所知鲜卑人主要是东部鲜卑。魏晋史家承东汉以来记载，相信鲜卑仅仅是冒顿灭东胡时"远窜辽东塞外"的东胡"余种"，因"保鲜卑山"而得名。事实却并非如此。

北齐时，魏收撰《魏书》，是根据鲜卑贵族审订的北魏《国记》（邓渊等撰）、《国书》（崔浩等撰）及其他官文书与私家谱谍总汇而成的断代史。其《序纪》叙北魏远祖发源及迁徙过程，是鲜卑人自己"人相传授"的口碑史料的文献记录。《序纪》称："昔黄帝有子二十五人，或内列诸华，或外分荒服。昌意少子，受封北土，国有大鲜卑山，因以为号。"

北魏宣称自己是黄帝少子昌意之后，固然是出自当时政治需要，是根据李彪等人建议杜撰出来的。但《序纪》叙北魏远祖可追索到百世，在大鲜卑山"积六七十世"，而且自嘎仙洞鲜卑石室发现之后，这种遥远时代历史的记录已得到证实，说明拓跋鲜卑本来就起源于大鲜卑山；东部鲜卑也应自有其早期活动区域。司马彪等人的"余种"说，大概由于东汉魏晋史家对鲜卑起源地大鲜卑山的原址究竟在何处不甚了了，仅根据鲜卑与东胡、乌桓族属、语言、习俗相近，而作出的推论。

大鲜卑山方位的确定

嘎仙洞鲜卑石室遗址的发现，为大鲜卑山方位的确定提供了物证。该遗址座落在大兴安岭北段顶端东麓,雄辩地证明了我国民族史与考古学关于拓跋鲜卑起源于大兴安岭北段的论证是正确的①,也证明了《魏书·序纪》有真实的历史作基础。

我们先从年代学的角度来考察。

《序纪》载:北魏始祖力微"元年,岁在庚子";其四十二年"遣子文帝如魏,且观风土。魏景元二年也。"曹魏景元二年,当公元261年,上推42个年头为黄初元年,当公元220年,恰是"岁在庚子。"即,力微元年无可疑问。力微以后,《序纪》叙事具体,年代准确,也反过来证明力微元年在黄初元年的可靠性。因此力微元年,可以作为《序纪》中可靠的绝对年代。

力微的祖父名叫邻,追谥献帝。《序纪》说:"献帝邻命南移,山谷高深,九难八阻,……历年乃出,始居匈奴故地。"邻的南迁,自呼伦贝尔草原出发,经蒙古高原,到达阴山河套一带,即"匈奴故地",其实是向西向南迁移。邻生活年代大概在力微元年以前六七十年,正是东汉桓、灵在位,鲜卑檀石槐号令各部的时期,也正是北匈奴已被东汉击溃西迁之后不久,"鲜卑因转徙据其地。匈奴余种留者尚有十余万落,皆自号鲜卑,鲜卑由此渐盛"②的时期。元初胡三省注《通鉴》,首倡北魏远祖推寅即檀石槐时西部大人推演一说,确实是个大发现。不过胡氏指的是北魏追谥的宣帝推寅,此推寅上距力微九世,自大鲜卑山南迁大泽(今呼伦湖),年代与地理都不能与檀石槐西部大人推演相合。只有邻与檀石槐基本同时,他南迁到阴山河套也正是檀石槐鲜卑联盟的西部,史号第二推寅,即檀石槐西部大人之一的推演,当可定论。

邻南迁以后,鲜卑与匈奴余众融合,形成了"鲜卑父胡母"

---

① 参看王鸣盛《十七史商榷》卷六十六及白鸟库吉《东胡民族考·托跋氏考》。
② 《后汉书·鲜卑传》。

的鲜卑新部,即拓跋鲜卑。《序纪》称力微的父亲诘汾与草原上的"天女"相配,生下了力微,"故时人谚曰:'诘汾皇帝无妇家,力微皇帝无舅家'"。这显然是把这一融合过程神化了。

邻以上七世即宣帝推寅,他上距力微九世,若以平均每世25年至30年计,则当在力微元年之前270—220年间,即公元前50年左右,当汉宣帝末年至汉成帝在位时。推寅"南迁大泽,方千余里,厥土昏冥沮洳。"完工、札赉诺尔鲜卑古墓群①被发现后,考古学界断为推寅自大鲜卑山南迁后的早期鲜卑遗迹。对两墓群的绝对年代不无异议,然而自推寅南迁至邻中经七世,当西汉晚期至东汉晚期,因此两处古墓出土文物年代拉得较久,不足为奇。不过,这些出土文物都是较单纯的早期鲜卑文物,说明在邻南迁以前,拓跋的远祖还是比较纯粹的鲜卑人。

推寅上推五世是成帝毛,"聪明武略,远近所推,统国三十六,大姓九十九",是大鲜卑山一带的部落联盟首领。毛的生活年代当在推寅之前150至120年间,当西汉初至文景时。毛以前在大鲜卑山"积六七十世","世为君长,统幽都之北,广漠之野",经历过大约两千余年的原始氏族部落时期,相当于传说中的舜禹时代。嘎仙洞被发现以后,仅作试挖即"已发现有相当厚的文化堆积","其中出土了很多手制夹砂灰褐陶片,还有骨镞、石镞等。从陶器的形制、加工工艺来看,与完工、札赉诺尔墓群出土的陶器,有着相似的文化特征,但更具原始性。"②更令人感兴趣的是,其中还出土了打制石器,证明毛以前"积六七十世"是可能的,甚至还可能有更早的人类生活在这一带。

---

① 参看内蒙古文物工作队:《内蒙古陈巴尔虎旗完工古墓清理简报》,载《考古》1965年6期。郑隆:《内蒙古札赉诺尔古墓群调查记》,载《文物》1961年9期。又见《内蒙古文物资料选辑》。

② 米文平:《鲜卑石室的发现与初步研究》,载《文物》1981年2期。

总之，嘎仙洞文化遗存足以证明《序纪》所叙遥远的鲜卑历史的真实性，拓跋鲜卑起源于大鲜卑山是无可置疑的。从毛"统国三十六，大姓九十九"的情况看，当时有一个很大的部落集团，大鲜卑山很可能泛指整个大兴安岭北段而言。若不，就是这个部落集团以嘎仙洞鲜卑石室为神圣中心，大鲜卑山是专指大兴安岭北段顶巅东麓的山地而言。不管何者为确，大兴安岭北段是拓跋鲜卑起源和原始游猎畜牧之区，则是千真万确的历史事实。建立北魏的鲜卑人起源于我国极东北，其活动范围可能远达贝加尔湖以东以南的西伯利亚[①]。

早期东部鲜卑所居鲜卑山

前已叙及《后汉书》、《三国志》所记载的鲜卑，主要是指东部鲜卑。

西汉初，乌桓分布在以饶乐水（今西拉木伦河）为中心的地区，而鲜卑在乌桓以北。"及武帝遣骠骑将军霍去病击破匈奴左地，因徙乌桓于上谷、渔阳、右北平、辽西、辽东郡塞外，为汉侦察匈奴动静。"[②] 乌桓已从西拉木伦南迁。建武二十五年（公元49年）乌桓再度获准"使居塞内，布列辽东属国、辽西、右北平、渔阳、广阳、上谷、代郡、雁门、太原、朔方诸郡界，招来种人，给其衣食，置校尉以领护之，遂为汉侦备击匈奴、鲜卑。"[③] 辽东属国在今辽宁北镇一带，可见东汉初乌桓已内迁到

[①] 清末张穆、何秋涛、曹廷杰、丁谦等都认为西伯利亚是鲜卑的对音。近人林传甲《黑龙江乡志》谓大鲜卑山即外兴安岭，今为悉俾尔。

[②] 《后汉书·乌桓传》。

[③] 《三国魏志·乌桓传》注引王沈《魏书》。

辽南辽西至冀北、晋北及河套以东的广大地区。踵随乌桓南迁与内迁，早期东部鲜卑也从鲜卑山南迁到以饶乐水为中心的乌桓故地。《后汉书·鲜卑传》称，"其语言习俗与乌桓同，唯婚姻先髡头，以季春大会于饶乐水上"，就是指鲜卑南迁到乌桓故地的情形。东汉初，鲜卑再随乌桓南迁到辽东等五郡塞外。在南迁乌桓故地以前，鲜卑南与"乌桓相接"，东与夫余为邻①，相当于今西辽河以北至霍林河一带，哲里木盟地区。考古发现这一地区分布的"舍根文化"，可能就是早期东部鲜卑人的文化遗存。

因此，早期东部鲜卑所居的鲜卑山，当在哲里木盟地区去寻求，而乌桓山应在此以南西拉木伦河流域。

张穆《蒙古游牧记》卷一谓科尔沁右翼中旗"西三十里有鲜卑山，土人名蒙格"。卷三又说阿鲁科尔沁西北"百四十里有乌辽山，即乌丸山"。《辽史·地理志一》上京乌州条称："本乌丸地……有辽河、夜河、乌丸川、乌丸山"。丁谦《后汉书乌桓鲜卑传地理考证》断言："乌桓者，乌兰之转音也。""考《游牧记》，阿鲁科尔沁旗北至乌兰峰，与乌珠穆秦旗界；又云，西北有乌辽山，即乌丸山。知乌桓、乌兰、乌辽、乌丸，名虽小异，实即一山。此山高大，为内兴安岭南行正干，所以部人东走时得据以自保，自是尊之为神，故有人死灵归是山之语。"此即今阿鲁科尔沁旗西北赤山，处西拉木伦河北侧大兴安岭南段尾部。此山以北四百里左右，即张穆所记鲜卑山，处霍林河沿，当大兴安岭南段中央。地理位置与史书所记乌桓、鲜卑南迁以前的情形吻合。所谓乌桓保乌桓山，鲜卑保鲜卑山，都是凭借大兴安岭森林草原地带的屏障。因此，早期东部鲜卑人所居鲜卑山，或者泛指大兴安岭南段中央而言，或在科尔沁右翼中旗之西。

若以上所论无大谬，则可断定大兴安岭是早期鲜卑人活动的

---

① 《后汉书·东夷列传》夫余条谓夫余"西与鲜卑接"。

区域,其南段为早期东部鲜卑原始牧地,其北段为拓跋鲜卑起源之区。故拓跋远祖若对早期东部鲜卑而言,可以称作北部鲜卑。它们是鲜卑早期的两大氏族部落集团,同居大兴安岭南北段,都自称鲜卑,并肯定自己的祖先因鲜卑山为号,可以说是同源的。"舍根文化"与完工、札赉诺尔文化遗存的共同性与差异,说明它们文化上大同而小异。至于两部分早期鲜卑人是否同起源于大兴安岭北段,而后分化为两大集团,分大兴安岭南北以居,是大有这种可能的,不过还有待于进一步考古发现来证实。

总而言之,童年时期的鲜卑,是大兴安岭森林草原地带山居的游牧人。自西汉晚期分别从大兴安岭南北段南迁与西迁,到东汉末已呈扇形展开,东起辽河西至乌孙,与匈奴、乌桓等融合,形成许多部别。同源异流盖为鲜卑各部发展的真实情形,然而,不管是慕容还是拓跋,都自认其祖先起源于鲜卑山或大鲜卑山。

鲜卑山地名的迁徙

古代文献记载鲜卑山,现在所能见到的,以释道安《西域记》和崔鸿《十六国春秋》为最早。但二书所记都是随鲜卑迁徙的地名。

《太平御览·地部一〇》鲜卑山条引述《十六国春秋》:"慕容廆,先代君辽左,号曰东胡。……秦汉之际为匈奴所破,分保鲜卑山,因复以为号也,棘城之东。塞外又有鲜卑山,在辽西之西北一百里,与此异山而同号。"另引《隋图经》:"鲜卑山,在柳城东南。"《通典·州郡八》营州柳城县条自注:"鲜卑山,在县东南二百里棘城之东;塞外亦有鲜卑山,在辽西之北一百里,未详孰是。"

以后《寰宇记》抄《通典》,都是本于《十六国春秋》。综以上各书鲜卑山共有两处：一在棘城之东，《通典》指出其方位在柳城东南二百里；一在辽西塞外即辽西之北一百里。对此，自杜佑起已感迷惑。直至解放前，冯家升教授还认为："鲜卑山乃具神话之意味，未必能指出今为何地。"①

棘城之东与辽西之北百里，都在今辽西，这两处鲜卑山都与慕容部在辽西的迁徙有关。

慕容部是东部鲜卑主干。据《十六国春秋》记载，是慕容廆的"曾祖莫护跋于魏初率其诸部入居辽西，从司马宣王讨公孙渊，拜率义王，始建国于棘城之北"。司马懿灭公孙渊在景初二年（238），慕容部居棘城当在此时。此后该部一度入居辽东。晋太康十年（289），慕容廆又自辽东还居辽西徒河之青山。

柳城，汉县，慕容皝筑新城于龙山之西，改名龙城。考古发现已证实今朝阳市西南八里堡为龙城遗址所在；柳城旧址在龙城南，在今朝阳市西南二十余里的十二台营子汉代古城遗址，即是柳城县遗址。徒河当今辽宁省锦州市②，北有青山。从《晋书载记·慕容廆传》载其入居辽西的情况看，可知棘城在北而徒河在南。《慕容皝传》记载段辽曾分兵两路夹击棘城，一路从西北柳城，一路从东南徒河，可知棘城在柳城东南，徒河西北，当在今义县境内。因此，《十六国春秋》说鲜卑山在"棘城之东"，《隋图经》说在"柳城东南"，《通典》说"（柳城）县东南二百里棘城之东"，实际上指的是同一地方。顾祖禹《读史方舆纪要·直隶九》徒河青山自注"或曰，鲜卑山即青山"，方位相合，然而是一处还是较近的两处不足详考了。

另一处在辽西之北一百里塞外。西汉辽西郡城盖为且虑；后

---

① 冯家升：《述东胡系民族》，载《禹贡》3卷8期。
② 参见王锺翰《战国秦汉辽东辽西两郡县考略》，载《社会科学辑刊》1979年4期。

有迁徙。《水经·濡水注》引应劭《地理风俗记》称:"阳乐故燕地,辽西郡治"。直至西晋末,阳乐仍为辽西郡治。且虑遗址当今朝阳市以西[①],阳乐当今义县西。[②]若塞外鲜卑山在阳乐西北百里,当在今朝阳以北不远;若在且虑之北百里,也离朝阳北不过百里,都在辽西范围之内,离慕容皝龙城不远。因此,《十六国春秋》与《通典》所载两处鲜卑山,都是慕容部怀念其祖先而迁入的地名。把这两处误为鲜卑山原址,与鲜卑人的迁徙过程完全不能说通。

释氏《西域记》所记鲜卑山,见《水经·河水注》征引。释道安,东晋十六国人,较崔鸿更早。

唐以前,人们相信黄河发源于昆仑山,在盐泽之东伏流地下,然后在积石山复出为黄河。然而释氏《西域记》记载了古人另一种说法:"牢兰海东伏流,龙沙堆在屯皇,东南四百里阿步干鲜卑山东流,至金城为大河。"(《水经·河水注》引文)

古盐泽,一名蒲昌海,因在楼兰附近,又名楼兰海,即今罗布泊。屯皇即敦煌,《汉书·地理志下》敦煌郡原注:"正西关外有白龙堆沙、有蒲昌海。"颜师古注:"敦音屯"。释道安认为河源出昆仑在牢(楼)兰海东伏流,在屯皇东南四百里阿步干鲜卑山复出地面东流,至金城(今兰州市)入大河,此即《水经注》所叙阁门河,今之青海省大通河。全祖望解释《西域记》阿步干条,说:"阿步干,鲜卑语也。慕容廆思其兄吐谷浑,因作《阿干之歌》,盖胡俗称其兄曰阿步干;阿干者,阿步干之省也。今兰州阿干谷、阿汗河……皆以《阿干之歌》得名。"由此可知,阿步干鲜卑山,即阿干鲜卑山,是吐谷浑部所命名的鲜卑山,以释氏《西域记》所叙方位看,是指今河西与青海交界处大通河源的祁连山。

---

① ②《读史方舆纪要·直隶九》。

吐谷浑原是慕容廆的庶长兄，因兄弟不和迁居陇上，后为部名。当其最盛时，都伏俟城（今青海湖西南十余里），北控祁连山。《汉书·武帝纪》天山条颜注："即祁连山也，匈奴谓天为祁连；今鲜卑语尚然。"吐谷浑部为怀念其祖先以祁连山为其祖先发源的鲜卑山，又与辽西慕容所名鲜卑山区别开来，称为"阿干鲜卑山"，真是恰当不过了。

（原载《社会科学战线》1982年第3期）

唐代辽东若干地名考释

唐代辽东地区属安东都护府管辖。对该都护府置废的原委，府治的迁徙等，国内外的前人都已有专论，其中金毓黻在《东北通史》卷四安东都护府一节作过系统叙述。

安东都护府所属府州，《旧唐书·地理志》二载为"九都督府，四十二州，一百县。"《新唐书·地理志》三所载数目相同。所不同的，《新唐书·地理志》七除谱列九都督府名之外，另有十四州地名，虽于四十二州仅存少数，较旧书所载又稍为详明。这些府州大体都在鸭绿以北。另外，文献记载还有一些别的地名。为了研究唐代辽东历史地理，谨作若干新定地名考释。

一、辽东城与新城。《旧唐书》和《新唐书》地理志均记"上元三年移安东府于辽东郡故城，仪凤二年又移治新城。"学术界公认此辽东城即汉襄平城，遗址在今辽阳市老城区。

新城为仅次于辽东城的重镇。金王寂《辽东行部志》谓唐安东都护府或治辽东故城，或治新城，"新城，实今之沈州也"，[①] 即今沈阳市。这大概是见于文献最早的考订，方位大致不误。然而自抚顺市高尔山山城被考古学界发现并予以考订后，一般都确认高尔山山城即是新城，唐代不仅曾作安东都护府府治，而且建有新城州都督府。

以上两城的考订并无新发现，因与其他各点考订有关，故此简述几句。

---

① 此书收入《辽海丛书》第八集。

二、玄菟城。唐玄菟城遗址所在，学术界尚无定论。自抚顺市劳动公园汉代古城遗址被发现，一般即断为汉玄菟郡第三郡址。这一考订，验之汉唐记载，方位虽无大误，地点都不确切。

　　为了说明问题，首先当对汉玄菟郡治迁徙过程及第二、第三郡治所在，作一考订。

　　汉武帝元封四年（前107年）初设玄菟郡，后来，玄菟郡北迁，《后汉书·东夷传》载："昭帝始元五年……玄菟复徙居句骊"，始元五年为公元前82年，所谓徙居句骊是指玄菟郡所属高句骊县。《汉书·地理志》玄菟郡以高句骊县居首即反映郡治北迁至高句骊县以后的制度。《汉书·地理志》高句骊原注："辽山，辽水所出"，即今浑河发源处，一般都断定汉高句骊县城应在今新宾城附近。

　　《汉书·昭帝纪》记载，元凤六年（前75年）"春正月，募郡国徙筑辽东玄菟城"。从来考玄菟郡第二郡址所在，多引《三国魏志·东夷传》所说玄菟自沃沮徙"句丽西北，今所谓玄菟故府是也"，并非在高句骊县城之外别筑一城。我认为这是值得怀疑的。考《汉志》玄菟郡以高句骊县居首，知郡治在县中，而《昭帝纪》又叙元凤六年筑郡城，《后汉书·东夷传》谓郡城在高句骊西北。是始元五年迁治于高句骊县，过了七年至元凤六年更在县西北筑郡城，因而今新宾附近当有两座汉代古城，即原有高句骊县城在东，元凤时筑的郡城在县城西北，两城不会相距很远，但一为郡城，即三国时所谓"玄菟故府"，一为县城。文献论述是清楚的，两城址则有待考古发掘来证明。

　　至东汉，玄菟郡再次北徙。《续汉书·郡国志》于玄菟郡所属高置、候城、辽阳三县均有原注："故属辽东"，李贤注："《东观书》：安帝即位之年，分三县来属"。是后汉永初三年（公元107年）分原属辽东郡三县给玄菟，大概也是此时玄菟郡治第二次北迁。其他据《三国吴志·孙权传》裴注引《吴书》记载说三国时

"玄菟郡在辽东北,相去二百里。"此即玄菟郡第二次北迁的郡治,考史者常谓之第三郡治。汉尺相当今尺七寸左右,汉二百里相当今一百三四十华里,若以抚顺劳动公园汉代古城当玄菟郡第三郡治,则失于偏在东北,且里至相距较大。若以今辽阳市(汉辽东郡治)以北百三四十(当汉二百里)计方位里程,则玄菟郡第三郡治当在今沈阳市区。

再以关于唐代辽东的记载为据,也肯定当时新城与玄菟城不能像抚顺高尔山城(新城)与抚顺劳动公园古城那样在一个地方分南北隔浑河相望。《资治通鉴》卷一百九十七记贞观十九年(645年)"李世勣发柳城,多张形势若出怀远镇者,而潜师北道趋甬,……夏四月戊戌朔,世勣自通定镇济辽水,至玄菟……壬寅,辽东道副大总管江夏王道宗将兵至新城。"柳城遗址在今朝阳市,通定镇即今辽滨塔。自辽滨塔渡辽当日奔袭即至玄菟,唯有求玄菟于今沈阳市区才能与文献记载吻合,因辽滨塔至沈阳八十余里,当日奔袭可以到达,而且与清朝"御路"恰好一致。

世勣到达玄菟后四天,他的副手李道宗于初五(壬寅)才将兵数千至新城,证明两城之间有一定距离。如果劳动公园古城是玄菟城遗址,李世勣、李道宗等必先到达新城,因为高尔山城在北,劳动公园在南,渡辽自北而来,当然先到新城,才能到玄菟城。而事实恰恰相反,李世勣先奔玄菟,过了四天才由李道宗带兵到新城。另一方面,自今辽滨塔渡河至抚顺市,相距一百六七十里,所经又多山区,大部队不能当天到达。所以,玄菟郡第三郡治,即唐代玄菟城的遗址不可能在抚顺市区,今抚顺市劳动公园古城为盖牟城遗址,下面还要详释。

自沈阳市上柏官屯汉代古城遗址被发现,论者多以为即汉代候城遗址。其实候城遗址在今沈阳市浑河南二十余里古城子,[①]

---

① 详见《社会科学辑刊》1979年第4辑《战国秦汉辽东辽西郡县考略》。

上柏官屯古城当是玄菟郡第三郡治所在，唐玄菟城即在此处。东汉玄菟为郡治，唐玄菟城仅一般城镇，因为其政治上的重要性已被新城代替。

三、盖牟城。西汉末玄菟郡仅上殷台、西盖马等三县。东汉时玄菟郡再次北迁，西盖马随郡北迁，盖牟即盖马音转而来。

古时考订，因受辽、金史影响，误认为今盖县为古盖牟。《辽史·地理志》："辰州奉国军节度，本……盖牟城……渤海改为盖州，又改辰州"，《金史·地理志》也说"盖州奉国军节度使下，本……盖葛牟城，（明昌）六年以与陈同音，更取盖葛牟为名"。《辽史》新东京辽阳府地理沿革，谬误百出，以辰州当古盖牟即其一例。

《旧唐书·韦挺传》载，贞观十九年唐军"破盖牟城，诏以挺统兵士镇盖牟。……挺守城，去大军悬远，与……新城邻接，日夜战斗，鼓噪之声不绝，挺不堪其忧。"当时唐大部队已去辽东、安市，而新城未下，故韦挺去大军悬远。只有以劳动公园古城为东汉盖马城，后音转为盖牟城，盖牟与新城才能相邻接，得闻新城鼓噪之声。贞观十九年，唐太宗置盖州于此，安东都护府设立后，所辖有盖牟州，即此。

又，贾耽《道里记》称：安东都护府"故汉襄平城也……自都护府东北经古盖牟、新城"才得经渤海长岭府至忽汗城。可见盖牟不仅与新城接，而且在辽东城东北。前已引《吴书》谓三国时玄菟郡在襄平北二百里，《道里记》又记古盖牟、新城在辽东城东北，且盖牟在南，以沈阳市上柏官屯古城当玄菟城，以劳动公园古城当盖牟城，方位与里程都和文献相等。

另外，也有以沈阳市苏家屯区陈相屯东塔山当唐代盖牟，方位与《道里记》或可相符，而陈相屯与抚顺城北高尔山直距约百里，与《旧唐书·韦挺传》所记情形殊不相合。故以陈相屯东塔山断古盖牟或为误断。

四、白崖城。《嘉庆一统志》断在"辽阳州东北"。《盛京通志》谓："岩州城在城东北五十七里石城山上，周四里，一门也。"《奉天通志》谓："今考城在安平之北，太子河北岸，俗称燕州城，盖读燕为去声耳。"所论皆与史合。故唐白崖城即今辽阳市东五十余里大安平镇对河石城子。此点，过去已确定，因与下文有关重述于此。

五、安石城。安东府所辖有安市州，遗址为今海城县东南十五里营城子古城，已为学术界公认，不赘。

六、建安城。安东都护府所辖有建安州都督府，遗址为今盖县东北十五里青石关古城，此论已得到公认。

七、延津城。安东都护府辖有延津州。仅存名目，别无资料，过去一般作无考。辽银州附郭县延津，《辽史·地理志》称："本渤海富寿县，有延津故城。"唐末，安东府已撤销，原有渤海府州县名随之南移，虽与渤海原置同名，而不在同地。《辽志》所称延津"本渤海富寿县地"是指渤海扩大以后的富寿县，其地原有故城名延津，即唐延津州无疑。今地为铁岭县。

八、南苏城。安东都护府所辖有南苏州，为军事重镇。此城辽宁省博物馆有人断为今西丰县城子山古城，我认为是有道理的，因而又断今东辽河为南苏水。另一种意见，认为今苏子河为南苏水，因而南苏城遗址应在今抚顺市东苏子河与浑河合流处去求，不无道理，然而以唐代有关辽东的记载去考察，则多有不合。

九、木底城。安东都护府辖有木底州，前人已断今新宾县木奇镇为古木底遗址所在，今亦无新发现，从旧考。

十、苍岩城。安东都护府所辖有苍岩州，因苍岩城得名。关于苍岩的方位，从乾封二年庞同善一次进军路线看得比较清楚。当时泉男生"走保国内城"，唐朝派庞同善接应男生，庞同善趁薛仁贵金山大捷之后拔南"苏、木底、苍岩三城，遂会男生军"。① 可见苍岩城应在木底与国内城（会集安县城）之间当交通要道。或以为桓仁五女山城即苍岩遗址。考古调查证明在五女山附近发掘的早期墓葬，断代当在晋以前，因此该城可能是纥升骨城。② 在五女山城东北三十里，新开河入浑江口有霸王朝山城，据吉林博物馆调查，该山城"居高临下，不但将这一带浑江水面一览无余，而且恰好扼住了这里通往新开河谷的咽喉，势殊险要"。吉林博物馆在进而考察遗物后，得出结论说"显然是一座军事性质的城堡"，又说："沿富尔江来渡浑江，溯新开河谷东南入丸都，是古代重要通道，霸王朝山城位于浑江东岸，控扼新开河谷口，应是当年的重要防守城堡之一，值得重视。"③ 以上述庞同善接应泉男生所经路线判断，霸王朝山城应是苍岩城遗址。

十一、哥勿城。安东都护府所辖有哥勿州都督府，当今何处，过去作无考。《新唐书·泉男生传》称"男生走保国内城……举哥勿、南苏、苍岩等城以降。"当时泉男生是"为二弟所逐，

---

① 《新唐书·薛仁贵传》，参见《新唐书·泉男生传》及《资治通鉴》有关记载。
② 参看陈有为撰《桓仁县考古调查发掘简报》，载《考古》1960年第1期。
③ 《吉林辑安高句丽霸王朝山城》，载《考古》1982年11期。

据国内城死守。"①《三国史记》卷十三载:"(东明)王见沸流水中有菜叶逐流而下,知有人在上流者,因以猎往,寻至沸流国。""二年六月,(沸流王松让)以国来降,以其地为多勿都,封松让为主。"沸流水即今浑江,沸流水上游当在今吉林通化一带,距国内城(集安县)不远,与《泉男生传》所说哥勿方位大致相符。据考古发现,今通化县快大茂子区三合堡有山城遗址一座,可能就是哥勿遗址。"多勿"或因音近转为"哥勿"。唐哥勿州都督府所辖大概就是以通化一带为中心的浑江中上游地方。关于快大茂子古城,参看《考古通讯》1956年6期《浑江中游的考古调查》一文,兹不赘述。

十二、积利城。安东都护府所辖有积利州。《东非通史》卷四谓:积利"其地近海,又距鸭绿口不远",但未确指何处。

《新唐书·高丽传》载:"(贞观二十一年)三月,诏牛进达为青丘道行军大总管,李海岸副之,自东莱渡海。……七月,进达取石城,进攻积利城。"《资治通鉴》卷一百九十八称:"七月,牛进达、李海岸……凡百余战,无不捷,攻石城,拔之,进至积利城下。"《三国史记》卷三十七说明"积利城,本赤里忽",在鸭绿江以北。而牛进达自山东入海从辽东半岛登陆一个多月,"凡百余战"却没有涉及鸭绿江,想必是在辽东半岛上。因此,石城、积利城均应求于辽东半岛上。

据《辽东志》卷一记载,明代辽东古迹以石城为名的有三处,其中之一在"盖州城东南二百里闸河山",这就是今庄河县西北五十里城儿山古城。牛进达所攻石城即此。又今复县龙潭山上有得利寺山城遗址,元明时仍未废圮。②从文献所记方位看,

---

① 《旧唐书·高丽传》。
② 辽宁省博物馆《复县得利寺山城遗址》,载《辽宁史迹资料》第60页。

积利城应在今复县境求，而"得利"与"积利"音近，或即唐积利州所在。从庄河口到得利寺山城一带山城很多，至今还有许多遗迹尚存，说明古代这一带有过不少军事据点，与牛进达当年一月之内"凡百余战"的情况相吻合。因此，定得利寺山城为唐积利城，庄河城儿山古城为石城。

十三、石城。两唐书及《资治通鉴》记述从唐代辽东半岛到辽东城附近有两处石城：一处是牛进达于唐贞观二十一年（647年）攻取石城，进至积利城下已如上条所述；一是薛仁贵于显庆四年（659年）战于横山。前者石城是地名，后者地名横山，石城是指横山石垒城墙，二者不可混为一谈。把横山石城误为地名，大概依据《新唐书·薛仁贵传》所记："（显庆四年）与溯建方、契何力战于横山……又战石城。"《三国史记》所记与《资治通鉴》同，均不记"又战石城"事，可见此石城绝非与横山分为两地，而是横山的石垒城，《新唐书》增"又战石城"四字，画蛇添足，以致后来被误认为两个地方。

《辽史·地理志》称："开州镇国军节度……唐薛仁贵……战熊山，擒善射者于石城，即此。"把横山与熊山等同起来，又把开州等同于石城，显系承《新唐书》之误。《武经总要》前集十六卷下记载："开州……东南至石城六十里。"辽开州即今凤城县，其东南六十里，叆河南岸距九连城二十里处至今仍有地名石城，但薛仁贵战横山绝非此地，永徽、显庆间薛仁贵活动范围内以横山命名而有石城的唯有华表山。《元一统志》："华表山（原注：在辽阳县城东六十里），俗呼为横山。"① 附近有石城，在唐白崖城稍西，辽代为崖州，金代改为石城县。薛仁贵战横山，擒善射者于石城下，当在此地。

---

① 赵万里辑校：《元一统志》上册，187页。

另一石城,是地名,即牛进达于贞观二十一年所取。当时牛进达行军的战略目标是辽东半岛,保卫在三山浦(今大连市附近三山岛)、乌湖岛(今大连市西南小平岛)建立的军需基地。牛进达所取石城非瑷河南岸石城可想而知。《辽东志》记盖州古迹,谓:"石城……在盖州城东南二百里闸河山。"《奉天通志》卷八十三载:"城儿山河,源出(庄河)县西北九十里,……屈曲于城儿山北山峡中,右岸为夹河山,两山上旧名有城,今城儿山遗迹犹存。"此即《辽东志》所说闸河山石城,距积利城(今复县得利寺山城,约百里,牛进达取石城,进至积利城下即在此处。此城上条已释,因与横山石城有别,故重释于此。

十四、泊汋城与泊汋口。泊汋城与泊汋口本来是两个地方,但过去考订以为是一个地方,定在蒲石河口,实则方位虽无大误,而考订却欠精审。

贾耽《道里记》:"(安东府)西至建安城三百里,故平郭县也。南至鸭绿江北泊汋城七百里,故安平县也。"很明显,泊汋城是唐代辽东陆路交通要道。

《道里记》又记登莱渡海到渤海王城(今吉林宁安东京城)路线中:"自鸭绿口舟行百余里,乃小舫溯流东北三十里至泊汋口,得渤海之境。"同一篇记述两个地名,显然不是一个地方。唐朝不见泊汋口的名称,可想而知,泊汋口这个地名是在渤海以泊汋口与安东府接境时才出现的地名。因其为泊汋城附近的一个分界点,又当鸭绿江航道,故名泊汋口。

泊汋城的方位,《道里记》说得很清楚,在鸭绿江以北,是西汉安平县故地。《旧唐书·薛万彻传》记载,贞观二十二年(648年)"万彻……率甲士三万自莱州泛海……入鸭绿水百余里,至泊汋城。""其城因山设险,阻鸭绿以为固,……"《三国史记》记述与此大体相同。由此可见,泊汋城的方位特点:(1)

在鸭绿江以北,当辽东陆路交通要道;(2)依山,临江;(3)与乌骨、安市等城相距较近;(4)《嘉庆一统志》卷三十九还认为:"故婆娑府,在凤凰城东。……按唐时……泊汋城在鸭绿江北,即金之婆娑府所在地。婆娑与泊汋音近,疑亦用唐旧名,而异字耳。"这就是说,泊汋城,往上追溯,是西汉安平县故地,往下则是金婆娑府所在地。

西汉安平遗址,已在今丹东市九连城公社叆河尖村发现。与这一古城隔河相望,相距不足五里,又有九连城,东临叆河与鸭绿江。光绪年间,曾进行勘察,据称:"该城基址,北面靠山,前临安邑大路,东瞰朝鲜,西顾贡道,久为中外往来扼要之枢。""细辨围壕基址,其势乃长短方圆相环,共计营围有九,与贡道旁之土城三面分峙。"① 辽宁省博物馆发掘该城发现了不少辽金遗物。② 明万历二十四年(1596年)又在这里增筑镇江城。这一切都说明,九连城古城,不仅是某一朝代某一城镇的遗址,而对照文献记载,与唐代泊汋城的方位特点完全相符。大概自有泊汋城以来,古城不断废圮,在原有基础上,历代曾不断修筑新城,才形成了九城相环的情况。

自松井等定泊汋城与泊汋口同为一地,而且断言因蒲石河得名③ 以后,金毓黻《渤海国志长编》、《东北通史》等书也作了同样论证。但今蒲石河口,既无古城遗迹可寻,也历来不是辽东陆路交通要道。蒲石河的名称,最早见于康熙《皇舆全览图》及乾隆《内府舆图》,不知是古已有之,还是满语地名,单纯依据这条小河名称的对音来确定泊汋城位置,未免失于牵强。九连城古城在叆河口,其上游凤城县南十里凤凰山古城辽宁省博物馆同

---

① 《安东县志》卷一。
② 《辽宁史迹资料》74页。
③ 参看《满洲历史地理》第一卷最后两篇及附图。

志已确订为唐代乌骨城,那么叆河即唐代乌骨江,[①] 其上游既已有乌骨城,河口再立一城,当然不会再以"乌骨"命名,至于为何命名泊汋,泊汋二字来自何种语言,都于文献无征。

泊汋口,则应在今蒲石河东岸。蒲石河大概是当年安东都护府与渤海界河,泊汋口为渤海入境哨所,此处至泊汋城三十里,因其在泊汋城附近,得名泊汋口。或者,今蒲石河倒有可能因有了泊汋口以后,才因地名转变为河名。

十五、大行城。《旧唐书》、《新唐书》、《资治通鉴·唐纪》、《三国史记·高丽纪》都记述唐代有大行城,其地距鸭绿江口不远。《三国史记·高丽纪》谓大行城在"泊汋城南四十里",与《新唐书·薛万彻传》、《高丽传》所记里程相同。《旧唐书·薛万彻传》又载"入鸭绿江百余里至泊汋城"。《道里记》则记述:"自鸭绿江口舟行百余里,乃小舫溯流东北三十里至泊汋口,得渤海之境。"综以上记述,则可知自鸭绿江口至泊汋城百里,其南四十里为大行城,其东北三十里为泊汋口。《道里记》所谓百里后乃小舫溯流,是在泊汋城把大船换为小船东北循鸭溯江而上三十里至泊汋口,正是上条所订蒲石河也。泊汋城南四十里为大行城,则在今九连城南四十里,其地今名三道浪头附近有娘娘城,以之当大行城,于里程正合。

关于娘娘城,《安东县志》卷一称:"娘娘城,在凤凰城东南一百七十里,今县治西南三十二里三道浪头下,地名娘娘城。濒临大江,有石垒高数丈,西北南三面有三方里土围一处,高丈余,低亦五六尺。数年前发现古瓦,较今瓦厚,……建自何代,不可知矣。"辽宁省文物干部训练班 1958 年调查该城,报道说:

[①] 吴承志《唐边州入四夷道里记考实》卷二及《东北通史》卷四都论定叆河即乌骨江。

"略近方形,南北长三百五十米,东西宽二百一十米,沿山起伏,城墙土筑……。估计它也是……一种军事城堡。"[①] 则娘娘城不仅方位完全与历史文献关于大行城方位的记述相符,又在考古发现上也证明其为军事城堡,订为大行城遗址,想必是可靠的。

以上唐代辽东地名,或改变了过去的考订,或补充了过去所无考,之所以较过去新有所获,当感谢辽、吉两省考古发现的贡献,因而对文献的稽考可以有新的收获。

(原载《社会科学辑刊》1981 年第 3 期)

---

① 引自《辽宁省文物干部训练班在丹东重点文物普查实习简报》。

中国古代第一部历史地图集
——裴秀《禹贡地域图》初探

中国是一个历史悠久、土地辽阔的统一多民族国家。数千年间，政权的更迭，建置的兴废，地名的改易，河道海岸的变迁，以及生产、交通、战守险要形势的发展衍化，人们必须借助历史地图，才能更好地了解既往。"左图右史"是中国古代的传统，此所谓图，或即包括历史地图在内。

那么，绘制中国历史地图于何时发端？唐虞世南《北堂书钞》卷九十六，虽有专条列举了上古地图，宋王应麟《玉海》卷十四《地图篇》更有《神农地形图》、《黄帝九州图》、《禹九州图》诸名目，然时代遥远，已难查考。汉儒注《经》，对先秦地名颇多铨释，为后世考订先秦地理提供了珍贵资料，其中或许有图，也都无从追溯。到公元3世纪中叶，则可以肯定已经有了两部历史地图集：一是裴秀的《禹贡地域图》，一是杜预的《春秋盟会图》。裴图编绘成书在先，是我国有文献可征的第一部历史地图集，而且在传统地图学史上拥有划时代的地位。杜图成书于裴图之后十一二年，又是《春秋释例》的一部分。因此，本文以裴图为中心，以杜图为参证，试图发掘我国早期历史地图所开创的优良传统，为我们在历史唯物主义观点指导下，批判地继承祖国文化遗产，创立新型历史地理学提供借鉴。

一、《禹贡地域图》的成书年代与图集内容

《禹贡地域图》在古代目录中均题"裴秀撰"，其实谓为裴秀

所主编更为确切。

裴秀（公元223—271年）是西晋初期一位有名学者，又是西晋王朝一位开国功臣，官至司空，爵封郡公。当时，司空为三公之一，位列宰相，裴秀所以主编《禹贡地域图》，与他官为司空是分不开的。

《晋书·裴秀传》称："秀儒学洽闻，且留心政事，……又以职在地官，以《禹贡》山川地名，从来已远，多有变易。后世说者，或强牵引，渐以暗昧。于是甄摘旧文，疑者则阙，古有名而今无者，皆随事注列，作《禹贡地域图》十八篇，奏之，藏于秘府。其序曰：

"'图书之设，由来尚矣。自古立象垂制，而赖其用。三代置其官，国史掌厥职。暨汉屠咸阳，丞相萧何尽收秦之图籍。今秘书既无古之地图，又无萧何所得，惟有汉氏《舆地》及《括地》诸杂图。各不设分率，又不考正准望，亦不备载名山大川。虽有粗形，皆不精审，不可依据。或荒外迂诞之言，不合事实，于义无取。

"'大晋龙兴，混一六合，以清宇宙，始于庸蜀，采入其岨。文皇帝乃命有司，撰访吴蜀地图。蜀土既定，六军所经，地域远近，山川险易，征路迂直，校验图记，罔或有差。今上考《禹贡》山海川流，原隰陂泽，古之九州，及今之十六州，郡国县邑，疆界乡陬，及古国盟会旧名，水路经路，为地〔域〕[①]图十八篇。'"

《晋书》这一记载，为我们考察裴秀编绘意图、编绘年代与图集内容，提供了可靠依据。

首先，上述记载指出了裴秀编绘《禹贡地域图》是在他任司

[①] 吴士鉴、刘承干《晋书校注》引《北堂书钞》，"图"前有"域"字，当据补。

空的时期①。曹魏末年,司马昭主政,"时荀顗定礼仪,贾充正法律,而秀改官制焉"。他们忙于取曹魏而代之的准备工作。公元265年司马炎废魏自立为晋帝,裴秀任尚书令,"当禅代之际,总纳言之要",不可能有更多时间搞学术著作。268年(晋武泰始四年)"正月,以尚书令裴秀为司空"②。从此一直到他在271年因服寒食散中毒身死,共有三年又三个月。以这么短促的时间编绘一部拥有十八篇内容的历史地图集,决非一人之力所能胜任,而是由裴秀主编,由他的门客京相璠等协助,还必须有其他专业人员参加,集众人之力编绘成功的。

关于《禹贡地域图》是否完全编成,荀勖《文章叙录》为我们提供了极重要的史料。荀勖说:"秀……著《易》及《乐》论,又画《地域图》十八篇,传行于世。《盟会图》及《典治官制》皆未成。"③荀勖自晋武开国到太康八年(287年)都任中书监,文籍著作属于他的职掌,其记载自属可靠。由荀氏所述,可知裴图十八篇已完成,并且不仅"藏于秘府",还"传行于世"。大概在十八篇之外,裴秀又计划编一部《盟会图》,未竟而卒。他遗留下来的这一任务,不久就由杜预完成了。

综上,可以肯定,《禹贡地域图》的编绘与成书,是在公元268到271年。

关于图集内容,我们已无法见到裴图任何残卷,只能从裴秀《序》文去推断。十八篇中,从"古之九州"到"今之十六州"应是主体,其他大概还包括《禹贡·导山》、《禹贡·导水》等篇。因此,我们断定,裴秀所编绘的是一部以历代区域沿革图为主体

---

① 东汉以司马、司空、司徒为三公,又配合"三才"以司马为"天公",司空为"地公",司徒为"人公",魏晋基本上沿袭东汉制度,司空"职在地官"。

② 《晋书·武帝纪》,凡涉及裴秀生平的引文,不加注的,都引自《晋书·裴秀传》。

③ 《三国志·魏书·裴潜传》注。

的历史地图集。这样推断，是有充分史料和科学根据的。

所谓"古之九州"，自《禹贡》而后，还有《职方》以及《吕氏春秋·有始览》、刘向《说苑·辨物》、《尔雅·释地》等篇的记载。这些著作出于战国和西汉人之手，但《禹贡》、《职方》、《尔雅》都假托"先王"，在封建时代被奉为"经典"，是当作夏商周三代地方行政制度文献看待的。为了考察这些问题，必须从《禹贡》说起。

《禹贡》是我国早期地理著作的杰出代表，自汉代以来编入《尚书》，但它却是战国时代的作品①。尚书以一千二百字的简短篇幅分为"九州"、"导山"、"导水"、"五服"四个部分。"九州"是依据名山大川自然分界，把全国划分为冀、兖、青、徐、扬、荆、豫、梁、雍九州，分别叙述其山川、湖泊、土壤、物产、田赋等级、贡品名目，以至水陆经路、少数民族。这一部分是全书主体。《禹贡》成书时代既是七雄兼并，不可能有统一的行政区划，但它打破各诸侯国界限，统一划分全国区域，还按地域远近，分为"五服"，虽然实际上是自然区域，却假托为夏禹划定的行政区域。这种托古手法，在中国古代是常见的。"九州"学说的出现，反映了把全国统一起来，在一个中央政权下分区管辖，按照各地物产和地区远近居民特点征收不同贡赋，并且使"声教讫于四海"② 这样一种大一统的政治理想。因而，《禹贡》在古代被奉为统一中央政权下分区管辖的行政制度的象征与历史依据。裴秀当三国分裂以后，晋初"混一六合，以清宇宙"之际，主持编绘《禹贡地域图》，不正是从消灭东吴，完成统一大业的要求出发吗？无怪他在生命垂危时刻，仍上表"言平吴之

---

① 《禹贡》为战国时作品，目前学术界已大致统一看法，大约是秦博士伏生在汉初传《尚书》时编入《尚书》的。

② 《禹贡·五服》。

事"，说："臣昔虽已累言，未有成旨。今既疾笃不起，谨重尸启，愿陛下时共施用"。

《职方》是战国时代产生的另一篇著名地理著作，和《禹贡》一样以自然山川为标志把全国分为九州，不过该书假托西周，州名与序列则与《禹贡》略有异同，古时被认为是西周的地方行政区划。

在夏朝与西周之间有商殷。本来《汉书·地理志》已说明："殷因于夏，亡所变改。周既克殷，监于二代而损益之，定官分职，改禹徐梁二州合之于雍、青，分冀二州之地以为幽、并。"可见汉代学人是相信商殷承袭夏禹九州不变的。到了三国，孙炎注《尔雅》，提出疑问：既然《尔雅》也是古代"圣人"之作，《释地》九州，应是"殷制"。这样一来，《禹贡》、《尔雅》、《职方》三种九州的划分，被奉为夏商周三代制度。裴秀《序》文中不说《禹贡》九州，而说"古之九州"，应是概举三代而言。至于《吕览》九州，与战国诸侯分界相联系；刘向《说苑》为汉儒追述之词，可能不会被裴秀当作一代制度列入"古之九州"的。

《禹贡》、《职方》，托古述制，从它们反映的大一统思想可以看出，全国统一是战国时代大势所趋，人心所向。秦皇统一之后，三十六郡之上没有州的建置，到汉武帝时是所辖范围划分为十三州刺史部，是监察区，到东汉十三州牧才是真正的行政长官。《禹贡地域图》既上谱"古之九州"，下"及今之十六州"，中间必然要叙序春秋、战国、秦、西汉、东汉、三国州郡建置沿革，否则它如何把"郡国县邑，疆界乡陬，及古国盟会旧名"都注记清楚，又何至十八篇之多！

因此，我们断定，《禹贡地域图》是一部以历代区域沿革为主体的历史地图集。其他《禹贡·导山》，叙述了我国一些重要山脉，《导水》叙述了我国主要水系，裴秀当有专篇。《史记·河渠书》、《汉书·沟洫志》，叙述了自古到汉代重要水利工程，在古代被视为与《禹贡》相配的水利专著。比如西汉平当因精通《禹贡》被委派黄河水利工程专任，东汉王景因对于修汴渠提出了使皇帝满意的方案和其他水利工程的功绩，"乃赐景《山海经》、《河渠书》、《禹贡图》"①。因此，《河渠》、《沟洫》在裴图中占有一篇之地，也是顺理成章的。

裴秀《禹贡地域图》以区域沿革图作主体，完全符合《汉书·地理志》所开创的传统。《汉志》是我国第一部真正的区域行政地理著作。它不仅树立了我国古代区域行政地理著作的规范，同时在卷首全录《禹贡》与《职方》，又编缀简短文字叙述前代区域划分的沿革；主体部分叙汉代郡国县道邑，也注明建置兴废分合；卷末附录刘向所述"地分"，朱赣条贯"风俗"，又都讲到各地区历史演变大势和风俗形成的渊源。正如班固所说，"先王之迹既远，地名又数变易，是以采获旧闻，考迹《诗》、《书》，推表山川，又缀以《禹贡》、《周官》、《春秋》，下及战国、秦、汉焉。"② 因此，又开创了我国古代沿革地理的先河。裴秀不仅对于秦汉地理的考订主要应是依据《汉志》，即令先秦地理考订，离开《汉志》也是很难理出头绪的。中国古代历史地理，以区域沿革为主体，这个传统是《汉志》所开创的，第一个用一部地图集来谱列历代区域沿革就要推裴秀的《禹贡地域图》了。

裴图是以历代区域沿革图为主体，还可以从与裴秀同时代人杜预的《春秋盟会图》得到证明。

杜预生于公元222年，比裴秀大一岁，死于284年，比裴秀晚去世13年，是平吴主帅，又是自号"《左传》癖"的大学者。当裴图编绘的时候，杜预可能已开始著述，但主要是在平吴"既立功之后，从容无事，乃耽思经籍，为《春秋左氏传经传集解》，

---

① 《后汉书·王景传》。
② 《汉书·地理志上》。

又参考众家谱第,谓之《释例》。又作《盟会图》、《春秋长历》,备成一家之学,比老乃成。"① 实际上,《盟会图》与《长历》都包括在《释例》当中,可能又单独流行。杜预在《释例》中讲到历史地图的必要与《盟会图》的内容时指出:

"六合之内,山川国邑,道涂关津,《春秋》多见其事,盟会侵伐,各有所趣,周旋曲直,可得而推,日月远近,可得而较。然详而究之,非书无以志古,非图无以志形。坐于堂宇之内,瞻天下之广居,究古今之委曲,可以行,可以言,可以鉴,可以观,多识山川分野之别,贤愚成败得失之迹,虽千载之外,若指诸掌,图书之谓也!

"今天下郡国之名,山川道涂之实,爰及四表人迹所逮,舟车所通,皆图而备之。然后以《春秋》诸国邑盟会地名,各所在附列之,名曰《古今书》、《春秋盟会图》。"②

请看,杜预把历史地图的重要性估计得多高,而且要求地名古今对照,地图与说明书相辅相成。杜图紧接裴图而成,难道不能作为我们了解裴图的参考吗?杜图亦已失传,然而说明书,也就是《古今书》,又叫《土地名》三卷在《释例》中保存下来了。③ 这是三卷"古今地名对照表"。其中头两卷分叙"鲁地"、"周地"……以至"三苗地"、"有虞地"等38诸侯国地名,最后一卷分别列举附庸小国和少数民族分布以及"山名"、"水名"。由此可知,《春秋盟会图》是以春秋时代各诸侯国地图为主体,同时也包括少数民族分布及山川湖泊等图幅。裴秀计划要编《盟会图》未完成,杜预却在他死后十一二年编成了,难道我们不能由杜图的内容窥测裴图的面貌吗?可以断言,裴图是以历代区域

---

① 《晋书·杜预传》。
② 《春秋释例》卷五,武英殿聚珍本。
③ 《土地名》,见《春秋释例》卷五至卷七。

沿革图为主体的历史地图集，社图则是以春秋分国图为主体的断代图集。在1700年以前就出现了这样结构完整的历史地图集，在世界地理学史上是没有先例的。

二、《禹贡地域图》在我国地图学史上划时代的成就："制图六体"的创立

《禹贡地域图》是用水平很高的科学技术编绘出来的。虽然它早已失传了，然而裴秀在他的图集序言中所阐明的地图学理论，即"制图六体"，却完整地保存下来了，不仅在当时是绘制地图所奉行的基本准则，而且一直到明末传入西欧地图学技术以前，都是我国古代地图学技术的基本准则；在历史地图的制作方面，清末杨守敬《历代舆地图》也未能跳出"六体"的规范。毫无疑问，裴秀"六体"是我国传统地图学史上划时代的成就，影响极为深远。

"六体"的内容是什么呢？《禹贡地域图序》中说：

"制图之体有六焉：一曰分率，所以辨广轮之度也；二曰准望，所以正彼此之体也；三曰道里，所以定所由之数也；四曰高下，五曰方邪，六曰迂直，此三者各因地而制宜，所以校险夷之异也。有图象而无分率，则无以审远近之差；有分率而无准望，虽得之一隅，必失之于他方；有准望而无道里，则施于山海绝隔之地，不能以相通；有道里而无高下、方邪、迂直之校，则径路之数必与远近之实相违，失准望之正矣。故以此六者，参而考之。然（后）远近之实定于分率；彼此之实〔定于准望〕；〔径路之实〕定于道里；度数之实定于高下、方邪、迂直之算。故虽有峻山巨海之隔，绝域殊方之迥，登降诡曲之因，皆可得举而定者。准望之法既正，则曲直远近无所隐其形也。"

对于这一段文字，解放前后以至目前报刊论文和地理学专著都依《晋书·裴秀传》转引。实际上《晋书》所载有重大阙漏。唐初欧阳询等编撰的《艺文类聚》和唐开元年间徐坚等编撰的《初学记》两书地部引文是这样的："……故以此六者，参而考之。然后远近之实定于分率；彼此之实定于准望；径路之实定于道里。"校之《晋书》，"然"下多一"后"字，与上文连读语气才一贯了。"彼此之实"下多"定于准望"四字；"定于道里"上多"径路之实"四字。只有这样才保持了裴序原来面目。《晋书校注》认为"当据《类聚》补之"；中华书局标点本《晋书》也认为"当据补"。因为按照《晋书》脱去文字，于原义根本讲不通。所以本文在〔 〕内加以补正。

"六体"是一个比较科学而精密的地图学理论。按照现代术语说，"分率"就是比例尺，"准望"就是地理方位，"道里"就是交通路线的实际距离，"高下"、"方邪"、"迂直"是地形地势的变化与道路的曲直。六体中，"分率"和"准望"是最基本的，六者互相联系而又互相制约。除了没有经纬度，现代地图学的主要问题都已提出来并作了扼要的阐述。因此，裴秀被地理学界推为中国传统地图学理论的创始人，在世界地图学史上，他也是与托勒密并驾齐驱的。①。

裴秀在地图学上获得如此卓越的地位，是他对先秦两汉以来地图学加以总结和创造性发展的结果。

先秦地图有文献可考的历史，大概和文字本身一样古老。至少《尚书·洛诰》就有了周公筑东都洛邑时以所绘洛邑地区地形图献给成王的可靠记载。到春秋战国，地图在战争、游说、行政

---

① 托勒密，今埃及亚历山大里亚人，生卒年代无考。其著作和科学活动时期，在公元121年到151年之间。是著名的希腊—埃及的数学家、天文学家、地理学家。他的《地理学》全八卷，加一本地图集。

管理等方面有了更广泛的应用，反映了我国春秋战国时代地图学已有了相当高的水平。至于汉代，更有全国总图、地区分图、山川形势、沟洫水利、民族地区等各种图籍。总之在裴秀以前，中国地图已有了一个很长的发展过程，积累了丰富的测绘与制图的经验。这是裴秀能创立"六体"的一个重要条件。

裴秀对于前人遗产，下了一番分析研究的工夫。他说，当时秘府所藏仅有"汉氏《舆地图》及《括地》诸杂图"，而先秦地图及萧何所收秦图籍都已散佚。汉《舆地图》是西汉全国总图或郡国图集，中央王朝与诸侯王都掌握这种全国地图，当时全国所有郡国都加以注记，还有少数民族地区地名。裴秀对他所看到的汉代地图批评说："各不设分率，又不考正准望，亦不备载名山大川"。就是说，绘图方法不够科学，没有比例尺，方位不准当，注记也不全面。这可能是指全国总图而言，在当时一幅图上注记了如比繁多的郡国地名，比例尺与方位不准，名山大川也被省略，是有可能的。因此他批评汉图"虽有粗形，皆不精审，不可依据"，是指比例尺与方位而言，不是指图面注记的郡国名称与区域划分；这些是裴秀要按"六体"加以考订而准确注记的。至于裴秀所说汉图"或荒外迂诞之言，不合事实，于义无取"，大概是指《括地图》一类杂图。裴秀看到的《括地图》是什么样子，我们无从得知。清代王谟所辑《汉唐地理书钞》有《括地图》遗文三十条，或即裴秀所见《括地图》上的说明文字？如果是，其中颇多神话色彩，可以满足人们好奇求知欲望，因而得以流传。裴秀立意以科学求实精神考证和绘制历史地图，当然会把神话成分的图象加以否定不予注记的。

在长沙马王堆三号汉墓发掘以前，因为看不到一幅真正的汉代地图，很容易以为裴秀对《舆地图》及《括地图》的批评，是泛指所有汉代地图，于是断言"六体"以前，我国地图学水平还很低，地图也极不精密。现在由于1973年长沙马王堆三号汉墓出土了两幅汉代地图,这种误解已从根本上消除了。这两幅图经过马王堆帛书整理小组和复旦大学历史地理研究室复原考证,其中一幅订名《西汉初期长沙国南部地图》,实际上是"深平地区"地形图;另一幅是《驻军图》。《地形图》的主要内容,包括山脉、河流居民点、道路等,现代地图的基本要素都已具备;而《驻军图》则对各部驻军范围作了明确注记,各防区的地形地貌更加细致,对居民户口数字和变迁作了详细说明。两图都有一定比例尺,《地形图》在主区内的山水地形,几乎画得和现代地图一样准确,是经过实测的。按照"六体"来衡量,不仅设有"分率",也精密地考正了"准望",它如"高下"、"方邪"、"迂直"等不仅具备,而且可以使我们由此两图对地形地势的表现方法,推想到裴图的表现当更加精审生动。至于"道里",具备了上述条件,虽无数字说明,也可以推算清楚。裴秀所利用的图籍,虽然已没有像马王堆出土的两幅那样精确的秦汉地图,但先秦两汉的制图技巧与经验,肯定是通过专业人员一代代往下传,到三国时期,由于战事频繁,对作战地图的要求更加严格,因而地图学应是比以往有所前进了。裴秀的功绩在于把当时和前人的地图学经验、技艺,作了一番去粗取精的工作,把它理论化、条理化,并且具体运用于《禹贡地域图》的编绘,在我国地图学史上这是一个划时代的贡献。我们说裴秀在地图学上的卓越成就,是对先秦两汉以来地图学一个总结与创造性发展,主要理由就在于此。

三、《禹贡地域图》的底图与文字说明书

编绘历史地图,是需要较为准确的当代地图作底图的。以裴秀的地位与职权,当时各种地图都可以调阅,可能没有合适的底图,所以只好自己另外编绘底图。《北堂书钞》卷九十六《方丈

图》条引"《晋诸公赞》云：'司空裴秀以旧天下大图用缣八十匹，省视既难，事又不审，乃裁减为《方丈图》。以一分为十里，一寸为百里，备载名山都邑，王者可以不下堂而知四方也。'"《晋诸公赞》见于《隋书·经籍志》，西晋秘书监傅畅撰。傅畅离裴秀年代很近，文籍著作本为职掌范围，裴秀所绘的地图他无疑是很熟悉的。所谓"旧天下大图"，也许就是当时称为《司空图》的全国总图。《司空图》原是东汉名称，《周礼·地官·大司徒》郑注："土地之图，若今《司空郡国舆地图》。"可见西汉《舆地图》，到东汉冠上"司空郡国"字样，简称《司空图》了。这是因为当时司空为"地公"，掌握全国总图的缘故。魏晋因之，所以当时全国总图也叫《司空图》。

裴秀的《禹贡地域图》是不是用《方丈图》作底图呢？我们从杜预《盟会图》用"官《司空图》"作底图，就可以推断出来。杜预说："今所画图，本依官《司空图》，据泰始之初郡国为正，时孙氏僭号于吴，故江表所记，特示略。咸宁六年，吴乃平定，孙氏所居八郡之地，随其宜增广。今江表凡十四郡，皆贡图籍，新国始通，文记所载，犹未详备，若足以审其大略。自荆、扬、徐……三州未界大江之表，皆改从今为正，不复依用《司空图》也。所载博备，则图体广大，非儒学世家，恐不能有之。故复另为小图，指举春秋国邑盟会，以参所在郡县。箪食荷担之学，约之通焉。"[1]

杜预这一段讲到古今对照的历史地图底图的制作，对我们考究裴图有极大的启发。

第一，所谓"官《司空图》"，大概就是裴秀《方丈图》。因为《司空图》都是官绘，再冠以"官"，是指当今的官绘，有别于"旧天下大图"的。泰始初唯有裴秀以司空主编《方丈图》，

---

[1] 《春秋释例》卷五，武英殿聚珍本。

而他又死在平吴以前,与杜预所说"官《司空图》"据"秦始之初郡国为正"而江表所记,"特示略"的特点相吻合。

第二,既然杜图以《方丈图》为底图,可想而知,裴秀新制《方丈图》,除了便于省视和订正错讹并注记晋初郡国设置使"王者可以不下堂而知四方"之外,还有一个目的,那就是为《禹贡地域图》编绘一个可靠而又可用的底图。"旧天下大图"太大,郡国地名陈旧不合晋朝行政制度,既不便披阅,也不便古今对照,作历史地图的底图是不行的。

第三,裴秀在晋初只活了几年时间,任司空更只三年又三个月,大规模实地测绘固属不可能,主要依靠郡国上贡图籍,当时东吴未灭,所以杜预在平吴后才依靠"新国始通"、"皆贡图籍"补充订正荆、徐、扬三州郡国地名。

第四,按傅畅的记载,《方丈图》一分代表十里,一寸代表百里。当时一里三百步,一步六尺,计1800尺,一寸百里,即1:1800000。用这样的图作底图还是比较大,所以杜预把它再缩小比例尺,因而"箪食荷担之学,约之通焉"了。裴秀是否也进一步缩小了比例尺呢?《隋书·宇文恺传》给我们留下了一点印迹可寻。宇文恺给隋炀帝上《明堂议表》说他所绘《明堂图》,是搜寻了各种古代文献,并"访通议于残亡,购《冬官》于散逸,总集众论,勒成一家"①。他很可能看到了《禹贡地域图》的残卷,因而加以比较说:"昔……裴秀《舆地》以二寸为千里。臣之此图,用一分为尺。"② 用来和《明堂图》作比较,自然不是《方丈图》,而是《禹贡地域图》中周代地图可能附有《明堂图》或在图面注记的"明堂"图了。如果这个推断不错的话,那么《禹贡地域图》比《方丈图》比例尺缩小了五倍,为1:9000000。

---

① 《隋书·宇文恺传》。
② 《隋书·宇文恺传》。

最后，我们还要说明，《晋书·裴秀传》只记载了他主编的《禹贡地域图》十八篇，没有提到《方丈图》；"制图六体"也是《禹贡地域图序》中加以阐述才得以完整地保存下来。想必是《方丈图》绘制在先，仅为《禹贡地域图》的准备工作，又是十八篇之一。因为裴秀序言中明明说到"今之十六州"包括在十八篇当中的。《禹贡地域图》是集大成之作，史家立传举其大者概言之，完全合乎古代"史法"。

综上几点，合乎逻辑的结论是：中国第一部历史地图集，即开创了古今图幅和古今地名对照的范例，这个范例由于杜预在《春秋释例》中明确记载着古今地名对照的方法而使我们看得更加清楚。

关于说明书，我们也要借重杜预的记载才能理解请楚。杜预说《图》与《书》必须互相配合，才能充分发挥历史地图的效能。我们现在看杜预的《土地名》，基本上是"古今地名对照表"，其中很少考证文字。《禹贡地域图》有没有这样的说明书呢？

《水经·谷水注》称，"京相璠与裴司空彦季（按：当作季彦）修《晋舆地图》，作《春秋土地名》"。《隋书·经籍志》于《经·春秋类》、《史·地理类》两见《春秋土地名》一书，前处注："三卷，晋裴秀客京相璠等撰"；后处注："三卷，晋裴秀客京相璠撰"。可见裴秀的门客参加编绘的不止京相璠一人，他仅仅是这些门客的头目，或者仅是修《盟会图》的领头人。《盟会图》未成，而该图的说明书却流传下来了。从现在辑出的文字看，京氏《春秋土地名》与杜预《土地名》，篇名相同，同为三卷，但文字稍有异同，都是古今地名对照表，即杜预所说《古今书》一类。有可能京氏《春秋土地名》是作《盟会图》的地名长编，因裴秀去世图未成而书以京相璠具名单传了。

另外，司马贞《史记索隐》曾征引裴秀《冀州记》，应是

《禹贡地域图》的说明书了。《索隐》引文如下:"顾氏按:裴秀《冀州记》云:'缑山仙人庙者,昔有王乔,犍为武阳人,为柏人令,于此得仙,非王子乔也。'"①司马贞转引"顾氏按"而不指出顾氏的名字与书名,当是指顾野王的《舆地志》。顾氏南朝梁朝人,梁亡入陈做官,其《舆地志》唐初多为学者称引,因而司马贞无须说明他的名字与书名。同一条注,在"顾氏按"之前还引用了"乐彦按",说明"正伯乔"是"古之仙人",是引自乐彦《括地谱》,可见小司马征引的都是地理书,而不是神仙传。

为什么一个仙人庙却入了地域图呢?这是当时风气所致。裴秀不是仅活了四十八岁死于服寒食散中毒吗?即使像他这样学识渊博而又讲求实用的人,也不免堕入神仙术中。他在地图上与说明书中特别注记一些著名的仙人庙,是不足为奇的。马王堆出土的西汉地图,不是在图面突出地画上九嶷山舜庙的九根柱子吗?谭其骧教授指出:"将著名建筑物夸大地画在地图上,这是古今地图惯用的手法,并不足怪。"②可想而知,裴秀也是在汉代地域图上注记了冀州缑山仙人庙的。前面还曾提到,他在周职方九州图上,大概也是会画上"明堂"图样的。

可以断定,和杜预的《古今书》与《盟会图》相辅相成一样,裴秀的《禹贡地域图》也是有说明书的。这些说明文字,是都像《春秋土地名》与《冀州记》一样单独成卷,还是小量文字附在图幅上面,那就不能十分肯定了。

* * *

总括上述三段,我们得知成图于 1700 年前的中国第一部历史地图集,即开创了以区域沿革为主体、古今图幅对照、古今地名对照、地图与说明书配合的传统,而且有了相当科学的地图学

---

① 《史记·封禅书》注。
② 《文物》1975 年第 2 期第 45 页。

理论与技术。这是我国地图学史上一份珍贵遗产。自然,"六体"较之现代地图学已经过时了;裴秀对"古之九州",也不可能作出科学的判断,这都是出于他所处时代的局限。他对民族地区的处理,也必然带着封建地主阶级偏见而有所忽略,这些是我们应加以扬弃的。

(原载《中央民族学院学报》1978年第3期)

东北访古随笔

1983年暑假，我到东北重点踏访了唐代渤海国与金元之际东夏国的一些古城遗址。这是自《中国历史地图集》东北各图与《说明书》初稿完成以后12年中，我第三次到东北进行实地考察。和以往两次不同的是，这一次我只身前往，但同样受益匪浅。每当我回想以上三次考察的情形，不仅由衷地感激东北三省有关的领导与同志们盛情而无私的帮助，更应该学习他们实事求是的科学态度与热心支持科学研究的精神。值得庆幸的是，自党的十一届三中全会以来，东北地区的考古与历史地理研究，都已取得长足进步，运用这些新成果来全面总结我第三次考察的收获，还需要作进一步的努力；先作随笔，试图提出一些问题，以与师友们共同思考。

一、渤海国中京与"旧国"区域地理位置问题

渤海国的发迹之区，即"旧国"地区在今吉林敦化县城附近，因为解放初在这里发现了渤海王大钦茂的第二女贞惠公主墓，故学术界已无异辞。但"旧国"与中京是指同一都城，抑或指两处都城，文献记载不明确，在1980年以前考古材料也得不到确证。日本学者鸟山喜一曾对今延边朝鲜族自治州和龙县西古城子作过初步发掘，后撰《渤海中京考》，提出西古城子为渤海中京的推断。我们在1970年编绘唐代渤海国图时，考虑到这一推断虽不无道理，但未能定论，所以还是把中京与"旧国"理解

为一个地方，在敦化县城附近敖东城作同点处理。

1980年10月，在和龙西古城东南13里处发现了大钦茂第四女贞孝公主墓，以后又进一步清理该古城的遗物与宫殿遗址，由是可以肯定该城确是渤海的一座都城；按照贾耽《道里记》等历史文献所记地理位置看，它应是中京。此次我到延边看到实际情形，再研究1970年我们的定点，可以肯定以前为误断，应予更正。

中京和"旧国"虽然已区分开来，"旧国"区域也已得到确定，但"旧国"城址在这个范围内的哪一地点，尚需进一步探讨。

二、东牟山与"旧国"城址定点问题

东牟山，是大祚荣最初的据守城，其地应包括在渤海"旧国"区域之内。"旧国"城与东牟山城虽不会相距太远，但前者是渤海最早的政治中心，应有一定规模，且理应建于牡丹江沿岸平地之上。《元一统志》认为东牟山"在沈阳路挹娄故地"，而明清两代地方志，则多谓该山在沈阳之东。《辑安县志》以为在该县之北，《额穆县志》又以额穆县境篙岭比定为东牟山。解放前，学术界颇以为吉林省桦甸县苏密城是渤海"旧国"城遗址，因而推断苏密城西南老岭为东牟山。解放后，由于敦化六顶山有贞惠公主墓出土，即以六顶当东牟山。按照文献记载，大祚荣当初是占东牟山据险设守，以对付唐军的讨伐。六顶山为渤海早期陵墓所在，又无山城遗址，与文献所记东牟山特点不合，当在其附近另求东牟山山城所在。1981年，敦化文管所刘忠义同志撰《试谈渤海东牟山之所在》，提出敦化县城西南25华里城山子山城即大祚荣"据东牟山筑城居之"的遗址。从其论证与报道的地理位置看，是十分合理的。1982年我在为《中国历史辞典》撰写《东牟山》一条释文时，虽已采用刘忠义同志的推断，仍觉得有必要亲自踏访，以释疑问。9月3日，承延边州博物馆副馆长杨再林与刘忠义两同志陪同我上山踏访，证明刘忠义同志的报道无误。只有两点，仍需进一步考察：1.此城有瓮城、马面，为辽金城特点，是渤海亡后，辽金仍利用其地，并有重修山城之举。那么，此处是辽金何地？2.城址中出土物能说明为渤海早期城址的遗物太少，仍有待深入搜寻与发掘。也许，大祚荣在东牟山站住脚跟以后，即从山城迁出，另建平地城以居，这就是"旧国"城。现在一般都以敦化县城郊敖东城当"旧国"城遗址。我以为还需要作进一步研究。因为：1.敖东城呈"回"字形，规模又偏小。"回"字城出现较晚，似非渤海初期应有的形制。2.出土物太单薄，不足说明为渤海最初政治中心所在。我们期望有更能说明问题的遗物和遗址被发现，以便准确地解决"旧国"城遗址的定点问题。

三、东夏史地的几个问题

金末元初，金辽东宣抚使、女真人蒲鲜万奴据地称天王，国号东夏，为金元之际雄踞于中国东北部的割据政权。其辖境包括金胡里改、速频、曷懒等三路，当今牡丹江、乌苏里江、绥芬河等河流域，东至于海，南包今延边州及朝鲜东北角。万奴自金贞祐三年（1215年）建号，至蒙古窝阔台汗五年（1233年）被擒，前后19年；且窝阔台汗五年以后，还可能作为蒙古藩属存在若干年。然于《金史》、《元史》均无传，其史迹几至于泯灭。解放前，中外学者都曾对万奴的国号、都城、疆域等进行了研究，柯绍忞《新元史》及屠寄《蒙兀儿史记》也都为他立传。虽如此，东夏史地，仍有许多问题未获解决。比如：1.国号。初万奴据辽东，称"大真"，不久更号"东夏"。高丽史乘称之为"东真"，非万奴以东真为号。高丽盖以东部女真称之，而万奴自视为东部之夏，即中国东部之国。2.年号。万奴年号见于文献者为"天泰"，《宁安县志》著录该县城子后出土过"天泰十八年"铸造的"不匋古阿邻谋克之印"，一般即据以断定万奴自雄19年中未曾更改年号。然而，东夏辖境内，除有"天泰"年款官印出土，又有许多"大同"年号官印出土。经研究，已被公认此为东夏官印。是东夏除"天泰"之外，另有"大同"年号。高丽史乘于窝阔台汗五年万奴被擒以后，仍有关于东真的记载，前后达数十年之久。其中有些是地区名，有此则只能解释为政权名。盖蒙古擒万奴之后，仍以万奴或其后继者作为其藩属管辖东夏原有的辖境，"大同"年号或为此时所建，"大同"者谓与蒙古大同也。若此得实，则窝阔台汗之后万奴或其后继者继续存在十年以上。最近，张绍维等同志著文，认为"天泰"是万奴前九年年号，"大同，为其后十年年号，或可得实，亦未能确断。3.都城。东夏制度仿于金朝。我常疑心东夏虽不一定五京齐备，然而颇仿金制设有首都与陪都。从出土的东夏官印看，南京设有"行部"，1975年5月在黑龙江省海林县又出土"天泰二年六月北京行部造"的官印。是东夏南京和北京，并为陪都。南京遗址即今延吉市附近城子山山城，大体已成定论，也许此处在东夏后期已成为政治中心。北京在牡丹江中游何处？有待发现城址。又，《元一统志》开元路古迹，明载开元路（大体是原东夏辖境）境内有三座上京故城。其中之一是开元城，当是东夏上京。另一座《元一统志》已指明在开元城西北，"即金之会宁府也"。再一座就是"渤海之忽汗都，后为龙泉府"。渤海上京即今宁安县东京城；金上京即今阿城县白城。两城并在黑龙江省境。东夏上京开元城在今绥芬河流域大体可以肯定，但定点争议颇多。东夏早期活动中心在胡里改路,是否曾利用过渤海上京?而渤海上京为何后来俗称"东京城",这些问题都未能得到完满解答。此外,东夏史地还有几个问题不明,在此不一一赘述。我想,如时间允许,当把这次访古所得,作进一步探讨,撰《东夏研究》,以对东夏史地研究尽绵薄之力。

四、汉上殷台县与夫余早期王城所在问题

汉玄菟郡上殷台县与夫余王早期王城地理位置的确定,多年来为治东北史地者所关心。自吉林市东团山相连的平地城与山城被发现,其出土物虽证明山城为后建,但两城出土物年代连贯,自先秦至辽金物都有。据报导,平地城中曾出土过汉瓦当。因而自修《吉林通志》以来,不断有人认为东团山平地城即汉上殷台县遗址。我们在编绘汉玄菟郡图时,认为把上殷台县比定于吉林市区,地理位置明显偏北,而取《奉天通志》之说,定上殷台于通化市附近。

解放以来,对吉林市东团山、龙潭山、西团山等处城址及新石器文化遗址的发掘、研究,已取得很大成绩,并正在日见深入。李健才等同志指出,吉林市龙潭山古城遗址,应是夫余早期王城所在,而西团山文化,过去定为"肃慎文化"未为妥当,当改定为"涉貊文化"。按照文献记载关于夫余的地理位置,去对照以往的报道以及这一次我亲自踏访与参观吉林市博物馆库藏的珍贵文物,相信吉林市地区是东北平原中部农业发达较早的地区,而且自古都是文化较为发达之区。这些特点,与夫余是东北平原中部最早发达的农耕民族和最早建立政权等特点相吻合。夫余王与王朝关系密切,因而其王城有汉瓦当及其他汉代遗物,也比较合理。但确证吉林市区为早期夫余王城所在,则有待夫余王

陵与可以定性为夫余王城的出土物问世。在现在已有的研究基础上，这个问题很有希望弄个水落石出。

如此，则上殷台仍以推断在今通化市范围内较为合理，当然待考古发现才能最后敲定其是否符合历史实际。

五、玄菟郡第二、三郡治遗址的确定问题

玄菟郡始建于汉武帝元封四年（前107年），治沃沮城，在今朝鲜民主主义人民共和国境。汉昭帝始元五年（前82年）由沃沮城迁于高句县，元凤六年（前75年）筑郡城，据《三国魏志·东夷传》是在"高丽西北，今玄菟郡故府"筑城，此即玄菟郡第二郡治。东汉时再次北迁到辽东北（今辽阳北）二百里，即其第三郡治。前些年我曾作《唐代辽东若干地名考释》（见《社会科学辑刊》1981年第3期），提出在"今新宾县城附近当有两座汉代古城，即原高句骊县城在东，元凤时筑的郡城在县城西北，两城不会相距很远，但一为郡城，即三国时所谓'玄菟故府'；一为县城。文献记述是清楚的，两城址则有待考古发掘来证明。"非常高兴的是，此次到新宾，刘庆华同志告诉我，在普查中发现今新宾县城东南十余里苏子河南岸白旗堡有一座汉代古城；在此处西北约40里永陵之东老城之西发现另一座汉代古城。又在永陵西北20里左右处下房子地方发现一座汉代古城。希望辽宁省、抚顺市与新宾县考古文物部门的同志对新宾县境上述三座汉代古城，再作进一步清理，将材料公开发表，供学术界共同探讨。若新宾境内汉代古城弄清了，那么玄菟郡第二郡治在何处即可迎刃而解。至于第三郡治遗址不在抚顺市劳动公园而是上柏官屯古城，我在《唐代辽东若干地名考释》中已作论证，在此不赘。

第三次东北访古,还有其他一些收获,不再一一列举。总之,要提高边疆史地教学与科研的质量,向文献调查固然非常重要,而实地考察的必要性也是不说自明的。

(原载《中央民族学院学报》1984年第2期)

万里长城说

当前国内外研究万里长城,热门话题很多,其中关键问题之一:万里长城曾经是横亘在中国南北农牧民族关系史上的一堵墙,如何演化为联结当代中国各民族的伟大纽带,成为中华民族创造力和宏伟气魄的象征?

毋庸讳言,万里长城是中国古代农牧民族对立的产物。随着统一多民族中国的形成与发展,万里长城的性质、作用以及人们对万里长城的评说,也不断在演进和变化。对万里长城的心理反映一成不变的观念是不存在的。

万里长城是中国特有的地理景观,也只有中国才有需要和可能修造成这种世界上独一无二的地理景观[①]。因为中华民族作为中国各民族的整体,其生存发展空间独具特点:它的四周都有天然障隔,内部是由多种地形、多种气候、多种经济区域和多种民族分布所构成的完整的地理单元。从东西角度看,中华大地是由面向太平洋湿润的东部或东南部和背靠欧亚大陆干旱的西部或西北部构成。东部是耕作农业区,人口稠密,从来都占中国人口的绝大多数。西部基本上是草原牧区,间以小块河谷及绿洲农耕,地广人稀。西部面积约占中国总面积的60%,人口却从未超出

[①] 不能把一切出于防御目的的长城与万里长城相提并论。春秋战国时诸侯间长城的消亡,意味着华夏诸侯兼并的结束与民族的统一,与北边万里长城为农牧民族关系的产物,性质仍有所区别。罗马帝国在英格兰修筑的长城有117公里,维持了3个多世纪,是欧洲历史上可以与中国万里长城相拟的防御工程,但由于地理、历史、经济、文化、民族迥异,这一工程随罗马帝国灭亡共同消失,与中国万里长城横亘万里贯通古今是无法相提并论的。

中国总人口的10%。虽然如此，在唐宋海上中西交通发达以前，中国的西部地区有被称为"丝绸之路"的中西交通枢纽地带，并且又是游牧民族的大舞台。因而在中华民族历史上和中华民族文化发展史上，并不因人口稀少而失去其重要性。从南北角度看，温度递减，形成了自南向北有热带亚热带、暖温带、中寒温带界限分明的三大区域。与这三大区域相适应，从南往北天然形成了秦岭淮河以南水田农耕区，秦岭淮河以北至秦长城以东以南（包括辽东辽西）为旱地农耕区，秦长城以北游牧区（包括狩猎、渔猎民族地区）三个民族与经济、文化发展区域。基本上是天然形成的农牧两大类型的民族及其经济、文化与上述三大区域的地理环境相适应的分布与发展。在古代，农牧民族之间的矛盾十分引人注意，而农牧民族之间的多层次内在联系，经济相互依存，相互补充的关系，又往往被矛盾所掩盖而有所忽视。实际上，农牧民族及其经济文化，在中华民族发展史上是既相矛盾，又不可分割，共生互补的，农牧民族关系的发展变化，是一个辩证统一多元一体的运动过程。

　　中国的农业区常常依赖草原区的畜力与畜产品的补充，草原牧区则由于经济的单一性和脆弱性而在更大程度上依赖农业区经济上的补充和交换。而在游牧民族的部落中，牧民平时放牧战时出征亦民亦兵的制度，在古代很容易形成一阵阵的骑兵军事优势，对耕作农区造成较明显的威胁与破坏。历代王朝以耕作农业经济为立国之基，财源、兵源依靠农业区，反映在战略防御思想上即修筑万里长城，以保护郡县地区不受游牧民族铁蹄的蹂躏。另一方面，又力争"王者无外"，"守在四夷"，使游牧民族成为藩属，以高爵重赏结好于游牧民族首领，同时在民族间经济上发展互市，沟通有无，以实现农牧经济互补的要求。

　　统一多民族中国的形成发展过程，从民族关系角度审视，实际上是中国农牧两大类型民族的统一过程，是农牧两大类型的文化相互结合交融的过程。国家元首称号所包含的内容非常深刻地反映了这种统一与结合。秦始皇确定了皇帝的称号,同时又称天子。汉代有明确的解释:皇帝是对郡国而言,是诸侯王的元首;天子对四裔而言,是各民族共同的国家元首。在汉代,匈奴单于开始是与汉朝皇帝并列的国家元首称号,呼韩邪单于附汉,汉朝赐"汉匈奴单于玺","位诸侯王上",是汉朝仅次于皇帝、天子的称号。五胡政权开始时,皇帝、天子又兼大单于,后来大单于降为太子兼有的称号,表明皇帝、天子高于单于,同时也表明了农牧两系统民族与文化的进一步结合。柔然社崙可汗开创了游牧民族以可汗为元首称号的制度。在柔然汗国时期虽有某种程度对北魏的称贡,但可汗是与中原王朝皇帝并列的称号。唐太宗降伏了突厥,北方与西北各民族共奉唐太宗为众汗之上的天可汗。自此唐代皇帝除传统的皇帝、天子称号以外又拥有天可汗的称号。元朝皇帝兼有天子与大汗的称号,元朝在中国推行行省制度,全国各民族地区都已成为由朝廷直接派员的管辖之区。清太宗在改国号为清的前夕,被蒙古各部王公拥立为全蒙古的大汗,所以清朝的皇帝实际上也拥有皇帝、天子、大汗三种称号,是中国农牧两大类型民族共同的君主。农牧两大类型文化结合、交融的国家元首称号,客观地研究中国农牧民族关系发展与中国统一多民族国家的形成,不能不认定:中国统一多民族国家在整个古代的形成发展,本质上是以华夏/汉民族为主体的农牧两大类型民族的统一;以华夏/汉文化为主干,农牧两大类型文化的撞击、结合与交融;以汉地耕作农业经济为基础,农牧两大类型经济的相互依赖与相互补充。因此,万里长城在封建统治者的立场上,是处理农牧民族问题防御战略思想的实施,是利用强大中央集权国家力量修筑的浩大的防御工程;从农牧民族关系发展的客观实际上看,它既是把农牧民族分隔开来,对郡县农耕区起了一定保护作用的防御工程,又在沿长城一线进行农牧产品交换与文化交流,并形成了自辽东、辽西至西域沿长城分布的一系列以农牧交换为其特点的城镇,所以长城又是把农牧民族联结起来的宏伟漫长的纽带。这种既相反相成,又相辅相成的作用,是农牧两大类型民族及其经济、文化既相矛盾又不可分割生动而深刻的反映。世界上唯独中国有这种特点,也只有中国强大的中央集权王朝才有力量修筑这被世界称为伟大奇观的万里长城。

在中国历史上首先把燕、赵、秦北方长城联成万里长城的是秦始皇,汉代自武帝以后至昭、宣又有很大的延伸,但汉以后再次大兴土木修筑长城的却是鲜卑化汉人与汉化鲜卑人建立的北齐、北周,所防御最初主要是与鲜卑同族属的游牧民族柔然,后来是由柔然属部崛起的突厥。契丹人建立的辽朝,女真人建立的金朝把长城修到嫩江流域、额尔古纳河流域及大兴安岭地区。在这些修筑长城的王朝心目中,长城以内是郡县地区,是"内地";而长城以外是藩封地区,是"边裔"。两者管辖的制度不同,却同在疆理之中。所以万里长城虽出于防御的目的,却不是国界。长城线的游动,不是国界的变迁,而是郡县地区与羁縻藩封牧区界限的游移变迁。

修筑万里长城的不仅仅是汉人为统治民族的王朝,也有少数民族为统治民族的王朝。中国历史上有三个全国统一的王朝没有为民族问题大规模修葺长城,这就是唐朝、元朝和清朝。其中唐朝是汉人建立的王朝,所以说万里长城是汉人对付北方民族的专利品,与中国历史的实际是不相符的。到了清代,统一的多民族中国已经确立,长城在防御战略上已失去意义。康熙皇帝不无自豪并讽刺秦始皇,作诗说:

  万里经营到海涯,纷纷调发逐浮夸。
  当时用尽生民力,天下何曾属尔家!

有一次为宴请长城以外诸藩部首领,康熙对清朝民族政策的成功吟咏道:

> 龙沙张宴塞云收，帐外连营散酒筹。
> 万里车书皆属国，一时剑佩列通侯。
> 天高大漠围青嶂，日午微风动彩斿。
> 声教无私疆域远，省方随处示怀柔。

乾隆皇帝步乃祖的后尘，讽刺秦皇。他写道：

> 边关峰色翠芙蓉，万古堤防笑祖龙。
> 守德由来胜守险，金册礼义是堤封。

清代如何用得当的政策使农牧民族相安共处于统一多民族中国是另一个课题，在此不拟展开。但统一多民族中国有个发展过程，农牧两大类型民族及其文化也有个由接触、撞击、结合、交融的发展过程，祖龙与康、乾，时移而势异，万里长城的兴与废，都是当时历史条件下的决策，是很难放在一处论短长的，但康、乾能作如此吟咏，是对中国统一多民族国家确立条件下的一种自豪与抒情，是对中国民族关系发展的一种肯定。

近代以来，万里长城已是中华民族不屈不挠的象征。长城抗战，不止是汉人参加，还包括中国的许多民族，其中起统帅作用并为人们熟知的吉鸿昌将军是回族。后来在中国共产党领导下沿长城一线进行抗日战争的主要少数民族蒙古族和东北、内蒙古、西北各兄弟民族与汉族兄弟团结一起，浴血奋战。中华民族真正实践了"把我们的血肉，筑成我们新的长城"，中华民族全民族的抗日战争取得了彻底的胜利并进而获得了中华民族完全独立和解放。

当前，长城内外的中国各民族，都在进行现代化建设，争取共同繁荣，共同发展，以实现各民族的现代化。传统那种农牧经济模式、民族分布格局已发生根本性变化，尤其是长城以北和长城以南一样建立了现代工业体系，传统逐水草而居的草原游牧业，也已走上集约化畜牧业的发展道路，在人们的观念中，它已经是中国大农业的一个重要组成部分，是中国最重要的肉食和畜产品基地。长城作为中华民族伟大创造力和宏伟气魄的象征,正鼓舞着长城内外各民族。万里长城精神,已成为克服困难、百折不挠以实现现代化的精神力量。我们还应该看到,万里长城在中国古代,曾保障中西交通的顺利发展,对中外经济、文化交流起过很重要的积极作用。在当代,它更加为中外所珍视,举世公认不仅仅是中华民族伟大文化遗产,也是人类共同的宝贵文化遗产。因而它又是联结中华民族与世界各民族的伟大纽带。

(原载中国长城学会主编《长城国际学术研讨会论文集》,吉林人民出版社1995年)

青海牧区的工役制度
——民主改革前青海牧区社会性质探讨之一

解放前,在牧区广泛流行着各种形式的雇工剥削,通常被称为牧区的"雇佣关系"。对这种"雇佣关系"性质的看法,在史学界中意见还不一致。有的同志认为,既是雇佣劳动,当然属于资本主义性质;有的同志认为解放前牧区社会制度是落后的封建制度,自然经济仍占统治地位,无从产生资本主义关系,因此牧区的雇佣关系不可能具备资本主义性质。我认为这种"雇佣关系"在青海牧区是一种封建工役制度,其中也有资本主义因素的成分。

一

青海省50多万藏族人民,80%以上住牧在50多万平方公里的草原上。按照各部落分布的情况,解放前有所谓"环海八族"(分布在青海湖周围的藏族部落,实不止八个,其地现属海南、海北藏族自治州及海西蒙、藏、哈萨克族自治州的天峻县)、"同仁十二族"(其地现属黄南藏族自治州)、"玉树二十五族"(现属玉树藏族自治州)、"果洛九族"(现属果洛藏族自治州)。各地生产水平、经济、政治发展状况大体相同,又不完全平衡。解放前,在青海畜牧业生产中,环海、黄南居主导地位;而这两地的人口也占全青海牧区藏民的60%以上。

牧主榨取牧民无偿劳动的方式,各地情况虽各有特点,但大体可分为贡赋和直接徭役、"雇佣关系"、牲畜租贷和役使奴婢四种。直接徭役即千百户征派所属部落的牧民从事生产劳动或运输、侍从等工作。除服役期间供给饭食外，没有任何报酬。这是属民对千百户的徭役负担，不能与"雇佣关系"混为一谈。在果洛、玉树的千百户，除了征收属民的贡赋外，直接徭役就算是最重要的剥削方式了。

"属佣关系"的情况很复杂，大体上有长工、短工（月工、日工）两类。当长工的主要是占总人口25—30%的破产户；当短工的乃是占总人口40%左右的贫苦牧民，其中有些人还得去当长工。因此，各部落向牧主提供长工和短工的人数往往达到70%左右。

雇用长工的，在环海是包括千百户在内所有的牧主和富裕牧户，在果洛、玉树则主要是千百户以外的牧主。雇用短工的户数要广泛得多，除了牧主和富裕户外，较为殷实的中等牧户在生产较忙的季节也雇用日工或月工，其中也有个别雇用长工。这三类使用雇工的户数约占各部落总户数的20%左右，其中雇用长工的和经常雇用短工的，约占总户数的10%或稍许低些，其中环海地区稍高于这个水平，果洛、玉树稍低。

构成主雇关系的情况、形式是多种多样的，工资报酬各不相同，社会地位也有差别。

从长工的情况看：（一）放牧上处于依从地位的穷苦牧民和生活无依靠的穷苦亲戚为牧主提供的无偿劳役。他们因为牲畜太少，力量过于单薄，根本抵御不了社会和自然的侵扰，也没有牧场，只好把自己仅有的几头牲畜附养在牧主的畜群里，而本人甚至全家为牧主做长工。他们没有工资，但可免去差役和赋税。牧工唯一的意愿，就是盼望自己原有几头牛羊生息繁殖成为一个可以独立的小畜群。不过，这种愿望很难实现，因为牧主按照苛刻的条件折算他们的生活消费，用繁殖的牲畜抵债，甚至往往以各种借口侵吞掉牧工原有的几头牲畜，使之完全破产以至沦为奴婢。(二) 牧主抱养破产牧民的子女或无依无靠的孤儿，并为他们招赘、娶妻，其社会地位和生活状况与奴婢无异。(三) 议定工资和做工年限的长年雇工。如果牧主不满意而开除牧工，要按实际做工时间给工资，但如果牧工不堪虐待半途逃亡或辞工，只许带走自己的衣物，没有任何报酬。

这三种长工，都与千百户直接征派徭役在形式上有所区别。环海地区，千百户以外的牧主经济比较发达，牲畜更集中于牧主 (包括千百户在内) 手中，并且是自己经营所有的牲畜，由于在生产上不可能直接征派徭役，故各种长工比果洛、玉树更为流行。

长工在受雇期间是雇主的仆役，由雇主给他少量臭肉败汤维持一饥半饱。牧主可以任意打骂虐待牧工，奸淫女牧工及牧工家属，甚至有的牧工活活被折磨死。牧工受人身奴役的程度，和雇主财势的大小成正比。从不同地区看，果洛、玉树的牧工社会地位比环海更低。这里牧工被称为"约合"(女工称为"约莫"。"约合"在玉树称"约保"，是藏语方言的差别。"约保"、"约莫"，译意为"苦工"和"佣女")，牧民绝对不许离开部落，而牧主可以向千百户送礼，由千百户下令迫使任何牧民当牧工，也可以随意赶走他们。"约保"、"约莫"平常和奴婢一样，不准进牧主住的帐房，晚上必须和牧犬一起看守畜群。他们的衣物只准放在牛粪堆上，迁移牧地时，也绝不许与牧主的东西放在一起。他们和奴婢不同的，就在于奴婢是终身的、世袭的，而"约保"只是在受雇期间像奴婢一样被奴役，人身不完全被牧主占有。环海地区的牧工称为"拉娃"，译意为"拿工资的人"。按习惯，"拉娃"可以在本部落"自由"受雇或辞工 (实际上牧主以种种手段和借口剥夺这种"自由")，或在家属留在本部落的条件下，到外部落去做工。"拉娃"的社会地位也很低下，但又不象果洛、玉树那样完全与奴婢同列。

从短工的情况看：(一) 生产繁忙季节雇用的短工，不仅雇主供给的饭食比较好，工资也比较高而且有保障，技术不同，工资有显著差别。（二）有某种专门技术，上门做工或包工计件。这些人都可视为手工业匠人。除果洛有少数铁匠可基本上靠手工业立家外，其余的如环海、玉树等地几乎没有专门的手工业者。（三）生活无着落的贫苦牧民和社会流浪者，投靠牧主、富裕牧户，为他们做零工（如拾牛粪、砍柴、背水、磨炒面、割草等等）以换取当天饭食，没有工资报酬。这种零工要比上两种短工广泛，在做工总量中也比上两种为多。

短工受雇期限不同，做工期间也不能完全被视为仆役。做短工的，一般不能到外部落去，在本部落则比做长工较为"自由"些。

工资一般是实物（畜产品或牲畜）。环海地区在"羊毛贸易"特别发达的年代里，因为畜产品值钱，曾经实行较高的货币工资。马匪步芳统治青海时期，畜产品一贱如土，货币虽然仍是议工资的标尺，实际上全是给实物。各地的工资也没有统一的标准，有的地区真是一个部落一个样。以下几个典型调查例子，大体上还能反映一般的情况。

一般说，玉树地区与果洛地区的工资水平相近，现将果洛地区的工资情况介绍如下：

（一）长工：除雇主供饭外，一等的一年一双靴子、一顶帽子、一件毡衣（防雨用）、一头母牛（或一件皮袄）；二等的只给一头母牛或一双靴子、一顶帽子、一件皮袄，也有只给一件皮袄的；三等的好些的平均每月给两三斤酥油，差些的除吃以外什么也不给。得一等工资的，必须有出众的放牧技术，人数很少；第二种的普遍被采用，但给牧工的牛多是老、弱、残、病，给牧工的皮袄多已穿旧。

（二）短工：割毛（果洛用刀子割毛，一般技术每人一天可割30只羊，每只羊可割毛二斤），每割30只留一只羊的毛，稍高一点的，割20只留一只羊的毛做工资。

铁匠（称为"黑铁匠"，社会地位特别低下，一般牧民不愿为之）自备工具上门做工，除吃以外，每天收工资酥油二斤，或白洋二元。由户主送原料上门包工计件的，其工资如打一把刀子得工资一元，每天可打四把；打一把手锄或镰刀，得工资二元，每天可打三四把。一般牧主付给工资均是酥油（每斤折白洋一元）。

皮匠（一般牧民多会做，但技术高明的较少，多数上门做工，也有包工计件的）的工资，视工种繁简而定，一般的平均每天工资在二元或酥油二斤左右。

环海地区，因各地交通与交换方便与否的不同，畜产品价格差别很大，工资也呈现相应的高低不一。一般说，比较偏僻的地方，工资水平较低；牧业发达的地区则工资较高。如同德年乃亥（比较偏僻区）在1949年长工一年工资仅25元；短工一天工资约一元。兴海县阿曲乎（牧业发达区）的放马牧工年工资高的100元，低的24元，放羊的年工资高的72元，低的也有25元；短工一天工资也在一元以上。

牲畜租贷：在青海的牧畜租贷不发达。因为牧主尽所能地经营自有的牲畜，只有寺院和少数牲畜太多不能全部自营的大牧主或无力经营的孤寡，才把牲畜出租给牧民，收取高额畜租。租放牲畜的牧民，一般都有自己的小量牲畜，再租放一些，获得一些畜产品以维持生活；如果碰上好年成，也可能增殖自有牲畜。因此，租畜牧民要比牧工对牲畜关心一点。

头人和有势力的大牧主，还占有奴婢。奴婢称为"才约合"（译意为终生的奴仆）或"戈约合"（家奴）；全是奴婢的家庭，称为"约合仓"。奴婢来源：有被千百户剥夺人身自由罚为奴婢的，有因负债长期无法偿还伦为债奴的，有外来的逃亡户请求庇护的，还有就是固有奴婢的子女。因某种"触犯"头人、牧主的行为，被罚为短期苦役的牧民，也称"戈约合"，服役期间同样视为奴婢，期满后释为普通牧民。占有奴婢的现象，在环海多得惊人，比如海南上阿曲午部落千户、百户和另几户大牧主解放前共占奴婢61人，其中"约合仓"14户，奴婢人数竟占该部落总人数的百分之11.4%！奴婢买卖的现象，其他地区没有出现，唯环海曾有过。奴婢主要从事生产，在法权上主人可以任意将其卖工或甚至加以杀害；没有赎身权；不仅本人终生为奴，连子女也世袭其地位。

二

如果把青海牧区各地不平衡的状况作个比较，果洛、玉树地区，直到解放前夕，千百户主要靠贡赋和直接徭役进行剥削，他们不很注重经营大畜群，而是更热衷于维护封建特权，征收牧民生产的牲畜和畜产品，因此，在部落里千百户自营的牲畜往往不多，但集中和消费的牲畜及畜产品却是任何牧户赶不上。千百户以外的牧主经济，也有相当发展，这些牧主则尽量运用特权来剥削长工和短工。环海地区，大概由于清末由黄河以南向河北大迁徙，原有千百户遭到了削弱，畜产品也越来越多地与市场发生了联系，刺激了畜牧业生产的发展。民国初年到抗战前夕，青海畜牧业发展得较快（尤其是环海地区），因此牧主经济相当发达，千百户的世袭制仍然保存；但他们直接征收贡赋调派徭役的制度已破坏了，只是乘着为马家军阀征收苛捐杂税的机会，从中搜刮以饱私囊。因此，无论千百户还是其他牧主，都尽可能使用经济的和超经济的强制，役使牧民为他们多增殖牲畜和畜产品，雇佣各种形式的长工和短工，也就成为主要的剥削形式。

这时雇工的人身依附关系并没有得到解放。首先，牧民都被强制在牧主阶级所统治的部落里，保障了牧主阶级榨取无偿劳役的源泉。其次，果洛、玉树的千百户征派贡赋和直接的徭役，其他牧主也可强制他们的租畜户、负债户直接提供劳役。为牧主放牧的长工和被抱养的孤儿及其配妻、赘婿等，虽称为长工，实际上是牧主对贫苦牧民一种庇荫制度。被庇荫者无疑已成为牧主的直接依附牧民，长期为他们提供劳役。再次，牧主阶级垄断了草原牧场的支配权，并把牧民固着在部落里，只有独立经营生产的牧民，特别是其中的中等牧民和富裕牧民，比农奴制下有较大的独立性；但他们在封建军阀、国内外资本以及民族内部封建制度的打击下，也越来越贫困，并日益依赖于牧主阶级，通过这种或那种形式为牧主做工或租贷牲畜。牧工的境况比独立的牧民更坏，受苦更深。牧工生活是不独立的，仰给于牧主。他们在受雇期间是仆役，牧工在经济上和人身上直接依附于牧主，大部分是服无偿劳役；只有少部分有较高的工资和稍微"自由"一点，而且也只有这一部分才能算比较确切意义的雇工。

近百年来，青海的畜产品大量输出，羊毛贸易曾盛极一时；所谓"西宁毛"，在国内外资本主义市场上有一定的地位。本世纪最初30年内，由于资本主义市场的刺激，青海牧区畜产品的商品部分增加了。牧主、富牧有较多的畜产品出售，有的掌握了一定数量的白银。牧民也可以用少量畜产品去交换，因此在一定程度上也是小商品生产者。当时虽不能在本地发展畜产品加工工业，但商业活动很活跃，并形成了一些畜产品交换中心，其中湟源盛称"小北京"。然而，这种交换关系，与帝国主义掠夺政策相关，最初大部分操纵在买办商人手里。30年代以后，军阀的官僚资本逐步形成，又完全垄断了青海的交换贸易。私商在军阀的房掠和经济打击下，几乎全部倒闭，湟源变成了瓦砾烂摊，其余市镇更加萧条，牧民遭受更苛重的剥削，破产更多。所以近百年来交换贸易虽有所发展，对自然经济起了一定的分解作用，却仍没有瓦解部落自给自足的闭塞性和保守性的基础：牧民依靠牧业生产以及和畜牧业生产相结合的手工业，可以在部落里获得消费资料的极大部分或主要部分；牧主、富牧出售较多的商品，其消费品也有相当数量仰给于市场，但仍以自营生产的畜产品为消费品的主要部分；部落仍然是基本上自给自足的经济单位。畜牧业生产技术，环海比果洛等地较进步，但都停滞在依靠自然繁殖的单一游牧阶段，生产率很低且不稳定。这种生产状况"就没有可能通过剩余产品的数量来增加收入，要增加收入只有一种办法，那就是采用一切盘剥性的雇佣形式"①。牧工的实物偿付是建立在生产技术原始和商品交换不发达的基础上，牧主对牧工的盘剥是严重的：第一，长工创造的财富的70—90%，被牧主无偿榨取，剩下的仅仅能维持自己半饱活命；他们的家属只好靠自己当短工、乞讨、捕捉小动物和采集野生植物为生。第二，短工的工资按劳动时间计要比长工高，但拿工资的短工季节性强，普遍和经常的零工是没有工资的。牧主对牧工的残酷剥削是无止境的，有的牧工做工年久，可得到相当多的工资，这时，牧主却往往诬加牧工以罪名，把他们蛮横驱逐，甚至害死！牧主这种残暴的行为，不是以超经济强制和公民权利不平等作为保障是根本无法实现的。

由此可见，青海藏族牧区牧主对牧工的剥削，与领主的徭役经济在形式上不同，实质上却同样是以超经济强制为手段保障对依附牧民的无偿榨取；这种榨取因为畜产品和市场的联系而更加惨重了。所谓雇工剥削，实质上是经济上和人身上依附于牧主的贫苦牧民向牧主提供的无偿劳役，是一种封建工役制度，是徭役经济的变态发展。

虽然青海藏族牧区的"雇佣关系"是封建工役制度，但并不

---

① 《列宁全集》第3卷，第182页。

排斥其资本主义因素的存在。资本的力量对青海牧区生产是有影响的，牧区盘剥性的雇佣劳动是以贫苦牧民丧失生产资料为前提，其中一部分则完全脱离了生产条件。因此"雇佣关系"也不可能完全没有打上资本的烙印。其中较高工资的长工是工役向资本主义关系蜕变的萌芽形态；较高工资的短工，特别是中等牧户和富裕牧户雇佣的短工，确是一种新生产关系的芽苞。各种长工和短工不仅有形式和工资的差别，也有经济性质上的不同。新质是微弱的，它的出现并不等于已经发展起来，更不能说代替了旧质。同时青海牧区"雇佣关系"中某些资本主义因素的出现和牧区商品交换的初步发展一样，一开始就具有半殖民地的特点。我没有说"半封建"，因为青海藏族牧区的封建关系基本没有受到资本主义的分化，本民族内部独立经营的富裕牧户和殷实的中等牧户有些资本主义的色彩，但更主要是宗法式的封建生产。青海的地方军阀，虽具备了半殖民地半封建的中国军阀的各种主要特点，但它更强烈地具有封建割据和极端粗野残暴的中世纪暴君特质。马匪对环海控制较紧；对玉树则鞭长莫及，只能在若干驻点上活动，其官僚资本无法打进；对果洛则完全没有置于直接控制之下。马匪虽然也在西宁办过"八大工厂"，在这些作坊式"工厂"中，除从牧区虏来一些人做工奴外，没有半个自由的藏族工人。

总之，青海藏族牧区的"雇佣劳动"，实质是依附牧民向封建牧主阶级提供无偿劳动的一种形式，是封建工役劳动。尽管在各种长短工中，孕育了某些资本主义萌芽因素，但它还很微弱，不足影响上述结论。当然，这种工役劳动在必要的历史条件具备时，也会成为从封建剥削蜕变为资本主义剥削的现成形式，只是解放前的青海绝不可能具备这种条件罢了。

（原载《民族团结》1962年12月号）

论青海藏族牧区封建制度的基础与特点

——民主改革前青海牧区社会性质探讨之二

牧区封建制度的基础与特点,也是学术界对于民主改革前牧区社会性质讨论中意见更加分歧的一个问题。

民主改革前,青海牧区社会处在封建制度阶段,这是已无人怀疑的。这个科学的认识,是牧区工作的同志们在党的正确政策和理论指导下,经过深刻的调查与科学分析而得出的;是为党的牧区政策和牧区社会改革的具体实践所证实了的。这就有助于我们对牧区封建社会的各个环节作进一步研究和认识。

关于封建社会最一般的本质,经典作家在许多著作中有过反复论证。斯大林把它用一个简明扼要的理论形态表述了出来。他说:"在封建制度下,生产关系的基础是封建主占有生产资料和不完全占有生产工作者,这生产工作者便是封建主虽已不能屠杀,但仍可以买卖的农奴。"① 后来他又作了进一步解释:"当然,非经济的强制在巩固农奴制地主的经济权力方面起过作用,但封建制度的基础并不是非经济的强制,而是封建土地所有制。"②

由于畜牧业生产本身的特点,牧区经济与农区经济有很大差异,因此在研究牧区封建制度时,应该从牧区实际出发,紧紧把握它的特点;同时也要看到牧区封建制度,并未超出马克思列宁主义关于封建社会的基本原理,不然,它就可能不是封建社会,而是其他社会形态了。

---

① 斯大林:《辩证唯物主义与历史唯物主义》,第24页。
② 斯大林:《苏联社会主义经济问题》,1958年版,第31页。

一

　　牧场是畜牧业生产的物质基础。解放前，青海牧区的牧场基本上有两种占有形式：（一）"部落公有"；（二）寺院占有。

　　所谓部落公有，是全部落牧民对部落的牧场都有使用权，土地不得买卖，部落界限绝对不能逾越。这是牧区土地占有的主要形式。直到解放前，部落制度仍然是藏族牧民几乎全部生活的基础①。但生产单位是私有的、分散的个体家庭，家庭手工业与畜牧业相结合，这种家庭几乎可以生产全部消费品。部落还是一个自给自足的闭塞小天地。

　　部落最初无疑是自由公社成员的自由赖以体现的形式②。但后来它蜕变成为千百年来牧民被奴役的枷锁。在畜牧业的原始状态下，土地是公共财产，部落占有一定牧场，是游牧的前提。马克思说："财产最初是运动的，因为人起先占取土地的现成果实——其中也有动物，而对于他们而言，特别是可以豢养的动物；但是甚至这样的情况下——如狩猎、捕鱼、牧畜、靠采集林木果实生活等等，也总以占有土地为前提，或者作为固定的居留地，或者为了从一地迁徙一地，或者作为动物的牧场等等。"③ 更何

-----

　　① 这里所谓部落，与原始公社时代的部落有本质的区别。它很类似农业民族封建社会中的村社。汉文历史文献中，多把牧区部落称为"族"。这里用"部落"因已惯称。它是游牧公社的遗骸已被改造成封建社会的社会组织，已蜕变成为劳动牧民的对立物。同时，只有千户或独立百户所统辖的部落，才能作为自给自足和割据一方的单位；以下的小部落，只是它的一部分。这些部落，无论大小，都以地缘结合为基础。

　　② 从《后汉书·西羌传》大体可以看出青海牧区原始公社的图景。

　　③ 马克思：《资本主义生产以前各形态》，人民出版社1956年版，第28页。

况解放前青海牧区早已不是停留在原始的游牧状态了，土地虽然还披着"部落公有"的外衣，骨子里是封建牧主阶级的意志所绝对支配的领域，为封建牧主阶级所有。

大多数部落的牧场每年分配一次（玉树、果洛有些由千百户分给牧民固定使用），尤其是冬季牧场，必须经过严格的划分。牧场使用权的分配，牧民无权问津，牧主阶级垄断了分配和使用草原的支配权。这种支配权，在果洛、玉树，差不多由千百户头人独霸；一般牧主通过纳税、送礼等方式从头人那里获得优先和大量使用草原的特权。牧主经济比较发达的环海地区，则由封建牧主组成以千百户为首的"委员会"——"求得亥"（译意为"执法者"）直接控制牧场的分配权，并执行惩罚制度。

封建牧主利用其对牧场的支配权，霸占大部分水草丰美的牧场，使他们经营的畜群有充分发展的空间。而牧民只能在所剩面积不大、质量较差的牧场上抢牧乱放。这小块牧场，实际上是为中等牧户与富裕牧户所占。因为贫苦牧民一般牲畜很少，特别是缺乏大牲畜，很难独立经营。他们不得不把牲畜依附在牧主的畜群里，本人则为牧主放牧，所以他们发展生产的空间受到严重限制。

然而封建制度与资本主义制度相反，它不是使生产者与生产条件脱离，而是要求两者结合。牧民从牧主阶级那里获得牧场的使用权，是构成封建剥削的必要条件。青海牧区的剥削形式，主要有三种：（一）征税；（二）差徭；（三）各种盘剥性雇佣劳动。这三种形式在各地区的比重又有一些差异。

果洛地区的千户在所管辖的部落，有征税派差徭的特权。定型的有：（一）牲畜税：所有牧户，牲畜三年登记一次，全折合为牛，150头（有的120头）以内，什一征税。有的则每牛征收一定量的税银。大牧主超过150头牛以上的牲畜，概免赋税负担。其小部落头人，可全部免征或减免一部分。牧畜税又称草头税。因按法权,"草山的骨头是头人的,皮毛是牧民的"[1],要在头人的草山上放牧,就要照章贡赋。(二)酥油税:所有牧户分为三等,有牛70到120头以上者为第一等,每年征酥油税15斤左右;70头以下20头以上者为第二等,每年征12斤左右;20头以下者为第三等,每年征9斤。这是户口税,此外还有各种杂税和"送礼"等等。(三)差徭分牛马差和徭役。头人和当权牧主们都有权在畜牧业生产、驮运、日常生活等各方面征派牧民的差徭,共有7类30多项。此外,随着牧主经济的发展,各种盘剥性雇佣劳动也在果洛有相应发展,但与征税、差徭相比,还居于次要地位。

所谓税和差,实质上是独立牧户,主要是中等牧户和贫困牧户向封建部落统治者交纳的贡赋和直接徭役。一般牧主需要把封建剥削的一部分贡纳给千户,是封建剥削的再分配;他们绝不是无偿劳动的负荷者。贡赋和直接徭役,不啻牧民使用牧场所付出的地租,是果洛地区劳动牧民向封建主提供无偿劳动的主要形式。它表明:在果洛,部落实际上就是千户的领地,而牧民则是他们的属民,是完全意义上的农奴。

玉树的情况介乎果洛与环海之间,而更近于果洛。

环海地区牧主经济比较发达,剥削的主要形式是各种盘剥性雇佣劳动,实质上是封建工役[2]。部落的真正主宰,是拥有强大封建特权的牧主阶级,千百户只是他们的首脑和政治上的代表。牧民是牧主阶级的仍处于农奴状态的依附牧民。各地区社会经济发展的不平衡,只表明了牧区封建制度本身的发展,并未改变封建关系的实质。

---

[1] 这是流行在牧区的一句概括封建法权的谚语,在果洛被奉为金科玉律,人所共知。

[2] 参看拙作:《青海牧区的工役制度》,载《民族团结》1962年12月号。

马匪的反动统治，加重了环海、玉树一些部落的负担，部落作了马匪征税的单位。马匪用骑兵和步枪迫使他可以征服的各部落封建统治者与他实行封建剥削的再分配；而牧主阶级则以加重对牧民的压榨使自己的财富继续增加。正是由于这种利害得失，使一些部落封建主如有可能反抗，也会参加到牧民反对马匪的斗争行列；而当形势不利时，又出卖牧民，与马匪勾结起来共同压迫牧民。

外来户一般被接纳为部落成员。有些暂时驻牧的外来户，必须向千百户或有势力的牧主交租、服役和送礼，才能留居和使用牧场。凡交租使用牧场的暂驻外来户，不再交牲畜税。此外，千百户还可私受"礼物"或公开议定租额出租牧场，租金由千百户独吞，或与当权牧主瓜分。

果洛、玉树的一些部落，也有把牧场分给牧民固定使用的。尤以牧主对这种牧场的使用权比较稳定，可以在部落内买卖、租赁，分家时可以分牧场，并由头人发给凭照；同时，头人可以将绝户和破产牧主的牧场收回，另分给其他多畜户。所以它还没有脱离部落的羁绊，私有权没有最后固定，但孕育着牧主对牧场的绝对私有权。

总之，在"部落公有"的掩盖下，封建牧主阶级享有牧场的实际利益，牧民所得的只是约束自己的绳索，牧场封建所有制的实质是很明显的。

寺院的牧场，名义上也属"全寺院所有"，实际上都属于寺院的封建统治者，寺院同样是牧区的大封建主。

部落不仅是封建牧主阶级分割和霸占草原的工具，而且是把牧民固着在土地上的工具；部落制度与千百户制度紧密结合，因此又是压迫牧民的暴力机关。果洛、玉树各部落的千百户，集政、教、军权于一身，他们的意志就是法律。环海的千百户特权制度仍然保留，世袭制度则已崩裂。解放前环海各部落的千百户没有世袭三代以上的；千百户职权在当权牧主中你争我夺。在千百户权力的统治下，牧民苦无天日，棍子、鞭子和专横的酷刑统治一切。这种统治形式，是和部落的封建土地制度及依附关系相适应的。"在封建时代，军事上的、诉讼上的裁决权，是土地所有权的属性。"①

由此可见，封建所有制及与此适应的奴役关系，不管采取什么形式，土地是起决定作用的物质条件。封建主篡夺了公有土地的支配权，把它实际上霸为私产，并役使牧民处于依附地位。这种篡夺，在长期历史中已既成事实，并为封建法权所巩固下来了。土地占有保持部落外观的事实，在畜牧民族中，可以从生产经营本身的特点中找到深刻的联系，同时也可从历史传统中找到它的延续性。这种外观在许多农业民族中也是相当普遍的。马克思和恩格斯告诉我们："所有制的最初形式无论是在古代世界或中世纪都是部落所有制，这种所有制在罗马人那里主要是由战争决定的，而日耳曼人那里则是由畜牧业所决定的。……在起源于中世纪的民族那里，部落所有制先经过了几个不同的阶段——封建地产、同业公会的动产、工场手工业资本——然后才变为由大工业和普遍竞争所产生的现代资本，即变成抛弃了共同体的一切外观并清除了国家对财产发展的任何影响的纯粹私有制。"② 可以肯定，封建牧主阶级如果不垄断牧民和他们的牲畜赖以生存的基础——土地，如果不是在此基础上强制牧民成为依附牧民，乃至役使一部分牧民为奴婢，那么它便不可能通过徭役、贡赋、各种盘剥性雇佣劳动，以至公开的剥夺，来残酷地剥削劳动牧民。这是封建制度的普遍规律，并不因生产经营的类型（种植业或畜

---

① 马克思：《资本论》第一卷，人民出版社 1956 年版，第 398 页。
② 马克思、恩格斯：《德意志意识形态》。见《马克思恩格斯全集》，第三卷，第 69—70 页。

牧业）的不同而产生不同的规律。

二

牧区的封建制度既然同样是建立在封建土地所有制基础上的，这就是牧区与农区封建制主要条件上的同一性。但牧区经济确有其不同于农区经济的特点。畜牧业与农业最本质的不同，在于牲畜在生产中的特殊作用。牧区经济一系列的特点都是从此派生出来的。作为牧区封建制度基础的牧区封建土地所有制，也受此特殊性制约，而与农区封建地产有不同的内容。在牧区，土地不直接表现为生产资料，必须通过牲畜在生产中的作用，才能成为发展生产的物质基础。

解放前，牧区单一的畜牧业经营，还停滞在利用天然牧场分季移牧和自然繁殖的技术基础上。牧民再生产的，事实上只有畜群。因此直接表现为基本生产资料的是有生命的活畜，而土地从表象看，显得仅仅是在生产中被利用的一种自然条件。那么，怎么理解封建土地所有制是牧区封建制度的基础呢？

首先，牲畜在封建建土地所有制下，在自然经济占统治地位的时候，只能作为土地的附属，是土地上的有机财产，与土地所有权不可分割，并构成其主要内容。马克思说："在畜牧民族中间，他们对土地上的自然产物（例如绵羊）的所有权，同时也就是对他们放牧的牧场的所有权。一般说，凡是讲到土地所有权时，地面上的有机物总是包括在内的。"[①]

其次，牲畜不是封建牧主阶级独占的财富，它自身可以繁衍增殖。封建牧主只占有大量牲畜而不垄断牧民和牲畜依以生存的

---

① 参看马克思：《资本主义生产以前各形态》，人民出版社1956年版，第27页。

土地,是不能建立封建剥削制度的。因为许多牧民实际上可以依靠自有牲畜独立经营并维持其生活,只是因为人身隶属关系和封建土地制度才迫使他们必须把独立经营所生产的一部或大部分产品无偿献给封建剥削者,而自身贫困,生产只能勉强维持原有状况的重复,甚至每况愈下。

第三,增殖牲畜和畜产品,是畜牧业生产的目的,牲畜是劳动对象,又是劳动生产物。它既是基本的生产资料,又是牧民衣食之源。牲畜是牧区最主要的社会财富。因此,封建牧主对牧民残酷剥削,其直接目的也仅仅是为了占有大量牲畜和畜产品。争夺牲畜和畜产品,乃是牧区各阶级为社会财富的分配而进行斗争的重要内容,并且又与争夺牧场和依附牧民的斗争,以及依附牧民挣脱隶属关系的斗争息息相关。在封建制度下,牲畜向牧主阶级手中大量集中,贫苦牧民严重缺少或根本没有牲畜,是封建压迫剥削的结果,而不是它赖以建立的基础。

问题的实质是,封建牧主阶级一方面必须控制土地支配权,迫使牧民依属于本阶级,并利用封建特权排斥牧民自由发展生产的可能性;另一方面,又必须付予牧民一定的牧场使用权,使之有可能提供无偿劳役,从而使牲畜大部分集中于己手,以体现封建土地所有权的实际利益,所以他们毋宁保持"部落公有"的外观。

由此可见,牧区封建制度的经济本质,是封建牧主阶级垄断土地(牧场)的支配权和集中大部分牲畜,它构成了牧区封建土地所有制的全部内容。同时把牧民固着于部落,使之沦为依附牧民,以超经济强制的手段无情榨取其无偿劳动。土地和牲畜辩证统一的关系,构成牧区封建土地所有制与农区封建地产的显著区别。而无偿劳动不管采取何种形式,无疑是土地所有权的经济形态,是牧区的封建地租。

牲畜在畜牧业生产中的作用,不仅决定了牧区封建土地所有制的特点，也决定了牧区封建制度本身的特点。

生产技术墨守成规，是封建制度下的普遍特征；而在牧区，这一特征更为突出，而且牧区封建关系的发展也更加缓慢，始终披戴着部落的躯壳。部落扎根在宗法式家庭和自然经济的土壤中，使牧民生活在互相隔绝的牢笼状态。在转辗迁徙、不断斗争中，它俨然是一种保护工具。因此，部落不能不在牧民生活的每个方面留下自己的印迹，并给残酷的现实蒙上一层宗法观念的纱幕。但是这种关系并不是停滞不前的，在青海牧区中表现了发展不平衡的现象，尤其是与藏北牧区对比，可以看出，牧区部落不仅适应于宗法封建（半封建）关系，也容纳了领主制和更发达的封建形态。在这一发展中，部落愈益成为牧民的对立物；但是没有必须的物质和精神条件，它决不会完全消亡。因而对封建部落制度的经济、政治、观念形态各方面作全面的剖析，是牧区封建关系研究中的一个关键问题。

牲畜作为生产资料，还有一个重要特点，即它是一种有生命的、自身增殖率很强、而又可以转让的动产。畜牧业生产的商品性比种植业大得多；有了市场，牲畜和它身上差不多所有的产品，都能成为畅销的商品。所以，牲畜这种生产资料，既可以在封建制度下与土地支配权的垄断相结合，构成牧区的封建土地所有制，又可以在必要的历史前提具备时，挣脱封建土地制度的束缚，发展成资本主义性质畜牧业经营的基本生产资料，并且反过来分解封建土地所有制。但是在解放前半殖民地半封建的中国社会中，青海牧区不可能发展资本主义集约化的畜牧业。解放后，牧区劳动人民在工人阶级及其政党的领导下和全国人民的支援下，粉碎了封建制度的枷锁，经过牧区的民主改革和社会主义改造，越过资本主义的社会发展阶段，直接向社会主义过渡。

因之，在对牧区社会的研究中，既要看到牧区封建制度与一般农区封建制度，在质的规定上的同一性，庶能不脱离一般规律；同时也要看到畜牧业又是与农业不同的、独具特点的一种经济类型，与农业经济有显著差异，才不至于抹煞牧区特点。这个问题是复杂的，同时又是辩证统一的。

(原载《民族团结》1963年1月号)

牧区人民公社的经济建设必须
以大办畜牧业为中心

对1961年第3期《地理》杂志发表的兰州大学地质地理系经济地理教研组写的《以农业为基础开展牧区人民公社经济建设规划的几个问题》的文章,我有一些不同的看法,提出来和该文作者商榷。

我国的草原牧区主要分布在内蒙古、新疆、青海、西藏、甘肃和四川省的西北部等广大地区,纯牧区大都是蒙古、藏、哈萨克、柯尔克孜等兄弟民族聚居区。据1957年统计,我国草原牧区面积占全国总面积的38%,大小牲畜占全国牲畜总头数的33.2%(不包括猪)。因此,牧区畜牧业经济的高速度发展,不仅对祖国的社会主义建设具有重大意义,而且为发展牧区经济,改善牧区人民生活,特别是为解决牧区的民族问题具有重大意义。

解放以来,在党的正确的政策指导下,牧区工作取得了辉煌的成就,畜牧业有了很大的发展,牧区畜牧业经济的发展,为牧区各兄弟民族的繁荣昌盛打下了基础;同时,也给牧区研究工作提出了迫切的任务。兰州大学的同志们能够深入牧区调查研究,写出了文章,这是值得欢迎的。

这篇文章论述的范围相当广泛,而以牧业区人民公社"坚决贯彻以农业为基础,做到农牧有机结合,保证农业大发展,促使牧业高速跃进"① 为中心议题。作者的确对某些问题作了深入的

---

① 《地理》1961年第3期,105页。

分析，总结了实际工作中的一些宝贵经验，但是总的立论基础，我认为有讨论的必要。

以大办畜牧业为中心是牧区经济建设的客观要求

作者既为自己的论文规定了阐述"以农业为基础开展牧区人民公社经济规划中的几个问题"的任务，首先就必须明确农业（种植业）和畜牧业在牧区人民公社的经济建设中，各占什么地位。是不是应该把大办农业大量开荒放在首位，以农业为中心呢？按照作者的见解："农业（指种植业）是牧区人民公社经济发展的基础"，因此"做好牧区大办农业规划是牧区人民公社经济建设规划的首要任务。牧区大办农业的第一个中心环节是开荒，是牧区发展农业实现多种多收的具体化。"而"保证畜牧业高速度发展，建立畜牧业生产基地，是牧区人民公社经济规划的中心任务之一。"这就必然要引导作者得出"使垦荒成为一种群众性的运动"，"要求垦荒速度加快"，劳动力的安排"首先要保证农业，其次才是保证牧业"，"牧区实现机械化应该首先保证农业生产需要"，不如此"农业的发展速度将受到影响"[1] 的结论。总之，就是说在牧业区要把垦荒，大办农业、大办粮食放在首要地位，而把牧业放在从属地位；也就是"以农代牧"，而其最后的结果将是牧业区变成农业区。通篇只在很不要紧的地位提到"以牧为主"的字样。

这一论点是根本不符合牧区的实际情况的。早在 1953 年，中央人民政府民族事务委员会第三次（扩大）会议上作出的"关于内蒙古自治区及绥远、青海、新疆等地若干牧业区畜牧业生产

---

[1] 以上引文见《地理》1961 年第 3 期，105—109 页。

的基本总结"中,即已明确规定,"发展畜牧业生产,是牧业区经常的中心工作任务"。随着牧区经济的迅速发展,民主改革、社会主义改造的胜利完成,特别是1958年以来,牧区建设大跃进和人民公社化的实现。又进一步为牧区经济的高速度发展创造了条件。有些少数民族地区,根据牧区这种历史性的变化和牧区各种客观条件,提出了以牧为主,结合畜牧业生产,发展多种经营的方针,已经取得成就。几年来的实践,特别是1958年大跃进和牧区人民公社化以来的实践,充分证明这个方针是适合牧区的实际情况的,深刻地反映了牧区经济发展的客观规律,因而是正确的。

畜牧业经济是我国国民经济的重要组成部分。发展畜牧业,不仅能在畜力和肥料上支援农业生产,而且可以供应工业更多的原料和城乡人民需要的肉食和奶食;同时,牲畜和畜产品,还是重要的畅销的出口物资。随着我国社会主义建设事业的发展和人民生活水平的提高,对畜产品原料、耕畜、役畜、肉食畜等的需要必将日益增长,畜牧业将日益成为国民经济中重要的不可分割的有机组成部分。因此,牧区在国民经济分工中,必然是以发展畜牧业为主的地区。既然如此,国家就不是首先要求牧区成为粮食基地,而是要求把牧区建设成为现代化的巩固的畜牧业基地;牧区各族人民的首要任务也不是提供大量的商品粮食,而是提供更多的耕畜、役畜、畜产品原料以及肉畜和奶食品等等。过去牧区在这方面已经为我们国家做出了重要的贡献,提供了各种皮张、绒毛、肠衣、乳品等大量的畜产品,有力地支援了国家的社会主义建设。足见牧区的畜牧业生产在国民经济中占有重要的地位。

应该肯定,事实并不像作者所说的"只有农业发展了,以农养牧,才能使牧区的牧业大跃进"。目前牧区虽然主要还是依靠利用天然牧场,但仍然具有发展畜牧业的物质基础。这就是我国牧区草原广袤，水草丰美，并且有不少优等的自然牧场。据估计，目前的草原利用率约占草原总面积的 62% 左右，因此还大有潜力可挖；而已经使用的草原载畜量还可以提高几倍，有的地区甚至可达十几倍①。从发展前景看，随着草原建设事业的发展，载畜量还会不断提高。同时，牧区拥有相当数量的各类牲畜和许多优良品种，既有适合农业使用的耕畜、役畜；也有可供食用的肉畜，可供做为工业原料的各种牲畜的畜产品也极为丰富。尤其是解放后，党从多方面扶助了畜牧业生产，使牲畜的数量和质量都有很大提高。草原牧场和牧畜的这些良好条件，构成了畜牧业更快发展的物质基础。更重要的是，牧区的各兄弟民族人民，都有经营畜牧业的悠久历史，他们在实践中已经积累了极其丰富的经验。而且他们现在已经完全摆脱了过去受压迫受剥削的处境，做了新社会的主人，因而都具有发展生产的积极性；而社会主义制度又提供了充分发挥这种积极性的广阔天地，牧区的干部，畜牧兽医及其他科学技术人才的队伍，已经成长起来和日益壮大；同时，几年来的实践，大大地丰富了他们经营畜牧业生产的经验。这些主观条件也是大办畜牧业的极为有利的因素。党的领导和人民公社制度，更给充分发挥上述各种有利条件奠定了坚实的基础。总之，事实证明，不论从牧区草场情况还是从解放以来牧区畜牧业生产发展的情况看，都不像该文所说的那样"只有农业发展了，以农养牧，才能使牧区的牧业大跃进"。

牧区畜牧业的发展，不仅对国家的社会主义建设做出了巨大的贡献，而且也大大地改善了牧民生活，推动牧区各项建设事业的发展。不待说，牧区人民公社经济的发展，完全证明了党的牧

---

① 参看《大跃进中的我国牧业区》（民族出版社 1950 年版）、《内蒙古畜牧业发展概况》（内蒙古人民出版社 1959 年版）及《内蒙古自治区农牧业生产配置问题的初步研究》（科学出版社 1958 年版）等书的有关部分。

区经济建设方针的正确。事实使我们得出这样的结论：牧区经济建设应该以发展畜牧业作为中心任务，牧区人民公社的经济建设规划应该把大办畜牧业放在首位。这是关乎祖国社会主义建设的整体利益和牧区各民族人民切身利益的重大问题，因而也是牧区经济发展的客观要求。

那么，牧业区人民公社贯彻"以牧为主"的生产方针，把畜牧业放在首位，是不是违背"农业为基础"，"大办农业、大办粮食"的方针呢？绝不。广义地说，农业包括两个主要部门：种植业和饲养业。马克思主义的经典作家从来就是把畜牧业当作农业的必要组成部分加以重视。马克思说："农业劳动（这里包含有单纯采集、狩猎、捕渔、畜牧的劳动）这种自然发生的生产率，是一切剩余劳动的基础；并且，一切劳动，首先原来也是把食物的占有和生产作为目的。（同时，动物还供给冷天取暖的兽皮；此外又有可以供人居住的洞穴等等。）"[1] 马克思在这里就是把牧业做为农业的一部分提出的。随着社会的发展，单纯的采集和狩猎就越来越退居次要，以至丧失其地位，而植物种植（狭义的农业）和动物饲养（畜牧业）却从来都是，而且以后更加是农业不可缺少的两个基本部门。毛主席早在 1934 年就说过"……在目前的条件之下，农业生产是我们经济建设工作的第一位，……森林的培养，畜产的增殖，也是农业的重要部分。"[2] 毛主席在这里也是把畜牧业列为农业的一部分的。党的"大办农业"的方针，要求"种植业和饲养业并举"，也正好说明种植业和饲养业是农业的两大部门，也从而说明党对农业这两个部门是同样重视的。由此可见，牧区的畜牧业，作为社会主义经济不可缺少的经济地区，作为现代农业的事业分工，它的经济地位是十分肯

---

[1] 《资本论》第三卷，人民出版社 1953 年版，第 826 页。
[2] 《毛泽东选集》第一卷，人民出版社 1952 年版，第 126 页。

定的。我们建设现代化的农业，必然包括现代化的畜牧业；发展国民经济以农业为基础，大办农业，很自然地包括大办畜牧业。而两者之间的关系，就是互相依存、互为条件、互相促进的辩证关系。因此，如果我们从"全国一盘棋"的角度来看，在农业区实行"以粮为纲，全面发展"，同时在牧区以牧为主，结合牧畜业生产发展多种经营，是全面贯彻种植业和饲养业并举的一个重要方面。而在牧区大办牧业，促进畜牧业的全面跃进，正是"大办农业"的方针在牧区的具体化。可见作者认为在牧区贯彻"以农业为基础"的方针，必须把发展农业放在牧区人民公社经济规划的首要地位的论点，正是表现了作者对牧区发展农业的认识上带有一定程度的主观性和片面性。应当指出，这种思想正和解放初期我们曾经批判过的"重农轻牧"思想基本上是一致的，如果把它带到实际工作中去，是极其有害的。

根据上述结论，牧区的生产方针既然必须是"以牧为主"，那么，我们就必须从各方面采取措施来保证畜牧业的优先发展。因此，不论是在劳动力上，还是在生产工具改革方面，在牧业区都必须保证"以牧为主"这一方针的实现，而不应该首先保证农业生产的需要。

在牧业区发展农业生产必须从实际条件出发并为畜牧业生产服务

诚然，畜牧业生产不能孤立发展，牧区经济的单纯自然游牧状态正在逐步改变。牧区人民公社化后，更有了充分发挥社会主义集体生产优越性的条件，可以结合畜牧业生产，开展以畜牧业为中心的多种经营。这也是发展牧区经济的客观趋势，而且首先是畜牧业发展的客观要求。

在牧业区发展多种经济，必须与畜牧业生产相结合，才有利于促进畜牧业发展。同时，我国牧区面积广大，各地气候、水草、牲畜数量和品种，其他资源条件以至牧区各民族经营生产的历史传统都有很大差别。因此，从事畜牧业以外的其他经营，必须从实际条件出发，因地制宜。如果脱离畜牧业生产，脱离各地实际条件，必将造成不利后果。

该文既然把牧区发展农业放在牧区经济建设的首位，因而对在牧区发展农业的作用和性质，也不可能得出正确的结论。在作者看来，牧业区的农业主要不是种植饲料，而是和一般农业区，甚至和某些经济作物区一样，因此，把"以粮为纲、全面发展"作为安排各种农作物比例的基本原则，并在这一原则的指导下，处理粮食作物、经济作物和饲料作物三者的比例关系。根据这一原则，作者认为，粮田面积一般不宜低于50%，最多的可以达到80%以上；"经济作物在牧区也必须争取发展，首要生产任务是油料。其次是麻类或甜菜等适宜生长的作物。油料应作为仅次于粮食的第二位作物"；尽管"牧区饲料作物种植比例应该比一般农业区大得多"，也只能"要求在权衡粮食作物与经济作物的比例基础上安排，种植比例可以为 10—25%"[①]。显然，这种安排作物的原则，正是作者把农业列为在牧区经济建设的首要任务的具体化。

畜牧业的根本特点是动物饲养，牲畜既是劳动对象，又是劳动产品。因此，它既是基本的生产资料，又是牧民赖以取得衣食的生活资料。牲畜作为基本的生产资料，是有生命的活动物，它们一天也不能不吃东西。因此，要发展畜牧业生产，首先必须妥善解决牲畜的饲料问题。在目前情况下，牲畜的饲料主要仍然是依靠天然牧场。因此，科学地使用牧场，提高牧场的利用率和载

---

① 《地理》1961年第三期，106页。

畜量，是目前解决牲畜饲料问题的重要途径。同时，有计划地培植优良的打草场，在有条件的地区积极而有计划地垦植人工饲料基地，也是带有重要意义的措施。在有条件的地区，结合牧业生产有计划地种植一些饲料和粮食，必然会促进畜牧业生产。而畜牧业的发展，又能够给农业提供更多的肥料和目前仍然是我国农业生产主要动力的耕畜和役畜。毫无疑问，在有条件的牧区，应该适当地、有计划地进行饲料基地的建设工作，但这并不同于作者所断言的那样"只有农业发展了，以农养牧，才能使牧区的牧业大跃进"。由于劳力、资金、技术和其他一些条件的限制，牧区改良草原和饲料基地的建设，必须经过较长的发展过程，因而不能提出"以农养牧"的任务。

既然如此，我们就不难得出结论：牧区发展农业，必须从各地的实际情况出发，并且为发展畜牧业生产服务。如果片面地强调在牧区发展农业，认为在牧业区发展农业比发展畜牧业更重要，就必然会挤掉畜牧业生产，给牧区经济发展带来损失。当然，在一些有条件的牧区，除了应当逐步开展草原建设，大力培植人工饲料基地外，在有利于畜牧业发展的情况下，还应该有计划、有步骤地种植一部分饲料和粮食，用以解决牲畜部分冬季补饲饲料和牧民所需要的部分粮食。但是，所有这些工作，都必须在保护牧场的前提下去进行，防止盲目乱开草原和脱离实际地随便种植。如果像该文那样强调把农业放在首要地位，要求把所谓"开荒"搞成经常性的群众运动，并按照一般农业区一样安排牧区的农业，草场势将遭到破坏。这不仅不能促进畜牧业的稳定发展，反而会大不利于畜牧业的发展。

牧区的经济建设问题，需要各有关科学部门从不同的角度来进行研究。兰州大学地质地理系经济地理教研组的同志们，重视牧区的研究工作值得欢迎，他们在这篇文章里关于提高草原利用率和载畜量等方面的论述是很值得重视的。牧区实践和科学研究的发展,表明了牧区研究是一个内容丰富、有待继续开辟和占领的知识领域。站在这个领域的门边,我仅仅是一个敲门的小学生。本文缺点和错误可能不少,希望得到批评和指正。

(原载《民族团结》1962年1月号)

中国现代化建设中的民族问题

在讲授《中国民族关系史》的时候，同学们颇关心中国现代化建设中的民族关系问题。这是笔者必须回答而又要从头学习的课题，今将学习笔记陈述出来，请批评指正。

一、指导思想

民族问题，历来是中国革命和建设总问题的一部分。在现阶段，是建设有中国特色社会主义总问题的一部分。只有坚持邓小平同志建设有中国特色社会主义的理论和党的基本路线，才能解决现阶段的民族问题。

民族地区的社会主义建设，少数民族迈向现代化，起点一般都很低。中华人民共和国建立之初，中国少数民族还存在多种前资本主义的社会形态，经济文化水平较汉族地区尤其是较东部沿海地区有很大的差距。因而党和政府把帮助少数民族从事经济文化建设，摆在重要的地位。

1954年《中华人民共和国宪法》规定："国家在经济建设和文化建设中将照顾各民族的需要。"1982年的宪法又规定："国家从财政、物资、技术等方面帮助各少数民族加速发展经济。"1956年，毛主席在《论十大关系》中强调："我们要诚心诚意地积极地帮助少数民族发展经济和文化。"[①] 1957年，周恩来总理

[①] 《毛泽东选集》第5卷，人民出版社1977年版，第278页。

在民族工作座谈会上的讲话中进一步指出:"我们对各民族既要平等,又要使大家繁荣,各民族繁荣是我们社会主义在民族政策上的根本立场。"①

十一届三中全会以后,在邓小平同志的倡导、推动和领导下,党和国家把集中力量进行社会主义现代化建设当作中心任务,党中央和中央领导人,不仅多次对少数民族发展经济和文化作了指示,还深入民族地区基层进行调查,取得第一手的材料。1990年《中共中央关于制定国民经济社会发展十年规划和八五计划的建议》中指出:"充分发挥民族地区的优势,把民族地区的资源开发和社会经济发展妥善结合起来,逐步改变民族地区经济相对落后的状况,使之同全国的经济发展相适应。"并强调:"国家和经济比较发达地区要对这些地区给予财力、物力和技术力量的支持,并采取有效措施,增强这些地区经济的活力。"

由此可见,在社会主义现代化建设中,解决民族问题的指导思想是明确的。中国社会主义现代化建设是一个有机的整体,民族地区的繁荣,各兄弟民族的现代化,只有在整个国家和中华民族繁荣发展的前提下才能实现;同样,民族地区的繁荣发展,中国各民族共同进步,又是整个国家和中华民族现代化建设顺利发展的重要保证。中国各地区、中华各民族,只有团结互助,同心协力,充分发挥各自的特长,用于振兴中华的同一目标,才能达到共同繁荣的目标,完成建设有中国特色社会主义的宏伟事业。

二、建设的成就

40年来,尤其是改革开放以后的15年,民族地区的经济、文化

---

① 《周恩来统一战线文选》,第379页。

建设，已取得了很大的成就，民族地区的面貌，已发生了根本的变化，为今后民族地区现代化建设的迅速发展奠定了坚实的基础。

民族地区地域辽阔，资源丰富，但新中国建立以前，几乎无现代工业可言。1949年底，全国民族地区工农业总产值为36.6亿元，其中农业总产值为31.2亿元，工业总产值仅5.4亿元（均按1952年不变价格计算）。1978年底，工农业总产值增至367.7亿元，其中农业总产值155.6亿元，工业总产值212.1亿元（均按1970年不变价格计算），工业产值已超出农业产值57亿元。这主要是因为国家在内蒙古、新疆、宁夏等自治区及甘肃、吉林、黑龙江等省民族地区建设了一批重点项目，又为了加强"三线建设"，国家从京、津、沪及东北工业发达地区向西北、西南一些民族地区迁去了以机械制造为主的一批重点骨干企业。这为民族地区的现代工业和交通、能源建设都打下了基础。

改革开放以后，民族地区的经济发展较快。1990年全国民族自治地方工农业总产值达2272.82亿元（按当年价格计算）。1991年工农业总产值达2592.2亿元，不仅与1949年底相比发展十分明显，与1978年改革开放开始时相比，也有较明显的发展。交通状况与现代化建设的需要相比还显得很落后，但与民族地区自身纵向相比，则不仅和1949年时有天壤之别，和1978年时比，也得到了令人刮目相看的改善。1990年公路通车里程29.2万公里，已基本上形成了四通八达的公路网，铁路通车里程1.3万公里，除西藏以外，也都有了铁路交通干线。

改革开放以来，民族地区的产业结构得到了较快的调整，形成了比较合理的社会经济体系。在国民经济结构中，工业产值占工农业总产值的比重，从1949年的14.8%[1]，1990年上升到

---

[1] 以上数字均依据《中国民族统计1949—1990》、《'92中国民族统计》两书相关资料。前者由中国统计出版社1991年出版，后者1993年出版。

57.4%，1991年升为58.6%。工业产值在工农业总值中所占比例虽然低于全国水平，但与民族地区纵向比较则得到了较快的调整。

在文化教育方面，1949年以前民族地区有些地方基本上没有学校教育，大多数地方也都是小学普及率不高，中学普及率就更差，高等学校和专业中等学校，大多数民族地区都呈空白状态。近40年来，尤其是最近15年以来，这方面有了长足的发展，各级各类学校教育体系已初步建立起来，在有些学科领域中，有的专业和研究项目还走在全国先进行列。

总之，民族地区的社会主义建设，已经取得了巨大的成就，特别在最近的15年中发展速度相当快，经济和文化面貌都已发生了根本性的变化，少数民族人民的生活水平也得到了较快的提高。这是贯彻了党的基本路线和民族政策所获得的成就，是当前民族地区稳定、中国各民族团结奋进的物质基础。

三、必须重视解决差距拉大的问题

中华民族的生存空间广袤辽阔，四周都有自然壁障，内部是一个由多种地形、多种气候、多种经济区域和多种民族分布所构成的自然和人文地理单元[①]。历史上从来都是多民族、多区域的经济、文化相互影响，相互补充，而又不平衡地发展，即使是同一民族的不同地区，往往经济、文化发展也很不平衡。中国古代以农立国，大体在中唐以前，经济、文化重心在黄河中、下游及淮河中、下游以北地区。自晚唐开始到宋代，经济、文化重心已

[①] 参见《中国古代文化史》第一章第一节《中华文化的起源与中华民族的形成》，北京大学出版社，1989年，第5—8页。

南移到长江中、下游，江淮之间及珠江三角洲地区也比较发达。今福建省在汉代仅设一县，唐以前也不太发达，随着海运发展而逐渐开发，泉州在唐、宋都与广州同是中国向海外交通的重要门户。中国的西北，汉唐之盛，政治、经济、文化中心都在关中地区，整个西北在农牧经济交往中有很大的优势，加之西北"丝绸之路"在晚唐以前一直是中国通往外部世界的主要通道。所以，西北尽管人口从来都比较稀少（关中除外），经济、文化在全国却并不显落后，相反在中国文化史上却占有十分重要的地位。经济重心南移和海上交通发达后，西北开始落后于其他地区，并越来越明显。

自16世纪以来，世界发生了极大的变化。资本主义兴起，形成了资本主义的世界市场和资本主义对殖民地、半殖民地掠夺的局面。在这种历史条件下，古老的封建专制统治下的中国已经落伍，至1840年终于被英国的大炮轰开了封建"天朝"的大门。自此到1949年的百年间，资本主义列强的掠夺和中国民族工商业发展的特点，形成了东南沿海的畸形发展。于是黄河、长江两大河流中游在以农业经济为主体的古代那种经济文化优势逐渐消失，已呈现出落后于东南沿海的趋势。长江、黄河两大河的上游及大西北已成为落后的西部地区，大西南虽然在抗日战争时期从东南沿海和长江中游迁去不少工商企业以及各级各类学校，经济、文化等方面有所发展，但仍未能从根本上改变西部落后的面貌。

中国近代，资本主义工商业的兴起虽然已预兆古代经济、文化区域划分的根本改变，但毕竟由于资本主义太微弱，仍未能真正改变以农立国的中国经济、文化分布的总格局。

自1979年以来，笔者在一些论文和小册子中反复阐述，中国古代的农牧两大类经济分野非常明显。从经济、文化的民族分布看，自东往西，天然的湿度递减，大体以北起大兴安岭，中经陇山山脉、邛莱山脉到云南腾冲一线划分，以东是面向海洋湿润的东部，以西是背靠欧亚大陆干旱的西部。东部以农为主，兼有家庭养畜和山地放牧业。西北以游牧区为主，兼有小块河谷与绿洲农业。从南到北，温度递减，秦岭、淮河、白龙江一线以南是水田稻作农业发展带，秦岭、淮河、白龙江一线以北到秦长城以东以南（包括辽东、辽西地区）是旱地以粟、黍、麦类为主要作物的旱地农业发展带。秦长城以北则是游牧（包括东北的游猎与渔猎，广义称之）经济、文化发展带。东西南北综而观之，则秦长城以东以南是中国的东部，即以农耕为主的区域，秦长城以北以西是中国的西部，即以游牧为主的区域。民族分布与上述东西两大部、南北三带相适应。其中华夏/汉民族，在起源与发展的早期阶段，基本上是黄河中游与下游以旱地农耕为主的民族，春秋、战国以后到清代末年已经是分布在诸大河中下游及除西藏以外各地区适于农业发展的地方，构成了东密西疏，点面结合，通向全国的一个分布网络。古代经济、文化重心虽然有转移，然而总是以黄河、长江、珠江、汉水等大江河中下游适合农业发展的地区最为富庶，经济发达，人文荟萃。

如上所述，近代已开始有了改变这种格局的萌芽。改革开放以后，现代工业蓬勃发展，于是明确地划分为东部沿海、中部诸大河中游和西部包括广西、贵州、云南、四川、西藏、青海、新疆、宁夏和内蒙古11个省（区）。西部的面积达683万平方公里，占全国总面积的71%，人口3.24万亿，占全国人口总数的28.4%。其中绝大部分是民族地区，西部少数民族人口占全国少数民族人口的86%。如果按民族自治地方计，面积617万平方公里，占全国总面积的64.3%；人口1.54亿，占全国人口总数的13.5%（其中包括民族自治地方的汉族人口）。森林覆盖率占全国59.7%，林木储蓄量占全国总量57.4%；水力资源蕴藏量占全国52.5%；草原面积3亿亩，占全国总量94%；一次性能源占全国总量的57%①。其他矿藏也很丰富。民族地区拥有非常雄厚的资源优势，但历史上长期处在封闭状态下，发展极为缓慢。改革开放以来，1981—1985年，工农业总产值平均年长增长率为9.3%，1986—1991年也是9.3%。其中工业产值增长率1981—1986年平均年增长率为10.5%，1986—1991平均年增长率为12.1%。这个速度是很可观的。但和全国平均增长率相比，工农业总产值1981—1986年少1.7个百分点，1986—1991年少2.2个百分点，和东部平均增长率相比则差距更大。

民族地区工农业总产值在全国工农业总产值中所占百分比：1980年占6.0%，1985年占6.6%，1990年占7.2%，1991年占7.1%。这个比重与占全国总面积的64.3%，总人口的13.5%相比当然显得薄弱。之所以有如此明显的差距，除历史、地理、交通、投入、人才等条件以外，主要是差在乡镇企业发展不平衡方面。1991年全国乡镇企业总产值达到了11621亿元，占全国工农业总产值的26.6%，占全国农村工农业总产值的59.2%，但东部地区乡镇企业总产值占全国乡镇企业总产值的56.7%，中部地区占30.1%，占全国总面积71%的西部地区，仅占14.2%。虽然民族地区的乡镇企业已经起步，并且已涌现一批好的典型，和全国比，尤其是和东部各省比，则差距有拉大之势。

如果无视历史条件、文化背景、民族素质、地理、交通、资金、人才等方面的客观条件，强调全国各地区平衡发展，不是实事求是的态度，也不利于现代化事业的发展。但主观上的"先东后西论"，在投入、发展布局等方面，忽视了西部和民族地区的发展，不利于发挥主观能动性，不利于力求在发展中求协调与均衡。现在必须注意到，要强调先进地区与西部地区、民族地区的优势互补，互惠互助，国家和先进地区需要更多地注意到西部、

---

① 依据《'92中国民族统计》。

民族地区的投入，在财力、物理、技术各方面提供帮助，及时扭转差距拉大的趋势，做到在发展中促进共同繁荣和富裕。只有这样，才能巩固全社会稳定、中华民族大团结的物质基础，才能避免两极分化，做到发展先进地区带动比较后进地区共同发展。经济上互利、互惠、互补是民族凝聚力的物质基础，两极分化不是社会主义。也只有这样，才能使西部与民族地区的资源优势转化为经济优势，形成统一的全国大市场，才能调动各地区各民族振兴中华的积极性，使现代化建设保持较高的发展速度，并拥有强大的竞争力投向世界大市场。所以，及时克服地区之间、民族之间差距越来越大的偏差，不单纯是一个经济问题。党和政府已注意及此，民族地区将会有较快的发展，有些地区还可能以强劲的势头后来居上。

四、民族地区的发展要与少数民族的现代化相结合

民族地区现代化建设的发展，与少数民族本身的现代化，是既相联系，又有区别的两个问题，只有真正使两者紧密地结合起来，才能达到共同繁荣，促进中华民族的振兴。

改革开放，是各民族现代化的必由之路。中国的每一个民族，越是能在邓小平建设中国特色社会主义理论和党的基本路线指引下，积极主动地把本民族地区的现代化和提高民族素质，跻身先进民族之林结合起来，把民族地区的发展和全国的发展结合起来，成为全国发展大格局中的有机组成部分，就越发能够使民族地区的发展与当地各民族的发展同步，与全国的发展得到协调与均衡。深化改革，加速四化建设，既是中华民族的长远与根本利益之所在，也是中华各民族长远与根本利益之所在。

中国的少数民族多分布在边疆，拥有地大物博的优势，也有与境外经济文化交流的传统和方便。在沿海、沿边全方位开放的大好形势下，可以加速改革开放的步伐，对整个中华民族的改革开放作出自己的贡献。另一方面，由于历史、文化、地理、教育等方面的限制，往往不易转变观念，影响发挥主观能动性，去创造条件，加速改革开放。至于有些地方的极少数人打着民族、宗教的旗号，从事分裂祖国、阻挠和反对现代化建设的阴谋破坏活动，不仅违背了整个中华民族的根本利益，而且是与当地各民族的根本利益背道而驰。这些人逆历史潮流而动，必然会被历史与人民所唾弃。

民族地区的现代化建设，必须与当地各民族的发展紧密地结合，与他们当前和长远的利益相结合。过去在计划经济条件下那种大企业自成小社会的封闭模式，已经不能适应社会主义市场经济和当地各民族自身现代化发展客观形势的需要。民族地区的大型现代化企业，有条件也有义务为促进当地各民族农牧民转化为工人阶级的一部分作出努力，有条件也有必要帮助当地各民族，创造条件，发展乡镇企业，为使当地各民族的经济生活纳入统一的全国大市场，发挥巨大的功能。民族地区的工业中心和大城市在向当地农牧区辐射并带动乡镇企业发展，加强当地各民族的经济活力方面具有很大的潜力。

民族地区的经济建设，需要充发发挥当地各民族的特点。这里所说的特点，主要是指地理方面所具有的优势，因地制宜；各民族赖以延续和发展的基本特长，从当地的地理条件、民族素质、文化特点的实际出发，选择最佳的或见效比较快的项目进行开发和发展。乡镇企业尤其需要这样做。那种按汉族农耕文化根基极深的价值观念去衡量少数民族地区建设的方向与项目选择的做法，比如强迫牧民种地，在牧区大量开荒种庄稼等等的作法，往往事与愿违。各民族的发展，归根结蒂靠各民族的积极性。任何民族之所以一直能发展到现在，都必然有其特长和生命力，把这些潜力变成现实建设的生命力，在现代化建设中得到发挥、提高、发展，必将使整个中华民族的经济文化更加丰富多彩，更加充满活力。

发展现代教育，是提高民族素质、促进各民族现代化的重要途径。教育的根本目的，在于提高全民族的素质。在经济发展有了一定基础的条件下，要把重视发展教育提到突出地位上来。党中央和国务院对民族教育的发展，在50年代是非常重视的。中央民族学院的创立，由当时的政务院作出决定，提出指导性方案，在办学经费方面，给予充分的支持。毛主席曾先后14次接见中央民族学院师生，周恩来、朱德、董必武、陈毅等老一辈无产阶级革命家都曾亲临中央民族学院视察、参加开学典礼、听课等，乌兰夫同志还长期兼任中央民族学院院长。这些老一辈无产阶级革命家率先垂范重视民族教育的传统应该得到发扬。现在民族教育需要适应民族地区现代化发展的要求，因而在各方面希望得到有力的扶助与重视。不仅民族高等教育如此，整个民族教育都是如此。

其他诸如地区之间协调、互助，开发中强调生态环境保护，尤其是大规模的植被破坏、水土流失、草原蜕化等问题，已经摆到了现实的日程上。老一辈的学者，如费孝通教授，虽已是耄耋老翁，仍年年深入各省区进行实地考察，从宏观上和具体方案方面都提出许多卓越的见解，把学术研究和四化建设的实际结合起来。这样的调查研究是学科发展的重要途径，也是现代化建设对学术研究提出来的要求。最近有关领导部门正着手组织开展对四化建设中新情况新课题的全面调查与研究，这是非常必要的。

(原载《中央民族大学学报》1994年第3期)

第四编　附　录

第四編 気象

开拓、创新、富于启发的理论成果

新中国建立以后，中国民族关系史研究的发展，是中国民族史学，乃至整个中国史学研究的一个重要进步。涉及中国民族关系史的一些基本理论问题，从50年代开始讨论，到80年代才在史学界达到基本的共识。这个较长时间的史学理论争鸣，是民族关系史研究所以能取得进步的重要条件之一。

历史的发展以及历史发展诸多因素的内在联系，是客观的存在。对客观存在的真实历史认识的深度，对客观存在的诸多因素内在联系的揭示及客观规律的发现与阐明，体现着历史学家的科学水平。它不仅与史学家所持的立场、观点、方法有密切的关联，也往往会打上史学家所处时代的深刻烙印。

白老从一位热忱的爱国主义者发展为共产主义者，60年孜孜不倦，以严谨的学风锲而不舍，因而他在史学理论方面硕果累累，而关于民族关系史的理论，更具有开拓、创新的特点，是非常富于启发性的理论成果。

一、关于中国的历史是中国古今各民族共同创造的理论

中国的历史，是中国古今各民族共同创造的历史，在中华人民共和国建立以后，已逐渐为我国史学界所普遍接受，在其他各种社会科学领域，也已基本上达到共识。中国史学理论的这一进步，影响非常深远，非常广泛。这是对50年代以前的中国史学

理论，带有根本性质改变的重要方面之一。过去之所以不作如是观，也有其客观的原因。

在中国，古今都有很多的民族。他们既是互相区别的不同民族，各自有其起源、形成、发展的历史与文化，又实际上在不断发展互相不可分割的共同联系，越来越紧密地结合成为统一的多民族中国，共同创造了中华民族的历史与文化。如何认识这种既有区别又相联系的民族结构，如何认识多民族与统一中国的辩证关系，是既古老而又内容常新的命题。

在中国，各民族有自己的名称，民族间的区别与认同从古代来就有了明确的标准，[①] 却没有形成"民族"这个词。中国人民在政治生活和科学文化领域中使用"民族"一词，是19世纪与20世纪相交的年代从日文对Natifon一词的译文引进的[②]。这中间存在一个如何认识引进观念与中国文化传统相应观念的区别，使引进观念经过整合能涵盖中国的实际内容，从而使之更富于普遍性与科学性的问题。经过了两三代人的不断探索与讨论，才对"民族"这个词应有的内涵有了较全面较科学的认识。

在世界的近代，伴随欧洲资本主义的萌芽、发展以及资本主义制度代替封建制度的过程而形成的一些资本主义民族，到1871年欧洲资产阶级革命结束时，已形成了一系列单一的民族国家，从而也产生了民族（Nation）与国家（State.Nation）一致的观念。这种先有民族而后才形成单一民族国家的历史条件下所产生的民族与国家同一的观念传到中国时，中国已经是一个有了两千年发展历史的统一的多民族国家。两千年间虽经历过两度由

[①] 参见拙作：《传统的民族观与中华民族一体观》，将刊于第四届现代化与中国文化论文集。

[②] 参见韩锦春、李毅夫所辑：《汉文"民族"一词考源资料》，中国社会科学院民族研究所内部印行。

大分裂到南北王朝对峙，但在清代乾隆年间完成了统一多民族中国的古代发展过程，其标志是全国所有各民族地区都已置于朝廷（中央）直接派员的管辖之下，并依据各地民族、宗教、社会经济制度的不同而制定了不同的管辖制度与法律。在已有了巩固的统一的多民族国家历史条件下，接受从西方传来的"民族"观念，存在着历史与文化背景的巨大反差。因而在引进"民族"一词和最初几十年的使用，无论在政治生活中还是学术研究领域里存在不同的理解和含义混乱的情况。这是丝毫不足为奇的。在史学界，一方面由于国外研究者有意无意按民族与国家同一的观念用于解释中国历史，同时中国史学界也受这些观念的影响与大汉族主义正统观的影响，以王朝史代替中国史，或者以汉族史、汉人建立的王朝史代替中国史，将中国少数民族的历史置于中国史之外，甚至将它们对立起来。这种观点，可以说在50年代以前占有重要的地位。直到中华人民共和国建立以后，才有了如上所述的根本改变。

50年代以前，也不是所有的史学家都割断中国少数民族与中国历史的联系。应该说，在当时的中国史学界，有不少专家早已关心中国民族史的研究，并着手阐明中国各民族的历史都是中国历史的一部分。白老便是其中的一位。他是一位回族学者，深切地热爱本民族与深切地热爱祖国的统一，是他的爱国主义思想一个鲜明的特点。当他刚刚踏上历史研究的漫漫长途时，以研究本民族为开端，又正值日本军国主义准备全面侵华战争的时刻，中华民族处于万分危机的紧急关头。他义愤填膺，着手研究回族的历史与文化，以唤起广大回族人民的觉醒，并着眼于民族间的了解与合作。1937年3月7日，代史学界老前辈顾颉刚先生作《回教的文化运动》一文，指出："直到东四省失掉，日本的大陆政策给我们以严重的压迫，才使我注意到边疆，因注意边疆而连带注意到在西北各省最有力量的回教，因注意回教而和教中人士多所往来,才敬服他们信仰的忠诚,团结的坚固,作事的勇敢,生活的刻苦,使我亲切知道,中华民族的复兴,回教徒应有沉重的负担。但要回教徒担负起这沉重的职责,必先使非回教徒尽量知道回教中的一切,才能激起彼此的同情心,造成合作的大事业。"① 事后不久,顾先生即着手组织西北蒙族、回族、藏族等分布地区的实地考察。白先生在这次考察中所到当时绥远、宁夏、甘肃、青海各省,亲见民族、宗教上层,不少爱国人士都非常关心国家的前途与命运。比如1937年7月3日访问归绥(今内蒙古自治区呼和浩特市)最大的清真寺大教长杨世魁阿洪,已83岁高龄,"对于近日教内之新式教学颇不赞成,然于握别时谆谆嘱以鼓舞教门,勿忘国家,则知近年潮流的激荡"。② 7月28日到达阿拉善霍硕特旗,访问该旗札萨克和硕亲王达理扎雅,"据谈,日本人尝三次来旗威迫利诱,不为所屈"。"达王给同人印象甚好"。③ 在这次考察中,当时正年富力强的白先生对中国各民族命运与共、休戚相关有了更具体的直观了解,对当时民族关系与民族政策中一些情况与问题有了直接的观察,为后来他在理论上阐明中国少数民族史是中国历史不可分割的一部分,中国的历史是中国各民族所共同创造的研究工作提供了感性的基础,并且他一直坚持这种实地考察与书本知识相结合的研究方法。在抗日战争期间,白先生与顾先生等,力主中国不要把内地与边疆划作中国的"本部"和"藩部",主张中华民族是一个整体,共同进行抗日战争。今日回头看,从民族学方面,未能明确解释多民族与统一中国"一"与"多"这对矛盾的辩证关系,关于在中华民族解放事业中各民族是一个整体的认识,则是与当时抗日救

---

① 《白寿彝民族宗教论集》第77页。
② 《白寿彝民族宗教论集》第507页。以下注释简称《论集》。
③ 《论集》第324页。

亡斗争密切相关的。

中华人民共和国建立以后，白先生以一位少数民族的知名史学家，投身倡导和身体力行的民族史研究工作，在唯物史观与马克思主义民族观的指导下，对自己的史学理论来了一个升华性质的发展。中华人民共和国建立之后不久，他与范文澜、吕振羽、翦伯赞、翁独健等，即着手开拓民族关系史理论领域的研究和讨论。《学习》杂志3卷1期发表了范老《中华民族的发展》一文，稍后白老也在1951年3月发表了《论爱国主义思想教育和少数民族史的结合》一文。范老和白老同时都提出了中华民族的历史是中华各民族共同创造的命题，并作了论证。白老指出了当时进行抗美援朝的伟大斗争，应该进行爱国主义教育，并且要长期地坚持爱国主义教育，白老说："我作为一个历史教师，同时又作为少数民族中的一个成员，愿在这里提出一个问题，就是爱国主义教育与少数民族史结合的问题。我个人认为，这种结合是完全必要的；现在提出这个问题，也是完全必要的。"[1] 白老论证了国内少数民族都有悠久的历史，"各民族共同创造中华民族的全世界无匹的悠久历史，这是我们中华人民所应该引以骄傲的。"[2] 并指出"国内少数民族，在中华民族历史创造中，有不少特殊的贡献"。[3] 此外还提出了重视爱国主义与民族史结合的意义及各民族共同斗争与亲近团结的历史传统等。这些观点与论证，今天几乎已成为史学界的常识，可是在1951年春，却是史学界具有重大意义的开拓。没有党的民族平等团结政策所创造的大环境，白先生这种完全符合中国历史事实而又是史学理论重要发展的创造性成果，根本不可能发表出来。1951年5月，白先生又发表

---

[1] 《论集》20页。
[2] 《论集》20页。
[3] 《论集》21页。

了《论历史上国土问题的处理》,实际上是对爱国主义与少数民族史相结合的理论深化。白先生否定了以历代皇朝的范围为中国历史上疆域范围的观点和处理方法,而主张"以今天的中华人民共和国的国土为范围,由此上溯,研求自有历史以来,在这土地上的先民的活动。"[1] 这种观点,揭示了中华人民共和国,是历史上各民族共同创造的中国历史的直接继承和发展,是各民族共同创造统一多民族中国历史的伟大结果这个客观真理。40多年来,白先生当初提出上述命题与观点,当他最初发表这些开拓、创新的理论成果时所存在的分歧与不理解已经基本消失,少数民族历史研究与40年前比,其进步与成果,也已经成为中国史学发展的重要内容。白老在上述两文发表以后的40年深有感慨地说:"中国的历史,是中华人民共和国国土上现有和曾经有过的民族共同创造的历史。这一点认识,在解放后逐渐为我国史学工作者所普遍接受。这在史学思想上是一个了不起的进步。它既有重要的理论意义,又有深远的现实意义。"[2] 使白老所欣慰的这种进步,和白老的倡导与开创性的理论阐述,是分不开的。

二、关于统一的多民族中国形成的理论

白老在阐明中国的历史是中国古今各民族共同创造的历史时,牢牢抓住了中国古今各民族如何形成为统一的多民族中国这个中心命题,将民族史与整个中国史紧密地结合起来,从各民族内在联系的深层次去把握统一的多民族中国的形成过程以及各民族所作出的贡献。因而,白老关于统一的多民族中国形成的理

---

[1] 《论集》25页。
[2] 《论集》第1页。

论，与中国的历史是中国古今各民族共同创造的理论密切关联，或者说是使之更加具体化与深化。

给我印象尤其深刻的是1978年秋有一次亲聆音旨的机会。1978年9月6日，文化部文学艺术研究院召开"戏曲与民族问题"座谈会，除了戏剧界一些著名剧作家、理论家之外，史学界白老和翁独健先生等也发了言。翁老是我的老师，耳提面命，受教机会较多；白老的著作实际上也是指导我从事研究工作的老师，但聆教的机会难得，所以我特别珍惜这次机会。白老一开头就讲什么叫"中国"。他说："'中国'这个词，我看是一个历史的概念，不是一成不变。随着历史的发展变化，中国这个词也在发展，也在变化。"① 白老特别强调了不能割断历史，必须认清统一的多民族中国的形成过程，是一个中国各民族在矛盾统一运动中共同创造的过程。他说："中华人民共和国的历史是什么历史？讲中华人民共和国的历史，是讲中华人民共和国各民族的历史，不仅现在活着的民族要讲，过去同中国有过关系的、已经死了的民族也要讲。"② 中国是发展的，中国的含义也是随着中国历史的发展而发展的。

当时我正在考证"中国"、"华夷"这些称谓的起源与含义的发展，白老这个论证，使我茅塞顿开，才取得了以后不断深入的一些进步，最终写成《中国·华夷·蕃汉·中华·中华民族》这篇较为系统的论文。在做这一考证的过程中，我发现对此下过功夫的名家很多，他们都给了我启发与推动，但白老的上述发言，是在我刚开始考察这个问题时给我一个极大的启迪和鼓舞。在学术发展中，有时名家出个题，提出一种观点，往往能开导后学者完成一个课题。我对"中国"等称谓起源发展的考察，算不得什么可

---

① 《论集》第37—38页。
② 《论集》第37—38页。

称道的成绩，在我自己的研究工作中，却算得上受老前辈启迪才决心做下去的一个有结果的例子。

如何才能认清中国的历史是中国古今各民族创造的历史？中心的环节仍然是要从统一的多民族中国形成过程中去考察。范老在《中华民族的发展》一文中，很具体地叙述了中国各民族共同开辟了中国的疆域。以今天中国民族史研究的成果来衡量范老所叙各个区域的民族对开辟中国疆域的贡献，自然会发现范老在讲民族分布时有一些不甚准确之处，但在1951年初他实际上就指出了中国的疆域是中国各民族共同开辟的、这是中国各民族共同创造中国历史一个重要方面的内容。前段已述，白老1951年所发的两篇论文以及他在1951年至1957年所著回族史的论文与著作，都从理论上与回族史的发展实际上提出了中国的疆域，是中国各民族的共同开辟、共同保卫，统一的多民族中国是中国各民族共同缔造的道理。

受白老等老一辈专家理论的启发，1982年我在《我国少数民族对祖国历史的贡献》这本小册子中，较为集中叙述如下事实：中国的统一是由许多局部的统一构成前提，才最终形成整个中国的大统一。统一全国的历史贡献已被人们承认，统一一个地区，尤其是由少数民族统一一个地区就被忽视，甚至说成是中国历史的反面。这是不符合中国历史发展实际的。应该以平等的眼光看待中国历史上各民族在全国或某一地区的统一，都是构成统一的多民族中国历史发展的一个环节，承认中国的疆域是中国各民族共同开拓、共同缔造，在近代也是共同保卫才粉碎了帝国主义的分裂与瓜分阴谋，维护了祖国的统一与领土完整。我的这本小册子出版了，但自己仍感到理论上很薄弱，在冥思苦想，希望构架一个较为完整的理论，来阐述中国历史客观的发展过程。终因学力有限，理论水平不高，未能获得真正的进展。1990年，在广西桂林召开中国民族史学会第三届学术讨论会，会上放了会长白老的录音报告,对统一多民族中国作了一次在理论上有突破性的阐明。他提出:一个是统一规模的发展,一个是统一意识的传统,一个是"一"和"多"的辩证关系。听了白老这个报告,我感到好像卡在喉管里的一根鱼刺,苦于如何吐都吐不出来,这一下却突然吐出来了!自己苦思了几年,似有所得又谈不明白的问题,今日却被白老短短十几分钟说个透彻。这是何等的痛快,何等的令人钦敬,我自己简直无法加以形容。

白老说:"我认为,中国历史上的统一的规模有好几种形式。一种是单一民族内部的统一,春秋战国的分裂走向秦的统一,这是一个民族内部的统一,这就是汉族内部的统一。把各个民族、部落统一到一个民族整体中,这是一种形式。后来成吉思汗对蒙古的统一,努尔哈赤对满族的统一,也是单一民族内部的统一。这对每个民族,在他形成过程中,差不多都是要经历的。第二种形式是,地方性的多民族统一。平常,我们习惯上认为,南北朝是个分裂时期。从整个历史形势讲,南北朝是南方同北方分裂了。就南方讲,或就北方讲,都不是一个民族的组合。……这是地方性的多民族的统一。第三种形式是全国性的多民族统一,这就是过去我们常说的汉、唐、元、明、清,都是全国性的多民族的统一。第四种就是我们现在的统一,这就是社会主义多民族的统一。这就可以看出,我们的统一,是经过不同形式、不同阶段的发展,才逐渐形成今天这个样子。所以我们说,多民族的统一的提法是一个历史的概念,经过长期的发展过程。"[①] 白老强调了这四种形式的不可分割的内在联系,也指出了必须看到它们之间的区别,其中尤其是今天的社会主义统一,民族关系已随着社会制度的根本变化而与历史上的民族关系有质的区别。白老关于统一规模发展的理论,与关于统一意识的传统及"一"与"多"

---

① 《论集》第 11—25 页。

的辩证关系，构成了多民族如何共同缔造了统一的多民族中国一个完整的理论构架。当时白老已经是 80 高寿的长者，仍对中国如何形成为统一的多民族国家，作了如此简明而透彻的高层次概括。没有对中国历史的渊博知识，对中国各民族关系发展的深刻研究，是很难如此明快，如此扼要地把中国各民族共同缔造统一的多民族中国这个核心问题说清的。

三、关于中国历史上民族关系主流的理论

中国的历史有文字记载上下 5000 年；地域与整个欧洲相当，民族无论什么时期至少都可以数出数十种族称。这么悠久的历史，这么广袤的地域，这么众多的民族，终于形成为统一的多民族国家，几千年中民族关系错综复杂，其发展的主流是什么呢？这个问题最深刻的内涵实质是中国这么多民族，为何终于形成了统一的国家，而不是像欧洲那样形成为许多单一的民族国家。

对这样一个内容极为庞杂，内涵十分深刻的问题，讨论过程出现各家之说，是非常自然的。归结起来，总可谓之两说。

一说认为，民族是划分为统治阶级和人民群众两大部分的，人民之间，尤其是劳动人民之间，没有根本的利害冲突，他们之间是要求平等团结和友好相处的，历史上各民族的统治阶级之间的关系时好时坏，他们不能代表主流。因而中国历史上民族关系的主流，是各民族之间的友好和团结。

另一说认为，历史上劳动人民不能掌握自己的命运，代表当时民族间关系的是掌握政权的各民族的统治阶级。历史文献，可以说充满了关于民族间战争、隔阂、歧视的记载与言论，历史上在奴隶主、封建主占统治地位的情况下，不可能有民族平等，人民有团结友好的愿望也无法实现。因而历史上民族关系的主流是

民族矛盾和民族间的冲突与战争。

这两家之说有各种论题，各种角度，都能找出史料依据，也似乎都能言之成理，大有相持不下，谁也无法说服对方的架势。但客观的真理总是存在的。科学家的任务是通过反复探索，互相切磋，由表及里，去粗取精，去伪存真，去发现客观的真理，有了明快的认识，才会有明快的言语给予阐述。

1981年5月下旬，由翁独健先生的倡导和推动，中国民族研究学会和中国社会科学院民族研究所在北京香山召开了第一次全国性规模较大的中国民族关系史学术座谈会。会上比较集中讨论的问题之一，就是关于历史上民族关系的主流。白老在大会上的报告对这个问题作了精辟的论证。他说："我们研究历史，不能采取割裂历史的方法。从一个历史阶段看问题，固然是必要的；从整个历史发展趋势看问题，则是更为重要的。在民族关系史上，我看友好合作不是主流，互相打仗也不是主流。主流是什么呢？几千年的历史证明：尽管民族之间好一段，歹一段，但总而言之，是许多民族共同创造了我们的历史，各民族共同努力，不断地把中国历史推向前进。我看这是主流。"他又说："究竟什么是民族关系中的主流？我看各民族共同促使历史前进是主要的，也可以说这就是主流。在历史上，各民族之间尽管不断打些仗，不断搞些民族不和，但我们要从整个历史的发展去看问题。各民族共同促进历史的前进，还有一个特点，就是越到后来越反映出共同反对民族压迫，共同反对殖民主义、帝国主义的压迫。这种共同的斗争，不一定是这个民族和那个民族经过商量后才去进行的。但事实上是反对了共同的敌人。这也促进了历史的前进。我们从这方面去理解问题，有好处，不要只是纠缠'友好合作'和'互相打仗'中去。当然，那些也要说，但那是现象，最重要的还是要从整个历史的发展去看问题。"①

白老在这个报告里,不仅第一次以最明快的语言阐明了什么是中国民族关系发展的主流,还反复告诉我们必须以历史唯物主义的立场、观点、方法,从中国历史发展的全过程中去掌握中国民族关系发展的总趋势和代表历史发展最本质的东西,那就是各民族在矛盾对立运动中共同促进中国历史的发展,使中国越来越发展为一个统一的多民族国家,并且共同创造了中华民族的历史与文化。在香山会议的总结中,翁老说:"这次中国民族关系史研究学术座谈会讨论的重点,主要是放在怎样理解历史上的中国和什么是历史上民族关系主流等问题上。因为这是民族关系史研究中带根本性的问题,这两个问题如果能达到一致的认识,将有助于解决由此派生的其他有关学术问题。""关于什么是历史上民族关系的主流。中国各民族的关系从本质上看,是在漫长的历史进程中,经过政治、经济、文化诸方面越来越密切的接触,形成一股强大的内聚力,尽管历史上民族间有友好交往,也有兵戎相见,历史上也曾不断出现过统一或分裂的局面,但各民族还是互相吸收、互相依存、逐步接近,共同缔造了统一多民族的伟大祖国,促进了中国的发展,这才是历史上民族关系的主流。"② 从翁先生这个总结可以看出,白老对民族关系主流的阐述,在会上占了主导地位,得到了与会者的赞同。

香山会议以后,中国民族关系史研究,以空前的活跃与速度发展。我本人在白老等老一辈专家的启发与指导下,对中国为何会形成为统一的多民族国家进行研究,偶有体会,总是不忘1981年香山会上的收获。除了以上这些基本理论与观点,还有

---

① 《论集》53—57页。

② 翁独健主编:《中国民族关系史研究》,中国社会科学出版社1984年版第24—25页。

一些具体的观点,也很有启发。比如,白老论证,各民族都有特殊的贡献,有别的民族所不具备的特长,应该互相尊重,互相学习。白老举例说西藏的藏族问题,"在那个高山地区建设几千年,值得我们佩服不值得?很值得我们佩服!坚持建设几千年,坚持下来了,成为我们祖国很大的一块地方,底下宝藏不知有多少!值得我们佩服"。① 白老还说到一些人数很少的民族也有其特长。当然,在阐述各兄弟民族对祖国历史都有其特殊贡献的同时,白老并没有忽视汉民族在中国历史发展中所起的主体民族的作用。他指出:"中国历史几千年连续不断,在世界上是少有的。这个功劳,汉族应居第一位。如果没有汉族,少数民族做不到这一点。当然,我们说汉族是主体民族,并不是说少数民族无关紧要,并不是说这个老大哥可以欺侮兄弟、压迫兄弟。绝不是这样。"② 白老说:"汉民族所以形成为中华民族的主体民族,原因很多。主要原因,我看有两个:一个是地理原因,一个是历史原因。"③ 白老强调地理环境对历史发展的影响,也给了我很大的支持。因为我当时正强调中国的特殊地理环境,对中国的历史,对中国的经济区域与民族分布的形成都有很大的影响,因而对中国民族关系史的发展也会有很大的影响。我试图从地理环境方面阐明中国的民族结构分为东西两大部,即湿润的东部或东南部的农耕民族和干旱的西部或西北部主要是游牧民族。南北三个发展带,即秦岭—淮河—白龙江一线以南水田农耕民族与文化发展带;此线以北至秦长城以东以南旱地农耕民族发展带(汉民族起源于这一发展带,发展至全国成为水田、旱地农耕全面发展的农耕民族);秦长城以北为游牧民族及其文化的发展带。从1979年

---

① 《论集》第41页。
② 《论集》第57页。
③ 《论集》第57页。

以来，我反复讲授这种观点，但未敢公开发表。在香山听了白老关于汉民族成为中国主体民族主要原因之一是地理条件，我才敢于肯定自己的认识：地理条件是历史发展的重要物质条件，讲地理条件对历史发展的影响是唯物主义；把对历史发展有重大影响的地理条件说成是决定性因素，否定了人是历史的决定因素，那才是不科学的。正如白老说："多年来，我们不敢说地理条件的作用，……怕被说成是地理环境决定论。其实，地理条件是很重要的。讲历史，不讲地理条件怎么行？"[①] 白老的这些论证给了我很大的支持，不久我就把中国民族与文化东西两大部南北三个发展带的观点公开发表了。最近几年，我探索中华民族的起源，从新石器文化的多区域不平衡发展及农业、游牧业的起源中，更进一步认识到，这种东西两大部与南北三个发展带的格局，在新石器时代的晚期已经有了萌芽，后世更发展成为一个在现代化发展以前相当稳定的结构。

白老关于中国民族关系的理论，有一个完整的体系，除了上述三个基本观点以外，还论证了封建化的不断扩大，汉文化与少数民族的相互影响，民族同化与民族融合，民族英雄的评价等多方面的具体问题。他的回族史研究不仅奠定了回族史学科的基础，也使我们体会到研究中国民族史，不和整个中国历史的发展紧密结合，就不可能有正确的研究方向，不可能真正阐明中国民族史的发展；同时，中国的历史如果忽视了少数民族历史的发展和各民族对祖国历史的贡献，也不是完整的中国史，也不可能使中国史成为真正科学的历史。白老对中国民族史及中国民族关系史研究的理论与实践，有其完整的学术构架，是白老史学理论成就和史学成就的重要组成部分，绝非我这篇学习心得所能全面表述。我没有机会系统聆听白老的课程传授，不过1978年9月在

[①] 《论集》58页。

文化部文学艺术研究院关于"戏曲与民族问题"座谈会和1981年5月香山中国民族关系史研究学术座谈会两次聆教,以及平素拜读白老的论著,所受教益甚多,白老确是我的一位良师,在民族关系史研究方面,我或可忝列白老的一个及门弟子。在庆祝白老85岁华诞时,写这么一篇学习笔记,以表达我对白老的崇敬,并祝白老健康长寿!

白老是中国民族史学会会长,我在该会任常务理事兼副秘书长,也算是白老的属下了。因白老年尊,几次会都是送去录音报告,他关于中国民族史如何搞,多有指教,比如总结民族史发展及其经验,我们初步在做这些事,但还没有做好。要不我应在本文中有所表述。

(原载《历史科学与历史前途——祝贺白寿彝教授八十五华诞》,河南人民出版社,1994年)

关于中国民族研究一些问题的想法
——一束小花献师尊

在我上大学时，林耀华先生不仅是主持日常工作的系副主任兼民族学教研室主任，还亲自讲授原始社会史。在听林先生课时，我大胆写了一篇习作《人类起源诸说辩证》。这是我到中央民族学院以后第一篇习作。一篇极幼稚的习作，林先生却仔细给我批改。现在回忆此事，深深感到一位当时已享有大名的教授对一个刚刚学步的学生如此耐心和关怀，此种诲人不倦的精神，应该成为我们学生辈一辈一辈往下传的一种传统。

在庆祝林先生八十五岁大寿之时，原应认真作文献礼，因手头事紧，谨以平素编稿一些想法当作一束小花，献给师尊，以表明作为学生，无论是在教学、科研还是编缉审稿工作中，都不敢稍忘师训，尽自己所学，努力工作，并且一以贯之。

一、关于《中国大百科全书·民族卷》
复审的几点想法

据说是因为《中国大百科全书》姜椿芳总编辑对拙稿《汉族》的肯定，中国大百科全书出版社社科二部聘我为《民族卷》特约编辑，对民族史诸条目作定稿编辑工作，并编纂《中国民族史大事记》。1984年4月1日，我在上海复审工作会上，把民族史条目一些共同性问题，写了十点想法，以表明我的总体看法与修改原则。没想到一个匆匆写就的想法，得到了与会专家的肯定并由社科二部印成一期《工作简讯》。全文如下：

陈连开副教授应邀参加《民族》卷中国民族史分支复审会议期间，对当代民族各条目的释文提出许多修改、补充意见，受到与会专家的重视。他利用休息时间，就一些共性问题写出概括性的书面意见，对我们进一步修改好文稿是有益的。现将全文刊登于此，供修改、审定稿件参考。同时，希望我们部各学科编辑组注意发现、整理专家在书面审稿和审稿会议、个别访问中提出的重要的共性问题或建议，以便及时交流，共受教益。

社科二部
1984 年 5 月 30 日

参加民族史分支复审会议的一些想法

这次参加《中国大百科全书·民族卷》中国民族史分支复审的工作，学到了不少知识，老专家的认真负责精神值得学习。下面就几个共同性问题，谈些个人的意见。

（一）总的估计

经过编写组和编辑部两三年的努力，本分支条目释文已有较好的基础。不少专家撰写的文稿，达到了较高水平，思想性、科学性、知识性都能给读者以充实与启发。我作为第一批读者，深感受益匪浅。因此，今年 11 月发稿，经过努力是可以办到的。其中有些条目，基础不够理想，如不抓紧认真修改，也可能影响发排时间。

（二）总的要求

百科全书的任务，是要反映当前我国已达到的科学水平，要体现"百家争鸣"精神；要写进那些已经稳定可靠的知识，具有辞书性质，可以当辞书用；体例的贯通，由编辑部统一。在民族学科领域现在已出版或正在编稿的，已有《辞海》民族分册、

《中国少数民族》、《中国历史辞典》中国民族分册。大百科全书中国民族史应居以上几种之上才好。但有的条目，作者似乎未很好研究已出版的两种，质量偶而反不如《中国少数民族》。所以，修改时应尽可能要求作者研究已出版的两种。有些基本史实各书一定会有必要的重复，对这些基本史实不必别出心裁，作无据可考的另写一样。

(三) 关于族源问题

近年来中国民族史研究的热门课题之一，是研究族源问题，有的各执一词，争论不已，实际上这样的争论在短期内不大可能有科学结论。建议凡涉这类问题，百科全书坚持如下两条：

1. 根据民族是一定历史时期形成的人们共同体的学说，应从当代各民族作为中国民族中一员出现在中国历史舞台上写起。其先可追溯，但要避免过去那种以为当代某民族即远古或周、秦、两汉某古族的血缘族体的延续的旧学说。尤其不应把传说中某族称与当代某民族直接挂钩。学术界有不同观点可以反映，定性叙述则应慎重，确实可靠的则吸收最新成果予以反映。

2. 中国自古为多民族国家，各民族迁徙、交错杂处有很长的历史，当代各族虽以古时某族为核心形成，但都是多源的，没有一个当代的民族可能是古代某个民族单一的血缘延续。这种历史事实，在有些条目中没有反映出来。当然，说不清楚，也不必硬说。

百科全书是已有科学成果的总结，要避免把感情的色彩带进来。读完我们这一卷，使读者能大致了解到各民族本身发展的历史；同时也大致了解到，中国是怎样形成了多民族国家，并能体会出为什么会成为统一的多民族国家。

(四) 关于分布

民族分布的形成，即完全土著与迁徙问题，有可靠史据的当写上；属推断或猜想的一般不宜写进百科释文中，有的确需略带几笔,但不可下确定的结论。写得太确定了,后世读者以为我们肯定有根据,只是他们寡漏才不知所据何经何典,因而把我们这一代几个学者的猜想当历史依据,那就贻误后人了。

南方各民族杂居尤其显著,但某几个民族在某个地区共处还是比较稳定的,有些条目看不出杂居的面目,因而有些民族有自己的语言,而共同通用汉语文或当地某种通用的民族语文就无法理解。这类事实、知识理应适当叙述。

(五)关于文献

1. 对汉文文献关于少数民族的记载的估价。

中国自古有优良传统,即对许多少数民族有丰富的文献记载,成为我们当代学人研究少数民族史的主要文献依据。

除正史外,还有许多杂史、私人专著、文集、地方志、小说笔记、谱乘等材料。有些方面的史料,现在挖掘整理得不够。南方民族文献记载本来就不如北方多,而整理也不如北方那样充分。

古代文献的主要缺陷,一般都是政治史,与王朝政治无关系的不记,与治乱兴衰等政治发展无关不记,因而主体内容是各族首领人物及其家系与中原王朝政治往来的记载;也有一些涉及生产、语言、习俗等内容,多为异于中原、异于汉族的方面。另一点即思想、立场多表现为大汉族主义的正统观。还有一点,古人往往是通过第二、三手的材料与见闻记述,对不了解的民族,往往以某一地区相近或族类相近的古族去泛称同地区或相近族属各族,此所以成为今天关于族源争论不休的原因之一。

2. 对少数民族文献的运用,是近年学术界一个大进步,视野放大了,文献不足征的问题比以往缓和一些了。现在满、蒙古、藏等族古代文献及突厥文回纥文史料运用的情况较彝、傣等文种要好些,总的说来都还有待充分挖掘、整理。

3. 先秦汉文史料,自清代崔述(东壁)和近几十年"古史辨"派、王国维等学者已作了很有价值的工作。现在有些同志往往不注意吸取这些研究成果,把已有结论非三代的文献,仍当三代第一手材料使用。这是会出漏洞的。当然,并非古史辨所疑皆实,但有些确有依据的成果,还是应该予以重视。

4. 人类学(体质)、考古文化的族属判别是重大课题,应尊重上述两学科的结论;民族史当然可作出自己的判断,写论文尽可自由讨论,写进"百科"则必须是有公认结论的方行。

(六)关于社会发展阶段的叙述

马克思主义史学的要求,是应写清各民族社会发展的各阶段。但是,由于文献不足征,研究不充分,不是每个民族都能说得清楚的。所以,我们的释文中要实事求是,以研究到了什么程度就写到什么程度,有几种不同学派的意见,就写几种意见为宜。

还有一个问题,古人用的概念与今人未必相同,或完全不同,今人也未必都同。文献中记载某族某时期有奴隶、有奴隶买卖不等于奴隶占有制度(作为五种社会形态的),势家大族统治不等于农奴制度;土司也不完全是当地少数民族首领去世袭。如果土司之下无私家地主或奴隶主,属民向土司领有份地,固着土地上为依附农奴,大概可以说是领主农奴制;但土司下有私家地主、奴隶主或农奴主,这种土司即是官家,是政权不是农奴领主。释文中,理当区分清楚,表述力求准确。

(七)关于地方行政制度

唐宋羁縻制度当作土司制度的雏型则可,当作土司制度则不可;元于省属边远地区往往设元帅府、宣慰司、宣抚司、管军民万户府等,皆省派官;有以当地头人或蒙古人、汉人世袭的,也是省属官。这些目为土官则可,目为土司则不能画等号。西南与中南土司制度发于元,成于明,废于清雍正时。雍正以后还有一些残存,但作为制度已基本废除。

(八) 关于羌、苗、黎、濮

此四种族称均见于商周，其中羌、濮均见于《牧誓》；而且大都见于甲骨文字，又都出现于远古传说，而当今又有同称之当代民族，在《族源》一条已说这些族称不宜与今相同或相近族称的民族直接挂钩，此处重复几句。

羌有三种涵义：(1) 商周羌人，是华夏主要来源之一；(2) 秦汉氐羌族群；(3) 当今之羌族。三者有渊源关系，有的有直接渊源关系，但仍首先要区别其不同，不可混同。

九黎、三苗，先秦记述矛盾不少；后世注家，各有所宗；与今苗、黎有何相通处尚待研究。髳，大概不可直接括注苗，读音可能不同，地望更不相同，不可依成俗之说，直指为苗。

濮见于《牧誓》，后又有"百濮"的泛称。云南布朗、崩龙、佤与古时"濮子蛮"有直接渊源关系。此三族属南亚语系孟高棉语族，与先秦之濮当无关系。濮越两大族群，在发展中有许多相融与融合，但就起源而论，濮越不同，不能将濮与越等同起来。

(九) 民族学专门术语太多，不易为一般读者了解。

(十) 楚于春秋、战国陆续统一南方，当今许多民族的先民在其统治范围之内，因而传说、语言（主要是词汇）、服饰等都受楚文化影响，反映其文化上有一定渊源关系。现在有的研究者把这种反映即断定与当代某族为同族，混淆了源与流。楚文化，江汉之华夏文化也。楚文化虽然包含着南方许多民族先民的文化，是大融合的产物，但不能直指楚文化为南方某一民族的文化。

以上未经仔细思考。错误难免，供修订定稿参考。

1984年4月17日

二、关于藏族形成诸阶段的一些想法

最近在审读《中国民族文化大观·藏族编》时，给作者写了一个关于藏族形成诸阶段的想法，全文如下：

高总编并作者各位先生：

你们好！

很高兴藏族编稿已寄来了一至七章。第一章拜读之后，总的印象是观点鲜明、正确，材料丰富，特别是以藏文史料为主，写得很有特色。之所以对元代以前部分必须作较大修改，依我的愚见，一是结构要调整，二是有的学术见解和处理方式不易为学术界所理解和接受，其中个别地方可能不太准确。

修改总的原则是：

（一）与学术界通常的看法不同，而又缺乏必要的史料依据者需要修改。比如"吐蕃"一词，正如你们的原稿第28页所说，是在唐代与大唐相对而称的称谓，一说是突厥人对吐蕃王朝的称谓。不管是唐还是突厥，总之是蕃人建立了统一青藏高原的王朝之后才有的称谓。因此在吐蕃王朝以前一般不称吐蕃。吐蕃王朝瓦解之后，这一称谓即成为民族或地区称谓，主要是族称。现在考古学和个别写藏族早期历史的先生，把雅隆部称为"早期吐蕃"，你们原稿写公元5世纪以前西藏古国，直接称"吐蕃"。这样易与吐蕃王朝或吐蕃王朝的早期相混淆，所以也不确切。还是以"雅隆悉补野部"或"雅隆部"与象雄（羊同）、孙波（苏毗）等吐蕃王朝以前各部并列更为确切一些。

（二）藏民族是一个由多种来源融铸而成的多元一体的复合型的大民族，古有多种来源，今也有多种地区性文化与人们集团的差别。在这一点上与汉族很相似。这个由多元形成一体的历史过程，是以雅隆部为核心，族称从雅隆部称蕃（博）延续至今。所以，我体会藏民族形成有如下阶段：

1. 起源阶段：青藏高原的旧、新石器时代文化证明藏族的起源具有鲜明的土著特点，同时又具有多元、多区域，由多元向一体发展的特点。

2. 民族雏形阶段：从公元前4世纪至公元7世纪的千余年，在西藏高原有44小邦，12列国，其中象雄发达得最早，在阿里象雄一带；雅隆部后来居上，在山南雅隆河流域；苏毗主要在藏北，是古羌人的一支。

到公元6世纪左右，松赞干布的祖父和父亲时，雅隆部崛起，那时西藏高原已出现统一的趋势：有统一的文字（本教使用的象雄文）、统一的宗教（本教）、各部兼并统一已开始，实已奠定了松赞干布建立统一王朝的基础；后来形成藏族，是以雅隆部为核心，族称一直延续，所以到松赞干布祖父与父亲时，实已具备了后来形成藏民族的雏形。

3. 民族形成阶段：吐蕃王朝扩大及于西藏高原以外整个青藏高原的百数十年，使青藏高原的原有各部统一起来。其中包括原西藏高原那些与雅隆部有同样宗教，使用同样文字并且有密切政治关系的各部，如原来比雅隆发达、强大的羊同、苏毗等部。也包括青海及康区古羌人各部（党项、白兰、附国等）和吐谷浑，以及部分汉人与回鹘人等。这些多种来源的人在同一政权（吐蕃）、同一文字（藏文）、同一宗教（本教和传入藏区的佛教并存竞雄）的陶铸中形成了民族的认同，藏民族由多重来源，逐渐形成为同一民族。

4. 民族同一性发展阶段：9世纪中至13世纪中，吐蕃王朝瓦解了，吐蕃以民族名称出现在中国历史上。各地区的吐蕃人，政治上不相统一，文化和民族认同却得到了发展。其中藏传佛教形成、本教（实也已吸收了许多佛教的内容，与原来的形态已不相同）与藏文的传播起了纽带作用。7—9世纪中，政治上统一而文化与民族的同一虽然在形成却未完全融化，在民族形成方面表现出"合而未化"的特点；10—13世纪中，政治上虽不统一，文化与民族的认同仍继续在发展，又表现出"化而不合"的特点。另一方面10—13世纪中，在形成和发展的藏民族，与宋、辽、金、夏等王朝，与回鹘、蒙古等民族的关系也在发展，所以当蒙古帝国/元朝统一中国时，藏族积极加入统一多民族中国形成的进程。正是像你们所叙述，是一种历史的必然选择。元朝在统一的中央政府支持下促进了藏族地区的统一，10—13世纪中那种"化而不合"的局面改变为"化而后合"的局面。所以藏民族多元一体的形成，也促进了中华民族多元一体格局的形成。13世纪西藏成为中国中央政府直接管辖的一个特别行政区以后，对藏民族同一性的发展起了很大的促进作用，在此就不一一叙述了。

注：在松赞干布创造藏文以前雅隆部也使用象雄文，主要有如下几点依据：

(1)《王统世系明鉴》提到在此书之前还有《王统世系如意树》，对松赞干布以前30多代王系记载详细，只是佛教史家仅取其世系，而于象雄、雅隆等部由象雄文字记载的历史一概不取。

(2)松赞干布自小识文断字，当然不是藏文，依据本教在雅隆部的影响，只能是象雄文。

(3)松赞干布创藏文按理应在象雄文基础上发展，是引进了梵文的造字系统和语法理论加以改造，所以才说藏文以前藏族先民已有千余年有文字的历史。这一理解在《民族文化大观》修改稿行文中没有写，因为有争议不宜写入书稿中。

　　　　　致

敬礼！

陈连开

1994年6月16日

三、关于《蒙古族编》撰述中的几个问题的意见

最近《蒙古族编》交稿，写得精炼简约，本来是上乘之作。因为藏族、满族等编篇幅都比较大，因而《蒙古族编》可以扩大篇幅，以与藏族、满族等编相埒。于是要求该编扩大篇幅，但又不能各章平均按比例扩大，编写组各位先生希望我们拿出个意见，于是写了如下的意见，仍是以我对民族形成的基本观点与对蒙古族的形成及其文化渊源，谈了一些浅见，或者也可收愚者千虑之效，对研究工作有所参考。

相璧兄并请转编写组各位专家：

你们所撰《中国民族文化大观·蒙古族编》，已匆匆拜读一过。总的印象很好，对你们扩编到60万字左右很有信心，并希望你们把稿写成全书最精彩的各编中的一编。你们有能力达到这一要求。蒙古族的文化，对中华民族文化的发展有重要的影响，完全有必要按高标准要求。

你们的第一稿符合体例，扩编时总的体例不变，甚至原有章节都可基本保留，作少量调整加以补充即可。在各个章节中充实内容，但不是每一章平均扩大一倍。你们是专门研究蒙古学的学者，不管年资如何，都比我仅为宏观研究需要所作一般了解要专一和深入得多，所以我的修改意见，仅作参考；有不妥处，不必拘泥而勉强作为依据；特别是欢迎各位对我的意见提出批评，互相讨论，可以使《蒙古族编》获得高度成功。

下面就各个部分提一些具体的建议。

（一）《前言》改为《绪论》。第一段，请加入现代蒙古族的基本情况：如分布、人口等。在叙述分布时，可交待由于蒙古/

元帝国时期的历史影响，蒙古人不仅有小量分布在全中国许多地方，也分布于中亚、西亚、东欧一些地方；由于近现代历史的演化，喀尔喀蒙古已成为独立的蒙古国，在民族传统与文化语言多方面，与中国的蒙古族基本相同，但从 1921 年之后独立，现在是中华人民共和国的友好邻邦。在写《中国民族文化大观》时，历史上可能涉及整个蒙古人，当代则完全限于中华人民共和国的蒙古民族。

（二）关于渊源历史，主要叙述蒙古民族文化的载体——蒙古民族的起源、形成、发展的基本历程和基本特点，为以下各章文化的内容及其特点交待一个渊源所自。具体的历史事件、制度、人物等均在其他各章中叙述。

依我的理解，蒙古民族，是在 13 世纪以蒙古部为核心，统一同族属各部和蒙古化的突厥人如乃蛮部等形成的中国古代游牧民族，曾建立过庞大的蒙古帝国和中国的元朝。近代中国蒙古民族，是以游牧业为基本特征，同时兼营农耕的民族；当前中国蒙古民族正随整个中华民族现代化，成为有现代工业、牧业、农业、科技的民族。蒙古族的历史大致可分为：起源与先世：即 13 世纪以前。其先民为东胡系鲜卑、室韦，直接渊源追溯到唐代的蒙兀室韦。蒙兀室韦，初见记载时分布在额尔古纳河和黑龙江中游，大概在 8 世纪已开始西迁，至 9 世纪已达于三河之源及肯特山地区。隋唐室韦诸部中，可能包括少许通古斯语族的部落，但基本上属东胡系，"南有契丹，北有室韦"，是同一族系的南北两大部落群体。室韦与突厥语族各部，在隋至唐中叶，大体以今呼伦/贝尔湖为界，湖以东为室韦，以西为突厥语族各部。突厥汗国及回纥汗国强大时，室韦均为所役属，同时室韦也向隋唐纳贡，唐设室韦都督，突厥也曾设吐屯。

公元 840 年回纥汗国灭亡，回纥人西迁，给室韦诸部大规模西迁以极好的机会。晚唐已经在整个蒙古草原上出现了达怛（达达、鞑靼）的族名，并有"九姓"、"三十"姓等记载，说明蒙古草原已经是室韦/达达诸部占主导地位。辽金时期，室韦/达达诸部，又有阻卜、术不姑等不同泛称，其中蒙古部在三河流域日见强大，称为黑车子室韦或黑车子鞑靼。但辽金时仍以接受了突厥语言影响和景教（基督教的一个支派）的克烈部和后来居上的塔塔尔部最为强大。但这些强部都未能统一同族属各部，只是以其强大可能使其他部落在某种程度上听命或依附于他们。

至12世纪，室韦/达达各部社会发展加速，兼并剧烈，从额尔古纳河至阿尔泰山地区出现了几个强大的部落或诸部落联盟或汗国：蒙古草原上室韦/达达各部，其中克烈人受突厥语言、文化影响较深；乃蛮人，居阿尔泰山地区，与蒙古草原有多方面联系，为一个接受景教并成为蒙古草原与西方接触中介的突厥强部，其力量东称雄于蒙古草原，西足以与当时统治中亚的西辽相抗衡；"林木中百姓"，是分布在贝加尔湖以东以西以南的狩猎与游牧的各部；分布在叶尼塞河流域的是斡亦剌人；分布在长城附近的是汪古人。成吉思汗通过一系列的兼并战争，首先把室韦/达达各部统一起来，蒙古由部名成为统一各部共同的名称；又灭亡了乃蛮汗图，使之成为蒙古民族的一个来源，其余"林木中百姓"、斡亦剌、汪古各部都在统一兼并中，成为统一的蒙古民族的一个组成部分。于是形成了统一的蒙古民族。

蒙古民族的形成，是蒙古历史发展的产物，其来源：（1）以蒙古部为核心的原室韦/达达诸部；（2）蒙古化的突厥人乃蛮，受回纥、粟特乃至欧洲基督教影响都比较深，同时也影响到了蒙古草原一些强部，如克烈部；（3）为金朝守边的汪古部，受中原汉文化影响，同时也保持一些突厥文化影响，成为蒙古草原各部接受中原文化影响中介的强部；（4）"林木中百姓"；（5）斡亦剌人，后来迁至今新疆北部成为漠西蒙古。

元代，蒙古部及原本与其族属相同的诸部、乃蛮部、汪古部都已合而且化，形成后来讲中部蒙古语方言的漠南、漠北蒙古人；斡亦剌人后来形成讲西部蒙古方言的蒙古人；"林木中百姓"除一部分南下，大部分即现在操北部蒙古方言的蒙古人。

由于历史的演化，现在蒙古人已成跨境而居乃至分散居于许多国家的民族，各自的文化因而已有不同的发展，有不同的特点，其中有些已在不同国家发展为当地的民族，名称各异。

由于成吉思汗完成了蒙古民族统一的伟大业绩，成吉思汗的"黄金家族"及其苗裔，在蒙古民族历史演进中，包括元朝灭亡以后，都有很大的政治影响。直到中华人民共和国建立，这种影响已不复存在，成吉思汗作为民族的象征，仍受到蒙古民族的崇敬。

以上对蒙古民族从多元向一体发展作如此冗长的叙述，其中可能有许多是门外汉的推论，目的是希望写出蒙古民族各个主要来源及其文化渊源，这样才能说明蒙古民族文化包括：(1) 固有的传统文化；(2) 突厥、回纥文化的影响；(3) 汉文化的影响；(4) 西征后伊斯兰文化及其他西方文化的影响；(5) 接受藏传佛教后藏族文化的影响（尤以宗教、哲学、医药为明显）；(6) 现代社会主义和科学技术等。所以蒙古族文化是以其传统游牧民族文化为核心，同时也吸收多种文化影响加以消化形成的丰富多彩的文化，并且对整个中华民族文化作出了卓越的贡献。

从文化发展方面看分期的界限，是否可考虑；(1) 12世纪以前；(2) 蒙古汗国或称蒙古帝国时期；(3) 元代；(4) 明代；(5) 清代；(6) 近代；(7) 当代。实际上忽必烈迁都开平，尤其是建立元朝，定都大都，是蒙古民族文化一大转捩。如何表现，在写渊源历史时请考虑这个意见，从整个结构上加以调整。

(三) 关于蒙古民族的语言与文字一章，写得非常好，对其历史演进过程、方言形成的历史、语言特点、文字演进史等写得简明扼要，观点鲜明，读后增加不少知识，连我这样一个不通蒙古语的人都能看明白，从中吸收营养。只是觉得，既是三大方言，必然在语音、词汇、语法方面有明显区别处，以叙述中部蒙古语为主，可否在方言区别于语音、词汇等方面加以对比举列。这样就更丰满、明确。音标或罗马字转写，字母都请写得清正易辨。这一点务请做到。专家以为应该辨认准确的字母，往往外行人认不出来，易出差错。

阿尔泰语系一词出自西方语言学家，实际上蒙古族起源于东胡族系，蒙古语应是起源于兴安岭地区才符合历史真实。这一点不作适当表述，易使不了解中国北方民族史的读者误以为阿尔泰语系各语族都起源于中国西部。实则，整个阿尔泰语系都可能起源于大兴安岭和蒙古草原。不知以何种方式使读者了解这一点才好。

（四）关于宗教，在概述中提到蒙古民族受到多种宗教的影响，这一部分很难写，因为现在研究不很充分。

萨满教研究，几乎已成世界性学问，中国有秋浦等几位先生写的书较为成型，可供参考。秋浦先生主要写通古斯语族各族，萨满教实为中国北方各族共有的信仰，各有何种特点，则请蒙古族编尽可能写出蒙古族萨满教的特点，其他各信仰萨满教的民族写出其他民族的特点。从宗教本身的发展规律看，应是先有原始的万物有灵、自然崇拜、生殖崇拜、图腾崇拜，而后才形成了宗教形态的萨满教。在萨满教诸神中，腾格里为主宰一切的最高神。所以在叙述的次序方面要从宗教本身发展和萨满诸神的客观特点安排。萨满在辽、金、元、清等北方民族建立的朝代中都有很高地位，在这些王朝兴起和最初时期都起重要的作用，也许藏传佛教在蒙古族中占统治地位以后，萨满的影响仍未完全消失，至少在风俗习惯中还有一些痕迹。一个民族传统的宗教是不易完全消失其影响的，但原占有的主导或统治地位确在藏传佛教与中原文化影响发生之后逐渐消失。所以萨满教这一小节能否写得再充实一点,并且写出蒙古族萨满教的特点来。也许写好这一节,是写好蒙古族宗教信仰的关键所在。在这方面有德国海西希等人的研究,海西希的书已汉译,可供参考。

蒙古族在西征中已接受伊斯兰教影响,后来在新疆和中亚的蒙古人有一部分大概已完全接受了伊斯兰教。历史上乃蛮人、克烈人都接受了基督教,后来蒙古人也可能有部分受到了基督教的影响。元代,中原道教对蒙古皇室有较大影响,是否需以适当笔墨叙述,请考虑一下。

对蒙古族宗教影响最深刻的当然是藏传佛教。对藏传佛教各教派的教义不必作较全面叙述,在蒙古族地区传播过程、规模以及对蒙古民族及其文化的影响可深入系统一些叙述。历史上和当前蒙古族的政治和学术界对这一问题的评述、观点的演变都可作些叙述。藏传佛教的影响既全面又重大,历史上和现代蒙古族各界重要代表人物,必然有所评述。在叙述时既不要伤害群众的宗教感情,又要清楚地使读者了解,蒙古民族对这种影响现在有较为深刻全面的认识和评述。这样才能使读者深入了解,蒙古民族是如何逐渐削弱和摆脱这种影响的。

成吉思汗和蒙古汗国/元朝,对各种宗教采取兼容政策,是当时政治上成功的重要原因之一,对多种宗教、文化,采取兼容态度,也是蒙古文化特点和所以不断发展的原因之一。请在适当地方加以叙述。

(五)其他各部分不一一提了,请按《前言》精神:"从整体意义上讲,蒙古族文化可分做传统文化和现代文化两大部分"。各章节都按这样写出传统文化的内容和特点,现代文化的发展、内容和特点,全编内容就充实而特点突出了,且纲举目张。

风俗习惯,章节划分可不变,内容请写得知识性、趣味性、学术性统一一些,要设身为不懂蒙古族风俗习惯的人所了解,因此还要有通俗性。写好真不易,但蒙古民族文化的特点能否突出,这一部分很关键,作者在这一部分可大显身手。

哲学思想部分,蒙古民族在古代大致上没有形成专门学问的哲学家,哲学思想自然有,散见于各种方面的著作和言论,写传统文化哲学部分可按客观叙述,不必作过多的拔高与论证。在历史上和近现代,蒙古民族所表现的高度爱国主义思想,爱本民族与爱中国的高度统一,可在适当的地方以较浓重的笔调叙述。当然不一定是哲学思想部分。

制度。12世纪以前简叙;蒙古汗国或称蒙古帝国更确切些。元代制度可着重有蒙古文化特点与中原汉文化对蒙古文化影响的部分。中国的文化可以说农牧文化相互影响与结合,是一个大特点,也是发展的一个重要原因。

明代蒙古各部的政治制度,清代形成的盟旗制度,当前的民族区域自治制度,各有特点,可分别加以叙述。区域自治制度,不要作过多理论阐发。

其他军事、法律内容都较多,原稿也作了较多叙述,建议对几个蒙古民族本身形成的法典(不包括《大元典章》),如有可能可将法典全部内容译述,而不必分解成几个部分去叙述,这样做如占篇幅不太大,对了解全貌大有好处。另外,日本学者岛田正郎早年有《辽律研究》、《辽制研究》等专著,60年代以来专攻蒙古习惯法,实亦包括成文法。国内的研究工作也已起步,不知能否找到国内外的这方面论著供参考。

文化交流着重写国内各兄弟民族文化交流,改革开放以来与国外文化交流也有不少内容,都可择要加以叙述。蒙古民族自来还是比较开放的。世界上形成的国际学问蒙古学简介,大概属蒙古学情报资料,未必完全是"文化交流",学术活动中的交流可算是文化交流。如二战前与二战中日本满蒙学派对满与蒙的研究,为其"大陆政策"服务,自然不属"文化交流"。我之所以提一下,是因为有些论著竟把白鸟库吉、鸟居龙藏、松井、稻叶君山，下至和田清等对满蒙的研究列为"文化交流"。他们的著作确有可参考者（如介绍国际中国学）自然不能抹杀，但他们研究的目的和动机都不是"文化交流"，如作为与中国某个民族文化交流则大为不妥。

（六）关于注释（下略）。

以上是分作两个上午起草的，所以显得结构松散，也可能说了不少外行话。请别客气加以指正。要求作者不谋乎其上不行，这样就苦了各位，为我们共同的目标，大家吃点苦，天热难熬，仍不厌其烦，写如此冗长的意见，也只是表明总编委希望谋乎其上。

　　　　祝
各位健康、愉快！

陈连开
1994.7.23

（原载《民族学与民族文化发展研究——庆祝林耀华教授从教六十二周年纪念文集》，中国社会科学出版社，1995年）

怀念民族工作的领导者吕振羽先生

吕振羽先生是中国著名的马克思主义史学大师，是中国新史学的奠基者和开拓者之一，他跌宕起伏的一生更见证了20世纪中国社会思潮与运动的风风雨雨。在他诞辰百年之际，撰文纪念除了体现缅怀吕老一生丰功业绩外，更体现回顾鉴察过往、继承发扬传统与面向未来之主旨。

说来，我与吕老也有不少"缘分"：一、都是湖南人，他祖籍邵阳，我祖籍株洲，有"老乡"之缘；二、吕老曾在中央民族事务委员会任领导工作，具体领导了全国少数民族社会历史调查等工作，而我是参加者之一，所以是我的老领导、老上级，有"同事"之缘。有此三缘，特别是，吕老对我的民族研究工作又有具体的指导，故不赘简陋，草成此篇，既表达感激当年对自己的鼓励与指导，也意图传扬吕老在民族研究领域里的功绩。

惟因近来身体欠佳，医嘱不可过分用脑，四十多年前的事情或许有记忆不准确处，由我的学生潘守永博士协助查考，应能弥补部分缺憾。

作为新中国民族研究工作的见证人，我认为吕振羽先生对民族研究工作的指导是非常重要的，在民族问题研究上的贡献也是多方面的。通常，人们提到吕老在民族研究上的贡献主要强调他在民族史研究中的成就，如早在1947年就出版《中国民族简史》，参与开创了中国民族史学，等等，这是不够的，不应该忽视吕老对现实民族问题研究的指导作用，而且，解决现实问题强调历史眼光正是吕老研究的一个特色。他对如何看待和处理历史上的民族关系，如何看待各民族间历史与现实的关系等等，都有正确的看法(《中国历史上民族关系的几个问题》、《关于历史上的民族融合问题》、《论我国历史上民族关系的基本特点》)。他强调历史就是历史,是不以人的意志为转移的,不能回避历史上长期存在的民族关系的阴暗面,他说:"我们不要因为今天各族人民的灾难过去了,就讲一些漂亮话,历史就是历史。……是怎样就是怎样"(《中国历史上的几次波澜和曲折》)。他同时强调历史研究要有利于民族团结和国家统一,贯彻民族平等原则。正是有了历史的眼光,所以在处理现实民族关系问题时才能够把握大势,看到民族关系的主流和发展趋势。这些重要意见在新中国民族工作和民族研究中都得到了较好的体现,某种程度上,这也是我国处理历史上民族问题的原则。

下面讲一段自己早年参加少数民族社会历史调查工作的亲身经历,来怀念吕老对民族研究和民族工作的贡献。

新中国建立初期,民族工作有三个大举措:一是中央民族访问团到各民族地区访问;二是对少数民族成分的识别;三是少数民族社会历史调查和语言调查。这些工作集中了当时中国大陆几乎全部研究民族问题的最优秀的民族学家、历史学家和社会学家,从50年代开始,有的工作一直持续到60年代。这是中国民族学、民族史和民族语言学研究中值得大书特书的事情,虽然这些工作都带有政治任务的性质,但绝大多数参加者是学者出身,这就保证了这些工作的科学性,以这些实地调查研究为基础已经陆续出版了"中国少数民族五种丛书",为新中国的民族工作,甚至建国工作立下了汗马功劳,也是新中国民族问题研究的一大基石,这些工作是我们的一笔极其重要的财富,需要认真总结。

我原本在中南民族学院预科部工作,最初的志向在文学,因受著名民族学家、历史学家岑家梧先生的厚爱才"弃文从史",被保送到中央民族学院进修,最初是想研究藏族史,认为藏族最有特点,且研究不够。可是,1956年刚进学校,部分老师已经带队或参加全国人大民族事务委员会少数民族社会历史调查组赴各民族地区做调查研究去了。1958年,中央要求加快少数民族社会历史调查的速度,原定两年调查、三年讨论写作完成的"民族问题三套丛书",要求提前在1959年国庆节前出版,于是1958年6月之后,各民族研究的有关单位集中精力编写"各民族简史"、"各民族简志"、"各民族自治地方概况"三套丛书。按照当时的计划,蒙古族、藏族、维吾尔族、苗族、彝族、朝鲜族、哈萨克族、白族、傣族和壮族等民族的简史与简志分开编写,其他40个民族的简史和简志合编在一起出版,原计划出版60部,每部7—10万字左右,约计420万字—600万字。所以,到了这一年的8月,我们再也无法坐在教室里学习,而是直接下到民族地区去参与社会历史调查,因为第二阶段的更大规模的民族社会历史调查开始了。吕老在中央民族事务委员会党组任领导职务,提出"打破迷信,在党委领导下,依靠群众的集体力量,大胆编写,必须保证丛书如期或提前完成。"(周为铮《少数民族社会历史调查汇报会议休会》,载《中央民族学院院刊》1959年2月26日,1版)

1958—1960年,我参加了由陈永龄教授领队的青海调查组,赴青海牧区调查。在青海期间,我们在实地已感到牧区开垦的危害,对在牧区搞农业开发提出质疑,并提出了"以牧业为主"的重要建议。因为我感觉到,在牧区实行改革时,采用一刀切的做法在牧区造成了很大损失,就提出"牧区现代化不是使牧区农业化,而是牧业的集约化"(当然,有的文章到1961年后才发表出来)。牧区的实地调查经历促使我对牧区的历史进程、社会性质和面临的问题进行认真的思考,特别是对"牧区封建制度的社会经济基础是什么的问题",即对游牧民族的封建关系进行了探讨。当时,大多数人把注意力集中在民主改革前藏族牧区的主要生产资料是土地还是牲畜、决定封建关系的基础是土地的封建占有还是牲畜的封建占有等问题上，没有找到问题的实质和关键。由于这些牧区的草牧场仍然是"部落共有"，无法按照土地的多少来划分封建关系，就有人主张在牧区实践中应将牲畜作为基本生产资料，以牲畜的多少作为划分阶级成分的依据，因而造成大量牲畜被宰杀的不良恶果，这对牧区的社会主义建设和未来的发展极为不利。《民族团结》、《民族研究》等杂志1962—1963年刊发了大量有关游牧社会社会性质与封建关系的讨论文章，促进了对相关问题认识的提高。

经过认真的研究之后，特别是对这一地区进行全面的历史分析后，我终于发现畜牧经济的社会与农业经济的社会是完全不同的，不能把牲畜看作划分阶级的基本依据，因为牲畜多是一种与"千百户制度"相联系的封建特权，牲畜多的原因不是因为会经营，而是别人"贡纳"来的，所以牧区的民主改革首要的问题不是平分牲畜，而是废除千百户的特权，即废除千百户制度。这就找到了牧区民主改革的关键。

我的这些观点有些"大胆"，和许多专家的看法不一致，调查组非常重视，专门做了认真研究，但调查组即便同意这些观点也不能按此执行。由于此事关系重大，必须报请中央主管部门。这些意见很快反映到了北京的"民族历史调研工作指导委员会"（另一委员会叫"民族文化工作指导委员会"），在那里也引起了激烈的争论，多次举行专门讨论会。由于吕振羽先生兼任这个工作指导委员会的副主任，所以就主持召开数次讨论会，首先肯定我的这种实事求是、一切从实际出发的探索精神，对我是一个莫大的鼓舞和激励。当时在这个委员会工作的人员，大都是民族和历史研究方面的专家，对于指导民族社会历史调查和研究起到了极为重要的领导作用。吕老不仅有极高的理论修养，而且熟悉民族工作的实际，1961年就发表了《我国若干少数民族的原始社会公社制或其残余》的重要文章，对鄂伦春族等民族存在的原始公社制度进行了系统的论述，特别是关于"乌力楞"社会性质的看法引起了广泛的讨论（《民族团结》1961年第4期）。所以他深知我的意见是从实际研究中得来的，应该给予肯定。应该说，我当时提出这样的看法是比较大胆的，不光要冒学术上的风险，甚至要冒政治上的风险，要使人们抛弃以土地或牲畜为基本生产资料的成见也不容易。但我始终确信自己是对的，因为我有坚实的研究。

青海的调查使我对游牧民族的生产、生活有了更直观的了解。六七千年以前，这些牧区的河谷地带是种植业的最早发生地区，但到了青铜时代人们可以征服草原，在农牧业接壤地区发生了第一次社会大分工。但我当时仍然拘泥于马克思关于农牧业分离的看法，对中国农、牧业分化的认识并不清楚，后来才逐渐琢磨出来农、牧业分化是自然而非人为的原因，进而提出东西两大部的合一即农牧业合一最终促成中华民族的形成等一系列重要观点。可惜，这些见解已经无法向吕老面教了。

可以告慰吕老的是，我后来的这些看法，与当年青海牧区的调查经历是分不开的，某种意义上，是对上述牧区"封建关系"研究的进一步延伸和发展。我想，四十多年来自己能在民族研究的领域内小有成就，特别是在民族研究中强调农业、牧业的关系，强调农牧结合对于中华民族最终形成与发展的重要性，等等，都与当年的青海经验有或多或少的关系。想到这里，心中自然无限感激吕老当年的知遇之恩。

纸短话长，可医嘱不可情绪激动。此短文或成为引玉之砖，引出当年从事民族工作的老同志对吕老的更多回忆，则我心安矣。

（原载王忍之、刘海藩主编《吕振羽研究文丛：纪念吕振羽同志百年诞辰纪念文集》，中共中央党校出版社，2002年）

国学大师翁独健

从1956年中央民族学院历史系创办到1986年5月28日翁独健教授仙逝，翁先生一直担任着系主任之职。他的任期之所以这么长，是因为在元史、蒙古史以及整个中国民族史学界，先生都享有崇高的威望，备受师生爱戴。

先生原名贤华，1906年11月28日出生于福建省福清县一个贫寒农家。幼时因患小儿麻痹症无力治疗，成为仅靠一条腿行走的残疾人，然进入小学不久，即以成绩突出誉满乡里。先生18岁那年，中学尚未卒业，父母命其回家完婚。尽管乃父坚持原意，先生仍违命返校，继续完成中学学业。高中毕业后，同窗中颇有弃文经商致富者，而先生安贫读书，改名"独健"，以示坚韧不拔、渴望深造的决心。

高中毕业，先生考上久为学子向往的燕京大学历史系。但由于旅资无着，未能及时北上，被迫执鞭担任家庭教师一年。先生所教的学生，即在二三十年后与老师在史学界齐名的邵循正，也成为中国元史、蒙古史学界名家之一。

1928年夏，先生几经周折，终于到达燕大。那时燕大不仅藏书丰富，更兼名教授云集，邓之诚、洪业、顾颉刚、陈垣等先生，都在这里执教，而翁先生在大学二年级即以成绩优异闻名，洪业教授颇为自豪地说："我有一个最好的学生，他就是翁独健。"先生大学毕业后继续上研究院。1935年又以成绩优异由洪业老师推荐获得赴美国留学奖金，远渡重洋，到美国哈佛大学攻读蒙元史。据先生回忆，先生之所以专攻元史，是受到陈垣、洪业两教授的启发。两先生有感于19世纪以来，就有人标榜东学、汉学的研究中心在巴黎，后来日本学界雄心勃勃声称要把汉学中心抢到东京去，而两先生语重心长地勉励莘莘学子，一定要奋志向学，应该把汉学中心夺回北京来。洪先生尤认为辽金元三史的研究是中国史研究的薄弱环节。于是翁先生选择了蒙元史，聂崇岐先生选择了宋史，冯家升先生选择了辽史。三位同出一门，先后同学，后来均卓然成家，各有建树，饮誉海内外。1938年翁先生荣获哈佛大学博士学位，同年赴巴黎大学师从法国著名汉学家伯希和学习。伯希和告诉他，蒙元史是一门国际学问，不仅要精通汉文、蒙文，还要兼晓英、法、俄、日等国语文，掌握波斯文和土耳其文、阿拉伯文、拉丁文。翁先生本来有深厚的国学功底，英、法、德、俄、日等语文亦能应用娴熟，在伯希和门下又系统学习了波斯、阿拉伯、土耳其等文种的知识。对伯希和等西方学者所重视的比较语言学和名物制度渊源考证等研究方法，也很注意学习与吸收。巴黎为世界闻名的"花都"，然翁先生与邝平樟先生结褵，住在拉丁区近巴黎大学的一个普通公寓中，共同切磋，过着清贫潜心攻读生活，而从未一游巴黎胜景。直到40多年以后，翁先生故地重游，曾专门造访当年寓所，抚今追昔，感概万千。

1939年初夏，先生伉俪从法国回归祖国。当时抗日战争已经爆发，先生先后任教于云南大学、燕京大学、北平中国大学、不仅开设元史、东亚史及史学入门、中西交通、世界史等课程传授知识，更激励学生要"顶天立地做人，勤勤恳恳读书"，做一个有人格、国格、讲气节的人，并且身体力行，为后学表率。

先生不仅是一位热忱的爱国者，也是一位追求光明、支持革命的民主斗士。早在1942年即与中共地下党有了联系，冒着风险保护地下党员和进步学生，安排学生前往解放区，参加抗日战争。解放战争时期，由于燕大与美国的特殊关系，他的寓所成为地下党和进步学生聚会场所。解放前夕，先生任地下党领导的燕大护校指挥部总指挥，在师生中享有崇高的威望，与张奚若、吴晗等齐名，是燕大著名的民主教授之一。经过新中国历次运动的洗礼，尤其是"文革"十年浩劫，先生不愧为顶天立地、刚正不阿的学者和共产主义战士，于1979年11月加入了中国共产党。

翁先生治学严谨，学术界有口皆碑。1932年，先生以《元田制考》，"详考元代田制沿革"，从而得出"元代田制，皆沿前代之旧，无根本创革"的结论，获燕京大学文学士学位。1935年燕大研究院硕士毕业论文《元代政府统治各教僧侣官司和法律》，上编曰述，下编为考，重在下编，占全文6/7篇幅。先生搜辑史料力求其详，博取中外史乘，对多桑《蒙古史》、《元史新编》、《蒙兀儿史记》、《元史》、《新元史》的记载，都有所订正，显示了他具有超迈前贤的功力和学力。1938年在哈佛大学完成的《爱薛传研究》（AL—HSIEH: A STUDY OF LIFE）（约10万字，英文）获得博士学位，该文引用中外史籍32种，参考文献12种，材料丰赡，考订确切，博大精深，慧眼独具，创获甚多，至今还深受欧美及澳大利亚等国学术界所推重，列为研究元史者所必读的论著之一。回国以后，在1940年发表《新元史、蒙兀儿史记爱薛传订误》，同年发表《斡脱杂考》，以后于1946年、1948年写成《元典章译语集释》、《蒙元时代法典编纂》等论著。先生以其运用中西考证比较方法和多种语文的中西史料的广征博引、窥本溯源、比勘对证及其缜密精深的见解，使学术界公认，开辟了中国元史与蒙古史学研究的新途径，为中国元史与蒙古史学的发展做出了不可磨灭的贡献，从而奠定了享誉海内外的元史、蒙古史学家的学术基础。

中华人民共和国建立以后，先生历任代理燕京大学校长、北京市教育局长、中央民族学院研究部主任、历史系主任、中国社会科学院民族研究所副所长等职。繁忙的行政事务，占据了他绝大部分精力和时间，但先生极为注意培养人才，奖掖后进，在中央民族学院、中国社会科学院民族研究所、历史研究所及内蒙古大学等单位，大力培养元史、蒙古史及中国民族史的学术梯队，并组织了一系列大型学术著作的研究、撰述、编译工作。70年代在身患癌症住院之时，还乐观地做了一年计划、三五年计划和十年计划，要运用他的威望和学识，组织学术队伍，完成一系列的关于蒙古史、元史与中国民族史的基本建设。他所主持的《元史》校点，校勘出书中讹误一千余条，为学术界提供了一部迄今最佳的《元史》版本。他主编的《中国民族关系史纲要》，为中国民族史开拓一个新的专业提供了一部通史体的教材。他在晚年，可谓老弱病残集于一身，仍创立了中国蒙古史学会及中国民族史学会，都荣任第一任理事长，为蒙古史学和中国民族史学的发展，又在组织方面开辟了新的局面。

翁先生作为中央民族学院历史系主任，对历史系的办学方向、专业设置、课程建设、教师培养，都多有建树，这是历史系能在中国史学阵地上有所建树的重要条件之一。至于先生对我的教导、督促，使我终生难忘（待撰专文叙述）。总之，翁先生无论学术成就、人格力量，都不愧为一代国学大师，永远是我们学习的楷模。

（原载《民族教育研究》1994年第2期）

陈连开治学经历和主要学术思想简述

潘守永

陈连开先生，现为中央民族大学历史系教授，中国民族史博士点及博士后流动站导师，民族文化交流研究所名誉所长。他还是国家社科基金民族问题研究学科组成员、中国民族史学会副会长，各种社会兼职十多种。

他最初从一个文学爱好者，踏入史学门径，40多年来一直坚持在教学科研第一线，耕耘不辍，孜孜以求，先后参与和主持近20项国家重点或专项研究课题，在青海民族地区调查、中苏边界资料研究、《中国历史地图集》（东北卷）、《中国大百科全书》（民族卷）、《中国民族史》、《中国民族文化大观》（大型丛书）、《中国民族史纲要》等一系列国家重点项目中担任课题负责人和主要撰稿人。80年代末期以来，他协助费孝通先生主编了《中华民族多元一体格局》及其修订本、《中华民族研究新探索》等重要著作，开创了"中华民族整体研究"这一新的学科和理论体系，也对民族问题研究相关学科的发展，如民族学、历史学、考古学、政治学等等，有积极的影响。最近十余年，陈先生围绕"中华民族多元一体格局"理论，撰述了20余篇重要论文，把中华民族从起源、形成到发展的全过程进行科学的探索，总结和归纳了中华民族形成的过程和阶段性特点，为中华民族整体研究做出了重要的贡献。现在，他已经出版了个人专集《中华民族研究初探》，《中华民族形成史》也即将完成。

一份耕耘，一份收获。多年来，他获得多项奖励，如在已出版的合著中有四项获得省部级特等奖，其中四项又获国家级特别荣誉奖和一等奖,个人成果也获省部级四项奖励。

陈先生不仅学术成果丰厚,更一直热心于民族教育事业。除了指导硕士生、博士生、博士后和留学生外,他常年坚持给本科生上基础课,从不摆教授架子。他认为本科生教育是高校不可忽视的重要环节,人才的培养应从基础抓起。40多年来,听过他课的学生遍布祖国各地,许多已成为专家教授或在党政部门担任重要领导职务。90年代以来,他领衔招收"中华民族形成史"研究方向博士生,培养专门从事中华民族研究的学术队伍,现已招收五批,初步形成了一个研究梯队。最近,他正带领这个梯队从事《中国西部开发史》的研究和写作,不久即可出版面世。

回顾陈先生的学术成长之路,约略可以分为五个大的阶段:

一、学术起步的基点:中南民族学院的难忘岁月

陈连开教授最早喜欢文学,钟情于文学创作,大学期间还曾有话剧创作公演。在中南民族学院的岁月却改变了他后来的人生轨迹:从爱好文学,转入史学研究。正如他一再跟弟子们强调的那样:之所以能与历史、民族研究结缘,与当时中南民院副院长岑家梧先生有关,后来能够做出突出的成就也多仰赖岑先生当年的栽培。岑先生是我国老一辈著名学者,在多个学术领域有杰出的创造,是中国原始社会史的早期开创者之一,也是学界的领导者之一。岑家梧先生成名甚早,三四十年代即已誉满学坛,28岁就是教授,先后在多所大学担任领导职务。陈先生说:得到岑先生的赏识完全是一种意外,"1952至1954年,我在中南民族学院的预科部工作,主要讲授文学课程,语言方面则由祝注先先生负责。当时还有一门课叫《达尔文主义》,为了讲好它,我就找

岑先生等求教。其时，岑先生正应唐长孺先生之邀在武汉大学讲授《中国原始社会史》，他就让我陪同，到武大听课……岑先生给学生介绍说我是他的助教，学生就热烈给我鼓掌，无不露出羡慕的眼神。其实这是先生高抬我。我原本是湖南第一师范学校毕业，因为年轻（很多学生比我大），学校害怕学生不好好听课，就虚称我是湖南师范大学毕业。岑先生只有四十出头，风华正茂，已名满学界，且任我院副院长，能有机会听他的课是一种荣幸。何况他讲课能够理论联系实际，所论无不持之有故，言之成理，成一家之说，令人服膺。他不仅结合古代文献、古史辨派的辨伪，还结合恩格斯《家庭、私有制及国家的起源》、郭沫若《中国古代社会研究》等成果，更将亲身在西南实地调查所得融入课堂。这门课不仅让我大开眼界，而且改变了我的兴趣和志向，促使我决定由文学转入史学。岑先生的教诲真是使我终生受益。"①

陈先生说："可惜，岑先生的《中国原始社会史》一直没能很好地整理出版，1983 年出版的遗著《中国原始社会史稿》并不能反映先生成就的全貌。当年，我自己做有详细的笔记，希望将来有精力把它整理出来，算是对先生栽培之恩的报答。"《中国原始社会史稿》附录的"作者简历"说："1958 年，他利用初步调查所得材料撰写《中国原始社会史稿》，写完四章初稿。"② 现据陈先生所说，此前岑先生已有了《中国原始社会史讲稿》，后来出版的《中国原始社会史稿》虽写于 1958 年，但应与《中国原始社会史讲稿》有一定联系，也并非完全如编者所说是利用后来的田野调查所得材料写成的，而是岑家梧先生一贯研究和思考的结晶。真希望岑先生的讲义能够尽早被整理出版，不仅嘉惠学林，也为研究岑先生的学术思想提供更多的素材。

---

① 陈先生访谈笔记，2000 年 10 月。以下引征陈先生讲话未注明者，均同此。
② 岑家梧遗著：《中国原始社会史稿》，民族出版社，1984 年。

陈先生在中南民院只有短短不到两年的时间，因为受岑先生的器重，开始从事史学的研究。他甚至产生了一种使命感：要探寻"各民族共同缔造中国"的历史过程。因为在岑先生的课上，他已经明白了中国的历史是由各民族共同创造的，但各民族如何创造中国历史是他的一大疑问，可惜岑先生也不能完全清楚地回答他，岑先生鼓励他自己去探索。

　　1956年，中南民院保送陈先生到中央民族学院研究班进修，主要是为了听苏联专家讲授民族学基础（切博可萨罗夫主讲）。这一年，中央民院成立了历史系，翁独健先生做系主任，林耀华、傅乐焕二先生做副主任。陈先生看到历史系本科课程目录，并打听到这些课程的主讲老师都是当时一流的历史学家和考古学家，如讲考古学课程的老师就有夏鼐、安志敏、苏秉琦、宿白等先生，是一个异常"豪华"的学术阵容。他就要求转到历史系本科学习。当年，他已经23岁，有的好朋友劝阻说："这等于自动降了5个年级。"但他主意已定，既然想在历史学领域有所成就，牺牲一点又算什么呢。恰巧，原中南民院的副院长熊寿祺先生调来做中央民院的副院长，他就找到熊院长希望帮忙。熊答应帮忙，但翁独健先生要求所有学生必须经过考试才能录取，而且考试成绩要和北大历史系的录取线一样。由于先生已经有了较多的积累，考试自然轻松过关。在翁先生主持历史系期间，招收了一批德才兼备的高材生。陈先生在师友的磨砺中迅速成长。

二、民族研究的入门：青海牧区的调查与"牧区封建制度"问题的提出

　　成为历史系的第一届本科生，对陈先生来说实在有些兴奋，

他给自己罗列了一大堆的计划和书目,一开始的想法是想研究藏族史,认为藏族最有特点,且研究不够。可是,课程刚刚进行到一半,就跟随老师们一起投入到民族地区民主改革的洪流中。1958—1961年,他参加了陈永龄教授领队的青海调查组,赴青海牧区调查。在青海期间,他几乎走遍了青海牧区各州,到过黄河、长江两大母亲河的上源地区。这对陈先生了解游牧社会有无穷助益;对他后来的研究中重视游牧民族的历史地位和中国农牧民族、农牧文化的相互结合,可以说是一个重要的学术起点。他针对牧区的实际提出了"反对在牧区搞农业开发",强调必须坚持"以牧业为主"。陈先生1958年就写出文章,提出"牧区现代化不是使牧区农业化,而是牧业的集约化"(由于种种原因,有的文章1961至1963年才发表)。牧区的实地调查经历使他思考更为尖锐的问题,如"牧区封建制度的社会经济基础是什么"。当时,在牧区实践中,以牲畜的多少作为划分阶级成分的依据,因而造成大量牲畜被宰杀的不良恶果,这对牧区的社会主义建设和未来的发展极为不利。经过认真的研究之后,陈先生发现,畜牧经济的社会与农业经济的社会虽然各有特点,但在对土地的封建占有上(即封建社会的基础)则是基本相通的。他提出不能把牲畜看作是划分阶级的依据,牲畜多是一种与"千百户制度"相联系的特权,牲畜多的原因不是因为会经营,而是牧民"贡纳"来的,所以牧区的民主改革首要的问题不是平分牲畜,而是废除千百户的特权,即废除千百户制度。这就找到了牧区民主改革的关键。

陈先生的观点,调查组非常重视,专门做了认真研究,基本同意了陈先生的看法。但由于此事关系重大,必须报请中央主管部门。青海省也表示支持,也反对在牧区搞农业开发,主张种植业只能是种植"饲草"。这些意见很快反映到北京的"民族历史研究工作指导委员会",在那里也引起了激烈的争论,多次举行专门讨论会。陈先生的才华和独立思考的性格于此显露出来。由于特殊的历史原因，这些观点都是以调查组而不是以个人的名义发表的，某种程度上对于他也是一种"保护"。1963年后，他以个人名义（署名"之明"）发表了几篇颇有影响的文章，在学术上初露头角。

青海的调查使他对游牧民族的生产、生活有了更直观的了解。六七千年以前，这些牧区的河谷地带是种植业的最早发生区，但到了青铜时代人们可以征服草原，在农牧业接壤地区发生了第一次社会大分工。但当时仍然拘泥于马克思关于农牧业分离的看法，对中国农、牧业分化的认识并不清楚。后来，他之所以能够提出农、牧业分化是自然而非人为的原因，以及东西两大部的合一即农牧业合一最终促成中华民族的形成等一系列重要观点，与青海调查的经历是分不开的。

在青海调查期间，陈先生所受到的另一重要锻炼是，参与并在很大程度上开创了青海省志编纂的工作。1959年国庆10周年之际，青海省委决定编写青海省志，在征求了一些方面的意见后，决定把编写省志提纲的工作交给"青海少数民族社会历史调查组"。组长陈永龄教授决定由陈连开先生负责其事，陈先生就什么是省志，传统的省志体例如何，解放后湖南、山东两省新编省志体例如何，依据青海实际情况解放前在马步芳时期所搞的一些甘青地方史对新编青海省志有何参考价值，新编省志的体例与内容应有哪些特点等内容，专门向青海省委做了报告。陈永龄、陈连开两位先生都不是党员，却应邀参加青海省委书记处会议，由陈连开先生向书记处报告上述内容。会议由张国声书记兼省长主持，与会领导还有薛宏福、朱侠夫、薛克明等。报告完以后，张书记问陈连开先生在中央民院教什么课程，陈永龄先生介绍说他还是三年级的学生，青海省的领导大为惊讶，纷纷表彰中央民院的教学质量高，并表示希望陈先生毕业后能留在青海工作。朱侠夫副省长还特意向两位先生介绍了他在延安民族研究所工作过，与中央民院的宗群很熟，并介绍了延安民族研究所的所长为贾拓夫，李维汉在延安时期就领导民族研究和民族教育工作等鲜为人知的历史。汇报以后，书记处决定请青海调查组编写青海省志提纲。陈先生及调查组其他老师搬进了新盖好的厅局长宿舍办公，陈先生和同组同事着手编撰《青海省志提纲》（第一稿），并受组内委托起草《青海历史大事纪要》（初稿），这些工作为青海省志的编写打下了坚实的基础。调查组1961年离开青海后省志编纂工作由省志编纂委员会继续编写，《青海历史大事纪要》由白砥民（青海师范学院历史系教师）、蔡端（名将蔡锷之子，时为省政协委员）两位先生继续修订完成。这些工作使陈先生在志书研究方面得到了训练，丰富的地方史知识也是他后来从事中华民族整体研究的重要基础准备之一。

三、民族史与历史地理研究：东北史与东北历史地理

陈先生说，研究历史地理和东北史纯粹是一种偶然，主要是因为承担了一项极其重要的政治任务，而非完全是一种学术自觉。他本来打算继续从事藏族的研究，可是毕业留校后，先给苏晋仁教授当助教，后来就去给傅乐焕教授作助教，所以从事藏族史研究的理想就难以实现了。在青海调查期间，他已经有意训练自己的语言功夫，略可以讲青海藏语。可师长们的安排难以违抗，而且给傅乐焕先生作助教是许多人梦寐以求的事。当时，傅先生的名望仅次于翁独健先生，傅先生一直没有助手，所以改变兴趣去研究东北史，陈先生也很乐意。傅先生出身名门，是历史

学的大家，对东北史及辽史有深入的研究，但却不尚言谈，思维的跳跃性也大，单纯听讲课极不容易抓住重点，给他作助教就截然不同了。后来证明，违背个人意愿作傅先生的助教对陈先生的成长是一个很大好处，这实在有点"无心插柳"的味道。特别是，辽金史大家陈述先生也对陈先生多方指点，所以他很快进入东北史地之学和辽金史研究的门径。当时对他指导较多的先生还有徐宗元教授，徐先生于甲骨文、金文有精深的研究，是一位有广博古文献知识的年轻教授。陈先生毕业后的最初一年多每周到徐先生家听课一次，主要是听徐先生讲授《史通通释》。这些学习给陈先生打下了坚实的中国史学理论基础。我们说，一个人的成长总是有诸多的条件和因素，但能够获得大家名师的栽培和引导无疑是一条捷径。

承担研究东北史地研究的任务，主要与中苏边界问题研究有关。中印边界的研究在"文革"前就开始了，东北边界是1968年准备，1969年正式开始的。周恩来总理非常重视，亲自主抓，外交部选调有关专家一起研究，专门成立了"中苏边界资料组"，陈先生被指定为"中苏边界资料组"的负责人。周恩来总理围绕中苏（中俄）边界的发生问题提出了几个关键性的议题，这些问题对陈先生在70年代以后专心于中华民族整体研究有决定性影响。在中苏边界资料研究中，陈先生在历史地理和国际政治方面得到了充分的锻炼和提高，于东北史地之学有了颇为精深的、系统的研究准备。陈先生能够成为东北史地研究的名家，与这些特殊的历史背景有极为密切的关系。

历史地理研究在中国有着独特的历史。清代学者杨守敬曾编绘《历代舆地图》，这可称得上是中国古代政区地理集大成之作。新中国建立后，毛主席为读史的需要，认为用"杨图"不很方便，提出要用现代地图学方法改编杨守敬地图（习称"杨图"），历史学家吴晗、顾颉刚等接受了这一重要任务，着手改编"杨图",并由谭其骧教授主持其事。60年代,决定重绘中国历代沿革图,并决定由傅乐焕教授领衔编绘东北地区各图,在中央民族学院组织"杨图"组。其他各组由韩儒林教授领衔在南京大学组成"杨图"组,负责编绘内外蒙古地区各图;由冯家升教授领衔在中国社会科学院民族所组成"杨图"组,负责编绘西北地区各图幅;由范文澜教授领衔、具体由王忠教授负责青藏地区各图幅;由方国瑜教授领衔在云南大学成立"杨图"组,负责西南地区各图幅的编绘工作;其余均由谭其骧教授领衔复旦大学历史地理研究所负责编绘。各组不仅编绘草图,还要有详细的地名考释和图幅说明。"文革"曾中断几年,到1970年春中央指示恢复工作,原由吴晗领总主编衔,"文革"后明确改由谭其骧教授任总主编,复旦大学历史地理研究所负责汇总成图,具体组织则由中国社会科学院负责。东北组"文革"前由傅乐焕、胡德煌、孙钺三位教授和贾敬颜、郭毅生两位先生组成,由于学校课程及其他原因,郭先生坚持经常工作,胡先生带病坚持工作。1970年恢复图幅编绘工作后,即由陈先生为组长,其时,傅、胡二先生已经辞世,有王锺翰、贾敬颜、郭毅生等先生先后在不同时段参加编绘。此图集已在80年代全部公开出版,而地名考释目前仅仅出版了《中国历史地图集释文汇编·东北卷》。诚如《释文汇编》所说:"我们从60年代以来,力图尽量吸收前人与当今学者的成就,并力图在已取得成果的基础上,有所增益和推进,希望将东北历史地理之学推向一个新的阶段……十余年来,《图集》由内部至公开先后出版……其中以贾敬颜、郭毅生、陈连开工作时间最长,用力最多……再由陈连开通修编次定稿。"[①]可知,《中国历史地图集》东北卷的工作花费了陈先生相当多的心血和汗水,

---

① 谭其骧主编:《〈中国历史地图集〉释文汇编东北卷》,中央民族学院出版社,1988年,第4页。

但也由此奠定了他在"东北史地之学"上的地位,这些工作甚至决定了此后他在民族史研究的侧重点,即在对中华民族整体研究的同时,重点关注北方民族的研究。

由于陈先生从事东北历史地理研究的时期正是他最壮年的时候,又由于特殊的历史背景,他实际上主持了这一重要的研究工作。最近十几年来,他虽然专心于中华民族整体研究,但对东北史地之学仍然如数家珍,多数重要材料达到可以默诵的程度,可见用力之勤之精。

四、民族关系史研究的拓展

由东北史地之学过渡到对北方民族史的系统研究,是陈先生70年代末到80年代初的主要研究工作。难能可贵的,此时他已经自觉地尝试从中华民族整体的角度对这些问题进行思考。他系统地研究历史上中国少数民族对中华民族整体维护的重大贡献,1983年出版《我国少数民族对祖国历史的贡献》一书,指出:一、空前统一的中国是多民族的中国,是经过长久的历史发展而形成的;二、少数民族同汉族一道开拓并维护了祖国的疆域,巩固了多民族国家的统一事业;三、就整个中华民族而言,汉族离不开少数民族,少数民族也离不开汉族,这一大一统的命题,既是数千年历史发展规律的总结,又是未来共同命运的基础和共同愿望。

这些特殊的学术经历,促使陈先生进入80年代后很自然地转入到民族关系史的研究领域。由单个民族的研究(族别史与单一民族志的实地研究等)、区域民族的研究到提出民族关系史的研究,是一种学术的自觉,这是一个崭新的学术领域,当然也确立了民族研究的新视角。

翁独健教授提出"中国民族关系史"的课题后,白寿彝等史学前辈积极响应,促成了1981年香山会议的召开。①陈先生不仅是积极的参与者,也是摇旗呐喊者。其实,早在1979年他就发表了《怎样阐明中国自古是多民族国家》等重要论文,率先在历史系开设了"中国民族关系史"课程,对中国民族关系史的概念、内容及重要议题都进行了系统思考。这些讲稿已经使历年的本科生、研究生受益,本来早就可以出版,由于先生自我苛求,一时不愿意拿出来。

在民族研究中,陈先生强调单一民族的研究必须结合民族关系史来定位,强调族别史的研究必须细化,和民族关系史、地区民族史的发展联系起来。他说:"1978年以后,出现了学术研究最活跃的局面,中国民族史学也不例外。从事民族史研究的同仁在消化过去对少数民族的族别研究,充分发扬其优点的同时,又看到了把民族研究对象限于少数民族,尤其是一个民族一个民族分别进行研究,确有不可避免的缺点。缺点在于不易看到少数民族在中华民族整体中的地位,以及少数民族与汉族的关系,各少数民族间的关系也不易阐明清楚。"在全面分析了中国民族史研究的历程后,他将民族史研究分为三个阶段:1950—1966年夏,以族别史研究为主;1978—1988年,以地区民族史和民族关系史的蓬勃发展为特征;1988年以来为第三个阶段,对中华民族进行整体研究,标志是费孝通先生"中华民族多元一体格局"理论的提出。②陈先生具体参与了民族史研究三个阶段的调查研究工作,特别参与了90年代以来民族史学的规划,所以对民族史学

---

① 参见国家民委政策研究室编:《中国民族关系史论文集》(上、下),民族出版社,1982年。又,翁独健主编:《中国民族关系史纲要》,中国社会科学出版社,1990年。

② 陈连开:《中国民族史研究的特点与发展三阶段》,载乔健主编《社会学、人类学在中国的发展》,新亚学术集刊,第十六期,香港中文大学,1998年。

进程有宏观的透析和把握。

五、中华民族形成史研究的累累硕果

中华民族的研究虽然有一个世纪的历史,但真正成为一门学科则是较晚的事情。80年代中期,陈先生已经有意识探讨民族研究中"求同"与"识异"的关系问题。以这样的思考为核心进而系统讨论中华民族的起源、中华民族聚合的主体——华夏/汉民族的形成以及中华民族形成发展的特点等重大问题,到1987年发表了《中华民族的含义与中华民族的起源初探》一文,提出了中华民族是"多元集合体"的概念。[①]在为阴法鲁主编的《中国古代文化史》撰述《中华文化的起源与中华民族的形成》一章时,他对中华民族整体不可分割关系的历史过程与形成过程做了更为深入的讨论,于此已初步建立了他关于中华民族形成的基本看法。[②]后来他进一步论证了中华民族起源的本土特点、多元区域性不平衡特点以及区域间的汇聚与辐射等等。[③]这些早期的论作深得费孝通先生的赏识,但同时指出"多元集合体"概念的含义不够明确。费先生分析了中华民族的结构,提出了"多元一体"的概念,并以此为基础对中华民族形成的历史进程、现实利益和未来发展做了更为宏观的科学的理论概括,这就是著名的"中华民族的多元一体格局理论"。自此,中华民族的研究迈上了

---

① 陈连开:《中华民族的含义》,载《中华民族研究初探》,知识出版社,1994年。

② 陈连开:《中华文化的起源与中华民族的形成》,载阴法鲁主编《中国古代文化史》(1),北京大学出版社,1989年。

③ 陈连开:《中华新石器文化的多元区域性发展及其汇聚与辐射》,载《中华民族研究初探》,知识出版社,1994年。

一个崭新的台阶。

　　费孝通先生的名文《中华民族的多元一体格局》是1988年在香港特纳演讲时发表的。以该文为核心，由陈先生协助费先生主编了《中华民族多元一体格局》和《中华民族研究新探索》两本论文集，由此确立了中华民族整体研究的理论架构。[①]最近，陈先生又将《中华民族多元一体格局》文集修订调整为一本专著，将多元一体格局理论，特别是多元一体的历史进程做了更细致的归纳和概括。此书已获得"中国图书奖"。[②]

　　十多年来，陈先生围绕中华民族多元一体格局理论对中华民族历史形成的方方面面进行了系统的探索，成为这一领域的主要开拓者。正如本文开头所指出的那样，陈先生在这一重要领域已经做出了杰出的贡献，这无论对于民族史学的发展，还是民族研究水平的整体提高等都产生了极为重要的影响。

　　限于篇幅，这里无法详列陈先生论著的篇目，仅根据自己的学习体会做若干初步解说，既就正于同仁方家，也算作交给陈先生的一份作业。笔者认为，陈先生对中华民族的研究似乎可以概括为以下四大特点：

　　一、以多元一体理论为核心，把中华民族当作一个整体加以研究，重点辨析中华民族"多"与"一"的关系及其历史发展主线，同时对中华民族形成为一个整体的各个侧面都有翔实的论证。

　　二、关注中华民族历史、现实和未来长远发展的根本利益与中华民族整体认同，不拘泥于具体断代历史的层面。强调中华民

[①] 费孝通主编：《中华民族多元一体格局》，中央民族学院出版社，1989年；费孝通主编：《中华民族研究新探索》，中国社会科学出版社，1991年。

[②] 费孝通主编：《中华民族多元一体格局》（修订本），中央民族大学出版社，1998年。

族的整体不可分割关系不是今天才有的,也不是某种人为的规定所能办到的,而是在千百年中华民族共同的历史发展过程中形成的。

三、以历史学,特别是民族史学为核心,同时融会多学科知识和成就,如考古学、民族学、古人类学、政治学等等多学科的知识和最新成果。反过来,他的研究结论又影响上述学科的研究,有时甚至是决定性的影响,如中国文明起源研究。

四、强调"求同"与"识异"的辩证关系,认为"求同"是中华民族研究的旨归,"识异"是中华民族的必要阶段。不可以"大同"来掩盖"差异"的客观存在,更不可因"差异"而否认"大同"的客观历史性。

陈先生的贡献是多方面的,不才如我自然难做详细评述,故谨将平素耳濡目染所得写出来,请方家教之。

陈连开教授学术简历

陈先生 1933 年生,至今已度过 75 个春秋。学习自 1938 年 9 月入初小,至 1961 年大学毕业;工作则自 1949 年 9 月受聘教初小,以后教过小学、中学、大学。自 1949 年 9 月以来 50 余年,陈先生除中间短期从事学习以外,基本上是在学校从事教学和科研工作。简介如下:

1933 年农历五月十九日

先生出生于湖南省攸县皇图岭乡龙和村圳上一个小康之家。父名陈善田,母名丁容秀。

1938 年 9 月—1942 年 12 月

5 岁开始读初小,至 9 岁毕业。假期跟堂伯父经策先生读私塾课程。

1943 年 1 月—1946 年 12 月

进入高小不久,日寇侵占皇图岭镇,又常下乡掠扰,于是休学两年以避日寇。1945 年下学期复学,1946 年高小毕业。

1947 年 1 月—1949 年 7 月

读初中。
1947 年考入湖南醴陵县湘东中学学习,一年后转学醴陵县开明中学,至 1949 年 7 月回乡迎接解放。

1949年7月—1951年8月

休学在乡。

1949年9月初家乡解放。原学校行政解散，教员散去，先生受聘任本村小学代课教员。这是先生从事教学工作的起点。到1950年初，学区派来教员，先生时亦代课，主要协助村行政从事建政的工作。1950年冬，因家庭成分划为地主不能工作，乃回家务农。

1951年9月—12月

原醴陵开明中学改名醴陵县第二中学。学校领导依据先生在解放前夕积极参加学运及土改后失学等情况，决定让先生领取全额助学金回校复学，至1951年12月初中毕业。

1952年1月—1954年12月

在湖南省第一师范学习。

1952年1月考入湖南省第一师范学习。1953年下学期到一师附小实习，任小学五年级语文教员；1954年上学期再次实习，任教务主任兼五年级语文教员。1954年12月从一师毕业。

1955年1月—1956年8月

中南民族学院预科教员。

1954年12月，中南民族学院（2002年改名中南民族大学）来长沙遴选教员，先生被选中。1955年上学期，先生在该院预科（中学）语言和文学分科教学试点班教文学课程。1955年下学期，当时中南民族学院副院长岑家梧教授在武汉大学历史系讲授《中国原始社会史》，即邀先生以助教名义随堂听课，从而引导先生进入中国民族史的学习和研究领域。

1956年8月—1961年7月

在中央民族学院（1993年改名中央民族大学）学习。

1956年8月，中南民族学院保送先生来中央民族学院历史系民族学研究班进修，准备回中南民院开民族学课程。但先生在对比本科和研究班所开课程和任课教授后，要求准其报考本科。得到批准考入本科历史专业。1958年5月，全班同学参加少数民族社会历史调查，先生被分配在青海调查组，前后4年，实际花费两年多时间，可分为两大段落：

1958年6月至1959年9月，先生到青海省海南、果洛、玉树3个藏族自治州作社会历史调查，参与完成上述3州各藏族部落社会历史调查报告。1959年撰写论文《民主改革前青海藏族牧区社会性质的几个问题》，以调查组名义发表在《民族研究》1960年第2期。同时还向中国民族历史研究指导委员会写了"内参稿"，对牧区开荒发展农业以及在牧区民主改革中以牲畜多少为标准划分阶级成分等问题提出质疑和自己的看法。

1959年10月至1961年7月，青海调查组受青海省委和省政府委托，参加《青海省志》编纂的开始阶段工作。为此，先生曾两次向青海省委书记处报告关于青海省志的相关问题。省志筹委会开始工作时，先生分配在历史组，撰写《青海历史纪要》（初稿），1961年7月回校前交给青海师范学院历史系讲师白砥民与省文史馆蔡端两位先生。

1961年8月—1966年5月

留中央民族学院历史系当教员。

1961年8月毕业后留校任历史系教员。为本科一年级开设"中国通史"课，同时作苏晋仁教授"中国历史文选"课助教。此外，跟徐宗元教授进修古文献学。

1963年，经历史系副主任傅乐焕教授提议，作傅先生辽金史教学与研究的助手，除跟傅先生进修辽金史外，还到北大历史系跟邓广铭教授进修宋史。

1962年秋，中国民族历史研究指导委员会召开座谈会，嘱先生重点汇报关于游牧区封建制度和牧区经营方针等问题。会后嘱先生写了一组文章：《论青海藏族牧区封建制度的基础与特点》、《青海牧区的工役制度》、《牧区人民公社的经济建设必须以畜牧业为中心》，均发表在《民族团结》学术专栏，署名"之明"。这是先生以个人名义发表学术论文的开始。

1964年7月至1965年5月，先后到四川凉山彝族自治州和广西柳州专区三江侗族自治县参加"四清"工作。

1966年6月—1976年秋

"十年文革"时期，在中央民族学院研究部工作。

1966年5月，"文革"开始。5月下旬，学院"造反派"派人到广西发动参加"四清"的师生"造反"。陈先生不理解，在大会上站出来，要求不要否定一切，被当场揪斗，并作为"保皇派"从广西押解回校。

回校后，先生当时是一般教员，无人过问，于是当了"逍遥派"住进了"仙人洞"。在此期间，先生与刘毓尧老师结婚。

1969年7月，根据形势需要，外交部请民族学院的教师协助整理中苏边界资料，并成立资料组，工作听外交部指挥，交待由先生负责组织资料组。

外交部具体联系资料组工作的负责人王荩卿当时任中苏边界问题谈判组副组长，在与先生的交谈中，口头传达了周恩来总理关于中苏边界资料工作的重要批示。这个批示使先生在完成中苏边界资料以外，明确了今后长期的研究方向，即研究和阐述中国自古以来各民族如何共同缔造统一的多民族国家，以及为什么会如此走向？为此要认真深入研究和阐述中国古今民族关系的发展演变过程以及内在联系，并从整体上研究中华民族的形成与发展。

中苏边界资料组成立不久，又传达中央已决定恢复上马毛主席在20世纪50年代提出的重新改编杨守敬《历代舆地图》工程的消息。中央民族学院在"文革"以前已由傅乐焕教授领衔承担东北地区图幅的考证与编绘，学校宣布这两项任务改由先生任课题组长。当时历史系已解散，工作人员的机构改名为研究部。

中苏边界资料进行了一段时间即告结束；《杨图》改编从20世纪70年代改名为《中国历史地图集》，在毛主席逝世以前已出版内刊本。

在《中国历史地图集》（东北）编绘工作基本完成时，1975年秋，先生被当作"右倾复辟势力"的"代表人物"揪出来批斗；"文革"结束自动平反。

1976年冬—1998年底

在中央民族大学历史系任教。

"文革"结束后，先生因家分两地，回湖南与家人团聚，休息了一年多。1978年以后，原历史系两大专业历史学与民族学分别建立历史系和民族学系。先生回历史系任教，先后晋升为讲师、副教授、教授。历史系设立硕士点、博士点、博士后流动站后，指导过硕士研究生、博士研究生及博士后多人。为本科以上学生开设《中国通史》、《中国历史地理》（人文）、《中国民族关系史概论》、《中华民族的形成与发展》、《中国的历史与文化专题讲座》等多门专业基础课和专业课。

这一期间也是先生科研活动的繁忙时期，以参加大型集体项目为主，带动个人研究。先生承担的课题以中华民族形成与发展研究为主，平均每年撰写论文4—8篇；主要研究成果集中在下关东升主编。1993年进入修订定稿阶段,先生受聘任常务副主编,数年审稿达2400余万字,但因经费限制只出版西藏卷。中国大百科全书出版社1995年出版。

(10)《中国民族史纲要》,此书为中国民族史硕士研究生教材,先生主编,中国财政经济出版社1999年出版。

1999年1月至今

退休后的教学与科研。

1998年,先生因脑梗塞晕倒,年底退休,仍须完成已招博士研究生教学和其他科研工作。近年出版编著如下:

(1)《中华民族多元一体格局》(修订本),费孝通主编,先生修订定稿,中央民族大学出版社1999年出版修订本。

(2)《从文明起源到现代化——中国历史25讲》,此书为全国干部培训教材编审指导委员会组织编写,林甘泉等主编,先生撰写第十讲《中国古代的少数民族和民族关系》,人民出版社2002年出版。

(3)《中国共产党关于民族问题的基本观点和政策》,国家民族事务委员会主编的干部读本,先生撰写第三编《国家统一是各民族人民的最高利益》,民族出版社2002年出版。

(4)《中国民族文字与书法宝典》,关东升主编,先生任常务副主编,中国大百科全书出版社2002年出版。

(5)《中国近现代民族史》,此书为国家社科基金重点项目。立项时主编为刘先照,刘先生1999年逝世前嘱先生接任主编,现已交中州古籍出版社,待出版。

自成立中国民族史学会和汉民族研究会,陈先生即当选两学会副会长,直至目前。还担任国家社会科学发展基金评审委员会委员。

述编著中：

(1)《我国少数民族对祖国历史的贡献》，此为 1983 年由北京历史学会、北京图书馆、中国历史博物馆联合主办的"伟大祖国"历史讲座中的一讲，当年由书目文献出版社出版。

(2)《中国大百科全书·民族卷》，此书为《中国大百科全书》专题卷目之一，先生撰写《汉族》及《中华民族》条目，又承翁独健、陈永龄推荐为"特约编辑"，负责民族史 30 余万字条目的修订定稿。中国大百科全书出版社 1986 年出版。

(3)《中国历史地图集释文汇编·东北卷》，此为《中国历史地图集》东北各图的考证与说明，先生担任撰写（部分）和全书通修的任务。中央民族学院出版社 1988 年出版。

(4)《中国古代文化史》第一章《中华文化的起源与中华民族的形成》，此书由阴法鲁、许树安主编，北京大学出版社 1989 年出版；1984—1985 年先生应邀在北大中文系开设"中华文化起源与中华民族的形成"讲座。

(5)《中华民族多元一体格局》，费孝通主编，先生编纂定稿。中央民族学院出版社 1989 年出版。

(6)《中华民族研究新探索》，费孝通主编，先生编纂定稿。中国社会科学出版社 1991 年出版。

(7)《中华民族研究初探》，先生个人专题论文集，知识出版社 1994 年出版。

(8)《中国民族史》，王锺翰主编，此书为国家社科基金重点项目，先生撰写第一编《中华民族的起源》、第二编《华夏与华夷五方格局的形成》和第三编第一章《汉民族的形成》。成书后，副主编之一、国家民委政策研究室主任刘先照提议按实际工作情况补先生为副主编之一，得到编委会认可。中国社会科学出版社 1994 年第一版、2001 年修订版。

(9)《中国民族文化大观·西藏卷》，此书为大型丛书的一卷，